中国建筑业统计年鉴

CHINA STATISTICAL YEARBOOK ON CONSTRUCTION

1998

国家统计局固定资产投资统计司 编

Compiled by the Department of Statistics on Investment in Fixed Assets of State Statistical Bureau

中国统计出版社

CHINA STATISTICAL PUBLISHING HOUSE

(京)新登字 041号

图书在版编目(CIP)数据

中国建筑统计年鉴　1998/国家统计局固定资产投资统计司编。-北京：中国统计出版社，1998.10
ISBN 7-5037-2870-1/F·1135

Ⅰ.中…
Ⅱ.国…
Ⅲ.建筑业－统计资料－中国－年鉴－1998
Ⅳ.F426.9－66

中国版本图书馆 CIP 数据核字（98）第 27514号

中国统计出版社出版
(北京复外三里河月坛南街 75号 100826)
新华书店经销
科伦克三莱印务有限公司印刷
*
787×1092毫米　16开本　32.5印张　76万字
1998年 12月第 1版　1998年 12月北京第 1次印刷
印数：1—800 册
*
定价:106.00元

目　　录

CONTENTS

一、综合

Chapter 1　GENERAL SURVEY

二、国有经济建筑业企业
Chapter 2 CONSTRUCTION ENTERPRISES OF STATE-OWNED UNITS

三、集体经济、私营经济、联营经济、股份制经济建筑业企业
CHAPTER 3 CONSTRUCTION ENTERPRISES OF COLLECTIVE-OWNED UNITS, PRIVATE ECONOMIC UNITS, JOINT-OWNED ECONOMIC UNITS AND SHARE HOLDING ECONOMIC UNITS

四、外商投资、港澳台投资和其他经济建筑业企业

CHAPTER 4 CONSTRUCTION ENTERPRISES OF FOREIGN FUNDED ECONOMIC UNITS, ECONOMIC UNITS FUNDED BY ENTREPRENEURS FROM HONG KONG, MACAO, AND TAIWAN, AND UNITS OF OTHER TYPES OF OWNERSHIP

五、一级、二级、三级、四级建筑业企业
CHAPTER 5 CONSTRUCTION ENTERPRISES OF THE FIRST CLASS, THE SECOND CLASS, THE THIRD CLASS AND THE FOURTH CLASS

六、各行业、国务院有关部门建筑业企业
CHAPTER 6 CONSTRUCTION ENTERPRISES OF DEPARTMENTS CONCERNED UNDER THE COUNCIL BY SECTOR

七、大中型建筑业企业
CHAPTER 7 LARGE AND MEDIUM CONSTRUCTION ENTERPRISES

附:
APPENDIX

一、综　合

主要经济指标完成情况

指 标 名 称	计 量 单 位	1997年	1996年	1997年比 1996增减(%)
建筑业总产值	亿元	9126.5	8282.2	10.2
建筑业增加值	亿元	2540.5	2405.6	5.6
#本年提取固定资产折旧	亿元	165.1	145.6	13.4
应付工资	亿元	1258.2	1153.1	9.1
应付福利费	亿元	145.2	122.9	18.1
工程结算税金及附加	亿元	253.5	229.7	10.4
工程结算利润	亿元	741.3	670.0	10.6
房屋建筑施工面积	万平方米	28680.3	129087.0	−0.3
房屋建筑竣工面积	万平方米	62244.0	60047.9	3.7
年末自有机械设备净值	亿元	993.9	881.4	12.8
年末自有机械设备总功率	万千瓦	8668.5	9804.8	−11.6
资本金	亿元	2231.7	1936.1	15.3
资产总计	亿元	10592.8	9242.9	14.6
#流动资产	亿元	7755.7	6754.1	14.8
固定资产	亿元	2205.3	1976.2	11.6
负债合计	亿元	7913.7	6895.8	14.8
#流动负债	亿元	7432.9	6480.9	14.7
长期负债	亿元	462.5	375.3	23.2
资产负债率	%	74.7	74.6	0.1
利税总额	亿元	381.6	357.4	6.8
利润总额	亿元	109.9	109.4	0.5
按建筑业总产值计算的劳动生产率	元/人	43428	39033	11.3
按建筑业增加值计算的劳动生产率	元/人	12089	11337	6.6
房屋建筑面积竣工率	%	48.4	46.5	4.1
工程质量优良品率	%	29.7	29.7	−
技术装备率	元/人	4729	4154	13.8
动力装备率	千瓦/人	4.1	4.6	−10.9
产值利税率	%	4.2	4.3	−2.3
产值利润率	%	1.2	1.3	−7.7
建筑业企业个数	个	44017	41364	6.4
计算劳动生产率的平均人数	万人	2101.51	2121.87	−1.0

各地区建筑业总产值和竣工产值

单位:万元

地区	建筑业总产值	建筑工程产值	安装工程产值	房屋构筑物修理产值	非标准设备制造产值	竣工产值
全国总计	**91264777**	**78160373**	**10980124**	**1544605**	**579675**	**66665481**
北京	5192363	4637022	399066	146221	10053	3663793
天津	1909999	1569928	284024	25047	31000	1351976
河北	3760962	3265613	437256	32855	25237	2670799
山西	1920095	1672572	226005	16127	5391	1557478
内蒙古	963852	790733	114844	55943	2333	777609
辽宁	4291256	3299212	818596	122435	51014	3126670
吉林	1369882	1090071	246115	25509	8187	1030099
黑龙江	2435310	1811700	563680	29090	30840	2130618
上海	5524161	4595115	796821	108505	23720	3751843
江苏	10716094	9405632	1077592	170836	62034	8207742
浙江	8773546	7628697	965112	130484	49253	6277644
安徽	2359972	1974061	326234	46839	12838	1629930
福建	2268855	1999970	239390	21048	8447	1692520
江西	856436	753685	90198	8074	4479	587069
山东	6479717	5070147	1203566	138459	67546	4729775
河南	2946903	2454744	426673	36780	28706	2170338
湖北	3059698	2716621	281822	37998	23257	1813792
湖南	2965005	2588605	261972	83697	30731	1983323
广东	6747406	6153072	510653	69372	14309	5368808
广西	1275627	1153237	96449	16311	9630	933470
海南	279923	252322	23058	3658	884	179913
重庆	2440552	2194734	191993	47076	6749	1729208
四川	5206436	4522902	566704	90742	26088	3872635
贵州	767046	672915	86812	5598	1721	540696
云南	2189844	1997243	153244	26747	12611	1598645
西藏	79519	76241	2073	1079	126	44202
陕西	1642493	1457967	166692	9180	8654	1025899
甘肃	1056249	838090	196478	15022	6660	874585
青海	309340	241699	60027	5131	2483	232905
宁夏	334919	266744	61082	4894	2200	281209
新疆	1141318	1009082	105891	13849	12496	830293

各地区地方和中央建筑业总产值和竣工产值(一)

单位:万元

地　区	建筑业总产值	建筑工程产值	安装工程产值	房屋构筑物修理产值	非标准设备制造产值	竣工产值
全国总计	**91264777**	**78160373**	**10980124**	**1544605**	**579675**	**66665481**
一、地方所属单位	72782379	63913061	7070827	1436370	362120	53724267
北　京	3458735	3139122	182475	130194	6943	2481220
天　津	1073087	954882	88584	19132	10489	864141
河　北	2459209	2219144	201364	24657	14045	1833260
山　西	894631	758544	120129	13123	2836	590539
内蒙古	816906	656914	103385	54789	1818	668630
辽　宁	3150711	2558270	454289	105554	32598	2407504
吉　林	988552	786409	170474	24522	7147	783743
黑龙江	1766525	1476642	260357	24263	5264	1499277
上　海	4542437	3880596	535473	107980	18388	3027809
江　苏	10121358	8989906	911058	166616	53778	7838571
浙　江	8588074	7547531	863666	130469	46408	6107890
安　徽	1673324	1446004	178448	41307	7565	1221401
福　建	1882931	1657088	199037	20169	6637	1397509
江　西	683201	643104	29630	7740	2728	457995
山　东	5260278	4242911	838447	126223	52697	3607443
河　南	2019254	1749534	226372	36381	6967	1450058
湖　北	1699182	1550102	105404	35647	8029	1157915
湖　南	2302874	2066755	142048	81143	12927	1613207
广　东	6261723	5722452	463238	67606	8427	4976070
广　西	1135549	1052612	63018	15374	4545	858270
海　南	279923	252322	23058	3658	884	179913
重　庆	2162855	1984335	128311	44602	5608	1564508
四　川	4205981	3723008	383044	83151	16778	3059309
贵　州	418378	389580	23080	5119	599	327699
云　南	1930413	1803367	93987	26452	6607	1425251
西　藏	46059	42781	2073	1079	126	43242
陕　西	928341	849117	68213	6258	4752	678922
甘　肃	760993	685377	59949	12753	2913	578873
青　海	198566	174223	17725	5131	1486	195330
宁　夏	325511	260086	58331	4894	2200	273187
新　疆	746820	650343	76160	10386	9931	555582

各地区地方和中央建筑业总产值和竣工产值(二)

单位:万元

地区	建筑业总产值	建筑工程产值	安装工程产值	房屋构筑物修理产值	非标准设备制造产值	竣工产值
二、中央所属单位	18482398	14247312	3909296	108235	217555	12941214
北京	1733628	1497900	216591	16027	3110	1182573
天津	836911	615046	195440	5915	20511	487835
河北	1301753	1046469	235892	8198	11192	837539
山西	1025464	914029	105876	3005	2555	966939
内蒙古	146946	133819	11459	1154	515	108979
辽宁	1140546	740942	364307	16881	18416	719166
吉林	381330	303662	75641	987	1040	246356
黑龙江	668785	335059	303323	4827	25576	631340
上海	981724	714519	261348	525	5332	724034
江苏	594736	415726	166534	4220	8257	369172
浙江	185472	81166	101447	16	2844	169754
安徽	686648	528057	147786	5533	5272	408528
福建	385925	342881	40353	879	1810	295011
江西	173234	110581	60568	334	1751	129074
山东	1219439	827235	365118	12236	14849	1122332
河南	927650	705209	200302	399	21740	720280
湖北	1360516	1166519	176419	2351	15228	655876
湖南	662131	521850	119924	2553	17803	370116
广东	485682	430620	47415	1766	5881	392738
广西	140078	100625	33431	937	5085	75201
海南	——	——	——	——	——	——
重庆	277697	210399	63682	2474	1141	164699
四川	1000455	799894	183661	7590	9310	813326
贵州	348668	283335	63732	479	1122	212997
云南	259431	193876	59257	295	6004	173394
西藏	33459	33459	——	——	——	959
陕西	714152	608850	98479	2922	3901	346977
甘肃	295256	152712	136529	2269	3746	295712
青海	110774	67475	42302	——	997	37575
宁夏	9408	6658	2750	——	——	8022
新疆	394498	358739	29731	3463	2565	274711

各地区单位工程个数及工程质量

地区	单位工程施工个数（个）	本年新开工个数	投标承包个数	本年新开工	单位工程竣工个数（个）	优良品	工程质量优良品率（%）	投标承包个数占单位工程施工个数的比重（%）
全国总计	**678767**	**429920**	**223488**	**140053**	**442604**	**131337**	**29.7**	**32.9**
北京	22870	12868	7148	3105	15102	2986	19.8	31.3
天津	10782	7325	2361	1425	7515	2679	35.6	21.9
河北	28367	17725	14356	9263	18630	6810	36.6	50.6
山西	18753	10808	8411	4107	10910	4536	41.6	44.9
内蒙古	8891	6172	1163	864	6431	2106	32.7	13.1
辽宁	31178	23476	9283	6293	23600	6451	27.3	29.8
吉林	10463	7883	2532	1943	7851	2230	28.4	24.2
黑龙江	12990	9918	2670	1969	10064	3758	37.3	20.6
上海	29287	17588	7256	4653	13014	4305	33.1	24.8
江苏	63888	45019	21748	15591	46310	14578	31.5	34.0
浙江	58053	36060	17458	10551	39298	7502	19.1	30.1
安徽	29049	17632	8797	5044	18803	5200	27.7	30.3
福建	19462	12291	6365	3696	12990	3146	24.2	32.7
江西	11619	6762	4365	2620	6853	2156	31.5	37.6
山东	57332	39647	18409	11832	40081	10889	27.2	32.1
河南	29714	18056	11876	7633	18589	6593	35.5	40.0
湖北	24699	14620	8662	4723	14895	4152	27.9	35.1
湖南	21175	12505	7771	5046	12524	3772	30.1	36.7
广东	41097	20254	9899	5443	21535	7504	34.8	24.1
广西	13397	7472	2864	1973	7881	1914	24.3	21.4
海南	5726	2610	816	530	2858	440	15.4	14.3
重庆	16493	10886	7460	5096	11550	3436	29.7	45.2
四川	41962	24762	16609	10041	26641	10210	38.3	39.6
贵州	10765	6947	2612	1435	6927	1012	14.6	24.3
云南	19538	11991	5478	3832	13561	4770	35.2	28.0
西藏	413	352	183	165	316	147	46.5	44.3
陕西	12010	7150	6827	4155	6458	2796	43.3	56.8
甘肃	9402	6563	4146	2699	7354	2324	31.6	44.1
青海	2837	2004	1490	973	1995	677	33.9	52.5
宁夏	4678	3889	1127	848	3741	563	15.0	24.1
新疆	11877	8685	3346	2505	8327	1695	20.4	28.2

各地区地方和中央单位工程个数及工程质量(一)

地区	单位工程施工个数（个）	本年新开工个数	投标承包个数	本年新开工	单位工程竣工个数（个）	优良品	工程质量优良品率（%）	投标承包个数占单位工程施工个数的比重（%）
全国总计	**678767**	**429920**	**223488**	**140053**	**442604**	**131337**	**29.7**	**32.9**
一、地方所属单位	**569045**	**368044**	**178640**	**116913**	**379756**	**94688**	**24.9**	**31.4**
北京	16787	9995	4550	2160	11558	1526	13.2	27.1
天津	7301	4950	1185	696	5489	1274	23.2	16.2
河北	21271	13923	10572	7066	14966	4739	31.7	49.7
山西	9969	6707	3064	1905	6487	1776	27.4	30.7
内蒙古	7756	5569	1109	828	5773	1675	29.0	14.3
辽宁	25089	19905	7037	4955	19259	4207	21.8	28.0
吉林	7638	6113	1518	1200	6330	1436	22.7	19.9
黑龙江	10147	8068	2465	1823	8018	2562	32.0	24.3
上海	25041	15407	6607	4230	11456	3092	27.0	26.4
江苏	60572	42853	20610	14931	44302	13033	29.4	34.0
浙江	57432	35596	17325	10483	38864	7178	18.5	30.2
安徽	22595	14296	6176	4066	15353	3167	20.6	27.3
福建	18223	11603	5681	3298	12423	2830	22.8	31.2
江西	9703	5688	3101	1976	5537	1203	21.7	32.0
山东	48663	33935	16133	10749	33662	7449	22.1	33.2
河南	24882	15258	9156	5796	16329	5086	31.1	36.8
湖北	17413	11351	5122	3064	11322	1396	12.3	29.4
湖南	17671	10635	6392	4222	10836	2486	22.9	36.2
广东	39238	18961	9335	5119	20253	7034	34.7	23.8
广西	11924	6861	2619	1787	7051	1342	19.0	22.0
海南	5726	2610	816	530	2858	440	15.4	14.3
重庆	14643	9854	6203	4555	10614	2911	27.4	42.4
四川	34198	21349	12054	8073	22563	7064	31.3	35.2
贵州	8259	5506	1795	1129	5837	537	9.2	21.7
云南	18099	11090	4806	3387	12810	4370	34.1	26.6
西藏	383	341	182	164	313	147	47.0	47.5
陕西	7915	4917	4722	2950	4516	1646	36.4	59.7
甘肃	6541	4153	3678	2437	4970	1228	24.7	56.2
青海	2262	1656	1005	690	1627	375	23.0	44.4
宁夏	4355	3571	1125	846	3430	524	15.3	25.8
新疆	7349	5323	2497	1798	4950	955	19.3	34.0

各地区地方和中央单位工程个数及工程质量(二)

地　区	单位工程施工个数（个）	本年新开工个数	投标承包个数	本年新开工	单位工程竣工个数（个）	优良品	工程质量优良品率（%）	投标承包个数占单位工程施工个数的比重（%）
二、中央所属单位	**109722**	**61876**	**44848**	**23140**	**62848**	**36649**	**58.3**	**40.9**
北　京	6083	2873	2598	945	3544	1460	41.2	42.7
天　津	3481	2375	1176	729	2026	1405	69.3	33.8
河　北	7096	3802	3784	2197	3664	2071	56.5	53.3
山　西	8784	4101	5347	2202	4423	2760	62.4	60.9
内蒙古	1135	603	54	36	658	431	65.5	4.8
辽　宁	6089	3571	2246	1338	4341	2244	51.7	36.9
吉　林	2825	1770	1014	743	1521	794	52.2	35.9
黑龙江	2843	1850	205	146	2046	1196	58.5	7.2
上　海	4246	2181	649	423	1558	1213	77.9	15.3
江　苏	3316	2166	1138	660	2008	1545	76.9	34.3
浙　江	621	464	133	68	434	324	74.7	21.4
安　徽	6454	3336	2621	978	3450	2033	58.9	40.6
福　建	1239	688	684	398	567	316	55.7	55.2
江　西	1916	1074	1264	644	1316	953	72.4	66.0
山　东	8669	5712	2276	1083	6419	3440	53.6	26.3
河　南	4832	2798	2720	1837	2260	1507	66.7	56.3
湖　北	7286	3269	3540	1659	3573	2756	77.1	48.6
湖　南	3504	1870	1379	824	1688	1286	76.2	39.4
广　东	1859	1293	564	324	1282	470	36.7	30.3
广　西	1473	611	245	186	830	572	68.9	16.6
海　南	——	——	——	——	——	——	——	——
重　庆	1850	1032	1257	541	936	525	56.1	67.9
四　川	7764	3413	4555	1968	4078	3146	77.1	58.7
贵　州	2506	1441	817	306	1090	475	43.6	32.6
云　南	1439	901	672	445	751	400	53.3	46.7
西　藏	30	11	1	1	3	——	——	3.3
陕　西	4095	2233	2105	1205	1942	1150	59.2	51.4
甘　肃	2861	2410	468	262	2384	1096	46.0	16.4
青　海	575	348	485	283	368	302	82.1	84.3
宁　夏	323	318	2	2	311	39	12.5	0.6
新　疆	4528	3362	849	707	3377	740	21.9	18.8

各地区房屋建筑面积和工程质量

地　区	房屋建筑施工面积（万平方米）	本年新开工面积	投标承包面积	本年新开工	房屋建筑竣工面积（万平方米）	优良品面积	房屋建筑面积优良品率（%）	投标承包面积占房屋建筑施工面积的比重（%）
全国总计	**128680.3**	**61445.96**	**7323.7**	**34936.7**	**62244.0**	**22489.0**	**36.1**	**52.3**
北　京	5801.4	2214.7	4233.6	1632.4	2116.8	907.0	42.8	73.0
天　津	1752.1	730.6	648.2	285.1	727.6	312.1	42.9	37.0
河　北	5244.4	2754.7	3714.3	1975.7	2820.6	1107.2	39.3	70.8
山　西	1839.5	926.5	809.3	422.5	954.6	262.9	27.5	44.0
内蒙古	1272.5	685.0	313.0	200.0	844.6	317.2	37.6	24.6
辽　宁	4524.0	2317.5	2941.3	1443.6	2286.9	972.5	42.5	65.0
吉　林	1289.6	832.7	594.7	401.9	826.0	323.5	39.2	46.1
黑龙江	2231.1	1323.5	1245.0	743.2	1330.3	568.9	42.8	55.8
上　海	4419.1	1749.2	2940.4	1359.4	1603.2	595.0	37.1	66.5
江　苏	15750.6	8969.7	8270.2	4955.2	8490.3	3586.1	42.2	52.5
浙　江	12072.0	5347.2	6565.4	3218.7	5546.7	2076.6	37.4	54.4
安　徽	3633.5	1916.8	1381.5	823.8	1988.5	486.5	24.5	38.0
福　建	3480.2	1530.8	2152.0	919.2	1556.9	244.9	15.7	61.8
江　西	2040.2	910.6	997.8	493.0	983.2	245.1	24.9	48.9
山　东	9045.9	4663.3	4790.8	2630.4	4650.6	1582.5	34.0	53.0
河　南	4984.4	2481.0	2926.6	1576.8	2447.9	888.2	36.3	58.7
湖　北	4604.2	2125.0	2179.0	960.2	1982.3	496.3	25.0	47.3
湖　南	4719.6	2174.6	2024.8	1080.9	2279.9	772.7	33.9	42.9
广　东	13921.3	4690.6	5464.7	2348.8	5032.9	1931.3	38.4	39.3
广　西	2427.9	1026.6	801.7	396.5	1156.1	239.6	20.7	33.0
海　南	450.3	231.4	250.1	119.0	208.5	64.2	30.8	55.5
重　庆	4451.1	2443.7	2641.8	1598.5	2562.7	980.8	38.3	59.4
四　川	8815.4	4494.4	4309.9	2500.4	4638.5	1684.4	36.3	48.9
贵　州	1277.5	536.4	661.9	303.8	599.6	147.1	24.5	51.8
云　南	2873.1	1413.7	923.1	529.4	1704.0	656.4	38.5	32.1
西　藏	39.8	32.6	21.5	18.4	33.4	15.8	47.5	54.0
陕　西	1875.6	941.2	1317.7	729.6	881.7	430.1	48.8	70.3
甘　肃	1776.4	789.1	1147.9	620.5	858.1	287.8	33.5	64.6
青　海	283.1	157.8	202.1	114.3	149.4	44.7	29.9	71.4
宁　夏	384.1	257.1	199.6	134.7	234.8	65.0	27.7	52.0
新　疆	1400.3	778.1	653.9	400.7	747.2	196.6	26.3	46.7

各地区地方和中央房屋建筑面积和工程质量(一)

地　区	房屋建筑施工面积(万平方米)	本年新开工面积	投标承包面积	本年新开工	房屋建筑竣工面积(万平方米)	优良品面积	房屋建筑面积优良品率(%)	投标承包面积占房屋建筑施工面积的比重(%)
全国总计	**128680.3**	**61445.9**	**67323.7**	**34936.7**	**62244.0**	**22489.0**	**36.1**	**52.3**
一、地方所属单位	**117587.3**	**57456.5**	**59814.3**	**32167.4**	**58586.9**	**20578.9**	**35.1**	**50.9**
北　京	4140.2	1597.3	2906.6	1116.0	1584.2	583.0	36.8	70.2
天　津	1307.5	610.8	364.1	205.3	604.5	253.5	41.9	27.8
河　北	4287.7	2454.8	2934.2	1743.0	2557.0	951.5	37.2	68.4
山　西	1369.3	722.5	583.3	337.2	764.3	204.2	26.7	42.6
内蒙古	1169.2	637.9	302.2	191.8	795.1	291.3	36.6	25.9
辽　宁	3996.8	2126.0	2589.6	1322.0	2084.2	850.3	40.8	64.8
吉　林	1144.8	764.3	544.4	378.1	760.9	302.1	39.7	47.6
黑龙江	2016.6	1197.8	1165.5	683.4	1194.2	484.1	40.5	57.8
上　海	4185.6	1642.9	2808.1	1285.6	1518.5	553.6	36.5	67.1
江　苏	15373.8	8815.2	7937.3	4810.2	8412.4	3540.7	42.1	51.6
浙　江	12057.4	5346.0	6564.1	3217.8	5542.8	2074.4	37.4	54.4
安　徽	3270.8	1790.1	1224.3	771.3	1859.7	426.8	23.0	37.4
福　建	3042.8	1422.1	1806.9	830.6	1429.9	205.3	14.4	59.4
江　西	1959.6	875.8	938.3	470.3	940.8	222.1	23.6	47.9
山　东	8216.7	4412.2	4195.7	2442.2	4424.8	1427.5	32.3	51.1
河　南	4510.3	2301.9	2570.4	1434.0	2314.7	819.6	35.4	57.0
湖　北	3499.7	1813.0	1367.4	699.0	1738.5	333.8	19.2	39.1
湖　南	4410.6	2096.6	1839.9	1034.8	2185.7	720.7	33.0	41.7
广　东	13446.1	4549.2	5085.8	2232.4	4899.3	1830.8	37.4	37.8
广　西	2374.4	1013.3	792.1	393.0	1129.2	231.7	20.5	33.4
海　南	450.3	231.4	250.1	119.0	208.5	64.2	30.8	55.5
重　庆	4280.7	2369.8	2504.5	1538.0	2490.5	930.9	37.4	58.5
四　川	8349.1	4321.7	4063.4	2388.7	4467.3	1605.8	35.9	48.7
贵　州	944.6	432.6	401.9	215.3	484.9	104.9	21.6	42.6
云　南	2756.1	1355.7	855.8	493.4	1663.3	637.1	38.3	31.1
西　藏	39.5	32.2	21.5	18.4	33.3	15.8	47.5	54.4
陕　西	1644.2	832.4	1169.4	644.9	792.1	380.4	48.0	71.1
甘　肃	1684.2	751.0	1102.5	601.4	813.2	280.9	34.5	65.5
青　海	270.4	149.3	191.6	105.8	140.8	41.9	29.8	70.9
宁　夏	381.3	254.2	199.6	134.7	232.1	64.6	27.8	52.3
新　疆	1007.0	536.4	534.0	310.0	520.2	145.5	28.0	53.0

各地区地方和中央房屋建筑面积和工程质量(二)

地　区	房屋建筑施工面积（万平方米）	本年新开工面积	投标承包面积	本年新开工	房屋建筑竣工面积（万平方米）	优良品面积	房屋建筑面积优良品率（%）	投标承包面积占房屋建筑施工面积的比重（%）
二、中央所属单位	**11092.9**	**3989.4**	**7509.4**	**2769.2**	**3657.1**	**1910.1**	**52.2**	**67.7**
北　京	1661.2	617.4	1326.9	516.4	532.6	324.0	60.8	79.9
天　津	444.6	119.7	284.2	79.8	123.1	58.7	47.7	63.9
河　北	956.7	299.9	780.1	232.8	263.7	155.7	59.0	81.5
山　西	470.3	204.0	226.0	85.2	190.3	58.7	30.9	48.1
内蒙古	103.3	47.1	10.8	8.2	49.5	25.8	52.1	10.5
辽　宁	527.1	191.5	351.6	121.6	202.7	122.2	60.3	66.7
吉　林	144.8	68.4	50.3	23.8	65.1	21.4	32.9	34.7
黑龙江	214.5	125.7	79.4	59.9	136.0	84.8	62.4	37.0
上　海	233.6	106.3	132.3	73.8	84.7	41.5	48.9	56.6
江　苏	376.8	154.5	332.9	145.0	77.9	45.4	58.2	88.4
浙　江	14.6	1.2	1.4	0.8	3.9	2.2	56.3	9.4
安　徽	362.7	126.7	157.2	52.5	128.9	59.7	46.4	43.3
福　建	437.4	108.6	345.2	88.6	127.0	39.7	31.2	78.9
江　西	80.6	34.8	59.6	22.8	42.4	23.0	54.3	73.9
山　东	829.2	251.1	595.1	188.2	225.8	155.0	68.6	71.8
河　南	474.1	179.1	356.3	142.8	133.2	68.7	51.5	75.2
湖　北	1104.5	312.0	811.7	261.3	243.8	162.5	66.7	73.5
湖　南	309.0	78.0	184.9	46.1	94.2	52.0	55.1	59.8
广　东	475.2	141.3	378.9	116.4	133.5	100.5	75.2	79.7
广　西	53.5	13.3	9.6	3.5	26.9	8.0	29.6	17.9
海　南	－－	－－	－－	－－	－－	－－	－－	－－
重　庆	170.4	74.0	137.3	60.5	72.3	49.9	69.1	80.6
四　川	466.3	172.8	246.4	111.8	171.2	78.5	45.9	52.9
贵　州	332.9	103.9	259.9	88.5	114.8	42.2	36.7	78.1
云　南	117.0	58.0	67.3	36.0	40.7	19.3	47.5	57.5
西　藏	0.3	0.3	－－	－－	－－	－－	－－	－－
陕　西	231.4	108.8	148.3	84.8	89.6	49.6	55.4	64.1
甘　肃	92.3	38.0	45.4	19.0	45.0	6.9	15.4	49.2
青　海	12.7	8.5	10.4	8.5	8.6	2.8	32.4	82.4
宁　夏	2.8	2.8	－－	－－	2.7	0.4	14.7	－－
新　疆	393.2	241.7	119.9	90.8	227.0	51.1	22.5	30.5

各地区按主要用途分的房屋建筑竣工面积

单位:万平方米

地区	合计	厂房	住宅	办公用房	商业、居民服务业用房	文化教育用房	医疗用房	科研用房	其他用房
全国总计	**62244.0**	**7023.1**	**33457.8**	**7148.0**	**6142.13**	**466.7**	**712.2**	**227.4**	**4066.6**
北京	2116.8	172.0	1137.1	269.8	261.5	89.3	12.8	27.1	147.3
天津	727.6	91.5	398.8	59.8	41.3	33.7	2.2	2.4	98.0
河北	2820.6	265.4	1626.3	396.6	174.5	169.7	39.0	15.5	133.5
山西	954.6	81.8	605.7	139.5	39.2	37.1	6.3	1.8	43.2
内蒙古	844.6	73.0	530.1	82.1	56.8	54.9	8.2	2.0	37.4
辽宁	2286.9	222.6	1483.0	173.5	188.4	84.0	13.1	12.0	110.3
吉林	826.0	112.3	472.3	88.0	40.7	42.7	5.6	0.7	63.6
黑龙江	1330.3	96.5	886.7	133.4	88.8	49.5	12.4	3.7	59.2
上海	1603.2	260.5	783.9	164.7	163.7	70.2	17.7	4.1	138.4
江苏	8490.3	979.5	4217.4	1040.9	960.3	437.5	99.8	34.9	720.1
浙江	5546.7	745.8	2749.5	619.0	649.7	318.7	66.1	20.9	377.1
安徽	1988.5	256.6	935.1	264.8	249.0	138.2	27.1	2.4	115.3
福建	1556.9	186.7	817.3	188.3	162.1	94.3	22.2	2.2	83.7
江西	983.2	87.5	558.7	135.5	81.6	54.9	5.9	0.6	58.4
山东	4650.6	608.2	2490.3	569.1	405.1	223.3	63.1	12.2	279.2
河南	2447.9	230.2	1380.0	290.4	198.4	162.6	33.3	10.9	142.1
湖北	1982.3	186.9	948.2	242.3	219.3	171.0	23.5	9.6	181.4
湖南	2279.9	197.6	1159.3	332.9	218.3	138.0	25.6	13.6	194.6
广东	5032.9	777.5	2684.1	455.4	566.1	255.5	48.5	4.4	241.2
广西	1156.1	103.4	589.7	128.8	141.5	85.0	18.3	0.6	88.8
海南	208.5	3.8	131.5	15.6	24.4	11.9	2.3	0.9	18.0
重庆	2562.7	313.2	1460.2	232.4	274.0	130.3	26.7	9.5	116.5
四川	4638.5	443.1	2589.8	505.8	485.1	253.8	60.4	13.7	286.9
贵州	599.6	64.6	334.0	65.2	40.5	38.1	7.9	1.3	48.1
云南	1704.0	199.0	808.4	217.2	185.8	138.9	31.1	7.0	116.6
西藏	33.4	0.5	15.2	6.7	3.5	4.2	0.7	0.1	2.4
陕西	881.7	88.7	527.8	101.8	57.0	63.5	12.2	3.1	27.7
甘肃	858.1	82.3	493.5	115.5	64.3	43.1	8.1	5.0	46.4
青海	149.4	10.2	98.1	13.3	13.9	4.1	2.0	0.5	7.5
宁夏	234.8	20.9	137.7	23.9	25.7	11.3	1.4	0.2	13.7
新疆	747.2	61.3	407.9	75.8	61.8	57.4	8.8	4.5	69.8

各地区地方和中央按主要用途分的房屋建筑竣工面积(一)

单位:万平方米

地区	合计	厂房	住宅	办公用房	商业、居民服务业用房	文化教育用房	医疗用房	科研用房	其他用房
全国总计	**62244.0**	**7023.1**	**33457.8**	**7148.0**	**6142.1**	**3466.7**	**712.2**	**227.4**	**4066.6**
一、地方所属单位	**58586.9**	**6264.9**	**31891.6**	**6840.2**	**5670.3**	**3369.4**	**667.8**	**189.5**	**3693.2**
北京	1584.2	107.1	919.5	213.5	150.7	75.1	8.8	13.1	96.5
天津	604.5	52.4	338.2	51.6	36.9	32.6	2.1	1.9	88.9
河北	2557.0	205.2	1519.3	370.2	142.2	160.5	33.9	10.7	115.1
山西	764.3	53.9	485.1	124.3	32.2	32.8	5.8	1.8	28.5
内蒙古	795.1	65.5	498.1	78.0	56.3	53.8	8.2	2.0	33.1
辽宁	2084.2	195.3	1371.6	162.4	170.5	78.4	11.9	8.0	86.1
吉林	760.9	106.0	429.3	86.3	35.5	41.4	4.4	0.5	57.5
黑龙江	1194.2	73.3	795.6	127.9	85.9	47.1	10.2	2.8	51.4
上海	1518.5	211.4	777.8	162.0	156.3	66.2	13.2	4.1	127.4
江苏	8412.4	950.9	4204.1	1035.6	946.5	435.7	99.2	31.6	708.8
浙江	5542.8	743.8	2749.5	618.7	648.3	318.7	66.1	20.9	376.9
安徽	1859.7	210.9	887.8	247.4	242.7	135.0	25.6	2.4	107.8
福建	1429.9	150.3	765.6	186.2	133.5	93.8	21.3	2.2	77.0
江西	940.8	75.6	545.1	132.9	78.7	54.4	5.9	0.6	47.6
山东	4424.8	564.7	2425.3	518.8	377.6	215.6	56.9	11.8	254.1
河南	2314.7	201.0	1313.5	276.8	188.9	160.3	30.0	10.9	133.3
湖北	1738.5	124.2	919.7	229.1	134.2	163.7	20.9	7.5	139.3
湖南	2185.7	187.0	1130.1	323.3	195.6	134.6	25.2	11.8	178.1
广东	4899.3	751.8	2616.9	444.0	543.9	254.7	48.4	4.4	235.3
广西	1129.2	101.0	576.7	128.1	135.7	83.9	18.1	0.6	85.1
海南	208.5	3.8	131.5	15.6	24.4	11.9	2.3	0.9	18.0
重庆	2490.5	297.6	1426.0	231.8	257.4	129.7	25.6	9.4	113.0
四川	4467.3	405.8	2513.0	497.2	470.8	251.2	59.4	13.3	256.8
贵州	484.9	30.1	286.7	52.0	36.1	36.5	7.4	0.4	35.6
云南	1663.3	184.4	792.2	213.1	184.4	138.4	30.1	7.0	113.8
西藏	33.3	0.5	15.2	6.7	3.4	4.2	0.7	0.1	2.4
陕西	792.1	69.2	477.6	96.9	54.2	61.8	11.6	2.9	18.0
甘肃	813.2	68.9	473.5	113.7	64.3	42.1	6.9	3.8	39.9
青海	140.8	8.2	93.0	13.1	12.5	4.1	2.0	0.5	7.4
宁夏	232.1	20.9	136.4	23.9	25.7	11.3	1.4	0.2	12.4
新疆	520.2	43.8	277.8	59.5	44.8	40.0	4.4	1.6	48.2

各地区地方和中央按主要用途分的房屋建筑竣工面积(二)

单位:万平方米

地区	合计	厂房	住宅	办公用房	商业、居民服务业用房	文化教育用房	医疗用房	科研用房	其他用房
二、中央所属单位	**3657.1**	**758.3**	**1566.2**	**307.8**	**471.8**	**97.3**	**44.3**	**37.9**	**373.4**
北京	532.6	64.9	217.6	56.3	110.8	14.2	4.0	14.0	50.8
天津	123.1	39.1	60.6	8.2	4.4	1.2	— —	0.5	9.1
河北	263.7	60.2	107.1	26.4	32.3	9.2	5.1	4.9	18.4
山西	190.3	27.8	120.6	15.2	7.0	4.4	0.5	— —	14.8
内蒙古	49.5	7.5	32.0	4.1	0.4	1.2	— —	— —	4.3
辽宁	202.7	27.3	111.3	11.1	17.9	5.6	1.2	4.0	24.2
吉林	65.1	6.3	43.1	1.7	5.2	1.3	1.2	0.2	6.1
黑龙江	136.0	23.2	91.1	5.5	3.0	2.3	2.2	1.0	7.7
上海	84.7	49.1	6.1	2.7	7.4	3.9	4.5	— —	11.1
江苏	77.9	28.6	13.3	5.3	13.8	1.8	0.5	3.3	11.4
浙江	3.9	2.0	— —	0.3	1.4	— —	— —	— —	0.2
安徽	128.9	45.7	47.3	17.4	6.3	3.2	1.5	— —	7.5
福建	127.0	36.4	51.7	2.2	28.6	0.5	0.9	— —	6.7
江西	42.4	11.9	13.7	2.7	2.9	0.5	— —	— —	10.8
山东	225.8	43.5	65.0	50.4	27.4	7.8	6.2	0.4	25.0
河南	133.2	29.1	66.5	13.6	9.5	2.3	3.3	— —	8.8
湖北	243.8	62.8	28.5	13.2	85.0	7.3	2.6	2.1	42.2
湖南	94.2	10.6	29.3	9.6	22.7	3.4	0.4	1.9	16.5
广东	133.5	25.7	67.3	11.5	22.2	0.9	0.1	— —	5.9
广西	26.9	2.4	13.1	0.8	5.8	1.0	0.1	— —	3.7
海南	— —	— —	— —	— —	— —	— —	— —	— —	— —
重庆	72.3	15.6	34.1	0.6	16.6	0.6	1.2	0.1	3.5
四川	171.2	37.3	76.8	8.6	14.3	2.6	1.0	0.4	30.1
贵州	114.8	34.4	47.3	13.2	4.4	1.6	0.5	0.9	12.5
云南	40.7	14.6	16.3	4.1	1.4	0.5	0.9	— —	2.8
西藏	— —	— —	— —	— —	— —	— —	— —	— —	— —
陕西	89.6	19.5	50.3	4.9	2.8	1.6	0.6	0.3	9.7
甘肃	45.0	13.4	19.9	1.8	— —	1.0	1.3	1.2	6.4
青海	8.6	2.0	5.0	0.2	1.4	— —	— —	— —	0.1
宁夏	2.7	— —	1.4	— —	— —	— —	— —	— —	1.3
新疆	227.0	17.5	130.1	16.3	16.9	17.3	4.4	2.9	21.6

各地区各种用途的房屋建筑竣工面积占全部的比重

单位: %

地区	厂房	住宅	办公用房	商业、居民服务业用房	文化教育用房	医疗用房	科研用房	其他用房
全国总计	**11.3**	**53.8**	**11.5**	**9.9**	**5.6**	**1.1**	**0.4**	**6.5**
北京	8.1	53.7	12.7	12.4	4.2	0.6	1.3	7.0
天津	12.6	54.8	8.2	5.7	4.6	0.3	0.3	3.5
河北	9.4	57.7	14.1	6.2	6.0	1.4	0.5	4.7
山西	8.6	63.5	14.6	4.1	3.9	0.7	0.2	4.5
内蒙古	8.6	62.8	9.7	6.7	6.5	1.0	0.2	4.4
辽宁	9.7	64.8	7.6	8.2	3.7	0.6	0.5	4.8
吉林	13.6	57.2	10.7	4.9	5.2	0.7	0.1	7.7
黑龙江	7.3	66.7	10.0	6.7	3.7	0.9	0.3	4.5
上海	16.2	48.9	10.3	10.2	4.4	1.1	0.3	8.6
江苏	11.5	49.7	12.3	11.3	5.2	1.2	0.4	8.5
浙江	13.4	49.6	11.2	11.7	5.7	1.2	0.4	6.8
安徽	12.9	47.0	13.3	12.5	6.9	1.4	0.1	5.8
福建	12.0	52.5	12.1	10.4	6.1	1.4	0.1	5.4
江西	8.9	56.8	13.8	8.3	5.6	0.6	0.1	5.9
山东	13.1	53.5	12.2	8.7	4.8	1.4	0.3	6.0
河南	9.4	56.4	11.9	8.1	6.6	1.4	0.4	5.8
湖北	9.4	47.8	12.2	11.1	8.6	1.2	0.5	9.2
湖南	8.7	50.8	14.6	9.6	6.1	1.1	0.6	8.5
广东	15.4	53.3	9.0	11.2	5.1	1.0	0.1	4.8
广西	8.9	51.0	11.1	12.2	7.4	1.6	0.1	7.7
海南	1.8	63.1	7.5	11.7	5.7	1.1	0.4	8.6
重庆	12.2	57.0	9.1	10.7	5.1	1.0	0.4	4.5
四川	9.6	55.8	10.9	10.5	5.5	1.3	0.3	6.2
贵州	10.8	55.7	10.9	6.8	6.4	1.3	0.2	8.0
云南	11.7	47.4	12.7	10.9	8.2	1.8	0.4	6.8
西藏	1.5	45.5	20.1	10.5	12.6	2.1	0.3	7.2
陕西	10.1	59.9	11.5	6.5	7.2	1.4	0.4	3.1
甘肃	9.6	57.5	13.5	7.5	5.0	0.9	0.6	5.4
青海	6.8	65.7	8.9	9.3	2.7	1.3	0.3	5.0
宁夏	8.9	58.6	10.2	10.9	4.8	0.6	0.1	5.8
新疆	8.2	54.6	10.1	8.3	7.7	1.2	0.6	9.3

各地区地方和中央各种用途的房屋建筑竣工面积全部的比重(一)

单位: %

地　区	厂房	住宅	办公用房	商业、居民服务业用　房	文化教育用房	医疗用房	科研用房	其他用房
全国总计	**11.3**	**53.8**	**11.5**	**9.9**	**5.6**	**1.1**	**0.4**	**6.5**
一、地方所属单位	**10.7**	**54.4**	**11.7**	**9.7**	**5.8**	**1.1**	**0.3**	**6.3**
北　京	6.8	58.0	13.5	9.5	4.7	0.6	0.8	6.1
天　津	8.7	55.9	8.5	6.1	5.4	0.3	0.3	14.7
河　北	8.0	59.4	14.5	5.6	6.3	1.3	0.4	4.5
山　西	7.1	63.5	16.3	4.2	4.3	0.8	0.2	3.7
内蒙古	8.2	62.6	9.8	7.1	6.8	1.0	0.3	4.2
辽　宁	9.4	65.8	7.8	8.2	3.8	0.6	0.4	4.1
吉　林	13.9	56.4	11.3	4.7	5.4	0.6	0.1	7.6
黑龙江	6.1	66.6	10.7	7.2	3.9	0.9	0.2	4.3
上　海	13.9	51.2	10.7	10.3	4.4	0.9	0.3	8.4
江　苏	11.3	50.0	12.3	11.3	5.2	1.2	0.4	8.4
浙　江	13.4	49.6	11.2	11.7	5.7	1.2	0.4	6.8
安　徽	11.3	47.7	13.3	13.1	7.3	1.4	0.1	5.8
福　建	10.5	53.5	13.0	9.3	6.6	1.5	0.2	5.4
江　西	8.0	57.9	14.1	8.4	5.8	0.6	0.1	5.1
山　东	12.8	54.8	11.7	8.5	4.9	1.3	0.3	5.7
河　南	8.7	56.7	12.0	8.2	6.9	1.3	0.5	5.8
湖　北	7.1	52.9	13.2	7.7	9.4	1.2	0.4	8.0
湖　南	8.6	51.7	14.8	8.9	6.2	1.2	0.5	8.1
广　东	15.3	53.4	9.1	11.1	5.2	1.0	0.1	4.8
广　西	8.9	51.1	11.3	12.0	7.4	1.6	0.1	7.5
海　南	1.8	63.1	7.5	11.7	5.7	1.1	0.4	8.6
重　庆	11.9	57.3	9.3	10.3	5.2	1.0	0.4	4.5
四　川	9.1	56.3	11.1	10.5	5.6	1.3	0.3	5.7
贵　州	6.2	59.1	10.7	7.4	7.5	1.5	0.1	7.3
云　南	11.1	47.6	12.8	11.1	8.3	1.8	0.4	6.8
西　藏	1.5	45.6	20.1	10.2	12.6	2.1	0.3	7.2
陕　西	8.7	60.3	12.2	6.8	7.8	1.5	0.4	2.3
甘　肃	8.5	58.2	14.0	7.9	5.2	0.8	0.5	4.9
青　海	5.8	66.1	9.3	8.9	2.9	1.4	0.4	5.3
宁　夏	9.0	58.8	10.3	11.1	4.9	0.6	0.1	5.3
新　疆	8.4	53.4	11.4	8.6	7.7	0.8	0.3	9.3

各地区地方和中央各种用途的房屋建筑竣工面积占全部的比重(二)

单位: %

地　区	厂房	住宅	办公用房	商业、居民服务业用　房	文化教育用房	医疗用房	科研用房	其他用房
二、中央所属单位	**20.7**	**42.8**	**8.4**	**12.9**	**2.7**	**1.2**	**1.0**	**10.2**
北　京	12.2	40.9	10.6	20.8	2.7	0.8	2.6	9.5
天　津	31.8	49.2	6.7	3.6	1.0	——	0.4	7.4
河　北	22.8	40.6	10.0	12.2	3.5	1.9	1.9	7.0
山　西	14.6	63.4	8.0	3.7	2.3	0.3	——	7.8
内蒙古	15.2	64.6	8.3	0.8	2.4	——	——	8.7
辽　宁	13.5	54.9	5.5	8.8	2.8	0.6	2.0	11.9
吉　林	9.7	66.2	2.6	8.0	2.0	1.8	0.3	9.4
黑龙江	17.1	67.0	4.0	2.2	1.7	1.6	0.7	5.7
上　海	58.0	7.2	3.2	8.7	4.6	5.3	——	13.1
江　苏	36.7	17.1	6.8	17.7	2.3	0.6	4.2	14.6
浙　江	51.3	——	7.7	35.9	——	——	——	5.1
安　徽	35.5	36.7	13.5	4.9	2.5	1.2	——	5.8
福　建	28.7	40.7	1.7	22.5	0.4	0.7	——	5.3
江　西	28.1	32.3	6.4	6.8	1.2	——	——	25.5
山　东	19.3	28.8	22.3	12.1	3.5	2.7	0.2	11.1
河　南	21.8	49.9	10.2	7.1	1.7	2.5	——	6.6
湖　北	25.8	11.7	5.4	34.9	3.0	1.1	0.9	17.3
湖　南	11.3	31.1	10.2	24.1	3.6	0.4	2.0	17.5
广　东	19.3	50.4	8.6	16.6	0.7	0.1	——	4.4
广　西	8.9	48.7	3.0	21.6	3.7	0.4	——	13.8
海　南	——	——	——	——	——	——	——	——
重　庆	21.6	47.2	0.8	23.0	0.8	1.7	0.1	4.8
四　川	21.8	44.9	5.0	8.4	1.5	0.6	0.2	17.6
贵　州	30.0	41.2	11.5	3.8	1.4	0.4	0.8	10.9
云　南	35.9	40.0	10.1	3.4	1.2	2.2	——	6.9
西　藏	——	——	——	——	——	——	——	——
陕　西	21.8	56.1	5.5	3.1	1.8	0.7	0.3	10.8
甘　肃	29.8	44.2	4.0	——	2.2	2.9	2.7	14.2
青　海	23.3	58.1	2.3	16.3	——	——	——	1.2
宁　夏	——	51.9	——	——	——	——	——	48.1
新　疆	7.7	57.3	7.2	7.4	7.6	1.9	1.3	9.5

各地区机械设备装备情况

地　区	自有机械设备年末总台数(台)	自有机械设备年末总功率(万千瓦)	施工机械功率	自有机械设备净值(万元)	技术装备率(元/人)	动力装备率(千瓦/人)
全国总计	**5604603**	**8668.5**	**6782.4**	**9938659**	**4729**	**4.1**
北　京	152097	322.3	221.9	401248	4995	4.0
天　津	62462	151.2	113.2	207571	7094	5.2
河　北	291844	483.6	399.6	490334	4995	4.9
山　西	112650	202.2	144.9	228983	4850	4.3
内蒙古	77693	157.5	115.3	109488	3369	4.8
辽　宁	260545	592.9	445.6	513275	4580	5.3
吉　林	72459	166.0	117.5	174866	4922	4.7
黑龙江	137987	379.4	294.7	306199	4766	5.9
上　海	115436	191.7	144.2	376332	6428	3.3
江　苏	560987	657.3	533.7	915233	4429	3.2
浙　江	449133	505.9	424.2	888517	6372	3.6
安　徽	168510	234.9	183.6	227885	3374	3.5
福　建	137367	177.9	152.1	236207	4898	3.7
江　西	82874	115.6	91.2	108410	3200	3.4
山　东	441420	681.5	532.5	709007	4076	3.9
河　南	244518	340.6	254.5	371960	3974	3.6
湖　北	229792	314.8	239.4	444894	5847	4.1
湖　南	259409	335.5	277.1	321180	3954	4.1
广　东	539581	741.8	625.5	889819	6522	5.4
广　西	137140	169.8	133.8	175638	4912	4.7
海　南	19028	43.6	27.6	39559	4395	4.8
重　庆	163972	235.7	188.7	278904	4043	3.4
四　川	359744	564.1	449.3	534210	3463	3.7
贵　州	44519	74.8	52.1	104343	4419	3.2
云　南	146474	238.8	185.8	280162	5221	4.4
西　藏	3777	15.4	11.0	17197	10244	9.2
陕　西	121533	207.0	164.6	217925	4559	4.3
甘　肃	90521	124.0	94.5	136874	3231	2.9
青　海	26509	45.8	31.9	42498	4444	4.8
宁　夏	30370	48.1	35.9	50324	4767	4.6
新　疆	64252	148.8	96.4	139617	4747	5.1

各地区地方和中央机械设备装备情况(一)

地　区	自有机械设备年末总台数(台)	自有机械设备年末总功率(万千瓦)	施工机械功率	自有机械设备净值(万元)	技术装备率(元/人)	动力装备率(千瓦/人)
全国总计	**5604603**	**8668.5**	**6782.4**	**9938659**	**4729**	**4.1**
一、地方所属单位	**4970226**	**6677.8**	**5279.1**	**7495407**	**4117**	**3.7**
北　京	113852	208.6	140.1	258132	4507	3.6
天　津	42860	75.0	55.3	87529	4569	3.9
河　北	249769	351.7	301.7	332279	4142	4.4
山　西	69378	104.7	70.5	104145	3582	3.6
内蒙古	70416	137.7	101.1	97536	3357	4.7
辽　宁	223372	461.8	343.1	387056	4203	5.0
吉　林	57725	126.4	87.9	130984	4514	4.4
黑龙江	109180	240.8	188.1	212913	4004	4.5
上　海	90327	111.9	79.2	228105	4657	2.3
江　苏	542330	614.0	506.2	846358	4233	3.1
浙　江	442176	492.0	416.2	866722	6297	3.6
安　徽	145203	140.6	112.6	142857	2595	2.6
福　建	128627	149.6	128.5	189028	4304	3.4
江　西	71811	83.2	64.5	67823	2281	2.8
山　东	401739	561.8	447.8	543552	3449	3.6
河　南	211611	248.6	197.2	263701	3262	3.1
湖　北	188217	172.0	129.2	205064	3518	3.0
湖　南	233523	261.0	221.1	227323	3168	3.6
广　东	521450	679.9	573.6	790956	6080	5.2
广　西	127465	140.6	107.5	148708	4491	4.2
海　南	19028	43.6	27.6	39559	4395	4.8
重　庆	152329	206.9	165.8	244348	3865	3.3
四　川	318396	436.8	354.6	404751	2980	3.2
贵　州	33283	47.1	33.3	48215	2768	2.7
云　南	135005	199.3	150.6	233684	4694	4.0
西　藏	2789	6.8	5.1	5149	3913	5.2
陕　西	95629	112.5	86.9	119863	3514	3.3
甘　肃	76721	87.4	68.6	101512	2765	2.4
青　海	21687	31.7	21.6	26046	3436	4.2
宁　夏	30308	48.0	35.8	50147	4884	4.7
新　疆	44020	95.9	58.0	91360	4724	5.0

各地区地方和中央机械设备装备情况(二)

地　区	自有机械设备年末总台数(台)	自有机械设备年末总功率(万千瓦)	施工机械功率	自有机械设备净值(万元)	技术装备率(元/人)	动力装备率(千瓦/人)
二、中央所属单位	**634377**	**1990.7**	**1503.3**	**2443252**	**8697**	**7.1**
北　京	38245	113.7	81.8	143115	6206	4.9
天　津	19602	76.2	57.9	120042	11883	7.5
河　北	42075	131.9	97.9	158055	8802	7.3
山　西	43272	97.6	74.4	124838	6883	5.4
内蒙古	7277	19.8	14.3	11951	3467	5.7
辽　宁	37173	131.2	102.5	126219	6315	6.6
吉　林	14734	39.7	29.7	43881	6737	6.1
黑龙江	28807	138.5	106.6	93286	8428	12.5
上　海	25109	79.8	64.9	148227	15492	8.3
江　苏	18657	43.3	27.4	68875	10240	6.4
浙　江	6957	13.9	8.0	21795	12065	7.7
安　徽	23307	94.3	71.0	85029	6803	7.5
福　建	8740	28.3	23.6	47179	10944	6.6
江　西	11063	32.4	26.7	40588	9796	7.8
山　东	39681	119.6	84.7	165455	10143	7.3
河　南	32907	92.0	57.3	108260	8483	7.2
湖　北	41575	142.8	110.1	239830	13475	8.0
湖　南	25886	74.4	56.1	93857	9928	7.9
广　东	18131	62.0	51.9	98863	15554	9.7
广　西	9675	29.2	26.3	26930	10210	11.1
海　南	— —	— —	— —	— —	— —	— —
重　庆	11643	28.8	22.9	34556	6009	5.0
四　川	41348	127.3	94.8	129459	7023	6.9
贵　州	11236	27.8	18.9	56128	9067	4.5
云　南	11469	39.5	35.1	46478	11993	10.2
西　藏	988	8.6	6.0	12048	33198	23.8
陕　西	25904	94.5	77.7	98062	7164	6.9
甘　肃	13800	36.6	25.9	35362	6269	6.5
青　海	4822	14.0	10.3	16451	8294	7.1
宁　夏	62	0.2	0.1	177	611	0.5
新　疆	20232	53.0	38.5	48257	4793	5.3

各地区建筑业增加值及其构成(一)

单位:万元

地区	建筑业增加值合计	本年提取固定资产折旧	应付工资总额	应付福利费总额
全国总计	**25405426**	**1651237**	**12582296**	**1452267**
北京	1424872	84057	644799	72506
天津	508102	49373	207419	24767
河北	1058799	72702	477891	46583
山西	571361	44666	239509	28418
内蒙古	309691	18279	172160	23277
辽宁	1331824	101222	632383	82102
吉林	428432	28871	200516	24684
黑龙江	720763	49289	350083	39198
上海	1209914	70000	493789	54948
江苏	2620881	133935	1516073	246708
浙江	2212090	115975	1239558	103001
安徽	680801	37461	315736	38236
福建	618988	33149	306572	32109
江西	256353	19095	139345	13717
山东	1894007	128612	892355	107007
河南	795700	50975	372563	41188
湖北	951010	74768	422878	41464
湖南	836320	59099	425762	49782
广东	1964243	137734	968692	104292
广西	378210	28659	191397	17473
海南	73788	2735	37422	2668
重庆	677742	39452	367952	42176
四川	1593421	101362	861751	95284
贵州	230913	18155	116204	11409
云南	613405	43384	290289	28171
西藏	33468	5278	18954	1260
陕西	508819	38349	231199	29890
甘肃	347624	20609	167009	17927
青海	97950	9238	48080	5026
宁夏	110707	7387	60730	6881
新疆	345229	27367	173225	20115

各地区地方和中央建筑业增加值及其构成(二)

位:万元

地区	工程结算税金及附加	工程结算利润	管理费用中的税金	管理费用中的劳动、待业保险费	转作奖金的利润
全国总计	2535052	7412511	181609	854262	68783
北京	141868	511534	7690	47441	8586
天津	46985	190613	2590	28899	734
河北	107938	346306	9154	40510	1399
山西	52070	210273	3418	32006	1063
内蒙古	31283	80903	4284	15676	116
辽宁	128021	396882	7543	52286	1807
吉林	41646	126917	2014	18932	511
黑龙江	65413	216595	3202	18587	454
上海	130463	432612	7788	57681	3106
江苏	244263	613193	11360	43673	7834
浙江	245879	538196	8764	31031	11127
安徽	65534	207930	6202	34984	2293
福建	76526	163942	5034	16520	855
江西	28667	70806	2636	8375	613
山东	180551	612440	16938	44214	8978
河南	80678	264841	5657	38737	959
湖北	95510	320325	11728	45005	1452
湖南	84576	218303	8093	26704	2030
广东	205309	554457	13647	39472	5709
广西	41066	88513	3944	22355	849
海南	9735	18046	1532	4184	307
重庆	69056	162462	4354	14234	1672
四川	147132	397468	11305	58500	2260
贵州	22800	68715	2022	5799	108
云南	66247	168330	5919	27151	1312
西藏	1150	15235	217	1308	88
陕西	40954	160876	4609	25833	511
甘肃	32476	102001	5528	17759	721
青海	8936	27563	710	5325	40
宁夏	8960	28020	769	4332	103
新疆	33360	98216	2957	26751	1184

各地区地方和中央建筑业增加值及其构成(一)

单位:万元

地区	建筑业增加值合计	本年提取固定资产折旧	应付工资总额	应付福利费总额
全国总计	**25405426**	**1651237**	**12582296**	**1452267**
一、地方所属单位	**19424790**	**1130544**	**10111779**	**1139300**
北京	998535	49592	479121	51665
天津	255613	15757	105416	12893
河北	657008	38210	328362	27291
山西	259509	17682	115743	14190
内蒙古	256671	15757	144410	20280
辽宁	948295	70083	474113	62459
吉林	309861	19343	153548	18248
黑龙江	520597	32733	261514	28960
上海	879542	46873	349706	40987
江苏	2410962	119704	1431973	235720
浙江	2139084	110454	1211139	98652
安徽	445076	20807	218305	21395
福建	513492	25596	262345	26184
江西	180381	10782	104916	9429
山东	1486548	94613	710515	83705
河南	517782	30130	273721	26267
湖北	475446	30817	238711	19249
湖南	631448	37941	338905	38576
广东	1796046	118533	902299	96695
广西	318468	23956	164266	14471
海南	73788	2735	37422	2668
重庆	586356	33283	329500	36759
四川	1196171	69183	679347	72432
贵州	115311	8406	66373	5724
云南	518124	32215	252845	23482
西藏	26632	1213	13564	506
陕西	271205	14831	129029	15437
甘肃	247165	12794	124991	11968
青海	56469	2988	30823	2714
宁夏	107308	7291	58850	6720
新疆	225896	16241	120005	13574

各地区地方和中央建筑业增加值及其构成(二)

单位:万元

地区	建筑业增加值合计	本年提取固定资产折旧	应付工资总额	应付福利费总额
二、中央所属单位	**5980636**	**520693**	**2470517**	**312967**
北京	426336	34465	165677	20841
天津	252490	33617	102003	11873
河北	401790	34492	149529	19292
山西	311851	26984	123765	14228
内蒙古	53019	2523	27750	2997
辽宁	383528	31140	158270	19643
吉林	118571	9527	46969	6435
黑龙江	200165	16556	88569	10238
上海	330372	23127	144083	13961
江苏	209919	14230	84099	10988
浙江	73007	5521	28419	4349
安徽	235725	16654	97431	16840
福建	105496	7553	44227	5925
江西	75972	8313	34429	4288
山东	407459	34000	181840	23303
河南	277917	20845	98842	14922
湖北	475564	43951	184167	22214
湖南	204873	21157	86857	11206
广东	168197	19201	66393	7598
广西	59743	4703	27131	3002
海南	— —	— —	— —	— —
重庆	91386	6168	38452	5417
四川	397250	32179	182405	22853
贵州	115603	9748	49831	5685
云南	95281	11168	37444	4689
西藏	6836	4065	5389	754
陕西	237613	23517	102170	14453
甘肃	100459	7815	42018	5959
青海	41481	6250	17257	2312
宁夏	3399	96	1880	161
新疆	119333	11126	53220	6541

各地区地方和中央建筑业增加值及其构成(三)

位:万元

地区	工程结算税金及附加	工程结算利润	管理费用中的税金	管理费用中的劳动、待业保险费	转作奖金的利润
全国总计	**2535052**	**7412511**	**181609**	**854262**	**68783**
一、地方所属单位	**2027042**	**5319690**	**152434**	**488166**	**60692**
北京	94913	341038	6068	32095	3148
天津	23539	102869	1715	16958	664
河北	71945	191449	6960	14851	1380
山西	26156	81221	2472	14606	1063
内蒙古	27020	68183	3743	9624	116
辽宁	94135	259593	6184	34621	1760
吉林	29884	82957	1839	15350	407
黑龙江	53040	148654	2801	10556	397
上海	104797	327178	7138	30578	3092
江苏	225336	541882	10866	29985	7834
浙江	239645	510746	8544	26405	10916
安徽	47488	132559	4839	10064	2226
福建	63266	127997	4462	13561	580
江西	23170	47797	2323	3797	533
山东	144255	479841	15178	27793	8750
河南	56044	159948	4933	18066	904
湖北	56298	144154	4893	14875	1443
湖南	66961	159427	7373	10693	2030
广东	189807	495938	12970	34238	5127
广西	36318	71660	3792	15280	826
海南	9735	18046	1532	4184	307
重庆	61283	130392	3995	11048	1621
四川	119726	269318	9227	28585	2237
贵州	12555	24395	1196	2543	108
云南	59274	139338	5605	17477	1311
西藏	1150	12880	217	892	88
陕西	24809	79971	3328	10578	452
甘肃	25301	68075	4887	10120	719
青海	5880	16117	553	2055	35
宁夏	8736	26826	764	4332	103
新疆	24575	59245	2035	12358	514

各地区地方和中央建筑业增加值及其构成(四)

单位:万元

地区	工程结算税金及附加	工程结算利润	管理费用中的税金	管理费用中的劳动、待业保险费	转作奖金的利润
二、中央所属单位	**508010**	**2092821**	**29176**	**366095**	**8091**
北京	46955	170496	1623	15346	5438
天津	23446	87744	875	11941	70
河北	35993	154857	2193	25659	19
山西	25914	129052	946	17399	——
内蒙古	4263	12720	541	6052	——
辽宁	33886	137288	1360	17665	47
吉林	11762	43960	175	3582	104
黑龙江	12373	67941	400	8031	57
上海	25666	105434	650	27103	14
江苏	18926	71312	494	13688	——
浙江	6234	27450	220	4626	212
安徽	18045	75371	1362	24920	67
福建	13260	35944	572	2959	275
江西	5496	23010	313	4578	80
山东	36296	132599	1760	16421	228
河南	24634	104894	724	20672	55
湖北	39212	176172	6835	30130	10
湖南	17615	58876	720	16010	——
广东	15503	58520	677	5234	582
广西	4748	16852	152	7075	23
海南	——	——	——	——	——
重庆	7773	32070	359	3185	50
四川	27407	128150	2077	29915	22
贵州	10244	44320	826	3256	——
云南	6973	28992	314	9673	1
西藏	——	2354	——	416	——
陕西	16145	80906	1281	15254	59
甘肃	7175	33927	641	7639	2
青海	3056	11446	156	3271	5
宁夏	224	1194	6	——	——
新疆	8784	38971	922	14393	670

各地区建筑业劳动生产率

地　区	建筑业企业个数（个）	计算劳动生产率的平均人数（万人）	按总产值计算的劳动生产率（元/人）	按增加值计算的劳动生产率（元/人）	人均竣工产值（元/人）	人均施工面积（平米/人）	人均竣工面积（平米/人）
全国总计	**44017**	**2101.51**	**43428**	**12089**	**31723**	**61.2**	**29.6**
北　京	1297	80.34	64633	17736	45606	72.2	26.3
天　津	477	29.26	65274	17364	46204	59.9	24.9
河　北	1729	98.17	38311	10785	27206	53.4	28.7
山　西	937	47.22	40667	12101	32987	39.0	20.2
内蒙古	809	32.50	29658	9529	23927	39.2	26.0
辽　宁	2387	112.08	38288	11883	27897	40.4	20.4
吉　林	766	35.53	38556	12059	28993	36.3	23.2
黑龙江	1710	64.24	37909	11220	33166	34.7	20.7
上　海	1287	58.55	94354	20666	64083	75.5	27.4
江　苏	3195	206.65	51857	12683	39719	76.2	41.1
浙　江	3526	139.45	62915	15863	45017	86.6	39.8
安　徽	1468	67.54	34942	10080	24133	53.8	29.4
福　建	1582	48.23	47046	12835	35095	72.2	32.3
江　西	1014	33.88	25277	7566	17327	60.2	29.0
山　东	4216	173.93	37254	10889	27193	52.0	26.7
河　南	1975	93.60	31485	8501	23188	53.3	26.2
湖　北	1761	76.09	40214	12499	23839	60.5	26.1
湖　南	1748	81.22	36506	10297	24419	58.1	28.1
广　东	2145	136.44	49452	14396	39348	102.0	36.9
广　西	918	35.75	35678	10578	26109	67.9	32.3
海　南	322	9.00	31098	8198	19988	50.0	23.2
重　庆	1501	68.98	35382	9826	25070	64.5	37.2
四　川	2779	154.24	33755	10331	25107	57.2	30.1
贵　州	582	23.61	32486	9780	22900	54.1	25.4
云　南	1173	53.66	40810	11432	29793	53.5	31.8
西　藏	71	1.68	47369	19937	26331	23.7	19.9
陕　西	894	47.80	34360	10644	21461	39.2	18.4
甘　肃	504	42.36	24936	8207	20647	41.9	20.3
青　海	202	9.56	32344	10241	24352	29.6	15.6
宁　夏	392	10.56	31724	10486	26636	36.4	22.2
新　疆	650	29.41	38808	11739	28232	47.6	25.4

各地区地方和中央建筑业劳动生产率(一)

地　区	建筑业企业个数(个)	计算劳动生产率的平均人数(万人)	按总产值计算的劳动生产率(元/人)	按增加值计算的劳动生产率(元/人)	人均竣工产值(元/人)	人均施工面积(平米/人)	人均竣工面积(平米/人)
全国总计	**44017**	**2101.51**	**43428**	**12089**	**31723**	**61.2**	**29.6**
一、地方所属单位	**42078**	**1820.58**	**39977**	**10670**	**29509**	**64.6**	**32.2**
北　京	1065	57.28	60388	17434	43321	72.3	27.7
天　津	418	19.16	56009	13342	45103	68.2	31.6
河　北	1627	80.21	30658	8191	22855	53.5	31.9
山　西	881	29.08	30767	8925	20309	47.1	26.3
内蒙古	773	29.05	28118	8835	23014	40.2	27.4
辽　宁	2198	92.09	34213	10297	26142	43.4	22.6
吉　林	707	29.02	34070	10679	27011	39.5	26.2
黑龙江	1563	53.17	33223	9791	28196	37.9	22.5
上　海	1224	48.98	92742	17957	61818	85.5	31.0
江　苏	3151	199.92	50627	12060	39208	76.9	42.1
浙　江	3519	137.64	62393	15541	44374	87.6	40.3
安　徽	1395	55.04	30402	8086	22191	59.4	33.8
福　建	1530	43.92	42876	11693	31823	69.3	32.6
江　西	990	29.74	22973	6065	15400	65.9	31.6
山　东	4136	157.62	33373	9431	22887	52.1	28.1
河　南	1905	80.83	24980	6406	17939	55.8	28.6
湖　北	1706	58.29	29152	8157	19866	60.0	29.8
湖　南	1695	71.77	32088	8799	22478	61.5	30.5
广　东	2079	130.09	48135	13807	38252	103.4	37.7
广　西	905	33.12	34290	9617	25917	71.7	34.1
海　南	322	9.00	31098	8198	19988	50.0	23.2
重　庆	1440	63.23	34209	9274	24745	67.7	39.4
四　川	2715	135.81	30970	8808	22526	61.5	32.9
贵　州	542	17.42	24015	6619	18810	54.2	27.8
云　南	1155	49.78	38776	10407	28629	55.4	33.4
西　藏	70	1.32	35005	20240	32864	30.0	25.3
陕　西	832	34.11	27213	7950	19902	48.2	23.2
甘　肃	470	36.72	20726	6732	15766	45.9	22.1
青　海	192	7.58	26195	7449	25768	35.7	18.6
宁　夏	384	10.27	31704	10452	26608	37.1	22.6
新　疆	489	19.34	38615	11680	28727	52.1	26.9

各地区地方和中央建筑业劳动生产率(二)

地　区	建筑业企业个数(个)	计算劳动生产率的平均人数(万人)	按总产值计算的劳动生产率(元/人)	按增加值计算的劳动生产率(元/人)	人均竣工产值(元/人)	人均施工面积(平米/人)	人均竣工面积(平米/人)
二、中央所属单位	**1939**	**280.93**	**65790**	**21289**	**46066**	**39.5**	**13.0**
北　京	232	23.06	75176	18487	51280	72.0	23.1
天　津	59	10.10	82846	24994	48291	44.0	12.2
河　北	102	17.96	72496	22376	46644	53.3	14.7
山　西	56	18.14	56537	17193	53311	25.9	10.5
内蒙古	36	3.45	42633	15382	31617	30.0	14.4
辽　宁	189	19.99	57067	19190	35983	26.4	10.1
吉　林	59	6.51	58542	18203	37821	22.2	10.0
黑龙江	147	11.07	60425	18085	57042	19.4	12.3
上　海	63	9.57	102606	34529	75673	24.4	8.9
江　苏	44	6.73	88423	31210	54887	56.0	11.6
浙　江	7	1.81	102675	40416	93974	8.1	2.2
安　徽	73	12.50	54934	18859	32684	29.0	10.3
福　建	52	4.31	89525	24472	68435	101.5	29.5
江　西	24	4.14	41813	18337	31154	19.5	10.2
山　东	80	16.31	74759	24980	68806	50.8	13.8
河　南	70	12.76	72689	21777	56440	37.1	10.4
湖　北	55	17.80	76440	26719	36850	62.1	13.7
湖　南	53	9.45	70041	21672	39151	32.7	10.0
广　东	66	6.36	76410	26461	61787	74.8	21.0
广　西	13	2.64	53108	22650	28511	20.3	10.2
海　南	——	——	——	——	——	——	——
重　庆	61	5.75	48288	15891	28639	29.6	12.6
四　川	64	18.43	54272	21550	44121	25.3	9.3
贵　州	40	6.19	56327	18675	34409	53.8	18.5
云　南	18	3.88	66945	24587	44743	30.2	10.5
西　藏	1	0.36	92200	18837	2644	0.9	0.1
陕　西	62	13.69	52172	17359	25348	16.9	6.5
甘　肃	34	5.64	52339	17808	52420	16.4	8.0
青　海	10	1.98	55845	20912	18943	6.4	4.3
宁　夏	8	0.29	32409	11709	27633	9.8	9.3
新　疆	161	10.07	39178	11851	27282	39.1	22.5

各地区资本金及资产构成(一)

单位:万元

地区	资本金合计	资产总计	流动资产合计	存货	在建工程	长期投资
全国总计	**22316538**	**105927753**	**77557195**	**26357959**	**17629002**	**2228035**
北京	993827	7275140	5874652	1945011	1290017	289363
天津	459653	2340789	1704829	291523	111823	86659
河北	955512	3637232	2469913	630961	293654	46580
山西	414246	2529689	1759279	461573	236033	27034
内蒙古	299554	1239411	859710	243176	94075	17803
辽宁	1325010	5603700	3904838	845122	404558	79273
吉林	344040	1849435	1282742	216740	90006	15007
黑龙江	781776	2905664	2071590	451580	149934	31169
上海	1077037	6090932	4749363	1387214	1027492	318334
江苏	1979955	10633500	8564259	3856070	2924213	175712
浙江	1973301	7581762	5497645	2275355	1654692	163061
安徽	584630	2255333	1520381	460633	270722	24951
福建	627635	3573256	2800026	1268089	1061720	62632
江西	296527	1433654	1027930	456748	339984	18109
山东	1554389	7061175	5103112	1416559	734709	86039
河南	583130	2744806	1840802	581529	308027	28744
湖北	823437	3795051	2513971	716363	402570	62416
湖南	852715	2884856	1921600	565705	393511	35616
广东	1885294	13218543	10707143	4505916	3576024	335891
广西	428956	1991939	1484842	618250	487881	29997
海南	76812	374047	211716	103877	80230	10255
重庆	697282	1921723	1286291	498096	338920	18259
四川	1394822	4661166	3016459	1050504	625343	102838
贵州	229156	1059769	732147	217831	120633	20820
云南	430071	1794203	1171900	368008	200902	64797
西藏	33293	149745	81432	14892	8898	8111
陕西	403955	1908615	1222323	346766	175696	23194
甘肃	273583	1186366	736828	212241	86935	14623
青海	87619	383749	241986	64089	24703	6622
宁夏	140276	473839	300843	93547	52966	10153
新疆	309044	1368666	896643	193987	62131	13974

各地区资本金及资产构成(二)

单位：万元

地区	固定资产合计	固定资产原价合计	生产经营用	固定资产折旧	本年折旧	无形及递延资产合计	其中：无形资产
全国总计	**22053095**	**30838051**	**21944528**	**9049423**	**1651237**	**1033450**	**659334**
北京	892320	1331583	854586	450054	84057	47519	34259
天津	489511	800245	603056	310734	49373	12912	7991
河北	980331	1338911	929694	396982	72702	31932	23086
山西	637744	877602	533445	242208	44666	10056	3213
内蒙古	311669	429666	304077	123354	18279	14226	11129
辽宁	1385455	2013002	1370670	631839	101222	54531	43493
吉林	497601	699524	462411	201924	28871	13170	9944
黑龙江	733957	1023893	777427	290635	49289	22740	15753
上海	712438	1141217	928199	428779	70000	125115	71967
江苏	1700016	2388680	1804006	688664	133935	83742	35616
浙江	1630689	2081389	1665406	501668	115975	52398	31081
安徽	584755	866958	567844	282204	37461	16311	10452
福建	536981	715172	508488	178192	33149	38426	28046
江西	318960	444599	269390	125639	19095	13448	9773
山东	1553951	2167804	1549525	613852	128612	112278	86813
河南	737795	1018028	718435	280233	50975	24044	17466
湖北	1068756	1479774	1044691	431849	74768	51684	41666
湖南	780696	1035795	773931	281954	59099	37366	28791
广东	1773930	2514993	1809398	741062	137734	137705	66986
广西	409566	542215	371653	149940	28659	16751	15035
海南	97045	113416	59099	16371	2735	2166	1837
重庆	545270	735722	559890	205146	39452	13910	5379
四川	1314985	1866527	1303732	554947	101362	52920	38482
贵州	246541	338096	244067	96371	18155	4015	2320
云南	499683	675740	487028	198228	43384	11613	7520
西藏	36420	66467	36890	30048	5278	563	100
陕西	551505	762716	524706	218639	38349	17331	5133
甘肃	363062	469735	297469	119421	20609	5828	3080
青海	118507	175005	120553	56498	9238	467	236
宁夏	146152	187456	133307	43118	7387	3129	1750
新疆	396804	536120	331453	158869	27367	5154	937

各地区地方和中央资本金及资产构成(一)

单位:万元

地区	资本金合计	资产总计	流动资产合计	存货	在建工程	长期投资
全国总计	**22316538**	**105927753**	**77557195**	**26357959**	**17629002**	**2228035**
一、地方所属单位	**18577156**	**83538944**	**62529246**	**23021649**	**16123232**	**1727367**
北京	651628	4992117	4127064	1496348	1009318	176570
天津	230187	1325428	1029346	193479	75564	45966
河北	728051	2265734	1506540	424541	215584	26851
山西	218622	1141157	793197	207411	111004	12586
内蒙古	263945	1088559	758869	200327	83496	17077
辽宁	1075628	4166357	2964075	643368	313847	64979
吉林	270902	1396128	976753	138778	53387	12255
黑龙江	614270	2174026	1544930	359885	129393	27830
上海	922685	5053054	4021925	1223432	940062	253051
江苏	1881379	9883009	8028596	3755734	2895982	150709
浙江	1945750	7385801	5378144	2255159	1646520	153669
安徽	431290	1573665	1122203	364536	239903	14079
福建	551321	3030987	2412507	1221855	1041516	50098
江西	244785	1138565	856170	420150	322546	9855
山东	1285185	5703807	4225224	1262001	688548	71797
河南	455830	1912185	1290969	463312	265726	21234
湖北	639303	1941717	1332060	406175	230681	32979
湖南	751033	2157735	1413397	476483	354692	31691
广东	1730307	12311847	10063223	4370213	3481724	325089
广西	387026	1780044	1343852	583302	468306	26135
海南	76812	374047	211716	103877	80230	10255
重庆	622908	1641817	1108402	446870	319581	14952
四川	1165870	3518659	2325812	870264	559520	60065
贵州	141734	569200	411508	172713	111417	6878
云南	386387	1523442	1003074	328008	182233	62204
西藏	23950	87005	39274	7166	1198	7581
陕西	256267	1031045	704718	218687	122402	8403
甘肃	198299	774334	493273	140427	61061	8542
青海	62553	237096	156785	39727	16821	2117
宁夏	139326	463554	292586	92030	52857	9302
新疆	223921	896826	593055	135390	48114	12567

各地区地方和中央资本金及资产构成(二)

单位:万元

地区	资本金合计	资产总计	流动资产合计	存货	在建工程	长期投资
二、中央所属单位	**3739383**	**22388809**	**15027948**	**3336311**	**1505769**	**500668**
北京	342198	2283024	1747588	448663	280698	112793
天津	229466	1015361	675482	98044	36259	40693
河北	227461	1371498	963373	206421	78070	19728
山西	195624	1388532	966083	254161	125029	14449
内蒙古	35610	150852	100841	42849	10579	727
辽宁	249382	1437343	940763	201754	90711	14294
吉林	73138	453307	305989	77962	36619	2752
黑龙江	167506	731638	526659	91695	20542	3339
上海	154352	1037878	727438	163782	87430	65283
江苏	98577	750491	535662	100336	28231	25003
浙江	27551	195961	119502	20197	8172	9392
安徽	153340	681668	398178	96097	30819	10872
福建	76314	542269	387519	46234	20204	12534
江西	51742	295088	171760	36599	17438	8254
山东	269205	1357367	877889	154558	46161	14242
河南	127299	832621	549833	118217	42301	7510
湖北	184135	1853334	1181911	310188	171889	29437
湖南	101682	727121	508202	89222	38819	3925
广东	154986	906696	643920	135703	94300	10802
广西	41929	211896	140990	34948	19576	3861
海南	——	——	——	——	——	——
重庆	74374	279906	177889	51227	19339	3307
四川	228952	1142507	690647	180241	65823	42773
贵州	87422	490569	320640	45119	9215	13941
云南	43684	270760	168826	40000	18669	2592
西藏	9343	62740	42159	7726	7700	530
陕西	147687	877570	517604	128080	53294	14791
甘肃	75284	412032	243555	71813	25875	6081
青海	25066	146653	85200	24362	7881	4506
宁夏	951	10285	8258	1518	109	851
新疆	85123	471840	303588	58597	14017	1406

各地区地方和中央资本金及资产构成(三)

单位:万元

地 区	固定资产合计	固定资产原价合计	生产经营用	固定资产折旧	本年折旧	无形及递延资产合计	其中:无形资产
全国总计	**22053095**	**30838051**	**21944528**	**9049423**	**1651237**	**1033450**	**659334**
一、地方所属单位	**16198051**	**21959741**	**15779159**	**5992936**	**1130544**	**878460**	**587536**
北 京	548739	804965	500912	265980	49592	32223	23566
天 津	219532	305330	217333	85798	15757	6142	4964
河 北	633748	810355	560459	204043	38210	25268	19819
山 西	282718	390832	224039	109020	17682	6964	2060
内 蒙 古	274865	375175	254356	104980	15757	14121	11114
辽 宁	988779	1415083	1020702	429153	70083	49189	41118
吉 林	370189	517275	352224	147086	19343	9713	7525
黑 龙 江	542320	727185	560556	185326	32733	19354	15350
上 海	533919	775920	607839	242001	46873	97313	65114
江 苏	1532758	2144391	1629093	611632	119704	75650	35306
浙 江	1573778	1993156	1604451	470346	110454	47363	29384
安 徽	372845	506961	360127	134116	20807	14429	9930
福 建	449110	586688	417128	137579	25596	34102	28002
江 西	213139	292366	176057	79227	10782	12941	9589
山 东	1137906	1576111	1115368	438205	94613	91116	67279
河 南	503462	674282	486902	170820	30130	20549	15935
湖 北	495301	652994	465436	177081	30817	43689	37041
湖 南	598526	776614	584373	204567	37941	30913	25588
广 东	1545134	2139047	1541453	593913	118533	132697	65714
广 西	350289	453515	309239	120510	23956	14841	13294
海 南	97045	113416	59099	16371	2735	2166	1837
重 庆	455529	608679	469206	167293	33283	13330	5378
四 川	957075	1325558	936366	371646	69183	46324	34004
贵 州	125923	160370	104005	39216	8406	3002	2304
云 南	410851	533398	383216	142003	32215	11214	7378
西 藏	26547	36875	9517	10328	1213	217	100
陕 西	270276	361044	238188	97928	14831	13254	3183
甘 肃	219500	277326	181394	69003	12794	4630	3080
青 海	65199	92758	63801	27558	2988	386	236
宁 夏	145113	186423	132364	42899	7291	2993	1750
新 疆	257937	345647	213957	97306	16241	2369	593

各地区地方和中央资本金及资产构成(四)

单位:万元

地区	固定资产合计	固定资产原价合计	生产经营用	固定资产折旧	本年折旧	无形及递延资产合计	其中：无形资产
二、中央所属单位	**5855044**	**8878310**	**6165370**	**3056487**	**520693**	**154990**	**71798**
北京	343581	526618	353674	184073	34465	15296	10694
天津	269978	494915	385723	224937	33617	6770	3026
河北	346583	528555	369235	192939	34492	6664	3267
山西	355027	486769	309406	133188	26984	3092	1153
内蒙古	36804	54491	49721	18374	2523	106	15
辽宁	396676	597919	349968	202687	31140	5342	2375
吉林	127411	182249	110188	54838	9527	3457	2419
黑龙江	191637	296708	216871	105310	16556	3386	403
上海	178519	365297	320360	186778	23127	27802	6853
江苏	167258	244289	174913	77031	14230	8092	310
浙江	56911	88233	60956	31322	5521	5034	1697
安徽	211909	359997	207717	148088	16654	1881	522
福建	87871	128484	91360	40613	7553	4324	44
江西	105821	152233	93333	46412	8313	507	184
山东	416046	591693	434157	175647	34000	21162	19535
河南	234333	343747	231533	109413	20845	3495	1530
湖北	573455	826780	579255	254768	43951	7996	4626
湖南	182170	259180	189558	77388	21157	6453	3203
广东	228796	375945	267946	147149	19201	5008	1272
广西	59278	88700	62414	29429	4703	1910	1742
海南	——	——	——	——	——	——	——
重庆	89741	127044	90685	37853	6168	580	——
四川	357910	540969	367366	183300	32179	6597	4477
贵州	120618	177727	140062	57155	9748	1012	16
云南	88832	142342	103812	56225	11168	399	142
西藏	9873	29592	27374	19720	4065	345	——
陕西	281229	401671	286518	120712	23517	4077	1949
甘肃	143562	192409	116075	50418	7815	1198	——
青海	53308	82248	56752	28940	6250	81	——
宁夏	1039	1033	943	219	96	136	——
新疆	138867	190473	117496	61563	11126	2785	343

各地区负债及所有者权益

单位:万元

地区	负债合计	流动负债合计	长期负债合计	所有者权益合计	股本
全国总计	**79137411**	**74328699**	**4624597**	**26790342**	**1964449**
北京	5927423	5730949	196474	1347717	59695
天津	1787974	1654572	127614	552815	11752
河北	2602647	2449160	153487	1034585	18698
山西	1980596	1844964	134265	549093	16096
内蒙古	943114	877011	63776	296297	16684
辽宁	4119169	3930203	185777	1484531	57335
吉林	1403427	1226395	177032	446008	16183
黑龙江	2078618	1944194	126861	827045	74099
上海	4657040	4416086	183504	1433892	67203
江苏	8241901	7997042	244859	2391599	195684
浙江	5175209	5003580	171629	2406554	283834
安徽	1661505	1509532	151298	593828	36678
福建	2756657	2670833	79143	816599	67180
江西	1081028	998002	78919	352625	4304
山东	5165992	4713728	389394	1895183	33652
河南	1906875	1771435	129205	837931	582506
湖北	2702664	2394221	288286	1092387	45841
湖南	2138121	1945432	192689	746735	930
广东	10793702	10159386	634316	2424841	221780
广西	1490087	1405478	84609	501852	9191
海南	230964	201846	28367	143083	6768
重庆	1248027	1177316	70711	673696	20089
四川	3067122	2870174	196948	1594044	38933
贵州	798267	756167	42099	261502	3524
云南	1217833	1102336	115497	576370	10533
西藏	77999	62548	14731	71747	365
陕西	1408582	1273026	134541	500033	11124
甘肃	839446	760019	78044	346920	37021
青海	291459	279434	12025	92290	1079
宁夏	325958	302493	23465	147881	6083
新疆	1018007	901138	115032	350659	9608

各地区地方和中央负债及所有者权益(一)

单位:万元

地　区	负债合计	流动负债合计	长期负债合计	所有者权益合计	股 本
全国总计	**79137411**	**74328699**	**4624597**	**26790342**	**1964449**
一、地方所属单位	**62106724**	**58698479**	**3231898**	**21432220**	**1757716**
北　京	4075876	3944902	130974	916240	51196
天　津	1041377	991905	43685	284051	11251
河　北	1525760	1445173	80587	739974	17834
山　西	896484	824831	70325	244673	7515
内蒙古	826376	769310	54740	262183	16684
辽　宁	3011325	2883049	125086	1155033	44312
吉　林	1065092	1025216	39877	331035	16183
黑龙江	1552881	1479335	72734	621145	72010
上　海	3837725	3668224	112118	1215329	66462
江　苏	7644295	7440376	203919	2238715	193032
浙　江	5041714	4880480	161233	2344088	271725
安　徽	1141898	1020894	120330	431767	32677
福　建	2353960	2283013	64266	677027	66396
江　西	870198	797766	68326	268366	4204
山　东	4182002	3835590	283588	1521805	31405
河　南	1279759	1197555	76045	632426	455214
湖　北	1294909	1132405	142648	646808	45841
湖　南	1570262	1433839	136423	587473	930
广　东	10127011	9521177	605834	2184836	217649
广　西	1330641	1266052	64590	449402	9191
海　南	230964	201846	28367	143083	6768
重　庆	1043556	996116	47440	598260	19489
四　川	2249452	2095871	153581	1269206	38933
贵　州	431715	407785	23931	137484	3524
云　南	1011361	914221	97140	512081	10533
西　藏	39151	24246	14187	47854	365
陕　西	761999	692770	68315	269045	5249
甘　肃	529807	495399	33024	244527	29189
青　海	184932	175398	9534	52163	1079
宁　夏	317074	293609	23465	146480	6083
新　疆	637166	560127	75585	259660	4796

各地区地方和中央负债及所有者权益(二)

单位:万元

地区	负债合计	流动负债合计	长期负债合计	所有者权益合计	股本
二、中央所属单位	**17030687**	**15630220**	**1392700**	**5358122**	**206733**
北京	1851547	1786047	65500	431477	8498
天津	746596	662667	83929	268764	501
河北	1076888	1003987	72900	294610	864
山西	1084112	1020132	63939	304420	8581
内蒙古	116738	107702	9036	34114	——
辽宁	1107845	1047154	60691	329499	13023
吉林	338335	201179	137156	114973	——
黑龙江	525737	464859	54128	205901	2089
上海	819315	747862	71386	218563	741
江苏	597607	556667	40940	152884	2652
浙江	133495	123099	10396	62466	12110
安徽	519606	488638	30968	162061	4001
福建	402697	387820	14877	139573	784
江西	210830	200236	10592	84259	100
山东	983990	878138	105806	373378	2246
河南	627116	573880	53160	205505	127292
湖北	1407755	1261815	145638	445579	——
湖南	567859	511593	56266	159262	——
广东	666691	638208	28483	240005	4132
广西	159445	139426	20019	52450	——
海南	——	——	——	——	——
重庆	204471	181200	23271	75436	600
四川	817670	774303	43367	324837	——
贵州	366551	348383	18168	124018	——
云南	206471	188114	18357	64289	——
西藏	38847	38302	544	23893	——
陕西	646582	580256	66226	230988	5875
甘肃	309640	264620	45020	102392	7832
青海	106527	104036	2491	40127	——
宁夏	8884	8884	——	1401	——
新疆	380841	341010	39447	90999	4812

各地区工程结算收入及工程结算利润

单位:万元

地区	工程结算收入	工程结算成本	工程结算税金及附加	工程结算利润	管理费用	税金	财产保险费	劳动、待业保险费
全国总计	**79439678**	**69492116**	**2535052**	**7412511**	**5706244**	**181609**	**40978**	**854262**
北京	4810622	4157219	141868	511534	421342	7690	1396	47441
天津	1850603	1613005	46985	190613	141898	2590	1016	28899
河北	3482727	3028483	107938	346306	237601	9154	1445	40510
山西	1836904	1574561	52070	210273	162971	3418	1040	32006
内蒙古	912840	800654	31283	80903	86978	4284	410	15676
辽宁	4152768	3627865	128021	396882	352421	7543	2966	52286
吉林	1325169	1156606	41646	126917	116678	2014	708	18932
黑龙江	2386208	2104199	65413	216595	182487	3202	1128	18587
上海	4957341	4394266	130463	432612	377886	7788	1847	57681
江苏	7208584	6351128	244263	613193	480310	11360	3763	43673
浙江	7045932	6261856	245879	538196	346817	8764	2680	31031
安徽	2089650	1816187	65534	207930	166437	6202	807	34984
福建	2122814	1882347	76526	163942	127142	5034	673	16520
江西	780305	680832	28667	70806	65560	2636	452	8375
山东	5536049	4743059	180551	612440	390170	16938	4516	44214
河南	2595665	2250146	80678	264841	194916	5657	1162	38737
湖北	2989915	2574080	95510	320325	247786	11728	896	45005
湖南	2502880	2200001	84576	218303	161189	8093	669	26704
广东	6200232	5440465	205309	554457	411058	13647	5463	39472
广西	1157908	1028330	41066	88513	79894	3944	643	22355
海南	226766	198985	9735	18046	15523	1532	86	4184
重庆	1900016	1668498	69056	162462	110632	4354	1215	14234
四川	4435122	3890521	147132	397468	293748	11305	1864	58500
贵州	726243	634728	22800	68715	55245	2022	297	5799
云南	2020168	1785592	66247	168330	120983	5919	900	27151
西藏	73776	57391	1150	15235	9100	217	——	1308
陕西	1447685	1245855	40954	160876	120662	4609	1327	25833
甘肃	993258	858781	32476	102001	78752	5528	784	17759
青海	285806	249307	8936	27563	23089	710	329	5325
宁夏	304057	267077	8960	28020	24805	769	84	4332
新疆	1081666	950091	33360	98216	102161	2957	409	26751

各地区地方和中央工程结算收入及工程结算利润(一)

单位:万元

地区	工程结算收入	工程结算成本	工程结算税金及附加	工程结算利润	管理费用	税金	财产保险费	劳动、待业保险费
全国总计	**79439678**	**69492116**	**2535052**	**7412511**	**5706244**	**181609**	**40978**	**854262**
一、地方所属单位	**61427166**	**54080434**	**2027042**	**5319690**	**4013361**	**152434**	**31979**	**488166**
北京	3124202	2688251	94913	341038	282351	6068	957	32095
天津	1032009	905601	23539	102869	76515	1715	714	16958
河北	2229630	1966236	71945	191449	132263	6960	1124	14851
山西	831480	724103	26156	81221	70949	2472	767	14606
内蒙古	766540	671338	27020	68183	67549	3743	393	9624
辽宁	3017105	2663377	94135	259593	242596	6184	1309	34621
吉林	958542	845701	29884	82957	86284	1839	575	15350
黑龙江	1665007	1463313	53040	148654	124838	2801	610	10556
上海	4086727	3654752	104797	327178	275125	7138	1409	30578
江苏	6619753	5852535	225336	541882	425543	10866	3346	29985
浙江	6846288	6095897	239645	510746	326791	8544	2554	26405
安徽	1463081	1283034	47488	132559	94001	4839	566	10064
福建	1724649	1533386	63266	127997	99678	4462	465	13561
江西	598634	527667	23170	47797	41200	2323	400	3797
山东	4293164	3669068	144255	479841	281192	15178	3444	27793
河南	1713800	1497808	56044	159948	117366	4933	516	18066
湖北	1649584	1449132	56298	144154	112690	4893	633	14875
湖南	1917347	1690959	66961	159427	109104	7373	517	10693
广东	5695684	5009940	189807	495938	366805	12970	5280	34238
广西	1011145	903166	36318	71660	62562	3792	580	15280
海南	226766	198985	9735	18046	15523	1532	86	4184
重庆	1628789	1437114	61283	130392	87171	3995	1156	11048
四川	3452524	3063480	119726	269318	189820	9227	1440	28585
贵州	402941	365990	12555	24395	24680	1196	156	2543
云南	1766851	1568239	59274	139338	96981	5605	780	17477
西藏	39514	25484	1150	12880	6231	217	——	892
陕西	768104	663324	24809	79971	54276	3328	1051	10578
甘肃	701182	607806	25301	68075	47683	4887	626	10120
青海	187444	165448	5880	16117	15198	553	242	2055
宁夏	294790	259229	8736	26826	23993	764	84	4332
新疆	713890	630070	24575	59245	56405	2035	200	12358

各地区地方和中央工程结算收入及工程结算利润(二)

单位:万元

地区	工程结算收入	工程结算成本	工程结算税金及附加	工程结算利润	管理费用	税金	财产保险费	劳动、待业保险费
二、中央所属单位	**18012513**	**15411682**	**508010**	**2092821**	**1692883**	**29176**	**8999**	**366095**
北京	1686420	1468968	46955	170496	138991	1623	439	15346
天津	818594	707404	23446	87744	65384	875	302	11941
河北	1253098	1062248	35993	154857	105339	2193	321	25659
山西	1005424	850458	25914	129052	92022	946	273	17399
内蒙古	146299	129317	4263	12720	19429	541	17	6052
辽宁	1135663	964488	33886	137288	109825	1360	1658	17665
吉林	366626	310905	11762	43960	30394	175	133	3582
黑龙江	721200	640886	12373	67941	57650	400	519	8031
上海	870614	739514	25666	105434	102761	650	438	27103
江苏	588831	498593	18926	71312	54767	494	417	13688
浙江	199643	165959	6234	27450	20026	220	126	4626
安徽	626569	533153	18045	75371	72437	1362	240	24920
福建	398165	348961	13260	35944	27464	572	208	2959
江西	181670	153165	5496	23010	24361	313	51	4578
山东	1242885	1073991	36296	132599	108979	1760	1071	16421
河南	881865	752337	24634	104894	77550	724	647	20672
湖北	1340331	1124947	39212	176172	135096	6835	263	30130
湖南	585534	509042	17615	58876	52085	720	152	16010
广东	504548	430526	15503	58520	44253	677	184	5234
广西	146764	125164	4748	16852	17332	152	64	7075
海南	——	——	——	——	——	——	——	——
重庆	271227	231384	7773	32070	23460	359	59	3185
四川	982598	827041	27407	128150	103928	2077	424	29915
贵州	323302	268738	10244	44320	30565	826	141	3256
云南	253317	217352	6973	28992	24003	314	120	9673
西藏	34262	31907	——	2354	2869	——	——	416
陕西	679582	582531	16145	80906	66386	1281	276	15254
甘肃	292077	250975	7175	33927	31069	641	157	7639
青海	98362	83859	3056	11446	7891	156	88	3271
宁夏	9267	7848	224	1194	812	6	——	——
新疆	367776	320020	8784	38971	45756	922	209	14393

各地区利税及利润总额

单位: 万元

地　区	利税总额	利润总额	应　交所得税	转作奖金的利润	应付利润	已分配股利
全国总计	**3815831**	**1099170**	**359685**	**68783**	**252166**	**31120**
北　京	253878	104320	27874	8586	9872	399
天　津	71020	21445	4420	734	5665	317
河　北	166060	48968	15192	1399	6030	163
山　西	54660	−828	2593	1063	1318	104
内蒙古	29568	−5999	1750	116	1590	51
辽　宁	126853	−8711	17247	1807	8709	478
吉　林	28550	−15110	2619	511	1519	449
黑龙江	71737	3122	5579	454	2926	1334
上　海	264634	126383	22380	3106	33165	2761
江　苏	369130	113507	34448	7834	25916	9455
浙　江	425246	170603	44012	11127	28347	5376
安　徽	81957	10221	6490	2293	6792	469
福　建	109996	28436	9519	855	6394	311
江　西	29593	−1710	2429	613	1337	53
山　东	359251	161762	42703	8978	24623	485
河　南	12364	26029	8155	959	6629	1363
湖　北	23314	16076	9160	1452	10052	1883
湖　南	22324	29655	9403	2030	6015	76
广　东	50041	131085	38762	5709	33256	3255
广　西	53428	8418	4807	849	1916	16
海　南	16135	4868	694	307	1886	248
重　庆	100613	27203	10204	1672	7063	1042
四　川	209659	51222	19062	2260	8954	287
贵　州	24536	−286	2258	108	1121	75
云　南	106361	34195	5246	1312	4282	10
西　藏	6225	4858	679	88	10	−−
陕　西	49080	3517	3245	511	2281	114
甘　肃	48910	10906	3731	721	1775	353
青　海	8849	−797	503	40	105	−−
宁　夏	9886	157	1391	103	843	33
新　疆	31970	−4347	3131	1184	1771	159

各地区地方和中央利税及利润总额(一)

单位:万元

地区	利税总额	利润总额	应交所得税	转作奖金的利润	应付利润	已分配股利
全国总计	**3815831**	**1099170**	**359685**	**68783**	**252166**	**31120**
一、地方所属单位	**3197158**	**1017682**	**318035**	**60692**	**222281**	**30415**
北京	175163	74182	22347	3148	6198	384
天津	42525	17271	3271	664	5322	309
河北	114805	35900	12061	1380	5226	163
山西	29732	1104	1897	1063	1069	104
内蒙古	31905	1142	1585	116	1578	51
辽宁	89286	−11033	14648	1760	6782	455
吉林	14508	−17215	2197	407	1203	449
黑龙江	56905	1064	4751	397	2857	1334
上海	225795	113860	20221	3092	31651	2746
江苏	345874	109672	32437	7834	25108	9307
浙江	414952	166763	42680	10916	28326	5376
安徽	76021	23694	6103	2226	5496	469
福建	90681	22953	8133	580	5934	311
江西	26265	772	1901	533	1292	53
山东	309642	150209	38851	8750	20232	485
河南	84034	23057	6703	904	6099	1363
湖北	78601	17410	6661	1443	9111	1883
湖南	102917	28583	8531	2030	4278	76
广东	327630	124853	35915	5127	28558	3255
广西	50059	9949	4511	826	1844	16
海南	16135	4868	694	307	1886	248
重庆	87877	22599	8322	1621	4420	568
四川	177943	48990	17281	2237	7027	287
贵州	11426	−2325	890	108	429	75
云南	98125	33246	4984	1311	4281	10
西藏	5889	4522	583	88	10	－－
陕西	32818	4681	1972	452	2184	114
甘肃	39997	9809	3273	719	1677	353
青海	4816	−1617	373	35	105	－－
宁夏	9152	−348	1261	103	837	33
新疆	25674	−936	2999	514	1263	136

各地区地方和中央利税及利润总额(二)

单位:万元

地　区	利税总额	利润总额	应　交 所得税	转作奖金 的利润	应付利润	已分配股利
二、中央所属单位	**618673**	**81487**	**41650**	**8091**	**29885**	**705**
北　京	78716	30138	5527	5438	3673	15
天　津	28495	4174	1149	70	343	7
河　北	51254	13068	3131	19	804	－－
山　西	24927	－1933	696	－－	249	－－
内蒙古	－2337	－7141	165	－－	13	－－
辽　宁	37568	2322	2599	47	1928	23
吉　林	14042	2105	422	104	316	－－
黑龙江	14830	2057	828	57	69	－－
上　海	38839	12523	2159	14	1514	15
江　苏	23255	3835	2011	－－	808	148
浙　江	10293	3839	1332	212	21	－－
安　徽	5934	－13473	387	67	1296	－－
福　建	19315	5483	1385	275	460	－－
江　西	3327	－2482	528	80	45	－－
山　东	49609	11553	3853	228	4392	－－
河　南	28329	2971	1451	55	531	－－
湖　北	44713	－1334	2499	10	941	－－
湖　南	19407	1072	871	－－	1736	－－
广　东	22412	6232	2847	582	4699	－－
广　西	3370	－1530	297	23	73	－－
海　南	－－	－－	－－	－－	－－	－－
重　庆	12736	4604	1882	50	2643	474
四　川	31716	2232	1781	22	1928	－－
贵　州	13109	2039	1369	－－	692	－－
云　南	8235	948	262	1	2	－－
西　藏	336	336	96	－－	－－	－－
陕　西	16262	－1164	1273	59	97	－－
甘　肃	8913	1097	458	2	99	－－
青　海	4032	820	130	5	－－	－－
宁　夏	735	505	130	－－	6	－－
新　疆	6295	－3411	132	670	508	24

各地区利润率及利税率

地区	产值利润率(%)	产值利税率(%)	资本金利润率(%)	资本金利税率(%)	人均利润(元/人)	人均利税(元/人)	资产负债率(%)
全国总计	**1.2**	**4.2**	**4.9**	**17.1**	**523**	**1816**	**74.7**
北京	2.0	4.9	10.5	25.5	1299	3160	81.5
天津	1.1	3.7	4.7	15.5	733	2427	76.4
河北	1.3	4.4	5.1	17.4	499	1692	71.6
山西	--	2.8	-0.2	13.2	-18	1158	78.3
内蒙古	-0.6	3.1	-2.0	9.9	-185	910	76.1
辽宁	-0.2	3.0	-0.7	9.6	-78	1132	73.5
吉林	-1.1	2.1	-4.4	8.3	-425	804	75.9
黑龙江	0.1	2.9	0.4	9.2	49	1117	71.5
上海	2.3	4.8	11.7	24.6	2159	4520	76.5
江苏	1.1	3.4	5.7	18.6	549	1786	77.5
浙江	1.9	4.8	8.6	21.5	1223	3049	68.3
安徽	0.4	3.5	1.7	14.0	151	1213	73.7
福建	1.3	4.8	4.5	17.5	590	2281	77.1
江西	-0.2	3.5	-0.6	10.0	-50	873	75.4
山东	2.5	5.5	10.4	23.1	930	2065	73.2
河南	0.9	3.8	4.5	19.3	278	1201	69.5
湖北	0.5	4.0	2.0	15.0	211	1621	71.2
湖南	1.0	4.1	3.5	14.3	365	1506	74.1
广东	1.9	5.2	7.0	18.6	961	2565	81.7
广西	0.7	4.2	2.0	12.5	235	1494	74.8
海南	1.7	5.8	6.3	21.0	541	1793	61.7
重庆	1.1	4.1	3.9	14.4	394	1459	64.9
四川	1.0	4.0	3.7	15.0	332	1359	65.8
贵州	--	3.2	-0.1	10.7	-12	1039	75.3
云南	1.6	4.9	8.0	24.7	637	1982	67.9
西藏	6.1	7.8	14.6	18.7	2894	3709	52.1
陕西	0.2	3.0	0.9	12.2	74	1027	73.8
甘肃	1.0	4.6	4.0	17.9	257	1155	70.8
青海	-0.3	2.9	-0.9	10.1	-83	925	76.0
宁夏	--	3.0	0.1	7.0	15	936	68.8
新疆	-0.4	2.8	-1.4	10.3	-148	1087	74.4

各地区地方和中央利润率及利税率(一)

地区	产值利润率(%)	产值利税率(%)	资本金利润率(%)	资本金利税率(%)	人均利润(元/人)	人均利税(元/人)	资产负债率(%)
全国总计	**1.2**	**4.2**	**4.9**	**17.1**	**523**	**1816**	**74.7**
一、地方所属单位	**1.4**	**4.4**	**5.5**	**17.2**	**559**	**1756**	**74.3**
北京	2.1	5.1	11.4	26.9	1295	3058	81.6
天津	1.6	4.0	7.5	18.5	901	2220	78.6
河北	1.5	4.7	4.9	15.8	448	1431	67.3
山西	0.1	3.3	0.5	13.6	38	1023	78.6
内蒙古	0.1	3.9	0.4	12.1	39	1098	75.9
辽宁	−0.4	2.8	−1.0	8.3	−120	970	72.3
吉林	−1.7	1.5	−6.4	5.4	−593	500	76.3
黑龙江	0.1	3.2	0.2	9.3	20	1070	71.4
上海	2.5	5.0	12.3	24.5	2325	4610	75.9
江苏	1.1	3.4	5.8	18.4	549	1730	77.3
浙江	1.9	4.8	8.6	21.3	1212	3015	68.3
安徽	1.4	4.5	5.5	17.6	430	1381	72.6
福建	1.2	4.8	4.2	16.4	523	2065	77.7
江西	0.1	3.8	0.3	10.7	26	883	76.4
山东	2.9	5.9	11.7	24.1	953	1964	73.3
河南	1.1	4.2	5.1	18.4	285	1040	66.9
湖北	1.0	4.6	2.7	12.3	299	1349	66.7
湖南	1.2	4.5	3.8	13.7	398	1434	72.8
广东	2.0	5.2	7.2	18.9	960	2519	82.3
广西	0.9	4.4	2.6	12.9	300	1512	74.8
海南	1.7	5.8	6.3	21.0	541	1793	61.7
重庆	1.0	4.1	3.6	14.1	357	1390	63.6
四川	1.2	4.2	4.2	15.3	361	1310	63.9
贵州	−0.6	2.7	−1.6	8.1	−133	656	75.8
云南	1.7	5.1	8.6	25.4	668	1971	66.4
西藏	9.8	12.8	18.9	24.6	3437	4476	45.0
陕西	0.5	3.5	1.8	12.8	137	962	73.9
甘肃	1.3	5.3	4.9	20.2	267	1089	68.4
青海	−0.8	2.4	−2.6	7.7	−213	635	78.0
宁夏	−0.1	2.8	−0.2	6.6	−34	891	68.4
新疆	−0.1	3.4	−0.4	11.5	−48	1328	71.0

各地区地方和中央利润率及利税率(二)

地　区	产值利润率(%)	产值利税率(%)	资本金利润率(%)	资本金利税率(%)	人均利润(元/人)	人均利税(元/人)	资产负债率(%)
二、中央所属单位	**0.4**	**3.3**	**2.2**	**16.5**	**290**	**2202**	**76.1**
北　京	1.7	4.5	8.8	23.0	1307	3413	81.1
天　津	0.5	3.4	1.8	12.4	413	2821	73.5
河　北	1.0	3.9	5.7	22.5	728	2854	78.5
山　西	−0.2	2.4	−1.0	12.7	−107	1374	78.1
内蒙古	−4.9	−1.6	−20.1	−6.6	−2072	−678	77.4
辽　宁	0.2	3.3	0.9	15.1	116	1880	77.1
吉　林	0.6	3.7	2.9	19.2	323	2156	74.6
黑龙江	0.3	2.2	1.2	8.9	186	1340	71.9
上　海	1.3	4.0	8.1	25.2	1309	4059	78.9
江　苏	0.6	3.9	3.9	23.6	570	3458	79.6
浙　江	2.1	5.5	13.9	37.4	2125	5698	68.1
安　徽	−2.0	0.9	−8.8	3.9	−1078	475	76.2
福　建	1.4	5.0	7.2	25.3	1272	4481	74.3
江　西	−1.4	1.9	−4.8	6.4	−599	803	71.4
山　东	0.9	4.1	4.3	18.4	708	3041	72.5
河　南	0.3	3.1	2.3	22.3	233	2220	75.3
湖　北	−0.1	3.3	−0.7	24.3	−75	2512	76.0
湖　南	0.2	2.9	1.1	19.1	113	2053	78.1
广　东	1.3	4.6	4.0	14.5	980	3526	73.5
广　西	−1.1	2.4	−3.7	8.0	−580	1277	75.2
海　南	— —	— —	— —	— —	— —	— —	— —
重　庆	1.7	4.6	6.2	17.1	801	2215	73.0
四　川	0.2	3.2	1.0	13.9	121	1720	71.6
贵　州	0.6	3.8	2.3	15.0	329	2118	74.7
云　南	0.4	3.2	2.2	18.9	245	2125	76.3
西　藏	1.0	1.0	3.6	3.6	927	927	61.9
陕　西	−0.2	2.3	−0.8	11.0	−85	1188	73.7
甘　肃	0.4	3.0	1.5	11.8	195	1580	75.1
青　海	0.7	3.6	3.3	16.1	414	2033	72.6
宁　夏	5.4	7.8	53.1	77.3	1738	2531	86.4
新　疆	−0.9	1.6	−4.0	7.4	−339	625	80.7

各地区建筑业企业亏损情况

地　区	建筑业企业个数(个)	亏损企业个数(个)	亏损金额(万元)	亏损面(%)
全国总计	**44017**	**9080**	**635607**	**20.6**
北　京	1297	291	14667	22.4
天　津	477	102	13057	21.4
河　北	1729	302	22294	17.5
山　西	937	187	15918	20.0
内蒙古	809	150	17901	18.5
辽　宁	2387	609	90012	25.5
吉　林	766	272	30797	35.5
黑龙江	1710	447	33742	26.1
上　海	1287	219	17025	17.0
江　苏	3195	521	29906	16.3
浙　江	3526	637	17603	18.1
安　徽	1468	333	34383	22.7
福　建	1582	377	10172	23.8
江　西	1014	216	11335	21.3
山　东	4216	743	37964	17.6
河　南	1975	462	21951	23.4
湖　北	1761	328	32937	18.6
湖　南	1748	365	17764	20.9
广　东	2145	413	32815	19.3
广　西	918	208	13723	22.7
海　南	322	102	4113	31.7
重　庆	1501	279	14118	18.6
四　川	2779	504	25558	18.1
贵　州	582	179	9303	30.8
云　南	1173	194	5583	16.5
西　藏	71	10	704	14.1
陕　西	894	160	14220	17.9
甘　肃	504	95	10310	18.8
青　海	202	72	3933	35.6
宁　夏	392	112	5751	28.6
新　疆	650	191	26046	29.4

各地区地方和中央建筑业企业亏损情况(一)

地　区	建筑业企业个数(个)	亏损企业个数(个)	亏损金额(万元)	亏损面(%)
全国总计	**44017**	**9080**	**635607**	**20.6**
一、地方所属单位	**42078**	**8635**	**491293**	**20.5**
北　京	1065	231	10650	21.7
天　津	418	88	5501	21.1
河　北	1627	284	19665	17.5
山　西	881	172	11955	19.5
内 蒙 古	773	144	9629	18.6
辽　宁	2198	579	80322	26.3
吉　林	707	255	29865	36.1
黑 龙 江	1563	420	27494	26.9
上　海	1224	208	12607	17.0
江　苏	3151	516	27713	16.4
浙　江	3519	636	17603	18.1
安　徽	1395	311	17937	22.3
福　建	1530	366	8907	23.9
江　西	990	211	7736	21.3
山　东	4136	728	28066	17.6
河　南	1905	449	17666	23.6
湖　北	1706	311	22499	18.2
湖　南	1695	348	13145	20.5
广　东	2079	401	27588	19.3
广　西	905	204	11123	22.5
海　南	322	102	4113	31.7
重　庆	1440	259	11221	18.0
四　川	2715	492	20813	18.1
贵　州	542	163	6421	30.1
云　南	1155	190	5284	16.5
西　藏	70	10	704	14.3
陕　西	832	146	7094	17.5
甘　肃	470	87	5151	18.5
青　海	192	72	3933	37.5
宁　夏	384	112	5751	29.2
新　疆	489	140	13139	28.6

各地区地方和中央建筑业企业亏损情况(二)

地　区	建筑业企业个数(个)	亏损企业个数(个)	亏损金额(万元)	亏损面(%)
二、中央所属单位	**1939**	**445**	**144314**	**22.9**
北　京	232	60	4017	25.9
天　津	59	14	7556	23.7
河　北	102	18	2629	17.6
山　西	56	15	3963	26.8
内蒙古	36	6	8272	16.7
辽　宁	189	30	9690	15.9
吉　林	59	17	932	28.8
黑龙江	147	27	6248	18.4
上　海	63	11	4418	17.5
江　苏	44	5	2193	11.4
浙　江	7	1	--	14.3
安　徽	73	22	16446	30.1
福　建	52	11	1265	21.2
江　西	24	5	3599	20.8
山　东	80	15	9898	18.8
河　南	70	13	4285	18.6
湖　北	55	17	10438	30.9
湖　南	53	17	4619	32.1
广　东	66	12	5227	18.2
广　西	13	4	2600	30.8
海　南	--	--	--	--
重　庆	61	20	2897	32.8
四　川	64	12	4746	18.8
贵　州	40	16	2882	40.0
云　南	18	4	299	22.2
西　藏	1	--	--	--
陕　西	62	14	7126	22.6
甘　肃	34	8	5159	23.5
青　海	10	--	--	--
宁　夏	8	--	--	--
新　疆	161	51	12907	31.7

二、国有经济建筑业企业

国有经济主要经济指标完成情况

指 标 名 称	单 位	1997年	1996年	1997年比1996年增减（%）
建筑业总产值	亿元	4526.5	4160.2	8.8
建筑业增加值	亿元	1317.2	1299.8	1.3
#本年提取固定资产折旧	亿元	100.7	91.9	9.6
应付工资	亿元	597.0	573.7	4.1
应付福利费	亿元	73.9	67.7	9.2
工程结算税金及附加	亿元	119.8	111.5	7.4
工程结算利润	亿元	414.3	385.7	7.4
房屋建筑施工面积	万平方米	48830.1	48372.8	0.9
房屋建筑竣工面积	万平方米	18507.5	17491.3	5.8
年末自有机械设备净值	亿元	521.1	469.2	11.1
年末自有机械设备总功率	万千瓦	4419.9	4213.3	4.9
资本金	亿元	975.5	881.8	10.6
资产总计	亿元	5933.7	5355.6	10.8
#流动资产	亿元	4293.1	3852.6	11.4
固定资产	亿元	1273.8	1182.4	7.7
负债合计	亿元	4621.3	4168.3	10.9
#流动负债	亿元	4312.8	3887.1	11.0
长期负债	亿元	304.9	267.9	13.8
资产负债率	%	77.9	77.8	0.1
利税总额	亿元	144.2	139.7	3.2
利润总额	亿元	16.7	20.7	-19.3
按建筑业总产值计算的劳动生产	元/人	54627	48604	12.4
按建筑业增加值计算的劳动生产	元/人	15897	15186	4.7
房屋建筑面积竣工率	%	37.9	36.2	4.7
工程质量优良品率	%	42.2	43.5	-3.0
技术装备率	元/人	6289	5482	14.7
动力装备率	千瓦/人	5.3	4.9	8.2
产值利税率	%	3.2	3.4	-5.9
产值利润率	%	0.4	0.5	-20.0
建筑业企业个数	个	9650	9109	5.9
计算劳动生产率的平均人数	万人	828.63	855.93	-3.2

各地区国有经济建筑业总产值和竣工产值

单位:万元

地区	建筑业总产值	建筑工程产值	安装工程产值	房屋构筑物修理产值	非标准设备制造产值	竣工产值
全国总计	**45265168**	**38032550**	**6451583**	**422566**	**358470**	**32437760**
北京	3509050	3233351	217521	51849	6328	2498939
天津	1566008	1308822	221146	11691	24350	1069650
河北	2368404	2001198	332286	12690	22230	1587946
山西	1638949	1433220	190781	9622	5326	1330362
内蒙古	505100	409429	70700	22949	2022	391011
辽宁	2457073	1900782	455209	62043	39038	1654608
吉林	1068024	866649	186491	7267	7616	758793
黑龙江	1564245	1085341	441423	10003	27478	1390937
上海	3420468	2809203	551977	45193	14095	2353490
江苏	3493343	2967036	464956	30262	31089	2516640
浙江	1571129	1242705	307883	6299	14242	1244271
安徽	1103513	916562	169803	9722	7427	672506
福建	1074942	973752	94607	3286	3297	768418
江西	486019	402975	76489	3229	3326	317253
山东	2276948	1717172	516110	29191	14476	1809276
河南	1901262	1537570	327894	9424	26373	1411798
湖北	1995259	1764345	201611	9738	19565	1079169
湖南	1297126	1095885	174014	5752	21475	791463
广东	3133873	2805142	295339	22892	10500	2608275
广西	747290	669989	65353	3484	8464	545820
海南	156413	145687	7938	2688	100	76122
重庆	691185	590437	90175	7945	2627	438938
四川	2484028	2067329	384158	18665	13876	1876783
贵州	597798	526190	68875	1165	1569	414732
云南	1079113	977797	86320	4959	10037	692896
西藏	68563	66119	1859	585	－－	33893
陕西	1158205	1007503	140104	4260	6338	664871
甘肃	565423	409960	147646	2863	4954	501963
青海	253287	194456	54777	2113	1941	191499
宁夏	204647	157487	42008	3094	2058	169905
新疆	828482	748455	66129	7644	6253	575533

各地区国有经济地方和中央建筑业总产值和竣工产值(一)

单位:万元

地区	建筑业总产值	建筑工程产值	安装工程产值	房屋构筑物修理产值	非标准设备制造产值	竣工产值
全国总计	**45265168**	**38032550**	**6451583**	**422566**	**358470**	**32437760**
一、地方所属单位	27401662	24107582	2809867	336581	147632	19997063
北京	1867051	1781655	41893	39909	3594	1379709
天津	742697	698435	34119	6302	3842	592034
河北	1101097	969192	110394	10379	11132	790710
山西	620641	522853	87999	7017	2771	370119
内蒙古	370958	286940	60475	22035	1507	294074
辽宁	1416679	1202979	146987	45735	20979	1032223
吉林	690838	566060	111482	6520	6776	516199
黑龙江	928520	777184	141826	7608	1902	786489
上海	2490288	2114153	322252	44766	9117	1647657
江苏	2906883	2554227	303565	26259	22832	2155676
浙江	1385657	1161539	206436	6284	11398	1074517
安徽	470226	430234	32565	4983	2445	284825
福建	701818	643611	54301	2419	1486	498677
江西	312785	292395	15921	2895	1575	188179
山东	1152240	929154	198960	20958	3168	777132
河南	973613	832361	127593	9025	4634	691518
湖北	635908	598991	25193	7387	4337	424162
湖南	635705	574726	54090	3216	3672	421824
广东	2658941	2385174	248022	21125	4619	2223896
广西	607212	569365	31921	2547	3379	470619
海南	156413	145687	7938	2688	100	76122
重庆	450899	396975	44152	7218	2554	294611
四川	1492769	1275609	201222	11252	4686	1073059
贵州	256567	244277	11008	835	447	208531
云南	820563	784802	27063	4663	4034	520383
西藏	35103	32660	1859	585	——	32933
陕西	446758	400891	42087	1342	2438	320370
甘肃	294429	265161	26509	1242	1517	227807
青海	145683	128551	14076	2113	944	156965
宁夏	197005	151179	40674	3094	2058	163649
新疆	435716	390561	37286	4181	3688	302395

各地区国有经济地方和中央建筑业总产值和竣工产值(二)

单位:万元

地区	建筑业总产值	建筑工程产值	安装工程产值	房屋构筑物修理产值	非标准设备制造产值	竣工产值
二、中央所属单位	17863506	13924968	3641716	85985	210839	12440696
北京	1641998	1451696	175628	11941	2733	1119230
天津	823311	610387	187027	5389	20508	477616
河北	1267306	1032007	221892	2311	11097	797236
山西	1018308	910366	102782	2606	2555	960242
内蒙古	134142	122489	10225	914	515	96937
辽宁	1040394	697803	308223	16308	18060	622385
吉林	377186	300589	75009	747	840	242594
黑龙江	635725	308157	299597	2395	25576	604447
上海	930180	695050	229725	427	4978	705833
江苏	586459	412809	161391	4002	8257	360965
浙江	185472	81166	101447	16	2844	169754
安徽	633287	486328	137238	4739	4982	387681
福建	373124	330140	40306	867	1810	269741
江西	173234	110581	60568	334	1751	129074
山东	1124709	788018	317150	8233	11308	1032145
河南	927650	705209	200302	399	21740	720280
湖北	1359351	1165354	176419	2351	15228	655007
湖南	661421	521158	119924	2535	17803	369639
广东	474932	419967	47317	1766	5881	384380
广西	140078	100625	33431	937	5085	75201
海南	——	——	——	——	——	——
重庆	240285	193462	46023	727	73	144327
四川	991259	791720	182936	7412	9190	803724
贵州	341232	281913	57866	330	1122	206201
云南	258551	192995	59257	295	6004	172513
西藏	33459	33459	——	——	——	959
陕西	711447	606612	98017	2919	3899	344501
甘肃	270994	144799	121137	1621	3436	274156
青海	107603	65905	40701	——	997	34535
宁夏	7642	6308	1334	——	——	6256
新疆	392765	357894	28843	3463	2565	273138

各地区国有经济单位工程个数及工程质量

地　区	单位工程施工个数（个）	本年新开工个数	投标承包个数	本年新开工	单位工程竣工个数（个）	优良品	工程质量优良品率（%）	投标承包个数占单位工程施工个数的比重（%）
全国总计	**262443**	**152210**	**98794**	**55244**	**153417**	**64685**	**42.2**	**37.6**
北　京	9761	4549	4765	2004	5324	1757	33.0	48.8
天　津	6195	4114	1810	1051	3686	1858	50.4	29.2
河　北	15064	9041	8071	4759	8971	4022	44.8	53.6
山　西	13052	6561	6876	3102	6645	3524	53.0	52.7
内蒙古	3973	2500	502	367	2543	1256	49.4	12.6
辽　宁	12224	7535	4552	2760	7720	3149	40.8	37.2
吉　林	7002	4849	1890	1407	4758	1630	34.3	27.0
黑龙江	7725	5691	1206	871	5929	2759	46.5	15.6
上　海	14664	8391	3894	2413	6099	2973	48.7	26.6
江　苏	17816	11458	6054	4004	11748	4556	38.8	34.0
浙　江	9089	5531	3209	1802	5759	1355	23.5	35.3
安　徽	9689	5180	3948	1710	5401	2367	43.8	40.7
福　建	4944	2698	1990	938	2916	779	26.7	40.3
江　西	5018	2924	2254	1216	2896	1409	48.7	44.9
山　东	15884	9881	4711	2788	10332	4153	40.2	29.7
河　南	13785	7713	6752	4165	7598	3346	44.0	49.0
湖　北	12136	6151	4956	2391	6418	3196	49.8	40.8
湖　南	7149	3941	2899	1674	3730	1898	50.9	40.6
广　东	12719	7327	3536	1742	7723	3908	50.6	27.8
广　西	6133	3228	1260	778	3490	1099	31.5	20.5
海　南	4046	1622	380	228	1630	70	4.3	9.4
重　庆	4183	2482	2138	1060	2390	978	40.9	51.1
四　川	16686	7963	7713	3827	9010	5088	56.5	46.2
贵　州	4462	2497	1500	635	2104	652	31.0	33.6
云　南	7001	4133	2808	1821	4353	2378	54.6	40.1
西　藏	246	187	137	124	168	64	38.1	55.7
陕　西	6739	3697	3669	2126	3313	1744	52.6	54.4
甘　肃	2901	1563	1550	875	2407	724	30.1	53.4
青　海	1906	1323	1150	717	1302	501	38.5	60.3
宁　夏	2500	2042	614	428	1915	360	18.8	24.6
新　疆	7751	5438	2000	1461	5139	1132	22.0	25.8

各地区国有经济地方和中央单位工程个数及工程重量(一)

地区	单位工程施工个数(个)	本年新开工个数	投标承包个数	本年新开工	单位工程竣工个数(个)	优良品	工程质量优良品率(%)	投标承包个数占单位工程施工个数的比重(%)
全国总计	**262443**	**152210**	**98794**	**55244**	**153417**	**64685**	**42.2**	**37.6**
一、地方所属单位	**164369**	**100212**	**55682**	**33206**	**100035**	**30967**	**31.0**	**33.9**
北　京	5003	2567	2300	1171	2738	534	19.5	46.0
天　津	2892	1874	652	340	1803	546	30.3	22.5
河　北	8671	5733	4649	2862	5791	2115	36.5	53.6
山　西	4380	2543	1537	908	2324	776	33.4	35.1
内蒙古	2964	1988	449	332	1998	857	42.9	15.1
辽　宁	7515	5270	2375	1480	4708	1241	26.4	31.6
吉　林	4288	3189	883	670	3315	844	25.5	20.6
黑龙江	5055	3982	1058	764	4007	1616	40.3	20.9
上　海	11277	6823	3274	2003	4740	1897	40.0	29.0
江　苏	14626	9409	4916	3344	9843	3013	30.6	33.6
浙　江	8468	5067	3076	1734	5325	1031	19.4	36.3
安　徽	4057	2358	1364	756	2398	475	19.8	33.6
福　建	3851	2122	1446	650	2455	558	22.7	37.5
江　西	3102	1850	990	572	1580	456	28.9	31.9
山　东	10171	7052	3009	1921	6799	1462	21.5	29.6
河　南	8953	4915	4032	2328	5338	1839	34.5	45.0
湖　北	4871	2897	1418	732	2861	448	15.7	29.1
湖　南	3660	2080	1520	850	2049	613	29.9	41.5
广　东	10952	6088	2973	1419	6507	3444	52.9	27.1
广　西	4660	2617	1015	592	2660	527	19.8	21.8
海　南	4046	1622	380	228	1630	70	4.3	9.4
重　庆	2597	1678	983	604	1662	498	30.0	37.9
四　川	8970	4580	3168	1868	4964	1955	39.4	35.3
贵　州	2013	1099	711	357	1048	189	18.0	35.3
云　南	5569	3233	2136	1376	3609	1978	54.8	38.4
西　藏	216	176	136	123	165	64	38.8	63.0
陕　西	2666	1481	1584	938	1389	596	42.9	59.4
甘　肃	2015	1018	1212	663	1902	408	21.5	60.1
青　海	1352	994	671	439	953	203	21.3	49.6
宁　夏	2272	1819	612	426	1699	322	19.0	26.9
新　疆	3237	2088	1153	756	1775	392	22.1	35.6

各地区国有经济地方和中央单位工程个数及工程质量(二)

地　区	单位工程施工个数(个)	本年新开工个数	投标承包个数	本年新开工	单位工程竣工个数(个)	优良品	工程质量优良品率(%)	投标承包个数占单位工程施工个数的比重(%)
二、中央所属单位	**98074**	**51998**	**43112**	**22038**	**53382**	**33718**	**63.2**	**44.0**
北　京	4758	1982	2465	833	2586	1223	47.3	51.8
天　津	3303	2240	1158	711	1883	1312	69.7	35.1
河　北	6393	3308	3422	1897	3180	1907	60.0	53.5
山　西	8672	4018	5339	2194	4321	2748	63.6	61.6
内蒙古	1009	512	53	35	545	399	73.2	5.3
辽　宁	4709	2265	2177	1280	3012	1908	63.3	46.2
吉　林	2714	1660	1007	737	1443	786	54.5	37.1
黑龙江	2670	1709	148	107	1922	1143	59.5	5.5
上　海	3387	1568	620	410	1359	1076	79.2	18.3
江　苏	3190	2049	1138	660	1905	1543	81.0	35.7
浙　江	621	464	133	68	434	324	74.7	21.4
安　徽	5632	2822	2584	954	3003	1892	63.0	45.9
福　建	1093	576	544	288	461	221	47.9	49.8
江　西	1916	1074	1264	644	1316	953	72.4	66.0
山　东	5713	2829	1702	867	3533	2691	76.2	29.8
河　南	4832	2798	2720	1837	2260	1507	66.7	56.3
湖　北	7265	3254	3538	1659	3557	2748	77.3	48.7
湖　南	3489	1861	1379	824	1681	1285	76.4	39.5
广　东	1767	1239	563	323	1216	464	38.2	31.9
广　西	1473	611	245	186	830	572	68.9	16.6
海　南	——	——	——	——	——	——	——	——
重　庆	1586	804	1155	456	728	480	65.9	72.8
四　川	7716	3383	4545	1959	4046	3133	77.4	58.9
贵　州	2449	1398	789	278	1056	463	43.8	32.2
云　南	1432	900	672	445	744	400	53.8	46.9
西　藏	30	11	1	1	3	——	——	3.3
陕　西	4073	2216	2085	1188	1924	1148	59.7	51.2
甘　肃	886	545	338	212	505	316	62.6	38.1
青　海	554	329	479	278	349	298	85.4	86.5
宁　夏	228	223	2	2	216	38	17.6	0.9
新　疆	4514	3350	847	705	3364	740	22.0	18.8

各地区国有经济房屋建筑面积和工程质量

地区	房屋建筑施工面积（万平方米）	本年新开工面积	投标承包面积	本年新开工	房屋建筑竣工面积（万平方米）	优良品面积	房屋建筑面积优良品率（%）	投标承包面积占房屋建筑施工面积的比重（%）
全国总计	**48830.1**	**19076.2**	**30144.8**	**12708.5**	**18507.5**	**8274.1**	**44.7**	**61.7**
北　京	3809.3	1301.9	3054.1	1114.3	1252.5	676.9	54.0	80.2
天　津	1409.8	518.5	485.6	183.7	511.3	264.5	51.7	34.4
河　北	2581.4	1065.0	1971.4	806.6	1032.2	481.3	46.6	76.4
山　西	1233.4	551.6	566.0	269.0	529.6	169.2	32.0	45.9
内蒙古	483.4	211.2	118.8	66.6	275.1	114.3	41.5	24.6
辽　宁	2132.4	906.0	1526.1	612.0	893.8	418.6	46.8	71.6
吉　林	900.8	538.0	408.5	254.7	526.2	201.3	38.3	45.3
黑龙江	975.1	545.3	483.7	274.0	540.4	249.2	46.1	49.6
上　海	2665.2	868.8	1954.5	781.7	736.0	367.5	49.9	73.3
江　苏	4400.0	1957.1	2653.2	1302.4	1675.1	954.7	57.0	60.3
浙　江	1414.0	528.5	1190.3	497.3	589.2	235.1	39.9	84.2
安　徽	1106.3	458.6	541.9	268.1	407.6	142.0	34.8	49.0
福　建	1418.5	462.3	1044.9	345.7	473.3	96.9	20.5	73.7
江　西	823.0	304.5	466.5	192.7	322.4	113.6	35.2	56.7
山　东	2344.2	927.0	1610.3	705.5	914.0	432.2	47.3	68.7
河　南	2194.8	903.7	1471.7	617.6	857.6	364.2	42.5	67.1
湖　北	2330.6	848.4	1252.7	455.2	765.3	289.0	37.8	53.8
湖　南	1236.7	435.2	723.1	272.9	465.9	222.0	47.6	58.5
广　东	5185.1	1506.1	2656.5	988.2	1524.0	811.2	53.2	51.2
广　西	1128.5	394.2	425.7	151.3	447.2	119.9	26.8	37.7
海　南	265.4	119.8	164.2	74.9	91.2	20.3	22.3	61.8
重　庆	1091.4	482.8	853.2	364.7	460.5	217.1	47.1	78.2
四　川	2991.7	1189.1	1752.6	778.0	1179.2	504.1	42.7	58.6
贵　州	765.8	275.2	495.1	197.7	304.0	88.7	29.2	64.6
云　南	1048.2	417.4	510.8	225.6	455.0	237.8	52.3	48.7
西　藏	25.5	19.3	17.9	14.8	19.7	10.7	54.2	70.1
陕　西	908.1	402.9	661.7	343.8	343.6	193.3	56.3	72.9
甘　肃	605.4	214.0	405.0	166.9	248.4	94.4	38.0	66.9
青　海	169.8	93.9	140.5	73.6	88.7	24.7	27.8	82.8
宁　夏	189.0	113.0	100.8	65.5	99.6	34.6	34.8	53.3
新　疆	997.5	517.0	437.9	243.6	479.0	124.7	26.0	43.9

各地区国有经济地方和中央房屋建筑面积和工程质量(一)

地区	房屋建筑施工面积(万平方米)	本年新开工面积	投标承包面积	本年新开工	房屋建筑竣工面积(万平方米)	优良品面积	房屋建筑面积优良品率(%)	投标承包面积占房屋建筑施工面积的比重(%)
全国总计	**48830.1**	**19076.2**	**30144.8**	**12708.5**	**18507.5**	**8274.1**	**44.7**	**61.7**
一、地方所属单位	**38084.9**	**15283.1**	**22792.3**	**10037.0**	**15079.8**	**6449.6**	**42.8**	**59.8**
北京	2191.4	704.2	1749.0	609.2	741.4	356.5	48.1	79.8
天津	969.4	402.9	202.6	105.1	392.0	206.9	52.8	20.9
河北	1641.0	777.4	1203.0	581.0	781.7	333.3	42.6	73.3
山西	769.9	351.9	340.9	184.7	345.4	111.9	32.4	44.3
内蒙古	400.3	176.0	108.5	58.9	241.1	94.5	39.2	27.1
辽宁	1648.1	747.2	1189.9	502.5	727.2	313.1	43.1	72.2
吉林	759.1	472.2	360.7	232.9	464.1	181.0	39.0	47.5
黑龙江	816.9	456.8	447.1	243.8	433.3	180.3	41.6	54.7
上海	2436.4	765.5	1823.0	707.9	654.2	326.3	49.9	74.8
江苏	4023.7	1803.1	2320.7	1157.3	1597.6	909.4	56.9	57.7
浙江	1399.4	527.2	1189.0	496.5	585.2	232.9	39.8	85.0
安徽	781.6	350.1	389.1	219.2	296.0	84.1	28.4	49.8
福建	991.3	353.6	710.0	257.2	356.5	67.4	18.9	71.6
江西	742.4	269.7	406.9	169.9	280.0	90.6	32.4	54.8
山东	1534.7	689.3	1026.6	526.4	704.7	284.0	40.3	66.9
河南	1720.7	724.6	1115.4	474.8	724.4	295.5	40.8	64.8
湖北	1226.9	536.8	441.3	193.9	522.1	126.5	24.2	36.0
湖南	930.6	359.1	538.5	227.1	372.8	170.4	45.7	57.9
广东	4718.5	1370.3	2278.0	872.3	1395.6	711.7	51.0	48.3
广西	1075.0	380.9	416.1	147.8	420.3	111.9	26.6	38.7
海南	265.4	119.8	164.2	74.9	91.2	20.3	22.3	61.8
重庆	945.3	420.8	729.7	312.2	400.9	175.0	43.7	77.2
四川	2546.6	1022.1	1512.7	669.2	1023.5	427.9	41.8	59.4
贵州	437.3	174.2	239.2	111.7	193.5	46.5	24.0	54.7
云南	932.4	359.4	443.5	189.6	415.6	218.5	52.6	47.6
西藏	25.1	18.9	17.9	14.8	19.7	10.7	54.3	71.0
陕西	680.1	296.3	516.8	261.3	256.2	144.2	56.3	76.0
甘肃	525.2	179.9	362.3	150.4	212.7	88.4	41.6	69.0
青海	158.3	85.7	130.4	65.4	81.0	22.0	27.1	82.4
宁夏	186.4	110.4	100.8	65.5	97.1	34.2	35.3	54.1
新疆	605.6	276.7	318.5	153.4	252.9	73.6	29.1	52.6

各地区国有经济地方和中央房屋建筑面积和工程质量(二)

地　区	房屋建筑施工面积(万平方米)	本年新开工面积	投标承包面积	本年新开工	房屋建筑竣工面积(万平方米)	优良品面积	房屋建筑面积优良品率(%)	投标承包面积占房屋建筑施工面积的比重(%)
二、中央所属单位	**10745.2**	**3793.1**	**7352.5**	**2671.5**	**3427.7**	**1824.5**	**53.2**	**68.4**
北　京	1617.9	597.7	1305.0	505.1	511.2	320.4	62.7	80.7
天　津	440.4	115.6	283.0	78.6	119.3	57.6	48.3	64.2
河　北	940.4	287.6	768.3	225.6	250.6	148.0	59.1	81.7
山　西	463.5	199.7	225.1	84.3	184.2	57.3	31.1	48.6
内蒙古	83.1	35.2	10.3	7.7	34.0	19.7	58.0	12.4
辽　宁	484.3	158.8	336.2	109.5	166.6	105.5	63.3	69.4
吉　林	141.7	65.8	47.8	21.8	62.1	20.3	32.8	33.7
黑龙江	158.2	88.4	36.6	30.2	107.1	69.0	64.4	23.2
上　海	228.8	103.3	131.5	73.8	81.8	41.2	50.4	57.5
江　苏	376.3	154.1	332.4	145.0	77.5	45.4	58.6	88.3
浙　江	14.6	1.2	1.4	0.8	3.9	2.2	56.3	9.4
安　徽	324.7	108.5	152.8	48.8	111.6	58.0	51.9	47.1
福　建	427.2	108.6	335.0	88.6	116.8	29.5	25.2	78.4
江　西	80.6	34.8	59.6	22.8	42.4	23.0	54.3	73.9
山　东	809.5	237.7	583.7	179.1	209.3	148.2	70.8	72.1
河　南	474.1	179.1	356.3	142.8	133.2	68.7	51.5	75.2
湖　北	1103.7	311.6	811.4	261.3	243.2	162.5	66.8	73.5
湖　南	306.1	76.2	184.6	45.8	93.2	51.6	55.4	60.3
广　东	466.6	135.9	378.4	115.9	128.4	99.5	77.5	81.1
广　西	53.5	13.3	9.6	3.5	26.9	8.0	29.6	17.9
海　南	——	——	——	——	——	——	——	——
重　庆	146.0	61.9	123.5	52.4	59.7	42.1	70.5	84.6
四　川	445.1	167.0	239.9	108.8	155.7	76.2	48.9	53.9
贵　州	328.5	101.1	255.8	86.0	110.5	42.2	38.2	77.9
云　南	115.8	58.0	67.3	36.0	39.4	19.3	49.0	58.1
西　藏	0.3	0.3	——	——	——	——	——	——
陕　西	228.0	106.5	144.9	82.5	87.3	49.1	56.2	63.5
甘　肃	80.2	34.1	42.7	16.4	35.7	5.9	16.7	53.2
青　海	11.5	8.2	10.1	8.2	7.7	2.7	35.0	87.9
宁　夏	2.6	2.6	——	——	2.5	0.4	15.8	——
新　疆	391.9	240.4	119.3	90.2	226.1	51.1	22.6	30.5

各地区国有经济按主要用途分的房屋建筑竣工面积

单位:万平方米

地区	合计	厂房	住宅	办公用房	商业、居民服务业用房	文化教育用房	医疗用房	科研用房	其他用房
全国总计	**18507.5**	**2325.2**	**9052.4**	**2229.6**	**2188.5**	**867.6**	**239.9**	**97.6**	**1506.7**
北京	1252.5	96.1	624.1	164.1	193.7	46.7	7.7	20.7	99.5
天津	511.3	66.4	270.8	33.9	29.6	18.3	2.1	2.3	87.9
河北	1032.2	128.3	533.0	154.1	77.7	60.0	18.7	8.8	51.6
山西	529.6	57.7	305.7	83.4	20.5	23.4	3.8	1.5	33.6
内蒙古	275.1	37.2	152.8	24.2	22.9	21.8	3.0	0.5	12.5
辽宁	893.8	87.0	557.3	66.9	85.5	28.4	7.7	5.2	55.9
吉林	526.2	96.8	257.8	59.0	31.7	26.7	3.8	0.7	49.8
黑龙江	540.4	60.2	331.2	48.1	31.8	20.1	7.4	2.5	39.1
上海	736.0	95.8	283.3	98.0	113.1	38.9	12.6	0.8	93.5
江苏	1675.1	212.5	686.6	237.5	242.1	74.5	23.2	10.2	188.5
浙江	589.2	86.6	257.0	69.8	74.5	40.6	8.8	0.5	51.3
安徽	407.6	80.9	164.1	60.6	45.8	27.9	4.7	— —	23.5
福建	473.3	79.2	209.1	64.8	74.0	12.6	8.9	0.5	24.2
江西	322.4	43.5	169.2	38.9	28.9	12.3	2.4	0.3	26.7
山东	914.0	138.9	407.1	139.6	89.2	42.0	16.4	3.9	76.9
河南	857.6	104.0	458.5	108.4	62.4	46.3	11.5	4.4	62.2
湖北	765.3	109.2	304.5	79.1	128.6	49.8	10.7	3.7	79.7
湖南	465.9	43.4	209.8	63.3	56.7	22.8	8.4	6.2	55.4
广东	1524.0	176.4	761.3	174.4	271.1	59.9	15.7	0.6	64.5
广西	447.2	38.6	226.0	49.3	63.5	18.1	6.5	— —	45.0
海南	91.2	1.6	59.8	5.4	12.9	2.0	0.6	0.1	8.7
重庆	460.5	44.9	256.3	39.2	79.2	18.3	6.6	2.6	13.4
四川	1179.2	158.0	558.9	158.6	146.9	37.1	15.4	9.5	94.9
贵州	304.0	49.7	152.5	32.4	20.8	13.5	3.8	1.0	30.3
云南	455.0	85.9	165.6	46.3	78.4	30.5	8.9	2.9	36.5
西藏	19.7	0.1	8.3	4.4	0.8	3.7	0.6	0.1	1.7
陕西	343.6	49.2	188.4	33.6	23.2	23.7	7.2	1.2	17.0
甘肃	248.4	39.6	130.8	27.1	20.0	7.3	4.1	2.7	16.9
青海	88.7	5.4	58.1	9.8	6.6	1.7	1.6	0.1	5.3
宁夏	99.6	12.0	52.1	11.4	11.3	3.0	0.4	— —	9.3
新疆	479.0	39.9	252.4	44.0	44.9	35.7	6.5	4.1	51.4

各地区国有经济地方和中央按主要用途分的房屋建筑竣工面积(一)

单位:万平方米

地　区	合计	厂房	住宅	办公用房	商业、居民服务业用房	文化教育用房	医疗用房	科研用房	其他用房
全国总计	**18507.5**	**2325.2**	**9052.4**	**2229.6**	**2188.5**	**867.6**	**239.9**	**97.6**	**1506.7**
一、地方所属单位	**15079.8**	**1589.6**	**7642.1**	**1937.7**	**1734.8**	**774.1**	**196.3**	**61.3**	**1143.9**
北　京	741.4	31.4	422.5	110.2	85.0	32.5	3.7	7.3	48.7
天　津	392.0	27.7	212.9	26.2	25.2	17.1	2.1	1.9	79.0
河　北	781.7	70.8	433.9	128.5	45.4	51.9	13.6	3.9	33.7
山　西	345.4	31.2	188.2	68.8	14.1	19.3	3.3	1.5	18.9
内蒙古	241.1	29.7	134.9	20.3	22.5	20.6	3.0	0.5	9.4
辽　宁	727.2	63.3	474.3	58.3	67.9	23.0	6.6	1.2	32.6
吉　林	464.1	90.8	216.9	57.4	26.5	25.6	2.5	0.5	43.9
黑龙江	433.3	38.3	264.7	44.6	28.8	17.7	5.2	2.5	31.5
上　海	654.2	47.9	277.2	95.3	106.8	35.0	8.1	0.8	83.2
江　苏	1597.6	183.9	673.3	232.7	228.3	72.8	22.6	6.9	177.1
浙　江	585.2	84.6	257.0	69.4	73.2	40.6	8.8	0.5	51.1
安　徽	296.0	38.0	129.6	43.9	39.8	24.8	3.4	－－	16.4
福　建	356.5	42.8	157.4	62.6	55.6	12.1	8.0	0.5	17.5
江　西	280.0	31.7	155.6	36.3	26.1	11.8	2.4	0.3	15.9
山　东	704.7	96.5	350.3	91.9	63.9	34.7	10.4	3.6	53.5
河　南	724.4	74.8	392.0	94.7	52.9	44.1	8.2	4.4	53.3
湖　北	522.1	46.4	276.6	65.9	43.6	42.4	8.1	1.6	37.5
湖　南	372.8	32.8	181.3	53.8	34.1	19.5	8.0	4.4	38.9
广　东	1395.6	150.8	698.9	162.9	248.9	59.2	15.6	0.6	58.7
广　西	420.3	36.2	213.0	48.6	57.7	17.1	6.4	－－	41.3
海　南	91.2	1.6	59.8	5.4	12.9	2.0	0.6	0.1	8.7
重　庆	400.9	30.1	230.0	38.8	64.0	18.1	5.4	2.5	11.9
四　川	1023.5	126.4	490.8	150.0	132.6	34.4	14.3	9.0	65.9
贵　州	193.5	15.6	108.7	19.6	16.4	11.9	3.3	0.2	17.8
云　南	415.6	71.3	149.9	42.3	77.0	30.0	8.0	2.9	34.3
西　藏	19.7	0.1	8.3	4.4	0.8	3.7	0.6	0.1	1.7
陕　西	256.2	29.8	139.5	29.3	20.4	22.1	7.0	0.9	7.3
甘　肃	212.7	26.2	117.4	26.8	20.0	6.9	2.9	1.5	11.0
青　海	81.0	4.3	53.1	9.7	5.2	1.7	1.6	0.1	5.2
宁　夏	97.1	12.0	50.8	11.4	11.3	3.0	0.4	－－	8.1
新　疆	252.9	22.5	123.2	27.7	28.0	18.4	2.2	1.2	29.8

各地区国有经济地方和中央按主要用途分 的房屋建筑竣工面积(二)

单位:万平方米

地区	合计	厂房	住宅	办公用房	商业、居民服务业用房	文化教育用房	医疗用房	科研用房	其他用房
二、中央所属单位	**3427.7**	**735.6**	**1410.3**	**292.0**	**453.7**	**93.5**	**43.5**	**36.2**	**362.8**
北　京	511.2	64.7	201.6	53.9	108.8	14.2	4.0	13.4	50.7
天　津	119.3	38.8	57.9	7.7	4.4	1.2	——	0.5	8.9
河　北	250.6	57.5	99.1	25.6	32.3	8.1	5.1	4.9	17.9
山　西	184.2	26.5	117.4	14.6	6.4	4.0	0.5	——	14.7
内蒙古	34.0	7.5	17.9	3.9	0.4	1.2	——	——	3.1
辽　宁	166.6	23.7	83.0	8.6	17.6	5.4	1.0	4.0	23.3
吉　林	62.1	6.0	40.9	1.6	5.2	1.1	1.2	0.2	5.9
黑龙江	107.1	21.9	66.5	3.5	3.0	2.3	2.2	——	7.6
上　海	81.8	48.0	6.1	2.7	6.3	3.9	4.5	——	10.3
江　苏	77.5	28.6	13.3	4.8	13.8	1.8	0.5	3.3	11.4
浙　江	3.9	2.0	——	0.3	1.4	——	——	——	0.2
安　徽	111.6	42.9	34.5	16.7	6.0	3.1	1.4	——	7.1
福　建	116.8	36.4	51.7	2.2	18.4	0.5	0.9	——	6.7
江　西	42.4	11.9	13.7	2.7	2.9	0.5	——	——	10.8
山　东	209.3	42.4	56.7	47.6	25.4	7.3	6.1	0.3	23.4
河　南	133.2	29.1	66.5	13.6	9.5	2.3	3.3	——	8.8
湖　北	243.2	62.8	27.9	13.2	85.0	7.3	2.6	2.1	42.2
湖　南	93.2	10.6	28.5	9.5	22.6	3.3	0.4	1.9	16.5
广　东	128.4	25.6	62.4	11.5	22.2	0.7	0.1	——	5.9
广　西	26.9	2.4	13.1	0.8	5.8	1.0	0.1	——	3.7
海　南	——	——	——	——	——	——	——	——	——
重　庆	59.7	14.8	26.3	0.5	15.2	0.2	1.2	0.1	1.5
四　川	155.7	31.7	68.1	8.6	14.3	2.6	1.0	0.4	29.0
贵　州	110.5	34.1	43.8	12.8	4.4	1.6	0.5	0.9	12.5
云　南	39.4	14.6	15.7	4.1	1.4	0.5	0.9	——	2.2
西　藏	——	——	——	——	——	——	——	——	——
陕　西	87.3	19.4	48.9	4.4	2.8	1.6	0.3	0.3	9.7
甘　肃	35.7	13.4	13.4	0.2	——	0.4	1.3	1.2	5.9
青　海	7.7	1.1	5.0	0.1	1.3	——	——	——	0.1
宁　夏	2.5	——	1.3	——	——	——	——	——	1.2
新　疆	226.1	17.4	129.2	16.3	16.9	17.3	4.4	2.9	21.6

各地区国有经济各种用途的房屋建筑竣工面积占全部的比重

单位: %

地区	厂房	住宅	办公用房	商业、居民服务业用房	文化教育用房	医疗用房	科研用房	其他用房
全国总计	**12.6**	**48.9**	**12.0**	**11.8**	**4.7**	**1.3**	**0.5**	**8.1**
北京	7.7	49.8	13.1	15.5	3.7	0.6	1.7	7.9
天津	13.0	53.0	6.6	5.8	3.6	0.4	0.4	17.2
河北	12.4	51.6	14.9	7.5	5.8	1.8	0.9	5.0
山西	10.9	57.7	15.7	3.9	4.4	0.7	0.3	6.3
内蒙古	13.5	55.5	8.8	8.3	7.9	1.1	0.2	4.5
辽宁	9.7	62.4	7.5	9.6	3.2	0.9	0.6	6.3
吉林	18.4	49.0	11.2	6.0	5.1	0.7	0.1	9.5
黑龙江	11.1	61.3	8.9	5.9	3.7	1.4	0.5	7.2
上海	13.0	38.5	13.3	15.4	5.3	1.7	0.1	12.7
江苏	12.7	41.0	14.2	14.5	4.4	1.4	0.6	11.3
浙江	14.7	43.6	11.8	12.6	6.9	1.5	0.1	8.7
安徽	19.8	40.3	14.9	11.2	6.8	1.2	--	5.8
福建	16.7	44.2	13.7	15.6	2.7	1.9	0.1	5.1
江西	13.5	52.5	12.1	9.0	3.8	0.7	0.1	8.3
山东	15.2	44.5	15.3	9.8	4.6	1.8	0.4	8.4
河南	12.1	53.5	12.6	7.3	5.4	1.3	0.5	7.3
湖北	14.3	39.8	10.3	16.8	6.5	1.4	0.5	10.4
湖南	9.3	45.0	13.6	12.2	4.9	1.8	1.3	11.9
广东	11.6	50.0	11.4	17.8	3.9	1.0	--	4.2
广西	8.6	50.5	11.0	14.2	4.0	1.5	--	10.1
海南	1.8	65.6	5.9	14.1	2.2	0.7	0.1	9.5
重庆	9.8	55.7	8.5	17.2	4.0	1.4	0.6	2.9
四川	13.4	47.4	13.4	12.5	3.1	1.3	0.8	8.0
贵州	16.3	50.2	10.7	6.8	4.4	1.2	0.3	10.0
云南	18.9	36.4	10.2	17.2	6.7	2.0	0.6	8.0
西藏	0.5	42.1	22.3	4.1	18.8	3.0	0.5	8.6
陕西	14.3	54.8	9.8	6.8	6.9	2.1	0.3	4.9
甘肃	15.9	52.7	10.9	8.1	2.9	1.7	1.1	6.8
青海	6.1	65.5	11.0	7.4	1.9	1.8	0.1	6.0
宁夏	12.0	52.3	11.4	11.3	3.0	0.4	--	9.3
新疆	8.3	52.7	9.2	9.4	7.5	1.4	0.9	10.7

各地区国有经济地方和中央各种用途的房屋建筑竣工面积占全部的比重(一)

单位: %

地区	厂房	住宅	办公用房	商业、居民服务业用房	文化教育用房	医疗用房	科研用房	其他用房
全国总计	**12.6**	**48.9**	**12.0**	**11.8**	**4.7**	**1.3**	**0.5**	**8.1**
一、地方所属单位	**10.5**	**50.7**	**12.8**	**11.5**	**5.1**	**1.3**	**0.4**	**7.6**
北京	4.2	57.0	14.9	11.5	4.4	0.5	1.0	6.6
天津	7.1	54.3	6.7	6.4	4.4	0.5	0.5	20.2
河北	9.1	55.5	16.4	5.8	6.6	1.7	0.5	4.3
山西	9.0	54.5	19.9	4.1	5.6	1.0	0.4	5.5
内蒙古	12.3	56.0	8.4	9.3	8.5	1.2	0.2	3.9
辽宁	8.7	65.2	8.0	9.3	3.2	0.9	0.2	4.5
吉林	19.6	46.7	12.4	5.7	5.5	0.5	0.1	9.5
黑龙江	8.8	61.1	10.3	6.6	4.1	1.2	0.6	7.3
上海	7.3	42.4	14.6	16.3	5.4	1.2	0.1	12.7
江苏	11.5	42.1	14.6	14.3	4.6	1.4	0.4	11.1
浙江	14.5	43.9	11.9	12.5	6.9	1.5	0.1	8.7
安徽	12.8	43.8	14.8	13.4	8.4	1.1	－－	5.5
福建	12.0	44.2	17.6	15.6	3.4	2.2	0.1	4.9
江西	11.3	55.6	13.0	9.3	4.2	0.9	0.1	5.7
山东	13.7	49.7	13.0	9.1	4.9	1.5	0.5	7.6
河南	10.3	54.1	13.1	7.3	6.1	1.1	0.6	7.4
湖北	8.9	53.0	12.6	8.4	8.1	1.6	0.3	7.2
湖南	8.8	48.6	14.4	9.1	5.2	2.1	1.2	10.4
广东	10.8	50.1	11.7	17.8	4.2	1.1	－－	4.2
广西	8.6	50.7	11.6	13.7	4.1	1.5	－－	9.8
海南	1.8	65.6	5.9	14.1	2.2	0.7	0.1	9.5
重庆	7.5	57.4	9.7	16.0	4.5	1.3	0.6	3.0
四川	12.3	48.0	14.7	13.0	3.4	1.4	0.9	6.4
贵州	8.1	56.2	10.1	8.5	6.1	1.7	0.1	9.2
云南	17.2	36.1	10.2	18.5	7.2	1.9	0.7	8.3
西藏	0.5	42.1	22.3	4.1	18.8	3.0	0.5	8.6
陕西	11.6	54.4	11.4	8.0	8.6	2.7	0.4	2.8
甘肃	12.3	55.2	12.6	9.4	3.2	1.4	0.7	5.2
青海	5.3	65.6	12.0	6.4	2.1	2.0	0.1	6.4
宁夏	12.4	52.3	11.7	11.6	3.1	0.4	－－	8.3
新疆	8.9	48.7	11.0	11.1	7.3	0.9	0.5	11.8

各地区国有经济地方和中央各种用途的房屋建筑竣工面积占全部的比重(二)

单位：%

地区	厂房	住宅	办公用房	商业、居民服务业用房	文化教育用房	医疗用房	科研用房	其他用房
二、中央所属单位	**21.5**	**41.1**	**8.5**	**13.2**	**2.7**	**1.3**	**1.1**	**10.6**
北京	12.7	39.4	10.5	21.3	2.8	0.8	2.6	9.9
天津	32.5	48.5	6.5	3.7	1.0	－－	0.4	7.5
河北	22.9	39.5	10.2	12.9	3.2	2.0	2.0	7.1
山西	14.4	63.7	7.9	3.5	2.2	0.3	－－	8.0
内蒙古	22.1	52.6	11.5	1.2	3.5	－－	－－	9.1
辽宁	14.2	49.8	5.2	10.6	3.2	0.6	2.4	14.0
吉林	9.7	65.9	2.6	8.4	1.8	1.9	0.3	9.5
黑龙江	20.4	62.1	3.3	2.8	2.1	2.1	－－	7.1
上海	58.7	7.5	3.3	7.7	4.8	5.5	－－	12.6
江苏	36.9	17.2	6.2	17.8	2.3	0.6	4.3	14.7
浙江	51.3	－－	7.7	35.9	－－	－－	－－	5.1
安徽	38.4	30.9	15.0	5.4	2.8	1.3	－－	6.4
福建	31.2	44.3	1.9	15.8	0.4	0.8	－－	5.7
江西	28.1	32.3	6.4	6.8	1.2	－－	－－	25.5
山东	20.3	27.1	22.7	12.1	3.5	2.9	0.1	11.2
河南	21.8	49.9	10.2	7.1	1.7	2.5	－－	6.6
湖北	25.8	11.5	5.4	35.0	3.0	1.1	0.9	17.4
湖南	11.4	30.6	10.2	24.2	3.5	0.4	2.0	17.7
广东	19.9	48.6	9.0	17.3	0.5	0.1	－－	4.6
广西	8.9	48.7	3.0	21.6	3.7	0.4	－－	13.8
海南	－－	－－	－－	－－	－－	－－	－－	－－
重庆	24.8	44.1	0.8	25.5	0.3	2.0	0.2	2.5
四川	20.4	43.7	5.5	9.2	1.7	0.6	0.3	18.6
贵州	30.9	39.6	11.6	4.0	1.4	0.5	0.8	11.3
云南	37.1	39.8	10.4	3.6	1.3	2.3	－－	5.6
西藏	－－	－－	－－	－－	－－	－－	－－	－－
陕西	22.2	56.0	5.0	3.2	1.8	0.3	0.3	11.1
甘肃	37.5	37.5	0.6	－－	1.1	3.6	3.4	16.5
青海	14.3	64.9	1.3	16.9	－－	－－	－－	1.3
宁夏	－－	52.0	－－	－－	－－	－－	－－	48.0
新疆	7.7	57.1	7.2	7.5	7.7	1.9	1.3	9.6

各地区国有经济机械设备装备情况

地区	自有机械设备年末总台数（台）	自有机械设备年末总功率（万千瓦）	施工机械功率	自有机械设备净值（万元）	技术装备率（元/人）	动力装备率（千瓦/人）
全国总计	**1865910**	**4419.9**	**3222.3**	**5211213**	**6289**	**5.3**
北京	81667	219.9	138.9	269124	5272	4.3
天津	38468	119.2	86.1	173245	7680	5.3
河北	110474	250.2	190.1	298763	6699	5.6
山西	76501	163.5	112.7	192059	5706	4.9
内蒙古	30103	73.7	47.1	58416	3961	5.0
辽宁	98264	276.0	195.5	286507	5600	5.4
吉林	49841	127.0	85.5	141406	5556	5.0
黑龙江	70144	262.5	201.9	199728	5612	7.4
上海	61139	138.9	101.4	263358	8046	4.2
江苏	148988	271.6	201.9	344328	6757	5.3
浙江	61055	114.1	76.6	172165	8674	5.7
安徽	44059	125.6	95.7	126576	5693	5.7
福建	29234	69.0	53.9	113437	7773	4.7
江西	33300	70.3	54.7	72583	4871	4.7
山东	83991	232.5	171.9	273561	6787	5.8
河南	113372	207.3	148.1	238855	5531	4.8
湖北	99867	213.4	159.9	317977	8745	5.9
湖南	70605	149.6	116.2	182564	7279	6.0
广东	165048	326.4	256.1	406678	8081	6.5
广西	46421	103.7	77.1	115051	6747	6.1
海南	6330	19.6	15.0	14956	3376	4.4
重庆	34060	71.4	51.7	84094	5015	4.3
四川	108294	272.2	198.4	254574	4567	4.9
贵州	23408	54.6	36.5	84930	5984	3.8
云南	32135	91.8	68.7	115050	7076	5.6
西藏	3065	14.8	10.7	16013	13588	12.5
陕西	49829	149.0	113.9	159877	6449	6.0
甘肃	27240	62.6	45.1	67547	4070	3.8
青海	15667	36.9	25.6	36184	5632	5.7
宁夏	13108	29.4	20.6	30597	5607	5.4
新疆	40233	103.5	65.1	101007	4953	5.1

各地区国有经济地方和中央机械设备装备情况(一)

地区	自有机械设备年末总台数(台)	自有机械设备年末总功率(万千瓦)	施工机械功率	自有机械设备净值(万元)	技术装备率(元/人)	动力装备率(千瓦/人)
全国总计	**1865910**	**4419.9**	**3222.3**	**5211213**	**6289**	**5.3**
一、地方所属单位	**1260622**	**2511.2**	**1784.0**	**2837603**	**5045**	**4.5**
北京	46334	111.8	61.2	133585	4595	3.8
天津	19118	43.9	28.5	54521	4300	3.5
河北	70447	124.2	97.1	145508	5314	4.5
山西	33669	67.5	39.7	69302	4401	4.3
内蒙古	23557	55.2	33.8	47569	4049	4.7
辽宁	65740	166.0	112.4	174428	5071	4.8
吉林	35292	87.6	56.0	97976	5137	4.6
黑龙江	44187	129.2	99.3	111206	4332	5.0
上海	36593	60.3	37.6	117761	4991	2.6
江苏	130478	228.8	174.8	276814	6244	5.2
浙江	54098	100.1	68.6	150370	8335	5.6
安徽	22904	42.1	31.2	44852	3746	3.5
福建	20541	40.9	30.6	66495	6366	3.9
江西	22237	37.9	27.9	31996	2975	3.5
山东	48552	126.4	97.3	120628	4654	4.9
河南	80465	115.3	90.8	130596	4292	3.8
湖北	58516	71.0	50.1	81138	4363	3.8
湖南	44810	75.2	60.2	88749	5670	4.8
广东	147528	267.2	206.5	309030	6989	6.0
广西	36746	74.5	50.8	88122	6114	5.2
海南	6330	19.6	15.0	14956	3376	4.4
重庆	25546	45.9	31.8	54787	4624	3.9
四川	67402	145.5	104.1	125662	3338	3.9
贵州	12529	27.1	17.9	29297	3586	3.3
云南	20666	52.4	33.6	68594	5535	4.2
西藏	2077	6.1	4.7	3966	4862	7.5
陕西	24634	54.9	36.5	62215	5551	4.9
甘肃	15448	31.5	23.1	34298	2938	2.7
青海	10961	23.0	15.5	19749	4385	5.1
宁夏	13076	29.3	20.5	30440	5785	5.6
新疆	20141	50.7	26.8	52993	5112	4.9

各地区国有经济地方和中央机械设 备装备情况(二)

地　区	自有机械设备年末总台数(台)	自有机械设备年末总功率(万千瓦)	施工机械功率	自有机械设备净值(万元)	技术装备率(元/人)	动力装备率(千瓦/人)
二、中央所属单位	**605288**	**1908.6**	**1438.4**	**2373610**	**8917**	**7.2**
北　京	35333	108.1	77.6	135539	6166	4.9
天　津	19350	75.4	57.6	118724	12018	7.6
河　北	40027	126.1	93.0	153255	8901	7.3
山　西	42832	96.0	73.0	122757	6853	5.4
内蒙古	6546	18.5	13.3	10847	3618	6.2
辽　宁	32524	109.9	83.1	112079	6685	6.6
吉　林	14549	39.4	29.5	43430	6807	6.2
黑龙江	25957	133.2	102.5	88522	8927	13.4
上　海	24546	78.6	63.8	145597	15940	8.6
江　苏	18510	42.8	27.0	67514	10188	6.5
浙　江	6957	13.9	8.0	21795	12065	7.7
安　徽	21155	83.5	64.4	81724	7964	8.1
福　建	8693	28.1	23.3	46942	11315	6.8
江　西	11063	32.4	26.7	40588	9796	7.8
山　东	35439	106.1	74.6	152933	10628	7.4
河　南	32907	92.0	57.3	108260	8483	7.2
湖　北	41351	142.4	109.8	236839	13332	8.0
湖　南	25795	74.4	56.0	93816	9950	7.9
广　东	17520	59.2	49.6	97648	15986	9.7
广　西	9675	29.2	26.3	26930	10210	11.1
海　南	－－	－－	－－	－－	－－	－－
重　庆	8514	25.4	19.9	29308	5957	5.2
四　川	40892	126.6	94.3	128912	7125	7.0
贵　州	10879	27.5	18.6	55633	9238	4.6
云　南	11469	39.5	35.1	46456	12015	10.2
西　藏	988	8.6	6.0	12048	33198	23.8
陕　西	25195	94.1	77.4	97662	7189	6.9
甘　肃	11792	31.1	22.0	33249	6754	6.3
青　海	4706	13.8	10.1	16435	8555	7.2
宁　夏	32	0.1	0.1	157	803	0.6
新　疆	20092	52.8	38.3	48014	4789	5.3

各地区国有经济建筑业增加值及其构成(一)

单位:万元

地区	建筑业增加值合计	本年提取固定资产折旧	应付工资总额	应付福利费总额
全国总计	**13172397**	**1006954**	**5969879**	**738818**
北京	985989	64397	435844	54342
天津	420260	43907	168940	21547
河北	664837	55298	268209	32911
山西	491086	40328	197266	23567
内蒙古	167553	10603	87465	13924
辽宁	748427	63599	337388	47775
吉林	328950	24195	149141	18588
黑龙江	465116	36331	210587	24934
上海	732712	46160	281899	32718
江苏	907042	55184	475834	55967
浙江	371481	28337	175057	19584
安徽	328652	23390	136252	19870
福建	292920	17429	136210	16950
江西	157824	13952	78775	9183
山东	719373	56805	327294	39973
河南	565031	37599	251955	30424
湖北	647310	56271	272343	29763
湖南	381244	33417	171944	24473
广东	970040	73893	468929	57506
广西	232520	21300	111012	12224
海南	39166	904	21975	1715
重庆	215394	13939	105066	12983
四川	844076	61586	421052	53139
贵州	182098	16256	85052	8941
云南	303474	25710	126955	17271
西藏	29317	5113	17113	1204
陕西	374616	32684	159890	21513
甘肃	200030	12873	91687	12043
青海	80979	8287	38410	4364
宁夏	69122	5022	37034	4463
新疆	255754	22186	123302	14960

各地区国有经济建筑业增加值及其构成(二)

单位:万元

地区	工程结算税金及附加	工程结算利润	管理费用中的税金	管理费用中的劳动、待业保险费	转作奖金的利润
全国总计	**1197840**	**4142684**	**77147**	**728307**	**18402**
北京	95852	346837	4500	44559	5855
天津	36384	153681	2037	27005	237
河北	65864	229634	4487	37222	360
山西	43353	188273	2330	31178	526
内蒙古	17070	44129	2703	13350	1
辽宁	69872	225195	3779	41567	362
吉林	31581	101006	1379	16571	440
黑龙江	38836	152191	1893	16437	246
上海	75716	265074	4529	50744	2395
江苏	77234	247433	2825	31261	1317
浙江	39784	105686	1447	17016	1438
安徽	29463	108409	2519	28670	195
福建	35374	81364	1782	13206	360
江西	16309	41583	1203	6886	207
山东	64879	232058	4301	29929	752
河南	52291	185083	2641	36631	187
湖北	55647	227855	8255	37760	276
湖南	30710	108924	2297	23505	72
广东	90382	272105	5266	28461	1152
广西	20675	57680	1231	20470	220
海南	4371	6712	796	3947	26
重庆	19099	59519	1030	11522	141
四川	63511	237561	3882	52641	457
贵州	17263	59095	1449	5504	60
云南	27609	89648	1583	25865	86
西藏	454	13567	124	1308	88
陕西	28025	126800	2489	24311	118
甘肃	15294	60398	1710	15401	16
青海	6865	23305	457	5226	7
宁夏	5276	17282	432	4050	10
新疆	22797	74597	1788	26103	795

各地区国有经济地方和中央建筑业增加值及其构成(一)

单位:万元

地　区	建筑业增加值合计	本年提取固定资产折旧	应付工资总额	应付福利费总额
全国总计	**13172397**	**1006954**	**5969879**	**738818**
一、地方所属单位	**7406549**	**499701**	**3598060**	**438342**
北　京	585608	31511	281686	34828
天　津	172094	10500	68530	9839
河　北	273409	21497	126367	14081
山　西	182119	13561	74799	9531
内蒙古	118524	8341	61955	11171
辽　宁	404306	34401	193987	29892
吉　林	211707	14757	102892	12244
黑龙江	276857	20208	128915	15515
上　海	413955	23691	142268	19361
江　苏	699269	41098	392681	45050
浙　江	298474	22816	146638	15235
安　徽	120896	8280	53060	5854
福　建	192818	9993	92369	11176
江　西	81852	5638	44346	4896
山　东	348186	26287	160747	18456
河　南	287114	16754	153112	15503
湖　北	172419	12451	88372	7564
湖　南	176621	12269	85245	13274
广　东	804513	55005	403590	49944
广　西	172778	16596	83881	9222
海　南	39166	904	21975	1715
重　庆	134620	8491	71812	8182
四　川	450118	29478	240904	30429
贵　州	68140	6554	36321	3357
云　南	208399	14556	89649	12585
西　藏	22481	1048	11724	450
陕　西	137611	9172	58118	7096
甘　肃	107202	5683	54007	6776
青　海	41030	2138	21591	2104
宁　夏	66982	4946	35911	4410
新　疆	137279	11075	70608	8599

各地区国有经济地方和中央建筑业增加值及其构成(二)

单位:万元

地　区	建筑业增加值合计	本年提取固定资产折旧	应付工资总额	应付福利费总额
二、中央所属单位	**5765848**	**507253**	**2371819**	**300475**
北　京	400381	32886	154158	19514
天　津	248166	33407	100410	11708
河　北	391428	33801	141841	18830
山　西	308967	26767	122467	14036
内蒙古	49029	2262	25510	2752
辽　宁	344121	29198	143401	17883
吉　林	117243	9438	46249	6343
黑龙江	188260	16124	81673	9418
上　海	318757	22469	139631	13357
江　苏	207773	14086	83153	10917
浙　江	73007	5521	28419	4349
安　徽	207757	15109	83192	14016
福　建	100102	7436	43841	5774
江　西	75972	8313	34429	4288
山　东	371187	30519	166547	21517
河　南	277917	20845	98842	14922
湖　北	474891	43820	183972	22199
湖　南	204623	21149	86699	11198
广　东	165527	18888	65339	7561
广　西	59743	4703	27131	3002
海　南	——	——	——	——
重　庆	80774	5448	33254	4800
四　川	393957	32107	180148	22710
贵　州	113958	9702	48730	5584
云　南	95075	11154	37306	4686
西　藏	6836	4065	5389	754
陕　西	237005	23511	101772	14417
甘　肃	92828	7189	37680	5266
青　海	39949	6148	16819	2260
宁　夏	2141	76	1124	53
新　疆	118475	11111	52695	6361

各地区国有经济地方和中央建筑业增加值及其构成(三)

单位:万元

地区	工程结算税金及附加	工程结算利润	管理费用中的税金	管理费用中的劳动、待业保险费	转作奖金的利润
全国总计	**1197840**	**4142684**	**77147**	**728307**	**18402**
一、地方所属单位	**709383**	**2120355**	**49325**	**371394**	**10615**
北京	52596	187580	2910	29368	420
天津	13430	68345	1181	15125	234
河北	30566	76998	2344	11628	341
山西	17647	60147	1396	13819	526
内蒙古	13212	32507	2185	7446	1
辽宁	39597	103240	2669	26321	362
吉林	19928	57370	1205	13003	343
黑龙江	27524	87159	1548	8457	195
上海	51393	164012	3914	23833	2381
江苏	58557	176755	2334	17742	1317
浙江	33550	78236	1227	12390	1226
安徽	12967	37123	1334	7620	128
福建	22348	49660	1442	10279	85
江西	10812	18574	890	2308	127
山东	31541	112481	2800	14433	685
河南	27657	80190	1917	15959	132
湖北	16452	51962	1461	7633	268
湖南	13116	50097	1581	7495	72
广东	75092	214601	4592	23263	569
广西	15927	40828	1079	13396	197
海南	4371	6712	796	3947	26
重庆	12450	30270	750	8749	91
四川	36423	109959	1833	22969	442
贵州	7249	15037	655	2248	60
云南	20658	60687	1269	16194	86
西藏	454	11212	124	892	88
陕西	11927	46006	1214	9060	61
甘肃	8871	27607	1077	8098	16
青海	3913	12691	300	1960	2
宁夏	5094	16421	427	4050	10
新疆	14063	35890	866	11709	124

各地区国有经济地方和中央建筑业增加值及其构成(四)

单位:万元

地区	工程结算税金及附加	工程结算利润	管理费用中的税金	管理费用中的劳动、待业保险费	转作奖金的利润
二、中央所属单位	**488456**	**2022330**	**27822**	**356913**	**7786**
北京	43256	159257	1589	15191	5435
天津	22954	85336	856	11880	3
河北	35298	152636	2142	25594	19
山西	25706	128126	934	17359	——
内蒙古	3858	11622	518	5904	——
辽宁	30276	121956	1110	15246	——
吉林	11653	43637	174	3567	97
黑龙江	11312	65032	345	7981	51
上海	24323	101062	615	26911	14
江苏	18677	70678	491	13520	——
浙江	6234	27450	220	4626	212
安徽	16496	71286	1185	21050	67
福建	13026	31703	340	2926	275
江西	5496	23010	313	4578	80
山东	33338	119577	1501	15496	67
河南	24634	104894	724	20672	55
湖北	39196	175894	6794	30126	7
湖南	17594	58827	716	16010	——
广东	15291	57504	673	5198	582
广西	4748	16852	152	7075	23
海南	——	——	——	——	——
重庆	6648	29249	280	2773	50
四川	27089	127602	2049	29672	16
贵州	10014	44058	794	3256	——
云南	6951	28961	314	9671	1
西藏	——	2354	——	416	——
陕西	16098	80795	1274	15251	58
甘肃	6423	32791	633	7303	——
青海	2953	10614	156	3266	5
宁夏	182	862	6	——	——
新疆	8734	38708	921	14393	670

各地区国有经济建筑业劳动生产率

地　区	建筑业企业个数（个）	计算劳动生产率的平均人数（万人）	按总产值计算的劳动生产率（元/人）	按增加值计算的劳动生产率（元/人）	人均竣工产值（元/人）	人均施工面积（平米/人）	人均竣工面积（平米/人）
全国总计	**9650**	**828.63**	**54627**	**15897**	**39146**	**58.9**	**22.3**
北　京	409	51.05	68735	19313	48949	74.6	24.5
天　津	164	22.56	69417	18629	47415	62.5	22.7
河　北	497	44.60	53105	14907	35605	57.9	23.1
山　西	257	33.66	48694	14591	39526	36.6	15.7
内蒙古	200	14.75	34251	11362	26515	32.8	18.7
辽　宁	554	51.16	48024	14628	32340	41.7	17.5
吉　林	385	25.45	41964	12925	29814	35.4	20.7
黑龙江	569	35.59	43953	13069	39083	27.4	15.2
上　海	364	32.73	104503	22386	71905	81.4	22.5
江　苏	543	50.96	68552	17800	49386	86.3	32.9
浙　江	399	19.85	79157	18716	62689	71.2	29.7
安　徽	244	22.23	49632	14782	30247	49.8	18.3
福　建	236	14.59	73658	20072	52654	97.2	32.4
江　西	218	14.90	32620	10593	21293	55.2	21.6
山　东	722	40.31	56489	17847	44886	58.2	22.7
河　南	492	43.19	44025	13084	32691	50.8	19.9
湖　北	429	36.36	54873	17802	29679	64.1	21.0
湖　南	296	25.08	51714	15200	31554	49.3	18.6
广　东	535	50.33	62270	19275	51827	103.0	30.3
广　西	239	17.05	43827	13637	32011	66.2	26.2
海　南	132	4.43	35311	8842	17185	59.9	20.6
重　庆	183	16.77	41218	12845	26175	65.1	27.5
四　川	432	55.74	44566	15144	33672	53.7	21.2
贵　州	153	14.19	42122	12831	29223	54.0	21.4
云　南	155	16.26	66368	18664	42615	64.5	28.0
西　藏	25	1.18	58178	24877	28759	21.6	16.7
陕　西	196	24.79	46717	15110	26818	36.6	13.9
甘　肃	89	16.60	34071	12053	30247	36.5	15.0
青　海	82	6.42	39426	12605	29808	26.4	13.8
宁　夏	138	5.46	37503	12667	31136	34.6	18.2
新　疆	313	20.39	40629	12542	28225	48.9	23.5

各地区国有经济地方和中央建筑业劳动生产率(一)

地 区	建筑业企业个数(个)	计算劳动生产率的平均人数(万人)	按总产值计算的劳动生产率(元/人)	按增加值计算的劳动生产率(元/人)	人均竣工产值(元/人)	人均施工面积(平米/人)	人均竣工面积(平米/人)
全国总计	**9650**	**828.63**	**54627**	**15897**	**39146**	**58.9**	**22.3**
一、地方所属单位	**8131**	**562.45**	**48718**	**13168**	**35553**	**67.7**	**26.8**
北 京	259	29.07	64221	20143	47458	75.4	25.5
天 津	118	12.68	58571	13572	46690	76.4	30.9
河 北	417	27.38	40214	9985	28878	59.9	28.5
山 西	207	15.75	39417	11566	23506	48.9	21.9
内蒙古	177	11.75	31575	10088	25031	34.1	20.5
辽 宁	461	34.40	41186	11754	30009	47.9	21.1
吉 林	332	19.07	36225	11101	27067	39.8	24.3
黑龙江	467	25.67	36167	10784	30635	31.8	16.9
上 海	319	23.60	105537	17543	69827	103.3	27.7
江 苏	504	44.33	65571	15773	48626	90.8	36.0
浙 江	392	18.04	76803	16543	59557	77.6	32.4
安 徽	196	11.97	39277	10098	23791	65.3	24.7
福 建	188	10.45	67191	18460	47743	94.9	34.1
江 西	194	10.76	29079	7610	17494	69.0	26.0
山 东	652	25.92	44457	13434	29984	59.2	27.2
河 南	422	30.42	32001	9437	22729	56.6	23.8
湖 北	378	18.60	34194	9271	22808	66.0	28.1
湖 南	245	15.65	40611	11283	26947	59.4	23.8
广 东	472	44.22	60132	18194	50293	106.7	31.6
广 西	226	14.41	42128	11987	32652	74.6	29.2
海 南	132	4.43	35311	8842	17185	59.9	20.6
重 庆	146	11.85	38052	11361	24863	79.8	33.8
四 川	373	37.64	39654	11957	28505	67.6	27.2
贵 州	121	8.17	31404	8340	25524	53.5	23.7
云 南	139	12.39	66211	16816	41990	75.2	33.5
西 藏	24	0.82	43040	27564	40379	30.8	24.1
陕 西	138	11.21	39860	12278	28584	60.7	22.9
甘 肃	71	11.67	25225	9184	19517	45.0	18.2
青 海	74	4.50	32350	9111	34855	35.1	18.0
宁 夏	132	5.26	37443	12731	31103	35.4	18.4
新 疆	155	10.37	42033	13243	29172	58.4	24.4

各地区国有经济地方和中央建筑业劳动生产率(二)

地区	建筑业企业个数(个)	计算劳动生产率的平均人数(万人)	按总产值计算的劳动生产率(元/人)	按增加值计算的劳动生产率(元/人)	人均竣工产值(元/人)	人均施工面积(平米/人)	人均竣工面积(平米/人)
二、中央所属单位	**1519**	**266.18**	**67112**	**21662**	**46739**	**40.4**	**12.9**
北京	150	21.98	74704	18216	50920	73.6	23.3
天津	46	9.88	83338	25120	48346	44.6	12.1
河北	80	17.22	73605	22734	46304	54.6	14.6
山西	50	17.91	56850	17249	53608	25.9	10.3
内蒙古	23	3.00	44738	16352	32329	27.7	11.3
辽宁	93	16.77	62052	20524	37121	28.9	9.9
吉林	53	6.38	59117	18376	38022	22.2	9.7
黑龙江	102	9.92	64111	18985	60957	16.0	10.8
上海	45	9.13	101834	34897	77273	25.1	9.0
江苏	39	6.63	88499	31354	54471	56.8	11.7
浙江	7	1.81	102675	40416	93974	8.1	2.2
安徽	48	10.26	61713	20246	37779	31.6	10.9
福建	48	4.15	89942	24130	65021	103.0	28.2
江西	24	4.14	41813	18337	31154	19.5	10.2
山东	70	14.39	78160	25795	71728	56.3	14.5
河南	70	12.76	72689	21777	56440	37.1	10.4
湖北	51	17.76	76521	26733	36872	62.1	13.7
湖南	51	9.43	70147	21701	39202	32.5	9.9
广东	63	6.11	77749	27098	62925	76.4	21.0
广西	13	2.64	53108	22650	28511	20.3	10.2
海南	——	——	——	——	——	——	——
重庆	37	4.92	48841	16419	29337	29.7	12.1
四川	59	18.09	54787	21774	44422	24.6	8.6
贵州	32	6.02	56662	18923	34240	54.5	18.4
云南	16	3.87	66869	24589	44617	29.9	10.2
西藏	1	0.36	92200	18837	2644	0.9	0.1
陕西	58	13.58	52374	17447	25361	16.8	6.4
甘肃	18	4.92	55044	18855	55687	16.3	7.3
青海	8	1.92	56014	20796	17977	6.0	4.0
宁夏	6	0.20	39131	10961	32032	13.6	12.8
新疆	158	10.03	39178	11818	27245	39.1	22.5

各地区国有经济资本金及资产构成(一)

单位:万元

地　区	资本金合　计	资产总计	流动资产合计	存货	在建工程	长期投资
全国总计	**9755010**	**59336764**	**42930554**	**11756155**	**7255344**	**1320277**
北　京	635229	5661737	4580853	1455394	1054335	251246
天　津	364841	1946292	1394392	197423	63497	76404
河　北	483592	2630376	1843042	412441	172455	30671
山　西	321301	2199428	1533051	384038	193389	23021
内蒙古	144751	696526	475183	110021	27767	2228
辽　宁	650710	3311653	2243569	445718	220059	40241
吉　林	259963	1477096	1009915	155750	62349	11675
黑龙江	425704	1928966	1389344	260005	82228	16720
上　海	567528	3704601	2778878	829361	616506	253459
江　苏	633528	4291839	3399874	1293844	958559	78112
浙　江	293844	1641649	1203147	285722	171711	32443
安　徽	261895	1290393	864279	221951	118179	16928
福　建	211568	1401944	1015008	213821	142247	34959
江　西	142265	863380	587642	240205	170997	13579
山　东	518641	2843523	1956742	353605	151884	30917
河　南	339512	1854799	1233059	316972	149173	17764
湖　北	416483	2711547	1792603	471487	272154	41309
湖　南	288337	1516438	1047711	244256	150112	8492
广　东	743207	6425199	5235658	1846558	1375999	137923
广　西	218438	1426870	1100226	435188	341163	17147
海　南	34830	207102	127732	65106	52296	9042
重　庆	184606	792248	559328	146146	80121	7208
四　川	577543	2596576	1702611	427066	207063	66637
贵　州	147061	860163	594329	147160	81450	17884
云　南	134010	983174	683810	174340	94223	29060
西　藏	25248	135516	75850	13863	8564	6446
陕　西	253582	1513038	966945	258787	122368	19052
甘　肃	126155	734215	455674	122233	45926	9899
青　海	64231	326790	200720	46756	13975	6273
宁　夏	78985	289121	176458	42421	17526	4473
新　疆	207419	1074562	702920	138520	37069	9067

各地区国有经济资本金及资产构成(二)

单位:万元

地区	固定资产合计	固定资产原价合计	生产经营用	固定资产折旧	本年折旧	无形及递延资产合计	其中:无形资产
全国总计	**12738460**	**18547450**	**12654431**	**5902516**	**1006954**	**529189**	**343315**
北京	666277	1029719	685968	366571	64397	24076	17367
天津	428122	715500	532849	287378	43907	8551	4465
河北	650619	941834	637286	308198	55298	23885	17352
山西	559869	777627	461784	219797	40328	5815	2453
内蒙古	188250	267124	178871	83034	10603	8257	6010
辽宁	875909	1293794	793416	418173	63599	37620	30948
吉林	416990	587868	376713	170878	24195	9451	6723
黑龙江	482802	695513	511456	213123	36331	7102	2517
上海	452218	765385	662089	313167	46160	98235	56703
江苏	727985	1035190	749481	307206	55184	34855	9757
浙江	355301	485723	375508	142424	28337	10740	4441
安徽	332850	534878	323827	202028	23390	4710	2694
福建	245823	343825	225220	98002	17429	17211	11878
江西	223023	310566	180736	87543	13952	8131	6269
山东	725040	1005986	688767	280946	56805	50777	46935
河南	518111	731752	489533	213641	37599	14127	10786
湖北	771338	1100265	763145	336138	56271	27639	22580
湖南	382587	538349	399270	160791	33417	20532	16170
广东	842442	1265539	932324	423097	73893	58161	34914
广西	261349	367413	250943	114107	21300	9592	8551
海南	50487	60451	22291	9964	904	1010	873
重庆	200048	279424	197685	83518	13939	6358	1217
四川	712164	1054214	689462	343365	61586	19643	14196
贵州	198315	280172	205027	83671	16256	2739	1287
云南	236608	357182	243538	128907	25710	3263	2337
西藏	30032	59168	34063	29136	5113	440	4
陕西	444575	626951	418047	183740	32684	8472	2249
甘肃	240730	317675	177417	81003	12873	2690	746
青海	105794	156823	107309	51028	8287	393	213
宁夏	98710	130521	85565	32457	5022	814	198
新疆	314091	431019	254838	129484	22186	3898	481

各地区国有经济地方和中央资本金及资产构成(一)

单位:万元

地区	资本金合计	资产总计	流动资产合计	存货	在建工程	长期投资
全国总计	**9755010**	**59336764**	**42930554**	**11756155**	**7255344**	**1320277**
一、地方所属单位	**6216509**	**37744439**	**28511646**	**8653878**	**5856086**	**837734**
北京	326295	3563324	2994142	1074938	799536	143835
天津	139454	941240	726284	101170	28238	36858
河北	263040	1292991	904353	216887	95901	11100
山西	129395	824964	576800	131620	68360	8572
内蒙古	111478	558945	384490	71239	20600	1502
辽宁	428522	1981286	1380710	276843	136414	27565
吉林	188470	1026865	705843	78430	25786	8923
黑龙江	273538	1235978	890484	176505	65378	13621
上海	421184	2766328	2141014	711309	573477	189116
江苏	539294	3561627	2880963	1200581	930514	54483
浙江	266293	1445688	1083646	265525	163539	23051
安徽	127333	661005	496767	133903	87842	6310
福建	138142	867752	634346	168732	122871	22425
江西	90523	568292	415882	203606	153559	5325
山东	289220	1594401	1151842	217857	112498	20995
河南	212213	1022178	683226	198755	106872	10255
湖北	236511	863542	612275	161683	100322	12168
湖南	186900	789933	539850	155277	111502	4567
广东	593044	5531457	4602146	1715578	1286385	127801
广西	176508	1214974	959236	400241	321587	13286
海南	34830	207102	127732	65106	52296	9042
重庆	122395	547519	404257	105343	64503	4156
四川	349522	1462701	1018804	247522	141503	24637
贵州	60817	374937	277230	104156	72730	4529
云南	90378	714329	516801	134355	75554	26470
西藏	15905	72776	33691	6137	864	5916
陕西	107639	638598	451493	131703	70022	4261
甘肃	56623	347875	231210	54972	20726	3850
青海	39766	181416	116651	22784	6226	1767
宁夏	78314	279543	168839	40917	17428	3627
新疆	122961	604874	400638	80204	23052	7722

各地区国有经济地方和中央资本金及资产构成(二)

单位:万元

地区	资本金合计	资产总计	流动资产合计	存货	在建工程	长期投资
二、中央所属单位	**3538501**	**21592325**	**14418908**	**3102277**	**1399257**	**482544**
北京	308934	2098414	1586711	380456	254799	107411
天津	225387	1005053	668108	96252	35259	39547
河北	220552	1337385	938688	195554	76554	19571
山西	191906	1374464	956251	252418	125029	14449
内蒙古	33273	137582	90693	38781	7166	726
辽宁	222188	1330367	862859	168875	83645	12676
吉林	71494	450231	304072	77320	36564	2752
黑龙江	152165	692988	498860	83500	16850	3099
上海	146344	938273	637864	118052	43029	64343
江苏	94234	730212	518912	93263	28045	23628
浙江	27551	195961	119502	20197	8172	9392
安徽	134562	629388	367511	88048	30336	10618
福建	73426	534192	380662	45089	19375	12534
江西	51742	295088	171760	36599	17438	8254
山东	229420	1249122	804901	135747	39386	9922
河南	127299	832621	549833	118217	42301	7510
湖北	179972	1848005	1180328	309804	171832	29141
湖南	101438	726505	507861	88979	38610	3925
广东	150162	893742	633512	130980	89614	10122
广西	41929	211896	140990	34948	19576	3861
海南	——	——	——	——	——	——
重庆	62211	244729	155070	40803	15618	3052
四川	228021	1133876	683806	179543	65560	42000
贵州	86244	485226	317100	43005	8720	13355
云南	43632	268845	167009	39985	18669	2590
西藏	9343	62740	42159	7726	7700	530
陕西	145943	874440	515452	127084	52346	14791
甘肃	69532	386340	224464	67261	25200	6050
青海	24466	145375	84069	23972	7749	4506
宁夏	670	9578	7620	1504	98	846
新疆	84458	469687	302282	58316	14017	1345

各地区国有经济地方和中央资本金及资产构成(三)

单位:万元

地　区	固定资产合计	固定资产原价合计	生　产经营用	固定资产折旧	本年折旧	无形及递延资产合计	其中:无形资产
全国总计	**12738460**	**18547450**	**12654431**	**5902516**	**1006954**	**529189**	**343315**
一、地方所属单位	**7031706**	**9887162**	**6653162**	**2918806**	**499701**	**381399**	**272481**
北　京	337992	523898	342146	188641	31511	10102	6976
天　津	159880	223276	149313	63396	10500	1827	1439
河　北	313022	425063	274855	118887	21497	17416	14124
山　西	208698	295161	155554	87056	13561	2814	1325
内蒙古	154129	216560	132716	65905	8341	8221	6006
辽　宁	500431	726907	470113	226745	34401	32724	28730
吉　林	290738	406998	267442	116260	14757	5993	4304
黑龙江	301630	413413	307004	112045	20208	3793	2122
上　海	278849	407560	348462	128711	23691	73914	49897
江　苏	562792	793543	576851	230751	41098	26837	9521
浙　江	298390	397490	314553	111102	22816	5706	2744
安　徽	140570	206470	130055	65900	8280	3063	2174
福　建	159173	216821	134946	57648	9993	12887	11834
江　西	117202	158333	87403	41131	5638	7623	6085
山　东	338795	458479	292702	119685	26287	30517	27615
河　南	283778	388005	257999	104228	16754	10633	9255
湖　北	201117	277088	186938	81738	12451	19793	18039
湖　南	200692	279476	209960	83436	12269	14079	12968
广　东	615512	893255	667803	277743	55005	53152	33641
广　西	202071	278713	188530	84677	16596	7683	6810
海　南	50487	60451	22291	9964	904	1010	873
重　庆	120352	168424	121449	51704	8491	5861	1217
四　川	354959	514761	323327	160877	29478	13070	9719
贵　州	78355	103407	65613	26830	6554	1728	1271
云　南	147872	214980	139800	72726	14556	2864	2195
西　藏	20159	29575	6689	9416	1048	95	4
陕　西	164250	226852	133063	63706	9172	4395	299
甘　肃	103483	135957	71612	34962	5683	1491	746
青　海	52634	75013	50995	22379	2138	312	213
宁　夏	97732	129585	84689	32273	4946	680	198
新　疆	175963	241646	138286	68282	11075	1116	138

各地区国有经济地方和中央资本金及资产构成(四)

单位:万元

地区	固定资产合计	固定资产原价合计	生产经营用	固定资产折旧	本年折旧	无形及递延资产合计	其中:无形资产
二、中央所属单位	**5706754**	**8660289**	**6001269**	**2983710**	**507253**	**147791**	**70834**
北京	328286	505821	343822	177930	32886	13974	10391
天津	268242	492225	383535	223982	33407	6725	3026
河北	337596	516771	362432	189310	33801	6469	3228
山西	351170	482466	306229	132741	26767	3001	1128
内蒙古	34121	50563	46155	17129	2262	36	4
辽宁	375478	566887	323302	191427	29198	4896	2218
吉林	126252	180870	109271	54618	9438	3457	2419
黑龙江	181172	282100	204452	101078	16124	3310	395
上海	173369	357825	313627	184456	22469	24321	6806
江苏	165193	241647	172629	76455	14086	8018	236
浙江	56911	88233	60956	31322	5521	5034	1697
安徽	192280	328408	193772	136128	15109	1646	520
福建	86650	127004	90274	40354	7436	4324	44
江西	105821	152233	93333	46412	8313	507	184
山东	386245	547506	396065	161261	30519	20260	19320
河南	234333	343747	231533	109413	20845	3495	1530
湖北	570221	823177	576207	254399	43820	7846	4541
湖南	181895	258873	189310	77355	21149	6453	3203
广东	226930	372284	264520	145354	18888	5008	1272
广西	59278	88700	62414	29429	4703	1910	1742
海南	——	——	——	——	——	——	——
重庆	79696	111000	76237	31814	5448	497	——
四川	357205	539452	366135	182489	32107	6573	4477
贵州	119960	176765	139414	56842	9702	1012	16
云南	88736	142202	103738	56181	11154	399	142
西藏	9873	29592	27374	19720	4065	345	——
陕西	280325	400100	284983	120034	23511	4077	1949
甘肃	137247	181717	105805	46041	7189	1198	——
青海	53161	81810	56314	28649	6148	81	——
宁夏	978	936	876	184	76	134	——
新疆	138128	189373	116552	61202	11111	2782	343

各地区国有经济负债及所有者权益

单位:万元

地　区	负债合计	流动负债合计	长期负债合计	所有者权益合计	股　本
全国总计	46213386	43128204	3049327	13123378	595068
北　京	4764207	4594409	169798	897530	13283
天　津	1510745	1387197	118796	435547	——
河　北	2030479	1925087	105392	599897	——
山　西	1739303	1631702	107019	460125	11638
内蒙古	546554	499781	46771	149973	——
辽　宁	2557476	2435515	121888	754176	25015
吉　林	1135833	970135	165698	341263	6864
黑龙江	1454815	1348971	99092	474151	812
上　海	2881135	2719856	155772	823466	14767
江　苏	3421293	3266170	155123	870546	44845
浙　江	1224201	1178816	45385	417448	23803
安　徽	1016769	953898	62826	273624	11227
福　建	1064037	1013273	50753	337908	16230
江　西	652854	597877	53160	210526	1487
山　东	2136891	1941813	188576	706631	——
河　南	1327152	1227000	97216	527647	339421
湖　北	2051569	1838119	207661	659977	——
湖　南	1165164	1059302	105862	351273	——
广　东	5271165	4952006	319159	1154035	61736
广　西	1137390	1070713	66677	289479	——
海　南	150420	135244	15125	56682	2504
重　庆	592520	555285	37234	199729	——
四　川	1863874	1747559	116315	732702	——
贵　州	671587	635691	35895	188576	——
云　南	756119	672326	83792	227056	1336
西　藏	73665	59775	13622	61851	365
陕　西	1160877	1046781	113819	352162	5952
甘　肃	554873	492468	62299	179342	8387
青　海	250978	240617	10361	75813	135
宁　夏	203899	184391	19509	85222	450
新　疆	845541	746425	98732	229021	4812

各地区国有经济地方和中央负债及所有者权益(一)

单位:万元

地　区	负债合计	流动负债合计	长期负债合计	所有者权益合计	股　本
全国总计	**46213386**	**43128204**	**3049327**	**13123378**	**595068**
一、地方所属单位	**29776123**	**28072962**	**1675010**	**7968316**	**401509**
北　京	3054860	2949869	104991	508464	7555
天　津	770421	730801	34868	170819	--
河　北	983054	949001	34053	309937	--
山　西	665148	620886	43721	159816	3925
内蒙古	440401	402503	37896	118544	--
辽　宁	1522863	1459634	63155	458423	12127
吉　林	799200	770475	28726	227665	6864
黑龙江	952650	905235	47414	283328	792
上　海	2150800	2060823	84474	615528	14767
江　苏	2840166	2725983	114183	721461	44573
浙　江	1090706	1055717	34989	354982	11693
安　徽	537930	503023	34862	123076	7226
福　建	666825	630939	35876	200927	15446
江　西	442025	397641	42568	126267	1387
山　东	1222254	1128941	86856	372147	--
河　南	700036	653120	44056	322142	212129
湖　北	645367	577849	62030	218174	--
湖　南	597664	548068	49596	192268	--
广　东	4615132	4324456	290676	916325	57604
广　西	977945	931287	46658	237029	--
海　南	150420	135244	15125	56682	2504
重　庆	413213	397064	16149	134306	--
四　川	1054421	981157	73264	408280	--
贵　州	309065	290755	18311	65872	--
云　南	551396	485921	65475	162933	1336
西　藏	34817	21473	13078	37958	365
陕　西	516289	468485	47628	122308	77
甘　肃	264049	246277	17665	83826	555
青　海	145486	137616	7870	35929	135
宁　夏	195653	176145	19509	83890	450
新　疆	465864	406574	59290	139010	--

各地区国有经济地方和中央负债及所有者权益(二)

单位:万元

地 区	负债合计	流动负债合计	长期负债合计	所有者权益合计	股 本
二、中央所属单位	**16437263**	**15055242**	**1374317**	**5155062**	**193559**
北 京	1709347	1644540	64807	389066	5728
天 津	740324	656395	83929	264728	--
河 北	1047424	976085	71339	289961	--
山 西	1074155	1010816	63298	300308	7712
内 蒙 古	106153	97278	8875	31429	--
辽 宁	1034613	975880	58733	295754	12888
吉 林	336633	199661	136972	113598	--
黑 龙 江	502165	443736	51678	190823	20
上 海	730335	659033	71298	207938	--
江 苏	581127	540187	40940	149085	273
浙 江	133495	123099	10396	62466	12110
安 徽	478839	450874	27964	150549	4001
福 建	397211	382334	14877	136980	784
江 西	210830	200236	10592	84259	100
山 东	914638	812872	101720	334484	--
河 南	627116	573880	53160	205505	127292
湖 北	1406202	1260270	145631	441803	--
湖 南	567500	511234	56266	159005	--
广 东	656033	627550	28483	237710	4132
广 西	159445	139426	20019	52450	--
海 南	--	--	--	--	--
重 庆	179306	158221	21085	65423	--
四 川	809454	766403	43051	324422	--
贵 州	362521	344937	17585	122704	--
云 南	204722	186405	18317	64123	--
西 藏	38847	38302	544	23893	--
陕 西	644587	578296	66191	229853	5875
甘 肃	290824	246191	44633	95516	7832
青 海	105492	103001	2491	39883	--
宁 夏	8246	8246	--	1332	--
新 疆	379677	339851	39442	90011	4812

各地区国有经济工程结算收入及工程结利润

单位:万元

地 区	工程结算收入	工程结算成本	工程结算税金及附加	工程结算利润	管理费用	税 金	财产保险费	劳动、待业保险费
全国总计	**42114559**	**36774035**	**1197840**	**4142684**	**3515815**	**77147**	**22817**	**728307**
北 京	3419230	2976542	95852	346837	301518	4500	1065	44559
天 津	1516425	1326361	36384	153681	118817	2037	811	27005
河 北	2249487	1953989	65864	229634	173594	4487	1055	37222
山 西	1584772	1353145	43353	188273	146064	2330	868	31178
内蒙古	483972	422774	17070	44129	57363	2703	100	13350
辽 宁	2387876	2092808	69872	225195	214411	3779	1942	41567
吉 林	1029540	896953	31581	101006	92181	1379	410	16571
黑龙江	1593168	1402142	38836	152191	127465	1893	894	16437
上 海	2969781	2628991	75716	265074	247722	4529	1196	50744
江 苏	2711267	2386600	77234	247433	202740	2825	1256	31261
浙 江	1404215	1258745	39784	105686	90124	1447	962	17016
安 徽	1008836	870964	29463	108409	103820	2519	363	28670
福 建	1070102	953365	35374	81364	63206	1782	271	13206
江 西	455674	397782	16309	41583	44203	1203	232	6886
山 东	2187504	1890567	64879	232058	180949	4301	1885	29929
河 南	1750839	1513464	52291	185083	145533	2641	859	36631
湖 北	1900994	1617491	55647	227855	185025	8255	533	37760
湖 南	1111510	971877	30710	108924	95686	2297	223	23505
广 东	3008903	2646416	90382	272105	213300	5266	4046	28461
广 西	692725	614370	20675	57680	60677	1231	255	20470
海 南	129636	118553	4371	6712	9663	796	14	3947
重 庆	632555	553938	19099	59519	46028	1030	115	11522
四 川	2311428	2010355	63511	237561	190892	3882	938	52641
贵 州	577898	501540	17263	59095	46083	1449	230	5504
云 南	1025892	908634	27609	89648	77255	1583	314	25865
西 藏	64165	50145	454	13567	8245	124	--	1308
陕 西	1074896	920070	28025	126800	99039	2489	1093	24311
甘 肃	541541	465849	15294	60398	54977	1710	218	15401
青 海	229240	199069	6865	23305	19303	457	318	5226
宁 夏	193611	171052	5276	17282	16337	432	51	4050
新 疆	796878	699484	22797	74597	83596	1788	297	26103

各地区国有经济地方和中央工程结算收入及工程结算利润(一)

单位:万元

地区	工程结算收入	工程结算成本	工程结算税金及附加	工程结算利润	管理费用	税金	财产保险费	劳动、待业保险费
全国总计	**42114559**	**36774035**	**1197840**	**4142684**	**3515815**	**77147**	**22817**	**728307**
一、地方所属单位	**24705286**	**21875549**	**709383**	**2120355**	**1886627**	**49325**	**14675**	**371394**
北京	1822078	1581902	52596	187580	174279	2910	655	29368
天津	712178	630403	13430	68345	54780	1181	514	15125
河北	1019275	911711	30566	76998	70244	2344	734	11628
山西	587277	509483	17647	60147	55109	1396	600	13819
内蒙古	350083	304364	13212	32507	38974	2185	92	7446
辽宁	1359606	1216770	39597	103240	118014	2669	706	26321
吉林	666898	589601	19928	57370	62142	1205	277	13003
黑龙江	904633	789950	27524	87159	72517	1548	377	8457
上海	2147136	1931731	51393	164012	148313	3914	782	23833
江苏	2130640	1895329	58557	176755	148884	2334	839	17742
浙江	1204572	1092786	33550	78236	70098	1227	836	12390
安徽	435221	385131	12967	37123	38959	1334	182	7620
福建	683417	611409	22348	49660	38073	1442	248	10279
江西	274003	244617	10812	18574	19842	890	180	2308
山东	1038793	894770	31541	112481	80963	2800	896	14433
河南	868974	761127	27657	80190	67983	1917	212	15959
湖北	561758	493345	16452	51962	50274	1461	278	7633
湖南	526599	463387	13116	50097	43642	1581	72	7495
广东	2513649	2223957	75092	214601	169846	4592	3862	23263
广西	545961	489206	15927	40828	43346	1079	192	13396
海南	129636	118553	4371	6712	9663	796	14	3947
重庆	393549	350829	12450	30270	24775	750	71	8749
四川	1338138	1191756	36423	109959	87534	1833	516	22969
贵州	261800	239514	7249	15037	15919	655	92	2248
云南	773463	692118	20658	60687	53297	1269	193	16194
西藏	29904	18238	454	11212	5376	124	--	892
陕西	396638	338705	11927	46006	32773	1214	818	9060
甘肃	278328	241849	8871	27607	25233	1077	66	8098
青海	134049	117445	3913	12691	11855	300	230	1960
宁夏	186110	164596	5094	16421	15794	427	51	4050
新疆	430921	380969	14063	35890	38127	866	88	11709

各地区国有经济地方和中央工程结算收入及工程结算利润(二)

单位:万元

地区	工程结算收入	工程结算成本	工程结算税金及附加	工程结算利润	管理费用	税金	财产保险费	劳动、待业保险费
二、中央所属单位	**17409273**	**14898486**	**488456**	**2022330**	**1629188**	**27822**	**8141**	**356913**
北京	1597153	1394640	43256	159257	127239	1589	410	15191
天津	804247	695957	22954	85336	64037	856	297	11880
河北	1230212	1042278	35298	152636	103350	2142	321	25594
山西	997495	843662	25706	128126	90955	934	267	17359
内蒙古	133889	118410	3858	11622	18389	518	8	5904
辽宁	1028270	876039	30276	121956	96397	1110	1235	15246
吉林	362642	307352	11653	43637	30039	174	133	3567
黑龙江	688535	612192	11312	65032	54948	345	517	7981
上海	822645	697260	24323	101062	99409	615	414	26911
江苏	580626	491271	18677	70678	53856	491	417	13520
浙江	199643	165959	6234	27450	20026	220	126	4626
安徽	573615	485833	16496	71286	64861	1185	180	21050
福建	386685	341956	13026	31703	25133	340	23	2926
江西	181670	153165	5496	23010	24361	313	51	4578
山东	1148711	995797	33338	119577	99986	1501	988	15496
河南	881865	752337	24634	104894	77550	724	647	20672
湖北	1339236	1124147	39196	175894	134751	6794	255	30126
湖南	584911	508490	17594	58827	52044	716	152	16010
广东	495254	422459	15291	57504	43455	673	184	5198
广西	146764	125164	4748	16852	17332	152	64	7075
海南	——	——	——	——	——	——	——	——
重庆	239006	203109	6648	29249	21253	280	44	2773
四川	973289	818599	27089	127602	103358	2049	422	29672
贵州	316098	262026	10014	44058	30163	794	138	3256
云南	252428	216516	6951	28961	23959	314	120	9671
西藏	34262	31907	——	2354	2869	——	——	416
陕西	678257	581364	16098	80795	66266	1274	275	15251
甘肃	263213	224000	6423	32791	29744	633	153	7303
青海	95191	81625	2953	10614	7448	156	88	3266
宁夏	7501	6457	182	862	542	6	——	——
新疆	365957	318515	8734	38708	45468	921	209	14393

各地区国有经济利税及利润总额

单位:万元

地区	利税总额	利润总额	应交所得税	转作奖金的利润	应付利润	已分配股利
全国总计	**1441912**	**166925**	**114887**	**18402**	**65169**	**4382**
北京	159540	59188	14486	5855	4449	63
天津	46488	8067	2394	237	1097	——
河北	78682	8331	4839	360	1595	——
山西	40911	−4772	1174	526	278	——
内蒙古	8768	−11005	578	1	89	——
辽宁	32482	−41169	4914	362	5370	23
吉林	17381	−15579	1410	440	430	——
黑龙江	38521	−2208	2592	246	671	——
上海	150842	70597	10797	2395	11265	223
江苏	108839	28780	10344	1317	5525	2316
浙江	59390	18159	5756	1438	1813	176
安徽	16283	−15699	583	195	416	——
福建	46650	9494	3134	360	1543	5
江西	11565	−5947	1059	207	293	13
山东	89369	20189	7337	752	6472	——
河南	59056	4124	3480	187	1751	189
湖北	54589	−9313	4152	276	1251	——
湖南	32970	−37	2403	72	1891	——
广东	139076	43428	14378	1152	11239	1339
广西	19624	−2282	2110	220	267	——
海南	5023	−144	78	26	7	——
重庆	24592	4463	2688	141	2131	——
四川	75010	7617	6226	457	2572	——
贵州	17344	−1368	1682	60	732	——
云南	36360	7168	1273	86	509	——
西藏	4942	4364	435	88	10	——
陕西	27977	−2537	2078	118	639	10
甘肃	16235	−769	734	16	73	1
青海	6284	−1038	411	7	78	——
宁夏	4205	−1503	510	10	176	——
新疆	12912	−11673	852	795	537	24

各地区国有经济地方和中央利税及利润总额(一)

单位：万元

地区	利税总额	利润总额	应交所得税	转作奖金的利润	应付利润	已分配股利
全国总计	**1441912**	**166925**	**114887**	**18402**	**65169**	**4382**
一、地方所属单位	**856280**	**97572**	**77957**	**10615**	**39722**	**4172**
北京	86191	30685	9889	420	1441	48
天津	19150	4539	1361	234	1033	——
河北	28490	−4420	1923	341	841	——
山西	15919	−3124	479	526	36	——
内蒙古	11595	−3802	431	1	77	——
辽宁	1407	−40859	3000	362	3789	——
吉林	3396	−17737	992	343	121	——
黑龙江	25093	−3979	1930	195	642	——
上海	115789	60482	9284	2381	10465	223
江苏	86004	25113	8353	1317	4969	2168
浙江	49096	14319	4424	1226	1791	176
安徽	8103	−6198	232	128	31	——
福建	29630	5840	1819	85	1155	5
江西	8237	−3465	532	127	248	13
山东	48974	14633	4730	685	2411	——
河南	30727	1153	2029	132	1220	189
湖北	9908	−8005	1672	268	309	——
湖南	13590	−1107	1531	72	154	——
广东	117025	37341	11572	569	6540	1339
广西	16255	−751	1813	197	194	——
海南	5023	−144	78	26	7	——
重庆	13432	232	1204	91	153	——
四川	43448	5192	4452	442	662	——
贵州	4397	−3507	327	60	62	——
云南	28157	6230	1014	86	509	——
西藏	4606	4028	339	88	10	——
陕西	11768	−1373	807	61	542	10
甘肃	7779	−2169	342	16	30	1
青海	2749	−1464	281	2	78	——
宁夏	3578	−1943	397	10	170	——
新疆	6762	−8167	719	124	29	——

各地区国有经济地方和中央利税及利润总额(二)

单位:万元

地区	利税总额	利润总额	应交所得税	转作奖金的利润	应付利润	已分配股
二、中央所属单位	**585631**	**69353**	**36931**	**7786**	**25446**	**209**
北京	73348	28503	4596	5435	3007	15
天津	27339	3529	1034	3	63	——
河北	50191	12751	2916	19	754	——
山西	24992	−1648	695	——	242	——
内蒙古	−2827	−7203	147	——	13	——
辽宁	31076	−310	1914	——	1581	23
吉林	13984	2157	418	97	309	——
黑龙江	13427	1770	662	51	29	——
上海	35053	10115	1513	14	800	——
江苏	22835	3667	1991	——	556	148
浙江	10293	3839	1332	212	21	——
安徽	8180	−9501	351	67	384	——
福建	17020	3654	1315	275	388	——
江西	3327	−2482	528	80	45	——
山东	40395	5556	2608	67	4061	——
河南	28329	2971	1451	55	531	——
湖北	44682	−1308	2479	7	941	——
湖南	19380	1070	871	——	1736	——
广东	22051	6087	2805	582	4699	——
广西	3370	−1530	297	23	73	——
海南	——	——	——	——	——	——
重庆	11159	4231	1484	50	1978	——
四川	31562	2424	1773	16	1910	——
贵州	12947	2139	1355	——	669	——
云南	8203	938	259	1	——	——
西藏	336	336	96	——	——	——
陕西	16209	−1163	1271	58	97	——
甘肃	8456	1400	393	——	43	——
青海	3535	426	130	5	——	——
宁夏	628	440	113	——	6	——
新疆	6150	−3505	132	670	508	24

各地区国有经济利润率及利税率

地　区	产值利润率(%)	产值利税率(%)	资本金利润率(%)	资本金利税率(%)	人均利润(元/人)	人均利税(元/人)	资产负债率(%)
全国总计	**0.4**	**3.2**	**1.7**	**14.8**	**201**	**1740**	**77.9**
北　京	1.7	4.5	9.3	25.1	1159	3125	84.1
天　津	0.5	3.0	2.2	12.7	358	2061	77.6
河　北	0.4	3.3	1.7	16.3	187	1764	77.2
山　西	0.3	2.5	−1.5	12.7	−142	1215	79.1
内蒙古	2.2	1.7	−7.6	6.1	−746	595	78.5
辽　宁	1.7	1.3	−6.3	5.0	−805	635	77.2
吉　林	1.5	1.6	−6.0	6.7	−612	683	76.9
黑龙江	0.1	2.5	−0.5	9.0	−62	1082	75.4
上　海	2.1	4.4	12.4	26.6	2157	4609	77.8
江　苏	0.8	3.1	4.5	17.2	565	2136	79.7
浙　江	1.2	3.8	6.2	20.2	915	2992	74.6
安　徽	1.4	1.5	−6.0	6.2	−706	732	78.8
福　建	0.9	4.3	4.5	22.0	651	3197	75.9
江　西	1.2	2.4	−4.2	8.1	−399	776	75.6
山　东	0.9	3.9	3.9	17.2	501	2217	75.1
河　南	0.2	3.1	1.2	17.4	95	1367	71.6
湖　北	0.5	2.7	−2.2	13.1	−256	1501	75.7
湖　南	−−	2.5	−−	11.4	−1	1314	76.8
广　东	1.4	4.4	5.8	18.7	863	2763	82.0
广　西	0.3	2.6	−1.0	9.0	−134	1151	79.7
海　南	0.1	3.2	−0.4	14.4	−33	1134	72.6
重　庆	0.6	3.6	2.4	13.3	266	1467	74.8
四　川	0.3	3.0	1.3	13.0	137	1346	71.8
贵　州	0.2	2.9	−0.9	11.8	−96	1222	78.1
云　南	0.7	3.4	5.3	27.1	441	2236	76.9
西　藏	6.4	7.2	17.3	19.6	3703	4194	54.4
陕　西	0.2	2.4	−1.0	11.0	−102	1128	76.7
甘　肃	0.1	2.9	−0.6	12.9	−46	978	75.6
青　海	0.4	2.5	−1.6	9.8	−162	978	76.8
宁　夏	0.7	2.1	−1.9	5.3	−275	771	70.5
新　疆	1.4	1.6	−5.6	6.2	−572	633	78.7

各地区国有经济地方和中央利润率及利税率(一)

地区	产值利润率(%)	产值利税率(%)	资本金利润率(%)	资本金利税率(%)	人均利润(元/人)	人均利税(元/人)	资产负债率(%)
全国总计	**0.4**	**3.2**	**1.7**	**14.8**	**201**	**1740**	**77.9**
一、地方所属单位	**0.4**	**3.1**	**1.6**	**13.8**	**173**	**1522**	**78.9**
北京	1.6	4.6	9.4	26.4	1055	2965	85.7
天津	0.6	2.6	3.3	13.7	358	1510	81.9
河北	0.4	2.6	−1.7	10.8	−161	1041	76.0
山西	0.5	2.6	−2.4	12.3	−198	1011	80.6
内蒙古	1.0	3.1	−3.4	10.4	−324	987	78.8
辽宁	2.9	0.1	−9.5	0.3	−1188	41	76.9
吉林	2.6	0.5	−9.4	1.8	−930	178	77.8
黑龙江	0.4	2.7	−1.5	9.2	−155	977	77.1
上海	2.4	4.6	14.4	27.5	2563	4907	77.7
江苏	0.9	3.0	4.7	15.9	566	1940	79.7
浙江	1.0	3.5	5.4	18.4	794	2721	75.4
安徽	1.3	1.7	−4.9	6.4	−518	677	81.4
福建	0.8	4.2	4.2	21.4	559	2837	76.8
江西	1.1	2.6	−3.8	9.1	−322	766	77.8
山东	1.3	4.3	5.1	16.9	565	1890	76.7
河南	0.1	3.2	0.5	14.5	38	1010	68.5
湖北	1.3	1.6	−3.4	4.2	−430	533	74.7
湖南	0.2	2.1	−0.6	7.3	−71	868	75.7
广东	1.4	4.4	6.3	19.7	844	2647	83.4
广西	0.1	2.7	−0.4	9.2	−52	1128	80.5
海南	0.1	3.2	−0.4	14.4	−33	1134	72.6
重庆	0.1	3.0	0.2	11.0	20	1134	75.5
四川	0.3	2.9	1.5	12.4	138	1154	72.1
贵州	1.4	1.7	−5.8	7.2	−429	538	82.4
云南	0.8	3.4	6.9	31.2	503	2272	77.2
西藏	11.5	13.1	25.3	29.0	4938	5647	47.8
陕西	0.3	2.6	−1.3	10.9	−123	1050	80.8
甘肃	0.7	2.6	−3.8	13.7	−186	666	75.9
青海	1.0	1.9	−3.7	6.9	−325	610	80.2
宁夏	1.0	1.8	−2.5	4.6	−369	680	70.0
新疆	1.9	1.6	−6.6	5.5	−788	652	77.0

各地区国有经济地方和中央利润率及利税率(二)

地区	产值利润率(%)	产值利税率(%)	资本金利润率(%)	资本金利税率(%)	人均利润(元/人)	人均利税(元/人)	资产负债率(%)
二、中央所属单位	0.4	3.3	2.0	16.6	261	2200	76.1
北京	1.7	4.5	9.2	23.7	1297	3337	81.5
天津	0.4	3.3	1.6	12.1	357	2767	73.7
河北	1.0	4.0	5.8	22.8	741	2915	78.3
山西	−0.2	2.5	−0.9	13.0	−92	1395	78.2
内蒙古	−5.4	−2.1	−21.6	−8.5	−2402	−943	77.2
辽宁	--	3.0	−0.1	14.0	−19	1853	77.8
吉林	0.6	3.7	3.0	19.6	338	2192	74.8
黑龙江	0.3	2.1	1.2	8.8	179	1354	72.5
上海	1.1	3.8	6.9	24.0	1107	3838	77.8
江苏	0.6	3.9	3.9	24.2	553	3446	79.6
浙江	2.1	5.5	13.9	37.4	2125	5698	68.1
安徽	−1.5	1.3	−7.1	6.1	−926	797	76.1
福建	1.0	4.6	5.0	23.2	881	4103	74.4
江西	−1.4	1.9	−4.8	6.4	−599	803	71.4
山东	0.5	3.6	2.4	17.6	386	2807	73.2
河南	0.3	3.1	2.3	22.3	233	2220	75.3
湖北	−0.1	3.3	−0.7	24.8	−74	2515	76.1
湖南	0.2	2.9	1.1	19.1	113	2055	78.1
广东	1.3	4.6	4.1	14.7	996	3610	73.4
广西	−1.1	2.4	−3.7	8.0	−580	1277	75.2
海南	--	--	--	--	--	--	--
重庆	1.8	4.6	6.8	17.9	860	2268	73.3
四川	0.2	3.2	1.1	13.8	134	1744	71.4
贵州	0.6	3.8	2.5	15.0	355	2150	74.7
云南	0.4	3.2	2.1	18.8	243	2122	76.1
西藏	1.0	1.0	3.6	3.6	927	927	61.9
陕西	−0.2	2.3	−0.8	11.1	−86	1193	73.7
甘肃	0.5	3.1	2.0	12.2	284	1718	75.3
青海	0.4	3.3	1.7	14.5	222	1840	72.6
宁夏	5.8	8.2	65.6	93.7	2251	3214	86.1
新疆	−0.9	1.6	−4.2	7.3	−350	613	80.8

各地区国有经济建筑业企业亏损情况

地区	建筑业企业个数(个)	亏损企业个数(个)	亏损金额(万元)	亏损面(%)
全国总计	**9650**	**2625**	**441574**	**27.2**
北京	409	81	6611	19.8
天津	164	39	10080	23.8
河北	497	120	18201	24.1
山西	257	73	13377	28.4
内蒙古	200	46	15951	23.0
辽宁	554	174	71286	31.4
吉林	385	139	25790	36.1
黑龙江	569	150	24894	26.4
上海	364	60	8599	16.5
江苏	543	90	11740	16.6
浙江	399	78	6529	19.5
安徽	244	92	21582	37.7
福建	236	63	4810	26.7
江西	218	73	9060	33.5
山东	722	214	23174	29.6
河南	492	146	14206	29.7
湖北	429	117	27967	27.3
湖南	296	107	11448	36.1
广东	535	128	14599	23.9
广西	239	76	11344	31.8
海南	132	74	3395	56.1
重庆	183	42	6812	23.0
四川	432	102	16732	23.6
贵州	153	60	7498	39.2
云南	155	41	3224	26.5
西藏	25	8	696	32.0
陕西	196	41	11743	20.9
甘肃	89	23	8606	25.8
青海	82	26	3208	31.7
宁夏	138	44	4182	31.9
新疆	313	98	24229	31.3

各地区国有经济地方和中央建筑业企业亏损情况(一)

地区	建筑业企业个数(个)	亏损企业个数(个)	亏损金额(万元)	亏损面(%)
全国总计	**9650**	**2625**	**441574**	**27.2**
一、地方所属单位	**8131**	**2275**	**307101**	**28.0**
北京	259	45	4585	17.4
天津	118	27	2555	22.9
河北	417	106	15829	25.4
山西	207	60	9712	29.0
内蒙古	177	40	7679	22.6
辽宁	461	150	61828	32.5
吉林	332	125	24955	37.7
黑龙江	467	137	18972	29.3
上海	319	52	4442	16.3
江苏	504	86	9662	17.1
浙江	392	77	6529	19.6
安徽	196	77	9388	39.3
福建	188	53	3550	28.2
江西	194	68	5461	35.1
山东	652	202	13432	31.0
河南	422	133	9921	31.5
湖北	378	102	17559	27.0
湖南	245	91	6830	37.1
广东	472	117	9394	24.8
广西	226	72	8743	31.9
海南	132	74	3395	56.1
重庆	146	31	4779	21.2
四川	373	92	12222	24.7
贵州	121	48	4757	39.7
云南	139	37	2925	26.6
西藏	24	8	696	33.3
陕西	138	28	4626	20.3
甘肃	71	19	3958	26.8
青海	74	26	3208	35.1
宁夏	132	44	4182	33.3
新疆	155	48	11326	31.0

各地区国有经济地方和中央建筑业企业亏损情况(二)

地　区	建筑业企业个数(个)	亏损企业个数(个)	亏损金额(万元)	亏损面(%)
二、中央所属单位	**1519**	**350**	**134473**	**23.0**
北　京	150	36	2026	24.0
天　津	46	12	7525	26.1
河　北	80	14	2372	17.5
山　西	50	13	3664	26.0
内蒙古	23	6	8272	26.1
辽　宁	93	24	9458	25.8
吉　林	53	14	835	26.4
黑龙江	102	13	5922	12.7
上　海	45	8	4157	17.8
江　苏	39	4	2078	10.3
浙　江	7	1	－－	14.3
安　徽	48	15	12194	31.3
福　建	48	10	1260	20.8
江　西	24	5	3599	20.8
山　东	70	12	9742	17.1
河　南	70	13	4285	18.6
湖　北	51	15	10407	29.4
湖　南	51	16	4618	31.4
广　东	63	11	5205	17.5
广　西	13	4	2600	30.8
海　南	－－	－－	－－	－－
重　庆	37	11	2033	29.7
四　川	59	10	4511	16.9
贵　州	32	12	2741	37.5
云　南	16	4	299	25.0
西　藏	1	－－	－－	－－
陕　西	58	13	7117	22.4
甘　肃	18	4	4647	22.2
青　海	8	－－	－－	－－
宁　夏	6	－－	－－	－－
新　疆	158	50	12903	31.6

三、集体经济、私营经济、联营经济、股份制经济建筑业企业

各地区集体经济建筑业总产值和竣工产值

单位:万元

地区	建筑业总产值	建筑工程产值	安装工程产值	房屋构筑物修理产值	非标准设备制造产值	竣工产值
全国总计	**39258090**	**34454647**	**3650615**	**982017**	**170811**	**29561528**
北京	1277938	1073890	117781	82693	3574	906787
天津	244030	181378	49342	12520	790	213878
河北	1318271	1193484	102737	19173	2878	1021754
山西	243397	204047	33261	6025	64	196488
内蒙古	375008	306122	37228	31516	142	313682
辽宁	1694904	1303569	320289	59522	11524	1372817
吉林	248510	182427	49572	15941	570	228732
黑龙江	663102	536964	109586	16034	518	579982
上海	1163781	975817	148710	31221	8033	795261
江苏	6559958	5859944	549789	120210	30015	5250100
浙江	5661722	5080659	464306	105211	11546	3935576
安徽	1116805	939923	141795	29849	5237	874996
福建	844229	753344	76590	12819	1476	676364
江西	364639	345963	12825	4699	1153	263554
山东	3833364	3067080	611354	104829	50100	2661512
河南	928722	812645	86709	27073	2295	674929
湖北	846971	764294	52159	26883	3635	626531
湖南	1641797	1469593	85732	77217	9255	1167428
广东	3069265	2917806	114022	33712	3725	2367391
广西	500629	457083	30273	12137	1136	366749
海南	108114	98444	7915	971	784	94098
重庆	1589404	1464036	88344	34269	2755	1180227
四川	2494727	2253320	163814	67576	10017	1844218
贵州	157733	136598	17150	3833	152	118705
云南	1015597	938340	54594	20111	2552	824092
西藏	10251	9423	208	494	126	9665
陕西	461272	429113	25573	4531	2056	340388
甘肃	394365	336886	45033	10870	1576	304378
青海	48667	41041	4663	2421	542	37109
宁夏	92838	74716	16515	1568	40	81307
新疆	288081	246699	32746	6093	2543	232832

各地区集体经济单位工程个数及工程质量

地区	单位工程施工个数（个）	本年新开工个数	投标承包个数	本年新开工	单位工程竣工个数（个）	优良品	工程质量优良品率（%）	投标承包个数占单位工程施工个数的比重（%）
全国总计	**366159**	**244546**	**110499**	**75766**	**255584**	**57798**	**22.6**	**30.2**
北京	9824	6467	1790	892	7336	1013	13.8	18.2
天津	4101	2865	442	290	3419	646	18.9	10.8
河北	12722	8271	5921	4249	9241	2591	28.0	46.5
山西	5204	3875	1373	941	3879	929	23.9	26.4
内蒙古	3909	2936	498	373	3114	706	22.7	12.7
辽宁	18046	15258	4467	3377	15272	3151	20.6	24.8
吉林	3035	2656	548	460	2714	490	18.1	18.1
黑龙江	4352	3541	1094	825	3513	798	22.7	25.1
上海	9936	6350	2107	1372	4976	938	18.9	21.2
江苏	41724	30508	14602	10842	31293	9179	29.3	35.0
浙江	37258	22809	10947	6669	25549	4712	18.4	29.4
安徽	17673	11458	4464	3059	12451	2677	21.5	25.3
福建	11069	7218	3531	2195	7670	1266	16.5	31.9
江西	6457	3730	2062	1374	3845	733	19.1	31.9
山东	38423	27728	12740	8425	27618	6272	22.7	33.2
河南	13577	8534	4605	3173	9175	2087	22.7	33.9
湖北	11265	7600	3305	2094	7640	787	10.3	29.3
湖南	13836	8450	4803	3328	8643	1834	21.2	34.7
广东	25789	11455	5686	3316	12290	2955	24.0	22.0
广西	6994	4099	1541	1156	4243	789	18.6	22.0
海南	1578	944	428	296	1162	364	31.3	27.1
重庆	11314	7742	4908	3731	8457	2244	26.5	43.4
四川	23226	15608	7935	5660	16377	4781	29.2	34.2
贵州	6032	4316	1072	771	4643	334	7.2	17.8
云南	11546	7141	2467	1849	8524	2144	25.2	21.4
西藏	158	156	41	36	142	81	57.0	25.9
陕西	4927	3217	2937	1884	2917	985	33.8	59.6
甘肃	5948	4688	2260	1640	4603	1524	33.1	38.0
青海	739	532	275	206	553	113	20.4	37.2
宁夏	1700	1448	383	313	1424	149	10.5	22.5
新疆	3797	2946	1267	970	2901	526	18.1	33.4

各地区集体经济房屋建筑面积和工程质量

地区	房屋建筑施工面积(万平方米)	本年新开工面积	投标承包面积	本年新开工	房屋建筑竣工面积(万平方米)	优良品面积	房屋建筑面积优良品率(%)	投标承包面积占房屋建筑施工面积的比重(%)
全国总计	**70795.3**	**38244.6**	**32134.6**	**19734.7**	**39859.3**	**12657.0**	**31.8**	**45.4**
北京	1696.0	790.0	931.2	412.6	784.3	199.8	25.5	54.9
天津	322.0	197.1	156.2	95.5	203.0	44.9	22.1	48.5
河北	2529.9	1595.5	1644.2	1093.2	1698.6	572.9	33.7	65.0
山西	552.6	344.7	222.6	139.7	393.1	77.8	19.8	40.3
内蒙古	614.8	380.1	142.6	97.4	452.0	157.7	34.9	23.2
辽宁	2277.6	1346.3	1376.1	806.6	1328.5	537.2	40.4	60.4
吉林	310.9	247.5	151.2	121.2	251.3	93.8	37.3	48.6
黑龙江	940.8	591.2	545.8	336.0	614.5	233.7	38.0	58.0
上海	1100.8	596.4	581.6	374.8	601.8	152.4	25.3	52.8
江苏	10443.3	6599.8	5087.8	3393.5	6468.5	2458.1	38.0	48.7
浙江	8604.4	3850.2	4112.0	2146.9	4051.8	1491.7	36.8	47.8
安徽	2331.3	1359.9	781.2	516.4	1465.1	316.2	21.6	33.5
福建	1666.0	858.6	897.7	484.8	880.2	108.5	12.3	53.9
江西	1201.3	597.1	519.6	294.7	651.0	129.9	20.0	43.3
山东	6202.8	3490.3	2899.3	1767.9	3492.8	1035.1	29.6	46.7
河南	2567.8	1458.0	1323.3	893.8	1481.8	481.9	32.5	51.5
湖北	1885.3	1130.4	693.1	411.2	1124.5	173.9	15.5	36.8
湖南	3444.9	1718.5	1281.9	794.1	1783.4	538.9	30.2	37.2
广东	7771.6	2942.9	2341.0	1222.5	3273.7	979.7	29.9	30.1
广西	1172.7	605.7	354.7	234.2	678.4	113.0	16.7	30.2
海南	181.6	109.9	85.2	43.4	114.0	43.9	38.5	46.9
重庆	3103.4	1819.5	1644.8	1138.7	1945.7	687.6	35.3	53.0
四川	5335.2	3033.4	2335.7	1564.1	3230.5	1102.1	34.1	43.8
贵州	482.4	248.6	160.3	101.9	279.2	52.0	18.6	33.2
云南	1699.4	916.1	379.8	274.6	1157.4	373.9	32.3	22.3
西藏	13.3	12.3	2.7	2.7	12.7	4.8	38.2	20.6
陕西	912.1	502.5	611.5	356.1	506.7	223.8	44.2	67.0
甘肃	795.0	488.5	531.7	377.8	516.7	162.2	31.4	66.9
青海	97.8	55.3	51.7	35.4	54.1	19.0	35.1	52.9
宁夏	149.0	107.8	79.5	53.2	104.9	21.7	20.7	53.4
新疆	389.2	250.7	208.7	149.8	259.0	68.8	26.6	53.6

各地区集体经济按主要用途分的建筑竣工面积

单位:万平方米

地区	合计	厂房	住宅	办公用房	商业、居民服务业用房	文化教育用房	医疗用房	科研用房	其他用房
全国总计	**39859.3**	**4289.7**	**22326.3**	**4433.7**	**3509.6**	**2410.2**	**432.4**	**118.5**	**2338.9**
北京	784.3	72.7	482.4	84.6	49.9	40.9	5.1	3.7	45.0
天津	203.0	23.5	123.2	20.7	11.0	14.6	0.1	0.1	9.8
河北	1698.6	131.5	1030.6	235.9	91.7	104.5	19.2	6.0	79.3
山西	393.1	23.0	280.0	48.4	17.5	12.4	2.5	0.2	9.1
内蒙古	452.0	29.2	299.9	44.7	25.0	25.5	5.0	1.1	21.6
辽宁	1328.5	125.3	885.9	102.5	102.0	52.8	5.2	6.3	48.3
吉林	251.3	13.5	178.4	25.9	6.7	11.9	1.6	--	13.2
黑龙江	614.5	29.9	443.1	56.6	44.4	23.6	3.8	1.0	12.1
上海	601.8	127.7	359.4	29.6	21.3	23.8	2.7	2.3	35.0
江苏	6468.5	722.3	3373.1	760.2	661.9	352.1	71.3	24.1	503.5
浙江	4051.8	522.6	2077.3	442.7	447.5	226.6	51.2	19.1	264.9
安徽	1465.1	162.5	721.6	186.5	179.9	104.5	20.3	2.0	87.8
福建	880.2	90.0	491.9	97.4	66.4	71.3	12.5	1.5	49.2
江西	651.0	42.1	384.5	95.0	52.1	42.4	3.5	0.4	31.2
山东	3492.8	440.7	1958.8	398.8	290.8	168.9	42.5	8.0	184.5
河南	1481.8	118.2	856.1	167.1	125.4	110.8	19.7	6.5	78.1
湖北	1124.5	73.0	593.1	151.8	80.2	114.9	11.7	5.9	94.0
湖南	1783.4	152.5	933.3	266.8	156.1	113.0	16.3	7.3	138.1
广东	3273.7	571.8	1783.2	263.8	275.2	184.9	30.4	2.9	161.4
广西	678.4	64.4	346.9	75.0	71.5	65.7	11.6	0.6	42.6
海南	114.0	1.9	71.5	10.2	9.7	9.9	1.0	0.8	9.1
重庆	1945.7	250.7	1111.7	176.7	179.6	106.5	17.3	6.8	96.3
四川	3230.5	268.5	1881.9	321.9	320.3	206.1	41.6	4.2	186.0
贵州	279.2	13.4	172.7	31.1	19.6	22.5	3.9	0.2	15.9
云南	1157.4	107.1	597.6	161.1	99.9	102.3	21.0	3.8	64.6
西藏	12.7	0.4	6.9	2.2	2.2	0.4	--	--	0.6
陕西	506.7	37.8	318.9	63.4	31.9	38.1	4.6	2.0	10.0
甘肃	516.7	40.1	312.5	69.5	35.4	29.3	3.5	0.8	25.5
青海	54.1	4.4	35.7	2.8	7.1	2.4	0.3	0.4	0.9
宁夏	104.9	8.0	65.2	9.7	11.1	6.3	1.0	0.2	3.5
新疆	259.0	21.3	149.0	30.9	16.2	21.3	2.1	0.4	17.9

各地区集体经济各种用途的房屋建筑竣工面积占全部的比重

单位: %

地区	厂房	住宅	办公用房	商业、居民服务业用房	文化教育用房	医疗用房	科研用房	其他用房
全国总计	**10.8**	**56.0**	**11.1**	**8.8**	**6.0**	**1.1**	**0.3**	**5.9**
北京	9.3	61.5	10.8	6.4	5.2	0.7	0.5	5.7
天津	11.6	60.7	10.2	5.4	7.2	--	--	4.8
河北	7.7	60.7	13.9	5.4	6.2	1.1	0.4	4.7
山西	5.9	71.2	12.3	4.5	3.2	0.6	0.1	2.3
内蒙古	6.5	66.3	9.9	5.5	5.6	1.1	0.2	4.8
辽宁	9.4	66.7	7.7	7.7	4.0	0.4	0.5	3.6
吉林	5.4	71.0	10.3	2.7	4.7	0.6	--	5.3
黑龙江	4.9	72.1	9.2	7.2	3.8	0.6	0.2	2.0
上海	21.2	59.7	4.9	3.5	4.0	0.4	0.4	5.8
江苏	11.2	52.1	11.8	10.2	5.4	1.1	0.4	7.8
浙江	12.9	51.3	10.9	11.0	5.6	1.3	0.5	6.5
安徽	11.1	49.3	12.7	12.3	7.1	1.4	0.1	6.0
福建	10.2	55.9	11.1	7.5	8.1	1.4	0.2	5.6
江西	6.5	59.1	14.6	8.0	6.5	0.5	0.1	4.8
山东	12.6	56.1	11.4	8.3	4.8	1.2	0.2	5.3
河南	8.0	57.8	11.3	8.5	7.5	1.3	0.4	5.3
湖北	6.5	52.7	13.5	7.1	10.2	1.0	0.5	8.4
湖南	8.6	52.3	15.0	8.8	6.3	0.9	0.4	7.7
广东	17.5	54.5	8.1	8.4	5.6	0.9	0.1	4.9
广西	9.5	51.1	11.1	10.5	9.7	1.7	0.1	6.3
海南	1.7	62.7	8.9	8.5	8.7	0.9	0.7	8.0
重庆	12.9	57.1	9.1	9.2	5.5	0.9	0.3	4.9
四川	8.3	58.3	10.0	9.9	6.4	1.3	0.1	5.8
贵州	4.8	61.9	11.1	7.0	8.1	1.4	0.1	5.7
云南	9.3	51.6	13.9	8.6	8.8	1.8	0.3	5.6
西藏	3.1	54.3	17.3	17.3	3.1	--	--	4.7
陕西	7.5	62.9	12.5	6.3	7.5	0.9	0.4	2.0
甘肃	7.8	60.5	13.5	6.9	5.7	0.7	0.2	4.9
青海	8.1	66.0	5.2	13.1	4.4	0.6	0.7	1.7
宁夏	7.6	62.2	9.2	10.6	6.0	1.0	0.2	3.3
新疆	8.2	57.5	11.9	6.3	8.2	0.8	0.2	6.9

各地区集体经济机械设备装备情况

地区	自有机械设备年末总台数(台)	自有机械设备年末总功率(万千瓦)	施工机械功率	自有机械设备净值(万元)	技术装备率(元/人)	动力装备率(千瓦/人)
全国总计	**3377249**	**3790.6**	**3197.7**	**4047005**	**3525**	**3.3**
北京	60320	90.6	74.0	112621	4508	3.6
天津	20764	27.1	23.2	23720	4094	4.7
河北	173451	223.8	200.8	181581	3558	4.4
山西	32252	33.1	27.1	28696	2310	2.7
内蒙古	37703	70.0	57.4	37622	2638	4.9
辽宁	155819	303.8	241.8	207460	3528	5.2
吉林	19411	32.3	26.2	25584	3083	3.9
黑龙江	55621	95.9	77.8	82229	3671	4.3
上海	31364	31.1	26.4	61997	4051	2.0
江苏	383915	356.5	310.2	522796	3561	2.4
浙江	306649	314.6	278.6	550848	5775	3.3
安徽	114293	92.4	76.1	90620	2235	2.3
福建	88032	84.3	75.9	89131	3409	3.2
江西	48881	44.1	35.7	34871	1864	2.4
山东	335209	419.0	337.3	402983	3234	3.4
河南	123356	123.4	99.1	107888	2305	2.6
湖北	115298	87.7	72.1	101472	2822	2.4
湖南	186382	183.4	158.8	134488	2429	3.3
广东	347374	377.6	338.4	415063	5222	4.8
广西	87845	63.8	55.0	57173	3166	3.5
海南	12002	21.9	10.9	21546	4918	5.0
重庆	118659	147.5	123.7	173919	3673	3.1
四川	231352	265.7	228.7	252388	2761	2.9
贵州	19730	19.2	14.9	16900	1888	2.1
云南	103852	113.7	92.8	149436	4310	3.3
西藏	677	0.5	0.3	1037	2218	1.0
陕西	66810	52.7	45.9	53340	2456	2.4
甘肃	56843	52.3	43.6	56577	2455	2.3
青海	9384	7.8	5.7	5667	2113	2.9
宁夏	11996	13.7	11.2	12408	3253	3.6
新疆	22005	41.3	28.0	34946	4083	4.8

各地区集体经济建筑业增加值及其构成(一)

单位:万元

地　　区	建筑业增加值合计	本年提取固定资产折旧	应付工资总额	应付福利费总额
全国总计	**10441765**	**533075**	**5751522**	**629900**
北　京	329016	14978	166542	13931
天　津	68077	3698	31035	2034
河　北	372827	16340	199485	12717
山　西	70012	3497	37361	4344
内蒙古	114872	5955	68096	7255
辽　宁	544251	34018	281020	33134
吉　林	80499	3372	42759	5068
黑龙江	196757	10091	108122	11687
上　海	284605	13133	131335	13738
江　苏	1575153	71515	964864	184611
浙　江	1438046	66507	851539	65641
安　徽	305477	11732	154854	15006
福　建	228885	10453	121465	10813
江　西	96486	5020	55718	4453
山　东	1060962	64601	512383	61626
河　南	198932	11259	106093	9673
湖　北	234733	13273	119895	9207
湖　南	449338	25239	250933	24602
广　东	822062	46913	430171	37603
广　西	139081	6948	77499	5080
海　南	28913	1607	13697	840
重　庆	409523	21900	234858	25310
四　川	684862	34733	407562	38976
贵　州	45335	1701	28996	2011
云　南	285499	16132	151287	10158
西　藏	4046	163	1833	56
陕　西	125994	5208	67153	8109
甘　肃	119900	6328	62382	4822
青　海	15059	902	8464	603
宁　夏	31018	1479	17678	1819
新　疆	81544	4383	46440	4974

各地区集体经济建筑业增加值及其构成(二)

单位：万元

地　区	工程结算税金及附加	工程结算利润	管理费用中的税金	管理费用中的劳动、待业保险费	转作奖金的利润
全国总计	**1147425**	**2697839**	**92659**	**93173**	**42372**
北　京	35098	115284	2970	782	1220
天　津	9489	28963	445	1069	435
河　北	39871	109821	4570	3100	1033
山　西	7486	18793	899	795	213
内蒙古	11603	30703	1235	2001	112
辽　宁	53844	155286	3512	10229	1419
吉　林	8252	19911	507	1687	42
黑龙江	19733	49576	1023	1370	201
上　海	33781	97778	2005	2655	476
江　苏	151354	329191	7944	11671	5917
浙　江	164713	314506	5765	10623	7497
安　徽	32370	90532	3284	2076	1960
福　建	31417	51417	2362	3107	365
江　西	12069	28279	1422	1472	406
山　东	104557	337397	11500	12111	6590
河　南	24588	68334	2559	1562	599
湖　北	30901	73705	3097	2160	1129
湖　南	53219	107740	5633	3142	1948
广　东	95855	222554	6525	6976	4345
广　西	19369	28780	2632	1792	578
海　南	4952	8113	715	228	242
重　庆	44317	89930	3096	2079	1351
四　川	76240	141406	6959	5559	1534
贵　州	5250	9026	560	294	48
云　南	35732	71505	4109	1210	1164
西　藏	683	1595	77	——	——
陕　西	12175	31707	1930	1481	383
甘　肃	14321	33568	3720	960	687
青　海	1684	3630	225	99	33
宁　夏	2706	8307	296	268	90
新　疆	9798	20501	1083	612	353

各地区集体经济建筑业劳动生产率

地区	建筑业企业个数（个）	计算劳动生产率的平均人数（万人）	按总产值计算的劳动生产率（元/人）	按增加值计算的劳动生产率（元/人）	人均竣工产值（元/人）	人均施工面积（平米/人）	人均竣工面积（平米/人）
全国总计	**29872**	**1148.24**	**34190**	**9094**	**25745**	**61.7**	**34.7**
北京	688	24.98	51155	13170	36298	67.9	31.4
天津	268	5.79	42123	11751	36919	55.6	35.0
河北	1162	51.04	25831	7305	20021	49.6	33.3
山西	586	12.42	19590	5635	15815	44.5	31.6
内蒙古	479	14.26	26299	8056	21998	43.1	31.7
辽宁	1712	58.80	28824	9256	23347	38.7	22.6
吉林	328	8.30	29947	9701	27564	37.5	30.3
黑龙江	928	22.40	29603	8784	25892	42.0	27.4
上海	568	15.30	76050	18598	51968	71.9	39.3
江苏	2390	146.82	44680	10729	35759	71.1	44.1
浙江	2158	95.39	59353	15075	41258	90.2	42.5
安徽	1111	40.54	27550	7536	21585	57.5	36.1
福建	1056	26.14	32294	8755	25872	63.7	33.7
江西	775	18.71	19488	5157	14086	64.2	34.8
山东	3184	124.61	30763	8514	21359	49.8	28.0
河南	1345	46.80	19845	4251	14422	54.9	31.7
湖北	1207	35.96	23552	6527	17422	52.4	31.3
湖南	1425	55.37	29650	8115	21083	62.2	32.2
广东	1433	79.48	38616	10343	29786	97.8	41.2
广西	638	18.06	27719	7701	20306	64.9	37.6
海南	160	4.38	24676	6599	21477	41.4	26.0
重庆	1167	47.35	33567	8649	24925	65.5	41.1
四川	2174	91.42	27288	7491	20173	58.4	35.3
贵州	404	8.95	17617	5063	13258	53.9	31.2
云南	907	34.67	29290	8234	23767	49.0	33.4
西藏	42	0.47	21918	8651	20665	28.5	27.1
陕西	630	21.71	21243	5802	15676	42.0	23.3
甘肃	362	23.04	17115	5204	13210	34.5	22.4
青海	94	2.68	18146	5615	13836	36.4	20.2
宁夏	179	3.81	24337	8131	21314	39.1	27.5
新疆	312	8.56	33658	9527	27203	45.5	30.3

各地区集体经济资本金及资产构成(一)

单位:万元

地区	资本金合计	资产总计	流动资产合计	存货	在建工程	长期投资
全国总计	**10450045**	**38452751**	**28537118**	**12481647**	**9056478**	**690098**
北京	250692	1210016	969174	391496	183813	26733
天津	67689	295147	234781	84403	42495	8622
河北	437960	932213	579857	206438	116094	15349
山西	77825	273644	186226	61369	33491	3409
内蒙古	113177	396972	285105	95518	43513	6557
辽宁	620964	2086719	1503504	366516	166633	38323
吉林	63825	255796	185399	47922	21152	1346
黑龙江	261543	734907	522932	146076	52455	9303
上海	252515	1423045	1180932	336374	264844	31494
江苏	1220025	5734118	4677303	2406163	1862123	83890
浙江	1274728	4537515	3259115	1578097	1196070	101944
安徽	278897	835929	572722	216467	139281	6246
福建	286406	1663789	1394982	865881	773063	15012
江西	149801	561891	435503	213593	167299	3921
山东	927043	3760022	2810689	970112	531879	47439
河南	201539	760656	526168	242439	145462	9946
湖北	332970	714111	443600	172456	110261	9445
湖南	553030	1343598	859034	314091	242513	26849
广东	947994	5461696	4416706	2203997	1926534	144374
广西	191802	503854	336395	169167	137875	10394
海南	27703	132982	53122	26558	18003	862
重庆	446724	991205	635150	311488	229339	9609
四川	724968	1816907	1174256	567330	382156	31335
贵州	74262	175008	118410	63518	35003	2876
云南	259957	705871	422064	163876	87359	29291
西藏	7795	13930	5385	985	314	1665
陕西	136444	371481	242053	83204	50761	3729
甘肃	118583	327237	217004	72439	36934	2943
青海	20062	51171	37890	15526	9741	312
宁夏	38268	131176	92137	36374	26092	3201
新疆	84855	250145	159517	51777	23926	3677

各地区集体经济资本金及资产构成(二)

单位:万元

地区	固定资产合计	固定资产原价合计	生产经营用	固定资产折旧	本年折旧	无形及递延资产合计	其中:无形资产
全国总计	**7855440**	**10395293**	**7831651**	**2682698**	**533075**	**355557**	**212841**
北京	182652	242760	133669	67470	14978	9697	5018
天津	42945	57130	45367	14185	3698	1576	1037
河北	305451	369323	272785	84330	16340	7794	5680
山西	63693	82331	56445	18950	3497	3908	601
内蒙古	91007	120924	95153	30388	5955	3194	2520
辽宁	470547	664745	534648	198121	34018	15142	11338
吉林	62813	86659	65596	23847	3372	676	337
黑龙江	179186	242758	194327	63763	10091	11652	10812
上海	157229	224380	146797	67151	13133	9736	6846
江苏	878376	1227186	953420	348810	71515	41074	19362
浙江	978829	1241302	995426	281337	66507	26516	15795
安徽	212497	277073	211504	64576	11732	10188	7150
福建	212106	270943	204452	58837	10453	9904	6107
江西	93296	130718	85747	37423	5020	5233	3467
山东	753005	1059601	785899	306595	64601	42064	24402
河南	183546	242175	195496	58630	11259	7754	6061
湖北	224707	280482	200262	68825	13273	21911	17821
湖南	389211	488068	367132	119561	25239	16107	11970
广东	756249	1008366	725029	252117	46913	56742	22954
广西	139852	164863	113630	34135	6948	5161	4670
海南	43909	49753	34615	5844	1607	1055	941
重庆	305755	403789	317672	106852	21900	6384	3496
四川	529744	719462	539939	191700	34733	22416	15614
贵州	43582	52739	34372	12060	1701	1210	976
云南	237549	287128	218619	63287	16132	5356	2464
西藏	6346	7248	2791	902	163	110	86
陕西	97948	125267	98928	32813	5208	8752	2788
甘肃	97239	119980	92163	31210	6328	1901	1445
青海	10834	16082	11344	5248	902	61	20
宁夏	30550	37304	29582	7313	1479	1342	676
新疆	74787	94753	68843	26421	4383	942	387

各地区集体经济负债及所有者权益

单位:万元

地区	负债合计	流动负债合计	长期负债合计	所有者权益合计	股本
全国总计	**27293924**	**25866932**	**1320561**	**11158827**	**540663**
北京	886519	868056	18463	323497	7057
天津	207018	202299	3807	88129	——
河北	530706	484819	45888	401506	——
山西	201551	175483	25420	72093	1224
内蒙古	290123	280932	7899	106849	——
辽宁	1418605	1356287	59450	668113	9840
吉林	186484	177985	8499	69312	2066
黑龙江	478828	454618	23567	256079	954
上海	1125736	1082525	14467	297309	4520
江苏	4364657	4284907	79750	1369461	90538
浙江	3044634	2939976	104658	1492881	106415
安徽	549494	470085	78780	286435	15172
福建	1331407	1303747	22499	332382	21647
江西	424354	396558	25506	137537	2557
山东	2706620	2478592	179960	1053402	——
河南	499610	468393	28040	261046	201022
湖北	388114	328058	52614	325997	——
湖南	956670	872780	83890	386928	——
广东	4481740	4234934	246806	979956	50806
广西	308972	291967	17005	194882	——
海南	59486	47144	11642	73496	1864
重庆	575867	546798	29069	415339	515
四川	1052809	984946	67863	764099	——
贵州	113351	107161	6190	61658	1430
云南	398759	371080	27679	307113	——
西藏	4207	2708	1057	9723	——
陕西	234866	215428	18755	136614	2688
甘肃	193391	177887	14228	133846	16627
青海	37497	35888	1609	13674	450
宁夏	89270	86827	2443	41905	270
新疆	152578	138064	13061	97567	3000

各地区集体经济工程结算收入及工程结算利润

单位:万元

地　区	工程结算收入	工程结算成本	工程结算税金及附加	工程结算利润	管理费用	税金	财产保险费	劳动、待业保险费
全国总计	**31430049**	**27584786**	**1147425**	**2697839**	**1783883**	**92659**	**15463**	**93173**
北　京	1021400	871017	35098	115284	78708	2970	200	782
天　津	240635	202183	9489	28963	16814	445	186	1069
河　北	1161455	1011763	39871	109821	59881	4570	373	3100
山　西	219028	192748	7486	18793	14770	899	141	795
内蒙古	352345	310040	11603	30703	24345	1235	300	2001
辽　宁	1629406	1420276	53844	155286	126896	3512	961	10229
吉　林	242624	214460	8252	19911	19344	507	54	1687
黑龙江	610967	541659	19733	49576	43987	1023	168	1370
上　海	1096674	965115	33781	97778	72370	2005	459	2655
江　苏	4047918	3567373	151354	329191	252664	7944	2259	11671
浙　江	4444645	3965426	164713	314506	188107	5765	1249	10623
安　徽	956716	833815	32370	90532	50839	3284	417	2076
福　建	764427	681594	31417	51417	43436	2362	172	3107
江　西	319006	278658	12069	28279	20588	1422	220	1472
山　东	3032196	2590241	104557	337397	188647	11500	2420	12111
河　南	741632	648710	24588	68334	40442	2559	258	1562
湖　北	815251	710645	30901	73705	43692	3097	321	2160
湖　南	1373837	1212879	53219	107740	63843	5633	431	3142
广　东	2619576	2301167	95855	222554	150601	6525	1142	6976
广　西	437563	389414	19369	28780	17425	2632	384	1792
海　南	87047	73982	4952	8113	3904	715	60	228
重　庆	1138341	1004094	44317	89930	56415	3096	954	2079
四　川	1921384	1703738	76240	141406	92911	6959	858	5559
贵　州	139472	125197	5250	9026	8734	560	63	294
云　南	904191	796954	35732	71505	38748	4109	545	1210
西　藏	9275	6997	683	1595	783	77	－－	－－
陕　西	351679	307798	12175	31707	20535	1930	216	1481
甘　肃	358914	311024	14321	33568	18300	3720	548	960
青　海	49526	44212	1684	3630	3307	225	9	99
宁　夏	81466	70454	2706	8307	5838	296	27	268
新　疆	261451	231153	9798	20501	17009	1083	65	612

各地区集体经济利税及利润总额

单位：万元

地区	利税总额	利润总额	应交所得税	转作奖金的利润	应付利润	已分配股利
全国总计	**1995666**	**755582**	**200300**	**42372**	**129549**	**11601**
北京	75056	36988	10601	1220	4541	158
天津	21360	11426	1463	435	3874	——
河北	82914	38473	9820	1033	3995	——
山西	10978	2593	1317	213	688	103
内蒙古	17089	4251	924	112	1259	——
辽宁	86202	28846	11257	1419	2388	6
吉林	6869	－1890	637	42	151	20
黑龙江	24583	3827	2138	201	671	334
上海	65716	29930	6510	476	6642	595
江苏	230941	71643	20708	5917	16855	6582
浙江	273645	103167	26211	7497	15931	931
安徽	65924	30270	5437	1960	5138	401
福建	42553	8774	4376	365	2252	155
江西	17628	4137	1296	406	1030	33
山东	240616	124559	32448	6590	15938	——
河南	48123	20976	3893	599	4165	1053
湖北	55691	21693	3904	1129	6583	——
湖南	88237	29385	6897	1948	4019	——
广东	166544	64164	19441	4345	13194	165
广西	32251	10250	2538	578	1414	——
海南	9530	3863	487	242	1210	48
重庆	67094	19681	6355	1351	3682	366
四川	120462	37263	11049	1534	5285	——
贵州	6923	1113	544	48	346	63
云南	65231	25390	3490	1164	3445	——
西藏	1244	484	244	——	1	——
陕西	19817	5712	1075	383	1600	93
甘肃	29067	11026	2650	687	1606	344
青海	2069	160	82	33	26	——
宁夏	4850	1848	658	90	396	16
新疆	16462	5581	1853	353	1223	136

各地区集体经济利润率及利税率

地区	产值利润率(%)	产值利税率(%)	资本金利润率(%)	资本金利税率(%)	人均利润(元/人)	人均利税(元/人)	资产负债率(%)
全国总计	**1.9**	**5.1**	**7.2**	**19.1**	**658**	**1738**	**71.0**
北京	2.9	5.9	14.8	29.9	1481	3004	73.3
天津	4.7	8.8	16.9	31.6	1972	3687	70.1
河北	2.9	6.3	8.8	18.9	754	1625	56.9
山西	1.1	4.5	3.3	14.1	209	884	73.7
内蒙古	1.1	4.6	3.8	15.1	298	1198	73.1
辽宁	1.7	5.1	4.6	13.9	491	1466	68.0
吉林	−0.8	2.8	−3.0	10.8	−228	828	72.9
黑龙江	0.6	3.7	1.5	9.4	171	1097	65.2
上海	2.6	5.6	11.9	26.0	1956	4294	79.1
江苏	1.1	3.5	5.9	18.9	488	1573	76.1
浙江	1.8	4.8	8.1	21.5	1082	2869	67.1
安徽	2.7	5.9	10.9	23.6	747	1626	65.7
福建	1.0	5.0	3.1	14.9	336	1628	80.0
江西	1.1	4.8	2.8	11.8	221	942	75.5
山东	3.2	6.3	13.4	26.0	1000	1931	72.0
河南	2.3	5.2	10.4	23.9	448	1028	65.7
湖北	2.6	6.6	6.5	16.7	603	1549	54.3
湖南	1.8	5.4	5.3	16.0	531	1593	71.2
广东	2.1	5.4	6.8	17.6	807	2095	82.1
广西	2.0	6.4	5.3	16.8	568	1786	61.3
海南	3.6	8.8	13.9	34.4	882	2175	44.7
重庆	1.2	4.2	4.4	15.0	416	1417	58.1
四川	1.5	4.8	5.1	16.6	408	1318	57.9
贵州	0.7	4.4	1.5	9.3	124	773	64.8
云南	2.5	6.4	9.8	25.1	732	1881	56.5
西藏	4.7	12.1	6.2	16.0	1035	2660	30.2
陕西	1.2	4.3	4.2	14.5	263	913	63.2
甘肃	2.8	7.4	9.3	24.5	479	1262	59.1
青海	0.3	4.2	0.8	10.3	60	771	73.3
宁夏	2.0	5.2	4.8	12.7	484	1271	68.1
新疆	1.9	5.7	6.6	19.4	652	1923	61.0

各地区集体经济建筑业企业亏损情况

地　区	建筑业企业个数(个)	亏损企业个数(个)	亏损金额(万元)	亏损面(%)
全国总计	**29872**	**5293**	**147196**	**17.7**
北　京	688	131	3648	19.0
天　津	268	48	2525	17.9
河　北	1162	169	3917	14.5
山　西	586	102	2386	17.4
内蒙古	479	76	1448	15.9
辽　宁	1712	396	17034	23.1
吉　林	328	110	4178	33.5
黑龙江	928	249	6218	26.8
上　海	568	73	3150	12.9
江　苏	2390	365	16463	15.3
浙　江	2158	359	7946	16.6
安　徽	1111	213	6104	19.2
福　建	1056	231	3648	21.9
江　西	775	137	2176	17.7
山　东	3184	452	12518	14.2
河　南	1345	265	3962	19.7
湖　北	1207	178	4024	14.7
湖　南	1425	251	6091	17.6
广　东	1433	232	13980	16.2
广　西	638	115	2113	18.0
海　南	160	14	338	8.8
重　庆	1167	199	5543	17.1
四　川	2174	376	8192	17.3
贵　州	404	110	1555	27.2
云　南	907	122	1848	13.5
西　藏	42	——	——	——
陕　西	630	107	2393	17.0
甘　肃	362	60	1529	16.6
青　海	94	36	664	38.3
宁　夏	179	36	463	20.1
新　疆	312	81	1141	26.0

各地区私营经济建筑业总产值和竣工产值

单位:万元

地　区	建筑业总产值	建筑工程产值	安装工程产值	房屋构筑物修理产值	非标准设备制造产值	竣工产值
全国总计	**479114**	**411004**	**50190**	**16610**	**1310**	**365103**
北　京	2509	805	1509	195	--	1942
天　津	499	235	264	--	--	499
河　北	5327	5010	98	219	--	4111
山　西	6284	5886	334	64	--	4264
内蒙古	12942	11606	716	620	--	12170
辽　宁	13901	13330	571	--	--	9581
吉　林	4214	2646	10	1556	1	3723
黑龙江	18946	18558	225	163	--	17804
上　海	6484	6180	304	--	--	6376
江　苏	26143	26045	48	43	7	18029
浙　江	145195	129881	12926	2227	160	100825
安　徽	8150	2431	81	5634	4	7098
福　建	23646	18791	3864	869	123	17590
江　西	2317	2073	97	147	--	2272
山　东	46681	35675	9460	1170	374	37401
河　南	4285	4172	96	17	--	3356
湖　北	6021	5196	715	110	--	4978
湖　南	7792	7792	--	--	--	6566
广　东	35175	23037	11909	145	84	34039
广　西	6402	5893	479	--	30	3179
海　南	1273	791	483	--	--	1223
重　庆	27065	25444	1433	38	150	15968
四　川	38924	34375	2078	2347	124	27781
贵　州	1030	980	50	--	--	804
云　南	11826	9964	1289	572	1	10798
西　藏	--	--	--	--	--	--
陕　西	8356	7411	503	191	251	6272
甘　肃	495	460	36	--	--	590
青　海	856	548	28	280	--	604
宁　夏	5025	4529	494	3	--	4583
新　疆	1352	1260	92	--	--	678

各地区私营经济单位工程个数及工程质量

地区	单位工程施工个数（个）	本年新开工个数	投标承包个数	本年新开工	单位工程竣工个数（个）	优良品	工程质量优良品率（%）	投标承包个数占单位工程施工个数的比重(%)
全国总计	**6304**	**4587**	**1711**	**1095**	**4874**	**1590**	**32.6**	**27.1**
北　京	38	36	2	2	35	3	8.6	5.3
天　津	1	— —	— —	— —	18	18	100.0	— —
河　北	52	44	13	8	38	22	57.9	25.0
山　西	145	111	48	31	112	42	37.5	33.1
内蒙古	243	205	32	25	218	34	15.6	13.2
辽　宁	86	64	37	33	62	18	29.0	43.0
吉　林	20	18	7	6	16	5	31.3	35.0
黑龙江	69	55	36	22	61	34	55.7	52.2
上　海	46	33	15	7	20	7	35.0	32.6
江　苏	314	265	45	39	266	23	8.6	14.3
浙　江	1171	785	303	225	818	158	19.3	25.9
安　徽	82	60	38	26	61	14	23.0	46.3
福　建	529	315	99	69	369	129	35.0	18.7
江　西	65	55	17	10	50	3	6.0	26.2
山　东	514	385	119	79	359	70	19.5	23.2
河　南	851	830	26	19	835	653	78.2	3.1
湖　北	96	77	35	20	60	8	13.3	36.5
湖　南	33	24	14	14	25	13	52.0	42.4
广　东	443	252	91	61	338	102	30.2	20.5
广　西	47	30	26	18	28	10	35.7	55.3
海　南	12	6	2	2	10	— —	— —	16.7
重　庆	221	149	55	46	164	64	39.0	24.9
四　川	682	358	490	201	495	61	12.3	71.8
贵　州	32	31	2	2	30	8	26.7	6.2
云　南	192	144	47	37	127	37	29.1	24.5
西　藏	— —	— —	— —	— —	— —	— —	— —	— —
陕　西	133	87	65	52	91	30	33.0	48.9
甘　肃	19	18	19	18	19	— —	— —	100.0
青　海	10	8	— —	— —	9	2	22.2	— —
宁　夏	114	104	27	22	105	12	11.4	23.7
新　疆	44	38	1	1	35	10	28.6	2.3

各地区私营经济房屋建筑面积和工程质量

地区	房屋建筑施工面积(万平方米)	本年新开工面积	投标承包面积	本年新开工	房屋建筑竣工面积(万平方米)	优良品面积	房屋建筑面积优良品率(%)	投标承包面积占房屋建筑施工面积的比重(%)
全国总计	**743.1**	**394.5**	**348.5**	**217.9**	**413.2**	**148.0**	**35.8**	**46.9**
北京	1.2	1.2	0.7	0.7	0.2	——	——	59.3
天津	——	——	——	——	——	——	——	——
河北	5.5	4.9	1.4	1.0	5.5	3.2	59.1	25.9
山西	17.3	12.1	8.6	7.7	10.7	9.2	85.8	49.8
内蒙古	22.2	9.0	6.9	4.1	16.6	10.0	60.5	30.9
辽宁	19.6	14.6	9.7	8.4	10.2	1.0	10.0	49.6
吉林	5.0	2.4	3.0	1.6	4.0	1.9	48.7	60.4
黑龙江	19.3	15.0	16.0	14.6	16.9	13.3	78.8	82.9
上海	5.9	3.9	4.8	2.8	4.1	1.6	39.0	81.8
江苏	47.3	24.6	16.2	13.0	27.4	7.2	26.3	34.1
浙江	167.9	83.8	85.5	44.2	99.0	33.3	33.6	50.9
安徽	8.4	5.4	4.3	2.7	6.0	2.6	43.9	51.5
福建	27.7	12.4	18.2	5.4	14.1	2.1	15.0	65.6
江西	6.3	3.1	5.2	1.9	3.5	0.4	10.6	81.5
山东	65.6	43.4	24.5	15.5	44.1	11.0	24.8	37.4
河南	11.7	7.8	3.2	1.8	8.9	2.1	23.8	27.7
湖北	10.1	6.1	5.1	2.6	5.2	0.9	17.3	49.9
湖南	12.2	10.2	7.8	7.8	10.3	3.4	32.5	63.6
广东	27.5	6.5	11.0	1.3	9.9	4.1	42.0	40.0
广西	76.0	4.8	9.6	4.4	5.0	2.6	52.4	12.6
海南	0.7	0.7	0.7	0.7	0.7	——	——	100.0
重庆	48.5	34.2	18.3	14.1	28.8	15.2	52.7	37.7
四川	93.5	59.6	62.3	43.1	53.8	12.5	23.3	66.6
贵州	0.8	0.8	0.4	0.4	0.5	0.4	82.6	44.7
云南	16.3	9.8	7.5	5.4	12.7	4.1	32.4	45.9
西藏	——	——	——	——	——	——	——	——
陕西	17.1	11.4	13.1	9.3	9.2	4.3	46.8	76.2
甘肃	1.4	1.0	1.4	1.0	1.4	——	——	100.0
青海	0.7	0.5	——	——	0.7	0.7	100.0	——
宁夏	4.8	4.1	3.2	2.2	3.3	0.7	20.6	65.6
新疆	2.3	1.2	0.1	0.1	0.5	0.1	23.4	3.5

各地区私营经济按主要用途分的房屋建筑竣工面积

单位:万平方米

地区	合计	厂房	住宅	办公用房	商业、居民服务业用房	文化教育用房	医疗用房	科研用房	其他用房
全国总计	**413.2**	**40.9**	**228.9**	**53.8**	**51.6**	**16.6**	**4.5**	**0.2**	**16.6**
北京	0.2	--	--	0.1	--	--	--	--	--
天津	--	--	--	--	--	--	--	--	--
河北	5.5	1.2	3.2	0.6	0.2	0.2	--	--	0.1
山西	10.7	0.4	7.3	1.2	0.7	0.7	--	--	0.5
内蒙古	16.6	1.0	11.3	2.7	0.1	1.3	--	--	0.2
辽宁	10.2	--	8.7	0.6	--	0.8	--	--	0.1
吉林	4.0	0.2	3.4	0.3	--	--	--	--	--
黑龙江	16.9	0.5	11.0	2.6	2.4	0.3	--	--	--
上海	4.1	0.7	2.9	--	--	--	--	--	0.4
江苏	27.4	5.7	9.8	2.4	6.4	1.9	1.1	--	0.2
浙江	99.0	10.3	45.9	15.1	19.7	4.1	0.9	--	3.0
安徽	6.0	1.8	0.8	2.4	1.0	--	--	--	--
福建	14.1	1.8	8.0	1.7	1.7	--	--	--	0.8
江西	3.5	1.6	1.3	0.2	0.1	0.2	--	--	0.1
山东	44.1	5.9	22.8	5.1	4.1	1.6	0.4	0.1	4.2
河南	8.9	0.6	6.1	0.7	0.4	0.9	--	--	0.3
湖北	5.2	0.3	4.2	--	0.3	--	--	--	0.3
湖南	10.3	1.0	3.1	0.4	4.6	0.6	0.2	0.1	0.4
广东	9.9	1.7	4.6	1.2	1.5	0.8	--	--	0.1
广西	5.0	--	0.2	3.6	0.1	0.2	--	--	0.8
海南	0.7	0.3	0.1	0.1	--	--	--	--	0.2
重庆	28.8	0.8	20.4	3.7	2.1	0.5	0.1	--	1.1
四川	53.8	2.5	43.5	4.2	1.6	0.6	1.2	--	0.3
贵州	0.5	--	0.1	0.1	--	0.3	0.1	--	--
云南	12.7	0.7	4.5	2.3	1.5	0.4	0.4	--	2.9
西藏	--	--	--	--	--	--	--	--	--
陕西	9.2	1.3	3.3	2.1	1.5	0.5	0.2	--	0.3
甘肃	1.4	--	0.4	--	1.0	--	--	--	--
青海	0.7	0.4	0.1	0.1	--	--	--	--	0.1
宁夏	3.3	0.3	1.7	0.3	0.3	0.7	--	--	--
新疆	0.5	--	0.2	0.1	0.2	--	--	--	--

各地区私营经济各种用途的房屋建筑竣工面积占全部的比重

单位：%

地　区	厂房	住宅	办公用房	商业、居民服务业用　房	文化教育用房	医疗用房	科研用房	其他用房
全国总计	**9.9**	**55.4**	**13.0**	**12.5**	**4.0**	**1.1**	－－	**4.0**
北　京	－－	－－	50.0	－－	－－	－－	－－	－－
天　津	－－	－－	－－	－－	－－	－－	－－	－－
河　北	21.8	58.2	10.9	3.6	3.6	－－	－－	1.8
山　西	3.7	68.2	11.2	6.5	6.5	－－	－－	4.7
内蒙古	6.0	68.1	16.3	0.6	7.8	－－	－－	1.2
辽　宁	－－	85.3	5.9	－－	7.8	－－	－－	1.0
吉　林	5.0	85.0	7.5	－－	－－	－－	－－	－－
黑龙江	3.0	65.1	15.4	14.2	1.8	－－	－－	－－
上　海	17.1	70.7	－－	－－	－－	－－	－－	9.8
江　苏	20.8	35.8	8.8	23.4	6.9	4.0	－－	0.7
浙　江	10.4	46.4	15.3	19.9	4.1	0.9	－－	3.0
安　徽	30.0	13.3	40.0	16.7	－－	－－	－－	－－
福　建	12.8	56.7	12.1	12.1	－－	－－	－－	5.7
江　西	45.7	37.1	5.7	2.9	5.7	－－	－－	2.9
山　东	13.4	51.7	11.6	9.3	3.6	0.9	0.2	9.5
河　南	6.7	68.5	7.9	4.5	10.1	－－	－－	3.4
湖　北	5.8	80.8	－－	5.8	－－	－－	－－	5.8
湖　南	9.7	30.1	3.9	44.7	5.8	1.9	1.0	3.9
广　东	17.2	46.5	12.1	15.2	8.1	－－	－－	1.0
广　西	－－	4.0	72.0	2.0	4.0	－－	－－	16.0
海　南	42.9	14.3	14.3	－－	－－	－－	－－	28.6
重　庆	2.8	70.8	12.8	7.3	1.7	0.3	－－	3.8
四　川	4.6	80.9	7.8	3.0	1.1	2.2	－－	0.6
贵　州	－－	20.0	20.0	－－	60.0	20.0	－－	－－
云　南	5.5	35.4	18.1	11.8	3.1	3.1	－－	22.8
西　藏	－－	－－	－－	－－	－－	－－	－－	－－
陕　西	14.1	35.9	22.8	16.3	5.4	2.2	－－	3.3
甘　肃	－－	28.6	－－	71.4	－－	－－	－－	－－
青　海	57.1	14.3	14.3	－－	－－	－－	－－	14.3
宁　夏	9.1	51.5	9.1	9.1	21.2	－－	－－	－－
新　疆	－－	40.0	20.0	40.0	－－	－－	－－	－－

各地区私营经济机械设备装备情况

地 区	自有机械设备年末总台数（台）	自有机械设备年末总功率（万千瓦）	施工机械功率	自有机械设备净值（万元）	技术装备率（元/人）	动力装备率（千瓦/人）
全国总计	**40814**	**49.5**	**42.8**	**57841**	**4705**	**4.0**
北 京	447	0.1	0.1	422	7614	1.4
天 津	46	－－	－－	675	90000	2.8
河 北	664	0.9	0.7	1094	6609	5.7
山 西	906	0.5	0.4	1172	3448	1.6
内蒙古	846	1.1	0.9	1322	2901	2.4
辽 宁	427	0.7	0.4	995	3896	2.9
吉 林	111	1.2	1.1	637	5875	11.5
黑龙江	1313	4.4	3.5	1445	3190	9.7
上 海	43	0.1	0.1	737	6749	0.8
江 苏	3186	1.7	1.5	3425	6941	3.5
浙 江	11025	7.0	6.3	14711	5007	2.4
安 徽	558	0.3	0.3	234	1172	1.5
福 建	2537	3.1	2.9	4013	6439	4.9
江 西	289	0.6	0.6	563	6269	7.0
山 东	3958	4.7	3.6	3808	2665	3.3
河 南	730	0.5	0.4	498	2360	2.2
湖 北	950	0.8	0.7	1058	6280	4.8
湖 南	797	0.8	0.7	1060	3969	3.0
广 东	2938	4.8	4.5	4504	7192	7.7
广 西	757	0.6	0.5	405	2649	4.2
海 南	136	0.1	0.1	94	11463	9.1
重 庆	1644	3.2	2.9	3826	3978	3.3
四 川	2942	3.6	3.0	4231	3845	3.3
贵 州	29	－－	－－	93	1787	0.7
云 南	1091	3.2	2.9	3352	9758	9.4
西 藏	－－	－－	－－	－－	－－	－－
陕 西	1187	3.2	2.9	1886	4805	8.1
甘 肃	114	0.3	0.3	439	18445	11.7
青 海	24	0.2	－－	31	2296	12.7
宁 夏	1050	1.6	1.4	1040	4977	7.5
新 疆	69	0.1	0.1	69	1682	1.7

各行业私营经济建筑业增加值及其构成(一)

单位:万元

地区	建筑业增加值合计	本年提取固定资产折旧	应付工资总额	应付福利费总额
全国总计	**142413**	**7556**	**72527**	**6600**
北京	1136	17	447	103
天津	178	6	66	——
河北	1766	167	1084	50
山西	2680	88	1664	148
内蒙古	4032	166	2298	177
辽宁	5002	227	3134	257
吉林	1573	36	715	78
黑龙江	5832	287	2936	209
上海	2039	105	1075	48
江苏	7056	189	4550	224
浙江	39638	2319	20360	1834
安徽	1082	64	406	85
福建	10852	486	6941	286
江西	618	51	343	24
山东	16489	688	6186	811
河南	1338	58	603	49
湖北	2032	225	882	79
湖南	1569	197	923	453
广东	9239	569	3750	284
广西	2081	58	921	33
海南	213	——	61	2
重庆	7850	527	4190	449
四川	9427	483	4922	621
贵州	353	12	123	12
云南	3508	207	1386	79
西藏	——	——	——	——
陕西	2412	150	1272	52
甘肃	129	22	86	2
青海	316	4	7	6
宁夏	1740	134	904	109
新疆	232	13	291	35

各地区私营经济建筑业增加值及其构成(二)

单位:万元

地区	工程结算税金及附加	工程结算利润	管理费用中的税金	管理费用中的劳动、待业保险费	转作奖金的利润
全国总计	**15339**	**44032**	**1580**	**699**	**708**
北京	85	507	--	--	--
天津	18	63	21	4	--
河北	180	353	29	3	2
山西	212	555	111	--	1
内蒙古	458	922	19	--	--
辽宁	472	1553	12	6	3
吉林	152	615	8	5	29
黑龙江	623	1909	34	14	4
上海	192	961	1	--	--
江苏	672	1409	45	75	22
浙江	5118	10955	313	182	346
安徽	58	462	5	9	5
福建	841	2290	38	22	52
江西	69	140	7	13	--
山东	1769	6608	505	215	55
河南	215	466	50	7	3
湖北	273	575	47	--	5
湖南	145	525	10	2	--
广东	903	4632	52	28	24
广西	207	842	19	54	49
海南	12	136	--	1	--
重庆	706	2079	33	3	33
四川	853	2833	89	43	46
贵州	36	169	2	--	--
云南	471	1345	62	8	27
西藏	--	--	--	--	--
陕西	229	649	56	4	--
甘肃	12	8	--	--	--
青海	181	122	1	1	--
宁夏	139	494	11	--	3
新疆	36	-146	2	--	--

各地区私营经济建筑业劳动生产率

地　区	建筑业企业个数(个)	计算劳动生产率的平均人数(万人)	按总产值计算的劳动生产率(元/人)	按增加值计算的劳动生产率(元/人)	人均竣工产值(元/人)	人均施工面积(平米/人)	人均竣工面积(平米/人)
全国总计	**810**	**12.29**	**38969**	**11583**	**29696**	**60.4**	**33.6**
北　京	8	0.06	45287	20504	35051	21.3	4.1
天　津	1	0.01	66533	23747	66533	0.7	0.7
河　北	11	0.17	32167	10663	24827	33.5	33.0
山　西	48	0.34	18483	7881	12540	50.8	31.4
内蒙古	21	0.46	28394	8846	26701	48.6	36.3
辽　宁	10	0.26	54409	19578	37498	76.8	40.1
吉　林	5	0.11	38875	14510	34345	45.7	36.9
黑龙江	23	0.45	41823	12875	39301	42.6	37.3
上　海	5	0.11	59377	18672	58388	54.1	37.4
江　苏	19	0.49	52975	14297	36534	95.9	55.6
浙　江	194	2.94	49420	13491	34318	57.2	33.7
安　徽	11	0.20	40891	5432	35613	42.1	30.1
福　建	61	0.62	37943	17414	28226	44.5	22.6
江　西	7	0.09	25801	6882	25298	70.6	39.0
山　东	74	1.43	32667	11539	26173	45.9	30.9
河　南	28	0.21	20288	6334	15890	55.5	42.1
湖　北	18	0.17	35754	12066	29559	60.2	31.0
湖　南	5	0.27	29172	5875	24583	45.9	38.7
广　东	43	0.63	56162	14751	54350	43.9	15.7
广　西	10	0.15	41841	13602	20779	496.7	32.5
海　南	8	0.01	155293	26024	149098	87.4	87.4
重　庆	42	0.96	28140	8162	16602	50.4	29.9
四　川	50	1.10	35379	8568	25251	85.0	48.9
贵　州	5	0.05	19738	6759	15408	16.3	9.0
云　南	36	0.34	34427	10213	31436	47.4	37.1
西　藏	— —	— —	— —	— —	— —	— —	— —
陕　西	30	0.39	21295	6148	15985	43.7	23.5
甘　肃	1	0.02	20819	5429	24790	57.9	57.9
青　海	3	0.01	63407	23444	44741	53.3	53.3
宁　夏	25	0.21	24044	8323	21926	23.1	15.9
新　疆	8	0.04	33046	5663	16582	55.4	11.5

各地区私营经济资本金及资产构成(一)

单位:万元

地　区	资本金合　计	资产总计	流动资产合计	存货	在建工程	长期投资
全国总计	**198906**	**536658**	**341775**	**148732**	**84714**	**19526**
北　京	1006	2428	1660	514	38	18
天　津	300	786	708	408	156	——
河　北	3282	4757	2524	515	117	5
山　西	2659	9112	5512	545	117	445
内蒙古	5132	20406	14597	7441	1961	1888
辽　宁	2872	17002	15153	2158	797	12
吉　林	1654	5942	4068	2506	2217	——
黑龙江	7342	20321	10736	4913	432	974
上　海	1782	3725	2294	710	236	——
江　苏	7075	24252	15608	10367	9214	10
浙　江	53048	139270	91414	38977	24248	1374
安　徽	1459	4346	2803	1744	1428	98
福　建	14279	45955	35474	14591	12802	1814
江　西	1235	3496	2043	1378	1172	608
山　东	16451	51259	29636	8939	5804	497
河　南	2214	4873	2791	1370	658	80
湖　北	4861	8361	4447	1006	571	1732
湖　南	4628	8345	5055	3958	——	——
广　东	14496	59625	38060	21403	10653	7408
广　西	4100	8991	4628	1402	295	1015
海　南	2860	4995	4306	1940	——	296
重　庆	11464	23789	13960	5226	2910	43
四　川	13666	29086	15833	8745	6144	426
贵　州	613	1259	915	444	6	——
云　南	8477	14413	8268	4169	1327	637
西　藏	——	——	——	——	——	——
陕　西	6283	7701	3429	1766	863	122
甘　肃	81	833	217	4	——	13
青　海	112	148	65	32	——	——
宁　夏	4917	9675	4658	1250	528	8
新　疆	555	1509	915	308	19	——

各地区私营经济资本金及资产构成(二)

单位:万元

地区	固定资产合计	固定资产原价合计	生产经营用	固定资产折旧	本年折旧	无形及递延资产合计	其中:无形资产
全国总计	**136848**	**163360**	**124152**	**30648**	**7556**	**14727**	**9885**
北京	320	345	32	48	17	13	——
天津	78	99	68	21	6	——	——
河北	2052	2319	1850	302	167	65	50
山西	2795	3236	2690	441	88	107	28
内蒙古	3845	4373	3646	996	166	21	——
辽宁	1633	2217	1894	584	227	17	——
吉林	1857	2239	1612	382	36	——	——
黑龙江	7734	9449	9116	1811	287	815	574
上海	1338	1552	1073	214	105	——	——
江苏	8539	10982	8132	2442	189	93	33
浙江	35914	42582	31842	7513	2319	5672	5336
安徽	1277	1542	1458	266	64	27	10
福建	7602	9188	7676	1586	486	335	202
江西	824	1093	940	269	51	12	——
山东	7409	10012	7706	2603	688	3894	924
河南	1378	1629	1423	251	58	57	19
湖北	2170	2748	2028	597	225	6	6
湖南	2632	2650	2044	709	197	628	628
广东	11474	15867	8157	4393	569	512	201
广西	1809	1978	1185	258	58	1479	1454
海南	379	407	367	28	——	13	——
重庆	8469	8859	7582	1225	527	223	47
四川	10284	12075	9014	1791	483	452	297
贵州	303	276	197	36	12	40	40
云南	5043	5703	4388	704	207	39	22
西藏	——	——	——	——	——	——	——
陕西	3673	4098	2792	795	150	8	2
甘肃	540	561	561	22	22	4	4
青海	83	98	91	15	4	——	——
宁夏	5002	4742	4253	301	134	3	——
新疆	394	439	334	45	13	194	7

各地区私营经济负债及所有者权益

单位:万元

地 区	负债合计	流动负债合计	长期负债合计	所有者权益合计	股 本
全国总计	**314208**	**295637**	**16468**	**222450**	**26020**
北 京	1571	1571	——	857	208
天 津	545	545	——	241	——
河 北	1388	1308	80	3369	——
山 西	5471	4846	614	3641	107
内 蒙 古	15498	14184	291	4907	——
辽 宁	13365	13118	248	3637	717
吉 林	4325	4254	71	1617	——
黑 龙 江	10837	10704	132	9485	——
上 海	1336	1086	——	2389	1061
江 苏	14020	13157	862	10232	706
浙 江	75714	73309	2404	63556	14928
安 徽	3372	3014	358	973	102
福 建	31384	31013	370	14571	1177
江 西	1949	1918	31	1547	100
山 东	30242	28045	1446	21016	——
河 南	3863	3778	70	1010	2211
湖 北	3311	2731	580	5050	——
湖 南	5139	4890	249	3206	——
广 东	35680	30722	4958	23945	3610
广 西	4736	4431	304	4256	——
海 南	4486	3686	800	508	——
重 庆	11805	11468	338	11984	——
四 川	16421	15819	603	12664	——
贵 州	620	620	——	639	——
云 南	6932	6314	618	7481	——
西 藏	——	——	——	——	——
陕 西	3022	2319	649	4679	150
甘 肃	9	9	——	824	745
青 海	81	52	28	68	——
宁 夏	5415	5055	360	4259	148
新 疆	1669	1669	——	-161	50

各地区私营经济工程结算收入及工程结算利润

单位:万元

地区	工程结算收入	工程结算成本	工程结算税金及附加	工程结算利润	管理费用	税金	财产保险费	劳动、待业保险费
全国总计	**393763**	**334393**	**15339**	**44032**	**27187**	**1580**	**188**	**699**
北京	2578	1986	85	507	424	——	1	——
天津	499	418	18	63	33	21	2	4
河北	5040	4507	180	353	115	29	6	3
山西	4847	4080	212	555	237	111	1	——
内蒙古	10509	9130	458	922	417	19	——	——
辽宁	14128	12103	472	1553	662	12	6	6
吉林	4138	3372	152	615	343	8	1	5
黑龙江	14700	12168	623	1909	905	34	5	14
上海	6148	4995	192	961	307	1	7	——
江苏	19586	17505	672	1409	1119	45	6	75
浙江	123602	107529	5118	10955	7265	313	71	182
安徽	2561	2042	58	462	215	5	2	9
福建	22141	19009	841	2290	1893	38	7	22
江西	1755	1546	69	140	146	7	——	13
山东	37113	28736	1769	6608	2377	505	22	215
河南	4086	3406	215	466	213	50	1	7
湖北	4936	4088	273	575	419	47	1	——
湖南	4462	3792	145	525	351	10	——	2
广东	31835	26300	903	4632	4678	52	8	28
广西	5669	4619	207	842	577	19	3	54
海南	222	74	12	136	269	——	——	1
重庆	18890	16104	706	2079	1212	33	6	3
四川	26942	23256	853	2833	1407	89	14	43
贵州	858	653	36	169	46	2	——	——
云南	13916	12100	471	1345	676	62	10	8
西藏	——	——	——	——	——	——	——	——
陕西	6646	5768	229	649	207	56	6	4
甘肃	340	320	12	8	35	——	——	——
青海	604	300	181	122	14	1	——	1
宁夏	3868	3235	139	494	428	11	1	——
新疆	1141	1251	36	−146	195	2	2	——

各地区私营经济利税及利润总额

单位: 万元

地 区	利税总额	利润总额	应 交 所得税	转作奖金的利润	应付利润	已分配股利
全国总计	**29588**	**12669**	**2921**	**708**	**3345**	**608**
北 京	97	12	1	— —	5	5
天 津	58	19	9	— —	— —	— —
河 北	409	200	19	2	1	— —
山 西	597	274	13	1	7	— —
内 蒙 古	805	328	32	— —	— —	— —
辽 宁	1229	745	220	3	353	— —
吉 林	213	53	1	29	— —	— —
黑 龙 江	1266	609	198	4	326	— —
上 海	476	283	47	— —	935	294
江 苏	1000	283	61	22	28	7
浙 江	8203	2772	869	346	744	209
安 徽	267	204	36	5	6	— —
福 建	1166	287	93	52	95	13
江 西	41	−35	3	— —	— —	— —
山 东	5603	3329	230	55	46	— —
河 南	417	152	12	3	18	16
湖 北	317	−3	16	5	13	— —
湖 南	214	59	31	— —	— —	— —
广 东	2229	1274	329	24	236	— —
广 西	577	351	106	49	160	— —
海 南	−122	−134	— —	— —	— —	— —
重 庆	1432	693	315	33	122	63
四 川	1671	729	159	46	173	— —
贵 州	66	28	1	— —	— —	— —
云 南	928	395	73	27	60	— —
西 藏	— —	— —	— —	— —	— —	— —
陕 西	453	168	32	— —	7	2
甘 肃	12	— —	— —	— —	— —	— —
青 海	183	1	— —	— —	— —	— —
宁 夏	99	−51	14	3	10	— —
新 疆	−320	−358	— —	— —	— —	— —

各地区私营经济利润率及利税率

地区	产值利润率(%)	产值利税率(%)	资本金利润率(%)	资本金利税率(%)	人均利润(元/人)	人均利税(元/人)	资产负债率(%)
全国总计	**2.6**	**6.2**	**6.4**	**14.9**	**1030**	**2407**	**58.5**
北京	0.5	3.9	1.2	9.7	218	1760	64.7
天津	3.8	11.7	6.3	19.5	2533	7787	69.4
河北	3.8	7.7	6.1	12.5	1210	2473	29.2
山西	4.4	9.5	10.3	22.4	807	1756	60.0
内蒙古	2.5	6.2	6.4	15.7	719	1766	76.0
辽宁	5.4	8.8	25.9	42.8	2916	4808	78.6
吉林	1.3	5.0	3.2	12.8	491	1960	72.8
黑龙江	3.2	6.7	8.3	17.3	1345	2797	53.3
上海	4.4	7.3	15.9	26.7	2592	4359	35.9
江苏	1.1	3.8	4.0	14.1	573	2026	57.8
浙江	1.9	5.6	5.2	15.5	944	2792	54.4
安徽	2.5	3.3	14.0	18.2	1022	1334	77.6
福建	1.2	4.9	2.0	8.2	461	1871	68.3
江西	−1.5	1.7	−2.9	3.3	−394	451	55.8
山东	7.1	12.0	20.2	34.1	2330	3921	59.0
河南	3.6	9.7	6.9	18.9	722	1977	79.3
湖北	－－	5.3	−0.1	6.5	−18	1881	39.6
湖南	0.8	2.7	1.3	4.6	222	800	61.6
广东	3.6	6.3	8.8	15.4	2034	3559	59.8
广西	5.5	9.0	8.6	14.1	2295	3775	52.7
海南	−10.5	−9.5	−4.7	−4.3	−16317	−14829	89.8
重庆	2.6	5.3	6.0	12.5	721	1490	49.6
四川	1.9	4.3	5.3	12.2	663	1520	56.5
贵州	2.7	6.4	4.5	10.7	529	1255	49.3
云南	3.3	7.8	4.7	10.9	1150	2699	48.1
西藏	－－	－－	－－	－－	－－	－－	－－
陕西	2.0	5.4	2.7	7.2	427	1155	39.2
甘肃	－－	2.5	－－	15.5	－－	525	1.1
青海	0.1	21.3	0.5	162.8	44	13533	54.4
宁夏	−1.0	2.0	−1.0	2.0	−243	474	56.0
新疆	−26.5	−23.6	−64.4	−57.5	−8751	−7812	110.7

各地区私营经济建筑业企业亏损情况

地　区	建筑业企业个数(个)	亏损企业个数(个)	亏损金额(万元)	亏损面(%)
全国总计	**810**	**167**	**3148**	**20.6**
北　京	8	3	5	37.5
天　津	1	——	——	——
河　北	11	1	44	9.1
山　西	48	4	16	8.3
内蒙古	21	3	26	14.3
辽　宁	10	1	35	10.0
吉　林	5	1	32	20.0
黑龙江	23	2	20	8.7
上　海	5	1	61	20.0
江　苏	19	5	26	26.3
浙　江	194	39	712	20.1
安　徽	11	4	28	36.4
福　建	61	22	327	36.1
江　西	7	2	73	28.6
山　东	74	13	99	17.6
河　南	28	3	19	10.7
湖　北	18	4	83	22.2
湖　南	5	1	10	20.0
广　东	43	9	250	20.9
广　西	10	3	11	30.0
海　南	8	8	134	100.0
重　庆	42	8	374	19.0
四　川	50	5	125	10.0
贵　州	5	——	——	——
云　南	36	8	104	22.2
西　藏	——	——	——	——
陕　西	30	4	16	13.3
甘　肃	1	——	——	——
青　海	3	1	6	33.3
宁　夏	25	8	148	32.0
新　疆	8	4	365	50.0

各地区联营经济建筑业总产值和竣工产值

单位:万元

地区	建筑业总产值	建筑工程产值	安装工程产值	房屋构筑物修理产值	非标准设备制造产值	竣工产值
全国总计	**242255**	**191884**	**42102**	**7077**	**1192**	**167044**
北京	1713	847	866	——	——	647
天津	1971	1963	8	——	——	452
河北	487	450	37	——	——	487
山西	3781	3481	250	50	——	1857
内蒙古	1853	——	1853	——	——	1536
辽宁	5467	5467	——	——	——	4744
吉林	——	——	——	——	——	——
黑龙江	2440	1547	894	——	——	1252
上海	52694	42005	7353	3336	——	37024
江苏	19271	15493	3736	42	——	12794
浙江	26255	24329	528	1396	2	21607
安徽	12383	11528	508	335	12	9794
福建	30566	29806	663	97	——	14100
江西	569	546	23	——	——	1162
山东	4078	3445	608	——	24	3089
河南	4427	3796	631	——	——	3490
湖北	6212	6035	63	114	——	3764
湖南	3710	3656	55	——	——	2736
广东	28355	8358	19956	41	——	22575
广西	2671	2671	——	——	——	1968
海南	371	——	371	——	——	200
重庆	7048	3047	1590	1354	1057	5208
四川	12190	10454	1727	7	2	7159
贵州	3399	3075	50	274	——	2971
云南	700	665	35	——	——	635
西藏	243	243	——	——	——	243
陕西	1427	1314	114	——	——	600
甘肃	1579	1579	——	——	——	1579
青海	31	——	——	31	——	31
宁夏	4846	4569	182	——	95	2154
新疆	1515	1515	——	——	——	1884

各地区联营经济单位工程个数及工程质量

地区	单位工程施工个数（个）	本年新开工个数	投标承包个数	本年新开工	单位工程竣工个数（个）	优良品	工程质量优良品率（%）	投标承包个数占单位工程施工个数的比重（%）
全国总计	**2478**	**1714**	**609**	**400**	**1757**	**592**	**33.7**	**24.6**
北　京	9	2	2	2	7	7	100.0	22.2
天　津	56	39	——	——	34	13	38.2	——
河　北	6	4	4	4	6	1	16.7	66.7
山　西	24	14	16	10	12	1	8.3	66.7
内蒙古	4	——	1	——	1	1	100.0	25.0
辽　宁	28	21	7	——	20	8	40.0	25.0
吉　林	——	——	——	——	——	——	——	——
黑龙江	10	9	5	4	5	1	20.0	50.0
上　海	298	189	99	61	115	34	29.6	33.2
江　苏	158	114	52	26	137	20	14.6	32.9
浙　江	270	191	78	58	190	46	24.2	28.9
安　徽	188	115	42	23	160	3	1.9	22.3
福　建	231	160	46	33	181	63	34.8	19.9
江　西	11	8	4	2	5	——	——	36.4
山　东	145	126	44	33	111	12	10.8	30.3
河　南	344	328	18	14	331	309	93.4	5.2
湖　北	88	54	26	19	51	9	17.6	29.5
湖　南	46	22	39	20	28	6	21.4	84.8
广　东	190	143	25	14	147	19	12.9	13.2
广　西	28	14	9	4	15	1	6.7	32.1
海　南	10	4	——	——	——	——	——	——
重　庆	7	6	2	2	7	1	14.3	28.6
四　川	85	43	32	24	40	18	45.0	37.6
贵　州	137	33	14	14	77	5	6.5	10.2
云　南	24	18	7	6	18	1	5.6	29.2
西　藏	4	4	——	——	3	——	——	——
陕　西	10	8	8	5	7	3	42.9	80.0
甘　肃	12	5	8	4	12	——	——	66.7
青　海	8	6	——	——	6	6	100.0	——
宁　夏	40	29	17	14	26	4	15.4	42.5
新　疆	7	5	4	4	5	——	——	57.1

各地区联营经济房屋建筑面积和工程质量

地　区	房屋建筑施工面积（万平方米）	本年新开工面积	投标承包面积	本年新开工	房屋建筑竣工面积（万平方米）	优良品面积	房屋建筑面积优良品率（%）	投标承包面积占房屋建筑施工面积的比重（%）
全国总计	**297.5**	**154.5**	**158.6**	**85.6**	**156.0**	**49.7**	**31.9**	**53.3**
北　京	2.4	1.2	1.2	1.2	1.2	1.2	98.2	50.5
天　津	6.7	5.4	——	——	1.2	1.0	80.6	——
河　北	1.0	1.0	——	——	1.0	0.3	30.0	——
山　西	8.2	4.6	6.3	4.4	4.2	0.7	16.3	77.7
内蒙古	——	——	——	——	——	——	——	——
辽　宁	6.3	0.8	——	——	4.3	——	——	——
吉　林	——	——	——	——	——	——	——	——
黑龙江	0.4	0.3	0.4	0.3	0.1	0.1	57.1	100.0
上　海	74.1	33.4	42.8	16.4	31.1	8.8	28.4	57.7
江　苏	12.1	6.3	9.8	4.8	9.0	2.9	32.7	81.6
浙　江	31.2	15.8	13.1	7.6	15.6	5.9	37.5	41.9
安　徽	19.1	9.3	6.6	1.5	14.3	0.2	1.7	34.5
福　建	25.4	10.7	18.3	8.2	10.6	2.4	22.8	72.0
江　西	1.9	1.4	0.4	0.4	0.9	——	——	21.0
山　东	8.5	4.0	7.9	4.0	6.6	0.4	5.9	92.8
河　南	7.9	4.8	4.1	1.8	6.5	4.2	64.5	51.3
湖　北	16.0	10.0	6.3	5.0	6.0	2.5	42.2	39.7
湖　南	8.0	3.8	7.7	3.5	5.1	2.0	39.8	97.0
广　东	16.4	8.3	6.9	6.2	7.9	8.6	108.7	42.2
广　西	7.3	4.1	4.4	2.3	3.7	0.3	8.6	60.9
海　南	——	——	——	——	——	——	——	——
重　庆	1.6	0.6	0.4	0.4	1.6	0.2	12.5	22.8
四　川	19.4	11.9	9.1	6.7	10.4	5.0	48.0	47.0
贵　州	7.0	4.2	0.7	0.7	6.3	1.6	24.9	9.6
云　南	0.7	0.7	0.3	0.2	0.7	0.1	10.0	44.6
西　藏	0.2	0.2	——	——	0.2	——	——	——
陕　西	3.4	3.2	3.2	2.8	1.0	0.3	26.6	94.7
甘　肃	2.5	1.2	1.8	1.0	2.5	——	——	72.0
青　海	——	——	——	——	——	——	——	——
宁　夏	8.1	6.3	6.0	5.5	2.8	1.1	37.6	74.0
新　疆	1.7	1.0	0.7	0.7	1.2	——	——	42.4

各地区联营经济按主要用途分的房屋建筑竣工面积

单位:万平方米

地区	合计	厂房	住宅	办公用房	商业、居民服务业用房	文化教育用房	医疗用房	科研用房	其他用房
全国总计	**156.0**	**18.8**	**81.3**	**17.2**	**18.0**	**10.2**	**1.6**	**0.5**	**8.4**
北京	1.2	--	0.6	0.6	--	--	--	--	--
天津	1.2	--	0.9	--	0.1	0.2	--	--	--
河北	1.0	--	0.3	--	--	0.4	--	--	0.3
山西	4.2	0.1	4.0	0.1	--	--	--	--	--
内蒙古	--	--	--	--	--	--	--	--	--
辽宁	4.3	2.6	1.7	--	--	--	--	--	--
吉林	--	--	--	--	--	--	--	--	--
黑龙江	0.1	--	0.1	--	--	--	--	--	--
上海	31.1	7.2	19.0	1.2	2.9	0.2	--	0.3	0.2
江苏	9.0	0.2	3.7	1.0	2.5	0.2	--	--	1.4
浙江	15.6	0.7	7.2	1.0	2.0	3.0	0.2	--	1.6
安徽	14.3	3.0	3.5	3.3	2.6	1.0	0.3	0.1	0.5
福建	10.6	1.7	7.5	0.4	--	0.4	--	--	0.4
江西	0.9	--	0.7	0.1	0.1	--	--	--	--
山东	6.6	0.6	1.6	2.0	0.2	--	--	--	2.2
河南	6.5	1.8	3.7	0.7	0.2	0.2	--	--	--
湖北	6.0	--	3.1	0.8	0.5	1.0	--	--	0.6
湖南	5.1	--	1.7	1.7	--	1.0	0.8	--	--
广东	7.9	--	1.1	0.2	6.0	0.3	--	--	0.3
广西	3.7	0.4	2.9	0.3	--	--	--	--	--
海南	--	--	--	--	--	--	--	--	--
重庆	1.6	--	1.3	--	--	--	--	--	0.3
四川	10.4	0.1	8.5	1.3	0.2	0.2	--	--	0.1
贵州	6.3	0.4	3.3	0.8	0.2	1.3	--	--	0.3
云南	0.7	--	0.2	0.2	0.1	0.2	--	--	--
西藏	0.2	--	--	--	--	0.1	0.1	--	--
陕西	1.0	--	0.8	--	--	0.2	--	--	--
甘肃	2.5	--	1.3	0.5	0.3	0.2	0.2	--	--
青海	--	--	--	--	--	--	--	--	--
宁夏	2.8	--	1.8	0.7	0.1	--	--	--	0.2
新疆	1.2	--	0.8	0.4	--	--	--	--	0.1

各地区联营经济各种用途的房屋建筑竣工面积占全部的比重

单位：%

地　区	厂房	住宅	办公用房	商业、居民服务业用　房	文化教育用房	医疗用房	科研用房	其他用房
全国总计	**12.1**	**52.1**	**11.0**	**11.5**	**6.5**	**1.0**	**0.3**	**5.4**
北　京	－－	50.0	50.0	－－	－－	－－	－－	－－
天　津	－－	75.0	－－	8.3	16.7	－－	－－	－－
河　北	－－	30.0	－－	－－	40.0	－－	－－	30.0
山　西	2.4	95.2	2.4	－－	－－	－－	－－	－－
内 蒙 古	－－	－－	－－	－－	－－	－－	－－	－－
辽　宁	60.5	39.5	－－	－－	－－	－－	－－	－－
吉　林	－－	－－	－－	－－	－－	－－	－－	－－
黑 龙 江	－－	100.0	－－	－－	－－	－－	－－	－－
上　海	23.2	61.1	3.9	9.3	0.6	－－	1.0	0.6
江　苏	2.2	41.1	11.1	27.8	2.2	－－	－－	15.6
浙　江	4.5	46.2	6.4	12.8	19.2	1.3	－－	10.3
安　徽	21.0	24.5	23.1	18.2	7.0	2.1	0.7	3.5
福　建	16.0	70.8	3.8	－－	3.8	－－	－－	3.8
江　西	－－	77.8	11.1	11.1	－－	－－	－－	－－
山　东	9.1	24.2	30.3	3.0	－－	－－	－－	33.3
河　南	27.7	56.9	10.8	3.1	3.1	－－	－－	－－
湖　北	－－	51.7	13.3	8.3	16.7	－－	－－	10.0
湖　南	－－	33.3	33.3	－－	19.6	15.7	－－	－－
广　东	－－	13.9	2.5	75.9	3.8	－－	－－	3.8
广　西	10.8	78.4	8.1	－－	－－	－－	－－	－－
海　南	－－	－－	－－	－－	－－	－－	－－	－－
重　庆	－－	81.3	－－	－－	－－	－－	－－	18.8
四　川	1.0	81.7	12.5	1.9	1.9	－－	－－	1.0
贵　州	6.3	52.4	12.7	3.2	20.6	－－	－－	4.8
云　南	－－	28.6	28.6	14.3	28.6	－－	－－	－－
西　藏	－－	－－	－－	－－	50.0	50.0	－－	－－
陕　西	－－	80.0	－－	－－	20.0	－－	－－	－－
甘　肃	－－	52.0	20.0	12.0	8.0	8.0	－－	－－
青　海	－－	－－	－－	－－	－－	－－	－－	－－
宁　夏	－－	64.3	25.0	3.6	－－	－－	－－	7.1
新　疆	－－	66.7	33.3	－－	－－	－－	－－	8.3

各地区联营经济机械设备装备情况

地　区	自有机械设备年末总台数(台)	自有机械设备年末总功率(万千瓦)	施工机械功率	自有机械设备净值(万元)	技术装备率(元/人)	动力装备率(千瓦/人)
全国总计	**23844**	**21.4**	**17.3**	**33238**	**5855**	**3.8**
北　京	60	－－	－－	30	592	0.6
天　津	121	0.1	0.1	174	980	0.7
河　北	63	－－	－－	12	874	2.5
山　西	558	0.2	0.2	447	3423	1.6
内蒙古	291	1.1	1.1	480	10480	24.7
辽　宁	312	0.4	0.3	350	4462	4.9
吉　林	－－	－－	－－	－－	－－	－－
黑龙江	358	0.5	0.1	1154	13080	5.2
上　海	2531	2.8	2.0	5076	6892	3.8
江　苏	2344	1.8	1.5	2140	4208	3.5
浙　江	2444	2.6	2.4	4388	7228	4.3
安　徽	973	1.5	1.4	1167	3560	4.5
福　建	1070	3.1	3.0	4226	6925	5.1
江　西	96	0.1	0.1	12	399	2.1
山　东	195	0.2	0.1	350	1664	0.9
河　南	611	0.5	0.4	720	2734	2.0
湖　北	4688	0.7	0.2	939	3488	2.7
湖　南	190	0.2	0.1	322	4599	2.2
广　东	1557	0.8	0.7	3141	11898	2.8
广　西	682	0.3	0.3	379	4645	3.2
海　南	－－	－－	－－	－－	－－	－－
重　庆	1107	0.6	0.4	2815	20741	4.4
四　川	1101	1.7	1.5	1318	3299	4.2
贵　州	626	0.4	0.2	597	4214	2.6
云　南	71	0.1	0.1	124	4010	2.4
西　藏	8	－－	－－	40	5000	2.9
陕　西	433	0.1	－－	144	2157	0.8
甘　肃	680	0.5	0.3	1013	8965	4.2
青　海	12	0.3	－－	－－	－－	160.0
宁　夏	517	0.8	0.7	1631	9779	4.7
新　疆	145	0.2	0.1	48	1140	5.4

各行业联营经济建筑业增加值及其构成(一)

单位:万元

地区	建筑业增加值合计	本年提取固定资产折旧	应付工资总额	应付福利费总额
全国总计	**62345**	**3777**	**29160**	**2765**
北京	472	27	269	55
天津	439	22	114	15
河北	230	1	97	--
山西	1158	46	694	54
内蒙古	836	73	432	74
辽宁	912	20	335	37
吉林	--	--	--	--
黑龙江	598	18	415	35
上海	11645	425	6623	624
江苏	4396	192	2327	179
浙江	7420	544	3769	355
安徽	3350	132	1709	202
福建	6139	528	3115	170
江西	123	14	113	6
山东	709	42	265	35
河南	1367	75	328	61
湖北	1348	39	645	64
湖南	910	51	275	27
广东	8751	346	2174	105
广西	619	16	336	6
海南	213	1	106	11
重庆	2584	319	955	163
四川	3916	418	1725	207
贵州	1175	20	696	201
云南	294	9	168	2
西藏	36	1	7	--
陕西	483	19	323	8
甘肃	541	30	339	--
青海	16	--	7	--
宁夏	1260	335	721	70
新疆	408	14	76	--

各地区联营经济建筑业增加值及其构成(二)

单位:万元

地　区	工程结算税金及附加	工程结算利润	管理费用中的税金	管理费用中的劳动、待业保险费	转作奖金的利润
全国总计	**7926**	**19842**	**405**	**475**	**210**
北　京	11	119	2	——	——
天　津	87	204	1	——	——
河　北	15	117	——	——	——
山　西	109	289	8	——	2
内蒙古	54	216	——	——	——
辽　宁	160	379	——	5	——
吉　林	——	——	——	——	——
黑龙江	68	190	2	——	——
上　海	1361	2552	85	7	16
江　苏	531	1146	20	43	40
浙　江	1265	1668	21	29	——
安　徽	274	1037	46	——	48
福　建	791	2076	25	15	10
江　西	17	40	——	2	——
山　东	71	291	14	19	——
河　南	212	678	11	23	3
湖　北	183	521	6	12	10
湖　南	173	392	18	2	5
广　东	1117	5310	26	49	43
广　西	127	141	8	1	——
海　南	23	73	——	——	——
重　庆	223	656	25	252	——
四　川	700	957	48	12	21
贵　州	86	170	3	——	——
云　南	36	90	——	——	12
西　藏	12	23	——	——	——
陕　西	55	64	15	2	——
甘　肃	51	121	——	——	——
青　海	1	8	——	——	——
宁　夏	63	68	1	1	——
新　疆	49	247	22	——	——

各地区联营经济建筑业劳动生产率

地　区	建筑业企业个数（个）	计算劳动生产率的平均人数（万人）	按总产值计算的劳动生产率（元/人）	按增加值计算的劳动生产率（元/人）	人均竣工产值（元/人）	人均施工面积（平米/人）	人均竣工面积（平米/人）
全国总计	**231**	**5.68**	**42671**	**10981**	**29423**	**52.4**	**27.5**
北　京	3	0.05	33795	9306	12769	47.8	24.1
天　津	6	0.18	11085	2467	2542	37.4	7.0
河　北	2	0.01	36104	17059	36104	74.1	74.1
山　西	3	0.13	28976	8877	14230	62.5	32.2
内蒙古	1	0.05	40463	18247	33528	——	——
辽　宁	5	0.08	69648	11614	60429	80.5	55.0
吉　林	——	——	——	——	——	——	——
黑龙江	3	0.09	27669	6779	14200	4.8	1.6
上　海	29	0.74	71547	15811	50270	100.6	42.2
江　苏	16	0.51	37905	8648	25166	23.7	17.7
浙　江	35	0.61	43246	12222	35590	51.4	25.7
安　徽	9	0.33	37763	10217	29869	58.2	43.6
福　建	31	0.61	50084	10059	23103	41.6	17.3
江　西	4	0.03	18474	3997	37724	62.8	28.3
山　东	7	0.21	19399	3372	14697	40.4	31.5
河　南	10	0.26	16820	5194	13262	30.2	24.7
湖　北	6	0.27	23067	5005	13978	59.4	22.1
湖　南	4	0.07	52927	12987	39037	113.5	73.2
广　东	16	0.26	107406	33146	85509	62.1	30.0
广　西	6	0.08	32779	7593	24142	89.4	45.5
海　南	2	0.01	58000	33250	31250	——	——
重　庆	4	0.14	51939	19041	38378	12.1	12.1
四　川	9	0.40	30513	9802	17920	48.4	25.9
贵　州	5	0.14	23971	8285	20956	49.3	44.2
云　南	3	0.03	22574	9471	20477	23.9	22.6
西　藏	2	0.01	30438	4475	30438	19.9	19.9
陕　西	4	0.07	21365	7226	8976	51.2	14.4
甘　肃	1	0.11	13973	4788	13973	22.5	22.5
青　海	1	——	15350	7950	15350	——	——
宁　夏	3	0.17	29054	7552	12917	48.7	17.1
新　疆	1	0.04	36079	9707	28195	41.2	29.0

各地区联营经济资本金及资产构成(一)

单位:万元

地区	资本金合计	资产总计	流动资产合计	存货	在建工程	长期投资
全国总计	**97277**	**281273**	**204897**	**84375**	**63036**	**6257**
北京	929	995	513	315	110	——
天津	1995	3875	2618	994	832	90
河北	130	200	97	——	——	——
山西	2411	6876	5453	4446	4221	——
内蒙古	704	4193	3704	2452	2049	——
辽宁	2014	8652	7618	2608	1894	30
吉林	——	——	——	——	——	——
黑龙江	338	2454	1063	50	——	——
上海	24344	66618	50489	18453	18175	312
江苏	5369	16132	12646	6057	4693	107
浙江	8123	22248	14775	5048	2393	54
安徽	3769	8852	6044	415	111	62
福建	10321	56124	45074	17938	15414	3765
江西	327	680	358	200	173	——
山东	2491	7291	6453	539	421	——
河南	1187	2208	1271	376	257	14
湖北	3095	4087	2748	661	46	63
湖南	1320	1609	551	439	307	109
广东	8435	29274	19628	7673	2092	1428
广西	1400	2392	1424	920	789	——
海南	80	407	396	380	371	——
重庆	3342	6798	2831	1263	——	4
四川	6129	13434	10936	6578	5227	——
贵州	1865	6404	4058	3382	2374	14
云南	374	431	285	47	16	——
西藏	50	124	84	12	——	——
陕西	847	908	138	37	7	200
甘肃	1720	2165	681	385	150	——
青海	58	76	44	3	——	——
宁夏	3318	4718	2294	2083	464	4
新疆	791	1048	622	622	452	——

各地区联营经济资本金及资产构成(二)

单位:万元

地　区	固定资产合计	固定资产原价合　计	生　产经营用	固定资产折旧	本年折旧	无形及递延资产合计	其中:无形资产
全国总计	**59883**	**77157**	**61574**	**17525**	**3777**	**6527**	**2294**
北　京	482	501	410	119	27	——	——
天　津	1041	1136	357	95	22	116	115
河　北	91	134	134	43	1	——	——
山　西	1422	1548	1297	125	46	1	——
内蒙古	484	767	593	283	73	——	——
辽　宁	939	1050	914	110	20	51	33
吉　林	——	——	——	——	——	——	——
黑龙江	1391	1448	1104	57	18	——	——
上　海	10822	12751	10729	1929	425	4545	1341
江　苏	3215	4912	4337	1698	192	120	116
浙　江	7157	9478	7422	2343	544	51	17
安　徽	1664	2227	1770	563	132	66	52
福　建	6503	8660	7478	2157	528	339	213
江　西	279	316	260	37	14	——	——
山　东	837	980	700	143	42	——	——
河　南	851	1075	995	224	75	15	——
湖　北	1190	1354	525	167	39	5	——
湖　南	918	939	588	119	51	8	——
广　东	7356	8502	4598	1147	346	726	21
广　西	554	584	465	44	16	395	360
海　南	11	13	13	2	1	——	——
重　庆	3963	6954	6842	2991	319	——	——
四　川	2339	3816	2941	1477	418	77	26
贵　州	1965	2114	1903	149	20	——	——
云　南	146	185	134	40	9	——	——
西　藏	36	40	34	4	1	——	——
陕　西	370	406	334	50	19	——	——
甘　肃	1013	1298	964	285	30	12	——
青　海	32	32	32	——	——	——	——
宁　夏	2420	3501	3272	1081	335	——	——
新　疆	394	436	430	41	14	——	——

各地区联营经济负债及所有者权益

单位:万元

地区	负债合计	流动负债合计	长期负债合计	所有者权益合计	股本
全国总计	**179098**	**172042**	**6907**	**102175**	**9838**
北京	150	150	--	844	--
天津	1583	1583	--	2292	--
河北	91	81	10	109	--
山西	4287	4087	200	2589	809
内蒙古	3892	3892	--	301	--
辽宁	6161	6156	6	2490	--
吉林	--	--	--	--	--
黑龙江	668	668	--	1786	--
上海	46353	45173	1179	20265	583
江苏	10261	10118	144	5870	1953
浙江	13404	13189	215	8844	310
安徽	5188	3734	1453	3665	3
福建	43338	43108	230	12787	1899
江西	350	349	2	330	105
山东	6311	6309	2	980	--
河南	530	464	15	1678	1186
湖北	3112	2642	373	975	--
湖南	1213	854	359	396	--
广东	16092	14743	1349	13182	2785
广西	1035	1025	10	1357	--
海南	--	--	--	407	--
重庆	3370	2470	900	3428	--
四川	6998	6744	254	6436	--
贵州	2198	2183	14	4206	--
云南	238	218	20	193	--
西藏	55	28	27	69	--
陕西	176	149	27	731	205
甘肃	395	385	10	1770	--
青海	22	22	--	54	--
宁夏	1372	1334	38	3346	--
新疆	256	185	71	792	--

各地区联营经济工程结算收入及工程结算利润

单位:万元

地区	工程结算收入	工程结算成本	工程结算税金及附加	工程结算利润	管理费用	税金	财产保险费	劳动、待业保险费
全国总计	**210622**	**182854**	**7926**	**19842**	**12448**	**405**	**151**	**475**
北京	1629	1499	11	119	80	2	--	--
天津	2346	2055	87	204	183	1	3	--
河北	494	361	15	117	29	--	--	--
山西	3268	2870	109	289	321	8	7	--
内蒙古	1536	1265	54	216	215	--	--	--
辽宁	5094	4555	160	379	365	--	--	5
吉林	--	--	--	--	--	--	--	--
黑龙江	2381	2123	68	190	116	2	--	--
上海	47761	43848	1361	2552	1696	85	2	7
江苏	15341	13663	531	1146	713	20	9	43
浙江	22613	19680	1265	1668	1478	21	14	29
安徽	7752	6442	274	1037	694	46	--	--
福建	23468	20600	791	2076	1537	25	12	15
江西	452	395	17	40	52	--	--	2
山东	1755	1393	71	291	401	14	3	19
河南	4460	3569	212	678	125	11	28	23
湖北	5962	5259	183	521	342	6	--	12
湖南	3312	2747	173	392	142	18	13	2
广东	31733	25306	1117	5310	2325	26	34	49
广西	2523	2255	127	141	158	8	--	1
海南	496	400	23	73	52	--	--	--
重庆	6279	5400	223	656	518	25	19	252
四川	11162	9505	700	957	488	48	5	12
贵州	2183	1927	86	170	123	3	--	--
云南	804	677	36	90	25	--	--	--
西藏	217	183	12	23	10	--	--	--
陕西	558	440	55	64	23	15	--	2
甘肃	1579	1407	51	121	30	--	--	--
青海	31	22	1	8	8	--	--	--
宁夏	1917	1786	63	68	146	1	--	1
新疆	1515	1219	49	247	54	22	--	--

各地区联营经济利税及利润总额

单位：万元

地区	利税总额	利润总额	应交所得税	转作奖金的利润	应付利润	已分配股利
全国总计	**15448**	**7117**	**1368**	**210**	**1575**	**87**
北　京	56	43	——	——	——	——
天　津	105	17	10	——	3	——
河　北	103	88	24	——	6	——
山　西	160	43	1	2	——	——
内蒙古	65	11	3	——	——	——
辽　宁	167	7	10	——	——	——
吉　林	——	——	——	——	——	——
黑龙江	98	28	2	——	——	——
上　海	2318	872	267	16	232	73
江　苏	882	331	95	40	49	1
浙　江	1859	573	116	——	112	——
安　徽	511	191	102	48	130	——
福　建	1355	539	125	10	341	——
江　西	5	-12	2	——	6	6
山　东	110	25	7	——	——	——
河　南	772	549	74	3	133	——
湖　北	181	-8	4	10	4	——
湖　南	424	233	13	5	28	——
广　东	3868	2725	321	43	400	2
广　西	183	48	5	——	1	——
海　南	40	17	——	——	——	——
重　庆	402	154	50	——	83	——
四　川	1060	312	58	21	39	——
贵　州	142	53	——	——	1	——
云　南	84	48	8	12	——	——
西　藏	30	18	——	——	——	——
陕　西	96	26	7	——	7	4
甘　肃	137	86	15	——	——	——
青　海	1	——	——	——	——	——
宁　夏	-8	-72	——	——	——	——
新　疆	244	173	50	——	——	——

各地区联营经济利润率及利税率

地区	产值利润率(%)	产值利税率(%)	资本金利润率(%)	资本金利税率(%)	人均利润(元/人)	人均利税(元/人)	资产负债率(%)
全国总计	**2.9**	**6.4**	**7.3**	**15.9**	**1254**	**2721**	**63.7**
北京	2.5	3.3	4.6	6.0	850	1103	15.1
天津	0.9	5.3	0.9	5.2	96	586	40.8
河北	18.0	21.2	67.6	79.3	6511	7637	45.3
山西	1.1	4.2	1.8	6.6	326	1224	62.3
内蒙古	0.6	3.5	1.6	9.3	245	1428	92.8
辽宁	0.1	3.1	0.4	8.3	94	2136	71.2
吉林	--	--	--	--	--	--	--
黑龙江	1.1	4.0	8.2	29.0	313	1111	27.2
上海	1.7	4.4	3.6	9.5	1184	3147	69.6
江苏	1.7	4.6	6.2	16.4	651	1736	63.6
浙江	2.2	7.1	7.0	22.9	943	3061	60.2
安徽	1.5	4.1	5.1	13.5	583	1557	58.6
福建	1.8	4.4	5.2	13.1	884	2220	77.2
江西	-2.1	0.9	-3.6	1.7	-383	175	51.5
山东	0.6	2.7	1.0	4.4	117	522	86.6
河南	12.4	17.4	46.3	65.1	2087	2934	24.0
湖北	-0.1	2.9	-0.3	5.8	-32	669	76.1
湖南	6.3	11.4	17.6	32.1	3318	6050	75.4
广东	9.6	13.6	32.3	45.9	10323	14650	55.0
广西	1.8	6.9	3.5	13.1	594	2249	43.3
海南	4.6	10.7	21.3	49.8	2656	6219	--
重庆	2.2	5.7	4.6	12.0	1132	2959	49.6
四川	2.6	8.7	5.1	17.3	782	2655	52.1
贵州	1.5	4.2	2.8	7.6	370	997	34.3
云南	6.8	12.0	12.7	22.4	1532	2700	55.2
西藏	7.3	12.2	35.4	59.4	2212	3712	44.2
陕西	1.8	6.7	3.1	11.3	395	1431	19.4
甘肃	5.4	8.7	5.0	8.0	761	1212	18.2
青海	0.7	3.9	0.3	2.1	100	600	28.7
宁夏	-1.5	-0.2	-2.2	-0.2	-434	-47	29.1
新疆	11.4	16.1	21.9	30.9	4121	5814	24.4

各地区联营经济建筑业企业亏损情况

地　区	建筑业企业个数(个)	亏损企业个数(个)	亏损金额(万元)	亏损面(%)
全国总计	**231**	**51**	**874**	**22.1**
北　京	3	1	17	33.3
天　津	6	1	2	16.7
河　北	2	——	——	——
山　西	3	——	——	——
内蒙古	1	——	——	——
辽　宁	5	2	21	40.0
吉　林	——	——	——	——
黑龙江	3	——	——	——
上　海	29	5	58	17.2
江　苏	16	——	——	——
浙　江	35	7	80	20.0
安　徽	9	1	226	11.1
福　建	31	9	115	29.0
江　西	4	2	23	50.0
山　东	7	3	40	42.9
河　南	10	2	22	20.0
湖　北	6	2	38	33.3
湖　南	4	1	6	25.0
广　东	16	3	35	18.8
广　西	6	5	60	83.3
海　南	2	——	——	——
重　庆	4	——	——	——
四　川	9	2	10	22.2
贵　州	5	3	52	60.0
云　南	3	——	——	——
西　藏	2	——	——	——
陕　西	4	——	——	——
甘　肃	1	——	——	——
青　海	1	——	——	——
宁　夏	3	2	73	66.7
新　疆	1	——	——	——

各地区股份制经济建筑业总产值和竣工产值

单位:万元

地区	建筑业总产值	建筑工程产值	安装工程产值	房屋构筑物修理产值	非标准设备制造产值	竣工产值
全国总计	**4391667**	**3822184**	**476495**	**47603**	**45385**	**3019467**
北京	219972	207516	11435	1015	6	158618
天津	65074	52597	6166	607	5704	54186
河北	63721	61516	1579	495	130	53069
山西	12025	10635	1190	200	--	9356
内蒙古	63113	59015	3098	831	168	54430
辽宁	79505	47214	31109	744	437	60010
吉林	38999	36220	2091	688	--	29236
黑龙江	183239	165953	11552	2890	2844	138300
上海	413091	379232	26869	6707	283	238255
江苏	398221	367678	28839	1080	623	250410
浙江	1216693	1013131	165669	14592	23301	853028
安徽	104848	90074	13569	1048	157	55923
福建	152859	115765	30270	3272	3551	108582
江西	2501	1775	727	--	--	2279
山东	258254	211741	42079	2433	2001	180062
河南	79027	74269	4551	179	28	57215
湖北	188320	165146	22565	553	56	86740
湖南	8815	6784	1450	581	--	7593
广东	331125	300142	29831	1152	--	244516
广西	15017	13983	344	690	--	14835
海南	5890	4986	904	--	--	850
重庆	108325	96714	8738	2713	160	80609
四川	151249	139268	8101	1811	2069	97629
贵州	6174	5225	688	261	--	3440
云南	74321	62256	10977	1069	20	63590
西藏	61	55	6	--	--	--
陕西	12232	11631	395	197	9	12864
甘肃	89669	84613	3738	1188	130	62819
青海	5350	4643	421	286	--	3047
宁夏	23904	22503	1165	229	7	19727
新疆	20073	9904	6379	90	3700	18251

各地区股份制经济单位工程个数及工程质量

地　区	单位工程施工个数（个）	本年新开工个数	投标承包个数	本年新开工	单位工程竣工个数（个）	优良品	工程质量优良品率（%）	投标承包个数占单位工程施工个数的比重（%）
全国总计	**29254**	**18795**	**9645**	**5982**	**19030**	**4351**	**22.9**	**33.0**
北　京	2250	1172	502	141	1694	147	8.7	22.3
天　津	104	88	29	26	90	9	10.0	27.9
河　北	448	304	326	228	316	151	47.8	72.8
山　西	234	178	74	6	178	13	7.3	31.6
内 蒙 古	690	481	112	87	525	100	19.0	16.2
辽　宁	329	237	97	69	207	75	36.2	29.5
吉　林	322	283	82	69	284	88	31.0	25.5
黑 龙 江	816	606	329	247	548	166	30.3	40.3
上　海	1383	863	546	347	603	139	23.1	39.5
江　苏	2227	1672	686	466	1755	443	25.2	30.8
浙　江	9028	5961	2648	1624	6033	1078	17.9	29.3
安　徽	1275	708	253	178	635	110	17.3	19.8
福　建	1197	663	602	393	713	111	15.6	50.3
江　西	64	44	24	17	54	10	18.5	37.5
山　东	1702	1088	664	411	1145	308	26.9	39.0
河　南	982	524	442	241	485	149	30.7	45.0
湖　北	846	538	275	154	498	82	16.5	32.5
湖　南	68	45	13	10	61	11	18.0	19.1
广　东	1254	658	432	226	575	354	61.6	34.4
广　西	186	97	28	17	102	15	14.7	15.1
海　南	4	－－	2	－－	－－	－－	－－	50.0
重　庆	669	450	333	239	463	137	29.6	49.8
四　川	1083	644	372	275	603	239	39.6	34.3
贵　州	94	66	24	13	66	13	19.7	25.5
云　南	696	502	141	118	482	184	38.2	20.3
西　藏	1	1	1	1	－－	－－	－－	100.0
陕　西	186	132	139	83	119	32	26.9	74.7
甘　肃	469	246	292	148	267	73	27.3	62.3
青　海	151	117	51	41	109	53	48.6	33.8
宁　夏	271	221	66	52	226	36	15.9	24.4
新　疆	225	206	60	55	194	25	12.9	26.7

各地区股份制经济房屋建筑面积和工程质量

地区	房屋建筑施工面积（万平方米）	本年新开工面积	投标承包面积	本年新开工	房屋建筑竣工面积（万平方米）	优良品面积	房屋建筑面积优良品率（%）	投标承包面积占房屋建筑施工面积的比重（%）
全国总计	**6989.6**	**3103.6**	**4045.6**	**1940.8**	**2838.8**	**1175.2**	**41.4**	**57.9**
北京	233.1	105.5	218.5	96.8	61.6	26.5	43.0	93.7
天津	6.8	4.5	1.9	1.4	6.5	0.8	11.5	28.8
河北	119.5	83.4	93.1	70.6	78.2	48.1	61.5	77.9
山西	23.6	10.9	2.7	0.6	13.1	3.7	28.1	11.4
内蒙古	143.1	78.6	41.1	29.8	95.6	34.4	36.0	28.7
辽宁	71.3	35.2	25.4	12.5	43.4	14.5	33.4	35.6
吉林	67.3	44.7	29.2	24.2	38.4	22.6	58.9	43.4
黑龙江	294.6	170.9	199.1	118.2	158.4	72.6	45.8	67.6
上海	334.1	136.1	234.0	100.6	133.4	26.7	20.0	70.0
江苏	706.7	317.9	466.2	218.5	239.7	127.3	53.1	66.0
浙江	1683.5	809.0	1077.9	491.5	700.7	279.6	39.9	64.0
安徽	143.6	72.6	41.2	30.1	75.4	13.5	18.0	28.7
福建	258.5	134.7	142.2	66.9	141.4	17.9	12.7	55.0
江西	6.6	4.1	5.1	3.1	4.6	0.9	18.7	76.8
山东	396.8	179.1	238.2	129.1	170.6	101.3	59.4	60.0
河南	188.1	99.7	120.0	60.0	88.8	34.5	38.9	63.8
湖北	344.1	119.7	214.2	81.9	70.1	27.7	39.6	62.2
湖南	10.6	5.4	3.4	2.5	8.5	3.1	36.4	32.3
广东	812.3	184.6	350.9	93.2	193.3	109.1	56.4	43.2
广西	41.1	17.1	7.2	4.3	22.0	3.8	17.2	17.6
海南	0.7	0.2	——	——	0.7	——	——	——
重庆	176.8	91.2	112.4	72.9	117.0	56.1	48.0	63.6
四川	354.8	186.5	142.9	102.5	152.3	56.8	37.3	40.3
贵州	18.8	7.5	5.5	3.1	9.5	4.4	46.4	29.4
云南	106.5	67.9	24.7	23.7	76.5	40.4	52.8	23.2
西藏	0.3	0.3	0.3	0.3	0.3	——	——	100.0
陕西	32.2	20.2	26.4	16.8	19.2	7.8	40.6	82.0
甘肃	366.0	80.0	202.9	69.9	87.5	31.0	35.4	55.4
青海	8.9	5.0	4.4	2.6	3.4	0.3	9.8	49.2
宁夏	29.5	22.7	8.3	6.4	21.1	6.9	32.5	28.1
新疆	9.6	8.2	6.5	6.5	7.5	2.9	39.1	67.8

各地区股份制经济按主要用途分的房屋建筑竣工面积

单位:万平方米

地　区	合计	厂房	住宅	办公用房	商业、居民服务业用房	文化教育用房	医疗用房	科研用房	其他用房
全国总计	**2838.8**	**287.4**	**1544.2**	**352.8**	**298.5**	**148.7**	**32.1**	**8.5**	**166.5**
北　京	61.6	2.2	25.6	14.5	12.4	1.6	——	2.7	2.7
天　津	6.5	0.8	3.2	1.2	0.5	0.6	——	——	0.2
河　北	78.2	4.5	54.8	5.7	5.0	4.1	1.1	0.7	2.2
山　西	13.1	0.2	5.6	6.0	0.5	0.8	——	——	——
内蒙古	95.6	5.6	61.7	10.5	7.9	6.3	0.2	0.4	3.1
辽　宁	43.4	5.5	27.7	2.2	0.6	2.0	0.2	0.4	4.7
吉　林	38.4	1.7	28.9	2.6	1.4	3.0	0.2	——	0.6
黑龙江	158.4	5.9	101.2	26.1	10.2	5.5	1.2	0.3	8.0
上　海	133.4	14.8	74.3	19.5	12.3	4.6	2.2	0.4	5.3
江　苏	239.7	18.8	121.4	27.9	40.7	8.1	4.1	0.6	18.1
浙　江	700.7	116.7	301.3	85.4	102.7	40.6	4.7	0.8	48.6
安　徽	75.4	7.2	41.8	10.6	6.8	4.3	1.6	——	3.1
福　建	141.4	8.3	85.6	20.9	6.7	9.9	0.8	——	9.1
江　西	4.6	0.3	2.3	1.4	0.4	——	——	——	0.3
山　东	170.6	20.0	92.5	19.3	15.2	10.7	3.6	0.2	9.1
河　南	88.8	5.4	52.1	13.7	9.8	4.2	2.1	——	1.5
湖　北	70.1	3.6	37.2	9.8	8.6	5.3	1.1	——	4.5
湖　南	8.5	0.8	5.3	0.2	0.9	0.6	——	——	0.7
广　东	193.3	26.6	120.2	13.5	8.9	7.6	2.4	——	14.1
广　西	22.0	——	13.6	0.5	6.4	0.8	0.1	——	0.5
海　南	0.7	——	——	——	——	——	0.7	——	——
重　庆	117.0	16.1	66.2	12.1	11.3	3.8	2.1	0.1	5.3
四　川	152.3	13.0	91.6	18.1	11.9	9.9	2.2	——	5.6
贵　州	9.5	1.1	5.4	0.8	——	0.5	0.1	——	1.6
云　南	76.5	5.1	39.2	7.2	5.9	5.5	0.8	0.3	12.6
西　藏	0.3	——	——	——	0.3	——	——	——	——
陕　西	19.2	0.4	14.4	2.7	0.3	0.9	0.1	——	0.4
甘　肃	87.5	2.6	47.6	18.2	7.6	6.1	0.3	1.5	3.5
青　海	3.4	——	2.4	0.1	0.2	——	——	——	0.6
宁　夏	21.1	0.2	15.5	1.6	2.8	0.9	——	——	0.1
新　疆	7.5	0.1	5.6	0.4	0.5	0.4	0.1	——	0.5

各地区股份制经济各种用途的房屋建筑竣工面积占全部的比重

单位: %

地　区	厂房	住宅	办公用房	商业、居民服务业用　房	文化教育用房	医疗用房	科研用房	其他用房
全国总计	**10.1**	**54.4**	**12.4**	**10.5**	**5.2**	**1.1**	**0.3**	**5.9**
北　京	3.6	41.6	23.5	20.1	2.6	——	4.4	4.4
天　津	12.3	49.2	18.5	7.7	9.2	——	——	3.1
河　北	5.8	70.1	7.3	6.4	5.2	1.4	0.9	2.8
山　西	1.5	42.7	45.8	3.8	6.1	——	——	——
内蒙古	5.9	64.5	11.0	8.3	6.6	0.2	0.4	3.2
辽　宁	12.7	63.8	5.1	1.4	4.6	0.5	0.9	10.8
吉　林	4.4	75.3	6.8	3.6	7.8	0.5	——	1.6
黑龙江	3.7	63.9	16.5	6.4	3.5	0.8	0.2	5.1
上　海	11.1	55.7	14.6	9.2	3.4	1.6	0.3	4.0
江　苏	7.8	50.6	11.6	17.0	3.4	1.7	0.3	7.6
浙　江	16.7	43.0	12.2	14.7	5.8	0.7	0.1	6.9
安　徽	9.5	55.4	14.1	9.0	5.7	2.1	——	4.1
福　建	5.9	60.5	14.8	4.7	7.0	0.6	——	6.4
江　西	6.5	50.0	30.4	8.7	——	——	——	6.5
山　东	11.7	54.2	11.3	8.9	6.3	2.1	0.1	5.3
河　南	6.1	58.7	15.4	11.0	4.7	2.4	——	1.7
湖　北	5.1	53.1	14.0	12.3	7.6	1.6	——	6.4
湖　南	9.4	62.4	2.4	10.6	7.1	——	——	8.2
广　东	13.8	62.2	7.0	4.6	3.9	1.2	——	7.3
广　西	——	61.8	2.3	29.1	3.6	0.5	——	2.3
海　南	——	——	——	——	——	100.0	——	——
重　庆	13.8	56.6	10.3	9.7	3.2	1.8	0.1	4.5
四　川	8.5	60.1	11.9	7.8	6.5	1.4	——	3.7
贵　州	11.6	56.8	8.4	——	5.3	1.1	——	16.8
云　南	6.7	51.2	9.4	7.7	7.2	1.0	0.4	16.5
西　藏	——	——	——	100.0	——	——	——	——
陕　西	2.1	75.0	14.1	1.6	4.7	0.5	——	2.1
甘　肃	3.0	54.4	20.8	8.7	7.0	0.3	1.7	4.0
青　海	——	70.6	2.9	5.9	——	——	——	17.6
宁　夏	0.9	73.5	7.6	13.3	4.3	——	——	0.5
新　疆	1.3	74.7	5.3	6.7	5.3	1.3	——	6.7

各地区股份制经济机械设备装备情况

地区	自有机械设备年末总台数（台）	自有机械设备年末总功率（万千瓦）	施工机械功率	自有机械设备净值（万元）	技术装备率（元/人）	动力装备率（千瓦/人）
全国总计	**225651**	**313.6**	**239.5**	**429475**	**5134**	**3.7**
北京	4527	7.9	6.0	9632	3925	3.2
天津	1531	4.1	3.4	9068	17931	8.1
河北	6352	7.1	6.5	7585	3491	3.3
山西	1173	1.5	1.3	1628	3876	3.6
内蒙古	7859	10.8	8.2	10628	3811	3.9
辽宁	3165	6.5	4.2	8966	7210	5.2
吉林	2786	4.5	3.9	3619	2560	3.2
黑龙江	10470	16.1	11.4	20933	3709	2.9
上海	6245	11.7	8.1	21523	5866	3.2
江苏	13355	18.8	12.1	28826	5121	3.3
浙江	58791	59.9	53.3	124217	6872	3.3
安徽	7271	14.4	9.4	7490	1972	3.8
福建	13572	15.6	13.6	17504	4449	4.0
江西	272	0.5	0.2	378	2561	3.1
山东	15786	18.1	13.9	21863	3645	3.0
河南	5853	6.8	5.1	12704	4918	2.7
湖北	7368	10.6	5.0	18921	6344	3.6
湖南	843	1.1	0.9	2286	6860	3.2
广东	12793	21.7	16.2	37638	8863	5.1
广西	1416	1.4	1.0	2599	7457	3.9
海南	532	1.0	0.8	2919	34105	11.9
重庆	6858	11.1	8.5	11444	3529	3.4
四川	13660	17.7	15.1	16055	3319	3.7
贵州	687	0.6	0.4	1713	7076	2.4
云南	8830	29.8	21.2	11723	5438	13.8
西藏	12	0.1	--	41	3417	10.0
陕西	2928	1.9	1.8	2333	3029	2.5
甘肃	4929	7.1	4.3	8898	3694	3.0
青海	1184	0.5	0.5	611	1577	1.4
宁夏	3003	2.3	1.6	4132	5415	3.0
新疆	1600	2.3	1.6	1598	4429	6.3

各行业股份制经济建筑业增加值及其构成(一)

单位:万元

地区	建筑业增加值合计	本年提取固定资产折旧	应付工资总额	应付福利费总额
全国总计	**1189718**	**70695**	**606458**	**58466**
北京	67755	1829	30980	2099
天津	13898	1496	6103	959
河北	17819	788	8541	853
山西	3889	290	1914	245
内蒙古	20809	1367	13052	1787
辽宁	20548	1481	7507	693
吉林	13940	785	6390	785
黑龙江	51625	2372	27521	2317
上海	80285	4761	31249	3648
江苏	78271	4045	48493	3590
浙江	314252	15118	165241	13991
安徽	38344	1894	20845	2882
福建	46112	2622	26458	2526
江西	1233	52	4383	50
山东	77584	3898	40718	4004
河南	19881	1361	11535	820
湖北	61342	4528	27772	2256
湖南	2380	107	1318	196
广东	111003	12237	49101	7311
广西	3521	319	1402	116
海南	564	42	500	4
重庆	35845	2273	19849	2692
四川	44013	3285	23270	2010
贵州	1823	157	1221	239
云南	17616	1139	8935	631
西藏	——	——	——	——
陕西	5020	261	2401	189
甘肃	25685	1184	11864	1029
青海	1313	26	1056	44
宁夏	6573	342	3860	361
新疆	6777	632	2979	137

各地区股份制经济建筑业增加值及其构成(二)

单位:万元

地区	工程结算税金及附加	工程结算利润	管理费用中的税金	管理费用中的劳动、待业保险费	转作奖金的利润
全国总计	**122435**	**345270**	**6919**	**28669**	**5596**
北京	6169	27371	144	2005	1470
天津	556	4381	72	789	58
河北	1857	5832	63	181	4
山西	497	873	53	26	1
内蒙古	1927	4536	298	322	3
辽宁	2545	8104	168	340	23
吉林	1386	4403	92	594	——
黑龙江	6078	12677	249	766	3
上海	8026	29290	357	3858	89
江苏	8576	15368	291	318	97
浙江	30805	95117	1107	2927	1780
安徽	2960	6164	323	4170	50
福建	4929	11130	336	73	7
江西	187	723	4	——	——
山东	7082	27988	494	1793	1543
河南	2372	4401	34	342	31
湖北	8072	15739	278	5032	27
湖南	185	426	132	47	5
广东	11296	30239	1526	2966	41
广西	658	971	53	36	1
海南	——	——	17	1	——
重庆	4229	8105	108	318	128
四川	5177	12336	249	231	151
贵州	163	259	7	1	——
云南	2119	4769	158	57	24
西藏	——	——	——	——	——
陕西	437	1602	120	35	9
甘肃	2669	7557	82	1398	15
青海	169	427	27	——	——
宁夏	681	1627	24	11	——
新疆	622	2853	56	33	36

各地区股份制经济建筑业劳动生产率

地区	建筑业企业个数（个）	计算劳动生产率的平均人数（万人）	按总产值计算的劳动生产率（元/人）	按增加值计算的劳动生产率（元/人）	人均竣工产值（元/人）	人均施工面积（平米/人）	人均竣工面积（平米/人）
全国总计	**2245**	**83.66**	**52495**	**14221**	**36092**	**83.5**	**33.9**
北京	69	2.45	89631	27608	64631	95.0	25.1
天津	10	0.51	128681	27482	107150	13.4	12.9
河北	40	2.17	29331	8202	24428	55.0	36.0
山西	21	0.42	28638	9262	22281	56.3	31.2
内蒙古	95	2.79	22629	7461	19516	51.3	34.3
辽宁	47	1.24	63931	16523	48255	57.4	34.9
吉林	36	1.41	27585	9860	20679	47.6	27.2
黑龙江	181	5.64	32463	9146	24502	52.2	28.1
上海	74	3.67	112577	21880	64930	91.0	36.4
江苏	116	5.63	70738	13904	44482	125.5	42.6
浙江	635	18.08	67306	17384	47189	93.1	38.8
安徽	76	3.80	27600	10094	14721	37.8	19.8
福建	128	3.93	38848	11719	27595	65.7	35.9
江西	9	0.15	16934	8347	15431	44.7	31.1
山东	129	6.00	43052	12934	30017	66.2	28.4
河南	65	2.58	30591	7696	22148	72.8	34.4
湖北	58	2.98	63146	20569	29085	115.4	23.5
湖南	13	0.33	26448	7141	22782	31.7	25.4
广东	44	4.25	77974	26139	57579	191.3	45.5
广西	23	0.35	43091	10102	42567	117.9	63.0
海南	2	0.09	68808	6589	9930	8.6	8.6
重庆	73	3.24	33401	11052	24855	54.5	36.1
四川	92	4.84	31265	9098	20181	73.3	31.5
贵州	13	0.24	25501	7530	14211	77.5	39.4
云南	58	2.16	34477	8172	29499	49.4	35.5
西藏	1	0.01	5083	25	--	29.2	29.2
陕西	30	0.77	15884	6519	16704	41.9	24.9
甘肃	41	2.41	37227	10664	26080	152.0	36.3
青海	18	0.39	13818	3392	7868	23.0	8.9
宁夏	37	0.76	31321	8612	25847	38.6	27.6
新疆	11	0.36	55650	18787	50598	26.6	20.9

各地区股份制经济资本金及资产构成(一)

单位:万元

地区	资本金合计	资产总计	流动资产合计	存货	在建工程	长期投资
全国总计	**1192431**	**5381201**	**4026704**	**1439039**	**943556**	**158306**
北京	42872	211941	162411	52064	30826	9272
天津	14322	66121	47025	4570	2102	1165
河北	24503	61930	39614	10729	4445	553
山西	4253	22805	18983	6560	3177	158
内蒙古	31725	110461	72720	26037	18425	6795
辽宁	27900	102121	74519	14452	7739	617
吉林	12791	76323	60011	7451	3699	1641
黑龙江	82661	211490	144097	39061	13639	4053
上海	82337	441266	357227	91255	59235	25094
江苏	61989	372950	295375	84458	63569	11935
浙江	292962	1086334	822749	335063	247615	24973
安徽	32965	102502	64889	18917	10976	1448
福建	64695	267054	202425	122227	93023	2709
江西	2343	3650	1851	1089	270	——
山东	58831	309219	228984	62190	37978	6979
河南	19463	66537	41695	12781	9948	89
湖北	51383	329686	253594	66063	17834	9164
湖南	2183	7541	4305	921	460	125
广东	87580	941859	770073	353241	234237	38256
广西	10973	44852	38724	9816	6038	95
海南	2400	9803	9060	5400	5352	——
重庆	39503	80052	53858	26017	21256	895
四川	60378	167872	86448	31344	19860	3618
贵州	3421	13258	10898	2379	1222	45
云南	24102	78917	49629	23124	16780	5002
西藏	50	26	19	——	4	——
陕西	5838	14146	9255	2825	1666	92
甘肃	22408	108821	53687	14904	2986	1731
青海	2869	4885	2986	1655	904	37
宁夏	10901	32565	20701	10163	7627	1736
新疆	11831	34214	28889	2284	664	29

各地区股份制经济资本金及资产构成(二)

单位:万元

地区	固定资产合计	固定资产原价合计	生产经营用	固定资产折旧	本年折旧	无形及递延资产合计	其中:无形资产
全国总计	**947958**	**1250471**	**986013**	**318577**	**70695**	**98561**	**73440**
北京	23834	31080	20946	7338	1829	8872	8095
天津	15334	23672	22168	8338	1496	2553	2373
河北	19444	22064	15343	3483	788	172	2
山西	3265	4285	3126	1020	290	146	126
内蒙古	26050	33980	23594	8188	1367	2670	2524
辽宁	22492	31246	24263	8770	1481	844	736
吉林	11306	16369	13738	5063	785	2247	2224
黑龙江	59748	71161	58406	11413	2372	2505	1850
上海	43810	72989	54123	29179	4761	5783	2656
江苏	55177	73866	60013	18690	4045	5526	5067
浙江	212683	258460	217644	58082	15118	7760	4241
安徽	33558	47291	26116	13733	1894	1161	488
福建	45482	58806	48730	13324	2622	9166	8506
江西	1517	1874	1687	357	52	71	37
山东	52634	70570	54132	17936	3898	15085	14473
河南	18389	23126	16115	4737	1361	1339	68
湖北	61787	85851	71474	24429	4528	1702	994
湖南	3029	3299	2668	387	107	76	10
广东	97689	141284	105163	43596	12237	14853	5748
广西	5893	7196	5259	1325	319	49	——
海南	742	785	——	42	42	——	——
重庆	21460	29641	24864	9051	2273	860	617
四川	51936	65287	51546	13457	3285	10227	8292
贵州	2237	2612	2425	410	157	26	18
云南	18543	23114	19676	4657	1139	2598	2374
西藏	1	2	——	——	——	——	——
陕西	4099	5058	4061	1145	261	99	95
甘肃	20684	26901	23273	6437	1184	1105	884
青海	1600	1765	1592	165	26	13	2
宁夏	8325	10000	9468	1675	342	964	876
新疆	5207	6840	4401	2151	632	89	61

各地区股份制经济负债及所有者权益

单位:万元

地　区	负债合计	流动负债合计	长期负债合计	所有者权益合计	股　本
全国总计	**3865810**	**3649110**	**190811**	**1515390**	**658226**
北　京	160761	155903	4858	51180	25906
天　津	49787	44790	4995	16334	11752
河　北	36826	35576	1250	25104	18013
山　西	18046	17383	541	4759	1937
内蒙古	80073	71277	8785	30388	16684
辽　宁	68779	66832	1700	33343	21046
吉　林	58438	55737	2701	17885	6953
黑龙江	130037	125948	3920	81454	72333
上　海	302341	286306	5880	138925	31395
江　苏	297625	293005	4620	75326	37797
浙　江	719462	702804	16659	366871	126942
安　徽	78915	71498	7417	23587	7600
福　建	198333	193086	4472	68721	19007
江　西	1048	829	219	2602	55
山　东	225834	200777	17513	83385	29139
河　南	41323	39813	1485	25215	19456
湖　北	242968	209656	26483	86719	45841
湖　南	5185	4831	354	2356	930
广　东	772585	719123	53462	169274	66725
广　西	35137	34553	584	9715	9191
海　南	7403	6603	800	2400	2400
重　庆	45901	43623	2278	34151	18304
四　川	101796	91365	10432	66076	38933
贵　州	8518	8518	——	4740	2094
云　南	48336	44974	3361	30581	9196
西　藏	10	——	——	16	——
陕　西	9240	7959	1281	4906	2129
甘　肃	82568	81670	898	26253	9164
青　海	2458	2431	27	2427	394
宁　夏	21879	20893	987	10686	5164
新　疆	14200	11349	2851	20014	1746

各地区股份制经济工程结算收入及工程结算利润

单位:万元

地区	工程结算收入	工程结算成本	工程结算税金及附加	工程结算利润	管理费用	税金	财产保险费	劳动、待业保险费
全国总计	**3865181**	**3397477**	**122435**	**345270**	**240905**	**6919**	**1396**	**28669**
北京	196450	162910	6169	27371	20963	144	23	2005
天津	71207	66270	556	4381	3152	72	6	789
河北	60907	53218	1857	5832	3533	63	10	181
山西	12077	10706	497	873	800	53	21	26
内蒙古	58914	52451	1927	4536	4267	298	8	322
辽宁	76879	66230	2545	8104	5433	168	14	340
吉林	39396	33606	1386	4403	3538	92	241	594
黑龙江	162604	143848	6078	12677	9715	249	59	766
上海	423986	386670	8026	29290	25772	357	35	3858
江苏	254664	230721	8576	15368	11451	291	134	318
浙江	930351	804430	30805	95117	52580	1107	321	2927
安徽	100840	91715	2960	6164	9941	323	23	4170
福建	133977	117918	4929	11130	7885	336	7	73
江西	3112	2201	187	723	533	4	——	——
山东	232345	197275	7082	27988	12588	494	124	1793
河南	61863	55090	2372	4401	3763	34	5	342
湖北	249283	225471	8072	15739	16517	278	30	5032
湖南	6082	5470	185	426	737	132	1	47
广东	325283	283749	11296	30239	23000	1526	110	2966
广西	18501	16872	658	971	924	53	1	36
海南	——	——	——	——	130	17	——	1
重庆	87966	75632	4229	8105	4716	108	120	318
四川	144715	127203	5177	12336	6547	249	33	231
贵州	5788	5366	163	259	215	7	2	1
云南	65484	58596	2119	4769	3217	158	19	57
西藏	——	——	——	——	4	——	——	——
陕西	12905	10866	437	1602	806	120	12	35
甘肃	85233	75007	2669	7557	5048	82	5	1398
青海	5277	4680	169	427	369	27	2	——
宁夏	20218	17909	681	1627	1775	24	5	11
新疆	18874	15399	622	2853	983	56	25	33

各地区股份制经济利税及利润总额

单位:万元

地区	利税总额	利润总额	应交所得税	转作奖金的利润	应付利润	已分配股利
全国总计	**248573**	**119219**	**31803**	**5596**	**37146**	**11145**
北京	11399	5086	2065	1470	317	--
天津	1705	1077	296	58	404	317
河北	3707	1787	466	4	433	163
山西	821	271	70	1	26	1
内蒙古	2708	483	211	3	241	51
辽宁	5168	2455	717	23	508	449
吉林	3739	2261	511	--	938	429
黑龙江	7655	1328	649	3	1258	1000
上海	22940	14557	2220	89	8491	529
江苏	15697	6830	1630	97	1130	134
浙江	75273	43361	10551	1780	9259	4060
安徽	-1620	-4903	299	50	1059	28
福建	7247	1982	1172	7	572	44
江西	342	151	68	--	8	--
山东	19477	11901	2372	1543	1249	485
河南	2210	-196	302	31	322	2
湖北	11968	3618	951	27	2059	1883
湖南	494	177	59	5	76	76
广东	28842	16020	3690	41	6172	546
广西	701	-10	33	1	72	16
海南	-184	-201	--	--	--	--
重庆	6448	2111	743	128	979	592
四川	10132	4706	1332	151	871	287
贵州	195	25	32	--	42	12
云南	3605	1328	396	24	268	10
西藏	-4	-4	--	--	--	--
陕西	705	148	52	9	27	6
甘肃	3432	681	320	15	93	7
青海	260	64	11	--	1	--
宁夏	678	-27	209	--	261	17
新疆	2831	2153	376	36	11	--

各地区股份制经济利润率及利税率

地区	产值利润率(%)	产值利税率(%)	资本金利润率(%)	资本金利税率(%)	人均利润(元/人)	人均利税(元/人)	资产负债率(%)
全国总计	**2.7**	**5.7**	**10.0**	**20.8**	**1425**	**2971**	**71.8**
北京	2.3	5.2	11.9	26.6	2072	4645	75.9
天津	1.7	2.6	7.5	11.9	2129	3370	75.3
河北	2.8	5.8	7.3	15.1	822	1706	59.5
山西	2.3	6.8	6.4	19.3	646	1956	79.1
内蒙古	0.8	4.3	1.5	8.5	173	971	72.5
辽宁	3.1	6.5	8.8	18.5	1974	4155	67.4
吉林	5.8	9.6	17.7	29.2	1600	2645	76.6
黑龙江	0.7	4.2	1.6	9.3	235	1356	61.5
上海	3.5	5.6	17.7	27.9	3967	6252	68.5
江苏	1.7	3.9	11.0	25.3	1213	2788	79.8
浙江	3.6	6.2	14.8	25.7	2399	4164	66.2
安徽	−4.7	−1.5	−14.9	−4.9	−1291	−427	77.0
福建	1.3	4.7	3.1	11.2	504	1842	74.3
江西	6.0	13.7	6.4	14.6	1020	2313	28.7
山东	4.6	7.5	20.2	33.1	1984	3247	73.0
河南	−0.2	2.8	−1.0	11.4	−76	855	62.1
湖北	1.9	6.4	7.0	23.3	1213	4013	73.7
湖南	2.0	5.6	8.1	22.6	530	1481	68.8
广东	4.8	8.7	18.3	32.9	3772	6792	82.0
广西	−0.1	4.7	−0.1	6.4	−28	2013	78.3
海南	−3.4	−3.1	−8.4	−7.7	−2350	−2152	75.5
重庆	1.9	6.0	5.3	16.3	651	1988	57.3
四川	3.1	6.7	7.8	16.8	973	2094	60.6
贵州	0.4	3.2	0.7	5.7	103	805	64.2
云南	1.8	4.9	5.5	15.0	616	1673	61.2
西藏	−7.4	−7.4	−9.0	−9.0	−375	−375	39.7
陕西	1.2	5.8	2.5	12.1	192	915	65.3
甘肃	0.8	3.8	3.0	15.3	283	1425	75.9
青海	1.2	4.9	2.2	9.1	166	674	50.3
宁夏	−0.1	2.8	−0.2	6.2	−35	888	67.2
新疆	10.7	14.1	18.2	23.9	5970	7849	41.5

各地区股份制经济建筑业企业亏损情况

地　区	建筑业企业个数(个)	亏损企业个数(个)	亏损金额(万元)	亏损面(%)
全国总计	**2245**	**512**	**22463**	**22.8**
北　京	69	29	1217	42.0
天　津	10	1	5	10.0
河　北	40	5	57	12.5
山　西	21	1	15	4.8
内蒙古	95	20	400	21.1
辽　宁	47	14	1131	29.8
吉　林	36	14	330	38.9
黑龙江	181	41	2139	22.7
上　海	74	11	779	14.9
江　苏	116	31	704	26.7
浙　江	635	127	1834	20.0
安　徽	76	19	6335	25.0
福　建	128	26	322	20.3
江　西	9	1	1	11.1
山　东	129	22	861	17.1
河　南	65	25	2742	38.5
湖　北	58	10	318	17.2
湖　南	13	2	33	15.4
广　东	44	9	180	20.5
广　西	23	9	196	39.1
海　南	2	2	201	100.0
重　庆	73	15	857	20.5
四　川	92	16	465	17.4
贵　州	13	4	62	30.8
云　南	58	16	244	27.6
西　藏	1	1	4	100.0
陕　西	30	7	65	23.3
甘　肃	41	6	37	14.6
青　海	18	8	55	44.4
宁　夏	37	16	803	43.2
新　疆	11	4	69	36.4

四、外商投资、港澳台投资和其他经济建筑业企业

各地区外商投资经济建筑业总产值和竣工产值

单位:万元

地区	建筑业总产值	建筑工程产值	安装工程产值	房屋构筑物修理产值	非标准设备制造产值	竣工产值
全国总计	**704912**	**534595**	**132130**	**37377**	**810**	**447742**
北京	115232	79531	28150	7551	——	52889
天津	22379	20846	1273	104	156	5422
河北	2342	2079	263	——	——	1706
山西	7694	7687	6	——	——	7507
内蒙古	3270	2612	631	27	——	3238
辽宁	22703	16459	6104	125	15	11006
吉林	7799	978	6766	56	——	7024
黑龙江	1158	1158	——	——	——	704
上海	170088	136029	24218	9202	639	117172
江苏	95065	67986	9042	18038	——	69583
浙江	80148	70064	10084	——	——	63415
安徽	9723	9367	238	117	——	5811
福建	71515	69880	1453	182	——	53125
江西	390	352	38	——	——	549
山东	27533	14280	12827	425	——	12981
河南	10343	9443	900	——	——	7729
湖北	3519	2755	764	——	——	2772
湖南	239	80	21	138	——	253
广东	32141	7357	23517	1267	——	10959
广西	2913	2913	——	——	——	920
海南	2225	1329	896	——	——	2085
重庆	4453	3194	1259	——	——	909
四川	5181	1902	3133	146	——	5062
贵州	——	——	——	——	——	——
云南	2091	2091	——	——	——	1167
西藏	——	——	——	——	——	——
陕西	——	——	——	——	——	——
甘肃	2899	2899	——	——	——	1960
青海	138	——	138	——	——	138
宁夏	1729	1321	408	——	——	1654
新疆	——	——	——	——	——	——

各地区外商投资经济单位工程个数及工程质量

地区	单位工程施工个数（个）	本年新开工个数	投标承包个数	本年新开工	单位工程竣工个数（个）	优良品	工程质量优良品率（%）	投标承包个数占单位工程施工个数的比重（%）
全国总计	**4539**	**2937**	**862**	**563**	**2911**	**637**	**21.9**	**19.0**
北京	446	319	35	23	350	24	6.9	7.8
天津	193	123	5	1	158	93	58.9	2.6
河北	10	6	4	2	6	1	16.7	40.0
山西	34	18	3	3	30	10	33.3	8.8
内蒙古	35	21	16	12	13	3	23.1	45.7
辽宁	229	174	70	12	128	31	24.2	30.6
吉林	46	44	4	——	42	7	16.7	8.7
黑龙江	9	8	——	——	4	——	——	——
上海	1123	727	209	164	509	51	10.0	18.6
江苏	853	449	144	94	528	156	29.5	16.9
浙江	486	310	125	69	349	104	29.8	25.7
安徽	81	72	43	43	48	23	47.9	53.1
福建	234	170	66	50	188	48	25.5	28.2
江西	4	1	4	1	3	1	33.3	100.0
山东	295	187	37	29	208	12	5.8	12.5
河南	97	68	8	3	69	37	53.6	8.2
湖北	57	44	13	6	45	11	24.4	22.8
湖南	1	——	1	——	1	——	——	100.0
广东	107	52	48	26	60	14	23.3	44.9
广西	6	3	——	——	3	——	——	——
海南	50	20	——	——	46	——	——	——
重庆	13	8	2	2	9	2	22.2	15.4
四川	69	59	11	11	61	6	9.8	15.9
贵州	——	——	——	——	——	——	——	——
云南	15	12	2	——	9	1	11.1	13.3
西藏	——	——	——	——	——	——	——	——
陕西	——	——	——	——	——	——	——	——
甘肃	14	13	9	9	13	1	7.7	64.3
青海	3	3	——	——	3	——	——	——
宁夏	29	26	3	3	28	1	3.6	10.3
新疆	——	——	——	——	——	——	——	——

各地区外商投资经济房屋建筑面积和工程质量

地区	房屋建筑施工面积（万平方米）	本年新开工面积	投标承包面积	本年新开工	房屋建筑竣工面积（万平方米）	优良品面积	房屋建筑面积优良品率（%）	投标承包面积占房屋建筑施工面积的比重（%）
全国总计	**406.3**	**167.2**	**168.1**	**79.8**	**196.8**	**83.1**	**42.2**	**41.4**
北京	33.9	7.9	18.6	4.1	11.6	2.5	21.3	54.9
天津	2.9	1.2	1.2	1.2	1.8	——	——	39.7
河北	2.9	1.8	1.4	1.4	1.2	0.2	17.8	47.1
山西	0.1	0.1	——	——	0.1	0.1	83.3	——
内蒙古	7.0	3.9	3.6	2.1	3.7	0.8	22.3	52.5
辽宁	11.0	10.1	4.0	4.0	3.5	1.0	29.8	36.8
吉林	4.7	——	2.6	——	4.8	2.6	55.4	56.4
黑龙江	——	——	——	——	——	——	——	——
上海	65.9	27.2	24.0	13.8	26.6	7.9	29.8	36.5
江苏	84.1	31.4	23.3	14.9	37.5	24.4	65.2	27.7
浙江	105.9	37.6	46.9	17.6	59.9	22.7	37.9	44.3
安徽	7.5	5.5	5.4	4.6	3.9	1.7	43.9	72.8
福建	45.6	20.3	20.6	4.0	22.6	15.3	68.0	45.2
江西	1.1	0.3	1.1	0.3	0.8	0.3	38.3	100.0
山东	8.2	5.1	3.0	2.6	8.5	0.5	6.0	36.2
河南	3.9	1.0	0.7	0.2	0.9	0.9	97.2	17.9
湖北	3.3	1.7	0.9	0.3	1.8	——	——	28.7
湖南	0.2	——	0.2	——	0.2	——	——	100.0
广东	6.5	3.5	4.4	2.6	2.3	1.1	48.8	67.2
广西	——	——	——	——	——	——	——	——
海南	1.8	0.9	——	——	1.8	——	——	——
重庆	4.0	3.8	3.7	3.7	0.4	0.1	23.7	92.7
四川	3.0	0.8	0.8	0.8	1.6	0.8	48.2	26.3
贵州	——	——	——	——	——	——	——	——
云南	——	——	——	——	——	——	——	——
西藏	——	——	——	——	——	——	——	——
陕西	——	——	——	——	——	——	——	——
甘肃	1.6	1.6	1.6	1.6	——	——	——	100.0
青海	0.5	0.5	——	——	0.5	——	——	——
宁夏	0.9	0.9	——	——	0.9	——	——	——
新疆	——	——	——	——	——	——	——	——

各地区外商投资经济按主要用途分的房屋建筑竣工面积

单位:万平方米

地区	合计	厂房	住宅	办公用房	商业、居民服务业用房	文化教育用房	医疗用房	科研用房	其他用房
全国总计	**196.8**	**28.9**	**84.9**	**29.6**	**33.5**	**4.1**	**0.2**	**1.0**	**14.4**
北京	11.6	1.0	3.6	2.8	4.1	--	--	--	0.1
天津	1.8	0.7	0.8	0.3	--	--	--	--	--
河北	1.2	--	0.7	--	--	0.5	--	--	--
山西	0.1	--	--	0.1	--	--	--	--	--
内蒙古	3.7	--	2.7	--	0.9	0.1	--	--	--
辽宁	3.5	2.1	--	1.3	--	--	--	--	--
吉林	4.8	--	3.8	0.1	0.9	--	--	--	--
黑龙江	--	--	--	--	--	--	--	--	--
上海	26.6	2.9	13.7	6.1	3.2	0.5	0.1	--	0.3
江苏	37.5	10.4	6.2	10.4	3.0	--	--	--	7.5
浙江	59.9	8.1	38.6	3.8	1.1	2.7	--	0.6	5.0
安徽	3.9	1.1	1.4	0.4	0.3	0.3	0.2	0.2	0.1
福建	22.6	0.7	8.2	1.1	12.3	--	--	0.2	--
江西	0.8	--	0.8	--	--	--	--	--	--
山东	8.5	0.9	1.9	0.7	4.4	0.1	--	--	0.5
河南	0.9	--	0.9	--	--	--	--	--	--
湖北	1.8	--	0.9	0.4	0.5	--	--	--	0.1
湖南	0.2	--	--	0.2	--	--	--	--	--
广东	2.3	0.6	0.4	0.8	0.4	--	--	--	0.1
广西	--	--	--	--	--	--	--	--	--
海南	1.8	--	--	--	1.8	--	--	--	--
重庆	0.4	--	--	0.4	--	--	--	--	--
四川	1.6	--	0.4	0.6	0.6	--	--	--	--
贵州	--	--	--	--	--	--	--	--	--
云南	--	--	--	--	--	--	--	--	--
西藏	--	--	--	--	--	--	--	--	--
陕西	--	--	--	--	--	--	--	--	--
甘肃	--	--	--	--	--	--	--	--	--
青海	0.5	--	--	--	--	--	--	--	0.5
宁夏	0.9	0.4	--	0.2	--	--	--	--	0.3
新疆	--	--	--	--	--	--	--	--	--

各地区外商投资经济各种用途的房屋建筑竣工面积占全部的比重

单位：%

地区	厂房	住宅	办公用房	商业、居民服务业用房	文化教育用房	医疗用房	科研用房	其他用房
全国总计	**14.7**	**43.1**	**15.0**	**17.0**	**2.1**	**0.1**	**0.5**	**7.3**
北京	8.6	31.0	24.1	35.3	——	——	——	0.9
天津	38.9	44.4	16.7	——	——	——	——	——
河北	——	58.3	——	——	41.7	——	——	——
山西	——	——	100.0	——	——	——	——	——
内蒙古	——	73.0	——	24.3	2.7	——	——	——
辽宁	60.0	——	37.1	——	——	——	——	——
吉林	——	79.2	2.1	18.8	——	——	——	——
黑龙江	——	——	——	——	——	——	——	——
上海	10.9	51.5	22.9	12.0	1.9	0.4	——	1.1
江苏	27.7	16.5	27.7	8.0	——	——	——	20.0
浙江	13.5	64.4	6.3	1.8	4.5	——	1.0	8.3
安徽	28.2	35.9	10.3	7.7	7.7	5.1	5.1	2.6
福建	3.1	36.3	4.9	54.4	——	——	0.9	——
江西	——	100.0	——	——	——	——	——	——
山东	10.6	22.4	8.2	51.8	1.2	——	——	5.9
河南	——	100.0	——	——	——	——	——	——
湖北	——	50.0	22.2	27.8	——	——	——	5.6
湖南	——	——	100.0	——	——	——	——	——
广东	26.1	17.4	34.8	17.4	——	——	——	4.3
广西	——	——	——	——	——	——	——	——
海南	——	——	——	100.0	——	——	——	——
重庆	——	——	100.0	——	——	——	——	——
四川	——	25.0	37.5	37.5	——	——	——	——
贵州	——	——	——	——	——	——	——	——
云南	——	——	——	——	——	——	——	——
西藏	——	——	——	——	——	——	——	——
陕西	——	——	——	——	——	——	——	——
甘肃	——	——	——	——	——	——	——	——
青海	——	——	——	——	——	——	——	100.0
宁夏	44.4	——	22.2	——	——	——	——	33.3
新疆	——	——	——	——	——	——	——	——

各地区外商投资经济机械设备装备情况

地　区	自有机械设备年末总台数（台）	自有机械设备年末总功率（万千瓦）	施工机械功率	自有机械设备净值（万元）	技术装备率（元/人）	动力装备率（千瓦/人）
全国总计	**29228**	**29.8**	**25.3**	**59143**	**6185**	**3.1**
北　京	2621	1.4	1.0	4740	4638	1.4
天　津	1160	0.1	0.1	132	1866	0.9
河　北	389	0.8	0.8	272	5374	16.0
山　西	430	2.5	2.5	2446	52821	54.0
内蒙古	621	0.4	0.3	574	4382	3.2
辽　宁	1442	3.5	2.6	5161	15315	10.3
吉　林	135	0.8	0.7	2969	20706	5.4
黑龙江	40	——	——	202	12522	0.2
上　海	5016	1.3	1.1	4629	1914	0.5
江　苏	2936	0.8	0.8	4326	4746	0.9
浙　江	4589	4.1	3.7	10869	7356	2.8
安　徽	652	0.2	0.1	930	2986	0.6
福　建	1702	1.8	1.7	4232	6079	2.6
江　西	36	——	——	3	737	0.9
山　东	1180	5.1	4.1	2335	2698	5.9
河　南	329	1.2	0.6	1391	8339	7.2
湖　北	216	0.3	0.3	3047	42559	4.3
湖　南	26	——	——	25	1842	2.5
广　东	4089	3.8	3.7	9377	28092	11.4
广　西	19	——	——	31	713	0.3
海　南	28	1.0	0.8	44	1406	32.3
重　庆	209	0.1	0.1	324	3055	0.9
四　川	402	0.3	——	115	709	1.8
贵　州	——	——	——	——	——	——
云　南	391	——	——	141	7421	2.5
西　藏	——	——	——	——	——	——
陕　西	——	——	——	——	——	——
甘　肃	294	0.2	0.1	385	7298	3.8
青　海	——	——	——	——	——	——
宁　夏	276	0.1	0.1	444	7986	1.8
新　疆	——	——	——	——	——	——

各地区外商投资经济建筑业增加值及其构成(一)

单位:万元

地　区	建筑业增加值合计	本年提取固定资产折旧	应付工资总额	应付福利费总额
全国总计	**163739**	**13038**	**63605**	**5530**
北　京	23729	1429	6576	1067
天　津	2759	147	519	36
河　北	668	27	324	38
山　西	761	67	159	19
内 蒙 古	818	59	420	34
辽　宁	8777	1357	1879	111
吉　林	2736	346	1146	117
黑 龙 江	303	159	159	9
上　海	33847	1826	13934	957
江　苏	21281	908	9278	1010
浙　江	21178	1570	12865	598
安　徽	2623	90	1304	150
福　建	12647	710	4255	410
江　西	69	7	12	1
山　东	8724	1467	2791	229
河　南	3248	312	1108	95
湖　北	1353	221	383	36
湖　南	167	4	63	9
广　东	10546	1916	3300	332
广　西	304	13	152	12
海　南	2147	99	471	32
重　庆	1602	182	668	72
四　川	1550	37	813	84
贵　州	——	——	——	——
云　南	620	19	349	5
西　藏	——	——	——	——
陕　西	——	——	——	——
甘　肃	538	37	273	23
青　海	49	2	25	2
宁　夏	697	26	379	44
新　疆	——	——	——	——

各地区外商投资经济建筑业增加值及其构成(二)

单位:万元

地　区	工程结算税金及附加	工程结算利润	管理费用中的税金	管理费用中的劳动、待业保险费	转作奖金的利润
全国总计	**16904**	**67479**	**1250**	**1093**	**648**
北　京	2718	12277	49	25	26
天　津	212	1974	13	12	——
河　北	74	228	——	——	——
山　西	179	333	5	——	——
内蒙古	105	198	1	——	——
辽　宁	772	4579	63	78	——
吉　林	215	867	10	42	——
黑龙江	13	−37	1	——	——
上　海	3606	13767	469	164	68
江　苏	2048	8298	53	88	172
浙　江	2326	5141	39	103	55
安　徽	208	882	5	20	35
福　建	1175	5825	274	65	25
江　西	15	41	——	2	——
山　东	1386	2845	52	42	4
河　南	335	2092	10	169	137
湖　北	101	587	40	13	2
湖　南	21	71	——	——	——
广　东	821	4303	151	256	78
广　西	29	98	——	——	——
海　南	100	1443	——	1	——
重　庆	133	581	2	11	——
四　川	139	530	6	——	46
贵　州	——	——	——	——	——
云　南	56	197	1	2	——
西　藏	——	——	——	——	——
陕　西	——	——	——	——	——
甘　肃	64	146	——	——	——
青　海	4	15	——	——	——
宁　夏	48	199	6	1	——
新　疆	——	——	——	——	——

各地区外商投资经济建筑业劳动生产率

地区	建筑业企业个数(个)	计算劳动生产率的平均人数(万人)	按总产值计算的劳动生产率(元/人)	按增加值计算的劳动生产率(元/人)	人均竣工产值(元/人)	人均施工面积(平米/人)	人均竣工面积(平米/人)
全国总计	**454**	**9.56**	**73715**	**17123**	**46822**	**42.5**	**20.6**
北京	62	1.02	112741	23216	51746	33.2	11.3
天津	17	0.07	315647	38918	76477	41.2	24.8
河北	5	0.05	46289	13202	33723	56.7	23.4
山西	8	0.05	166177	16447	162138	3.2	2.6
内蒙古	5	0.13	24963	6241	24718	53.1	28.2
辽宁	32	0.34	67369	26045	32658	32.6	10.3
吉林	8	0.14	54390	19082	48980	32.6	33.2
黑龙江	3	0.02	71944	18839	43727	——	——
上海	81	2.42	70345	13999	48460	27.3	11.0
江苏	37	0.91	104296	23347	76339	92.3	41.1
浙江	30	1.48	54242	14333	42918	71.6	40.6
安徽	5	0.31	31203	8417	18650	23.9	12.6
福建	29	0.70	102722	18166	76307	65.4	32.4
江西	1	——	102632	18079	144474	284.2	213.2
山东	47	0.87	31815	10081	15000	9.5	9.9
河南	11	0.17	62007	19471	46336	23.4	5.4
湖北	15	0.07	49147	18898	38714	46.2	25.2
湖南	1	0.01	17940	12579	19030	16.0	16.0
广东	18	0.33	96287	31593	32831	19.4	7.0
广西	1	0.04	67900	7077	21445	——	——
海南	10	0.03	71774	69252	67252	57.9	57.9
重庆	8	0.11	41975	15095	8569	37.8	3.6
四川	6	0.16	31963	9561	31230	18.3	9.9
贵州	——	——	——	——	——	——	——
云南	3	0.02	110053	32621	61421	——	——
西藏	——	——	——	——	——	——	——
陕西	——	——	——	——	——	——	——
甘肃	4	0.05	55009	10209	37192	31.1	0.2
青海	1	0.01	21952	7730	21952	71.4	71.4
宁夏	6	0.06	31106	12529	29757	15.3	15.3
新疆	——	——	——	——	——	——	——

各地区外商投资经济资本金及资产构成(一)

单位:万元

地区	资本金合计	资产总计	流动资产合计	存货	在建工程	长期投资
全国总计	**259947**	**826675**	**641891**	**177332**	**82517**	**9096**
北京	32551	108250	94776	25218	11136	662
天津	5222	15620	13428	1655	877	378
河北	2404	1982	914	15	2	--
山西	4046	9851	6302	3215	713	--
内蒙古	1946	6667	5284	900	155	247
辽宁	11338	51239	40292	8371	5582	20
吉林	4470	30403	21161	2760	575	--
黑龙江	3177	4292	719	67	--	117
上海	45887	156690	139552	39366	20206	2027
江苏	19384	85682	72438	23404	8224	551
浙江	26783	79409	51550	16241	7567	1950
安徽	2076	7954	6118	173	46	120
福建	20324	68597	52080	18159	12389	1
江西	556	556	533	283	73	1
山东	14845	54900	45361	15054	2980	60
河南	3049	14030	10710	1456	1051	5
湖北	7118	10554	5848	1560	884	296
湖南	480	759	601	120	120	--
广东	41172	89955	51757	13373	5364	1846
广西	244	2718	2640	1078	1044	--
海南	4118	5748	5299	223	48	56
重庆	2566	7827	6230	1017	537	--
四川	2060	5331	3296	1585	1545	11
贵州	--	--	--	--	--	--
云南	908	1475	1238	440	28	--
西藏	--	--	--	--	--	--
陕西	--	--	--	--	--	--
甘肃	1023	2853	2132	940	788	37
青海	100	276	26	13	--	--
宁夏	2100	3055	1606	649	583	710
新疆	--	--	--	--	--	--

各地区外商投资经济资本金及资产构成(二)

单位:万元

地区	固定资产合计	固定资产原价合计	生产经营用	固定资产折旧	本年折旧	无形及递延资产合计	其中:无形资产
全国总计	**138359**	**176575**	**113198**	**44143**	**13038**	**14027**	**7347**
北京	10215	14890	6867	4701	1429	1685	846
天津	939	1352	1049	413	147	101	——
河北	984	1297	803	313	27	12	3
山西	2972	3941	3610	969	67	48	3
内蒙古	1057	1242	1062	185	59	80	74
辽宁	8765	13081	9937	4379	1357	709	347
吉林	3471	4876	4000	1405	346	695	660
黑龙江	2561	2852	2507	291	159	665	——
上海	12617	17975	13599	5358	1826	990	316
江苏	11183	14402	10841	3220	908	1423	1097
浙江	23230	22633	19307	5234	1570	787	577
安徽	1543	1902	1399	360	90	27	25
福建	10165	11869	6697	1704	710	790	696
江西	22	33	20	11	7	1	——
山东	6707	10134	5926	3426	1467	313	24
河南	2375	4269	3750	1893	312	368	293
湖北	3978	4580	3798	608	221	319	238
湖南	159	163	163	5	4	——	——
广东	30370	38609	12788	8239	1916	4945	2125
广西	75	124	120	49	13	——	——
海南	357	624	533	267	99	36	22
重庆	1571	2074	1466	504	182	3	——
四川	1631	1815	1603	184	37	6	——
贵州	——	——	——	——	——	——	——
云南	218	347	147	129	19	18	——
西藏	——	——	——	——	——	——	——
陕西	——	——	——	——	——	——	——
甘肃	544	725	659	180	37	——	——
青海	16	25	25	9	2	——	——
宁夏	635	741	521	106	26	6	——
新疆	——	——	——	——	——	——	——

各地区外商投资经济负债及所有者权益

单位: 万元

地区	负债合计	流动负债合计	长期负债合计	所有者权益合计	股本
全国总计	**548588**	**519113**	**18730**	**278086**	**53303**
北京	68107	65421	2686	40143	4808
天津	10464	10372	15	5157	——
河北	838	685	153	1144	——
山西	6064	6054	6	3787	——
内蒙古	4671	4656	15	1996	——
辽宁	38151	36020	2131	13088	——
吉林	15978	15938	41	14425	——
黑龙江	1189	1039	150	3103	——
上海	109627	96394	3231	47063	5231
江苏	61114	59350	1764	24568	8853
浙江	50822	48930	1892	28587	6847
安徽	5687	5574	113	2267	1686
福建	49939	48767	514	18657	3798
江西	473	472	1	83	——
山东	40964	39891	1069	13936	3243
河南	9864	9847	17	4166	3046
湖北	3867	3851	16	6687	——
湖南	330	330	——	429	——
广东	52607	48132	4475	37349	15532
广西	2573	2547	26	146	——
海南	1546	1546	——	4202	——
重庆	6413	6413	——	1413	——
四川	3138	3018	120	2193	——
贵州	——	——	——	——	——
云南	709	709	——	767	——
西藏	——	——	——	——	——
陕西	——	——	——	——	——
甘肃	2080	1888	192	773	109
青海	183	182	1	93	100
宁夏	1191	1089	102	1864	50
新疆	——	——	——	——	——

各地区外商投资经济工程结算收入及工程结算利润

单位:万元

地区	工程结算收入	工程结算成本	工程结算税金及附加	工程结算利润	管理费用	税金	财产保险费	劳动、待业保险费
全国总计	**582617**	**498235**	**16904**	**67479**	**53934**	**1250**	**531**	**1093**
北京	103365	88370	2718	12277	10178	49	69	25
天津	10741	8555	212	1974	1611	13	6	12
河北	2611	2309	74	228	195	——	——	——
山西	5752	5240	179	333	467	5	——	——
内蒙古	3477	3174	105	198	181	1	3	——
辽宁	24722	19371	772	4579	3081	63	28	78
吉林	7941	6859	215	867	1024	10	1	42
黑龙江	1207	1231	13	−37	176	1	2	——
上海	149841	132468	3606	13767	10505	469	21	164
江苏	71266	60919	2048	8298	5300	53	28	88
浙江	68354	60888	2326	5141	3319	39	15	103
安徽	8158	7068	208	882	569	5	1	20
福建	39125	32125	1175	5825	3745	274	193	65
江西	306	250	15	41	38	——	——	2
山东	16722	12491	1386	2845	2699	52	15	42
河南	10945	8518	335	2092	1789	10	10	169
湖北	2849	2162	101	587	615	40	9	13
湖南	523	432	21	71	122	——	——	——
广东	33730	28605	821	4303	5483	151	102	256
广西	924	797	29	98	82	——	——	——
海南	3164	1621	100	1443	944	——	12	1
重庆	4474	3760	133	581	759	2	——	11
四川	5090	4421	139	530	383	6	1	——
贵州	——	——	——	——	——	——	——	——
云南	1833	1580	56	197	291	1	7	2
西藏	——	——	——	——	——	——	——	——
陕西	——	——	——	——	——	——	——	——
甘肃	3849	3638	64	146	163	——	8	——
青海	138	119	4	15	42	——	——	——
宁夏	1509	1262	48	199	171	6	——	1
新疆	——	——	——	——	——	——	——	——

各地区外商投资经济利税及利润总额

单位:万元

地 区	利税总额	利润总额	应交所得税	转作奖金的利润	应付利润	已分配股利
全国总计	**32212**	**14058**	**3917**	**648**	**6081**	**1242**
北 京	5319	2552	472	26	285	60
天 津	997	772	207	--	2	--
河 北	151	77	--	--	--	--
山 西	141	-43	10	--	--	--
内蒙古	99	-7	2	--	--	--
辽 宁	1260	425	83	--	50	--
吉 林	283	58	51	--	--	--
黑龙江	-326	-340	--	--	--	--
上 海	8741	4666	1308	68	2795	611
江 苏	4031	1930	960	172	997	374
浙 江	4074	1709	309	55	304	--
安 徽	342	129	28	35	42	41
福 建	3479	2030	62	25	205	44
江 西	12	-3	--	--	--	--
山 东	1296	-142	150	4	598	--
河 南	251	-94	42	137	103	102
湖 北	158	17	58	2	75	--
湖 南	-26	-47	--	--	--	--
广 东	1081	109	128	78	623	10
广 西	52	23	5	--	1	--
海 南	586	486	26	--	--	--
重 庆	-137	-272	7	--	--	--
四 川	210	65	9	46	--	--
贵 州	--	--	--	--	--	--
云 南	6	-51	--	--	--	--
西 藏	--	--	--	--	--	--
陕 西	--	--	--	--	--	--
甘 肃	31	-33	--	--	--	--
青 海	14	10	--	--	--	--
宁 夏	85	31	--	--	--	--
新 疆	--	--	--	--	--	--

各地区外商投资经济利润率及利税率

地区	产值利润率(%)	产值利税率(%)	资本金利润率(%)	资本金利税率(%)	人均利润(元/人)	人均利税(元/人)	资产负债率(%)
全国总计	**2.0**	**4.6**	**5.4**	**12.4**	**1470**	**3368**	**66.4**
北　京	2.2	4.6	7.8	16.3	2497	5204	62.9
天　津	3.5	4.5	14.8	19.1	10890	14058	67.0
河　北	3.3	6.5	3.2	6.3	1528	3000	42.3
山　西	−0.6	1.8	−1.1	3.5	−922	3063	61.6
内蒙古	−0.2	3.0	−0.3	5.1	−50	760	70.1
辽　宁	1.9	5.6	3.7	11.1	1261	3740	74.5
吉　林	0.7	3.6	1.3	6.3	405	1969	52.6
黑龙江	29.4	−28.2	−10.7	−10.3	−21143	−20323	27.7
上　海	2.7	5.1	10.2	19.0	1930	3615	70.0
江　苏	2.0	4.2	10.0	20.8	2117	4422	71.3
浙　江	2.1	5.1	6.4	15.2	1157	2757	64.0
安　徽	1.3	3.5	6.2	16.5	414	1097	71.5
福　建	2.8	4.9	10.0	17.1	2916	4996	72.8
江　西	−0.8	3.2	−0.5	2.2	−789	3289	85.0
山　东	−0.5	4.7	−1.0	8.7	−164	1497	74.6
河　南	−0.9	2.4	−3.1	8.2	−562	1505	70.3
湖　北	0.5	4.5	0.2	2.2	243	2211	36.6
湖　南	19.5	−10.8	−9.7	−5.4	−3504	−1932	43.5
广　东	0.3	3.4	0.3	2.6	326	3238	58.5
广　西	0.8	1.8	9.4	21.1	536	1200	94.6
海　南	21.8	26.3	11.8	14.2	15677	18910	26.9
重　庆	−6.1	−3.1	−10.6	−5.3	−2561	−1289	81.9
四　川	1.3	4.1	3.2	10.2	402	1302	58.9
贵　州	——	——	——	——	——	——	——
云　南	−2.4	0.3	−5.6	0.7	−2684	353	48.0
西　藏	——	——	——	——	——	——	——
陕　西	——	——	——	——	——	——	——
甘　肃	−1.1	1.1	−3.2	3.0	−626	590	72.9
青　海	7.2	10.1	9.9	14.0	1571	2222	66.2
宁　夏	1.8	4.9	1.5	4.0	552	1527	39.0
新　疆	——	——	——	——	——	——	——

各地区外商投资经济建筑业企业亏损情况

地　区	建筑业企业个数(个)	亏损企业个数(个)	亏损金额(万元)	亏损面(%)
全国总计	**454**	**179**	**9498**	**39.4**
北　京	62	25	1818	40.3
天　津	17	9	310	52.9
河　北	5	1	1	20.0
山　西	8	4	107	50.0
内蒙古	5	1	11	20.0
辽　宁	32	9	174	28.1
吉　林	8	6	396	75.0
黑龙江	3	2	350	66.7
上　海	81	27	1049	33.3
江　苏	37	14	341	37.8
浙　江	30	7	115	23.3
安　徽	5	1	5	20.0
福　建	29	11	430	37.9
江　西	1	1	3	100.0
山　东	47	23	904	48.9
河　南	11	7	407	63.6
湖　北	15	8	215	53.3
湖　南	1	1	47	100.0
广　东	18	7	2334	38.9
广　西	1	——	——	——
海　南	10	2	34	20.0
重　庆	8	4	312	50.0
四　川	6	1	28	16.7
贵　州	——	——	——	——
云　南	3	2	56	66.7
西　藏	——	——	——	——
陕　西	——	——	——	——
甘　肃	4	3	37	75.0
青　海	1	——	——	——
宁　夏	6	3	12	50.0
新　疆	——	——	——	——

各地区港、澳、台投资经济建筑业总产值和竣工产值

单位:万元

地区	建筑业总产值	建筑工程产值	安装工程产值	房屋构筑物修理产值	非标准设备制造产值	竣工产值
全国总计	**637182**	**493204**	**119062**	**23976**	**939**	**452717**
北京	65151	40284	21804	2918	145	43663
天津	9701	3871	5705	125	——	7553
河北	1777	1295	203	278	——	1091
山西	5315	5315	——	——	——	5315
内蒙古	1493	1013	480	——	——	716
辽宁	17241	12390	4850	——	——	13443
吉林	1424	472	952	——	——	1681
黑龙江	2179	2179	——	——	——	1639
上海	174313	152699	14355	7035	224	111090
江苏	92226	81240	10084	902	——	71206
浙江	51478	49602	1375	500	——	46106
安徽	3969	3668	179	122	——	3334
福建	49989	28131	21334	523	——	38525
江西	——	——	——	——	——	——
山东	32228	20433	10815	410	570	25259
河南	15592	9699	5892	1	——	10967
湖北	6651	4984	1085	581	——	5652
湖南	1100	400	700	——	——	1000
广东	78489	55153	13323	10014	——	43720
广西	704	704	——	——	——	——
海南	5576	1084	4492	——	——	5276
重庆	5981	5005	453	523	——	3080
四川	4908	4456	430	22	——	4372
贵州	847	847	——	——	——	——
云南	5352	5352	——	——	——	4627
西藏	——	——	——	——	——	——
陕西	——	——	——	——	——	——
甘肃	666	661	5	——	——	640
青海	268	268	——	——	——	248
宁夏	750	750	——	——	——	70
新疆	1816	1249	545	22	——	1816

各地区港、澳、台投资经济单位工程个数及工程质量

地区	单位工程施工个数（个）	单位工程施工个数：本年新开工个数	投标承包个数	投标承包个数：本年新开工	单位工程竣工个数（个）	单位工程竣工个数：优良品	工程质量优良品率（%）	投标承包个数占单位工程施工个数的比重（%）
全国总计	**4548**	**2842**	**856**	**604**	**2999**	**571**	**19.0**	**18.8**
北　京	517	322	52	41	332	35	10.5	10.1
天　津	115	82	75	57	93	42	45.2	65.2
河　北	45	40	14	11	38	16	42.1	31.1
山　西	4	4	4	4	4	1	25.0	100.0
内蒙古	16	12	2	——	11	6	54.5	12.5
辽　宁	207	158	24	13	162	7	4.3	11.6
吉　林	11	10	——	——	10	10	100.0	——
黑龙江	9	8	——	——	4	——	——	——
上　海	1037	582	203	139	364	55	15.1	19.6
江　苏	529	352	91	58	386	99	25.6	17.2
浙　江	400	196	112	82	328	24	7.3	28.0
安　徽	39	22	6	2	28	6	21.4	15.
福　建	281	155	25	12	183	22	12.0	8.9
江　西	——	——	——	——	——	——	——	——
山　东	353	245	94	67	296	51	17.2	26.6
河　南	60	44	19	14	87	12	13.8	31.7
湖　北	130	83	18	11	109	11	10.1	13.8
湖　南	16	10	——	——	13	2	15.4	——
广　东	539	324	41	30	362	123	34.0	7.6
广　西	3	1	——	——	——	——	——	——
海　南	24	14	4	4	10	6	60.0	16.7
重　庆	36	30	12	10	29	4	13.8	33.3
四　川	32	27	30	24	24	10	41.7	93.8
贵　州	1	1	——	——	——	——	——	——
云　南	51	33	6	1	36	24	66.7	11.8
西　藏	——	——	——	——	——	——	——	——
陕　西	——	——	——	——	——	——	——	——
甘　肃	22	18	——	——	21	——	——	——
青　海	10	10	4	4	9	2	22.2	40.0
宁　夏	8	7	6	6	7	1	14.3	75.0
新　疆	53	52	14	14	53	2	3.8	26.4

各地区港、澳、台投资经济房屋建筑面积和工程质量

地区	房屋建筑施工面积（万平方米）	本年新开工面积	投标承包面积	投标承包面积：本年新开工	房屋建筑竣工面积（万平方米）	优良品面积	房屋建筑面积优良品率（%）	投标承包面积占房屋建筑施工面积的比重（%）
全国总计	**315.2**	**150.0**	**170.1**	**82.2**	**144.5**	**53.0**	**36.7**	**54.0**
北京	24.7	6.2	9.2	2.6	4.5	0.2	5.0	37.4
天津	3.9	3.9	3.3	3.3	3.8	1.0	26.4	85.5
河北	3.5	2.7	2.7	2.7	3.5	0.8	23.9	75.9
山西	--	--	--	--	--	--	--	--
内蒙古	0.2	0.2	--	--	--	--	--	--
辽宁	5.7	4.4	--	--	3.2	0.1	3.1	--
吉林	0.8	--	--	--	1.2	1.2	100.0	--
黑龙江	0.8	0.8	--	--	--	--	--	--
上海	68.4	43.8	58.6	41.7	23.8	13.1	55.1	85.6
江苏	39.6	21.1	6.9	3.2	21.7	8.8	40.6	17.5
浙江	39.2	7.7	27.9	6.9	22.6	6.2	27.6	71.2
安徽	15.6	4.6	0.6	0.1	15.1	10.2	67.5	4.0
福建	24.9	18.2	10.1	4.2	11.2	1.8	16.1	40.6
江西	--	--	--	--	--	--	--	--
山东	19.3	14.1	7.6	5.8	13.5	1.7	12.2	39.5
河南	5.9	3.6	0.7	--	2.4	0.5	19.2	11.2
湖北	6.9	4.2	4.5	2.3	4.4	1.3	29.0	65.7
湖南	1.1	0.6	--	--	0.7	0.2	23.3	--
广东	37.2	5.7	31.3	4.9	4.9	1.2	24.2	84.2
广西	2.4	0.8	--	--	--	--	--	--
海南	--	--	--	--	--	--	--	--
重庆	8.8	3.8	4.8	3.8	4.3	2.6	59.6	54.7
四川	2.2	1.8	1.8	0.5	2.2	2.1	99.1	83.9
贵州	2.3	--	--	--	--	--	--	--
云南	1.8	1.7	--	--	1.4	--	--	--
西藏	--	--	--	--	--	--	--	--
陕西	--	--	--	--	--	--	--	--
甘肃	--	--	--	--	--	--	--	--
青海	--	--	--	--	--	--	--	--
宁夏	--	--	--	--	--	--	--	--
新疆	--	--	--	--	--	--	--	--

各地区港、澳、台投资经济按主要用途分的房屋建筑竣工面积

单位:万平方米

地区	合计	厂房	住宅	办公用房	商业、居民服务业用房	文化教育用房	医疗用房	科研用房	其他用房
全国总计	**144.5**	**20.5**	**64.9**	**19.4**	**26.0**	**3.5**	**1.4**	**0.9**	**7.8**
北京	4.5	--	0.1	3.2	1.3	--	--	--	--
天津	3.8	--	--	3.6	0.2	--	--	--	--
河北	3.5	--	3.5	--	--	--	--	--	--
山西	--	--	--	--	--	--	--	--	--
内蒙古	--	--	--	--	--	--	--	--	--
辽宁	3.2	--	1.7	--	0.3	--	--	--	1.3
吉林	1.2	--	--	--	--	1.2	--	--	--
黑龙江	--	--	--	--	--	--	--	--	--
上海	23.8	8.3	9.3	3.5	2.3	--	0.1	--	0.3
江苏	21.7	4.2	13.6	0.8	2.4	--	0.1	--	0.6
浙江	22.6	0.4	15.8	0.8	2.1	0.6	0.4	--	2.5
安徽	15.1	--	1.5	0.6	12.7	--	--	--	0.3
福建	11.2	5.1	3.2	1.9	1.0	--	--	--	--
江西	--	--	--	--	--	--	--	--	--
山东	13.5	1.2	5.6	3.5	1.2	--	0.2	--	1.9
河南	2.4	0.1	2.1	--	--	0.2	--	--	--
湖北	4.4	0.3	3.1	0.2	0.5	0.1	--	--	0.2
湖南	0.7	--	0.7	--	--	--	--	--	--
广东	4.9	--	1.6	--	1.5	0.2	--	0.9	0.7
广西	--	--	--	--	--	--	--	--	--
海南	--	--	--	--	--	--	--	--	--
重庆	4.3	0.7	1.5	--	0.2	1.2	0.7	--	--
四川	2.2	0.2	0.3	1.2	0.5	--	--	--	--
贵州	--	--	--	--	--	--	--	--	--
云南	1.4	0.1	1.4	--	--	--	--	--	--
西藏	--	--	--	--	--	--	--	--	--
陕西	--	--	--	--	--	--	--	--	--
甘肃	--	--	--	--	--	--	--	--	--
青海	--	--	--	--	--	--	--	--	--
宁夏	--	--	--	--	--	--	--	--	--
新疆	--	--	--	--	--	--	--	--	--

各地区港、澳、台投资经济各种用途的房屋建筑竣工面积占全部的比重

单位：%

地区	厂房	住宅	办公用房	商业、居民服务业用房	文化教育用房	医疗用房	科研用房	其他用房
全国总计	**14.2**	**44.9**	**13.4**	**18.0**	**2.4**	**1.0**	**0.6**	**5.4**
北京	——	2.2	71.1	28.9	——	——	——	——
天津	——	——	94.7	5.3	——	——	——	——
河北	——	100.0	——	——	——	——	——	——
山西	——	——	——	——	——	——	——	——
内蒙古	——	——	——	——	——	——	——	——
辽宁	——	53.1	——	9.4	——	——	——	40.6
吉林	——	——	——	——	100.0	——	——	——
黑龙江	——	——	——	——	——	——	——	——
上海	34.9	39.1	14.7	9.7	——	0.4	——	1.3
江苏	19.4	62.7	3.7	11.1	——	0.5	——	2.8
浙江	1.8	69.9	3.5	9.3	2.7	1.8	——	11.1
安徽	——	9.9	4.0	84.1	——	——	——	2.0
福建	45.5	28.6	17.0	8.9	——	——	——	——
江西	——	——	——	——	——	——	——	——
山东	8.9	41.5	25.9	8.9	——	1.5	——	14.1
河南	4.2	87.5	——	——	8.3	——	——	——
湖北	6.8	70.5	4.5	11.4	2.3	——	——	4.5
湖南	——	100.0	——	——	——	——	——	——
广东	——	32.7	——	30.6	4.1	——	18.4	14.3
广西	——	——	——	——	——	——	——	——
海南	——	——	——	——	——	——	——	——
重庆	16.3	34.9	——	4.7	27.9	16.3	——	——
四川	9.1	13.6	54.5	22.7	——	——	——	——
贵州	——	——	——	——	——	——	——	——
云南	7.1	100.0	——	——	——	——	——	——
西藏	——	——	——	——	——	——	——	——
陕西	——	——	——	——	——	——	——	——
甘肃	——	——	——	——	——	——	——	——
青海	——	——	——	——	——	——	——	——
宁夏	——	——	——	——	——	——	——	——
新疆	——	——	——	——	——	——	——	——

各地区港、澳、台投资经济机械设备装备情况

地　区	自有机械设备年末总台数(台)	自有机械设备年末总功率(万千瓦)	施工机械功率	自有机械设备净值(万元)	技术装备率(元/人)	动力装备率(千瓦/人)
全国总计	**27084**	**25.8**	**23.0**	**64340**	**7818**	**3.1**
北　京	2440	2.3	1.9	4620	6597	3.3
天　津	351	0.5	0.3	479	3358	3.5
河　北	269	0.3	0.3	824	8365	3.2
山　西	89	0.2	0.2	2185	43613	4.8
内蒙古	114	0.2	0.2	292	6752	4.4
辽　宁	1100	1.4	0.7	3748	20196	7.7
吉　林	42	--	--	502	8188	0.2
黑龙江	41	--	--	509	10172	0.5
上　海	4990	2.7	2.4	8315	4484	1.4
江　苏	4980	5.2	5.0	6518	7254	5.8
浙　江	2993	2.2	2.1	7408	10773	3.1
安　徽	551	0.5	0.5	763	8373	5.3
福　建	997	0.7	0.7	2356	2081	0.6
江　西	--	--	--	--	--	--
山　东	1046	1.8	1.6	3843	7926	3.7
河　南	112	0.3	0.3	9090	33201	1.0
湖　北	925	0.8	0.7	384	2773	5.4
湖　南	102	0.3	0.2	10	412	10.4
广　东	4909	3.9	3.6	7310	9389	4.9
广　西	--	--	--	--	--	--
海　南	--	--	--	--	--	--
重　庆	233	0.1	0.1	1027	6826	0.9
四　川	342	0.1	0.1	189	2598	1.5
贵　州	18	--	--	91	3948	0.5
云　南	7	0.1	--	200	1318	0.4
西　藏	--	--	--	--	--	--
陕　西	--	--	--	--	--	--
甘　肃	144	0.8	0.7	1710	63096	28.7
青　海	56	--	--	6	518	1.6
宁　夏	33	--	--	13	1443	0.8
新　疆	200	1.5	1.5	1949	125755	96.4

各行业港、澳、台投资经济建筑业增加值及其构成(一)

单位:万元

地　区	建筑业增加值合计	本年提取固定资产折旧	应付工资总额	应付福利费总额
全国总计	**153771**	**11175**	**56102**	**5966**
北　京	16675	1369	4001	895
天　津	2412	90	616	176
河　北	535	43	107	13
山　西	1102	291	6	——
内蒙古	417	50	148	4
辽　宁	3681	516	1022	95
吉　林	428	108	222	31
黑龙江	531	31	342	6
上　海	34265	1959	13874	1596
江　苏	20220	1287	7968	786
浙　江	13099	1045	7033	534
安　徽	1096	146	320	36
福　建	13629	721	4655	363
江　西	——	——	——	——
山　东	9983	1078	2614	321
河　南	5613	304	861	60
湖　北	2089	176	717	58
湖　南	357	53	169	12
广　东	18553	1205	7690	690
广　西	85	6	75	1
海　南	2571	82	610	62
重　庆	2597	171	1204	136
四　川	547	29	305	42
贵　州	103	8	92	3
云　南	2094	122	1081	19
西　藏	——	——	——	——
陕　西	——	——	——	——
甘　肃	346	96	117	8
青　海	103	14	55	——
宁　夏	124	36	59	8
新　疆	515	139	136	9

各地区港、澳、台投资经济建筑业增加值及其构成(二)

单位:万元

地区	工程结算税金及附加	工程结算利润	管理费用中的税金	管理费用中的劳动、待业保险费	转作奖金的利润
全国总计	**17511**	**64241**	**1059**	**1107**	**776**
北京	1906	9107	26	71	15
天津	228	1299	2	18	4
河北	70	299	1	4	--
山西	159	962	--	3	319
内蒙古	34	158	28	--	--
辽宁	340	1678	9	61	--
吉林	30	20	17	--	--
黑龙江	61	91	--	--	--
上海	4224	13168	122	207	58
江苏	2962	7264	114	192	231
浙江	1274	3099	50	130	--
安徽	172	381	4	37	--
福建	1330	6368	206	32	35
江西	--	--	--	--	--
山东	798	5222	72	104	35
河南	590	3668	350	1	--
湖北	191	959	4	28	4
湖南	59	106	--	3	--
广东	2273	6866	36	147	27
广西	1	1	--	1	--
海南	275	1573	3	6	40
重庆	188	857	2	48	8
四川	52	117	--	1	--
贵州	--	--	1	--	--
云南	194	667	2	9	--
西藏	--	--	--	--	--
陕西	--	--	--	--	--
甘肃	24	96	4	--	--
青海	7	30	--	--	--
宁夏	9	21	--	--	--
新疆	57	164	7	3	--

各地区港、澳、台投资经济建筑业劳动生产率

地区	建筑业企业个数（个）	计算劳动生产率的平均人数（万人）	按总产值计算的劳动生产率（元/人）	按增加值计算的劳动生产率（元/人）	人均竣工产值（元/人）	人均施工面积（平米/人）	人均竣工面积（平米/人）
全国总计	**491**	**8.23**	**77425**	**18685**	**55010**	**38.3**	**17.6**
北京	56	0.70	93019	23808	62340	35.3	6.5
天津	9	0.14	67984	16902	52929	27.4	26.6
河北	6	0.10	18037	5435	11072	35.7	35.6
山西	2	0.05	106092	21998	106092	－－	－－
内蒙古	5	0.04	34558	9662	16583	4.6	－－
辽宁	26	0.19	92892	19834	72431	30.6	17.5
吉林	2	0.06	23230	6990	27421	13.1	19.5
黑龙江	3	0.05	43572	10616	32772	16.0	－－
上海	86	1.85	94005	18479	59909	36.9	12.9
江苏	42	0.90	102645	22504	79250	44.0	24.1
浙江	27	0.69	74865	19051	67054	57.0	32.8
安徽	8	0.09	43565	12033	36599	171.1	165.6
福建	33	1.13	44152	12038	34026	22.0	9.9
江西	－－	－－	－－	－－	－－	－－	－－
山东	51	0.48	66463	20588	52092	39.7	27.9
河南	19	0.27	56946	20501	40054	21.6	8.9
湖北	22	0.14	48025	15085	40806	49.5	31.8
湖南	2	0.03	44000	14272	40000	44.9	26.4
广东	49	0.78	100808	23829	56152	47.7	6.3
广西	1	0.02	45419	5465	－－	154.8	－－
海南	6	0.06	96806	44632	91590	－－	－－
重庆	12	0.15	39766	17266	20479	58.5	28.7
四川	3	0.07	67419	7508	60056	29.8	29.8
贵州	1	0.02	36826	4496	－－	100.9	－－
云南	7	0.15	35279	13805	30500	12.1	9.4
西藏	－－	－－	－－	－－	－－	－－	－－
陕西	－－	－－	－－	－－	－－	－－	－－
甘肃	4	0.03	24579	12764	23624	1.3	1.3
青海	2	0.01	24382	9355	22564	－－	－－
宁夏	2	0.01	85227	14080	79511	－－	－－
新疆	5	0.02	117142	33219	117142	－－	－－

各地区港、澳、台投资经济资本金及资产构成(一)

单位:万元

地区	资本金合计	资产总计	流动资产合计	存货	在建工程	长期投资
全国总计	**253309**	**775296**	**626942**	**175587**	**97901**	**9564**
北京	30280	78940	64774	19874	9666	1332
天津	4965	12275	11291	1842	1667	——
河北	2015	3847	3160	744	505	——
山西	1020	5842	2297	807	636	——
内蒙古	1622	3231	2548	541	121	87
辽宁	9189	26200	20157	5279	1854	30
吉林	753	2331	1371	317	——	94
黑龙江	1011	3232	2699	1408	1181	——
上海	53470	169070	145278	43639	29104	1478
江苏	22522	82146	69629	21942	12527	968
浙江	12599	48794	36902	9899	1168	98
安徽	3247	4955	3357	907	691	1
福建	16807	52527	43333	8278	6028	159
江西	——	——	——	——	——	——
山东	14535	32493	23148	4420	2087	147
河南	15912	40278	24676	5982	1420	767
湖北	5756	13312	9509	2496	495	408
湖南	1150	3508	2682	571	——	40
广东	32915	128289	109667	29341	19833	740
广西	2000	2262	805	680	678	1346
海南	4621	12983	11771	4270	4161	——
重庆	4882	12480	9909	3951	2092	——
四川	1168	6020	5817	3137	——	1
贵州	1783	3591	3498	924	578	——
云南	1329	7371	5575	1863	1029	648
西藏	——	——	——	——	——	——
陕西	——	——	——	——	——	——
甘肃	2877	9505	7202	1318	150	——
青海	171	347	211	83	83	——
宁夏	1116	2277	1894	597	147	20
新疆	3593	7188	3780	476	——	1200

各地区港、澳、台投资经济资本金及资产构成(二)

单位:万元

地　区	固定资产合计	固定资产原价合计	生产经营用	固定资产折旧	本年折旧	无形及递延资产合计	其中:无形资产
全国总计	**114169**	**150502**	**113445**	**37466**	**11175**	**10076**	**6150**
北　京	8317	12049	6694	3783	1369	3156	2913
天　津	966	1240	1089	274	90	15	——
河　北	472	649	396	178	43	5	——
山　西	3115	3787	3787	672	291	6	——
内蒙古	594	857	779	263	50	1	——
辽　宁	5081	6777	5506	1697	516	148	90
吉　林	852	1155	550	303	108	14	——
黑龙江	533	712	512	179	31	——	——
上　海	15770	22628	19474	6858	1959	1821	487
江　苏	10762	15497	12009	4735	1287	603	154
浙　江	10986	13837	12327	3463	1045	696	587
安　徽	1191	1840	1621	649	146	131	33
福　建	7955	10019	6772	2064	721	679	444
江　西	——	——	——	——	——	——	——
山　东	8017	10146	6085	2130	1078	145	56
河　南	12240	13075	10207	834	304	381	239
湖　北	1995	2631	1949	812	176	99	27
湖　南	763	859	801	313	53	14	12
广　东	15600	21322	13799	5721	1205	1702	1016
广　西	35	56	50	22	6	75	——
海　南	1160	1384	1280	224	82	52	——
重　庆	2318	3005	2006	688	171	78	——
四　川	202	317	249	114	29	——	——
贵　州	93	107	107	14	8	——	——
云　南	922	1341	237	420	122	106	91
西　藏	——	——	——	——	——	——	——
陕　西	——	——	——	——	——	——	——
甘　肃	1807	2007	1998	200	96	117	——
青　海	135	164	144	29	14	——	——
宁　夏	355	408	408	102	36	——	——
新　疆	1931	2633	2607	726	139	31	——

各地区港、澳、台投资经济负债及所有者权者

单位:万元

地区	负债合计	流动负债合计	长期负债合计	所有者权益合计	股本
全国总计	**510387**	**494468**	**14037**	**264909**	**59471**
北京	45588	44919	668	33352	8433
天津	7444	7399	——	4831	——
河北	1538	1482	56	2309	685
山西	4437	4268	169	1406	——
内蒙古	1814	1800	13	1417	——
辽宁	16595	16242	354	9605	693
吉林	1283	1270	13	1048	——
黑龙江	2245	2245	——	987	——
上海	114595	111786	1078	54475	5473
江苏	56277	53846	2431	25869	6295
浙江	32907	32514	392	15888	2228
安徽	1984	1670	314	2971	739
福建	29083	28706	301	23445	2421
江西	——	——	——	——	——
山东	18278	17460	818	14215	1269
河南	24214	21821	2363	16064	15911
湖北	8297	8162	135	5015	——
湖南	2581	1461	1120	927	——
广东	101559	99263	2296	26730	12633
广西	244	241	2	2018	——
海南	7623	7623	——	5360	——
重庆	7961	7429	531	4519	1269
四川	4819	4609	210	1201	——
贵州	1968	1968	——	1623	——
云南	5131	5109	22	2240	——
西藏	——	——	——	——	——
陕西	——	——	——	——	——
甘肃	6064	5657	407	3441	1420
青海	200	200	——	147	——
宁夏	1898	1872	26	379	——
新疆	3762	3445	317	3426	——

各地区港、澳、台投资经济工程结算收入及工程结算利润

单位:万元

地区	工程结算收入	工程结算成本	工程结算税金及附加	工程结算利润	管理费用	税金	财产保险费	劳动、待业保险费
全国总计	**564644**	**482893**	**17511**	**64241**	**51677**	**1059**	**312**	**1107**
北京	65062	54049	1906	9107	9403	26	37	71
天津	8413	6886	228	1299	1252	2	1	18
河北	2302	1934	70	299	236	1	1	4
山西	5315	4194	159	962	134	--	--	3
内蒙古	1032	840	34	158	122	28	--	--
辽宁	14202	12184	340	1678	1555	9	14	61
吉林	619	569	30	20	108	17	--	--
黑龙江	1180	1028	61	91	124	--	--	--
上海	147322	129930	4224	13168	11678	122	52	207
江苏	71649	61424	2962	7264	4745	114	58	192
浙江	36241	31868	1274	3099	2416	50	39	130
安徽	4212	3658	172	381	334	4	--	37
福建	50198	42500	1330	6368	2847	206	9	32
江西	--	--	--	--	--	--	--	--
山东	28150	22130	798	5222	2441	72	48	104
河南	19545	15286	590	3668	2939	350	--	1
湖北	6465	5314	191	959	877	4	1	28
湖南	1267	1102	59	106	213	--	1	3
广东	77372	68232	2273	6866	7496	36	19	147
广西	5	3	1	1	50	--	--	1
海南	6135	4288	275	1573	555	3	--	6
重庆	6003	4958	188	857	761	2	--	48
四川	1738	1570	52	117	124	--	1	1
贵州	--	--	--	--	35	1	1	--
云南	7208	6347	194	667	673	2	5	9
西藏	--	--	--	--	--	--	--	--
陕西	--	--	--	--	--	--	--	--
甘肃	666	546	24	96	128	4	4	--
青海	248	211	7	30	23	--	--	--
宁夏	289	259	9	21	83	--	--	--
新疆	1806	1585	57	164	324	7	21	3

各地区港、澳、台投资经济利税及利润总额

单位:万元

地区	利税总额	利润总额	应交所得税	转作奖金的利润	应付利润	已分配股利
全国总计	**31855**	**13285**	**2737**	**776**	**6185**	**698**
北京	2381	449	249	15	275	113
天津	288	58	38	4	285	——
河北	82	11	23	——	——	——
山西	957	798	——	319	319	——
内蒙古	27	−35	1	——	1	——
辽宁	241	−108	23	——	40	——
吉林	83	36	8	——	——	——
黑龙江	−60	−121	——	——	——	——
上海	7050	2704	780	58	2353	238
江苏	5236	2160	425	231	1118	10
浙江	1832	508	61	——	134	——
安徽	180	4	5	——	——	——
福建	4983	3447	188	35	156	51
江西	——	——	——	——	——	——
山东	2804	1934	159	35	319	——
河南	1449	509	351	——	136	——
湖北	225	30	39	4	47	——
湖南	−40	−99	——	——	1	——
广东	2877	568	245	27	284	85
广西	38	37	11	——	2	——
海南	1271	993	102	40	669	200
重庆	193	3	24	8	46	——
四川	50	−2	——	——	——	——
贵州	−122	−123	——	——	——	——
云南	107	−89	4	——	——	——
西藏	——	——	——	——	——	——
陕西	——	——	——	——	——	——
甘肃	−72	−100	1	——	1	1
青海	11	4	——	——	——	——
宁夏	−59	−68	——	——	——	——
新疆	−159	−223	——	——	——	——

各地区港、澳、台投资经济利润率及利税率

地区	产值利润率（%）	产值利税率（%）	资本金利润率（%）	资本金利税率（%）	人均利润（元/人）	人均利税（元/人）	资产负债率（%）
全国总计	**2.1**	**5.0**	**5.2**	**12.6**	**1614**	**3871**	**65.8**
北　京	0.7	3.7	1.5	7.9	641	3398	57.7
天　津	0.6	3.0	1.2	5.8	404	2016	60.6
河　北	0.6	4.6	0.6	4.1	113	836	40.0
山　西	15.0	18.0	78.3	93.9	15934	19118	75.9
内蒙古	-2.3	1.8	-2.1	1.7	-801	623	56.1
辽　宁	-0.6	1.4	-1.2	2.6	-581	1299	63.3
吉　林	2.5	5.9	4.8	11.1	589	1365	55.0
黑龙江	-5.6	-2.8	-12.0	-5.9	-2430	-1202	69.5
上　海	1.6	4.0	5.1	13.2	1458	3802	67.8
江　苏	2.3	5.7	9.6	23.2	2404	5827	68.5
浙　江	1.0	3.6	4.0	14.5	739	2665	67.4
安　徽	0.1	4.5	0.1	5.5	42	1969	40.0
福　建	6.9	10.0	20.5	29.6	3045	4401	55.4
江　西	--	--	--	--	--	--	--
山　东	6.0	8.7	13.3	19.3	3988	5782	56.3
河　南	3.3	9.3	3.2	9.1	1859	5293	60.1
湖　北	0.5	3.4	0.5	3.9	217	1630	62.3
湖　南	-9.0	-3.6	-8.6	-3.4	-3956	-1580	73.6
广　东	0.7	3.7	1.7	8.7	730	3695	79.2
广　西	5.3	5.5	1.9	1.9	2406	2497	10.8
海　南	17.8	22.8	21.5	27.5	17236	22056	58.7
重　庆	--	3.2	0.1	4.0	19	1284	63.8
四　川	--	1.0	-0.1	4.3	-22	690	80.0
贵　州	-14.5	-14.4	-6.9	-6.9	-5352	-5317	54.8
云　南	-1.7	2.0	-6.7	8.0	-589	703	69.6
西　藏	--	--	--	--	--	--	--
陕　西	--	--	--	--	--	--	--
甘　肃	-15.0	-10.8	-3.5	-2.5	-3690	-2664	63.8
青　海	1.6	4.3	2.4	6.7	382	1045	57.5
宁　夏	-9.0	-7.8	-6.1	-5.2	-7670	-6625	83.3
新　疆	-12.3	-8.8	-6.2	-4.4	-14406	-10284	52.3

各地区港、澳、台投资经济建筑业企业亏损情况

地 区	建筑业企业个数(个)	亏损企业个数(个)	亏损金额(万元)	亏损面(%)
全国总计	**491**	**202**	**9603**	**41.1**
北 京	56	20	1350	35.7
天 津	9	4	134	44.4
河 北	6	4	71	66.7
山 西	2	——	——	——
内 蒙 古	5	2	38	40.0
辽 宁	26	13	331	50.0
吉 林	2	1	20	50.0
黑 龙 江	3	3	121	100.0
上 海	86	31	2704	36.0
江 苏	42	13	539	31.0
浙 江	27	11	183	40.7
安 徽	8	3	103	37.5
福 建	33	13	514	39.4
江 西	——	——	——	——
山 东	51	15	337	29.4
河 南	19	13	589	68.4
湖 北	22	8	290	36.4
湖 南	2	1	110	50.0
广 东	49	24	1396	49.0
广 西	1	——	——	——
海 南	6	——	——	——
重 庆	12	6	127	50.0
四 川	3	1	4	33.3
贵 州	1	1	123	100.0
云 南	7	5	108	71.4
西 藏	——	——	——	——
陕 西	——	——	——	——
甘 肃	4	3	102	75.0
青 海	2	1	——	50.0
宁 夏	2	2	68	100.0
新 疆	5	4	242	80.0

各地区其他经济建筑业总产值和竣工产值

单位:万元

地　区	建筑业总产值	建筑工程产值	安装工程产值	房屋构筑物修理产值	非标准设备制造产值	竣工产值
全国总计	**286388**	**220305**	**57948**	**7379**	**757**	**214120**
北　京	799	799	－－	－－	－－	308
天　津	336	216	120	－－	－－	336
河　北	633	580	53	－－	－－	633
山　西	2649	2300	183	166	－－	2329
内蒙古	1074	935	139	－－	－－	827
辽　宁	462	－－	462	－－	－－	462
吉　林	911	678	233	－－	－－	911
黑龙江	－－	－－	－－	－－	－－	－－
上　海	123242	93950	23035	5811	446	93175
江　苏	31867	20210	11097	260	300	18979
浙　江	20927	18327	2341	259	1	12816
安　徽	582	508	61	13	－－	467
福　建	21109	10499	10610	－－	－－	15817
江　西	－－	－－	－－	－－	－－	－－
山　东	632	320	312	－－	－－	194
河　南	3246	3150	－－	86	10	853
湖　北	6745	3866	2860	19	－－	4187
湖　南	4426	4416	－－	10	－－	6282
广　东	38985	36079	2756	150	－－	37333
广　西	－－	－－	－－	－－	－－	－－
海　南	60	－－	60	－－	－－	60
重　庆	7091	6857	－－	234	－－	4269
四　川	15228	11798	3262	169	－－	9631
贵　州	65	－－	－－	65	－－	43
云　南	845	778	30	36	－－	840
西　藏	400	400	－－	－－	－－	400
陕　西	1000	996	4	－－	－－	905
甘　肃	1153	1031	21	101	－－	655
青　海	742	742	－－	－－	－－	229
宁　夏	1179	870	309	－－	－－	1179
新　疆	－－	－－	－－	－－	－－	－－

各地区其他经济单位工程个数及工程质量

地　区	单位工程施工个数（个）	本年新开工个数	投标承包个数		单位工程竣工个数（个）		工程质量优良品率（%）	投标承包个数占单位工程施工个数的比重（%）
				本年新开工		优良品		
全国总计	**3042**	**2289**	**512**	**399**	**2032**	**1113**	**54.8**	**16.8**
北　京	25	1	——	——	24	——	——	——
天　津	17	14	——	——	17	——	——	——
河　北	20	15	3	2	14	6	42.9	15.0
山　西	56	47	17	10	50	16	32.0	30.4
内蒙古	21	17	——	——	6	——	——	——
辽　宁	29	29	29	29	29	12	41.4	100.0
吉　林	27	23	1	1	27	——	——	3.7
黑龙江	——	——	——	——	——	——	——	——
上　海	800	453	183	150	328	108	32.9	22.9
江　苏	267	201	74	62	197	102	51.8	27.7
浙　江	351	277	36	22	272	25	9.2	10.3
安　徽	22	17	3	3	19	——	——	13.6
福　建	977	912	6	6	770	728	94.5	0.6
江　西	——	——	——	——	——	——	——	——
山　东	16	7	——	——	12	11	91.7	——
河　南	18	15	6	4	9	——	——	33.3
湖　北	81	73	34	28	74	48	64.9	42.0
湖　南	26	13	2	——	23	8	34.8	7.7
广　东	56	43	40	28	40	29	72.5	71.4
广　西	——	——	——	——	——	——	——	——
海　南	2	——	——	——	——	——	——	——
重　庆	50	19	10	6	31	6	19.4	20.0
四　川	99	60	26	19	31	7	22.6	26.3
贵　州	7	3	——	——	7	——	——	——
云　南	13	8	——	——	12	1	8.3	——
西　藏	4	4	4	4	3	2	66.7	100.0
陕　西	15	9	9	5	11	2	18.2	60.0
甘　肃	17	12	8	5	12	2	16.7	47.1
青　海	10	5	10	5	4	——	——	100.0
宁　夏	16	12	11	10	10	——	——	68.8
新　疆	——	——	——	——	——	——	——	——

各地区其他经济房屋建筑面积和工程质量

地区	房屋建筑施工面积（万平方米）	本年新开工面积	投标承包面积	本年新开工	房屋建筑竣工面积（万平方米）	优良品面积	房屋建筑面积优良品率（%）	投标承包面积占房屋建筑施工面积的比重（%）
全国总计	**303.3**	**155.3**	**153.4**	**87.2**	**127.9**	**49.0**	**38.3**	**50.6**
北京	0.8	0.8	——	——	0.8	——	——	——
天津	——	——	——	——	——	——	——	——
河北	0.7	0.4	0.2	0.2	0.4	0.4	100.0	36.4
山西	4.3	2.5	3.2	1.0	3.8	2.2	58.6	73.2
内蒙古	2.0	2.0	——	——	1.7	——	——	——
辽宁	——	——	——	——	——	——	——	——
吉林	0.1	0.1	0.1	0.1	0.1	——	——	100.0
黑龙江	——	——	——	——	——	——	——	——
上海	104.7	39.6	40.0	27.6	46.4	16.9	36.5	38.2
江苏	17.6	11.5	6.9	5.1	11.5	2.6	22.5	39.2
浙江	25.9	14.7	11.9	6.6	7.9	2.2	27.6	45.9
安徽	1.7	0.9	0.3	0.3	1.1	——	——	18.5
福建	13.5	13.5	——	——	3.6	——	——	——
江西	——	——	——	——	——	——	——	——
山东	0.5	0.3	——	——	0.3	0.3	100.0	——
河南	4.1	2.4	3.0	1.6	1.0	——	——	71.9
湖北	7.9	4.4	2.2	1.8	5.1	0.9	17.1	28.5
湖南	5.9	0.9	0.7	——	5.7	3.1	54.4	11.6
广东	64.8	32.9	62.8	29.8	16.8	16.2	96.3	97.0
广西	——	——	——	——	——	——	——	——
海南	——	——	——	——	——	——	——	——
重庆	16.6	7.8	4.2	0.3	4.5	2.0	44.0	25.6
四川	15.8	11.3	4.7	4.7	8.5	1.0	11.9	29.6
贵州	0.4	——	——	——	0.1	——	——	——
云南	0.2	0.2	——	——	0.2	——	18.2	——
西藏	0.5	0.5	0.5	0.5	0.5	0.3	68.0	100.0
陕西	2.6	1.0	1.8	0.8	2.1	0.6	27.0	66.3
甘肃	4.4	2.7	3.5	2.3	1.5	0.3	17.9	79.2
青海	5.5	2.6	5.5	2.6	2.1	——	——	100.0
宁夏	2.8	2.2	1.9	1.9	2.2	——	——	66.9
新疆	——	——	——	——	——	——	——	——

各地区其他经济按主要用途分的房屋建筑竣工面积

单位:万平方米

地　区	合计	厂房	住宅	办公用房	商业、居民服务业用房	文化教育用房	医疗用房	科研用房	其他用房
全国总计	**127.9**	**11.6**	**74.8**	**11.8**	**16.4**	**5.8**	——	**0.3**	**7.3**
北　京	0.8	——	0.8	——	——	——	——	——	——
天　津	——	——	——	——	——	——	——	——	——
河　北	0.4	——	0.1	0.2	——	——	——	——	——
山　西	3.8	0.4	3.2	0.2	——	——	——	——	——
内蒙古	1.7	——	1.7	——	——	——	——	——	——
辽　宁	——	——	——	——	——	——	——	——	——
吉　林	0.1	——	——	0.1	——	——	——	——	——
黑龙江	——	——	——	——	——	——	——	——	——
上　海	46.4	3.0	22.0	6.9	8.6	2.2	——	0.3	3.5
江　苏	11.5	5.5	3.0	0.8	1.2	0.6	——	——	0.4
浙　江	7.9	0.4	6.4	0.5	——	0.5	——	——	0.2
安　徽	1.1	0.1	0.5	0.3	——	0.2	——	——	0.1
福　建	3.6	——	3.6	——	——	——	——	——	——
江　西	——	——	——	——	——	——	——	——	——
山　东	0.3	0.2	——	0.2	——	——	——	——	——
河　南	1.0	0.1	0.7	——	0.2	——	——	——	——
湖　北	5.1	0.6	2.3	0.2	——	——	——	——	2.1
湖　南	5.7	——	5.5	0.2	0.1	——	——	——	——
广　东	16.8	0.4	11.8	1.4	1.4	1.7	——	——	——
广　西	——	——	——	——	——	——	——	——	——
海　南	——	——	——	——	——	——	——	——	——
重　庆	4.5	——	2.8	0.2	1.4	——	——	——	0.1
四　川	8.5	0.8	4.6	——	3.1	——	——	——	0.1
贵　州	0.1	——	——	——	——	——	——	——	0.1
云　南	0.2	0.1	——	——	——	——	——	——	——
西　藏	0.5	——	——	0.1	0.2	——	——	——	0.2
陕　西	2.1	0.1	2.0	——	——	——	——	——	——
甘　肃	1.5	0.1	0.8	0.2	——	0.1	——	——	0.4
青　海	2.1	——	1.7	0.4	——	——	——	——	——
宁　夏	2.2	——	1.5	——	0.1	0.4	——	——	0.3
新　疆	——	——	——	——	——	——	——	——	——

各地区其他经济各种用途的房屋建筑竣工面积占全部的比重

单位：%

地　区	厂房	住宅	办公用房	商业、居民服务业用　房	文化教育用房	医疗用房	科研用房	其他用房
全国总计	**9.1**	**58.5**	**9.2**	**12.8**	**4.5**	－－	**0.2**	**5.7**
北　京	－－	100.0	－－	－－	－－	－－	－－	－－
天　津	－－	－－	－－	－－	－－	－－	－－	－－
河　北	－－	25.0	50.0	－－	－－	－－	－－	－－
山　西	10.5	84.2	5.3	－－	－－	－－	－－	－－
内蒙古	－－	100.0	－－	－－	－－	－－	－－	－－
辽　宁	－－	－－	－－	－－	－－	－－	－－	－－
吉　林	－－	－－	100.0	－－	－－	－－	－－	－－
黑龙江	－－	－－	－－	－－	－－	－－	－－	－－
上　海	6.5	47.4	14.9	18.5	4.7	－－	0.6	7.5
江　苏	47.8	26.1	7.0	10.4	5.2	－－	－－	3.5
浙　江	5.1	81.0	6.3	－－	6.3	－－	－－	2.5
安　徽	9.1	45.5	27.3	－－	18.2	－－	－－	9.1
福　建	－－	100.0	－－	－－	－－	－－	－－	－－
江　西	－－	－－	－－	－－	－－	－－	－－	－－
山　东	66.7	－－	66.7	－－	－－	－－	－－	－－
河　南	10.0	70.0	－－	20.0	－－	－－	－－	－－
湖　北	11.8	45.1	3.9	－－	－－	－－	－－	41.2
湖　南	－－	96.5	3.5	1.8	－－	－－	－－	－－
广　东	2.4	70.2	8.3	8.3	10.1	－－	－－	－－
广　西	－－	－－	－－	－－	－－	－－	－－	－－
海　南	－－	－－	－－	－－	－－	－－	－－	－－
重　庆	－－	62.2	4.4	31.1	－－	－－	－－	2.2
四　川	9.4	54.1	－－	36.5	－－	－－	－－	1.2
贵　州	－－	－－	－－	－－	－－	－－	－－	100.0
云　南	50.0	－－	－－	－－	－－	－－	－－	－－
西　藏	－－	－－	20.0	40.0	－－	－－	－－	40.0
陕　西	4.8	95.2	－－	－－	－－	－－	－－	－－
甘　肃	6.7	53.3	13.3	－－	6.7	－－	－－	26.7
青　海	－－	81.0	19.0	－－	－－	－－	－－	－－
宁　夏	－－	68.2	－－	4.5	18.2	－－	－－	13.6
新　疆	－－	－－	－－	－－	－－	－－	－－	－－

各地区其他经济机械设备装备情况

地　区	自有机械设备年末总台数(台)	自有机械设备年末总功率(万千瓦)	施工机械功率	自有机械设备净值(万元)	技术装备率(元/人)	动　力装备率(千瓦/人)
全国总计	**14823**	**18.0**	**14.5**	**36405**	**6971**	**3.5**
北　京	15	——	——	58	2979	1.4
天　津	21	0.1	0.1	78	20077	32.1
河　北	182	0.4	0.3	204	5834	10.9
山　西	741	0.7	0.4	352	2407	4.5
内蒙古	156	0.2	0.2	154	5450	5.4
辽　宁	16	0.6	——	87	6522	44.8
吉　林	133	0.2	0.1	149	2815	4.0
黑龙江	——	——	——	——	——	——
上　海	4108	3.2	2.8	10697	6197	1.8
江　苏	1283	0.9	0.8	2874	6718	2.1
浙　江	1587	1.5	1.2	3911	9191	3.6
安　徽	153	0.1	——	105	2646	1.4
福　建	223	0.3	0.3	1307	2647	0.7
江　西	——	——	——	——	——	——
山　东	55	0.1	0.1	264	11000	4.4
河　南	155	0.7	0.6	814	7267	6.1
湖　北	480	0.5	0.5	1097	8280	3.7
湖　南	464	0.2	0.2	424	7518	4.0
广　东	873	2.9	2.3	6108	15828	7.5
广　西	——	——	——	——	——	——
海　南	——	——	——	——	——	——
重　庆	1202	1.8	1.3	1455	5613	7.0
四　川	1651	2.8	2.5	5340	10409	5.5
贵　州	21	0.1	0.1	18	2632	11.0
云　南	97	——	——	135	5357	1.6
西　藏	15	——	——	65	5200	0.4
陕　西	346	0.2	0.1	345	5227	3.0
甘　肃	277	0.2	0.2	306	3193	2.3
青　海	182	——	——	——	——	1.3
宁　夏	387	0.3	0.3	58	708	3.4
新　疆	——	——	——	——	——	——

各地区其他经济建筑业增加值及其构成(一)

单位:万元

地　　区	建筑业增加值合计	本年提取固定资产折旧	应付工资总额	应付福利费总额
全国总计	**79278**	**4966**	**33044**	**4222**
北　京	101	9	139	14
天　津	80	8	26	--
河　北	116	39	45	1
山　西	671	60	443	41
内蒙古	354	6	248	24
辽　宁	226	5	98	--
吉　林	305	29	144	17
黑龙江	--	--	--	--
上　海	30516	1631	13800	1619
江　苏	7461	613	2760	341
浙　江	6977	534	3693	463
安　徽	176	13	47	4
福　建	7804	200	3473	591
江　西	--	--	--	--
山　东	184	33	103	9
河　南	290	6	80	6
湖　北	803	35	241	2
湖　南	354	30	137	9
广　东	14049	655	3576	462
广　西	--	--	--	--
海　南	1	--	2	--
重　庆	2347	141	1163	371
四　川	5031	792	2102	206
贵　州	26	1	25	2
云　南	300	45	128	5
西　藏	68	--	--	--
陕　西	293	26	161	19
甘　肃	455	41	261	--
青　海	114	2	56	8
宁　夏	174	14	95	7
新　疆	--	--	--	--

各地区其他经济建筑业增加值及其构成(二)

单位:万元

地　区	工程结算税金及附加	工程结算利润	管理费用中的税金	管理费用中的劳动、待业保险费	转作奖金的利润
全国总计	**9674**	**31125**	**590**	**738**	**71**
北　京	29	32	--	--	--
天　津	11	48	--	--	--
河　北	6	23	3	--	--
山　西	74	195	12	3	1
内蒙古	32	41	--	2	--
辽　宁	15	107	--	--	--
吉　林	30	95	1	34	--
黑龙江	--	--	--	--	--
上　海	3557	10022	220	46	4
江　苏	885	3084	69	26	37
浙　江	594	2025	22	20	11
安　徽	30	63	18	2	--
福　建	669	3471	13	1	--
江　西	--	--	--	--	--
山　东	9	31	--	--	--
河　南	75	118	3	3	--
湖　北	142	383	--	--	--
湖　南	64	120	4	3	--
广　东	2662	8448	66	588	--
广　西	--	--	--	--	--
海　南	3	-5	--	--	--
重　庆	161	733	57	1	10
四　川	459	1728	71	11	5
贵　州	2	-4	--	--	--
云　南	28	108	3	--	--
西　藏	2	50	16	--	--
陕　西	33	54	--	--	--
甘　肃	40	107	12	--	4
青　海	24	25	--	--	--
宁　夏	38	22	--	--	--
新　疆	--	--	--	--	--

各地区其他经济建筑业劳动生产率

地区	建筑业企业个数（个）	计算劳动生产率的平均人数（万人）	按总产值计算的劳动生产率（元/人）	按增加值计算的劳动生产率（元/人）	人均竣工产值（元/人）	人均施工面积（平米/人）	人均竣工面积（平米/人）
全国总计	**264**	**5.22**	**54836**	**15180**	**40999**	**58.1**	**24.5**
北京	2	0.02	41165	5180	15856	39.7	39.7
天津	2	——	86205	20564	86205	——	——
河北	6	0.03	18152	3327	18152	18.9	11.2
山西	12	0.15	18132	4594	15944	29.5	25.9
内蒙古	3	0.03	38071	12557	29316	70.1	60.3
辽宁	1	0.01	34463	16866	34463	——	——
吉林	2	0.05	17187	5760	17187	2.5	2.5
黑龙江	——	——	——	——	——	——	——
上海	80	1.73	71395	17678	53977	60.7	26.9
江苏	32	0.43	74473	17436	44354	41.1	26.8
浙江	48	0.43	49183	16396	30121	60.8	18.7
安徽	4	0.04	14737	4466	11825	43.8	28.6
福建	8	0.49	42757	15807	32037	27.4	7.3
江西	——	——	——	——	——	——	——
山东	2	0.02	26333	7658	8067	20.9	14.6
河南	5	0.11	28982	2590	7616	37.0	9.0
湖北	6	0.13	50904	6061	31598	59.3	38.6
湖南	2	0.06	78479	6285	111388	104.8	101.0
广东	7	0.39	101023	36406	96743	167.8	43.5
广西	——	——	——	——	——	——	——
海南	2	——	42857	714	42857	——	——
重庆	12	0.26	27346	9051	16465	63.9	17.3
四川	13	0.51	29685	9807	18773	30.7	16.6
贵州	1	0.01	9559	3794	6324	55.1	8.0
云南	4	0.03	33520	11925	33321	8.5	8.5
西藏	1	0.01	32016	5448	32016	43.1	36.9
陕西	4	0.07	15132	4439	13685	40.0	31.4
甘肃	2	0.10	12048	4750	6844	46.3	16.1
青海	1	0.04	19747	3037	6104	145.4	54.8
宁夏	2	0.08	14287	2114	14287	33.8	26.7
新疆	——	——	——	——	——	——	——

各地区其他经济资本金及资产构成(一)

单位:万元

地　区	资本金合计	资产总计	流动资产合计	存货	在建工程	长期投资
全国总计	**109613**	**337136**	**247314**	**95093**	**45456**	**14911**
北　京	268	834	491	138	92	100
天　津	320	672	587	229	198	--
河　北	1626	1927	704	80	36	2
山　西	731	2131	1455	593	289	--
内 蒙 古	497	955	568	266	83	--
辽　宁	24	114	27	21	--	--
吉　林	583	1544	816	35	14	250
黑 龙 江	--	--	--	--	--	--
上　海	49174	125917	94713	28056	19186	4470
江　苏	10064	26383	21385	9836	5303	141
浙　江	11214	26543	17993	6309	3921	225
安　徽	321	402	169	60	12	48
福　建	3234	17266	11650	7194	6753	4213
江　西	--	--	--	--	--	--
山　东	1552	2468	2098	1700	1675	--
河　南	252	1424	432	152	57	78
湖　北	1771	3393	1622	634	325	--
湖　南	1585	3058	1661	1350	--	--
广　东	9495	82645	65593	30330	1311	3916
广　西	--	--	--	--	--	--
海　南	200	28	28	--	--	--
重　庆	4194	7323	5024	2990	2665	500
四　川	8910	25938	17262	4719	3349	810
贵　州	152	86	40	23	--	--
云　南	914	2550	1030	150	140	159
西　藏	150	150	95	32	15	--
陕　西	959	1340	501	147	31	--
甘　肃	736	736	232	18	--	--
青　海	14	56	43	20	--	--
宁　夏	672	1251	1095	11	--	--
新　疆	--	--	--	--	--	--

各地区其他经济资本金及资产构成(二)

单位:万元

地区	固定资产合计	固定资产原价合计	生产经营用	固定资产折旧	本年折旧	无形及递延资产合计	其中:无形资产
全国总计	**61978**	**77243**	**60065**	**15850**	**4966**	**4785**	**4061**
北京	223	238	--	23	9	19	19
天津	85	116	109	31	8	--	--
河北	1220	1290	1097	135	39	--	--
山西	614	847	708	234	60	26	1
内蒙古	383	399	379	16	6	4	--
辽宁	87	93	93	6	5	--	--
吉林	312	358	202	47	29	87	--
黑龙江	--	--	--	--	--	--	--
上海	18634	23557	20315	4923	1631	4005	3618
江苏	4780	6644	5774	1864	613	49	28
浙江	6589	7374	5930	1272	534	174	87
安徽	174	204	150	30	13	--	--
福建	1344	1863	1462	518	200	2	--
江西	--	--	--	--	--	--	--
山东	302	376	310	74	33	--	--
河南	906	927	915	22	6	2	--
湖北	1590	1863	1510	274	35	4	--
湖南	1396	1466	1265	69	30	--	--
广东	12752	15504	7541	2752	655	65	8
广西	--	--	--	--	--	--	--
海南	--	--	--	--	--	--	--
重庆	1685	1976	1772	316	141	3	2
四川	6684	9543	8977	2858	792	99	56
贵州	46	77	35	30	1	--	--
云南	654	739	289	85	45	234	232
西藏	4	10	2	5	--	12	10
陕西	839	935	543	97	26	--	--
甘肃	504	589	432	85	41	--	--
青海	13	16	16	4	2	--	--
宁夏	156	238	238	82	14	--	--
新疆	--	--	--	--	--	--	--

各地区其他经济负债及所有者权益

单位: 万元

地区	负债合计	流动负债合计	长期负债合计	所有者权益合计	股本
全国总计	**212010**	**203193**	**7756**	**125126**	**21860**
北京	520	520	——	314	——
天津	387	387	——	284	——
河北	781	122	659	1146	——
山西	1437	1140	297	694	381
内蒙古	489	489	——	466	——
辽宁	35	35	——	79	24
吉林	1086	1077	10	457	300
黑龙江	——	——	——	——	——
上海	75917	72960	1897	50000	4173
江苏	16655	16490	165	9728	4696
浙江	14066	14042	24	12478	2362
安徽	96	59	38	306	150
福建	9137	9133	4	8129	1000
江西	——	——	——	——	——
山东	850	841	10	1618	——
河南	319	318	1	1105	252
湖北	1425	1001	424	1968	——
湖南	1839	984	855	1219	——
广东	62274	60463	1812	20371	7953
广西	——	——	——	——	——
海南	——	——	——	28	——
重庆	4191	3831	360	3132	——
四川	17267	16115	1152	8671	——
贵州	26	26	——	60	——
云南	1609	1605	4	940	——
西藏	62	37	25	88	——
陕西	400	390	10	941	——
甘肃	66	56	10	670	568
青海	41	41	——	14	——
宁夏	1033	1033	——	219	——
新疆	——	——	——	——	——

各地区其他经济工程结算收入及工程结算利润

单位:万元

地区	工程结算收入	工程结算成本	工程结算税金及附加	工程结算利润	管理费用	税金	财产保险费	劳动、待业保险费
全国总计	**278242**	**237443**	**9674**	**31125**	**20394**	**590**	**120**	**738**
北京	908	846	29	32	68	--	--	--
天津	336	277	11	48	36	--	--	--
河北	430	402	6	23	18	3	--	--
山西	1846	1578	74	195	177	12	2	3
内蒙古	1054	981	32	41	68	--	--	2
辽宁	462	340	15	107	19	--	2	--
吉林	911	786	30	95	139	1	--	34
黑龙江	--	--	--	--	--	--	--	--
上海	115828	102249	3557	10022	7836	220	75	46
江苏	16893	12924	885	3084	1577	69	13	26
浙江	15910	13291	594	2025	1527	22	9	20
安徽	575	482	30	63	26	18	--	2
福建	19376	15236	669	3471	2594	13	1	1
江西	--	--	--	--	--	--	--	--
山东	265	225	9	31	69	--	--	--
河南	2295	2102	75	118	110	3	--	3
湖北	4174	3649	142	383	300	--	--	--
湖南	1886	1702	64	120	95	4	--	3
广东	71800	60690	2662	8448	4174	66	3	588
广西	--	--	--	--	--	--	--	--
海南	66	67	3	-5	7	--	--	--
重庆	5507	4612	161	733	222	57	1	1
四川	12661	10473	459	1728	995	71	14	11
贵州	43	45	2	-4	9	--	--	--
云南	840	704	28	108	98	3	1	--
西藏	118	66	2	50	58	16	--	--
陕西	1001	914	33	54	52	--	--	--
甘肃	1137	990	40	107	70	12	--	--
青海	742	694	24	25	23	--	1	--
宁夏	1179	1120	38	22	27	--	--	--
新疆	--	--	--	--	--	--	--	--

各地区其他经济利税及利润总额

单位:万元

地区	利税总额	利润总额	应交所得税	转作奖金的利润	应付利润	已分配股利
全国总计	**20578**	**10314**	**1751**	**71**	**3116**	**1357**
北京	31	2	1	--	--	--
天津	21	10	3	--	--	--
河北	10	1	--	--	--	--
山西	94	8	8	1	1	--
内蒙古	6	-26	1	--	--	--
辽宁	103	88	23	--	--	--
吉林	-19	-50	--	--	--	--
黑龙江	--	--	--	--	--	--
上海	6551	2774	451	4	452	198
江苏	2504	1550	225	37	213	31
浙江	970	354	138	11	50	--
安徽	73	25	--	--	--	--
福建	2564	1882	368	--	1231	--
江西	--	--	--	--	--	--
山东	-23	-32	--	--	--	--
河南	86	8	1	--	2	--
湖北	184	42	36	--	22	--
湖南	53	-15	1	--	--	--
广东	5526	2798	230	--	1108	1108
广西	--	--	--	--	--	--
海南	-9	-12	--	--	--	--
重庆	588	370	22	10	20	20
四川	1061	531	229	5	15	--
贵州	-11	-13	--	--	--	--
云南	37	6	1	--	--	--
西藏	14	-4	--	--	--	--
陕西	33	--	1	--	--	--
甘肃	67	15	11	4	2	--
青海	26	2	--	--	--	--
宁夏	37	-1	--	--	--	--
新疆	--	--	--	--	--	--

各地区其他经济利润率及利税率

地　区	产值利润率(%)	产值利税率(%)	资本金利润率(%)	资本金利税率(%)	人均利润(元/人)	人均利税(元/人)	资产负债率(%)
全国总计	**3.6**	**7.2**	**9.4**	**18.8**	**1975**	**3940**	**62.9**
北　京	0.3	4.0	0.9	11.8	119	1634	62.3
天　津	2.8	6.0	3.0	6.3	2436	5205	57.7
河　北	0.2	1.6	0.1	0.6	37	298	40.5
山　西	0.3	3.5	1.0	12.7	51	636	67.4
内蒙古	−2.4	0.6	−5.2	1.2	−908	216	51.2
辽　宁	19.1	22.4	366.4	429.9	6590	7731	30.7
吉　林	−5.5	−2.0	−8.5	−3.2	−940	−349	70.4
黑龙江	— —	— —	— —	— —	— —	— —	— —
上　海	2.3	5.3	5.6	13.3	1607	3795	60.3
江　苏	4.9	7.9	15.4	24.9	3621	5851	63.1
浙　江	1.7	4.6	3.2	8.7	833	2281	53.0
安　徽	4.3	12.5	7.8	22.6	635	1841	23.9
福　建	8.9	12.1	58.2	79.3	3812	5193	52.9
江　西	— —	— —	— —	— —	— —	— —	— —
山　东	−5.1	−3.7	−2.1	−1.5	−1337	−971	34.5
河　南	0.2	2.6	3.0	33.6	67	757	22.4
湖　北	0.6	2.7	2.4	10.4	316	1390	42.0
湖　南	−0.3	1.2	−0.9	3.3	−266	927	60.1
广　东	7.2	14.2	29.5	58.2	7250	14319	75.4
广　西	— —	— —	— —	— —	— —	— —	— —
海　南	−19.3	−13.7	−5.8	−4.1	−8286	−5857	— —
重　庆	5.2	8.3	8.8	14.0	1427	2271	57.2
四　川	3.5	7.0	6.0	11.9	1036	2068	66.6
贵　州	−20.2	−16.6	−8.6	−7.1	−1926	−1588	29.8
云　南	0.7	4.5	0.7	4.1	242	1492	63.1
西　藏	−0.9	3.6	−2.3	9.7	−280	1168	41.3
陕　西	— —	3.3	— —	3.5	−3	507	29.8
甘　肃	1.3	5.8	2.1	9.1	158	699	9.0
青　海	0.3	3.5	14.6	181.2	56	694	74.1
宁　夏	−0.1	3.1	−0.1	5.5	−10	445	82.5
新　疆	— —	— —	— —	— —	— —	— —	— —

各地区其他经济建筑业企业亏损情况

地 区	建筑业企业个数(个)	亏损企业个数(个)	亏损金额(万元)	亏损面(%)
全国总计	**264**	**51**	**1250**	**19.3**
北 京	2	1	1	50.0
天 津	2	--	--	--
河 北	6	2	4	33.3
山 西	12	3	17	25.0
内 蒙 古	3	2	28	66.7
辽 宁	1	--	--	--
吉 林	2	1	51	50.0
黑 龙 江	--	--	--	--
上 海	80	11	625	13.8
江 苏	32	3	93	9.4
浙 江	48	9	203	18.8
安 徽	4	--	--	--
福 建	8	2	6	25.0
江 西	--	--	--	--
山 东	2	1	32	50.0
河 南	5	1	4	20.0
湖 北	6	1	2	16.7
湖 南	2	1	18	50.0
广 东	7	1	40	14.3
广 西	--	--	--	--
海 南	2	2	12	100.0
重 庆	12	5	93	41.7
四 川	13	1	3	7.7
贵 州	1	1	13	100.0
云 南	4	--	--	--
西 藏	1	1	4	100.0
陕 西	4	1	3	25.0
甘 肃	2	--	--	--
青 海	1	--	--	--
宁 夏	2	1	2	50.0
新 疆	--	--	--	--

五、一级、二级、三级、四级建筑业企业

各地区一级企业建筑业总产值和竣工产值

单位:万元

地区	建筑业总产值	建筑工程产值	安装工程产值	房屋构筑物修理产值	非标准设备制造产值	竣工产值
全国总计	**39196122**	**33073743**	**5575074**	**224045**	**323261**	**27410864**
北京	3509556	3293587	188160	22285	5525	2484761
天津	1390513	1166430	190251	7051	26780	940943
河北	1882090	1569991	289504	2285	20309	1241871
山西	1384336	1214937	159377	5915	4108	1143053
内蒙古	357047	279391	51857	23780	2019	262615
辽宁	1983681	1563288	363570	22124	34699	1303572
吉林	702898	549060	146523	2317	4998	441910
黑龙江	1089410	713870	347132	1161	27247	987123
上海	3086263	2548778	516885	7197	13403	2094781
江苏	3216794	2746460	420179	35418	14737	2284563
浙江	3235631	2778016	390599	37297	29718	2160828
安徽	944374	749325	184596	4820	5633	532918
福建	605360	516192	82914	85	6170	497447
江西	307181	247893	57162	152	1973	195533
山东	1954303	1448403	482148	9153	14599	1551928
河南	1436004	1136890	273967	1496	23651	1014366
湖北	1691522	1486676	186077	3181	15588	827099
湖南	1138622	976857	138621	5908	17236	650189
广东	2455298	2229436	206700	13243	5919	2191098
广西	522587	458655	55509	360	8063	361380
海南	101768	95531	6237	——	——	31511
重庆	500398	458812	38060	1217	2309	298505
四川	1972125	1641577	306730	11736	12082	1523335
贵州	457525	400448	55583	300	1194	298408
云南	971631	882457	81629	428	7118	579508
西藏	43569	43569	——	——	——	10200
陕西	1020055	892566	121558	582	5348	542610
甘肃	563945	408845	149108	1255	4736	497567
青海	185653	149678	33772	897	1306	139602
宁夏	108903	88771	20132	——	——	83567
新疆	377084	337353	30535	2402	6794	238072

各地区一级企业单位工程个数及工程质量

地　区	单位工程施工个数（个）	本年新开工个数	投标承包个数	本年新开工	单位工程竣工个数（个）	优良品	工程质量优良品率（%）	投标承包个数占单位工程施工个数的比重（%）
全国总计	**165395**	**85086**	**79868**	**41258**	**85324**	**49291**	**57.8**	**48.3**
北　京	8255	3355	4624	1651	4386	1646	37.5	56.0
天　津	3892	2338	1342	774	1975	1294	65.5	34.5
河　北	8682	4694	5876	3352	4165	2683	64.4	67.7
山　西	10042	4518	5919	2498	4686	2868	61.2	58.9
内蒙古	2166	1133	292	216	1034	531	51.4	13.5
辽　宁	7413	3864	3470	1950	4062	2398	59.0	46.8
吉　林	3243	1673	1208	865	1639	1041	63.5	37.2
黑龙江	4163	2524	588	341	2748	1763	64.2	14.1
上　海	9412	5279	3015	1880	3850	2557	66.4	32.0
江　苏	11506	6217	5261	3313	6835	3524	51.6	45.7
浙　江	8274	4000	5330	2561	4457	1743	39.1	64.4
安　徽	7522	3889	3487	1560	3825	2209	57.8	46.4
福　建	2377	1199	1084	592	1289	399	31.0	45.6
江　西	2524	1382	1565	803	1307	969	74.1	62.0
山　东	11366	7099	4350	2248	7442	4111	55.2	38.3
河　南	8224	4139	4633	2590	3627	2302	63.5	56.3
湖　北	8513	3816	4084	1882	3995	2860	71.6	48.0
湖　南	4511	2345	2171	1237	1996	1347	67.5	48.1
广　东	7049	3232	2881	1344	3339	1559	46.7	40.9
广　西	2935	1340	636	384	1488	820	55.1	21.7
海　南	336	192	286	170	134	32	23.9	85.1
重　庆	2097	969	1533	625	866	498	57.5	73.1
四　川	10994	4719	6306	2816	5456	3802	69.7	57.4
贵　州	2533	1308	1119	409	953	363	38.1	44.2
云　南	5578	3247	2464	1633	3401	2245	66.0	44.2
西　藏	35	14	3	3	4	1	25.0	8.6
陕　西	4869	2453	2937	1640	2032	1414	69.6	60.3
甘　肃	3457	2327	1443	751	2388	1349	56.5	41.7
青　海	949	558	890	526	586	355	60.6	93.8
宁　夏	732	446	407	259	437	139	31.8	55.6
新　疆	1746	817	664	385	922	469	50.9	38.0

各地区一级企业房屋建筑面积和工程质量

地区	房屋建筑施工面积（万平方米）	本年新开工面积	投标承包面积	本年新开工	房屋建筑竣工面积（万平方米）	优良品面积	房屋建筑面积优良品率（%）	投标承包面积占房屋建筑施工面积的比重（%）
全国总计	**41766.8**	**14179.8**	**28039.9**	**10741.6**	**13663.9**	**7327.2**	**53.6**	**67.1**
北京	3789.6	1288.3	3091.6	1093.2	1218.4	683.8	56.1	81.6
天津	1139.9	369.0	410.3	139.0	372.8	227.7	61.1	36.0
河北	1760.0	628.3	1546.5	560.3	593.1	362.9	61.2	87.9
山西	847.1	327.1	403.9	175.1	316.8	114.6	36.2	47.7
内蒙古	271.1	84.5	60.1	29.6	132.0	68.4	51.8	22.2
辽宁	1628.1	541.3	1267.0	396.2	517.9	287.6	55.5	77.8
吉林	422.9	161.3	194.5	80.7	172.4	86.0	49.9	46.0
黑龙江	573.6	223.2	333.4	135.7	243.8	148.0	60.7	58.1
上海	2277.4	703.3	1771.7	688.7	548.5	316.1	57.6	77.8
江苏	4544.2	1895.3	3050.8	1397.6	1736.9	1078.1	62.1	67.1
浙江	4250.3	1478.1	3059.5	1258.6	1469.5	738.7	50.3	72.0
安徽	802.4	297.7	441.0	207.6	260.7	111.1	42.6	55.0
福建	707.1	217.7	615.3	189.0	206.4	55.7	27.0	87.0
江西	453.7	131.8	307.2	111.0	133.9	72.4	54.1	67.7
山东	2034.0	689.2	1556.8	624.3	675.1	437.8	64.9	76.5
河南	1432.7	486.8	1079.3	388.2	433.4	223.3	51.5	75.3
湖北	1701.6	512.1	1168.4	381.4	397.7	229.8	57.8	68.7
湖南	1241.9	371.2	670.1	242.0	409.9	249.6	60.9	54.0
广东	4559.7	1185.9	2228.9	749.2	1242.6	662.6	53.3	48.9
广西	648.5	181.8	279.8	74.9	220.6	81.4	36.9	43.1
海南	174.6	65.7	148.2	63.8	33.7	10.5	31.2	84.9
重庆	862.3	330.1	723.3	282.8	303.0	160.3	52.9	83.9
四川	2223.9	729.6	1354.8	519.6	748.4	334.6	44.7	60.9
贵州	500.9	158.0	386.5	135.5	168.4	62.8	37.3	77.2
云南	962.7	395.6	475.8	208.1	417.0	233.9	56.1	49.4
西藏	1.1	0.6	0.2	0.2	0.7	0.6	93.5	22.0
陕西	717.7	280.9	518.0	250.1	221.8	127.2	57.4	72.2
甘肃	648.9	214.0	519.0	185.2	238.9	96.9	40.6	80.0
青海	101.7	51.7	99.8	51.6	47.1	12.1	25.7	98.1
宁夏	106.8	58.2	63.8	43.0	51.0	19.3	37.8	59.8
新疆	380.4	121.6	214.3	79.6	131.8	33.5	25.4	56.3

各地区一级企业按主要用途分的房屋建筑竣工面积

单位:万平方米

地区	合计	厂房	住宅	办公用房	商业、居民服务业用房	文化教育用房	医疗用房	科研用房	其他用房
全国总计	**13663.9**	**1982.7**	**5884.8**	**1837.6**	**1872.8**	**621.4**	**203.0**	**112.1**	**1149.4**
北京	1218.4	76.3	641.5	166.1	154.3	48.4	7.5	25.6	98.8
天津	372.8	56.5	165.1	26.5	25.9	13.2	2.0	2.3	81.5
河北	593.1	80.3	285.3	95.2	50.1	31.7	14.6	7.7	28.2
山西	316.8	44.6	149.8	67.7	13.5	13.7	2.7	0.9	23.7
内蒙古	132.0	27.9	54.5	15.9	12.6	12.6	2.5	——	5.9
辽宁	517.9	74.5	244.4	44.4	77.6	20.1	8.0	7.7	41.1
吉林	172.4	31.5	70.0	31.0	17.5	10.1	2.3	0.2	9.8
黑龙江	243.8	46.4	115.6	26.2	16.3	9.0	6.6	1.1	22.8
上海	548.5	91.4	174.1	85.6	109.8	20.9	6.9	1.1	58.7
江苏	1736.9	214.6	699.4	296.1	248.3	79.2	26.3	9.3	163.8
浙江	1469.5	221.5	677.4	171.8	181.8	92.9	21.7	15.4	87.0
安徽	260.7	69.9	80.7	45.2	32.2	16.2	4.0	——	12.6
福建	206.4	35.4	74.1	27.5	45.4	5.7	3.7	0.5	14.1
江西	133.9	19.1	60.9	12.1	19.6	8.0	1.7	0.3	12.2
山东	675.1	106.8	254.5	125.7	69.1	38.3	15.4	6.6	58.7
河南	433.4	69.8	192.9	59.7	33.9	23.3	7.8	3.5	42.4
湖北	397.7	84.1	85.9	40.7	101.6	23.1	9.2	2.5	50.5
湖南	409.9	43.9	164.1	68.8	44.7	12.4	5.8	8.3	61.7
广东	1242.6	183.1	556.4	119.4	242.9	46.8	16.1	0.5	77.3
广西	220.6	28.1	99.0	27.2	40.2	7.9	4.4	——	13.9
海南	33.7	1.1	25.0	2.7	4.4	——	0.3	——	——
重庆	303.0	30.2	152.8	26.2	62.2	5.3	3.4	2.5	20.3
四川	748.4	128.0	297.7	107.7	112.6	17.2	11.5	6.4	67.4
贵州	168.4	38.3	72.8	20.4	13.8	3.6	1.1	1.0	17.4
云南	417.0	76.6	162.4	44.0	69.7	23.3	6.3	2.9	31.7
西藏	0.7	——	——	0.3	0.3	——	——	——	0.1
陕西	221.8	38.7	102.5	23.8	17.7	18.9	6.7	0.8	12.7
甘肃	238.9	33.7	121.1	37.8	19.6	7.0	2.3	3.9	13.4
青海	47.1	2.2	29.0	7.3	3.5	0.3	1.6	——	3.1
宁夏	51.0	9.5	23.5	4.6	7.7	1.0	0.1	——	4.5
新疆	131.8	18.6	52.6	10.0	23.9	11.6	0.2	0.9	14.0

各地区一级企业各种用途的房屋建筑竣工面积全部的比重

单位：%

地　区	厂房	住宅	办公用房	商业、居民服务业用　房	文化教育用房	医疗用房	科研用房	其他用房
全国总计	**14.5**	**43.1**	**13.4**	**13.7**	**4.5**	**1.5**	**0.8**	**8.4**
北　京	6.3	52.7	13.6	12.7	4.0	0.6	2.1	8.1
天　津	15.2	44.3	7.1	6.9	3.5	0.5	0.6	21.9
河　北	13.5	48.1	16.1	8.4	5.3	2.5	1.3	4.8
山　西	14.1	47.3	21.4	4.3	4.3	0.9	0.3	7.5
内蒙古	21.1	41.3	12.0	9.5	9.5	1.9	——	4.5
辽　宁	14.4	47.2	8.6	15.0	3.9	1.5	1.5	7.9
吉　林	18.3	40.6	18.0	10.2	5.9	1.3	0.1	5.7
黑龙江	19.0	47.4	10.7	6.7	3.7	2.7	0.5	9.4
上　海	16.7	31.7	15.6	20.0	3.8	1.3	0.2	10.7
江　苏	12.4	40.3	17.0	14.3	4.6	1.5	0.5	9.4
浙　江	15.1	46.1	11.7	12.4	6.3	1.5	1.0	5.9
安　徽	26.8	31.0	17.3	12.4	6.2	1.5	——	4.8
福　建	17.2	35.9	13.3	22.0	2.8	1.8	0.2	6.8
江　西	14.3	45.5	9.0	14.6	6.0	1.3	0.2	9.1
山　东	15.8	37.7	18.6	10.2	5.7	2.3	1.0	8.7
河　南	16.1	44.5	13.8	7.8	5.4	1.8	0.8	9.8
湖　北	21.1	21.6	10.2	25.5	5.8	2.3	0.6	12.7
湖　南	10.7	40.0	16.8	10.9	3.0	1.4	2.0	15.1
广　东	14.7	44.8	9.6	19.5	3.8	1.3	——	6.2
广　西	12.7	44.9	12.3	18.2	3.6	2.0	——	6.3
海　南	3.3	74.2	8.0	13.1	——	0.9	——	——
重　庆	10.0	50.4	8.6	20.5	1.7	1.1	0.8	6.7
四　川	17.1	39.8	14.4	15.0	2.3	1.5	0.9	9.0
贵　州	22.7	43.2	12.1	8.2	2.1	0.7	0.6	10.3
云　南	18.4	38.9	10.6	16.7	5.6	1.5	0.7	7.6
西　藏	——	——	42.9	42.9	——	——	——	14.3
陕　西	17.4	46.2	10.7	8.0	8.5	3.0	0.4	5.7
甘　肃	14.1	50.7	15.8	8.2	2.9	1.0	1.6	5.6
青　海	4.7	61.6	15.5	7.4	0.6	3.4	——	6.6
宁　夏	18.6	46.1	9.0	15.1	2.0	0.2	——	8.8
新　疆	14.1	39.9	7.6	18.1	8.8	0.2	0.7	10.6

各地区一级企业机械设备装备情况

地　区	自有机械设备年末总台数（台）	自有机械设备年末总功率（万千瓦）	施工机械功率	自有机械设备净值（万元）	技术装备率（元/人）	动力装备率（千瓦/人）
全国总计	**1248927**	**3182.8**	**2251.7**	**4066128**	**6872**	**5.4**
北　京	76619	188.6	122.2	251208	5265	4.0
天　津	30035	95.8	68.7	151015	8256	5.2
河　北	60578	166.8	120.0	225835	7923	5.9
山　西	55484	125.4	85.0	160217	6467	5.1
内蒙古	20478	55.2	29.7	45310	4880	5.9
辽　宁	68502	212.6	149.2	216959	6355	6.2
吉　林	29346	76.2	47.3	94850	6858	5.5
黑龙江	41435	167.2	122.4	136788	6673	8.2
上　海	45569	127.0	92.7	239748	9143	4.8
江　苏	106664	188.2	132.7	258840	6338	4.6
浙　江	71168	99.5	75.8	197510	6270	3.2
安　徽	31645	110.3	81.8	99298	5736	6.4
福　建	16001	37.9	26.2	53327	6868	4.9
江　西	14545	38.2	27.9	44691	6413	5.5
山　东	64501	164.9	112.8	218065	7615	5.8
河　南	56806	126.2	81.9	165101	6488	5.0
湖　北	54969	167.9	123.2	269494	11435	7.1
湖　南	54628	118.0	92.1	151644	7420	5.8
广　东	112398	215.5	161.0	299520	8385	6.0
广　西	22113	68.1	51.6	70245	6793	6.6
海　南	2016	2.8	2.2	3842	2041	1.5
重　庆	17791	39.0	26.9	51661	4741	3.6
四　川	67475	198.8	138.1	202970	5296	5.2
贵　州	14152	37.2	25.2	59054	6915	4.4
云　南	25325	69.9	50.6	97648	6561	4.7
西　藏	1582	12.7	9.6	13688	24941	23.1
陕　西	35958	127.7	97.7	137048	6995	6.5
甘　肃	20823	55.7	38.5	57919	5077	4.9
青　海	10173	29.3	21.0	27587	6985	7.4
宁　夏	5757	13.2	7.6	13898	5451	5.2
新　疆	14391	46.9	29.7	51147	6966	6.4

各地区一级企业建筑业增加值及其构成(一)

单位:万元

地　区	建筑业增加值合计	本年提取固定资产折旧	应付工资总额	应付福利费总额
全国总计	**11422100**	**860370**	**5168205**	**638291**
北　京	970891	60570	435430	52845
天　津	368586	40740	146516	17614
河　北	548698	46189	209147	26783
山　西	423851	35027	166001	19524
内蒙古	130780	8504	69342	12942
辽　宁	622851	51434	270533	39812
吉　林	231269	19528	97346	13019
黑龙江	337128	26595	143680	18721
上　海	672638	42867	255568	29099
江　苏	805210	44592	435262	51948
浙　江	709261	31298	392591	31091
安　徽	293662	20483	122309	18949
福　建	193841	11286	91393	12511
江　西	103175	9263	52837	6359
山　东	631021	50996	287834	36187
河　南	438669	28799	186159	23629
湖　北	576129	52408	233402	26635
湖　南	343431	29564	167322	21080
广　东	780541	64490	373828	46533
广　西	171807	15710	81842	9574
海　南	20269	441	11801	343
重　庆	160081	11381	78355	8842
四　川	710955	52719	345488	46008
贵　州	139565	13083	62145	6708
云　南	275386	23644	115223	17516
西　藏	10658	4740	6850	954
陕　西	331101	30435	141725	18730
甘　肃	196543	11764	87075	11118
青　海	65559	7188	29017	3611
宁　夏	35195	2902	16121	2066
新　疆	123348	11732	56063	7539

各地区一级企业建筑业增加值及其构成(二)

单位:万元

地区	工程结算税金及附加	工程结算利润	管理费用中的税金	管理费用中的劳动、待业保险费	转作奖金的利润
全国总计	**1039165**	**3579675**	**58525**	**658283**	**21099**
北京	94475	336610	4764	42003	7107
天津	30982	134770	1719	22704	125
河北	53459	198578	3151	34151	190
山西	36890	167893	1605	29340	819
内蒙古	13849	33808	2202	11898	——
辽宁	57546	197942	2573	36613	389
吉林	21860	74502	1059	14372	——
黑龙江	27126	114111	1063	13878	149
上海	67331	244912	3788	49876	1993
江苏	71423	206794	2494	27242	1430
浙江	86078	175821	1641	17465	3811
安徽	25186	93792	2065	30280	63
福建	19644	55309	1012	11018	80
江西	9454	27309	381	3060	150
山东	57752	203158	3539	28294	2904
河南	39211	144939	1505	32473	2
湖北	50592	201487	7147	38942	79
湖南	28413	91438	1651	21178	124
广东	69971	211444	4782	25829	755
广西	13406	43659	435	16822	100
海南	2443	3911	87	2225	——
重庆	13824	43819	580	9827	41
四川	52425	204954	2846	49410	73
贵州	12572	48445	904	4398	——
云南	24393	79529	1033	23789	42
西藏	45	4772	——	1110	83
陕西	24564	109558	1946	23655	2
甘肃	15489	61828	1496	15370	——
青海	5217	17587	282	4778	5
宁夏	3035	9315	258	3105	——
新疆	10511	37681	519	13180	583

各地区一级企业建筑业劳动生产率

地区	建筑业企业个数（个）	计算劳动生产率的平均人数（万人）	按总产值计算的劳动生产率（元/人）	按增加值计算的劳动生产率（元/人）	人均竣工产值（元/人）	人均施工面积（平米/人）	人均竣工面积（平米/人）
全国总计	**1971**	**591.71**	**66243**	**19304**	**46325**	**70.6**	**23.1**
北京	122	47.71	73561	20350	52081	79.4	25.5
天津	57	18.29	76021	20151	51443	62.3	20.4
河北	97	28.50	66027	19249	43567	61.7	20.8
山西	47	24.78	55876	17108	46137	34.2	12.8
内蒙古	30	9.29	38454	14085	28284	29.2	14.2
辽宁	135	34.14	58107	18245	38185	47.7	15.2
吉林	34	13.83	50823	16722	31953	30.6	12.5
黑龙江	71	20.50	53144	16446	48154	28.0	11.9
上海	107	26.22	117693	25651	79883	86.8	20.9
江苏	164	40.84	78765	19716	55939	111.3	42.5
浙江	90	31.50	102717	22516	68597	134.9	46.6
安徽	55	17.31	54556	16965	30787	46.4	15.1
福建	48	7.76	77964	24965	64066	91.1	26.6
江西	21	6.97	44080	14805	28059	65.1	19.2
山东	105	28.64	68243	22035	54193	71.0	23.6
河南	95	25.45	56432	17239	39862	56.3	17.0
湖北	65	23.57	71776	24447	35096	72.2	16.9
湖南	69	20.44	55715	16805	31815	60.8	20.1
广东	174	35.72	68734	21851	61338	127.6	34.8
广西	29	10.34	50534	16614	34945	62.7	21.3
海南	12	1.88	54063	10768	16740	92.7	17.9
重庆	41	10.90	45922	14691	27394	79.1	27.8
四川	101	38.32	51462	18552	39751	58.0	19.5
贵州	26	8.54	53572	16342	34941	58.7	19.7
云南	45	14.88	65282	18503	38936	64.7	28.0
西藏	3	0.55	79390	19421	18586	2.0	1.2
陕西	55	19.59	52064	16899	27695	36.6	11.3
甘肃	29	11.41	49438	17230	43619	56.9	20.9
青海	13	3.95	47005	16599	35346	25.8	11.9
宁夏	12	2.55	42710	13803	32774	41.9	20.0
新疆	19	7.34	51355	16799	32423	51.8	18.0

各地区一级企业资本金及资产构成(一)

单位:万元

地区	资本金合计	资产总计	流动资产合计	存货	在建工程	长期投资
全国总计	**6818530**	**49780081**	**36640850**	**10317254**	**6466726**	**1253382**
北京	527110	5284397	4271211	1366268	989149	236050
天津	301235	1687409	1204517	153292	45049	65549
河北	326647	2163973	1552424	320693	149654	28960
山西	238190	1820465	1266778	304389	139999	19870
内蒙古	100952	516446	352509	72084	12188	2439
辽宁	478644	2726998	1845276	349851	147015	42513
吉林	145650	1094699	758462	120795	44259	11460
黑龙江	249851	1308399	957043	175571	51561	13988
上海	412715	3234592	2427225	757534	529820	229181
江苏	416106	3902021	3214751	1335792	1011757	77796
浙江	338179	1912600	1422380	409589	302040	42260
安徽	181040	1039466	682089	159465	74342	15957
福建	103344	702195	465542	96305	52663	24995
江西	55772	509534	360250	157899	127792	12350
山东	401484	2483582	1734877	260328	104627	31099
河南	226799	1384749	938517	225146	87233	11846
湖北	256388	2409246	1604681	391955	191729	41185
湖南	221101	1312459	924267	224292	138446	21372
广东	531715	5891428	4929623	1911954	1438098	155468
广西	109686	937358	735135	281314	231557	13794
海南	11460	132872	86458	55812	50224	5517
重庆	118450	626922	470493	102780	55072	7534
四川	375839	2132900	1423087	333758	145118	63670
贵州	74986	606063	443863	112046	68372	4994
云南	109939	832711	574549	158783	87384	34767
西藏	14711	86344	50416	10030	7700	550
陕西	197845	1376427	879320	225691	102277	16645
甘肃	110889	718706	440761	123449	49249	9283
青海	40866	253290	157304	37230	11225	4873
宁夏	40202	148477	87834	17987	7633	2994
新疆	100737	543352	379210	65172	13493	4425

各地区一级企业资本金及资产构成(二)

单位:万元

地　区	固定资产合计	固定资产原价合计	生产经营用	固定资产折旧	本年折旧	无形及递延资产合计	其中:无形资产
全国总计	**9979783**	**14886878**	**10153483**	**4952125**	**860370**	**446005**	**305218**
北　京	619031	957603	640175	340854	60570	30668	24638
天　津	376614	640261	481381	263647	40740	10153	6113
河　北	511993	755960	506693	254524	46189	20753	15882
山　西	463928	648578	390002	184845	35027	4000	1176
内蒙古	146401	211210	137576	68337	8504	6138	5553
辽　宁	697387	1043980	600239	346930	51434	23149	19765
吉　林	295013	424585	266967	129571	19528	7652	5293
黑龙江	319401	472070	340522	153106	26595	6029	2108
上　海	384823	684785	594789	299962	42867	80293	51808
江　苏	528195	769609	550217	241414	44592	30979	13697
浙　江	370512	497925	398298	138954	31298	12782	5950
安　徽	275109	456074	261825	180965	20483	2890	1344
福　建	156897	225710	131564	68814	11286	15542	11078
江　西	115201	166249	108830	51048	9263	1238	255
山　东	606327	856651	596718	250325	50996	58748	55341
河　南	367642	530079	343273	162436	28799	12649	8564
湖　北	677573	987312	692687	311934	52408	14935	10566
湖　南	310574	438043	332251	130146	29564	17322	13018
广　东	671045	1036976	751561	365931	64490	44603	30657
广　西	156731	240329	164744	85400	15710	6726	6300
海　南	31794	35914	7755	4120	441	－－	－－
重　庆	133506	203046	137922	69829	11381	4495	46
四　川	532553	809503	537101	277274	52719	17259	11952
贵　州	128608	191850	151144	64020	13083	1004	－－
云　南	193960	302768	204636	111281	23644	1993	1263
西　藏	14799	39721	32221	24922	4740	345	－－
陕　西	401446	571506	381424	170250	30435	9912	1817
甘　肃	215497	287994	164445	75130	11764	1763	481
青　海	79650	119736	81263	40086	7188	345	213
宁　夏	53655	73596	45552	19948	2902	495	141
新　疆	143916	207252	119707	66122	11732	1146	200

各地区一级企业负债及所有者权益

单位:万元

地 区	负债合计	流动负债合计	长期负债合计	所有者权益合计	股 本
全国总计	**39655347**	**37096805**	**2549560**	**10124734**	**701658**
北 京	4450707	4301917	148790	833689	31824
天 津	1321950	1204656	112913	365459	11251
河 北	1707509	1618312	89197	456464	4292
山 西	1444220	1361557	82657	376245	11201
内 蒙 古	404346	368866	35480	112100	4632
辽 宁	2141877	2038769	103107	585121	26405
吉 林	848535	699777	148758	246164	7679
黑 龙 江	986546	919926	66620	321853	1673
上 海	2547482	2403761	140002	687110	41016
江 苏	3278493	3166098	112395	623528	52700
浙 江	1399008	1359299	39709	513592	90891
安 徽	828497	786959	41538	210969	4026
福 建	515891	477431	38459	186304	16472
江 西	400502	363889	36612	109032	——
山 东	1874145	1707824	166311	609437	10853
河 南	1027994	952529	75205	356755	226789
湖 北	1860704	1661221	199183	548542	29822
湖 南	1016203	928007	88196	296256	——
广 东	5096896	4784777	312119	794532	88204
广 西	767462	720309	47153	169896	——
海 南	102500	91465	11035	30372	1900
重 庆	499070	468136	30934	127851	——
四 川	1597046	1510606	86440	535854	18473
贵 州	498829	472983	25846	107234	——
云 南	651256	582790	68466	181455	1575
西 藏	44445	38335	6109	41899	——
陕 西	1074088	970541	103446	302340	4650
甘 肃	554854	497902	56953	163852	12890
青 海	195678	188280	7398	57613	10
宁 夏	106287	94418	11869	42191	1530
新 疆	412326	355466	56659	131026	900

各地区一级企业工程结算收入及工程结算利润

单位:万元

地区	工程结算收入	工程结算成本	工程结算税金及附加	工程结算利润	管理费用	税金	财产保险费	劳动、待业保险费
全国总计	**36518649**	**31899810**	**1039165**	**3579675**	**2909285**	**58525**	**19254**	**658283**
北京	3312350	2881265	94475	336610	281469	4764	943	42003
天津	1364838	1199086	30982	134770	96692	1719	660	22704
河北	1838591	1586553	53459	198578	142452	3151	433	34151
山西	1346777	1141994	36890	167893	126507	1605	710	29340
内蒙古	351645	303987	13849	33808	44902	2202	228	11898
辽宁	1931531	1676043	57546	197942	173182	2573	1846	36613
吉林	693975	597613	21860	74502	64732	1059	521	14372
黑龙江	1127079	985842	27126	114111	96991	1063	532	13878
上海	2776592	2464349	67331	244912	219554	3788	1032	49876
江苏	2361108	2082891	71423	206794	163146	2494	1179	27242
浙江	2668634	2406735	86078	175821	112586	1641	675	17465
安徽	867861	748884	25186	93792	91171	2065	292	30280
福建	620556	545604	19644	55309	41905	1012	190	11018
江西	309817	273054	9454	27309	26352	381	150	3060
山东	1922265	1661356	57752	203158	149646	3539	1487	28294
河南	1339853	1155703	39211	144939	112762	1505	719	32473
湖北	1727162	1475083	50592	201487	167606	7147	407	38942
湖南	997849	877998	28413	91438	76255	1651	322	21178
广东	2422017	2140602	69971	211444	164280	4782	3742	25829
广西	511971	454907	13406	43659	45579	435	107	16822
海南	77006	70652	2443	3911	5052	87	6	2225
重庆	453911	396269	13824	43819	33368	580	437	9827
四川	1941113	1683735	52425	204954	163486	2846	688	49410
贵州	460340	399323	12572	48445	34499	904	159	4398
云南	894067	790144	24393	79529	67594	1033	219	23789
西藏	43781	38964	45	4772	4998	——	——	1110
陕西	946134	812011	24564	109558	88347	1946	1003	23655
甘肃	548950	471633	15489	61828	52331	1496	178	15370
青海	180108	157304	5217	17587	14176	282	274	4778
宁夏	105746	93396	3035	9315	8729	258	18	3105
新疆	375021	326829	10511	37681	38935	519	98	13180

各地区一级企业利税及利润总额

单位:万元

地区	利税总额	利润总额	应交所得税	转作奖金的利润	应付利润	已分配股利
全国总计	**1352855**	**255165**	**111192**	**21099**	**67698**	**10837**
北京	162750	63511	17163	7107	3656	--
天津	44254	11553	2001	125	717	309
河北	67654	11044	5332	190	1167	132
山西	35532	−2963	739	819	514	--
内蒙古	6517	−9534	248	--	11	--
辽宁	36096	−24023	5495	389	2555	23
吉林	13613	−9306	1069	--	873	426
黑龙江	27349	−840	1465	149	22	--
上海	143534	72415	11239	1993	17423	139
江苏	106478	32561	9751	1430	6253	3889
浙江	147110	59391	12157	3811	6563	2566
安徽	11282	−15969	566	63	1313	29
福建	25990	5334	1387	80	735	--
江西	9281	−554	833	150	132	--
山东	84727	23436	7753	2904	6196	301
河南	43732	3016	2204	2	453	--
湖北	49318	−8421	3347	79	2567	1538
湖南	33870	3806	2461	124	2240	--
广东	111407	36654	12350	755	10534	1478
广西	13842	1	1573	100	201	--
海南	1209	−1321	40	--	--	--
重庆	15023	619	1431	41	403	6
四川	62593	7322	4439	73	2414	--
贵州	13704	228	1313	--	18	--
云南	33313	7887	1417	42	358	--
西藏	467	422	320	83	--	--
陕西	21842	−4668	1494	2	139	--
甘肃	19182	2197	664	--	104	--
青海	4797	−702	331	5	68	--
宁夏	1580	−1713	112	--	70	--
新疆	4812	−6218	498	583	--	--

各地区一级企业利润率及利税率

地　区	产值利润　率(%)	产值利税　率(%)	资本金利润率(%)	资本金利税率(%)	人均利润(元/人)	人均利税(元/人)	资产负债率(%)
全国总计	**0.7**	**3.5**	**3.7**	**19.8**	**431**	**2286**	**79.7**
北　京	1.8	4.6	12.0	30.9	1331	3411	84.2
天　津	0.8	3.2	3.8	14.7	632	2419	78.3
河　北	0.6	3.6	3.4	20.7	387	2373	78.9
山　西	−0.2	2.6	−1.2	14.9	−120	1434	79.3
内蒙古	−2.7	1.8	−9.4	6.5	−1027	702	78.3
辽　宁	−1.2	1.8	−5.0	7.5	−704	1057	78.5
吉　林	−1.3	1.9	−6.4	9.3	−673	984	77.5
黑龙江	−0.1	2.5	−0.3	10.9	−41	1334	75.4
上　海	2.3	4.7	17.5	34.8	2762	5474	78.8
江　苏	1.0	3.3	7.8	25.6	797	2607	84.0
浙　江	1.8	4.5	17.6	43.5	1885	4670	73.1
安　徽	−1.7	1.2	−8.8	6.2	−923	652	79.7
福　建	0.9	4.3	5.2	25.1	687	3347	73.5
江　西	−0.2	3.0	−1.0	16.6	−80	1332	78.6
山　东	1.2	4.3	5.8	21.1	818	2959	75.5
河　南	0.2	3.0	1.3	19.3	119	1719	74.2
湖　北	−0.5	2.9	−3.3	19.2	−357	2093	77.2
湖　南	0.3	3.0	1.7	15.3	186	1657	77.4
广　东	1.5	4.5	6.9	21.0	1026	3119	86.5
广　西	－－	2.6	－－	12.6	－－	1339	81.9
海　南	−1.3	1.2	−11.5	10.5	−702	642	77.1
重　庆	0.1	3.0	0.5	12.7	57	1379	79.6
四　川	0.4	3.2	1.9	16.7	191	1633	74.9
贵　州	－－	3.0	0.3	18.3	27	1605	82.3
云　南	0.8	3.4	7.2	30.3	530	2238	78.2
西　藏	1.0	1.1	2.9	3.2	769	853	51.5
陕　西	−0.5	2.1	−2.4	11.0	−238	1115	78.0
甘　肃	0.4	3.4	2.0	17.3	193	1682	77.2
青　海	−0.4	2.6	−1.7	11.7	−178	1215	77.3
宁　夏	−1.6	1.5	−4.3	3.9	−672	620	71.6
新　疆	−1.6	1.3	−6.2	4.8	−847	655	75.9

各地区一级建筑业企业亏损情况

地 区	建筑业企业个数(个)	亏损企业个数(个)	亏损金额(万元)	亏损面(%)
全国总计	**1971**	**406**	**275457**	**20.6**
北 京	122	9	3957	7.4
天 津	57	11	4172	19.3
河 北	97	19	9702	19.6
山 西	47	8	8607	17.0
内 蒙 古	30	9	11389	30.0
辽 宁	135	33	49358	24.4
吉 林	34	12	16345	35.3
黑 龙 江	71	22	14217	31.0
上 海	107	11	5810	10.3
江 苏	164	17	6367	10.4
浙 江	90	5	3135	5.6
安 徽	55	21	20722	38.2
福 建	48	7	1571	14.6
江 西	21	6	2386	28.6
山 东	105	24	15553	22.9
河 南	95	26	7699	27.4
湖 北	65	25	20167	38.5
湖 南	69	17	7076	24.6
广 东	174	27	6834	15.5
广 西	29	9	4897	31.0
海 南	12	6	1806	50.0
重 庆	41	10	4634	24.4
四 川	101	21	11495	20.8
贵 州	26	8	3869	30.8
云 南	45	7	618	15.6
西 藏	3	——	——	——
陕 西	55	12	11208	21.8
甘 肃	29	5	5529	17.2
青 海	13	3	1708	23.1
宁 夏	12	5	2431	41.7
新 疆	19	11	12194	57.9

各地区二级企业建筑业总产值和竣工产值

单位:万元

地区	建筑业总产值	建筑工程产值	安装工程产值	房屋构筑物修理产值	非标准设备制造产值	竣工产值
全国总计	**23338227**	**20184458**	**2519240**	**495204**	**139326**	**17032512**
北京	979340	808224	97198	71131	2787	658901
天津	324602	281732	33286	6013	3571	240005
河北	1019641	926204	80332	11673	1432	753936
山西	245240	214410	26404	3217	1209	184122
内蒙古	219180	180332	17184	21590	74	183579
辽宁	1026405	717707	254460	43963	10275	755191
吉林	260376	201526	53815	3604	1432	218213
黑龙江	640540	516728	116016	4739	3057	540468
上海	1362224	1145574	162289	48976	5385	875529
江苏	3551564	3143227	338459	48200	21679	2727069
浙江	2646362	2440634	171309	23011	11409	1882064
安徽	505528	425555	63040	14255	2678	385481
福建	573117	526351	45524	938	304	447876
江西	104038	92060	11118	373	486	80875
山东	1983261	1520203	368698	50894	43466	1293942
河南	641231	560651	71450	7092	2038	502836
湖北	470989	424388	32541	10822	3237	315720
湖南	620349	535185	52824	24717	7624	426646
广东	2306547	2138403	138805	26480	2860	1745953
广西	288853	271054	13861	3770	167	236173
海南	56743	54634	1288	721	100	50544
重庆	911207	801594	88379	18929	2304	621543
四川	1413132	1237008	142485	30551	3088	990569
贵州	97380	85496	11017	419	447	87112
云南	260945	242812	12223	4563	1348	207330
西藏	16361	14105	1707	549	--	14762
陕西	162189	140473	18013	3295	408	128770
甘肃	252213	224626	19139	7277	1170	195147
青海	48370	26876	20442	482	571	37885
宁夏	66190	46257	15477	2361	2095	56928
新疆	284108	240428	40460	597	2623	187342

各地区二级企业单位工程个数及工程质量

地区	单位工程施工个数（个）	本年新开工个数	投标承包个数	本年新开工	单位工程竣工个数（个）	优良品	工程质量优良品率（%）	投标承包个数占单位工程施工个数的比重（%）
全国总计	**149965**	**95144**	**50686**	**32748**	**95515**	**31621**	**33.1**	**33.8**
北京	4598	2850	1421	861	2754	419	15.2	30.9
天津	1889	1327	642	380	1232	411	33.4	34.0
河北	7422	4478	3889	2533	4872	1671	34.3	52.4
山西	2287	1436	707	422	1309	570	43.5	30.9
内蒙古	2108	1408	275	203	1502	490	32.6	13.0
辽宁	7768	6275	2122	1379	6012	1685	28.0	27.3
吉林	1788	1489	334	261	1412	460	32.6	18.7
黑龙江	3005	2531	792	578	2425	1069	44.1	26.4
上海	8286	5105	2385	1486	3675	893	24.3	28.8
江苏	18429	12957	6954	4880	13128	4838	36.9	37.7
浙江	12673	7543	4857	3012	7460	1976	26.5	38.3
安徽	5975	3826	1689	982	4096	1066	26.0	28.3
福建	3968	2636	1093	619	2631	1187	45.1	27.5
江西	1123	665	415	277	669	168	25.1	37.0
山东	13634	9070	4500	2970	8723	2828	32.4	33.0
河南	5807	3585	2694	1737	3952	1034	26.2	46.4
湖北	4123	2607	1152	751	2429	449	18.5	27.9
湖南	3749	1970	1165	723	2169	820	37.8	31.1
广东	13167	6761	3233	1526	7736	3741	48.4	24.6
广西	2989	1692	637	429	1729	357	20.6	21.3
海南	426	220	204	116	274	88	32.1	47.9
重庆	4242	2647	2140	1473	2812	1148	40.8	50.4
四川	9885	5433	3519	2417	5812	2160	37.2	35.6
贵州	1297	751	383	210	777	152	19.6	29.5
云南	2176	1160	565	409	1470	634	43.1	26.0
西藏	113	92	88	84	82	29	35.4	77.9
陕西	1511	938	728	513	930	320	34.4	48.2
甘肃	1954	1178	1108	768	1292	379	29.3	56.7
青海	679	513	177	129	522	41	7.9	26.1
宁夏	690	576	181	145	516	125	24.2	26.2
新疆	2204	1425	637	475	1113	413	37.1	28.9

各地区二级企业房屋建筑面积和工程质量

地区	房屋建筑施工面积（万平方米）	本年新开工面积	投标承包面积	本年新开工	房屋建筑竣工面积（万平方米）	优良品面积	房屋建筑面积优良品率（%）	投标承包面积占房屋建筑施工面积的比重（%）
全国总计	**36242.9**	**17683.2**	**17932.4**	**10153.8**	**17756.6**	**7028.8**	**39.6**	**49.5**
北京	1342.7	570.9	883.7	386.9	513.8	158.8	30.9	65.8
天津	411.0	215.2	168.9	93.5	211.6	61.2	28.9	41.1
河北	1831.6	1074.9	1219.0	768.5	1121.2	415.8	37.1	66.6
山西	363.0	217.0	145.1	76.1	206.0	68.4	33.2	40.0
内蒙古	357.5	196.6	84.8	55.6	238.1	90.9	38.2	23.7
辽宁	1182.9	615.7	704.1	372.8	625.6	299.1	47.8	59.5
吉林	304.0	229.8	119.0	85.3	219.1	114.7	52.4	39.2
黑龙江	735.9	435.5	476.9	286.2	425.1	191.7	45.1	64.8
上海	1068.5	480.7	680.9	359.9	454.7	153.5	33.8	63.7
江苏	5159.1	2839.6	2558.4	1616.5	2677.6	1226.7	45.8	49.6
浙江	3695.9	1691.5	1925.6	988.8	1729.1	687.4	39.8	52.1
安徽	945.3	489.6	350.2	206.1	473.5	129.9	27.4	37.0
福建	898.0	448.6	484.1	261.6	453.8	81.2	17.9	53.9
江西	229.2	79.2	109.9	52.5	110.1	34.1	31.0	47.9
山东	2690.9	1419.4	1359.5	818.2	1340.7	562.7	42.0	50.5
河南	1243.7	604.1	698.4	390.3	587.6	221.9	37.8	56.2
湖北	924.8	428.0	294.3	173.4	398.3	86.6	21.8	31.8
湖南	893.6	403.1	360.8	196.7	401.6	164.0	40.8	40.4
广东	5264.1	1663.1	1980.0	787.4	1876.4	788.6	42.0	37.6
广西	619.2	284.9	174.7	104.9	298.8	60.4	20.2	28.2
海南	106.4	42.5	52.6	29.1	48.8	14.6	30.0	49.5
重庆	1562.4	869.6	930.0	608.1	889.8	378.5	42.5	59.5
四川	2620.8	1431.7	1267.7	817.1	1463.0	582.3	39.8	48.4
贵州	248.4	102.1	116.0	60.7	125.1	34.6	27.6	46.7
云南	361.5	198.1	106.1	87.8	219.5	167.3	76.2	29.3
西藏	17.5	12.0	14.5	11.7	13.5	6.5	48.3	82.9
陕西	254.8	126.1	161.7	107.1	126.2	78.8	62.4	63.5
甘肃	465.2	253.7	298.9	210.4	281.6	86.6	30.8	64.3
青海	45.5	27.7	36.5	17.5	26.3	7.9	30.1	80.3
宁夏	65.2	39.9	39.4	23.9	30.2	11.5	38.3	60.5
新疆	334.5	192.4	130.6	99.1	169.7	62.4	36.7	39.0

各地区二级企业按主要用途分的房屋建筑竣工面积

单位:万平方米

地 区	合计	厂房	住宅	办公用房	商业、居民服务业用房	文化教育用房	医疗用房	科研用房	其他用房
全国总计	**17756.6**	**1785.8**	**10093.9**	**1930.1**	**1748.2**	**867.5**	**200.1**	**55.6**	**1075.4**
北 京	513.8	57.3	279.1	43.4	80.9	23.8	2.8	0.6	25.9
天 津	211.6	14.3	153.7	15.3	7.5	12.9	0.1	——	7.9
河 北	1121.2	83.6	713.7	131.5	56.7	63.3	12.4	6.8	53.3
山 西	206.0	14.1	146.3	22.6	3.9	8.5	1.3	0.8	8.4
内 蒙 古	238.1	15.7	159.3	14.6	16.0	17.5	1.9	0.8	12.3
辽 宁	625.6	50.5	435.8	45.2	43.1	24.1	0.9	0.8	25.2
吉 林	219.1	49.3	124.7	9.3	6.6	6.8	0.8	——	21.6
黑 龙 江	425.1	20.0	299.8	43.2	40.2	10.9	0.8	0.1	10.1
上 海	454.7	52.5	249.9	43.9	32.5	27.3	8.3	0.7	39.6
江 苏	2677.6	267.2	1277.3	354.4	361.8	137.7	30.7	11.1	237.3
浙 江	1729.1	205.9	876.3	175.5	234.8	86.1	15.8	4.4	130.3
安 徽	473.5	42.0	238.5	62.2	60.2	30.8	8.2	0.5	31.3
福 建	453.8	39.6	290.0	42.9	30.2	21.1	6.8	1.4	21.8
江 西	110.1	6.7	63.4	19.2	7.3	5.5	0.1	——	7.8
山 东	1340.7	172.4	735.4	132.1	135.4	63.8	25.1	1.9	74.7
河 南	587.6	51.0	362.9	65.2	36.7	30.7	7.4	3.2	30.4
湖 北	398.3	28.2	212.8	58.0	34.6	25.2	2.2	5.6	31.7
湖 南	401.6	31.0	210.4	59.3	40.5	21.5	5.8	3.0	30.1
广 东	1876.4	223.6	1112.8	190.4	168.4	77.7	16.9	2.0	84.7
广 西	298.8	23.6	152.3	30.1	43.0	14.2	3.2	——	32.5
海 南	48.8	0.1	29.8	4.5	10.5	1.8	1.2	0.1	0.9
重 庆	889.8	120.7	521.6	74.0	87.5	33.6	12.3	2.9	37.2
四 川	1463.0	149.2	848.8	153.4	138.8	70.0	21.3	5.7	75.9
贵 州	125.1	11.2	74.7	9.7	8.6	8.2	3.1	——	9.7
云 南	219.5	17.6	103.0	49.7	19.5	14.9	5.2	0.6	8.9
西 藏	13.5	——	4.3	4.1	0.9	2.4	0.3	0.1	1.4
陕 西	126.2	5.1	93.2	14.4	5.4	4.6	0.7	1.1	1.7
甘 肃	281.6	19.4	177.0	37.9	22.1	11.0	2.5	0.1	11.7
青 海	26.3	3.2	16.7	0.9	3.3	0.3	——	——	2.0
宁 夏	30.2	1.7	20.2	3.7	0.6	1.7	——	——	2.4
新 疆	169.7	9.1	110.2	19.7	10.8	9.6	2.3	1.3	6.7

各地区二级企业各种用途的房屋建筑竣工面积全部的比重

单位:%

地区	厂房	住宅	办公用房	商业、居民服务业用房	文化教育用房	医疗用房	科研用房	其他用房
全国总计	**10.1**	**56.8**	**10.9**	**9.8**	**4.9**	**1.1**	**0.3**	**6.1**
北京	11.2	54.3	8.4	15.7	4.6	0.5	0.1	5.0
天津	6.8	72.6	7.2	3.5	6.1	——	——	3.7
河北	7.5	63.7	11.7	5.1	5.6	1.1	0.6	4.8
山西	6.8	71.0	11.0	1.9	4.1	0.6	0.4	4.1
内蒙古	6.6	66.9	6.1	6.7	7.3	0.8	0.3	5.2
辽宁	8.1	69.7	7.2	6.9	3.9	0.1	0.1	4.0
吉林	22.5	56.9	4.2	3.0	3.1	0.4	——	9.9
黑龙江	4.7	70.5	10.2	9.5	2.6	0.2	——	2.4
上海	11.5	55.0	9.7	7.1	6.0	1.8	0.2	8.7
江苏	10.0	47.7	13.2	13.5	5.1	1.1	0.4	8.9
浙江	11.9	50.7	10.1	13.6	5.0	0.9	0.3	7.5
安徽	8.9	50.4	13.1	12.7	6.5	1.7	0.1	6.6
福建	8.7	63.9	9.5	6.7	4.6	1.5	0.3	4.8
江西	6.1	57.6	17.4	6.6	5.0	0.1	——	7.1
山东	12.9	54.9	9.9	10.1	4.8	1.9	0.1	5.6
河南	8.7	61.8	11.1	6.2	5.2	1.3	0.5	5.2
湖北	7.1	53.4	14.6	8.7	6.3	0.6	1.4	8.0
湖南	7.7	52.4	14.8	10.1	5.4	1.4	0.7	7.5
广东	11.9	59.3	10.1	9.0	4.1	0.9	0.1	4.5
广西	7.9	51.0	10.1	14.4	4.8	1.1	——	10.9
海南	0.2	61.1	9.2	21.5	3.7	2.5	0.2	1.8
重庆	13.6	58.6	8.3	9.8	3.8	1.4	0.3	4.2
四川	10.2	58.0	10.5	9.5	4.8	1.5	0.4	5.2
贵州	9.0	59.7	7.8	6.9	6.6	2.5	——	7.8
云南	8.0	46.9	22.6	8.9	6.8	2.4	0.3	4.1
西藏	——	31.9	30.4	6.7	17.8	2.2	0.7	10.4
陕西	4.0	73.9	11.4	4.3	3.6	0.6	0.9	1.3
甘肃	6.9	62.9	13.5	7.8	3.9	0.9	——	4.2
青海	12.2	63.5	3.4	12.5	1.1	——	——	7.6
宁夏	5.6	66.9	12.3	2.0	5.6	——	——	7.9
新疆	5.4	64.9	11.6	6.4	5.7	1.4	0.8	3.9

各地区二级企业机械设备装备情况

地　区	自有机械设备年末总台数(台)	自有机械设备年末总功率(万千瓦)	施工机械功率	自有机械设备净值(万元)	技术装备率(元/人)	动　力装备率(千瓦/人)
全国总计	**1557007**	**2275.4**	**1854.2**	**2591548**	**4690**	**4.1**
北　京	39934	69.8	50.5	83442	4985	4.2
天　津	12716	30.2	22.0	31546	5599	5.4
河　北	103090	160.6	140.5	132769	3927	4.7
山　西	17934	31.3	22.6	32652	4385	4.2
内蒙古	19835	33.9	26.6	22655	3055	4.6
辽　宁	66961	143.5	111.5	134917	4416	4.7
吉　林	12990	32.1	23.1	27683	3963	4.6
黑龙江	35135	100.2	80.4	75726	4378	5.8
上　海	36516	43.7	33.7	86391	5085	2.6
江　苏	187149	234.2	194.5	316719	5071	3.8
浙　江	139356	168.9	145.3	310651	7059	3.8
安　徽	40503	48.1	37.6	54999	3319	2.9
福　建	29723	40.3	36.0	53206	4931	3.7
江　西	10013	15.1	11.4	15388	4521	4.4
山　东	126412	183.4	150.7	203466	4108	3.7
河　南	72736	88.7	70.6	103538	4581	3.9
湖　北	50293	50.3	36.0	59196	4183	3.6
湖　南	54610	72.2	60.4	63503	3560	4.0
广　东	196733	282.0	247.5	315339	6553	5.9
广　西	30881	40.8	29.8	51370	6446	5.1
海　南	6086	16.2	11.5	16096	7043	7.1
重　庆	66482	88.8	72.8	107787	4543	3.7
四　川	110130	158.5	134.4	129164	2794	3.4
贵　州	8100	13.7	8.6	14453	3302	3.1
云　南	15422	25.9	21.2	39050	6748	4.5
西　藏	357	0.5	0.3	1455	3511	1.3
陕　西	15489	19.6	14.9	23293	3836	3.2
甘　肃	26359	31.7	25.8	35131	2672	2.4
青　海	3450	4.4	2.5	2797	1644	2.6
宁　夏	4665	9.1	6.7	11577	6851	5.4
新　疆	16947	37.9	24.7	35592	5176	5.5

各地区二级企业建筑业增加值及其构成(一)

单位:万元

地　区	建筑业增加值合计	本年提取固定资产折旧	应付工资总额	应付福利费总额
全国总计	**6088377**	**375520**	**3176405**	**325817**
北　京	250800	13320	109341	11135
天　津	83519	5853	33181	5308
河　北	266482	14731	137902	12362
山　西	63710	5493	29819	3645
内蒙古	71029	3937	39551	3953
辽　宁	305281	25066	157099	18836
吉　林	70392	3833	34243	3737
黑龙江	167433	10806	86870	8760
上　海	290361	16653	121790	13808
江　苏	853276	47579	497745	50901
浙　江	676077	38415	394386	30244
安　徽	141015	7121	74128	7382
福　建	145056	7284	77435	6689
江　西	29968	2573	14747	1727
山　东	522373	32276	247128	30982
河　南	160453	11387	84405	8257
湖　北	123473	8170	64838	5560
湖　南	154222	9870	75237	11273
广　东	652929	43005	324297	33381
广　西	70892	6759	36500	2970
海　南	14376	533	8525	836
重　庆	243215	14485	135167	14910
四　川	376836	21453	211729	20557
贵　州	31051	1731	17955	1902
云　南	72230	5121	36692	2431
西　藏	8025	198	1271	163
陕　西	47422	2726	22548	3104
甘　肃	74213	5048	37143	3706
青　海	12069	943	7438	447
宁　夏	24264	1741	15704	1973
新　疆	85936	7408	41594	4877

各地区二级企业建筑业增加值及其构成(二)

单位:万元

地区	工程结算税金及附加	工程结算利润	管理费用中的税金	管理费用中的劳动、待业保险费	转作奖金的利润
全国总计	**625433**	**1677666**	**41974**	**125661**	**16772**
北京	26054	97585	1030	4177	533
天津	8188	33099	358	5505	152
河北	29081	75886	2516	4593	415
山西	6067	20141	463	1749	21
内蒙古	5772	19435	636	2546	63
辽宁	29213	77999	2034	8715	830
吉林	6924	20119	321	3562	174
黑龙江	16223	46901	728	2790	56
上海	31944	107154	2139	5966	601
江苏	76589	200417	3308	11612	2550
浙江	73626	151506	2354	6119	3770
安徽	14371	37202	1242	3452	235
福建	18171	36032	1294	2528	84
江西	3870	7194	302	1933	37
山东	52339	171331	4507	9194	1975
河南	16689	50919	1390	4457	304
湖北	11839	35824	1131	4196	169
湖南	16233	41794	1062	2728	186
广东	72012	188187	3499	9564	1922
广西	8418	14720	675	3632	79
海南	1834	2251	238	544	28
重庆	25431	56345	1438	3098	772
四川	41936	82674	3899	5950	906
贵州	3139	7897	312	846	54
云南	7210	19062	859	2101	62
西藏	94	7556	——	147	5
陕西	4206	14678	442	1459	117
甘肃	7643	20236	2232	1961	546
青海	1256	4401	139	110	3
宁夏	1549	4699	136	802	——
新疆	7510	24424	1287	9624	124

各地区二级企业建筑业劳动生产率

地　区	建筑业企业个数(个)	计算劳动生产率的平均人数(万人)	按总产值计算的劳动生产率(元/人)	按增加值计算的劳动生产率(元/人)	人均竣工产值(元/人)	人均施工面积(平米/人)	人均竣工面积(平米/人)
全国总计	**6445**	**552.61**	**42232**	**11017**	**30822**	**65.6**	**32.1**
北　京	310	16.74	58509	14984	39365	80.2	30.7
天　津	91	5.63	57610	14823	42596	72.9	37.6
河　北	361	33.81	30158	7882	22299	54.2	33.2
山　西	83	7.45	32935	8556	24727	48.8	27.7
内蒙古	86	7.42	29558	9579	24757	48.2	32.1
辽　宁	375	30.55	33598	9993	24720	38.7	20.5
吉　林	87	6.99	37270	10076	31235	43.5	31.4
黑龙江	230	17.30	37032	9680	31246	42.5	24.6
上　海	359	16.99	80183	17091	51535	62.9	26.8
江　苏	602	62.45	56869	13663	43667	82.6	42.9
浙　江	396	44.00	60138	15364	42770	84.0	39.3
安　徽	197	16.57	30508	8510	23263	57.0	28.6
福　建	198	10.79	53113	13443	41506	83.2	42.1
江　西	47	3.40	30569	8805	23763	67.3	32.4
山　东	571	49.53	40038	10546	26122	54.3	27.1
河　南	289	22.60	28369	7099	22246	55.0	26.0
湖　北	237	14.15	33282	8725	22310	65.3	28.1
湖　南	185	17.84	34776	8646	23917	50.1	22.5
广　东	449	48.12	47934	13569	36284	109.4	39.0
广　西	118	7.97	36243	8895	29633	77.7	37.5
海　南	44	2.29	24826	6290	22114	46.5	21.4
重　庆	270	23.73	38403	10250	26195	65.8	37.5
四　川	418	46.23	30566	8151	21426	56.7	31.6
贵　州	78	4.38	22250	7095	19904	56.7	28.6
云　南	65	5.79	45094	12482	35829	62.5	37.9
西　藏	9	0.41	39491	19371	35632	42.1	32.6
陕　西	70	6.07	26709	7809	21206	42.0	20.8
甘　肃	97	13.15	19184	5645	14843	35.4	21.4
青　海	30	1.70	28428	7093	22266	26.7	15.4
宁　夏	31	1.69	39170	14359	33689	38.6	17.9
新　疆	62	6.88	41320	12498	27247	48.7	24.7

各地区二级企业资本金及资产构成(一)

单位:万元

地区	资本金合计	资产总计	流动资产合计	存货	在建工程	长期投资
全国总计	**6562424**	**27505651**	**20497819**	**7980816**	**5710704**	**513621**
北京	277412	1198076	971474	325534	189252	31699
天津	92341	445357	345097	91151	40479	16775
河北	324222	818076	528482	168135	69573	8789
山西	68766	374460	273418	79456	51813	3087
内蒙古	71721	285044	207158	72984	41718	4331
辽宁	369693	1391969	996000	235821	125408	23521
吉林	63194	285024	198554	38743	20030	1931
黑龙江	234235	794998	558580	148100	53983	8952
上海	385989	1751709	1422990	381742	313214	66572
江苏	729051	3840423	3124111	1450566	1121041	60515
浙江	639451	2374958	1670547	774364	581359	58403
安徽	169891	531315	362268	124975	83576	4502
福建	174272	958933	787311	437546	363552	20732
江西	45063	219490	153796	75157	50853	876
山东	481097	2040768	1511826	507375	273863	27931
河南	161235	638025	402601	137089	86773	8375
湖北	197599	616808	440111	153695	102447	10186
湖南	205305	581374	370867	116243	103666	4275
广东	666590	4529407	3682896	1690007	1390959	102477
广西	120254	477596	341550	166405	128043	4181
海南	26061	107307	64417	26194	14406	3022
重庆	266587	663322	428539	216289	161375	5997
四川	437880	1156565	734699	313603	217186	14789
贵州	49713	164078	112254	38683	16671	3968
云南	49218	245717	165094	45744	32855	8616
西藏	6000	27797	16846	2304	556	20
陕西	61327	199306	127121	31951	16659	964
甘肃	72855	256777	164155	39152	15589	1946
青海	11583	44783	27811	7445	856	30
宁夏	24156	108295	74613	32641	21829	1709
新疆	79664	377894	232632	51724	21120	4450

各地区二级企业资本金及资产构成(二)

单位:万元

地区	固定资产合计	固定资产原价合计	生产经营用	固定资产折旧	本年折旧	无形及递延资产合计	其中:无形资产
全国总计	**5482301**	**7454372**	**5496925**	**2050899**	**375520**	**294071**	**186683**
北京	154091	218381	135686	66517	13320	8333	4628
天津	70580	104624	76254	34044	5853	1987	1478
河北	251284	321470	238360	82707	14731	5447	3671
山西	88272	120774	69465	33907	5493	1652	1091
内蒙古	65555	90144	68275	25490	3937	2649	2316
辽宁	330801	474419	378222	144663	25066	23044	18241
吉林	74161	104484	70320	30323	3833	1985	1555
黑龙江	201198	269857	214961	68794	10806	12290	11077
上海	189392	274757	204539	85365	16653	30673	11637
江苏	594606	839459	642870	244853	47579	25969	12441
浙江	529959	684445	556877	175251	38415	16611	10673
安徽	137277	187521	137655	50244	7121	6161	5083
福建	130343	168933	131138	38590	7284	5161	3196
江西	54752	74202	45327	19450	2573	5405	4843
山东	411037	575895	407142	164857	32276	27081	16699
河南	192039	255698	187642	63659	11387	6150	4968
湖北	143678	187564	132260	48054	8170	15593	13767
湖南	165603	220113	161975	60575	9870	7384	6210
广东	586165	810208	603778	224043	43005	45953	20940
广西	112642	140969	101855	33642	6759	5699	5142
海南	28618	33339	19739	4720	533	882	861
重庆	198729	265638	209356	71037	14485	3679	2235
四川	350255	489496	347698	140212	21453	21139	17609
贵州	40859	53889	34317	14736	1731	814	571
云南	61862	80333	57952	22899	5121	3685	2785
西藏	10328	13228	402	2900	198	18	——
陕西	52270	69455	52575	17663	2726	5229	2063
甘肃	83574	102201	68031	24298	5048	1699	800
青海	15103	22309	18543	7206	943	8	——
宁夏	30554	39536	28380	9289	1741	94	——
新疆	126714	161032	95330	40905	7408	1597	100

各地区二级企业负债及所有者权益

单位:万元

地　区	负债合计	流动负债合计	长期负债合计	所有者权益合计	股本
全国总计	**20132727**	**19087951**	**971149**	**7372925**	**615058**
北　京	899842	870192	29650	298233	23418
天　津	333533	321012	12480	111824	——
河　北	525382	488863	36519	292693	10741
山　西	302112	281934	20099	72348	3370
内蒙古	220413	212318	7231	64632	5398
辽　宁	972497	930129	42079	419471	17243
吉　林	220706	210134	10572	64317	3289
黑龙江	553976	531732	22244	241022	34808
上　海	1294920	1241833	26660	456789	16066
江　苏	2974698	2889678	85020	865726	81744
浙　江	1602395	1533090	69306	772562	61737
安　徽	362517	325728	36790	168797	21169
福　建	750275	738794	10468	208658	19649
江　西	175569	163741	10565	43921	92
山　东	1501331	1369231	97467	539437	12637
河　南	415106	380490	32352	222919	161193
湖　北	421712	384681	30946	195096	11284
湖　南	415042	380290	34752	166332	152
广　东	3681301	3502832	178468	848106	72078
广　西	344217	331588	12629	133379	4830
海　南	72005	67007	4949	35302	4028
重　庆	411434	389466	21967	251888	11954
四　川	684782	634441	50341	471782	10708
贵　州	117560	108354	9206	46517	993
云　南	166677	153551	13126	79039	749
西　藏	13730	12809	911	14066	——
陕　西	136556	125441	10939	62749	1110
甘　肃	161294	149783	11260	95484	15318
青　海	37914	36795	1119	6869	400
宁　夏	81511	77383	4127	26785	1598
新　疆	281717	244628	36907	96177	7302

各地区二级企业工程结算收入及工程结算利润

单位:万元

地区	工程结算收入	工程结算成本	工程结算税金及附加	工程结算利润	管理费用	税金	财产保险费	劳动、待业保险费
全国总计	**19245682**	**16942584**	**625433**	**1677666**	**1299185**	**41974**	**10368**	**125661**
北京	846893	723254	26054	97585	77591	1030	281	4177
天津	297823	256536	8188	33099	30107	358	251	5505
河北	904621	799655	29081	75886	50264	2516	774	4593
山西	233125	206917	6067	20141	17497	463	84	1749
内蒙古	211601	186395	5772	19435	17568	636	82	2546
辽宁	965550	858339	29213	77999	77923	2034	322	8715
吉林	240840	213798	6924	20119	20635	321	40	3562
黑龙江	597553	534429	16223	46901	37596	728	278	2790
上海	1209389	1070291	31944	107154	91986	2139	363	5966
江苏	2445883	2168877	76589	200417	168332	3308	1462	11612
浙江	2049655	1824523	73626	151506	87616	2354	962	6119
安徽	453702	402129	14371	37202	30350	1242	114	3452
福建	522170	467967	18171	36032	29537	1294	131	2528
江西	78334	67270	3870	7194	10132	302	14	1933
山东	1566110	1342441	52339	171331	103327	4507	1536	9194
河南	541897	474288	16689	50919	41617	1390	233	4457
湖北	404012	356349	11839	35824	31525	1131	147	4196
湖南	472510	414483	16233	41794	31108	1062	94	2728
广东	2129305	1869105	72012	188187	135650	3499	898	9564
广西	228759	205621	8418	14720	16618	675	216	3632
海南	45242	41157	1834	2251	2807	238	8	544
重庆	676752	594976	25431	56345	38763	1438	661	3098
四川	1065473	940863	41936	82674	62116	3899	510	5950
贵州	87099	76062	3139	7897	9490	312	51	846
云南	248573	222302	7210	19062	12791	859	211	2101
西藏	12117	4467	94	7556	1298	——	——	147
陕西	144105	125221	4206	14678	12615	442	71	1459
甘肃	228708	200829	7643	20236	14376	2232	389	1961
青海	34038	28381	1256	4401	3532	139	37	110
宁夏	51094	44845	1549	4699	5407	136	21	802
新疆	252748	220814	7510	24424	29010	1287	129	9624

各地区二级企业利税及利润总额

单位:万元

地区	利税总额	利润总额	应交所得税	转作奖金的利润	应付利润	已分配股利
全国总计	**975545**	**308138**	**103318**	**16772**	**79481**	**9786**
北京	48688	21604	5061	533	2763	173
天津	11816	3270	1147	152	3658	－－
河北	48699	17102	4699	415	1445	30
山西	6629	99	624	21	176	－－
内蒙古	6214	－194	525	63	912	42
辽宁	27451	－3796	3462	830	3293	381
吉林	3973	－3272	626	174	431	23
黑龙江	19475	2524	2215	56	2228	984
上海	68204	34121	6473	601	9614	1815
江苏	109794	29897	11796	2550	9173	2773
浙江	125170	49190	12051	3770	8933	410
安徽	16720	1107	1012	235	899	147
福建	26378	6913	2863	84	2670	181
江西	1196	－2976	212	37	45	－－
山东	114297	57451	15093	1975	7980	115
河南	20261	2182	1900	304	989	117
湖北	12560	－410	1413	169	650	272
湖南	22468	5173	2205	186	642	－－
广东	132891	57380	14847	1922	14294	1609
广西	7124	－1969	670	79	84	6
海南	4343	2271	95	28	65	－－
重庆	39190	12321	4304	772	3478	104
四川	58985	13150	5849	906	2740	235
贵州	1008	－2443	267	54	95	－－
云南	11205	3136	756	62	234	－－
西藏	4289	4195	102	5	9	－－
陕西	5707	1059	481	117	269	－－
甘肃	12952	3077	1494	546	808	269
青海	1775	380	44	3	－－	－－
宁夏	161	－1524	153	－－	130	－－
新疆	5918	－2879	878	124	772	100

各地区二级企业利润率及利税率

地区	产值利润率（%）	产值利税率（%）	资本金利润率（%）	资本金利税率（%）	人均利润（元/人）	人均利税（元/人）	资产负债率（%）
全国总计	**1.3**	**4.2**	**4.7**	**14.9**	**558**	**1765**	**73.2**
北京	2.2	5.0	7.8	17.6	1291	2909	75.1
天津	1.0	3.6	3.5	12.8	580	2097	74.9
河北	1.7	4.8	5.3	15.0	506	1440	64.2
山西	--	2.7	0.1	9.6	13	890	80.7
内蒙古	-0.1	2.8	-0.3	8.7	-26	838	77.3
辽宁	-0.4	2.7	-1.0	7.4	-124	899	69.9
吉林	-1.3	1.5	-5.2	6.3	-468	569	77.4
黑龙江	0.4	3.0	1.1	8.3	146	1126	69.7
上海	2.5	5.0	8.8	17.7	2008	4015	73.9
江苏	0.8	3.1	4.1	15.1	479	1758	77.5
浙江	1.9	4.7	7.7	19.6	1118	2844	67.5
安徽	0.2	3.3	0.7	9.8	67	1009	68.2
福建	1.2	4.6	4.0	15.1	641	2445	78.2
江西	-2.9	1.1	-6.6	2.7	-874	351	80.0
山东	2.9	5.8	11.9	23.8	1160	2307	73.6
河南	0.3	3.2	1.4	12.6	97	896	65.1
湖北	-0.1	2.7	-0.2	6.4	-29	888	68.4
湖南	0.8	3.6	2.5	10.9	290	1260	71.4
广东	2.5	5.8	8.6	19.9	1192	2762	81.3
广西	-0.7	2.5	-1.6	5.9	-247	894	72.1
海南	4.0	7.7	8.7	16.7	994	1900	67.1
重庆	1.4	4.3	4.6	14.7	519	1652	62.0
四川	0.9	4.2	3.0	13.5	284	1276	59.2
贵州	-2.5	1.0	-4.9	2.0	-558	230	71.6
云南	1.2	4.3	6.4	22.8	542	1936	67.8
西藏	25.6	26.2	69.9	71.5	10125	10352	49.4
陕西	0.7	3.5	1.7	9.3	174	940	68.5
甘肃	1.2	5.1	4.2	17.8	234	985	62.8
青海	0.8	3.7	3.3	15.3	223	1043	84.7
宁夏	-2.3	0.2	-6.3	0.7	-902	95	75.3
新疆	-1.0	2.1	-3.6	7.4	-419	861	74.5

各地区二级建筑业企业亏损情况

地　区	建筑业企业个数(个)	亏损企业个数(个)	亏损金额(万元)	亏损面(%)
全国总计	**6445**	**1525**	**186894**	**23.7**
北　京	310	85	6208	27.4
天　津	91	26	5517	28.6
河　北	361	67	7590	18.6
山　西	83	22	3485	26.5
内蒙古	86	22	4106	25.6
辽　宁	375	111	23861	29.6
吉　林	87	32	7067	36.8
黑龙江	230	56	9128	24.3
上　海	359	74	6060	20.6
江　苏	602	116	15472	19.3
浙　江	396	42	2982	10.6
安　徽	197	67	9860	34.0
福　建	198	52	3182	26.3
江　西	47	19	3449	40.4
山　东	571	119	8827	20.8
河　南	289	92	9916	31.8
湖　北	237	69	7864	29.1
湖　南	185	53	4665	28.6
广　东	449	80	9421	17.8
广　西	118	43	6069	36.4
海　南	44	10	770	22.7
重　庆	270	56	4621	20.7
四　川	418	75	5584	17.9
贵　州	78	29	3599	37.2
云　南	65	15	1866	23.1
西　藏	9	3	25	33.3
陕　西	70	14	1307	20.0
甘　肃	97	28	3834	28.9
青　海	30	11	891	36.7
宁　夏	31	16	2014	51.6
新　疆	62	21	7654	33.9

各地区三级企业建筑业总产值和竣工产值

单位:万元

地区	建筑业总产值	建筑工程产值	安装工程产值	房屋构筑物修理产值	非标准设备制造产值	竣工产值
全国总计	**19928476**	**17285843**	**2033182**	**529614**	**79838**	**15124770**
北京	491161	389177	61979	38752	1252	362099
天津	135997	81718	45582	8061	636	116525
河北	615015	549387	50873	13101	1655	474881
山西	203667	170842	28372	4432	20	158652
内蒙古	202467	172214	25661	4494	97	171290
辽宁	884321	719265	119855	39874	5326	730657
吉林	280707	236345	30882	11817	1664	253513
黑龙江	461741	373576	77077	10759	329	389109
上海	919796	777848	93898	44764	3286	662340
江苏	2339150	2076296	198619	45404	18831	1859728
浙江	2029601	1707946	275998	41931	3727	1575239
安徽	509134	437070	55222	13514	3328	371335
福建	839873	737759	89633	11920	561	544636
江西	256979	241419	11501	2741	1318	163115
山东	1746183	1433098	260330	46652	6102	1279817
河南	620667	537329	63199	18380	1757	448939
湖北	564344	503333	44391	13077	3542	412380
湖南	784375	697188	46553	36423	4210	569776
广东	1669982	1502115	138503	24309	5055	1199742
广西	362017	332120	20168	8636	1094	257048
海南	95774	80973	12255	2136	410	74370
重庆	893661	815175	56645	20164	1677	696605
四川	1348703	1219406	85350	36409	7538	984471
贵州	142390	125405	13626	3324	36	107050
云南	640807	586148	41748	11000	1911	551158
西藏	12508	12167	290	51	--	12313
陕西	284192	260507	18868	2556	2261	217178
甘肃	176492	151534	19675	4645	637	130059
青海	50815	43544	4719	2395	157	36968
宁夏	92407	74280	16943	1127	58	80974
新疆	273551	240657	24767	6766	1360	232804

各地区三级企业单位工程个数及工程质量

地　区	单位工程施工个数（个）	本年新开工个数	投标承包个数	本年新开工	单位工程竣工个数（个）	优良品	工程质量优良品率（%）	投标承包个数占单位工程施工个数的比重（%）
全国总计	**211779**	**142449**	**60045**	**42322**	**148747**	**32310**	**21.7**	**28.4**
北　京	4230	3073	701	479	3121	418	13.4	16.6
天　津	3123	2175	288	197	2893	792	27.4	9.2
河　北	7745	5021	2843	2047	5820	1578	27.1	36.7
山　西	4600	3457	1278	848	3454	686	19.9	27.8
内蒙古	2171	1627	276	195	1798	661	36.8	12.7
辽　宁	10075	8507	2661	2147	8425	1803	21.4	26.4
吉　林	2889	2447	736	596	2469	499	20.2	25.5
黑龙江	3182	2607	854	693	2652	564	21.3	26.8
上　海	8722	5181	1506	1037	3940	647	16.4	17.3
江　苏	17795	13231	5586	4342	13489	4021	29.8	31.4
浙　江	20324	13503	4484	3007	14788	2384	16.1	22.1
安　徽	7902	4938	1965	1289	5458	884	16.2	24.9
福　建	8433	5606	2568	1495	5923	966	16.3	30.5
江　西	3639	2023	1100	687	2013	379	18.8	30.2
山　东	18569	13129	6013	4238	13299	2414	18.2	32.4
河　南	9090	5775	3079	2139	6084	1667	27.4	33.9
湖　北	6424	4339	1717	1058	4305	518	12.0	26.7
湖　南	7469	4506	2647	1770	4642	983	21.2	35.4
广　东	12700	7181	3176	2161	7769	1741	22.4	25.0
广　西	5128	2966	1248	871	3090	399	12.9	24.3
海　南	3930	1346	250	182	1464	252	17.2	6.4
重　庆	8130	5867	3154	2460	6269	1511	24.1	38.8
四　川	14270	9425	5030	3476	9988	3011	30.1	35.2
贵　州	2714	1685	567	402	1592	349	21.9	20.9
云　南	6882	4402	1651	1195	5080	1250	24.6	24.0
西　藏	116	111	47	47	106	47	44.3	40.5
陕　西	3210	1967	1750	1091	1890	710	37.6	54.5
甘　肃	2837	2125	1130	814	2767	411	14.9	39.8
青　海	619	427	273	193	418	162	38.8	44.1
宁　夏	1467	1242	286	239	1205	138	11.5	19.5
新　疆	3394	2560	1181	927	2536	465	18.3	34.8

各地区三级企业房屋建筑面积和工程质量

地区	房屋建筑施工面积（万平方米）	本年新开工面积	投标承包面积	本年新开工	房屋建筑竣工面积（万平方米）	优良品面积	房屋建筑面积优良品率（%）	投标承包面积占房屋建筑施工面积的比重（%）
全国总计	**35243.8**	**19669.3**	**15315.5**	**9949.6**	**20531.1**	**5821.9**	**28.4**	**43.5**
北京	500.1	266.0	222.2	131.7	270.9	57.2	21.1	44.4
天津	126.2	84.8	50.1	41.0	88.2	13.0	14.7	39.7
河北	1183.1	741.4	690.9	478.6	757.0	231.3	30.6	58.4
山西	477.8	279.6	178.4	117.3	319.9	54.9	17.2	37.3
内蒙古	332.7	200.9	80.6	52.4	241.2	82.7	34.3	24.2
辽宁	1179.4	796.3	694.0	494.1	780.6	282.8	36.2	58.8
吉林	399.2	316.2	217.7	181.5	303.7	92.6	30.5	54.5
黑龙江	565.2	391.5	306.9	225.2	400.8	151.6	37.8	54.3
上海	932.2	483.2	421.2	264.6	512.0	109.9	21.5	45.2
江苏	3660.4	2479.2	1744.1	1250.9	2406.6	838.2	34.8	47.6
浙江	2845.4	1471.4	1149.1	694.2	1569.4	497.6	31.7	40.4
安徽	1121.5	594.3	346.0	225.5	671.9	119.8	17.8	30.9
福建	1436.4	624.2	824.3	354.9	644.0	70.9	11.0	57.4
江西	783.0	362.0	303.2	172.1	377.6	71.2	18.8	38.7
山东	2886.1	1674.9	1338.1	849.1	1714.0	443.5	25.9	46.4
河南	1673.3	979.2	880.2	593.2	1013.2	336.6	33.2	52.6
湖北	1203.7	673.5	423.5	233.8	685.8	123.7	18.0	35.2
湖南	1649.1	827.1	593.7	377.4	869.6	234.2	26.9	36.0
广东	3438.2	1524.1	1089.8	705.1	1599.7	416.0	26.0	31.7
广西	909.5	410.9	296.7	177.2	485.0	70.4	14.5	32.6
海南	127.9	90.1	39.5	21.2	91.4	30.8	33.7	30.9
重庆	1712.0	1042.1	861.1	599.6	1153.4	388.4	33.7	50.3
四川	2977.1	1698.1	1268.8	881.1	1724.2	548.6	31.8	42.6
贵州	348.2	170.7	94.3	60.2	189.5	37.6	19.8	27.1
云南	1079.6	553.6	253.0	173.0	718.8	180.0	25.0	23.4
西藏	13.1	12.3	3.6	3.6	12.3	4.6	36.9	27.2
陕西	561.4	318.9	391.8	222.8	323.7	154.0	47.6	69.8
甘肃	527.8	235.2	246.9	164.5	239.9	73.7	30.7	46.8
青海	88.1	45.4	45.7	29.8	47.2	16.4	34.8	51.9
宁夏	118.0	88.1	54.3	36.5	86.7	23.1	26.7	46.0
新疆	387.9	234.0	205.9	137.6	232.9	66.6	28.6	53.1

各地区三级企业按主要用途分的房屋建筑竣工面积

单位:万平方米

地区	合计	厂房	住宅	办公用房	商业、居民服务业用房	文化教育用房	医疗用房	科研用房	其他用房
全国总计	**20531.1**	**2136.0**	**11890.2**	**2200.4**	**1719.7**	**1189.9**	**212.6**	**41.2**	**1141.3**
北京	270.9	24.5	162.4	40.1	18.3	10.5	2.2	0.6	12.3
天津	88.2	5.3	58.8	8.7	4.9	4.5	——	0.1	5.8
河北	757.0	59.8	453.0	114.1	43.0	46.2	7.3	0.9	32.8
山西	319.9	17.8	238.4	32.7	13.3	9.1	1.6	——	6.9
内蒙古	241.2	10.6	157.7	26.2	16.9	17.0	2.5	0.7	9.6
辽宁	780.6	65.4	562.2	56.9	44.2	24.5	2.8	2.2	22.3
吉林	303.7	18.1	196.7	28.2	13.5	19.5	2.4	0.5	24.8
黑龙江	400.8	19.4	286.4	40.5	21.2	15.3	2.5	1.6	14.1
上海	512.0	102.5	300.9	31.4	18.3	19.1	2.0	2.2	35.5
江苏	2406.6	300.8	1327.3	219.3	224.6	126.5	27.8	9.0	171.2
浙江	1569.4	210.9	807.6	188.3	154.8	89.6	21.6	0.8	95.8
安徽	671.9	54.7	361.1	78.7	88.6	39.5	8.9	0.1	40.4
福建	644.0	88.3	342.6	73.5	62.3	35.1	8.7	——	33.4
江西	377.6	23.1	223.3	60.5	32.3	16.2	1.0	0.1	21.1
山东	1714.0	206.5	986.6	196.8	133.3	75.8	16.1	2.3	96.5
河南	1013.2	60.9	614.8	113.2	91.4	72.2	15.8	3.5	41.3
湖北	685.8	41.1	397.7	75.1	49.6	60.0	8.2	1.1	53.1
湖南	869.6	70.0	453.4	136.0	87.2	53.5	7.1	1.3	61.2
广东	1599.7	311.2	853.0	128.9	130.4	95.3	13.1	1.9	66.0
广西	485.0	35.7	267.6	53.8	47.3	43.5	9.1	0.5	27.5
海南	91.4	2.2	54.6	7.9	8.5	6.6	0.7	0.8	10.1
重庆	1153.4	137.1	658.7	112.1	107.0	74.3	8.9	3.7	51.7
四川	1724.2	110.5	1053.3	174.3	162.4	101.4	18.3	1.5	102.5
贵州	189.5	8.3	121.2	19.3	10.2	12.8	1.6	0.2	15.8
云南	718.8	71.2	368.3	83.5	70.1	63.8	11.8	2.7	47.5
西藏	12.3	0.4	7.5	2.1	0.4	1.1	——	——	0.8
陕西	323.7	31.0	206.3	34.5	20.5	19.0	3.2	0.9	8.3
甘肃	239.9	22.6	137.9	26.0	16.9	18.3	2.9	0.8	14.5
青海	47.2	3.4	36.1	2.5	3.1	1.2	0.2	0.4	0.4
宁夏	86.7	4.2	55.3	9.4	10.3	3.4	1.0	——	3.1
新疆	232.9	18.4	139.4	25.8	14.9	15.1	3.2	1.0	15.1

各地区三级企业各种用途的房屋建筑竣工面积占全部的比重

单位：%

地　区	厂房	住宅	办公用房	商业、居民服务业用　房	文化教育用房	医疗用房	科研用房	其他用房
全国总计	**10.4**	**57.9**	**10.7**	**8.4**	**5.8**	**1.0**	**0.2**	**5.6**
北　京	9.0	59.9	14.8	6.8	3.9	0.8	0.2	4.5
天　津	6.0	66.7	9.9	5.6	5.1	--	0.1	6.6
河　北	7.9	59.8	15.1	5.7	6.1	1.0	0.1	4.3
山　西	5.6	74.5	10.2	4.2	2.8	0.5	--	2.2
内蒙古	4.4	65.4	10.9	7.0	7.0	1.0	0.3	4.0
辽　宁	8.4	72.0	7.3	5.7	3.1	0.4	0.3	2.9
吉　林	6.0	64.8	9.3	4.4	6.4	0.8	0.2	8.2
黑龙江	4.8	71.5	10.1	5.3	3.8	0.6	0.4	3.5
上　海	20.0	58.8	6.1	3.6	3.7	0.4	0.4	6.9
江　苏	12.5	55.2	9.1	9.3	5.3	1.2	0.4	7.1
浙　江	13.4	51.5	12.0	9.9	5.7	1.4	0.1	6.1
安　徽	8.1	53.7	11.7	13.2	5.9	1.3	--	6.0
福　建	13.7	53.2	11.4	9.7	5.5	1.4	--	5.2
江　西	6.1	59.1	16.0	8.6	4.3	0.3	--	5.6
山　东	12.0	57.6	11.5	7.8	4.4	0.9	0.1	5.6
河　南	6.0	60.7	11.2	9.0	7.1	1.6	0.3	4.1
湖　北	6.0	58.0	11.0	7.2	8.7	1.2	0.2	7.7
湖　南	8.0	52.1	15.6	10.0	6.2	0.8	0.1	7.0
广　东	19.5	53.3	8.1	8.2	6.0	0.8	0.1	4.1
广　西	7.4	55.2	11.1	9.8	9.0	1.9	0.1	5.7
海　南	2.4	59.7	8.6	9.3	7.2	0.8	0.9	11.1
重　庆	11.9	57.1	9.7	9.3	6.4	0.8	0.3	4.5
四　川	6.4	61.1	10.1	9.4	5.9	1.1	0.1	5.9
贵　州	4.4	64.0	10.2	5.4	6.8	0.8	0.1	8.3
云　南	9.9	51.2	11.6	9.8	8.9	1.6	0.4	6.6
西　藏	3.3	61.0	17.1	3.3	8.9	--	--	6.5
陕　西	9.6	63.7	10.7	6.3	5.9	1.0	0.3	2.6
甘　肃	9.4	57.5	10.8	7.0	7.6	1.2	0.3	6.0
青　海	7.2	76.5	5.3	6.6	2.5	0.4	0.8	0.8
宁　夏	4.8	63.8	10.8	11.9	3.9	1.2	--	3.6
新　疆	7.9	59.9	11.1	6.4	6.5	1.4	0.4	6.5

各地区三级企业机械设备装备情况

地　区	自有机械设备年末总台数(台)	自有机械设备年末总功率(万千瓦)	施工机械功率	自有机械设备净值(万元)	技术装备率(元/人)	动力装备率(千瓦/人)
全国总计	**1906206**	**2198.1**	**1830.8**	**2314608**	**3651**	**3.5**
北　京	27622	48.1	37.5	50133	4496	4.3
天　津	14314	16.4	14.4	18782	5550	4.8
河　北	90783	119.2	106.5	101028	4035	4.8
山　西	27266	30.2	24.7	24878	2571	3.1
内蒙古	19791	46.4	41.0	22978	3213	6.5
辽　宁	86776	174.0	133.2	116170	3634	5.4
吉　林	21249	37.0	30.3	33159	3196	3.6
黑龙江	37326	69.8	57.3	61461	3867	4.4
上　海	27691	17.9	15.1	42620	3295	1.4
江　苏	164683	155.8	136.2	213837	3498	2.5
浙　江	153009	152.3	128.8	270422	6573	3.7
安　徽	59749	43.5	38.4	47484	2514	2.3
福　建	57364	66.7	59.5	96428	4852	3.4
江　西	32130	32.6	27.0	26370	2007	2.5
山　东	165088	201.3	158.8	185524	2971	3.2
河　南	84350	87.2	72.2	71546	2172	2.6
湖　北	80140	63.2	52.1	73577	2987	2.6
湖　南	94177	91.7	79.8	72656	2806	3.5
广　东	190666	199.7	176.4	232222	5552	4.8
广　西	65669	47.9	40.9	41754	3194	3.7
海　南	8798	20.1	10.0	17571	4719	5.4
重　庆	67002	92.5	76.8	98766	3406	3.2
四　川	135903	155.7	132.7	150140	3013	3.1
贵　州	14462	15.9	11.8	23074	3319	2.3
云　南	71020	90.6	74.6	99763	4507	4.1
西　藏	1295	1.7	0.8	1139	2556	3.7
陕　西	42039	39.0	33.5	34689	2889	3.2
甘　肃	31211	27.9	23.2	34470	2579	2.1
青　海	7960	7.7	5.2	9064	3785	3.2
宁　夏	10406	13.6	11.3	13764	4084	4.0
新　疆	16267	32.9	20.9	29142	3580	4.0

各地区三级企业建筑业增加值及其构成(一)

单位:万元

地区	建筑业增加值合计	本年提取固定资产折旧	应付工资总额	应付福利费总额
全国总计	**5427077**	**292536**	**2917418**	**277382**
北京	138782	7506	66606	5652
天津	38061	1875	18935	1298
河北	174725	8839	93534	4987
山西	56178	2753	28714	3904
内蒙古	56106	2878	32488	3512
辽宁	275404	18607	143658	17356
吉林	86440	3615	47865	5631
黑龙江	137073	7610	74549	7552
上海	203477	8681	95557	9759
江苏	585924	27180	349522	34549
浙江	568422	31632	313699	28586
安徽	146490	6203	72359	7037
福建	208491	11193	103969	9351
江西	69525	4550	41392	3022
山东	504588	31509	241778	27322
河南	142840	8064	74447	7079
湖北	156197	9390	81399	6225
湖南	207844	12476	113349	10623
广东	444316	24604	227233	20142
广西	103719	4410	57191	3911
海南	30058	1518	12965	1114
重庆	230392	11321	131952	15710
四川	372777	20821	226216	21580
贵州	40863	2546	24304	1959
云南	179683	9878	94611	5710
西藏	12617	211	9699	99
陕西	78869	2817	39093	4165
甘肃	55739	2729	31089	2185
青海	13228	679	7372	653
宁夏	30147	1576	16684	1859
新疆	78103	4868	45190	4850

各地区三级企业建筑业增加值及其构成(二)

单位:万元

地区	工程结算税金及附加	工程结算利润	管理费用中的税金	管理费用中的劳动、待业保险费	转作奖金的利润
全国总计	**593259**	**1466874**	**53273**	**51667**	**20123**
北京	13945	53248	1225	840	702
天津	5516	15279	228	530	344
河北	18541	51785	2417	1352	565
山西	6318	14520	970	774	91
内蒙古	5875	14950	849	1030	12
辽宁	27428	77355	2133	4989	410
吉林	8716	21249	476	768	306
黑龙江	14142	36373	930	1327	153
上海	25877	66710	1498	1735	305
江苏	54620	129515	3651	3570	2346
浙江	58303	141569	2889	6012	2301
安徽	15174	43933	1531	948	695
福建	28592	52866	1748	2723	529
江西	9108	19687	1009	1096	157
山东	47672	163397	5927	4836	2821
河南	17354	48258	1978	1566	336
湖北	18235	50267	2089	1148	628
湖南	24961	50689	3200	1743	996
广东	53125	129168	4307	3440	2667
广西	15354	21379	1939	1398	427
海南	3985	9608	864	994	241
重庆	24893	49911	1813	1213	680
四川	38727	79952	3316	2395	880
贵州	3962	8472	457	463	7
云南	24866	45217	2248	849	756
西藏	612	2169	196	3	--
陕西	8138	23762	1314	533	248
甘肃	6912	14215	1225	277	99
青海	1701	3970	163	314	4
宁夏	2417	8508	185	355	64
新疆	8189	18892	494	2444	349

各地区三级企业建筑业劳动生产率

地　区	建筑业企业个数（个）	计算劳动生产率的平均人数（万人）	按总产值计算的劳动生产率（元/人）	按增加值计算的劳动生产率（元/人）	人均竣工产值（元/人）	人均施工面积（平米/人）	人均竣工面积（平米/人）
全国总计	**17277**	**633.94**	**31436**	**8561**	**23859**	**55.6**	**32.4**
北　京	446	11.15	44052	12447	32476	44.9	24.3
天　津	146	3.38	40185	11246	34431	37.3	26.1
河　北	664	25.04	24563	6978	18966	47.3	30.2
山　西	401	9.68	21048	5806	16396	49.4	33.1
内蒙古	236	7.15	28312	7846	23953	46.5	33.7
辽　宁	939	31.96	27666	8616	22859	36.9	24.4
吉　林	328	10.38	27054	8331	24433	38.5	29.3
黑龙江	588	15.89	29053	8625	24483	35.6	25.2
上　海	581	12.94	71106	15730	51203	72.1	39.6
江　苏	1091	61.14	38262	9584	30420	59.9	39.4
浙　江	1325	41.14	49334	13817	38290	69.2	38.1
安　徽	493	18.89	26952	7755	19658	59.4	35.6
福　建	568	19.88	42256	10490	27402	72.3	32.4
江　西	326	13.14	19562	5292	12417	59.6	28.7
山　东	1618	62.45	27960	8080	20493	46.2	27.4
河　南	819	32.94	18844	4337	13630	50.8	30.8
湖　北	610	24.63	22910	6341	16741	48.9	27.8
湖　南	688	25.90	30288	8026	22002	63.7	33.6
广　东	1037	41.83	39923	10622	28681	82.2	38.2
广　西	478	13.07	27696	7935	19665	69.6	37.1
海　南	178	3.72	25719	8072	19972	34.4	24.5
重　庆	800	29.00	30821	7946	24025	59.0	39.8
四　川	1347	49.84	27062	7480	19753	59.7	34.6
贵　州	230	6.95	20478	5877	15396	50.1	27.2
云　南	455	22.14	28950	8118	24900	48.8	32.5
西　藏	22	0.45	28052	28294	27614	29.4	27.7
陕　西	289	12.01	23666	6568	18086	46.8	27.0
甘　肃	196	13.37	13205	4170	9731	39.5	18.0
青　海	72	2.39	21218	5523	15436	36.8	19.7
宁　夏	125	3.37	27421	8946	24028	35.0	25.7
新　疆	181	8.14	33606	9595	28600	47.6	28.6

各地区三级企业资本金及资产构成(一)

单位:万元

地区	资本金合计	资产总计	流动资产合计	存货	在建工程	长期投资
全国总计	**6282561**	**20512395**	**14721177**	**5963281**	**4161801**	**320922**
北京	140587	545826	427741	155852	76342	14179
天津	47537	152716	114133	34669	18246	2002
河北	228737	488783	287438	107017	58008	6044
山西	76516	243724	163816	60415	36866	3593
内蒙古	71102	245858	162139	58944	26043	9575
辽宁	346307	1007710	705927	168252	87010	8059
吉林	87608	308180	216915	40552	18970	1262
黑龙江	193232	535478	376404	82934	31778	6030
上海	239794	951752	773458	221177	163135	20624
江苏	535587	1856172	1426241	716088	528658	26421
浙江	671622	2292659	1695649	795871	598101	28569
安徽	162301	464370	323655	120216	82297	3054
福建	251371	1458537	1210304	573227	510904	13575
江西	119580	458807	346343	168712	122695	3043
山东	443033	1751618	1297260	472322	255814	19348
河南	141133	540421	378463	173226	108380	6487
湖北	240393	501606	314539	119674	76743	6788
湖南	281323	656191	412666	145743	103941	5621
广东	574608	2321278	1732641	767505	640964	59610
广西	154657	460065	329753	144811	108230	9889
海南	31907	116273	52191	18440	13091	1390
重庆	256472	533707	330105	156273	110266	4365
四川	428119	1061508	673167	318029	213884	20424
贵州	77005	226448	133238	45832	20276	11127
云南	183523	490486	300581	113414	54542	12661
西藏	7107	18797	9156	1410	374	1671
陕西	88064	212479	142450	57162	37036	4138
甘肃	64253	155758	96836	36201	15986	2612
青海	23582	60694	40744	14653	10655	1595
宁夏	45361	121752	73537	25144	15099	4061
新疆	70139	272740	173685	49517	17467	3103

各地区三级企业资本金及资产构成(二)

单位:万元

地区	固定资产合计	固定资产原价合计	生产经营用	固定资产折旧	本年折旧	无形及递延资产合计	其中：无形资产
全国总计	**4640351**	**6024884**	**4473044**	**1476264**	**292536**	**221761**	**126596**
北京	87467	114768	59971	32018	7506	7550	4792
天津	31988	42407	34876	10418	1875	520	269
河北	162529	195575	140060	44186	8839	4562	3005
山西	59231	75416	51254	16757	2753	3875	834
内蒙古	55438	72195	53465	17494	2878	3280	1588
辽宁	264216	368427	294024	106370	18607	6723	4636
吉林	80001	108266	77195	28266	3615	3095	2742
黑龙江	139496	186181	148790	46803	7610	3778	2185
上海	117216	155100	110188	37884	8681	13390	8038
江苏	373555	511698	400532	138143	27180	12770	5322
浙江	507480	629288	501390	133036	31632	15062	9322
安徽	114575	148532	111207	33957	6203	5427	3116
福建	178624	231561	180888	52937	11193	15318	12116
江西	84213	120134	67665	35921	4550	5971	4501
山东	353796	492608	363857	138812	31509	20757	11482
河南	131448	173302	137353	41854	8064	4270	3483
湖北	158442	199146	142952	48418	9390	12802	10397
湖南	205346	255004	189755	62549	12476	7480	5371
广东	433409	558550	384805	125142	24604	42727	13297
广西	107935	123485	80976	23651	4410	3455	2881
海南	29320	36078	26884	6758	1518	1229	975
重庆	176650	220928	178828	52802	11321	4749	2463
四川	325749	428880	314050	105210	20821	10804	6735
贵州	59600	71990	46112	13756	2546	1422	1094
云南	165101	199387	155867	43176	9878	4445	2358
西藏	5824	6782	3101	958	211	126	100
陕西	56189	71349	51908	18737	2817	1660	946
甘肃	47277	59821	49467	15279	2729	1369	915
青海	16489	23372	13718	6883	679	56	4
宁夏	37573	44583	34620	7592	1576	1306	1105
新疆	74174	100070	67284	30497	4868	1783	523

各地区三级企业负债及所有者权益

单位:万元

地区	负债合计	流动负债合计	长期负债合计	所有者权益合计	股本
全国总计	**13921997**	**13106307**	**752935**	**6590399**	**458613**
北京	391528	375163	16365	154297	3131
天津	98825	96699	1192	53892	501
河北	272962	254931	18031	215821	2603
山西	178857	155517	22876	64866	899
内蒙古	180667	169413	10125	65192	3659
辽宁	663946	637286	25675	343764	10493
吉林	219782	209333	10448	88399	3449
黑龙江	354125	326866	27059	181353	27096
上海	705181	667411	13032	246571	8778
江苏	1259937	1229840	30097	596235	38205
浙江	1526912	1496681	30230	765748	89824
安徽	317941	270110	47156	146429	6344
福建	1173216	1143773	26696	285322	21106
江西	334895	314692	19721	123912	3224
山东	1240103	1137772	80311	511514	7735
河南	351182	331456	16394	189239	141001
湖北	270177	234030	34259	231429	3206
湖南	471326	427368	43959	184865	245
广东	1676892	1555209	121682	644386	47432
广西	310381	289161	21220	149684	3576
海南	43559	35624	7295	72715	840
重庆	288566	274725	13841	245141	7214
四川	626702	578060	48642	434806	6749
贵州	144252	139312	4940	82196	1316
云南	269850	247083	22767	220635	7695
西藏	9154	7203	1434	9643	84
陕西	131748	120421	10690	80731	2184
甘肃	88560	80389	7742	67198	6552
青海	41361	39466	1894	19333	562
宁夏	71990	68775	3216	49762	1702
新疆	207421	192535	13946	65320	1210

各地区三级企业工程结算收入及工程结算利润

单位：万元

地区	工程结算收入	工程结算成本	工程结算税金及附加	工程结算利润	管理费用	税金	财产保险费	劳动、待业保险费
全国总计	**16441462**	**14381329**	**593259**	**1466874**	**1037673**	**53273**	**7295**	**51667**
北京	454574	387382	13945	53248	42772	1225	118	840
天津	129453	108658	5516	15279	10566	228	64	530
河北	540861	470534	18541	51785	33983	2417	168	1352
山西	178398	157561	6318	14520	13408	970	213	774
内蒙古	182022	161197	5875	14950	14577	849	60	1030
辽宁	843626	738844	27428	77355	69013	2133	380	4989
吉林	269434	239469	8716	21249	20441	476	93	768
黑龙江	426160	375644	14142	36373	30553	930	201	1327
上海	826625	734038	25877	66710	56485	1498	384	1735
江苏	1470742	1286606	54620	129515	93117	3651	705	3570
浙江	1615184	1415312	58303	141569	99232	2889	583	6012
安徽	445827	386720	15174	43933	29053	1531	253	948
福建	763561	682103	28592	52866	41225	1748	138	2723
江西	223892	195097	9108	19687	16640	1009	217	1096
山东	1412410	1201341	47672	163397	92553	5927	945	4836
河南	506946	441334	17354	48258	29020	1978	123	1566
湖北	481174	412672	18235	50267	31433	2089	177	1148
湖南	650290	574641	24961	50689	32673	3200	166	1743
广东	1397320	1215027	53125	129168	90594	4307	713	3440
广西	325688	288956	15354	21379	13136	1939	201	1398
海南	79314	65721	3985	9608	5610	864	72	994
重庆	642924	568120	24893	49911	31826	1813	79	1213
四川	1060081	941401	38727	79952	50505	3316	456	2395
贵州	117550	105116	3962	8472	7776	457	71	463
云南	604136	534053	24866	45217	27639	2248	324	849
西藏	11871	9090	612	2169	2242	196	——	3
陕西	229543	197643	8138	23762	13082	1314	130	533
甘肃	158154	137027	6912	14215	9111	1225	165	277
青海	49281	43611	1701	3970	3704	163	9	314
宁夏	85016	74090	2417	8508	5940	185	28	355
新疆	259401	232320	8189	18892	19766	494	57	2444

各地区三级企业利税及利润总额

单位:万元

地　区	利税总额	利润总额	应交所得税	转作奖金的利润	应付利润	已分配股利
全国总计	**993907**	**347375**	**97879**	**20123**	**66376**	**7665**
北　京	27357	12187	3561	702	1784	149
天　津	9200	3456	757	344	861	7
河　北	34851	13893	3277	565	2263	--
山　西	7638	350	861	91	477	90
内蒙古	7760	1036	482	12	204	4
辽　宁	37695	8134	4609	410	1544	1
吉　林	7503	-1689	587	306	113	--
黑龙江	17607	2535	1072	153	334	268
上　海	41931	14556	3620	305	5142	678
江　苏	90111	31840	7534	2346	6609	1803
浙　江	101765	40573	13359	2301	8708	1913
安　徽	28080	11375	2553	695	1900	50
福　建	42274	11934	3974	529	1905	65
江　西	11069	952	610	157	459	11
山　东	108934	55335	13716	2821	7003	45
河　南	33093	13761	2762	336	3915	1018
湖　北	33035	12711	2983	628	1497	65
湖　南	39401	11240	2885	996	1750	--
广　东	88243	30811	9853	2667	6318	164
广　西	24006	6713	1786	427	1111	8
海　南	8703	3854	474	241	1732	248
重　庆	37593	10887	3656	680	2502	825
四　川	65305	23262	6575	880	2745	44
贵　州	5743	1324	429	7	813	6
云　南	42622	15508	2205	756	2276	10
西　藏	861	53	240	--	1	--
陕　西	12984	3532	812	248	1202	92
甘　肃	11630	3493	874	99	331	36
青　海	1459	-405	57	4	3	--
宁　夏	4995	2393	595	64	377	16
新　疆	10455	1772	1120	349	497	50

各地区三级企业利润率及利税率

地　区	产值利润率(%)	产值利税率(%)	资本金利润率(%)	资本金利税率(%)	人均利润(元/人)	人均利税(元/人)	资产负债率(%)
全国总计	**1.7**	**5.0**	**5.5**	**15.8**	**548**	**1568**	**67.9**
北　京	2.5	5.6	8.7	19.5	1093	2454	71.7
天　津	2.5	6.8	7.3	19.4	1021	2718	64.7
河　北	2.3	5.7	6.1	15.2	555	1392	55.8
山　西	0.2	3.8	0.5	10.0	36	789	73.4
内蒙古	0.5	3.8	1.5	10.9	145	1085	73.5
辽　宁	0.9	4.3	2.3	10.9	254	1179	65.9
吉　林	−0.6	2.7	−1.9	8.6	−163	723	71.3
黑龙江	0.5	3.8	1.3	9.1	159	1108	66.1
上　海	1.6	4.6	6.1	17.5	1125	3242	74.1
江　苏	1.4	3.9	5.9	16.8	521	1474	67.9
浙　江	2.0	5.0	6.0	15.2	986	2474	66.6
安　徽	2.2	5.5	7.0	17.3	602	1487	68.5
福　建	1.4	5.0	4.7	16.8	600	2127	80.4
江　西	0.4	4.3	0.8	9.3	72	843	73.0
山　东	3.2	6.2	12.5	24.6	886	1744	70.8
河　南	2.2	5.3	9.8	23.4	418	1005	65.0
湖　北	2.3	5.9	5.3	13.7	516	1341	53.9
湖　南	1.4	5.0	4.0	14.0	434	1521	71.8
广　东	1.8	5.3	5.4	15.4	737	2110	72.2
广　西	1.9	6.6	4.3	15.5	514	1837	67.5
海　南	4.0	9.1	12.1	27.3	1035	2337	37.5
重　庆	1.2	4.2	4.2	14.7	375	1297	54.1
四　川	1.7	4.8	5.4	15.3	467	1310	59.0
贵　州	0.9	4.0	1.7	7.5	190	826	63.7
云　南	2.4	6.7	8.5	23.2	701	1926	55.0
西　藏	0.4	6.9	0.7	12.1	118	1929	48.7
陕　西	1.2	4.6	4.0	14.7	294	1081	62.0
甘　肃	2.0	6.6	5.4	18.1	261	870	56.9
青　海	−0.8	2.9	−1.7	6.2	−169	609	68.1
宁　夏	2.6	5.4	5.3	11.0	710	1482	59.1
新　疆	0.6	3.8	2.5	14.9	218	1284	76.1

各地区三级建筑业企业亏损情况

地区	建筑业企业个数(个)	亏损企业个数(个)	亏损金额(万元)	亏损面(%)
全国总计	**17277**	**3636**	**118430**	**21.0**
北京	446	118	3235	26.5
天津	146	33	2683	22.6
河北	664	120	3582	18.1
山西	401	98	3277	24.4
内蒙古	236	35	1171	14.8
辽宁	939	256	12092	27.3
吉林	328	121	4710	36.9
黑龙江	588	167	5081	28.4
上海	581	104	4722	17.9
江苏	1091	160	4850	14.7
浙江	1325	237	7758	17.9
安徽	493	116	2477	23.5
福建	568	138	3969	24.3
江西	326	80	2197	24.5
山东	1618	283	7885	17.5
河南	819	199	3084	24.3
湖北	610	104	3237	17.0
湖南	688	149	4089	21.7
广东	1037	213	13071	20.5
广西	478	115	2474	24.1
海南	178	40	1159	22.5
重庆	800	143	4484	17.9
四川	1347	272	6592	20.2
贵州	230	77	1210	33.5
云南	455	74	1950	16.3
西藏	22	5	369	22.7
陕西	289	45	1098	15.6
甘肃	196	33	633	16.8
青海	72	24	894	33.3
宁夏	125	29	396	23.2
新疆	181	48	4000	26.5

各地区四级企业建筑业总产值和竣工产值

单位：万元

地区	建筑业总产值	建筑工程产值	安装工程产值	房屋构筑物修理产值	非标准设备制造产值	竣工产值
全国总计	**8801951**	**7616329**	**852628**	**295742**	**37251**	**7097335**
北京	212306	146034	51729	14054	489	158031
天津	58886	40048	14906	3921	12	54502
河北	244215	220031	16548	5796	1841	200111
山西	86852	72383	11852	2563	54	71651
内蒙古	185159	158796	20142	6078	143	160124
辽宁	396849	298951	80710	16473	714	337250
吉林	125900	103140	14896	7771	93	116463
黑龙江	243618	207526	23455	12432	206	213917
上海	155878	122915	23749	7568	1646	119193
江苏	1608586	1439649	120335	41814	6788	1336382
浙江	861953	702101	127206	28246	4399	659513
安徽	400936	362111	23376	14250	1199	340196
福建	250506	219668	21319	8105	1413	202560
江西	188237	172312	10416	4808	701	147545
山东	795970	668442	92390	31760	3379	604089
河南	249002	219874	18057	9812	1259	204197
湖北	332843	302224	18813	10917	889	258593
湖南	421659	379375	23975	16649	1660	336712
广东	315579	283117	26646	5341	475	232015
广西	102170	91408	6911	3545	306	78869
海南	25638	21183	3279	802	374	23487
重庆	135287	119153	8909	6766	459	112554
四川	472476	424910	32140	12046	3380	374260
贵州	69751	61566	6586	1555	44	48126
云南	316461	285826	17645	10756	2234	260648
西藏	7080	6398	76	479	126	6926
陕西	176058	164421	8254	2746	637	137342
甘肃	63600	53084	8554	1845	116	51812
青海	24501	21602	1094	1357	449	18450
宁夏	67420	57436	8531	1406	47	59740
新疆	206575	190643	10130	4082	1719	172075

各地区四级企业单位工程个数及工程质量

地区	单位工程施工个数（个）	本年新开工个数	投标承包个数	本年新开工	单位工程竣工个数（个）	优良品	工程质量优良品率（%）	投标承包个数占单位工程施工个数的比重（%）
全国总计	**151628**	**107241**	**32889**	**23725**	**113018**	**18115**	**16.0**	**21.7**
北　京	5787	3590	402	114	4841	503	10.4	6.9
天　津	1878	1485	89	74	1415	182	12.9	4.7
河　北	4518	3532	1748	1331	3773	878	23.3	38.7
山　西	1824	1397	507	339	1461	412	28.2	27.8
内蒙古	2446	2004	320	250	2097	424	20.2	13.1
辽　宁	5922	4830	1030	817	5101	565	11.1	17.4
吉　林	2543	2274	254	221	2331	230	9.9	10.0
黑龙江	2640	2256	436	357	2239	362	16.2	16.5
上　海	2867	2023	350	250	1549	208	13.4	12.2
江　苏	16158	12614	3947	3056	12858	2195	17.1	24.4
浙　江	16782	11014	2787	1971	12593	1399	11.1	16.6
安　徽	7650	4979	1656	1213	5424	1041	19.2	21.6
福　建	4684	2850	1620	990	3147	594	18.9	34.6
江　西	4333	2692	1285	853	2864	640	22.3	29.7
山　东	13763	10349	3546	2376	10617	1536	14.5	25.8
河　南	6593	4557	1470	1167	4926	1590	32.3	22.3
湖　北	5639	3858	1709	1032	4166	325	7.8	30.3
湖　南	5446	3684	1788	1316	3717	622	16.7	32.8
广　东	8181	3080	609	412	2691	463	17.2	7.4
广　西	2345	1474	343	289	1574	338	21.5	14.6
海　南	1034	852	76	62	986	68	6.9	7.4
重　庆	2024	1403	633	538	1603	279	17.4	31.3
四　川	6813	5185	1754	1332	5385	1237	23.0	25.7
贵　州	4221	3203	543	414	3605	148	4.1	12.9
云　南	4902	3182	798	595	3610	641	17.8	16.3
西　藏	149	135	45	31	124	70	56.5	30.2
陕　西	2420	1792	1412	911	1606	352	21.9	58.3
甘　肃	1154	933	465	366	907	185	20.4	40.3
青　海	590	506	150	125	469	119	25.4	25.4
宁　夏	1789	1625	253	205	1583	161	10.2	14.1
新　疆	4533	3883	864	718	3756	348	9.3	19.1

各地区四级企业房屋建筑面积和工程质量

地区	房屋建筑施工面积（万平方米）	本年新开工面积	投标承包面积	本年新开工	房屋建筑竣工面积（万平方米）	优良品面积	房屋建筑面积优良品率（%）	投标承包面积占房屋建筑施工面积的比重（%）
全国总计	**15426.8**	**9913.6**	**6035.9**	**4091.6**	**10292.5**	**2311.2**	**22.5**	**39.1**
北京	169.0	89.4	36.1	20.6	113.8	7.4	6.5	21.4
天津	75.1	61.5	19.0	11.6	54.9	10.3	18.7	25.3
河北	469.6	310.1	257.9	168.3	349.3	97.1	27.8	54.9
山西	151.6	102.8	81.9	54.0	111.9	25.0	22.3	54.0
内蒙古	311.1	203.0	87.6	62.4	233.3	75.2	32.2	28.2
辽宁	533.6	364.2	276.1	180.5	362.8	102.9	28.4	51.8
吉林	163.5	125.4	63.5	54.4	130.9	30.3	23.1	38.8
黑龙江	356.4	273.3	127.9	96.2	260.5	77.6	29.8	35.9
上海	141.1	82.0	66.6	46.2	87.9	15.6	17.7	47.2
江苏	2386.9	1755.7	916.9	690.2	1669.2	443.1	26.5	38.4
浙江	1280.3	706.3	431.2	277.1	778.8	152.9	19.6	33.7
安徽	764.2	535.1	244.2	184.6	582.4	125.8	21.6	32.0
福建	438.7	240.2	228.4	113.6	252.7	37.1	14.7	52.1
江西	574.3	337.5	277.5	157.4	361.6	67.4	18.6	48.3
山东	1435.0	879.7	536.3	338.8	920.8	138.5	15.0	37.4
河南	634.8	411.0	268.8	205.1	413.8	106.4	25.7	42.3
湖北	774.1	511.4	292.9	171.5	500.4	56.1	11.2	37.8
湖南	935.0	573.2	400.2	264.9	598.8	124.8	20.8	42.8
广东	659.4	317.5	166.1	107.0	314.2	64.0	20.4	25.2
广西	250.7	149.1	50.5	39.4	151.7	27.5	18.1	20.1
海南	41.4	33.1	9.7	4.8	34.7	8.3	23.8	23.4
重庆	314.3	202.0	127.4	108.0	216.6	53.6	24.8	40.5
四川	993.5	635.0	418.5	282.7	702.8	218.9	31.2	42.1
贵州	180.0	105.6	65.0	47.3	116.6	12.2	10.4	36.1
云南	469.3	266.5	88.2	60.5	348.7	75.1	21.5	18.8
西藏	8.2	7.7	3.2	2.9	6.9	4.1	60.4	39.4
陕西	341.7	215.3	246.1	149.6	210.1	70.0	33.3	72.0
甘肃	134.6	86.2	83.2	60.4	97.8	30.6	31.3	61.8
青海	47.8	33.0	20.0	15.4	28.7	8.2	28.5	41.8
宁夏	94.1	70.9	42.0	31.4	67.0	11.1	16.5	44.7
新疆	297.5	230.1	103.0	84.5	212.8	34.2	16.1	34.6

各地区四级企业按主要用途分的房屋建筑竣工面积

单位:万平方米

地区	合计	厂房	住宅	办公用房	商业、居民服务业用房	文化教育用房	医疗用房	科研用房	其他用房
全国总计	**10292.5**	**1118.6**	**5589.0**	**1179.9**	**801.4**	**788.0**	**96.5**	**18.6**	**700.6**
北京	113.8	13.9	54.2	20.2	8.0	6.7	0.3	0.2	10.3
天津	54.9	15.3	21.3	9.3	3.0	3.2	——	——	2.7
河北	349.3	41.6	174.5	55.8	24.7	28.5	4.8	0.2	19.3
山西	111.9	5.3	71.1	16.4	8.5	5.9	0.7	——	4.2
内蒙古	233.3	18.8	158.6	25.4	11.3	7.9	1.3	0.5	9.6
辽宁	362.8	32.1	240.6	26.9	23.5	15.3	1.4	1.2	21.6
吉林	130.9	13.5	80.9	19.5	3.2	6.4	0.1	——	7.4
黑龙江	260.5	10.8	185.0	23.6	11.2	14.3	2.5	1.0	12.2
上海	87.9	14.0	59.1	3.8	3.0	2.9	0.4	0.1	4.6
江苏	1669.2	196.9	913.3	171.1	125.5	94.1	15.0	5.5	147.8
浙江	778.8	107.5	388.2	83.4	78.3	50.1	7.1	0.4	63.9
安徽	582.4	90.1	254.9	78.8	68.1	51.7	6.1	1.8	31.0
福建	252.7	23.4	110.7	44.4	24.2	32.4	3.0	0.3	14.4
江西	361.6	38.6	211.1	43.7	22.3	25.2	3.0	0.3	17.4
山东	920.8	122.5	513.8	114.5	67.3	45.5	6.6	1.4	49.2
河南	413.8	48.3	209.3	52.3	36.4	36.4	2.3	0.6	28.0
湖北	500.4	33.4	251.8	68.4	33.5	62.7	4.0	0.5	46.2
湖南	598.8	52.7	331.3	68.8	45.9	50.4	6.9	1.1	41.6
广东	314.2	59.6	162.0	16.6	24.5	35.8	2.4	——	13.2
广西	151.7	16.0	70.8	17.7	11.1	19.4	1.5	0.1	15.0
海南	34.7	0.4	22.1	0.6	1.0	3.5	0.1	——	7.0
重庆	216.6	25.3	127.1	20.1	17.2	17.1	2.2	0.4	7.3
四川	702.8	55.3	390.0	70.5	71.3	65.2	9.3	0.2	41.1
贵州	116.6	6.8	65.2	15.8	7.9	13.5	2.1	——	5.2
云南	348.7	33.6	174.7	40.0	26.5	36.9	7.8	0.8	28.5
西藏	6.9	0.1	3.4	0.3	1.8	0.8	0.4	——	0.2
陕西	210.1	13.9	125.8	29.1	13.4	21.1	1.5	0.2	5.1
甘肃	97.8	6.6	57.5	13.8	5.7	6.7	0.4	0.2	6.8
青海	28.7	1.4	16.3	2.6	3.9	2.3	0.1	0.1	2.0
宁夏	67.0	5.7	38.7	6.3	7.1	5.2	0.2	0.2	3.7
新疆	212.8	15.2	105.7	20.2	12.3	21.0	3.0	1.3	34.0

各地区四级企业各种用途的房屋建筑竣工面积占全部的比重

单位：%

地区	厂房	住宅	办公用房	商业、居民服务业用房	文化教育用房	医疗用房	科研用房	其他用房
全国总计	**10.9**	**54.3**	**11.5**	**7.8**	**7.7**	**0.9**	**0.2**	**6.8**
北京	12.2	47.6	17.8	7.0	5.9	0.3	0.2	9.1
天津	27.9	38.8	16.9	5.5	5.8	－－	－－	4.9
河北	11.9	50.0	16.0	7.1	8.2	1.4	0.1	5.5
山西	4.7	63.5	14.7	7.6	5.3	0.6	－－	3.8
内蒙古	8.1	68.0	10.9	4.8	3.4	0.6	0.2	4.1
辽宁	8.8	66.3	7.4	6.5	4.2	0.4	0.3	6.0
吉林	10.3	61.8	14.9	2.4	4.9	0.1	－－	5.7
黑龙江	4.1	71.0	9.1	4.3	5.5	1.0	0.4	4.7
上海	15.9	67.2	4.3	3.4	3.3	0.5	0.1	5.2
江苏	11.8	54.7	10.3	7.5	5.6	0.9	0.3	8.9
浙江	13.8	49.8	10.7	10.1	6.4	0.9	0.1	8.2
安徽	15.5	43.8	13.5	11.7	8.9	1.0	0.3	5.3
福建	9.3	43.8	17.6	9.6	12.8	1.2	0.1	5.7
江西	10.7	58.4	12.1	6.2	7.0	0.8	0.1	4.8
山东	13.3	55.8	12.4	7.3	4.9	0.7	0.2	5.3
河南	11.7	50.6	12.6	8.8	8.8	0.6	0.1	6.8
湖北	6.7	50.3	13.7	6.7	12.5	0.8	0.1	9.2
湖南	8.8	55.3	11.5	7.7	8.4	1.2	0.2	6.9
广东	19.0	51.6	5.3	7.8	11.4	0.8	－－	4.2
广西	10.5	46.7	11.7	7.3	12.8	1.0	0.1	9.9
海南	1.2	63.7	1.7	2.9	10.1	0.3	－－	20.2
重庆	11.7	58.7	9.3	7.9	7.9	1.0	0.2	3.4
四川	7.9	55.5	10.0	10.1	9.3	1.3	－－	5.8
贵州	5.8	55.9	13.6	6.8	11.6	1.8	－－	4.5
云南	9.6	50.1	11.5	7.6	10.6	2.2	0.2	8.2
西藏	1.4	49.3	4.3	26.1	11.6	5.8	－－	2.9
陕西	6.6	59.9	13.9	6.4	10.0	0.7	0.1	2.4
甘肃	6.7	58.8	14.1	5.8	6.9	0.4	0.2	7.0
青海	4.9	56.8	9.1	13.6	8.0	0.3	0.3	7.0
宁夏	8.5	57.8	9.4	10.6	7.8	0.3	0.3	5.5
新疆	7.1	49.7	9.5	5.8	9.9	1.4	0.6	16.0

各地区四级企业机械设备装备情况

地　区	自有机械设备年末总台数(台)	自有机械设备年末总功率(万千瓦)	施工机械功率	自有机械设备净值(万元)	技术装备率(元/人)	动力装备率(千瓦/人)
全国总计	**892463**	**1012.2**	**845.8**	**966375**	**2989**	**3.1**
北　京	7922	15.7	11.7	16465	3475	3.3
天　津	5397	8.9	8.1	6228	3192	4.5
河　北	37393	37.0	32.6	30702	2839	3.4
山　西	11966	15.3	12.6	11236	2113	2.9
内蒙古	17589	22.0	18.0	18546	2145	2.5
辽　宁	38306	62.8	51.6	45229	2932	4.1
吉　林	8874	20.8	16.8	19174	4421	4.8
黑龙江	24091	42.1	34.6	32225	3054	4.0
上　海	5660	3.2	2.6	7573	3156	1.3
江　苏	102491	79.1	70.2	125836	2981	1.9
浙　江	85600	85.1	74.3	109935	4820	3.7
安　徽	36613	33.1	25.8	26105	1768	2.2
福　建	34279	33.0	30.4	33246	3394	3.4
江　西	26186	29.7	24.9	21962	2117	2.9
山　东	85419	131.9	110.2	101952	3061	4.0
河　南	30626	38.4	29.8	31775	2520	3.0
湖　北	44390	33.5	28.1	42627	3104	2.4
湖　南	55994	53.7	44.9	33377	1958	3.1
广　东	39784	44.7	40.6	42738	3967	4.2
广　西	18477	13.0	11.5	12269	2807	3.0
海　南	2128	4.5	3.9	2050	1848	4.0
重　庆	12697	15.4	12.1	20691	3862	2.9
四　川	46236	51.2	44.2	51936	2616	2.6
贵　州	7805	8.0	6.6	7761	2074	2.1
云　南	34707	52.3	39.4	43702	4026	4.8
西　藏	543	0.5	0.3	915	3392	2.0
陕　西	28047	20.8	18.4	22895	2260	2.0
甘　肃	12128	8.7	7.0	9354	2108	2.0
青　海	4926	4.4	3.3	3049	2009	2.9
宁　夏	9542	12.2	10.3	11085	3760	4.1
新　疆	16647	31.1	21.1	23737	3367	4.4

各地区四级企业建筑业增加值及其构成(一)

单位:万元

地　区	建筑业增加值合计	本年提取固定资产折旧	应付工资总额	应付福利费总额
全国总计	**2467872**	**122811**	**1320269**	**210777**
北　京	64399	2661	33422	2874
天　津	17937	905	8787	546
河　北	68893	2943	37308	2450
山　西	27622	1393	14975	1345
内蒙古	51776	2960	30780	2870
辽　宁	128287	6116	61093	6098
吉　林	40332	1894	21063	2296
黑龙江	79129	4278	44985	4164
上　海	43438	1799	20874	2282
江　苏	376470	14585	233544	109310
浙　江	258331	14631	138881	13080
安　徽	99634	3653	46940	4867
福　建	71600	3386	33776	3559
江　西	53686	2709	30369	2609
山　东	236024	13831	115614	12516
河　南	53737	2725	27552	2224
湖　北	95211	4801	43239	3043
湖　南	130823	7188	69854	6806
广　东	86457	5636	43333	4238
广　西	31792	1780	15864	1018
海　南	9086	244	4132	375
重　庆	44054	2265	22478	2715
四　川	132852	6369	78319	7139
贵　州	19434	795	11800	841
云　南	86106	4740	43763	2513
西　藏	2167	129	1133	44
陕　西	51427	2372	27834	3890
甘　肃	21129	1068	11703	919
青　海	7094	428	4253	315
宁　夏	21101	1168	12222	983
新　疆	57842	3358	30379	2849

各地区四级企业建筑业增加值及其构成(二)

单位:万元

地区	工程结算税金及附加	工程结算利润	管理费用中的税金	管理费用中的劳动、待业保险费	转作奖金的利润
全国总计	**277195**	**688296**	**27839**	**18650**	**10790**
北京	7394	24091	670	420	244
天津	2299	7465	285	161	112
河北	6857	20057	1069	414	230
山西	2796	7719	380	143	132
内蒙古	5787	12710	597	202	41
辽宁	13835	43586	803	1969	178
吉林	4146	11048	158	230	31
黑龙江	7921	19211	481	592	96
上海	5311	13836	363	104	207
江苏	41630	76467	1906	1249	1508
浙江	27872	69300	1881	1436	1245
安徽	10804	33003	1363	304	1300
福建	10118	19736	981	251	162
江西	6235	16617	944	2285	269
山东	22789	74554	2966	1889	1278
河南	7424	20724	785	240	318
湖北	14843	32748	1360	719	576
湖南	14969	34383	2180	1055	723
广东	10201	25658	1058	639	365
广西	3888	8755	895	502	243
海南	1473	2276	343	421	38
重庆	4909	12387	522	96	179
四川	14044	29888	1244	745	401
贵州	3126	3900	349	92	47
云南	9778	24521	1778	411	453
西藏	399	737	22	48	--
陕西	4045	12878	907	185	143
甘肃	2432	5722	575	151	76
青海	763	1604	126	123	29
宁夏	1958	5497	191	70	38
新疆	7149	17219	657	1502	127

各地区四级企业建筑业劳动生产率

地　区	建筑业企业个数（个）	计算劳动生产率的平均人数（万人）	按总产值计算的劳动生产率（元/人）	按增加值计算的劳动生产率（元/人）	人均竣工产值（元/人）	人均施工面积（平米/人）	人均竣工面积（平米/人）
全国总计	**18324**	**323.26**	**27229**	**7634**	**21956**	**47.7**	**31.8**
北　京	419	4.74	44804	13590	33350	35.7	24.0
天　津	183	1.95	30179	9193	27933	38.5	28.2
河　北	607	10.82	22578	6369	18501	43.4	32.3
山　西	406	5.32	16333	5194	13474	28.5	21.0
内蒙古	457	8.65	21411	5987	18516	36.0	27.0
辽　宁	938	15.43	25725	8316	21862	34.6	23.5
吉　林	317	4.34	29029	9299	26853	37.7	30.2
黑龙江	821	10.55	23089	7500	20274	33.8	24.7
上　海	240	2.40	64960	18102	49672	58.8	36.7
江　苏	1338	42.22	38100	8917	31653	56.5	39.5
浙　江	1715	22.81	37795	11327	28919	56.1	34.1
安　徽	723	14.77	27147	6746	23034	51.7	39.4
福　建	768	9.80	25574	7310	20679	44.8	25.8
江　西	620	10.37	18146	5175	14223	55.4	34.9
山　东	1922	33.31	23898	7086	18137	43.1	27.6
河　南	772	12.61	19747	4262	16194	50.3	32.8
湖　北	849	13.73	24235	6932	18829	56.4	36.4
湖　南	806	17.05	24732	7673	19750	54.8	35.1
广　东	485	10.77	29296	8026	21539	61.2	29.2
广　西	293	4.37	23373	7273	18043	57.4	34.7
海　南	88	1.11	23110	8190	21171	37.3	31.2
重　庆	390	5.36	25252	8223	21009	58.7	40.4
四　川	913	19.85	23801	6693	18854	50.0	35.4
贵　州	248	3.74	18643	5194	12863	48.1	31.2
云　南	608	10.85	29157	7933	24015	43.2	32.1
西　藏	37	0.27	26250	8036	25680	30.2	25.4
陕　西	480	10.13	17382	5077	13559	33.7	20.7
甘　肃	182	4.44	14331	4761	11675	30.3	22.0
青　海	87	1.52	16141	4673	12154	31.5	18.9
宁　夏	224	2.95	22871	7158	20266	31.9	22.7
新　疆	388	7.05	29298	8204	24405	42.2	30.2

各地区四级企业资本金及资产构成(一)

单位:万元

地区	资本金合计	资产总计	流动资产合计	存货	在建工程	长期投资
全国总计	**2653024**	**8129626**	**5697349**	**2096609**	**1289771**	**140110**
北京	48718	246842	204226	97358	35274	7435
天津	18541	55306	41082	12412	8049	2333
河北	75906	166400	101569	35116	16419	2786
山西	30774	91041	55267	17313	7355	484
内蒙古	55779	192062	137905	39163	14126	1458
辽宁	130366	477024	357635	91197	45125	5179
吉林	47589	161532	108811	16650	6747	354
黑龙江	104458	266787	179563	44975	12612	2199
上海	38539	152879	125690	26761	21323	1957
江苏	299211	1034884	799156	353624	262756	10981
浙江	324049	1001546	709069	295531	173192	33829
安徽	71398	220182	152370	55977	30508	1438
福建	98648	453590	336868	161012	134600	3330
江西	76112	245822	167541	54981	38644	1840
山东	228776	785207	559150	176535	100404	7661
河南	53963	181611	121220	46069	25641	2036
湖北	129058	267391	154639	51039	31651	4256
湖南	144985	334831	213800	79427	47458	4348
广东	112380	476430	361984	136450	106003	18336
广西	44359	116921	78404	25720	20052	2132
海南	7383	17595	8650	3432	2509	327
重庆	55773	97772	57154	22754	12207	363
四川	152984	310193	185506	85114	49155	3955
贵州	27452	63180	42792	21270	15314	731
云南	87391	225289	131675	50067	26121	8752
西藏	5475	16808	5014	1148	268	5870
陕西	56719	120403	73432	31962	19724	1447
甘肃	25587	55124	35077	13439	6112	782
青海	11587	24982	16127	4761	1967	125
宁夏	30558	95314	64860	17776	8405	1389
新疆	58504	174679	111116	27575	10051	1996

各地区四级企业资本金及资产构成(二)

单位:万元

地　区	固定资产合计	固定资产原价合　计	生　产经营用	固定资产折旧	本年折旧	无形及递延资产合计	其中：无形资产
全国总计	**1950661**	**2471918**	**1821077**	**570135**	**122811**	**71612**	**40837**
北　京	31731	40831	18753	10665	2661	968	201
天　津	10328	12953	10545	2625	905	253	130
河　北	54525	65905	44580	15565	2943	1170	528
山　西	26314	32834	22724	6698	1393	530	112
内蒙古	44275	56118	44760	12033	2960	2160	1671
辽　宁	93051	126175	98184	33877	6116	1615	851
吉　林	48426	62189	47930	13763	1894	438	354
黑龙江	73861	95785	73155	21932	4278	642	382
上　海	21007	26575	18683	5568	1799	759	484
江　苏	203660	267914	210386	64254	14585	14024	4155
浙　江	222738	269732	208841	54427	14631	7943	5136
安　徽	57793	74831	57157	17038	3653	1832	909
福　建	71117	88968	64898	17850	3386	2405	1655
江　西	64794	84014	47568	19220	2709	833	174
山　东	182791	242649	181808	59858	13831	5693	3292
河　南	46666	58949	50168	12284	2725	975	451
湖　北	89063	105752	76792	23443	4801	8355	6936
湖　南	99172	122635	89951	28684	7188	5180	4193
广　东	83312	109258	69254	25946	5636	4423	2091
广　西	32258	37432	24077	7246	1780	871	712
海　南	7312	8085	4722	773	244	55	1
重　庆	36385	46110	33783	11478	2265	986	634
四　川	106428	138648	104882	32251	6369	3719	2186
贵　州	17473	20368	12493	3859	795	775	655
云　南	78760	93252	68574	20872	4740	1489	1114
西　藏	5469	6736	1166	1267	129	74	--
陕　西	41600	50406	38799	11989	2372	529	308
甘　肃	16714	19719	15526	4714	1068	997	884
青　海	7266	9588	7029	2322	428	58	19
宁　夏	24370	29742	24756	6290	1168	1233	504
新　疆	52000	67766	49132	21345	3358	628	114

各地区四级企业负债及所有者权益

单位:万元

地区	负债合计	流动负债合计	长期负债合计	所有者权益合计	股本
全国总计	**5427341**	**5037636**	**350953**	**2702286**	**189120**
北京	185345	183676	1668	61497	1322
天津	33665	32205	1029	21640	——
河北	96794	87054	9740	69606	1062
山西	55407	45955	8633	35635	626
内蒙古	137687	126414	10939	54374	2995
辽宁	340849	324019	14915	136175	3194
吉林	114404	107150	7254	47128	1766
黑龙江	183970	165669	10938	82817	10521
上海	109457	103081	3810	43422	1343
江苏	728774	711426	17348	306110	23036
浙江	646894	614510	32384	354652	41382
安徽	152549	126734	25815	67633	5139
福建	317275	310834	3520	136315	9952
江西	170062	155679	12021	75760	988
山东	550413	498900	45304	234794	2427
河南	112592	106960	5255	69018	53524
湖北	150071	114289	23897	117320	1529
湖南	235549	209767	25782	99282	534
广东	338614	316567	22047	137816	14067
广西	68027	64420	3607	48894	785
海南	12900	7750	5089	4695	——
重庆	48957	44989	3968	48816	921
四川	158592	147067	11525	151601	3003
贵州	37626	35518	2107	25554	1215
云南	130049	118911	11137	95241	514
西藏	10670	4201	6277	6138	281
陕西	66189	56622	9466	54214	3181
甘肃	34738	31946	2089	20386	2261
青海	16507	14893	1614	8475	106
宁夏	66170	61917	4253	29144	1252
新疆	116543	108509	7520	58136	196

各地区四级企业工程结算收入及工程结算利润

单位:万元

地区	工程结算收入	工程结算成本	工程结算税金及附加	工程结算利润	管理费用	税金	财产保险费	劳动、待业保险费
全国总计	**7233885**	**6268393**	**277195**	**688296**	**460101**	**27839**	**4062**	**18650**
北京	196804	165319	7394	24091	19510	670	54	420
天津	58489	48725	2299	7465	4534	285	41	161
河北	198655	171741	6857	20057	10902	1069	70	414
山西	78604	68089	2796	7719	5559	380	33	143
内蒙古	167572	149075	5787	12710	9931	597	41	202
辽宁	412060	354639	13835	43586	32303	803	418	1969
吉林	120919	105725	4146	11048	10870	158	53	230
黑龙江	235415	208284	7921	19211	17347	481	118	592
上海	144735	125588	5311	13836	9861	363	68	104
江苏	930852	812754	41630	76467	55715	1906	416	1249
浙江	712459	615287	27872	69300	47383	1881	460	1436
安徽	322260	278453	10804	33003	15864	1363	148	304
福建	216527	186673	10118	19736	14475	981	214	251
江西	168262	145411	6235	16617	12436	944	71	2285
山东	635264	537921	22789	74554	44644	2966	548	1889
河南	206969	178821	7424	20724	11517	785	87	240
湖北	377566	329975	14843	32748	17223	1360	166	719
湖南	382231	332879	14969	34383	21153	2180	87	1055
广东	251590	215731	10201	25658	20534	1058	110	639
广西	91490	78846	3888	8755	4561	895	119	502
海南	25204	21455	1473	2276	2055	343	——	421
重庆	126428	109133	4909	12387	6675	522	39	96
四川	368454	324522	14044	29888	17641	1244	209	745
贵州	61253	54227	3126	3900	3480	349	16	92
云南	273391	239092	9778	24521	12959	1778	146	411
西藏	6006	4870	399	737	562	22	——	48
陕西	127903	110980	4045	12878	6619	907	124	185
甘肃	57445	49292	2432	5722	2934	575	52	151
青海	22379	20012	763	1604	1677	126	9	123
宁夏	62202	54746	1958	5497	4728	191	18	70
新疆	194496	170128	7149	17219	14451	657	125	1502

各地区四级企业利税及利润总额

单位:万元

地区	利税总额	利润总额	应交所得税	转作奖金的利润	应付利润	已分配股利
全国总计	493526	188492	47297	10790	38610	2832
北京	15081	7017	2089	244	1669	76
天津	5750	3166	514	112	429	--
河北	14856	6930	1884	230	1155	2
山西	4861	1685	370	132	151	14
内蒙古	9077	2693	495	41	464	6
辽宁	25612	10974	3681	178	1317	74
吉林	3460	-844	336	31	101	--
黑龙江	7304	-1098	827	96	342	81
上海	10965	5291	1048	207	986	129
江苏	62746	19210	5367	1508	3882	990
浙江	51202	21449	6445	1245	4144	486
安徽	25874	13707	2358	1300	2681	243
福建	15354	4255	1295	162	1083	65
江西	8047	868	774	269	700	42
山东	51296	25541	6142	1278	3445	24
河南	15278	7069	1287	318	1273	227
湖北	28400	12197	1417	576	5338	8
湖南	26586	9437	1851	723	1383	76
广东	17499	6240	1711	365	2111	5
广西	8457	3674	778	243	520	2
海南	1880	64	85	38	88	--
重庆	8807	3376	813	179	680	106
四川	22776	7488	2199	401	1055	9
贵州	4081	606	250	47	195	68
云南	19219	7663	867	453	1414	--
西藏	609	188	17	--	1	--
陕西	8546	3594	458	143	670	23
甘肃	5146	2139	699	76	533	48
青海	819	-70	71	29	33	--
宁夏	3150	1001	532	38	266	17
新疆	10785	2979	634	127	501	10

各地区四级企业利润率及利税率

地　区	产值利润率(%)	产值利税率(%)	资本金利润率(%)	资本金利税率(%)	人均利润(元/人)	人均利税(元/人)	资产负债率(%)
全国总计	**2.1**	**5.6**	**7.1**	**18.6**	**583**	**1527**	**66.8**
北　京	3.3	7.1	14.4	31.0	1481	3183	75.1
天　津	5.4	9.8	17.1	31.0	1622	2946	60.9
河　北	2.8	6.1	9.1	19.6	641	1373	58.2
山　西	1.9	5.6	5.5	15.8	317	914	60.9
内蒙古	1.5	4.9	4.8	16.3	311	1050	71.7
辽　宁	2.8	6.5	8.4	19.6	711	1660	71.5
吉　林	−0.7	2.7	−1.8	7.3	−195	798	70.8
黑龙江	−0.5	3.0	−1.1	7.0	−104	692	69.0
上　海	3.4	7.0	13.7	28.5	2205	4570	71.6
江　苏	1.2	3.9	6.4	21.0	455	1486	70.4
浙　江	2.5	5.9	6.6	15.8	940	2245	64.6
安　徽	3.4	6.5	19.2	36.2	928	1752	69.3
福　建	1.7	6.1	4.3	15.6	434	1567	69.9
江　西	0.5	4.3	1.1	10.6	84	776	69.2
山　东	3.2	6.4	11.2	22.4	767	1540	70.1
河　南	2.8	6.1	13.1	28.3	561	1212	62.0
湖　北	3.7	8.5	9.5	22.0	888	2068	56.1
湖　南	2.2	6.3	6.5	18.3	554	1559	70.3
广　东	2.0	5.5	5.6	15.6	579	1625	71.1
广　西	3.6	8.3	8.3	19.1	840	1935	58.2
海　南	0.3	7.3	0.9	25.5	58	1695	73.3
重　庆	2.5	6.5	6.1	15.8	630	1644	50.1
四　川	1.6	4.8	4.9	14.9	377	1147	51.1
贵　州	0.9	5.9	2.2	14.9	162	1091	59.6
云　南	2.4	6.1	8.8	22.0	706	1771	57.7
西　藏	2.7	8.6	3.4	11.1	699	2259	63.5
陕　西	2.0	4.9	6.3	15.1	355	844	55.0
甘　肃	3.4	8.1	8.4	20.1	482	1159	63.0
青　海	−0.3	3.3	−0.6	7.1	−46	539	66.1
宁　夏	1.5	4.7	3.3	10.3	340	1069	69.4
新　疆	1.4	5.2	5.1	18.4	423	1530	66.7

各地区四级建筑业企业亏损情况

地　区	建筑业企业个数(个)	亏损企业个数(个)	亏损金额(万元)	亏损面(%)
全国总计	**18324**	**3513**	**54825**	**19.2**
北　京	419	79	1268	18.9
天　津	183	32	685	17.5
河　北	607	96	1420	15.8
山　西	406	59	549	14.5
内蒙古	457	84	1236	18.4
辽　宁	938	209	4700	22.3
吉　林	317	107	2674	33.8
黑龙江	821	202	5315	24.6
上　海	240	30	433	12.5
江　苏	1338	228	3217	17.0
浙　江	1715	353	3728	20.6
安　徽	723	129	1324	17.8
福　建	768	180	1450	23.4
江　西	620	111	3303	17.9
山　东	1922	317	5699	16.5
河　南	772	145	1252	18.8
湖　北	849	130	1669	15.3
湖　南	806	146	1934	18.1
广　东	485	93	3489	19.2
广　西	293	41	283	14.0
海　南	88	46	379	52.3
重　庆	390	70	378	17.9
四　川	913	136	1888	14.9
贵　州	248	65	624	26.2
云　南	608	98	1150	16.1
西　藏	37	2	310	5.4
陕　西	480	89	606	18.5
甘　肃	182	29	314	15.9
青　海	87	34	440	39.1
宁　夏	224	62	909	27.7
新　疆	388	111	2198	28.6

六、各行业、国务院有关部门建筑业企业

各行业建筑业总产值和竣工产值

单位:万元

行业类别	建筑业总产值	建筑工程	安装工程	房屋构筑物修理	非标准设备制造	竣工产值
总　计	**91264777**	**78160373**	**10980124**	**1544605**	**579675**	**66665481**
土木工程建筑业	79319596	73334772	4373563	1313892	297369	57439141
房屋建筑业	62265422	57716102	3186152	1169640	193528	45182111
矿山建筑业	940988	818480	112843	5075	4590	607537
铁路公路隧道桥梁	9975701	9711837	224314	24923	14627	7534213
堤坝电站码头	3348591	2749984	533860	13182	51565	1945298
其它土木工程	2788893	2338369	316393	101072	33059	2169982
线路管道设备安装业	9087877	2679769	6067979	67150	272979	7142940
线路管道安装业	4581481	1540859	2903787	29471	107364	3602845
设备安装业	4506396	1138910	3164192	37679	165615	3540095
装修装饰业	2857304	2145833	538582	163563	9327	2083401

各行业单位工程个数及工程质量

行业类别	单位工程施工个数(个)	本年新开工个数	投标承包个数	本年新开工	单位工程竣工个数(个)	优良品	工程质量优良品率(%)	投标承包个数占单位工程施工个数比重(%)
总计	**678767**	**429920**	**223488**	**140053**	**442604**	**131337**	**29.7**	**32.9**
土木工程建筑业	517761	314829	202292	125586	321630	93959	29.2	39.1
房屋建筑业	410852	249564	162806	103969	253568	64498	25.4	39.6
矿山建筑业	10738	6207	2850	1773	5523	1752	31.7	26.5
铁路公路隧道桥梁	49941	27112	25570	12721	29348	16853	57.4	51.2
堤坝电站码头	12572	6482	5005	2739	7318	3675	50.2	39.8
其它土木工程	33658	25464	6061	4384	25873	7181	27.8	18.0
线路管道设备安装业	127801	91294	16292	10952	96606	33190	34.4	12.7
线路管道安装业	78272	56892	8743	5977	60546	21180	35.0	11.2
设备安装业	49529	34402	7549	4975	36060	12010	33.3	15.2
装修装饰业	33205	23797	4904	3515	24368	4188	17.2	14.8

各行业房屋建筑面积和工程质量

行业类别	房屋建筑施工面积(万平方米)	本年新开工面积	投标承包的面积	本年新开工	房屋建筑竣工面积(万平方米)	优良品面积	房屋建筑面积优良品率(%)	投标承包面积占房屋建筑面积的比重(%)
总计	**128680.3**	**61445.9**	**67323.7**	**34936.7**	**62244.0**	**22489.0**	**36.1**	**52.3**
土木工程建筑业	126400.9	60137.9	66443.1	34412.5	60870.3	21998.1	36.1	52.6
房屋建筑业	121277.3	57691.8	63973.9	33162.2	58396.0	21070.2	36.1	52.8
矿山建筑业	534.7	230.5	175.8	88.9	222.0	81.0	36.5	32.9
铁路公路隧道桥梁	2282.9	1095.7	1306.4	619.0	1040.5	451.6	43.4	57.2
堤坝电站码头	512.2	205.7	205.2	109.4	271.5	125.1	46.1	40.1
其它土木工程	1793.8	914.2	781.8	433.0	940.3	270.2	28.7	43.6
线路管道设备安装业	1321.2	732.7	535.8	281.6	729.0	296.9	40.7	40.6
线路管道安装业	615.7	359.6	263.8	136.2	341.5	147.0	43.0	42.8
设备安装业	705.5	373.1	272.0	145.4	387.4	150.0	38.7	38.6
装修装饰业	958.2	575.4	344.8	242.6	644.7	194.0	30.1	36.0

各行业按主要用途分的房屋建筑竣工面积

单位：万平米

行业类别	合计	厂房	住宅	办公用房	商业、居民服务业用房	文化教育用房	医疗用房	科研用房	其他用房
总计	**62244.0**	**7023.1**	**33457.8**	**7148.0**	**6142.1**	**3466.7**	**712.2**	**227.4**	**4066.6**
土木工程建筑业	60870.3	6759.8	32878.8	6956.4	5974.0	3429.4	698.6	222.2	3951.2
房屋建筑业	58396.0	6336.8	31632.5	6768.8	5795.9	3316.9	673.7	213.1	3658.3
矿山建筑业	222.0	44.5	125.8	15.7	8.9	10.7	3.9	— —	12.6
铁路公路隧道桥梁	1040.5	136.0	511.0	67.3	76.6	38.8	10.4	6.3	194.1
堤坝电站码头	271.5	121.7	94.9	19.7	12.2	10.6	1.1	— —	11.1
其它土木工程	940.3	120.8	514.6	84.8	80.4	52.3	9.5	2.8	75.1
线路管道设备安装业	729.0	207.1	333.5	62.2	47.6	16.3	7.6	3.0	51.8
线路管道安装业	341.5	82.0	170.2	29.9	21.0	5.6	1.6	0.3	31.0
设备安装业	387.4	125.0	163.3	32.3	26.6	10.7	6.0	2.7	20.8
装修装饰业	644.7	56.2	245.5	129.5	120.5	21.1	6.0	2.2	63.6

各行业按主要用途分的房屋建筑竣工面积占全部的比重

单位：%

行业类别	厂房	住宅	办公用房	商业、居民服务业用房	文化教育用房	医疗用房	科研用房	其他用房
总计	**11.3**	**53.8**	**11.5**	**9.9**	**5.6**	**1.1**	**0.4**	**6.5**
土木工程建筑业	11.1	54.0	11.4	9.8	5.6	1.1	0.4	6.5
房屋建筑业	10.9	54.2	11.6	9.9	5.7	1.2	0.4	6.3
矿山建筑业	20.0	56.7	7.1	4.0	4.8	1.8	－－	5.7
铁路公路隧道桥梁	13.1	49.1	6.5	7.4	3.7	1.0	0.6	18.7
堤坝电站码头	44.8	35.0	7.3	4.5	3.9	0.4	－－	4.1
其它土木工程	12.9	54.7	9.0	8.6	5.6	1.0	0.3	8.0
线路管道设备安装业	28.4	45.8	8.5	6.5	2.2	1.0	0.4	7.1
线路管道安装业	24.0	49.8	8.7	6.1	1.6	0.5	0.1	9.1
设备安装业	32.3	42.1	8.3	6.9	2.8	1.5	0.7	5.4
装修装饰业	8.7	38.1	20.1	18.7	3.3	0.9	0.3	9.9

各行业建筑业企业亏损情况

行业类别	建筑业企业个数(个)	亏损企业个数(个)	亏损金额(万元)	亏损面(%)
总计	**44017**	**9080**	**635607**	**20.6**
土木工程建筑业	36380	7109	552448	19.5
房屋建筑业	31485	6001	426387	19.1
矿山建筑业	198	57	17722	28.8
铁路公路隧道桥梁	1951	359	54623	18.4
堤坝电站码头	569	139	13430	24.4
其它土木工程	2177	553	40286	25.4
线路管道设备安装业	3739	780	55712	20.9
线路管道安装业	1862	331	24909	17.8
设备安装业	1877	449	30803	23.9
装修装饰业	3898	1191	27446	30.6

各行业机械设备装备情况

行业类别	自有机械设备年末总台数(台)	自有机械设备年末总功率(万千瓦)	施工机械功率	自有机械设备净值(万元)	技术装备率(元/人)	动力装备率(千瓦/人)
总计	**5604603**	**8668.5**	**6782.4**	**9938659**	**4729**	**4.1**
土木工程建筑业	5015127	7731.7	6128.1	8839735	4609	4.0
房屋建筑业	4247174	5233.3	4120.6	5780556	3556	3.2
矿山建筑业	77780	278.0	238.8	155721	5776	10.3
铁路公路隧道桥梁	322948	1183.3	944.0	1543796	10086	7.7
堤坝电站码头	180066	659.0	528.8	922310	17769	12.7
其它土木工程	187159	378.2	295.9	437352	7234	6.3
线路管道设备安装业	419799	777.9	527.3	913718	6653	5.7
线路管道安装业	174504	373.7	240.2	435061	6608	5.7
设备安装业	245295	404.3	287.2	478657	6694	5.7
装修装饰业	169677	158.9	127.1	185206	4005	3.4

各行业建筑业劳动生产率

行业类别	建筑业企业个数(个)	计算劳动生产率的平均人数(万人)	按总产值计算的劳动生产率(元/人)	按增加值计算的劳动生产率(元/人)	人均竣工产值(元/人)	人均施工面积(平米/人)	人均竣工面积(平米/人)
总计	**44017**	**2101.51**	**43428**	**12089**	**31723**	**61.2**	**29.6**
土木工程建筑业	36380	1917.94	41357	11310	29948	65.9	31.7
房屋建筑业	31485	1625.55	38304	10205	27795	74.6	35.9
矿山建筑业	198	26.96	34900	14100	22533	19.8	8.2
铁路公路隧道桥梁	1951	153.06	65174	17423	49223	14.9	6.8
堤坝电站码头	569	51.91	64513	24092	37478	9.9	5.2
其它土木工程	2177	60.46	46128	13303	35892	29.7	15.6
线路管道设备安装业	3739	137.34	66172	21778	52010	9.6	5.3
线路管道安装业	1862	65.84	69590	22696	54725	9.4	5.2
设备安装业	1877	71.50	63024	20931	49510	9.9	5.4
装修装饰业	3898	46.24	61796	15649	45058	20.7	13.9

各行业建筑业增加值及其构成(一)

单位:万元

行业类别	建筑业增加值合计	本年提取固定资产折旧	应付工资总额	应付福利费总额
总　计	**25405426**	**1651237**	**12582296**	**1452267**
土木工程建筑业	21690971	1416688	11015020	1253148
房屋建筑业	16589239	873136	8894883	985801
矿山建筑业	380168	23383	177359	30989
铁路公路隧道桥梁	2666773	286425	1031731	124977
堤坝电站码头	1250527	165998	534131	68617
其它土木工程	804265	67745	376916	42765
线路管道设备安装业	2990881	195217	1280674	168672
线路管道安装业	1494231	98500	621583	84193
设备安装业	1496650	96716	659090	84479
装修装饰业	723574	39332	286603	30447

各行业建筑业增加值及其构成(二)

单位:万元

行业类别	工程结算税金及附加	工程结算利润	管理费用中的税金	管理费用中的劳动、待业保险费	转作奖金的利润
总　　计	**2535052**	**7412511**	**181609**	**854262**	**68783**
土木工程建筑业	2207909	6031305	160381	721404	63186
房屋建筑业	1796972	4271424	129065	478805	55315
矿山建筑业	25879	110724	2495	44844	79
铁路公路隧道桥梁	222526	996752	16991	105403	4593
堤坝电站码头	90925	403086	5134	62748	840
其它土木工程	71608	249319	6695	29605	2359
线路管道设备安装业	244918	1085157	15897	124804	3830
线路管道安装业	126711	556182	8432	64955	1934
设备安装业	118207	528975	7464	59849	1896
装修装饰业	82225	296049	5332	8054	1767

各行业资本金及资产构成(一)

单位:万元

行业类别	资本金合计	资产总计	流动资产合计	存货	在建工程	长期投资
总　计	**22316538**	**105927753**	**77557195**	**26357959**	**17629002**	**2228035**
土木工程建筑业	19225771	91455579	66898986	23148715	15800210	1847633
房屋建筑业	14649264	68798876	51848140	19087030	13254661	1423588
矿山建筑业	355897	1275921	686924	146262	32341	10096
铁路公路隧道桥梁	2316209	12608897	8793529	2404075	1609259	174273
堤坝电站码头	965261	5086888	3051661	710311	360601	150690
其它土木工程	939140	3684996	2518732	801037	543346	88985
线路管道设备安装业	2110442	11298339	8195910	2375094	1346690	302046
线路管道安装业	1032713	5575246	4031800	1213012	732698	135580
设备安装业	1077729	5723093	4164110	1162082	613992	166465
装修装饰业	980326	3173835	2462298	834150	482102	78357

各行业资本金及资产构成(二)

单位:万元

行业类别	固定资产合计	固定资产原价	生产合计	固定资产折旧经营用	本年折旧	无形及递延资产合计	其中:无形资产
总　计	**22053095**	**30838051**	**21944528**	**9049423**	**1651237**	**1033450**	**659334**
土木工程建筑业	19145547	26743833	19094779	7827158	1416688	904353	579974
房屋建筑业	12964199	17560431	12462491	4788439	873136	702482	464168
矿山建筑业	525343	728964	433781	205462	23383	9058	5484
铁路公路隧道桥梁	3138701	4504396	3250479	1384073	286425	80314	49676
堤坝电站码头	1609522	2672648	2012317	1069469	165998	69297	31653
其它土木工程	907783	1277395	935712	379715	67745	43203	28994
线路管道设备安装业	2388340	3436444	2375551	1076340	195217	84010	54734
线路管道安装业	1206592	1687129	1128204	498762	98500	33578	22960
设备安装业	1181749	1749315	1247346	577577	96716	50433	31774
装修装饰业	519208	657775	474198	145925	39332	45086	24626

各行业负债及所有者权益

单位：万元

行业类别	负债合计	流动负债合计	长期负债合计	所有者权益合计	股本
总　　计	**79137411**	**74328699**	**4624597**	**26790342**	**1964449**
土木工程建筑业	68765962	64464316	4151400	22689617	1607706
房屋建筑业	52277692	49447659	2692096	16521184	1274617
矿山建筑业	854832	692344	162382	421089	29609
铁路公路隧道桥梁	9516351	8854449	658821	3092547	182432
堤坝电站码头	3560654	3085811	474326	1526234	58578
其它土木工程	2556433	2384053	163774	1128563	62470
线路管道设备安装业	8241908	7838040	381801	3056432	198958
线路管道安装业	4059856	3909077	146373	1515390	113059
设备安装业	4182052	3928963	235428	1541042	85900
装修装饰业	2129542	2026342	91396	1044294	157784

各行业工程结算收入及工程结算利润

单位：万元

行业类别	工程结算收入	工程结算成本	工程结算税金及附加	工程结算利润	管理费用	税金	财产保险费	劳动、待业保险费
总　　计	**79439678**	**69492116**	**2535052**	**7412511**	**5706244**	**181609**	**40978**	**854262**
土木工程建筑业	68872941	60633727	2207909	6031305	4632733	160381	33594	721404
房屋建筑业	52615572	46547177	1796972	4271424	3243446	129065	23746	478805
矿山建筑业	908081	771478	25879	110724	113219	2495	462	44844
铁路公路隧道桥梁	9593653	8374375	222526	996752	734832	16991	6250	105403
堤坝电站码头	3238766	2744755	90925	403086	324568	5134	1759	62748
其它土木工程	2516870	2195942	71608	249319	216668	6695	1378	29605
线路管道设备安装业	8149655	6819579	244918	1085157	852484	15897	6220	124804
线路管道安装业	4052051	3369157	126711	556182	434713	8432	2820	64955
设备安装业	4097604	3450422	118207	528975	417771	7464	3400	59849
装修装饰业	2417083	2038810	82225	296049	221026	5332	1164	8054

各行业利税及利润总额

单位：万元

行业类别	利税总额	利润总额	应交所得税	转作奖金的利润	应付利润	已分配股利
总　计	**3815831**	**1099170**	**359685**	**68783**	**252166**	**31120**
土木工程建筑业	3235452	867162	291106	63186	205282	24588
房屋建筑业	2634341	708304	238608	55315	157990	19564
矿山建筑业	16997	−11378	433	79	1450	10
铁路公路隧道桥梁	354056	114539	30803	4593	31926	4272
堤坝电站码头	124952	28894	9130	840	4492	137
其它土木工程	105106	26803	12131	2359	9425	604
线路管道设备安装业	422314	161499	50904	3830	28513	3826
线路管道安装业	227931	92788	30267	1934	19491	3039
设备安装业	194383	68712	20637	1896	9021	787
装修装饰业	158064	70508	17675	1767	18371	2705

各行业利润率及利税率

行业类别	产值利润率(%)	产值利税率(%)	资本金利润率(%)	资本金利税率(%)	人均利润(元/人)	人均利税(元/人)	资产负债率(%)
总　计	**1.2**	**4.2**	**4.9**	**17.1**	**523**	**1816**	**74.7**
土木工程建筑业	1.1	4.1	4.5	16.8	452	1687	75.2
房屋建筑业	1.1	4.2	4.8	18.0	436	1621	76.0
矿山建筑业	−1.2	1.8	−3.2	4.8	−422	630	67.0
铁路公路隧道桥梁	1.1	3.5	4.9	15.3	748	2313	75.5
堤坝电站码头	0.9	3.7	3.0	12.9	557	2407	70.0
其它土木工程	1.0	3.8	2.9	11.2	443	1738	69.4
线路管道设备安装业	1.8	4.6	7.7	20.0	1176	3075	72.9
线路管道安装业	2.0	5.0	9.0	22.1	1409	3462	72.8
设备安装业	1.5	4.3	6.4	18.0	961	2719	73.1
装修装饰业	2.5	5.5	7.2	16.1	1525	3419	67.1

各部门建筑业总产值和竣工产值

单位:万元

部门	建筑业总产值	建筑工程产值	安装工程产值	房屋构筑物修理产值	非标准设备制造产值	竣工产值
中央部直属单位						
合计	**15949150**	**12340065**	**3392484**	**31810**	**177892**	**11525046**
中建总公司	2510399	2369383	137630	1483	1902	1467836
冶金部	1000441	776521	211484	6597	5839	700221
有色金属总公司	352337	269513	66717	1447	14659	183901
煤炭工业部	1075989	919922	148700	5258	2109	784712
石天然气总公司	1090291	500529	529015	3803	56964	1026356
电力企业联合会	2395982	965799	1423858	500	5825	2064164
水电工程总公司	1020619	934579	62007	2061	21972	331658
核工业总公司	217969	158702	56202	175	2890	122088
水利部	27802	26403	503	85	811	24995
石化总公司	268092	31147	217597	6087	13260	212474
化学工程总公司	441372	95939	320697	257	24480	282200
机械安装总公司	34904	6455	24115		4335	17983
电系工程总公司	14584		14311		273	5791
林业部	13529		3345		3257	634
航天工业总公司	37318	35279	2039			19404
国家建材局	47289	13123	34175			40565
轻工总会	11460	1029	9909		522	7124
铁道部	4393848	4302467	85690	2851	2840	3555890
公路建设总公司	237876	237876				134322
港湾建设总公司	654854	622854	16805	1205	13989	473959
通信建设总公司	90883	61993	26925		1965	65488
农业部(水产)	10551	10551				2522
广播电影电视部	759		759			759

各部门单位工程个数及工程质量

部门	单位工程施工个数(个)	本年新开工个数	投标承包个数	本年新开工	单位工程竣工个数(个)	优良品	量优良工程质品率(%)	投标承包个数占单位工程施工个数的比重(%)
中央部直属单位								
合计	**83044**	**41498**	**44254**	**20918**	**42167**	**30420**	**72.1**	**53.3**
中建总公司	4268	1788	3157	1402	1415	726	51.3	74.0
冶金部	4522	1888	2043	921	1411	1017	72.1	45.2
有色金属总公司	2761	1406	1586	874	815	354	43.4	57.4
煤炭工业部	12145	6902	3307	1867	6445	2034	31.6	27.2
石天然气总公司	6430	5626	2364	1747	5512	3385	61.4	36.8
电力企业联合会	12514	6057	3578	1978	6733	6599	98.0	28.6
水电工程总公司	1249	513	777	298	467	174	37.3	62.2
核工业总公司	962	480	695	338	321	108	33.6	72.2
水利部	64	36	25	13	41	27	65.9	39.1
石化总公司	1437	853	832	442	773	722	93.4	57.9
化学工程总公司	2475	1246	1549	697	1179	1003	85.1	62.6
机械安装总公司	859	628	639	509	360	283	78.6	74.4
电系工程总公司	153	106	37	25	54	26	48.1	24.2
林业部	29	15	21	23	11	11	100.2	72.4
航天工业总公司	149	86	94	43	88	34	38.6	63.1
国家建材局	334	134	304	99	196	137	69.9	91.0
轻工总会	92	71	92	71	84	50	59.5	100.0
铁道部	30310	12083	22302	9164	14961	12590	84.2	73.6
公路建设总公司	107	50	76	47	46	41	89.1	71.0
港湾建设总公司	1103	547	765	349	473	345	72.9	69.4
通信建设总公司	1029	957	7	7	758	751	99.1	0.7
农业部(水产)	13	4	4	4	3	3	100.0	30.8
广播电影电视部	39	22			21			

各部门房屋建筑面积和工程质量

部门	房屋建筑施工面积(万平方米)	本年新开工面积	投标承包面积	本年新开工	房屋建筑竣工面积(万平方米)	优良品面积	房屋建筑面积优良品率(%)	投标承包面积占房屋建筑施工面积的比重(%)
中央部直属单位								
合计	**8244.1**	**2736.9**	**5930.0**	**2014.8**	**2361.1**	**1395.7**	**59.1**	**71.9**
中建总公司	3934.0	1140.7	3308.4	1011.4	840.5	577.0	68.7	84.1
冶金部	537.9	178.2	363.4	134.9	121.8	75.2	61.7	67.6
有色金属总公司	292.5	103.8	227.3	87.2	87.6	39.1	44.7	77.7
煤炭工业部	758.8	338.1	264.9	133.8	352.7	131.0	37.1	34.9
石天然气总公司	59.0	52.5	14.3	12.4	47.6	30.6	64.2	24.3
电力企业联合会	381.7	131.7	130.2	57.0	134.2	119.5	89.1	34.1
水电工程总公司	72.7	26.8	40.4	19.9	36.0	7.7	21.4	55.6
核工业总公司	250.1	71.0	205.8	76.9	60.7	18.1	29.7	82.3
水利部	3.2	1.2	1.9	1.2	1.4	0.3	23.5	60.0
石化总公司	18.3	7.4	3.3	0.5	12.7	3.5	27.9	18.2
化学工程总公司	79.4	41.2	56.0	29.9	32.2	16.3	50.6	70.5
机械安装总公司	0.0	0.0			0.0			
电系工程总公司								
林业部	5.4	4.0	4.0	3.1	0.0	0.1	292.6	73.4
航天工业总公司	61.4	29.9	50.2	22.4	29.2	18.7	64.1	81.6
国家建材局								
轻工总会	1.2	0.0	0.9	0.0	0.6	0.4	65.7	71.7
铁道部	1751.5	604.9	1238.8	419.5	588.6	354.9	60.3	70.7
公路建设总公司	5.6	2.3	5.6	2.3	3.4	0.9	27.7	100.0
港湾建设总公司	31.4	3.5	14.8	2.4	12.0	2.4	20.1	47.1
通信建设总公司								
农业部(水产)								
广播电影电视部								

各部门按主要用途分的建筑竣工面积

单位：万平方米

部门	合计	厂房	住宅	办公用房	商业、居民服务业用房	文化教育用房	医疗用房	科研用房	其他用房
中央部直属单位									
合计	**2361.1**	**581.2**	**833.0**	**227.2**	**313.1**	**57.0**	**22.9**	**23.0**	**311.2**
中建总公司	840.5	121.0	202.0	150.2	209.4	17.3	9.4	17.2	113.9
冶金部	121.8	64.9	24.8	5.1	17.9	0.7	0.2		8.3
有色金属总公司	87.6	47.5	20.1	4.0	9.0	1.5	2.4	1.2	4.7
煤炭工业部	352.7	67.7	207.4	19.1	16.3	14.9	4.3	0.5	22.5
石天然气总公司	47.6	15.7	24.2	1.3	0.7	1.0	0.8	0.4	3.6
电力企业联合会	134.2	114.8	10.5	1.4	3.4	0.7			3.4
水电工程总公司	36.0	4.7	23.3	1.8	3.1	1.5	0.2		1.5
核工业总公司	60.7	28.2	12.1	4.3	9.9	2.0		0.4	3.8
水利部	1.4	0.2	0.5	0.7	0.0				
石化总公司	12.7	3.0	6.9	0.7			0.4		1.6
化学工程总公司	32.2	29.4	1.0	1.7		0.1			
机械安装总公司	0.0								0.0
电系工程总公司									
林业部	0.0	2.8	0.1	0.2				0.0	1.7
航天工业总公司	29.2	4.8	17.2	0.7	0.9	1.6	0.1	2.4	1.5
国家建材局									
轻工总会	0.6	0.3	0.3						
铁道部	588.6	73.7	271.0	35.3	42.3	15.9	5.0	0.9	144.4
公路建设总公司	3.4		3.1		0.2				
港湾建设总公司	12.0	2.7	8.4	0.6					0.3
通信建设总公司									
农业部(水产)									
广播电影电视部									

各部门各种用途的房屋建筑竣工面积占全部的比重

单位: %

部门	厂房	住宅	办公用房	商业、居民服务业用房	化教育用房	医疗用房	科研用房	其他用房
中央部直属单位								
合计	**24.6**	**35.3**	**9.6**	**13.3**	**2.4**	**1.0**	**1.0**	**13.2**
中建总公司	14.4	24.0	17.9	24.9	2.1	1.1	2.0	13.5
冶金部	53.3	20.4	4.2	14.7	0.6	0.2		6.8
有色金属总公司	54.2	23.0	4.5	10.2	1.8	2.7	1.3	5.4
煤炭工业部	19.2	58.8	5.4	4.6	4.2	1.2	0.1	6.4
石天然气总公司	33.0	50.8	2.8	1.5	2.0	1.6	0.9	7.5
电力企业联合会	85.6	7.8	1.0	2.5	0.5			2.6
水电工程总公司	13.1	64.7	5.1	8.5	4.1	0.4		4.1
核工业总公司	46.5	19.9	7.1	16.3	3.2		0.7	6.3
水利部	10.9	37.0	50.3	1.8				
石化总公司	23.7	54.3	5.6			3.4		13.0
化学工程总公司	91.3	3.2	5.2		0.3			
机械安装总公司								100.0
电系工程总公司								
林业部	59.7	11.7	3.4				5.6	19.6
航天工业总公司	16.6	58.8	2.5	3.2	5.3	0.4	8.2	5.0
国家建材局								
轻工总会	48.1	51.9						
铁道部	12.5	46.0	6.0	7.2	2.7	0.9	0.1	24.5
公路建设总公司		93.8		6.2				
港湾建设总公司	22.1	70.1	5.4					2.3
通信建设总公司								
农业部(水产)								
广播电影电视部								

各部门机械设备装备情况

部门	自有机械设备年末总台数（台）	自有机械设备年末总功率（万千瓦）	施工机械功率	自有机械设备净值（万元）	技术装备率（元/人）	动力装备率（千瓦/人）
中央部直属单位						
合计	**568497**	**1733.2**	**1309.3**	**2293531**	**9922**	**7.5**
中建总公司	29179	76.3	33.6	122486	4970	3.1
冶金部	38884	113.4	85.5	143039	8554	6.8
有色金属总公司	17021	35.4	22.5	34689	4194	4.3
煤炭工业部	79108	266.5	233.9	173534	8003	12.3
石天然气总公司	36753	132.6	76.1	181374	15091	11.0
电力企业联合会	94626	198.5	145.9	334500	11450	6.8
水电工程总公司	65232	295.5	237.7	431521	27375	18.7
核工业总公司	12727	17.9	8.7	26171	6043	4.1
水利部	3226	10.2	9.2	10427	23038	22.6
石化总公司	9888	17.2	6.1	22321	7049	5.4
化学工程总公司	15224	29.7	17.5	33897	5529	4.9
机械安装总公司	2509	3.5	2.4	3053	4572	5.2
电系工程总公司	1065	2.1	1.4	730	3276	9.2
林业部	53348	2.9	2.6	970	89	0.3
航天工业总公司	987	2.0	1.5	2194	2427	2.2
国家建材局	2303	7.3	3.4	11733	15903	9.8
轻工总会	510	0.9	0.4	625	5344	7.8
铁道部	83473	379.1	308.8	491927	7547	5.8
公路建设总公司	4837	28.5	21.4	23933	12975	15.4
港湾建设总公司	14691	108.3	87.4	239274	35097	15.9
通信建设总公司	2464	3.9	1.8	5132	4149	3.2
农业部(水产)	442	1.7	1.7			10.5
广播电影电视部						

各部门建筑业增加值及其构成(一)

单位:万元

部　　门	建筑业增加值合计	本年提取固定资产折旧	应付工资总额	应付福利费总额
中央部直属单位				
合　　计	**5707316**	**459512**	**1941497**	**235637**
中建总公司	610077	30365	222867	21943
冶　金　部	476723	32407	163710	20398
有色金属总公司	134874	7205	45594	5964
煤炭工业部	457957	24955	165617	23049
石天然气总公司	335730	30149	112148	14228
电力企业联合会	998453	63011	398552	50839
水电工程总公司	464851	75649	159903	21036
核工业总公司	85270	6373	41434	3831
水　利　部	8854	1674	3035	174
石化总公司	104256	5120	40851	5816
化学工程总公司	175817	8390	64808	8604
机械安装总公司	13958	658	4807	753
电系工程总公司	5993	242	2253	271
林　业　部	4726	939	2945	192
航天工业总公司	14595	479	5669	360
国家建材局	27511	2692	7774	1070
轻工总会	3833	178	877	123
铁　道　部	1429102	116700	387822	41928
公路建设总公司	62323	8526	20830	2920
港湾建设总公司	259921	40847	78126	10722
通信建设总公司	28910	2581	10490	1332
农业部(水产	3264	361	1218	181
广播电影电视部	319	11	169	−94

各部门建筑业增加值及其构成(二)

单位:万元

部　门	工程结算税金及附加	工程结算利润	管理费用中的税金	管理费用中的劳动、待业保险费	转作奖金的利润
中央部直属单位					
合　　计	**362847**	**23939**	**447419**	**1913881**	**984**
中建总公司	23593	1670	74034	215260	54
冶金部	58153	1850	31812	134871	
有色金属总公司	20434	715	14293	33168	
煤炭工业部	51087	3111	29550	123770	555
石天然气总公司	20825	1324	14072	108172	357
电力企业联合会	36053	3571	76853	353723	
水电工程总公司	26691	1308	27172	119002	
核工业总公司	5326	250	7218	19013	
水利部	211	7	432	3144	11
石化总公司	5885	498	8714	29392	
化学工程总公司	14908	729	12374	53986	
机械安装总公司	725	216	973	5415	
电系工程总公司	189	25	515	2484	
林业部	1056	21	1041	−1685	6
航天工业总公司	827	41	919	5199	
国家建材局	1181	137	4136	10521	
轻工总会	47	42	319	2052	
铁道部	79360	6804	116947	582444	
公路建设总公司	1800	214	6302	20213	
港湾建设总公司	12937	1315	18520	82114	
通信建设总公司	1359	84	843	10473	
农业部(水产)	201	2	354	947	
广播电影电视部	1	3	26	204	

各部门建筑业劳动生产率

部门	建筑业企业个数(个)	计算劳动生产率的平均人数(万人)	按总产值计算的劳动生产率(元/人)	按增加值计算的劳动生产率(元/人	人均竣工产值(元/人)	人均施工面积(平米/人)	人均竣工面积(平米/人)
中央部直属单位							
合　　　计	**555**	**231.16**	**68995**	**24690**	**49857**	**35.7**	**10.2**
中建总公司	61	24.64	101864	24755	59560	159.6	34.1
冶金部	12	16.72	59830	28510	41875	32.2	7.3
有色金属总公司	10	8.27	42602	16308	22236	35.4	10.6
煤炭工业部	154	21.68	49619	21119	36187	35.0	16.3
石天然气总公司	106	12.02	90714	27933	85394	4.9	4.0
电力企业联合会	90	29.22	82012	34176	70654	13.1	4.6
水电工程总公司	21	15.76	64746	29489	21040	4.6	2.3
核工业总公司	8	4.33	50330	19689	28191	57.7	14.0
水利部	3	0.45	61428	19562	55226	7.1	3.1
石化总公司	5	3.17	84660	32923	67096	5.8	4.0
化学工程总公司	13	6.13	71991	28677	46029	13.0	5.3
机械安装总公司	1	0.67	52268	20901	26928	0.0	0.0
电系工程总公司	4	0.22	65430	26887	25980		
林业部	3	10.85	1247	436	58	0.5	0.0
航天工业总公司	5	0.90	41281	16145	21465	68.0	32.3
国家建材局	1	0.74	64095	37287	54981		
轻工总会	1	0.12	97946	32760	60891	10.3	4.9
铁道部	39	65.18	67410	21925	54554	26.9	9.0
公路建设总公司	3	1.84	128958	33787	72819	3.0	1.8
港湾建设总公司	7	6.82	96053	38125	69520	4.6	1.8
通信建设总公司	6	1.24	73470	23371	52941		
农业部(水产)	1	0.16	64025	19808	15300		
广播电影电视部	1	0.02	46293	19433	46293		

各部门资本金及资产构成(一)

单位:万元

部门	资本金合计	资产总计	流动资产合计	存货	在建工程
中央部直属单位					
合计	**2849689**	**19807986**	**13186273**	**2669527**	**1072182**
中建总公司	98020	2221744	1816302	250483	102457
冶金部	192911	1457026	949745	197383	55314
有色金属总公司	76546	434391	269499	45498	12736
煤炭工业部	359541	1460125	806915	162142	29867
石天然气总公司	305156	1089407	707153	106535	30168
电力企业联合会	411467	2907610	2060504	444770	144077
水电工程总公司	265766	1950036	1101761	329843	173898
核工业总公司	34105	342699	223674	38318	9045
水利部	23848	44282	20308	1456	389
石化总公司	66640	248232	145603	30573	13874
化学工程总公司	59136	444435	315302	45300	17574
机械安装总公司	6457	38493	29085	7398	2998
电系工程总公司	2693	21843	17295	3821	2252
林业部	12594	31368	21245	5640	2757
航天工业总公司	7058	38969	30055	7022	1837
国家建材局	14575	74992	49184	17919	12341
轻工总会	1628	12432	7893	479	195
铁道部	650186	5507666	3832337	844100	394989
公路建设总公司	30544	264145	163095	38271	18014
港湾建设总公司	216502	1153935	586708	85976	42979
通信建设总公司	11085	50202	22816	4259	2642
农业部(水产)	2953	13821	8180	1204	715
广播电影电视部	279	1803	1615	1140	1066

各部门资本金及资产构成(二)

单位:万元

部门	固定资产合计	固定资产原价合计	生产经营用	固定资产折旧	本年折旧	无形及递延资产合计	其中:无形资产
中央部直属单位							
合计	**5387546**	**8102923**	**5411915**	**2746697**	**459512**	**141327**	**80081**
中建总公司	280198	430290	313513	150142	30365	19964	14531
冶金部	356452	599499	378496	242587	32407	3600	2844
有色金属总公司	142025	198354	86473	56329	7205	2194	585
煤炭工业部	593043	811167	487044	217904	24955	8175	3936
石天然气总公司	362402	525319	388863	190335	30149	6731	320
电力企业联合会	671414	999058	611779	329562	63011	16416	15289
水电工程总公司	699852	1102024	862185	402161	75649	13391	7993
核工业总公司	78619	113191	64533	34593	6373	7748	2461
水利部	23731	32785	27940	9474	1674	34	
石化总公司	84819	122468	78100	37649	5120	2513	2513
化学工程总公司	110470	164456	114535	53992	8390	748	174
机械安装总公司	8018	12705	7502	4686	658	335	
电系工程总公司	3950	5525	2394	1584	242	63	
林业部	9864	14510	13721	6189	939	729	
航天工业总公司	7950	10372	5934	2638	479		
国家建材局	22074	35345	26069	13275	2692	381	368
轻工总会	4173	5460	742	1287	178	7	
铁道部	1422061	1959840	1280955	536987	116700	20979	13337
公路建设总公司	65940	109470	84031	42546	8526	504	5
港湾建设总公司	414475	810706	556305	398418	40847	34257	13592
通信建设总公司	21495	33049	19909	11552	2581	1292	867
农业部(水产)	4335	6960	523	2626	361	1266	1266
广播电影电视部	188	371	371	183	11		

各部门负债及所有者权益

单位:万元

部门	负债合计	流动负债合计	长期负债合计	所有者权益合计	股本
中央部直属单位					
合计	**15132236**	**13762244**	**1340641**	**4678769**	**27738**
中建总公司	2005737	1811374	75071	216007	1200
冶金部	1167819	1082325	85494	289207	
有色金属总公司	325332	303566	21767	109058	
煤炭工业部	987660	801409	186242	472465	5750
石天然气总公司	759271	655944	103319	333582	983
电力企业联合会	2114721	2114721	87849	792889	6184
水电工程总公司	1382394	1194144	188250	567642	
核工业总公司	293076	265743	27333	49623	
水利部	19602	16066	3536	24680	
石化总公司	135327	134704	623	112905	
化学工程总公司	321946	306820	15098	122489	99
机械安装总公司	31618	28986	2633	6875	1138
电系工程总公司	17159	16521	638	4685	
林业部	30001	30343	1793	-759	
航天工业总公司	28727	27931	796	10242	2594
国家建材局	50093	47857	2237	24898	
轻工总会	9046	7436	1610	3386	
铁道部	4480292	4225035	255257	1027374	9790
公路建设总公司	213156	199171	13985	50989	
港湾建设总公司	723295	459240	264055	430640	
通信建设总公司	26290	25477	813	23912	
农业部(水产	8260	6018	2242	5561	
广播电影电视部	1415	1415		419	

各部门工程结算收入及工程结算利润

单位:万元

部门	工程结算收入	工程结算成本	工程结算税金及附加	工程结算利润	管理费用	税金	财产保险费	劳动、待业保险费
中央部直属单位								
合　　计	**15734715**	**13340647**	**447419**	**1913881**	**1492982**	**23939**	**112491**	**362847**
中建总公司	2408566	2119272	74034	215260	129915	1670	2792	23593
冶金部	966362	799679	31812	134871	149965	1850	6050	58153
有色金属总公司	346636	302796	14293	33168	39414	715	1717	20434
煤炭工业部	1028724	875405	29550	123770	120123	3111	2327	51087
石天然气总公司	1102480	980934	14072	108172	96027	1324	8383	20825
电力企业联合会	2380167	1949591	76853	353723	248023	3571	12640	36053
水电工程总公司	1016807	870632	27172	119002	102793	1308	1030	26691
核工业总公司	227124	200893	7218	19013	28003	250	2584	5326
水利部	25844	22268	432	3144	2051	7	15	211
石化总公司	266586	228481	8714	29392	20765	498	1388	5885
化学工程总公司	397735	331375	12374	53986	42561	729	1314	14908
机械安装总公司	33866	27845	973	5415	3971	216	116	725
电系工程总公司	15830	12831	515	2484	1751	25	1229	189
林业部	13714	14318	1041	−1685	1172	21	50	1056
航天工业总公司	38266	32148	919	5199	3802	41	139	827
国家建材局	50165	35508	4136	10521	6115	137	255	1181
轻工总会	9159	6790	319	2052	1225	42	466	47
铁道部	4383535	3646729	116947	582444	400461	6804	14738	79360
公路建设总公司	273933	247417	6302	20213	17167	214	1850	1800
港湾建设总公司	694958	594325	18520	82114	68619	1315	53312	12937
通信建设总公司	42970	31654	843	10473	8072	84	96	1359
农业部(水产)	10551	9250	354	947	809	2		201
广播电影电视部	736	507	26	204	178	3		1

各部门利税及利润总额

单位:万元

部门	利税总额	利润总额	应交所得税	转作奖金的利润	应付利润	已分配股利
中央部直属单位						
合计	**509468**	**38111**	**26363**	**984**	**9145**	**637**
中建总公司	90338	14634	5100	54	2296	425
冶金部	29829	−3833	199			
有色金属总公司	2598	−12411	117			
煤炭工业部	21210	−11451	222	555	2510	185
石天然气总公司	18118	2721	1065	357	1346	27
电力企业联合会	110736	30312	10078		633	
水电工程总公司	31849	3369	1092		29	
核工业总公司	−529	−7997	106		419	
水利部	1548	1109	9	11	1085	
石化总公司	10066	854	225		127	
化学工程总公司	13907	805	496			
机械安装总公司	1472	283	67			
电系工程总公司	788	247	60			
林业部	−3089	−4151	25	6		
航天工业总公司	1201	241	105			
国家建材局	6733	2459	732			
轻工总会	534	173	53			
铁道部	131553	7803	3093		626	
公路建设总公司	8810	2293	733			
港湾建设总公司	28551	8716	2358			
通信建设总公司	2837	1910	425		75	
农业部(水产)	367	11				
广播电影电视部	43	14	5			

各部门利润率及利税率

部　门	产值利润率(%)	产值利税率(%)	资本金利润率(%)	资本金利税率(%)	人均利润(元/人)	人均利税(元/人)	资产负债率(%)
中央部直属单位							
合　　计	**0.2**	**3.2**	**1.3**	**17.9**	**165**	**2204**	**76.4**
中建总公司	0.6	3.6	14.9	92.2	594	3666	90.3
冶　金　部	−0.4	3.0	−2.0	15.5	−229	1784	80.2
有色金属总公司	−3.5	0.7	−16.2	3.4	−1501	314	74.9
煤炭工业部	−1.1	2.0	−3.2	5.9	−528	978	67.6
石天然气总公司	0.2	1.7	0.9	5.9	226	1507	69.7
电力企业联合会	1.3	4.6	7.4	26.9	1038	3790	72.7
水电工程总公司	0.3	3.1	1.3	12.0	214	2020	70.9
核工业总公司	−3.7	−0.2	−23.4	−1.5	−1847	−122	85.5
水　利　部	4.0	5.6	4.6	6.5	2450	3420	44.3
石化总公司	0.3	3.8	1.3	15.1	270	3179	54.5
化学工程总公司	0.2	3.2	1.4	23.5	131	2268	72.4
机械安装总公司	0.8	4.2	4.4	22.8	424	2205	82.1
电系工程总公司	1.7	5.4	9.2	29.3	1109	3534	78.6
林　业　部	−30.7	−22.8	−33.0	−24.5	−382	−285	95.6
航天工业总公司	0.6	3.2	3.4	17.0	267	1329	73.7
国家建材局	5.2	14.2	16.9	46.2	3333	9125	66.8
轻工总会	1.5	4.7	10.6	32.8	1478	4564	72.8
铁　道　部	0.2	3.0	1.2	20.2	120	2018	81.3
公路建设总公司	1.0	3.7	7.5	28.8	1243	4776	80.7
港湾建设总公司	1.3	4.4	4.0	13.2	1279	4188	62.7
通信建设总公司	2.1	3.1	17.2	25.6	1544	2293	52.4
农业部(水产)	0.1	3.5	0.4	12.4	64	2226	59.8
广播电影电视部	1.8	5.6	4.9	15.3	835	2604	78.5

各部门建筑业企业亏损情况

部门	建筑业企业个数(个)	亏损企业个数(个)	亏损金额(万元)	亏损面(%)
中央部直属单位				
合计	**555**	**75**	**73091**	**13.5**
中建总公司	61	10	4059	16.4
冶金部	12	2	6824	16.7
有色金属总公司	10	7	12646	70.0
煤炭工业部	154	28	18149	18.2
石天然气总公司	106	14	14949	13.2
电力企业联合会	90	2	1379	2.0
水电工程总公司	21	1	714	4.7
核工业总公司	8	5	8574	62.5
水利部	3			
石化总公司	5			
化学工程总公司	13	1	645	7.7
机械安装总公司	1			
电系工程总公司	4			
林业部	3	2	4192	66.7
航天工业总公司	5	1	65	20.0
国家建材局	1			
轻工总会	1			
铁道部	39	2	896	5.1
公路建设总公司	3			
港湾建设总公司	7			
通信建设总公司	6			
农业部(水产)	1			
广播电影电视部	1			

七、大中型建筑业企业

各地区大中型企业建筑业总产值和竣工产值

单位:万元

地区	建筑业总产值	建筑工程产值	安装工程产值	房屋构筑物修理产值	非标准设备制造产值	竣工产值
全国总计	**50374641**	**42827920**	**6694237**	**454361**	**398123**	**35681522**
北京	3978695	3698421	209233	67493	3548	2826283
天津	1591316	1349525	205070	7416	29304	1087284
河北	2253624	1888518	333416	10359	21330	1514608
山西	1484314	1301173	172796	6110	4235	1215668
内蒙古	444803	334847	63648	44215	2093	337993
辽宁	2537054	1924190	508394	63546	40924	1674246
吉林	842257	658479	173801	3631	6346	562278
黑龙江	1444608	979095	432421	3121	29971	1286505
上海	3138450	2561193	554634	9274	13349	2141154
江苏	5521239	4795232	638214	55964	31829	4056667
浙江	5346552	4733071	518959	53878	40644	3622029
安徽	1075315	872177	187367	8916	6856	642762
福建	913742	806155	100584	592	6410	718783
江西	340055	273805	63900	219	2131	214003
山东	2562004	1912719	581432	30315	37538	1971604
河南	1554900	1245807	282631	3626	22836	1108449
湖北	1830818	1616394	191665	6264	16495	916853
湖南	1412584	1206080	165289	20441	20775	838824
广东	3950812	3660186	266694	15287	8645	3350740
广西	617245	548321	60354	665	7906	458424
海南	80564	75135	5429	——	——	26227
重庆	915256	818148	83441	10192	3475	593461
四川	2368601	1996710	339911	19437	12544	1835802
贵州	414695	357340	55654	507	1194	265358
云南	1031844	940400	82560	1765	7118	626713
西藏	46091	44693	1399	——	——	12821
陕西	1065895	930425	128772	1137	5561	586646
甘肃	685686	517614	159800	3536	4736	594925
青海	190343	154036	33802	1199	1306	105998
宁夏	138466	103121	30984	2361	2000	108936
新疆	596813	524912	61983	2893	7025	379479

各地区大中型企业单位工程个数及工程质量

地区	单位工程施工个数(个)	本年新开工个数	投标承包个数	本年新开工	单位工程竣工个数(个)	优良品	工程质量优良品率(%)	投标承包个数占单位工程施工个数的比重(%)
全国总计	**221639**	**121365**	**99150**	**53543**	**122228**	**63740**	**52.1**	**44.7**
北京	10544	4622	5330	2076	5958	1806	30.3	50.6
天津	4811	2944	1782	1006	2527	1427	56.5	37.0
河北	10849	5721	7267	4229	5465	3040	55.6	67.0
山西	10729	4947	6083	2575	5132	3232	63.0	56.7
内蒙古	3220	1881	296	223	1832	759	41.4	9.2
辽宁	10559	6514	4322	2562	6330	2992	47.3	40.9
吉林	3960	2233	1352	980	2128	1217	57.2	34.1
黑龙江	5605	3723	950	591	3898	2416	62.0	16.9
上海	9569	5270	3041	1847	4125	2566	62.2	31.8
江苏	21711	13327	9490	6217	13910	6595	47.4	43.7
浙江	16738	8970	8984	4813	9637	3255	33.8	53.7
安徽	8981	4846	3681	1554	4898	2488	50.8	41.0
福建	3862	2488	1416	782	2204	1210	54.9	36.7
江西	2900	1723	1657	923	1615	1061	65.7	57.1
山东	15552	10019	5536	3075	10137	5091	50.2	35.6
河南	8519	4420	4673	2588	4087	2383	58.3	54.9
湖北	9236	4211	4363	2057	4387	2912	66.4	47.2
湖南	5964	3092	2482	1451	2864	1749	61.1	41.6
广东	14665	7262	5072	2327	7737	4046	52.3	34.6
广西	3651	1746	781	496	1926	1002	52.0	21.4
海南	268	164	240	144	112	28	25.0	89.6
重庆	3678	1927	2559	1318	1945	1057	54.3	69.6
四川	13484	6364	7219	3556	7077	4583	64.8	53.5
贵州	2229	1230	809	301	858	335	39.0	36.3
云南	5719	3311	2517	1682	3496	2286	65.4	44.0
西藏	41	19	6	6	8	3	37.5	14.6
陕西	5145	2652	2950	1654	2288	1469	64.2	57.3
甘肃	4242	2721	1858	1021	2856	1454	50.9	43.8
青海	1002	596	923	536	598	361	60.4	92.1
宁夏	948	615	449	287	561	162	28.9	47.4
新疆	3258	1807	1062	666	1632	755	46.3	32.6

各地区大中型企业房屋建筑面积和工程质量

地区	房屋建筑施工面积(万平方米)	本年新开工面积	投标承包面积	本年新开工	房屋建筑竣工面积(万平方米)	优良品面积	房屋建筑面积优良品率(%)	投标承包面积占房屋建筑施工面积的比重(%)
全国总计	**59672.8**	**22734.4**	**36868.2**	**15660.3**	**22053.7**	**10853.1**	**49.2**	**61.8**
北京	4549.3	1610.8	3553.1	1300.5	1531.0	752.8	49.2	78.1
天津	1461.7	542.3	548.0	212.0	541.4	282.1	52.1	37.5
河北	2400.9	987.7	1970.2	824.1	989.8	530.0	53.5	82.1
山西	928.1	372.9	452.1	204.4	354.8	128.7	36.3	48.7
内蒙古	377.3	147.8	69.5	36.3	203.6	98.3	48.3	18.4
辽宁	2171.5	812.2	1545.3	552.7	806.9	432.5	53.6	71.2
吉林	605.8	305.8	255.5	125.6	308.4	171.8	55.7	42.2
黑龙江	942.6	406.6	570.8	247.8	433.2	243.8	56.3	60.6
上海	2446.2	788.3	1855.1	751.0	626.5	319.7	51.0	75.8
江苏	8367.9	3909.9	4882.6	2536.3	3619.7	1940.2	53.6	58.3
浙江	7239.9	2847.8	4626.1	2071.8	2816.9	1282.2	45.5	63.9
安徽	985.9	380.3	489.1	226.8	360.8	144.3	40.0	49.6
福建	1331.9	502.0	956.0	349.7	433.7	85.6	19.7	71.8
江西	474.8	150.7	323.9	118.1	152.1	81.1	53.3	68.2
山东	2833.9	1081.8	1980.1	869.5	1020.5	589.7	57.8	69.9
河南	1549.8	583.1	1160.7	460.9	492.6	239.4	48.6	74.9
湖北	2035.4	641.8	1294.2	448.6	507.8	252.4	49.7	63.6
湖南	1453.6	488.9	750.5	287.7	499.0	287.1	57.5	51.6
广东	8255.6	2352.3	3859.4	1347.3	2540.8	1265.2	49.8	46.7
广西	789.9	253.6	288.4	101.4	301.9	101.1	33.5	36.5
海南	154.7	59.6	129.2	59.4	24.9	7.4	29.8	83.5
重庆	1494.1	724.7	1148.1	599.9	715.6	370.0	51.7	76.8
四川	2944.7	1239.6	1713.8	814.2	1219.5	546.8	44.8	58.2
贵州	333.6	109.7	265.6	95.7	110.4	46.3	41.9	79.6
云南	1021.0	422.0	497.5	226.4	448.2	253.4	56.5	48.7
西藏	0.4	0.4	0.1	0.1	0.1	0.1	57.5	15.3
陕西	755.7	290.1	523.0	259.1	251.7	145.3	57.7	69.2
甘肃	882.9	331.4	660.3	282.4	370.0	135.2	36.5	74.8
青海	114.2	57.8	111.6	51.4	53.0	14.0	26.4	97.7
宁夏	132.6	73.0	79.1	51.7	63.1	23.6	37.5	59.7
新疆	637.0	259.3	309.3	147.3	255.8	82.9	32.4	48.6

各地区大中型企业按主要用途分的房屋建筑竣工面积

单位：万平方米

地区	合计	厂房	住宅	办公用房	商业、居民服务业用房	文化教育用房	医疗用房	科研用房	其他用房
全国总计	**22053.7**	**2941.1**	**10523.6**	**2714.1**	**2728.3**	**1033.1**	**304.7**	**143.3**	**1665.6**
北京	1531.0	110.9	832.0	188.0	183.1	65.9	9.6	26.2	115.3
天津	541.4	68.3	290.0	35.2	30.0	25.2	2.1	2.3	88.3
河北	989.8	106.5	536.1	137.7	72.3	58.1	19.4	12.2	47.5
山西	354.8	49.9	174.4	71.1	14.5	15.8	3.3	0.9	24.8
内蒙古	203.6	34.7	108.0	17.3	14.4	15.4	3.8	--	9.9
辽宁	806.9	96.8	448.8	63.5	104.4	29.6	7.7	7.7	48.3
吉林	308.4	76.2	137.4	33.5	21.2	13.3	2.3	0.2	24.3
黑龙江	433.2	55.1	247.0	49.8	34.7	13.1	7.0	1.1	25.5
上海	626.5	90.3	206.0	106.9	116.7	26.8	14.4	0.7	64.8
江苏	3619.7	406.6	1557.7	550.1	529.9	181.7	52.2	19.1	322.6
浙江	2816.9	387.3	1368.9	313.6	354.1	167.0	35.7	18.9	171.4
安徽	360.8	84.1	122.1	59.9	39.8	25.7	7.6	0.2	21.3
福建	433.7	64.2	217.3	44.0	62.6	12.8	6.2	1.5	25.1
江西	152.1	26.6	73.7	12.3	13.5	9.9	1.7	0.3	14.0
山东	1020.5	156.2	436.0	158.3	101.2	55.7	23.4	3.6	86.1
河南	492.6	80.1	241.8	61.8	30.8	23.5	7.2	3.7	43.7
湖北	507.8	94.5	150.4	48.4	110.4	28.5	9.9	7.1	58.6
湖南	499.0	55.4	214.4	73.7	52.3	16.5	6.2	9.4	71.1
广东	2540.8	350.6	1295.6	260.0	357.9	103.9	29.8	2.1	140.9
广西	301.9	43.1	143.0	36.4	46.5	9.8	6.0	--	17.1
海南	24.9	1.1	19.3	2.7	1.2	--	0.3	--	0.2
重庆	715.6	93.0	378.0	56.2	111.2	19.9	9.7	5.2	42.4
四川	1219.5	175.0	567.9	150.2	161.1	37.8	19.7	8.9	98.9
贵州	110.4	37.1	41.7	11.8	6.3	2.2	0.2	0.9	10.2
云南	448.2	77.5	181.7	47.2	70.4	25.2	7.7	3.4	35.2
西藏	0.1	--	--	--	--	--	--	--	0.1
陕西	251.7	36.5	127.5	30.6	17.5	19.3	6.5	1.7	12.1
甘肃	370.0	44.4	214.3	53.2	25.2	9.3	2.4	4.0	17.3
青海	53.0	3.0	35.1	7.4	3.7	--	0.7	--	3.1
宁夏	63.1	9.6	31.5	6.3	7.5	2.2	--	--	6.0
新疆	255.8	26.2	126.1	27.0	33.7	19.0	1.9	2.2	19.7

各地区大中型企业各种用途的房屋建筑竣工面积占全部的比重

单位：%

地区	厂房	住宅	办公用房	商业、居民服务业用房	文化教用房	医疗用房	科研用房	其他用房
全国总计	**13.3**	**47.7**	**12.3**	**12.4**	**4.7**	**1.4**	**0.6**	**7.6**
北　京	7.2	54.3	12.3	12.0	4.3	0.6	1.7	7.5
天　津	12.6	53.6	6.5	5.5	4.7	0.4	0.4	16.3
河　北	10.8	54.2	13.9	7.3	5.9	2.0	1.2	4.8
山　西	14.1	49.2	20.0	4.1	4.5	0.9	0.3	7.0
内蒙古	17.0	53.0	8.5	7.1	7.6	1.9	——	4.9
辽　宁	12.0	55.6	7.9	12.9	3.7	1.0	1.0	6.0
吉　林	24.7	44.6	10.9	6.9	4.3	0.7	0.1	7.9
黑龙江	12.7	57.0	11.5	8.0	3.0	1.6	0.3	5.9
上　海	14.4	32.9	17.1	18.6	4.3	2.3	0.1	10.3
江　苏	11.2	43.0	15.2	14.6	5.0	1.4	0.5	8.9
浙　江	13.7	48.6	11.1	12.6	5.9	1.3	0.7	6.1
安　徽	23.3	33.8	16.6	11.0	7.1	2.1	0.1	5.9
福　建	14.8	50.1	10.1	14.4	3.0	1.4	0.3	5.8
江　西	17.5	48.5	8.1	8.9	6.5	1.1	0.2	9.2
山　东	15.3	42.7	15.5	9.9	5.5	2.3	0.4	8.4
河　南	16.3	49.1	12.5	6.3	4.8	1.5	0.8	8.9
湖　北	18.6	29.6	9.5	21.7	5.6	1.9	1.4	11.5
湖　南	11.1	43.0	14.8	10.5	3.3	1.2	1.9	14.2
广　东	13.8	51.0	10.2	14.1	4.1	1.2	0.1	5.5
广　西	14.3	47.4	12.1	15.4	3.2	2.0	——	5.7
海　南	4.4	77.5	10.8	4.8	——	1.2	——	0.8
重　庆	13.0	52.8	7.9	15.5	2.8	1.4	0.7	5.9
四　川	14.4	46.6	12.3	13.2	3.1	1.6	0.7	8.1
贵　州	33.6	37.8	10.7	5.7	2.0	0.2	0.8	9.2
云　南	17.3	40.5	10.5	15.7	5.6	1.7	0.8	7.9
西　藏	——	——	——	——	——	——	——	100.0
陕　西	14.5	50.7	12.2	7.0	7.7	2.6	0.7	4.8
甘　肃	12.0	57.9	14.4	6.8	2.5	0.6	1.1	4.7
青　海	5.7	66.2	14.0	7.0	——	1.3	——	5.8
宁　夏	15.2	49.9	10.0	11.9	3.5	——	——	9.5
新　疆	10.2	49.3	10.6	13.2	7.4	0.7	0.9	7.7

各地区大中型企业机械设备装备情况

地区	自有机械设备年末总台数（台）	自有机械设备年末总功率（万千瓦）	施工机械功率	自有机械设备净值（万元）	技术装备率（元/人）	动力装备率（千瓦/人）
全国总计	**1934671**	**4287.8**	**3170.0**	**5444392**	**6631**	**5.2**
北　京	97035	221.3	146.8	290024	5173	3.9
天　津	36868	113.5	80.9	170127	7749	5.2
河　北	91206	223.4	168.6	271995	6819	5.6
山　西	59864	136.9	91.9	168550	6248	5.1
内蒙古	26834	67.3	39.9	55042	4789	5.9
辽　宁	102716	289.1	211.2	294621	6183	6.1
吉　林	36335	92.6	58.5	110025	6380	5.4
黑龙江	55935	226.4	169.1	180461	6550	8.2
上　海	51128	138.0	99.8	250794	9172	5.0
江　苏	222561	337.9	262.6	465450	5838	4.2
浙　江	181365	238.7	194.7	456856	6931	3.6
安　徽	39461	125.3	93.7	120128	5578	5.8
福　建	29820	57.7	43.3	91017	7367	4.7
江　西	18051	46.7	35.3	58739	6877	5.5
山　东	98860	223.9	161.0	278837	6685	5.4
河　南	71328	148.1	98.3	185203	6773	5.4
湖　北	65887	180.1	133.0	291915	10619	6.6
湖　南	73648	149.3	118.9	186857	7071	5.7
广　东	236877	415.7	337.8	530678	7983	6.3
广　西	32713	75.6	57.0	93278	7171	5.8
海　南	2100	1.8	1.6	5429	3834	1.3
重　庆	45933	79.1	60.5	106446	5132	3.8
四　川	100709	249.1	184.3	255636	4908	4.8
贵　州	13804	36.5	25.6	59771	8025	4.9
云　南	28135	79.1	57.9	110144	6969	5.0
西　藏	1578	12.8	9.7	14645	24885	21.7
陕　西	40197	134.7	103.1	147770	6922	6.3
甘　肃	30941	67.7	47.9	72109	4669	4.4
青　海	10721	30.2	21.3	27724	6580	7.2
宁　夏	6868	16.7	9.8	17812	5594	5.2
新　疆	25193	72.4	46.2	76309	6288	6.0

各地区大中型企业建筑业增加值及其构成(一)

单位：万元

地区	建筑业增加值合计	本年提取固定资产折旧	应付工资总额	应付福利费总额
全国总计	**14459233**	**1062431**	**6810304**	**810265**
北京	1068545	65017	482220	57378
天津	419575	44717	168794	21741
河北	646285	51634	260771	31292
山西	444670	37269	174737	20513
内蒙古	160147	10134	83886	14590
辽宁	800434	67272	369007	51016
吉林	267148	21337	114103	14932
黑龙江	424481	32780	188854	23578
上海	692735	44592	264845	30280
江苏	1385645	77767	791070	88528
浙江	1254579	62522	713622	55934
安徽	334076	23375	144484	22014
福建	268965	14982	133017	15410
江西	120471	11141	60602	7465
山东	796626	62144	369961	45080
河南	472323	31986	200245	25610
湖北	615667	54968	255232	28400
湖南	414384	34570	194750	27673
广东	1236593	97603	602726	71685
广西	196519	17809	93819	10704
海南	17261	526	10040	466
重庆	279061	18102	142250	16741
四川	834972	62430	413334	53782
贵州	129555	13196	55927	6771
云南	287024	25340	120666	17894
西藏	13656	4740	7116	992
陕西	342606	31871	147475	19393
甘肃	233269	14290	103266	12220
青海	67354	7567	31511	3758
宁夏	47589	3441	26026	3368
新疆	187018	17311	85947	11060

各地区大中型企业建筑业增加值及其构成(二)

单位:万元

地　区	工程结算税金及附加	工程结算利润	管理费用中的税金	管理费用中的劳动、待业保险费	转作奖金的利润
全国总计	**1338441**	**4352910**	**73911**	**721116**	**31131**
北　京	105490	371029	5096	42977	7421
天　津	36639	149911	1944	27196	255
河　北	63903	226246	3105	35853	258
山　西	38377	175756	1744	30212	506
内蒙古	15857	43236	2374	12833	－－
辽　宁	72839	235705	3624	42320	1164
吉　林	24842	85030	1199	17091	77
黑龙江	34875	138316	1297	15054	190
上　海	67833	252264	3780	50314	2023
江　苏	123259	324437	3987	35197	3053
浙　江	144794	295839	3087	21514	7229
安　徽	28243	104927	2211	31885	75
福　建	30684	75306	1379	12191	49
江　西	11828	31169	532	5517	158
山　东	72028	256020	5322	32219	3597
河　南	42459	156943	1638	33020	21
湖　北	54142	211247	7493	40720	119
湖　南	35794	112544	2052	22318	264
广　东	117599	341293	7083	32691	1946
广　西	16028	50046	716	17931	171
海　南	2072	2845	52	2237	－－
重　庆	26648	73111	1183	11215	638
四　川	66980	229805	4048	51223	658
贵　州	11093	47086	878	3659	－－
云　南	24891	82470	1097	24983	62
西　藏	5	7884	－－	1110	83
陕　西	25556	112494	2027	23905	55
甘　肃	18518	75205	2730	15432	355
青　海	5596	18112	283	4508	5
宁　夏	3465	10845	289	3340	－－
新　疆	16107	55790	1659	20450	698

各地区大中型企业建筑业劳动生产率

地 区	建筑业企业个数(个)	计算劳动生产率的平均人数(万人)	按总产值计算的劳动生产率(元/人)	按增加值计算的劳动生产率(元/人)	人均竣工产值(元/人)	人均施工面积(平米/人)	人均竣工面积(平米/人)
全国总计	**3252**	**821.11**	**61349**	**17609**	**43455**	**72.7**	**26.9**
北 京	186	56.07	70960	19058	50407	81.1	27.3
天 津	74	21.95	72481	19111	49524	66.6	24.7
河 北	152	39.89	56497	16202	37970	60.2	24.8
山 西	53	26.98	55021	16483	45063	34.4	13.2
内蒙古	44	11.49	38700	13934	29407	32.8	17.7
辽 宁	222	47.65	53247	16799	35139	45.6	16.9
吉 林	50	17.25	48838	15490	32603	35.1	17.9
黑龙江	124	27.55	52430	15406	46692	34.2	15.7
上 海	99	27.34	114782	25335	78308	89.5	22.9
江 苏	338	79.73	69252	17380	50882	105.0	45.4
浙 江	336	65.91	81116	19034	54952	109.8	42.7
安 徽	78	21.54	49928	15511	29844	45.8	16.8
福 建	79	12.36	73957	21770	58177	107.8	35.1
江 西	28	8.54	39810	14104	25053	55.6	17.8
山 东	189	41.71	61426	19100	47271	67.9	24.5
河 南	94	27.35	56862	17273	40536	56.7	18.0
湖 北	88	27.49	66603	22397	33354	74.0	18.5
湖 南	113	26.43	53456	15681	31743	55.0	18.9
广 东	325	66.48	59431	18602	50404	124.2	38.2
广 西	46	13.01	47453	15108	35243	60.7	23.2
海 南	4	1.42	56895	12190	18522	109.3	17.6
重 庆	97	20.74	44127	13454	28613	72.0	34.5
四 川	174	52.09	45471	16029	35242	56.5	23.4
贵 州	22	7.45	55677	17394	35627	44.8	14.8
云 南	44	15.80	65291	18162	39656	64.6	28.4
西 藏	3	0.59	78320	23205	21786	0.6	0.2
陕 西	64	21.35	49927	16048	27479	35.4	11.8
甘 肃	45	15.44	44399	15104	38522	57.2	24.0
青 海	16	4.21	45175	15985	25157	27.1	12.6
宁 夏	16	3.18	43489	14947	34215	41.6	19.8
新 疆	49	12.14	49178	15411	31270	52.5	21.1

各地区大中型企业资本金及资产构成(一)

单位:万元

地区	资本金合计	资产总计	流动资产合计	存货	在建工程	长期投资
全国总计	**9586892**	**62040958**	**45553418**	**13889330**	**9118425**	**1430925**
北京	571505	5083234	4046804	1079395	643404	205787
天津	340796	1973216	1432885	219659	74156	72590
河北	430247	2422934	1695095	366630	167353	28728
山西	258448	1966423	1377352	348562	177963	20415
内蒙古	124138	601349	408439	99220	24078	4868
辽宁	662553	3443032	2334031	469189	207412	57408
吉林	176424	1241552	858230	144496	60657	11891
黑龙江	369499	1736335	1261906	250802	79234	20210
上海	415276	3315603	2505256	765481	536822	231711
江苏	851019	6507992	5382436	2364377	1842886	110806
浙江	834351	3666999	2627065	984872	763503	94733
安徽	229788	1197828	784506	196794	96384	18922
福建	170607	1229683	899295	283447	213982	37526
江西	79579	600841	396494	146472	109834	12497
山东	553932	3101717	2164460	405544	198624	44581
河南	248428	1472887	981891	229924	90094	11926
湖北	314800	2585059	1735914	436842	224382	44099
湖南	306099	1550653	1056578	258082	172072	23044
广东	948634	8751880	7183519	3021593	2415215	204474
广西	149761	1040472	793495	328474	267903	12272
海南	7065	127740	85546	62006	52956	3566
重庆	226343	899306	639016	188193	116779	9098
四川	527610	2491939	1609850	415553	203344	63864
贵州	68269	549602	387532	107621	68841	5577
云南	115462	893491	615224	156887	83835	38694
西藏	16179	92983	53807	9828	7700	569
陕西	221511	1433000	901091	235722	106755	16455
甘肃	139130	810173	500434	135257	49890	10000
青海	41403	261079	163412	38037	11245	4857
宁夏	40103	188832	126258	36937	23279	2895
新疆	147932	803126	545597	103434	27845	6863

各地区大中型企业资本金及资产构成(二)

单位:万元

地区	固定资产合计	固定资产原价合计	生产经营用	固定资产折旧	本年折旧	无形及递延资产合计	其中:无形资产
全国总计	**12731880**	**18698637**	**13223134**	**6047104**	**1062431**	**569213**	**368477**
北京	668590	1032947	689015	369299	65017	32831	25388
天津	419282	707443	532208	288161	44717	11381	7554
河北	612847	886091	621590	288909	51634	24179	18502
山西	493964	690720	404298	197265	37269	4085	1320
内蒙古	170574	244903	166931	78315	10134	6224	5626
辽宁	888799	1323846	842049	436153	67272	36717	31219
吉林	338520	485273	309111	146754	21337	8354	5734
黑龙江	426005	616953	464200	191529	32780	10064	5367
上海	378656	699541	606933	320885	44592	89341	49206
江苏	901419	1311316	995018	409897	77767	47551	20933
浙江	803111	1056605	870141	282274	62522	27132	15523
安徽	324358	526705	318485	202347	23375	3104	1496
福建	216718	304854	206912	88136	14982	17194	11901
江西	164268	231139	140107	66870	11141	3508	2498
山东	754853	1067589	755610	312736	62144	62615	56645
河南	408200	586230	397774	178030	31986	11872	8584
湖北	716673	1040530	738662	326503	54968	16886	12005
湖南	397352	552301	428023	158560	34570	20268	15745
广东	1100416	1633987	1212597	533571	97603	82199	48696
广西	199653	288370	206073	90447	17809	6620	5991
海南	29709	33706	6960	3997	526	——	——
重庆	227796	328310	253944	101864	18102	5673	717
四川	692150	1032536	703064	341219	62430	19385	12750
贵州	130232	195066	156937	64866	13196	1209	264
云南	208463	323280	225768	117941	25340	2274	1788
西藏	17890	43867	32211	25978	4740	345	——
陕西	425248	602326	409506	177613	31871	12959	1821
甘肃	247160	328864	198934	86298	14290	2241	565
青海	83252	125905	88555	42653	7567	295	213
宁夏	55511	78300	47801	23032	3441	522	141
新疆	230208	319134	193717	95003	17311	2183	286

各地区大中型企业负债及所有者权益

单位:万元

地区	负债合计	流动负债合计	长期负债合计	所有者权益合计	股本
全国总计	**48556917**	**45703557**	**2837667**	**13484041**	**957174**
北京	4237122	4110696	126427	846112	36826
天津	1554509	1428142	121985	418707	11251
河北	1853434	1753538	99896	569500	5236
山西	1569084	1477653	91426	397338	11190
内蒙古	460620	422876	37534	140729	6624
辽宁	2615392	2504155	111236	827639	35958
吉林	972284	822251	150033	269268	9535
黑龙江	1282479	1204623	77855	453857	27573
上海	2634046	2490462	140561	681557	30618
江苏	5350328	5203836	146492	1157664	96973
浙江	2556647	2464609	92038	1110352	133207
安徽	937876	885669	52207	259952	15002
福建	962831	922277	40554	266852	27144
江西	454522	412539	41982	146320	——
山东	2320355	2110043	203614	781361	14568
河南	1070106	987655	82216	402781	248420
湖北	1982253	1777736	203685	602806	36752
湖南	1177654	1073851	103804	372998	——
广东	7380705	7029284	351420	1371175	146363
广西	820694	775127	45568	219777	——
海南	101986	91575	10411	25754	——
重庆	651230	612540	38691	248076	5973
四川	1766748	1674459	92289	725191	22388
贵州	438692	414243	24449	110909	——
云南	681875	611746	70129	211616	2316
西藏	48210	41422	6787	44773	——
陕西	1106306	997229	108976	326694	4650
甘肃	612675	552500	60175	197498	19983
青海	195459	188108	7351	65620	——
宁夏	146296	133327	12969	42536	450
新疆	614498	529384	84910	188628	8174

各地区大中型企业工程结算收入及工程结算利润

单位:万元

地区	工程结算收入	工程结算成本	工程结算税金及附加	工程结算利润	管理费用	税金	财产保险费	劳动、待业保险费
全国总计	**45796949**	**40105598**	**1338441**	**4352910**	**3466075**	**73911**	**24835**	**721116**
北京	3694492	3217974	105490	371029	301182	5096	961	42977
天津	1560870	1374319	36639	149911	115474	1944	746	27196
河北	2170269	1880120	63903	226246	158140	3105	827	35853
山西	1437224	1223092	38377	175756	133293	1744	751	30212
内蒙古	442030	382937	15857	43236	51752	2374	270	12833
辽宁	2464028	2155484	72839	235705	211604	3624	1974	42320
吉林	821376	711504	24842	85030	76747	1199	545	17091
黑龙江	1461806	1288614	34875	138316	113854	1297	683	15054
上海	2811685	2491588	67833	252264	226752	3780	1116	50314
江苏	3976495	3528799	123259	324437	263479	3987	2210	35197
浙江	4296451	3855817	144794	295839	172849	3087	1498	21514
安徽	984351	851181	28243	104927	102786	2211	306	31885
福建	927640	821650	30684	75306	56677	1379	252	12191
江西	339879	296882	11828	31169	32580	532	152	5517
山东	2428924	2100876	72028	256020	182748	5322	2071	32219
河南	1440389	1240987	42459	156943	118511	1638	727	33020
湖北	1852057	1586668	54142	211247	176760	7493	415	40720
湖南	1223999	1075661	35794	112544	90116	2052	364	22318
广东	3819746	3360854	117599	341293	250458	7083	4452	32691
广西	589397	523324	16028	50046	50566	716	257	17931
海南	64267	59350	2072	2845	4278	52	——	2237
重庆	788771	689011	26648	73111	51601	1183	968	11215
四川	2255028	1958243	66980	229805	183943	4048	851	51223
贵州	417110	358931	11093	47086	33131	878	151	3659
云南	951724	844362	24891	82470	68213	1097	245	24983
西藏	46684	38795	5	7884	5559	——	——	1110
陕西	989302	851252	25556	112494	90884	2027	1042	23905
甘肃	663070	569348	18518	75205	58178	2730	503	15432
青海	184845	161138	5596	18112	14295	283	274	4508
宁夏	129088	114778	3465	10845	10251	289	25	3340
新疆	563955	492058	16107	55790	59413	1659	196	20450

各地区大中型企业利税及利润总额

单位:万元

地区	利税总额	利润总额	应交所得税	转作奖金的利润	应付利润	已分配股利
全国总计	**1829237**	**416885**	**160608**	**31131**	**105961**	**15877**
北京	175045	64459	16468	7421	4457	——
天津	48356	9773	2414	255	766	309
河北	86734	19726	7019	258	1130	132
山西	36893	−3228	781	506	195	——
内蒙古	10025	−8206	344	——	136	——
辽宁	47463	−29000	7189	1164	4683	378
吉林	13387	−12654	1288	77	938	426
黑龙江	38864	2692	2832	190	1646	839
上海	141950	70337	11047	2023	16940	206
江苏	179925	52679	17275	3053	11156	5420
浙江	254217	106336	22268	7229	13962	2873
安徽	11402	−19052	811	75	1697	29
福建	41127	9064	2962	49	1977	51
江西	9150	−3210	836	158	177	——
山东	119964	42614	12351	3597	8831	311
河南	51725	7628	2628	21	874	——
湖北	53126	−8509	3759	119	2884	1802
湖南	46425	8579	3762	264	2586	——
广东	209435	84753	23427	1946	22276	2659
广西	17113	369	1850	171	205	——
海南	581	−1543	3	——	——	——
重庆	38047	10216	4167	638	2636	95
四川	84612	13584	7186	658	3665	——
贵州	13096	1125	1267	——	18	——
云南	34721	8733	1510	62	434	——
西藏	604	599	320	83	——	——
陕西	23363	−4220	1702	55	295	——
甘肃	23165	1917	1436	355	590	248
青海	5894	15	332	5	68	——
宁夏	1554	−2200	136	——	——	——
新疆	11273	−6493	1239	698	740	100

各地区大中型企业利润率及利税率

地　区	产值利润　率(%)	产值利税　率(%)	资本金利润率(%)	资本金利税率(%)	人均利润(元/人)	人均利税(元/人)	资产负债率(%)
全国总计	**0.8**	**3.6**	**4.3**	**19.1**	**508**	**2228**	**78.3**
北　京	1.6	4.4	11.3	30.6	1150	3122	83.4
天　津	0.6	3.0	2.9	14.2	445	2203	78.8
河　北	0.9	3.8	4.6	20.2	495	2174	76.5
山　西	-0.2	2.5	-1.2	14.3	-120	1368	79.8
内蒙古	-1.8	2.3	-6.6	8.1	-714	872	76.6
辽　宁	-1.1	1.9	-4.4	7.2	-609	996	76.0
吉　林	-1.5	1.6	-7.2	7.6	-734	776	78.3
黑龙江	0.2	2.7	0.7	10.5	98	1411	73.9
上　海	2.2	4.5	16.9	34.2	2572	5192	79.4
江　苏	1.0	3.3	6.2	21.1	661	2257	82.2
浙　江	2.0	4.8	12.7	30.5	1613	3857	69.7
安　徽	-1.8	1.1	-8.3	5.0	-885	529	78.3
福　建	1.0	4.5	5.3	24.1	734	3329	78.3
江　西	-0.9	2.7	-4.0	11.5	-376	1071	75.6
山　东	1.7	4.7	7.7	21.7	1022	2876	74.8
河　南	0.5	3.3	3.1	20.8	279	1892	72.7
湖　北	-0.5	2.9	-2.7	16.9	-310	1933	76.7
湖　南	0.6	3.3	2.8	15.2	325	1757	75.9
广　东	2.1	5.3	8.9	22.1	1275	3150	84.3
广　西	0.1	2.8	0.2	11.4	28	1316	78.9
海　南	-1.9	0.7	21.8	8.2	-1089	411	79.8
重　庆	1.1	4.2	4.5	16.8	493	1834	72.4
四　川	0.6	3.6	2.6	16.0	261	1624	70.9
贵　州	0.3	3.2	1.6	19.2	151	1758	79.8
云　南	0.8	3.4	7.6	30.1	553	2197	76.3
西　藏	1.3	1.3	3.7	3.7	1018	1027	51.8
陕　西	-0.4	2.2	-1.9	10.5	-198	1094	77.2
甘　肃	0.3	3.4	1.4	16.6	124	1500	75.6
青　海	--	3.1	--	14.2	4	1399	74.9
宁　夏	-1.6	1.1	-5.5	3.9	-691	488	77.5
新　疆	-1.1	1.9	-4.4	7.6	-535	929	76.5

各地区大中型建筑业企业亏损情况

地　区	建筑业企业个数(个)	亏损企业个数(个)	亏损金额(万元)	亏损面(%)
全国总计	**3252**	**513**	**338054**	**15.8**
北　京	186	13	4763	7.0
天　津	74	16	8161	21.6
河　北	152	19	11764	12.5
山　西	53	15	10084	28.3
内蒙古	44	11	11689	25.0
辽　宁	222	46	64819	20.7
吉　林	50	16	21326	32.0
黑龙江	124	25	17207	20.2
上　海	99	10	6803	10.1
江　苏	338	35	13419	10.4
浙　江	336	13	1335	3.9
安　徽	78	32	24793	41.0
福　建	79	10	2520	12.7
江　西	28	10	5181	35.7
山　东	189	29	17112	15.3
河　南	94	17	7436	18.1
湖　北	88	32	22654	36.4
湖　南	113	24	8217	21.2
广　东	325	31	10782	9.5
广　西	46	12	6536	26.1
海　南	4	2	1560	50.0
重　庆	97	10	4818	10.3
四　川	174	26	12906	14.9
贵　州	22	7	2925	31.8
云　南	44	4	834	9.1
西　藏	3	——	——	——
陕　西	64	13	11458	20.3
甘　肃	45	8	6496	17.8
青　海	16	3	1064	18.8
宁　夏	16	6	2992	37.5
新　疆	49	18	16399	36.7

各地区大中型企业资产构成

单位:万元

地　区	资产总计	流动资产合计	固定资产合计	专项工程	无形及递延资产合计	其中:无形资产
全国总计	**62040958**	**45553418**	**12731880**	**1056272**	**569213**	**368477**
北　京	5083234	4046804	668590	90817	32831	25388
天　津	1973216	1432885	419282	13525	11381	7554
河　北	2422934	1695095	612847	45077	24179	18502
山　西	1966423	1377352	493964	62044	4085	1320
内蒙古	601349	408439	170574	5512	6224	5626
辽　宁	3443032	2334031	888799	60300	36717	31219
吉　林	1241552	858230	338520	20436	8354	5734
黑龙江	1736335	1261906	426005	12053	10064	5367
上　海	3315603	2505256	378656	62575	89341	49206
江　苏	6507992	5382436	901419	65780	47551	20933
浙　江	3666999	2627065	803111	54860	27132	15523
安　徽	1197828	784506	324358	26183	3104	1496
福　建	1229683	899295	216718	19909	17194	11901
江　西	600841	396494	164268	11167	3508	2498
山　东	3101717	2164460	754853	44852	62615	56645
河　南	1472887	981891	408200	39806	11872	8584
湖　北	2585059	1735914	716673	38179	16886	12005
湖　南	1550653	1056578	397352	36658	20268	15745
广　东	8751880	7183519	1100416	109027	82199	48696
广　西	1040472	793495	199653	21351	6620	5991
海　南	127740	85546	29709	8818	——	——
重　庆	899306	639016	227796	13751	5673	717
四　川	2491939	1609850	692150	63349	19385	12750
贵　州	549602	387532	130232	18568	1209	264
云　南	893491	615224	208463	23379	2274	1788
西　藏	92983	53807	17890	9974	345	——
陕　西	1433000	901091	425248	40603	12959	1821
甘　肃	810173	500434	247160	14709	2241	565
青　海	261079	163412	83252	5644	295	213
宁　夏	188832	126258	55511	3248	522	141
新　疆	803126	545597	230208	14120	2183	286

各地区大中型企业总收入及构成

地区	企业总收入(万元)	工程结算收入(万元)	其他业务收入(万元)	工程结算收入占企业总的比重收入(%)
全国总计	**49164109**	**45796949**	**3367160**	**93.2**
北京	3951397	3694492	256905	93.5
天津	1635202	1560870	74332	95.5
河北	2296460	2170269	126191	94.5
山西	1551839	1437224	114615	92.6
内蒙古	478111	442030	36081	92.5
辽宁	2633716	2464028	169687	93.6
吉林	884962	821376	63585	92.8
黑龙江	1553622	1461806	91817	94.1
上海	3188777	2811685	377092	88.2
江苏	4257107	3976495	280612	93.4
浙江	4462172	4296451	165721	96.3
安徽	1054948	984351	70597	93.3
福建	971055	927640	43415	95.5
江西	372523	339879	32645	91.2
山东	2655310	2428924	226386	91.5
河南	1535522	1440389	95132	93.8
湖北	2073565	1852057	221508	89.3
湖南	1311156	1223999	87157	93.4
广东	4037362	3819746	217616	94.6
广西	654044	589397	64647	90.1
海南	66541	64267	2274	96.6
重庆	839922	788771	51151	93.9
四川	2394897	2255028	139869	94.2
贵州	455857	417110	38748	91.5
云南	1025703	951724	73979	92.8
西藏	47158	46684	474	99.0
陕西	1081974	989302	92672	91.4
甘肃	693494	663070	30424	95.6
青海	196785	184845	11940	93.9
宁夏	139665	129088	10577	92.4
新疆	663265	563955	99310	85.0

各地区大中型企业营业利润

单位:万元

地区	营业利润	工程结算利润	其他业务利润	管理费用	财务费用	利息支出
全国总计	**781286**	**4352910**	**393044**	**3466075**	**498516**	**459834**
北京	75216	371029	29668	301182	24299	31333
天津	28963	149911	7318	115474	12793	14201
河北	48079	226246	9338	158140	29365	24088
山西	36782	175756	8901	133293	14583	16870
内蒙古	−15484	43236	3507	51752	10475	9660
辽宁	−4958	235705	11612	211604	40672	34432
吉林	−1615	85030	4253	76747	14152	12103
黑龙江	12702	138316	4284	113854	16045	14937
上海	82803	252264	56901	226752	−470	5608
江苏	64017	324437	36598	263479	33538	26881
浙江	113159	295839	19600	172849	29431	24483
安徽	−8541	104927	6044	102786	16726	13053
福建	12545	75306	3547	56677	9631	7938
江西	779	31169	3842	32580	1653	1483
山东	64926	256020	22160	182748	30510	24620
河南	30054	156943	8304	118511	16683	15052
湖北	30869	211247	28767	176760	32384	31580
湖南	17342	112544	11995	90116	17082	17087
广东	92897	341293	56505	250458	54442	49715
广西	1193	50046	8589	50566	6875	6998
海南	−1733	2845	464	4278	763	763
重庆	15766	73111	5901	51601	11646	10971
四川	40415	229805	12900	183943	18348	11973
贵州	14546	47086	4084	33131	3494	2367
云南	13573	82470	6464	68213	7148	4364
西藏	3911	7884	56	5559	−1531	−1486
陕西	10699	112494	9189	90884	20100	21478
甘肃	7670	75205	50	58178	9407	8876
青海	2578	18112	909	14295	2148	1455
宁夏	−1706	10845	664	10251	2965	2776
新疆	−6155	55790	10628	59413	13160	14176

各地区大中型企业工资和福利费

地　区	本年应付工资总额(万元)	主营业务应付工资总额(万元)	主营业务应付工资总额占本年应付工资总额的比重(%)	本年应付福利费(万元)	主营业务应付福利费(万元)	主营业务应付福利费占本年应付福利费的比重(%)
全国总计	**6810304**	**6227524**	**91.4**	**810265**	**714030**	**88.1**
北　京	482220	435456	90.3	57378	50902	88.7
天　津	168794	142630	84.5	21741	16794	77.2
河　北	260771	240128	92.1	31292	25674	82.0
山　西	174737	143814	82.3	20513	18003	87.8
内蒙古	83886	67430	80.4	14590	8283	56.8
辽　宁	369007	336951	91.3	51016	42888	84.1
吉　林	114103	104220	91.3	14932	13507	90.5
黑龙江	188854	179803	95.2	23578	22546	95.6
上　海	264845	247964	93.6	30280	28011	92.5
江　苏	791070	741079	93.7	88528	82973	93.7
浙　江	713622	682451	95.6	55934	51600	92.3
安　徽	144484	125041	86.5	22014	18469	83.9
福　建	133017	120941	90.9	15410	13531	87.8
江　西	60602	54092	89.3	7465	6350	85.1
山　东	369961	332473	89.9	45080	40018	88.8
河　南	200245	182796	91.3	25610	23501	91.8
湖　北	255232	223089	87.4	28400	24127	85.0
湖　南	194750	181340	93.1	27673	26030	94.1
广　东	602726	575528	95.5	71685	66744	93.1
广　西	93819	84691	90.3	10704	9469	88.5
海　南	10040	9093	90.6	466	435	93.3
	142250	133951	94.2	16741	15489	92.5
四　川	413334	378285	91.5	53782	42859	79.7
贵　州	55927	47672	85.2	6771	5973	88.2
云　南	120666	112531	93.3	17894	15774	88.2
西　藏	7116	——	——	992	——	——
陕　西	147475	129268	87.7	19393	17541	90.5
甘　肃	103266	95795	92.8	12220	11655	95.4
青　海	31511	27843	88.4	3758	3450	91.8
宁　夏	26026	23227	89.2	3368	2982	88.5
新　疆	85947	67941	79.0	11060	8458	76.5

各地区大中型企业资本金及构成

地区	资本金合计(万元)	国家资本金(万元)	外商资本金(万元)	国家资本金占资本金合计的比重(%)	外商资本金占资本金合计的比重(%)
全国总计	**95868924**	**63319477**	**349378**	**66.0**	**0.4**
北京	571505	415150	3106	72.6	0.5
天津	340796	218037	——	64.0	——
河北	430247	331382	——	77.0	——
山西	258448	257174	——	99.5	——
内蒙古	124138	105993	——	85.4	——
辽宁	662553	509429	1281	76.9	0.2
吉林	176424	165244	——	93.7	——
黑龙江	369499	291210	——	78.8	——
上海	415276	267599	6404	64.4	1.5
江苏	851019	352935	1768	41.5	0.2
浙江	834351	171902	9959	20.6	1.2
安徽	229788	191161	——	83.2	——
福建	170607	116391	2123	68.2	1.2
江西	79579	71150	——	89.4	——
山东	553932	346741	767	62.6	0.1
河南	248428	220346	——	88.7	——
湖北	314800	281799	——	89.5	——
湖南	306099	187529	——	61.3	——
广东	948634	475935	9529	50.2	1.0
广西	149761	134752	——	90.0	——
海南	7065	——	——	——	——
重庆	226343	112788	——	49.8	——
四川	527610	398771	——	75.6	——
贵州	68269	66885	——	98.0	——
云南	115462	101034	——	87.5	——
西藏	16179	16179	——	100.0	——
陕西	221511	206613	——	93.3	——
甘肃	139130	113810	——	81.8	——
青海	41403	40305	——	97.3	——
宁夏	40103	36805	——	91.8	——
新疆	147932	126899	——	85.8	——

全国各地区大中型建筑业企业

企 业 名 称	平均人数（人）	建筑业总产值（万元）	竣工面积（平方米）	建筑业增加值（万元）	按总产值计算的劳动生产率（元/人）	按增加值计算的劳动生产率（元/人）
北京市						
北京市第一住宅建筑工程公司	3405	21067	78550	8304	61871	24388
北京市第三城市建设工程公司	5538	50169	61149	17777	90591	32099
北京市城市建设工程安装公司	1916	36971	0	7923	192961	41351
北京市第六建筑工程公司	12443	87138	383177	25926	70030	20835
北京市城建道桥工程公司	4038	38331	0	11640	94925	28827
北京市第一房屋管理修缮工程公司	6245	21750	164301	9788	34827	15674
北京市煤气工程公司	553	4754	0	2001	85971	36190
北京市合力电信集团	729	18397	0	3317	252357	45502
北京市机械施工公司	1425	14864	0	7336	104306	51481
北京市城乡建设第三建筑工程公司	1664	8262	47383	3624	49653	21779
北京市京易建设联营公司	2581	17227	33471	4124	66744	15979
北京市城乡建设第二建筑工程公司	1913	11427	88848	3258	59734	17030
北京市城乡建设第四建筑工程公司	3542	28073	125619	5218	79259	14732
北京市第五建筑工程公司	12554	90666	394949	24638	72221	19626
北京市长城建筑工程总公司	2112	7374	76538	2545	34915	12050
北京市城乡建设第五建筑工程公司	1588	7466	87050	2525	47013	15899
北京市建筑装饰设计工程公司	716	5111	0	1564	71380	21841
北京市华普建筑产业公司	747	4548	24843	1853	60884	24807
北京市华都建筑总公司	632	3126	1800	808	49460	12786
北京市光环电信集团	1954	28157	0	4472	144098	22888
恒万实业有限公司	3761	14327	192987	5892	38094	15665
北京市第二住宅建筑工程公司	3940	25672	157388	10134	65158	25720
北京市第一市政工程公司	4917	32939	0	9415	66989	19148
北京市第二房屋修建工程公司	2297	7448	28593	3066	32425	13349
北京市东城区第二建筑工程公司	1478	6467	73214	3026	43752	20474
北京市东城区第三建筑工程公司	821	4684	19937	941	57052	11467
北京市第一房屋修建工程公司	5730	24617	217752	9921	42962	17314
北京东兴建筑工程公司	2510	12224	80035	6055	48701	24125
北京市西城区第三建筑工程公司	1058	4129	30812	992	39028	9380
北京市西城区建筑工程公司	1485	8646	36521	1064	58224	7167
北京市西城区第二建筑工程公司	475	3250	11582	262	68421	5507
北京市第七建筑工程公司	5466	38102	164272	9343	69707	17093
北京市第四市政工程公司	5530	25084	0	3747	45360	6777
北京市第二建筑工程公司	7157	55217	427825	10883	77150	15206

主要经济技术指标完成情况

资本金合计(万元)	资产总计(万元)	负债合计(万元)	利润总额(万元)	利税总额(万元)	工程质量优良品率(%)	产值利润率(%)	产值利税率(%)	资产负债率(%)
1002	22573	20563	429	1224	60.0	2.0	5.8	91.1
2266	48141	42276	423	1777	67.7	0.8	3.5	87.8
2185	15268	10929	820	1066	76.9	2.2	2.9	71.6
5870	115754	99782	880	3468	53.3	1.0	4.0	86.2
3068	37624	31510	609	1952	28.6	1.6	5.1	83.8
3209	91758	87607	260	650	64.5	1.2	3.0	95.5
552	8913	7441	194	403	0.0	4.1	8.5	83.5
1673	24695	20400	1131	1774	21.9	6.1	9.6	82.6
10215	53315	34504	301	410	0.0	2.0	2.8	64.7
934	40015	38324	52	440	100.0	0.6	5.3	95.8
881	33791	31984	104	670	50.0	0.6	3.9	94.7
490	24210	21211	5	330	62.5	0.0	2.9	87.6
776	32246	30572	291	1188	47.8	1.0	4.2	94.8
6221	169940	149565	307	3048	55.2	0.3	3.4	88.0
3154	34191	30427	32	376	28.6	0.4	5.1	89.0
1104	11879	9851	125	390	92.3	1.7	5.2	82.9
931	17758	16415	112	412	0.0	2.2	8.1	92.4
300	7189	6490	124	230	100.0	2.7	5.1	90.3
180	5407	5206	1	96	0.0	0.0	3.1	96.3
2784	10686	6873	505	995	0.0	1.8	3.5	64.3
3000	38464	33958	482	952	79.2	3.4	6.6	88.3
1884	32560	28786	582	1456	40.0	2.3	5.7	88.4
5048	35373	26595	211	973	0.0	0.6	3.0	75.2
2373	23152	20653	203	386	26.3	2.7	5.2	89.2
1775	10919	8676	73	291	14.3	1.1	4.5	79.5
1300	6999	5454	35	176	0.0	0.7	3.8	77.9
3654	107123	102572	196	798	61.5	0.8	3.2	95.8
1250	18350	16148	26	416	27.3	0.2	3.4	88.0
1500	2704	925	57	190	0.0	1.4	4.6	34.2
1007	7705	5995	148	444	0.0	1.7	5.1	77.8
400	5061	3974	41	115	0.0	1.3	3.6	78.5
2848	45190	44143	802	2028	56.0	2.1	5.3	97.7
4939	46566	40874	449	1197	100.0	1.8	4.8	87.8
2841	71285	63874	806	2346	34.6	1.5	4.2	89.6

续 1

企业名称	平均人数(人)	建筑业总产值(万元)	竣工面积(平方米)	建筑业增加值(万元)	按总产值计算的劳动生产率(元/人)	按增加值计算的劳动生产率(元/人)
北京市第三市政工程公司	5011	37948	0	16782	75729	33490
北京市第三建筑工程公司	9334	76166	281220	17553	81601	18806
北京市第二市政工程公司	5249	27905	0	9921	53163	18902
北京市设备安装工程公司	5668	60252	0	15684	106301	27670
北京市自来水工程公司	972	4782	0	2732	49197	28105
北京市电话工程公司	343	5230	0	1014	152484	29551
北京市崇文区建筑工程公司	1129	8169	25790	2044	72353	18106
北京市第四建筑工程公司	3195	22154	190027	6864	69338	21484
北京市崇文区永外建筑工程公司	619	2561	11233	856	41381	13837
北京市建元电信公司	206	6298	0	889	305709	43175
北京市第六住宅建筑工程公司	5349	36543	184809	8058	68318	15065
北京市城乡建设第一建筑工程公司	3119	24502	167556	5850	78557	18756
北京天桥建筑集团公司	5364	27004	201445	11901	50342	22187
北京城建集团二公司	7610	72840	237232	26684	95716	35064
北京市宣武区陶然亭建筑工程公司	1188	6867	63349	1702	57800	14327
北京昊都建筑工程有限责任工程公司	733	4328	4651	1713	59045	23372
北京市第一建筑工程公司	12892	90930	478807	25289	70532	19616
北京市朝阳区建筑工程公司	2135	11099	100482	1962	51986	9190
北京市第二水利工程处	1315	4917	0	2643	37394	20101
北京市第七城市建设工程公司	2115	19928	81183	3642	94223	17218
北京市第五城市建设工程公司	7066	71514	216633	15514	101209	21955
北京市第六市政工程公司	1788	8584	0	5268	48008	29463
北京市朝阳田华建筑集团公司	9718	64531	287123	12701	66404	13070
北京市朝联古建筑机械总公司	716	3010	35100	1065	42034	14870
北京市第五市政工程公司	3001	12941	73647	4492	43122	14968
北京城建亚泰工程公司	3216	33130	54711	12121	103016	37691
北京市朝阳区第二建筑工程公司	1126	5325	45650	1218	47293	10817
北京市华大市政建筑工程公司	445	6472	482	544	145438	12222
北京正荣建筑工程有限责任公司	2760	19095	170150	7906	69183	28644
北京市第三住宅建筑工程公司	7702	49422	248952	15211	64168	19749
北京市第一城市建设工程公司	7811	78764	305852	18501	100838	23686
北京市城镇建筑工程公司	949	2057	4218	252	21675	2658
北京城建集团公司	520	8212	29191	2316	157917	44546
北京市第四城市建设工程公司	7561	74918	235364	28359	99085	37507
北京市水利机械施工处	1100	4507	0	2843	40974	25845
北京市海淀区信远建筑工程公司	1380	3826	36914	1876	27725	13595
北京市长建上地建筑工程公司	150	1967	0	231	131107	15400

资本金合计（万元）	资产总计（万元）	负债合计（万元）	利润总额（万元）	利税总额（万元）	工程质量优良品率（%）	产值利润率（%）	产值利税率（%）	资产负债率（%）
3974	57853	51304	318	1793	4.5	0.8	4.7	88.7
17723	175912	158057	475	2754	45.0	0.6	3.6	89.8
5669	50141	41065	301	981	93.5	1.1	3.5	81.9
6106	81331	66688	683	1259	0.0	1.1	2.1	82.0
693	22734	21667	65	324	100.0	1.4	6.8	95.3
650	10181	9135	346	479	0.0	6.6	9.2	89.7
1600	14474	11954	9	276	0.0	0.1	3.4	82.6
3639	29371	21948	534	1328	30.0	2.4	6.0	74.7
230	5019	4513	47	132	0.0	1.8	5.1	89.9
445	5500	5029	50	259	0.0	0.8	4.1	91.4
1011	39180	36776	19	1381	63.6	0.1	3.8	93.9
3000	33204	29188	439	1245	66.7	1.8	5.1	87.9
5800	30899	25674	1087	2022	25.0	4.0	7.5	83.1
2917	70913	62380	1863	4113	39.3	2.6	5.6	88.0
1571	4217	2482	94	264	0.0	1.4	3.8	58.9
3000	7458	4401	23	173	60.0	0.5	4.0	59.0
6656	152024	132350	761	3252	41.7	0.8	3.6	87.1
1503	8394	6483	0	377	0.0	0.0	3.4	77.2
1966	7607	3976	199	356	0.0	4.1	7.2	52.3
706	27331	25455	422	1107	42.9	2.1	5.6	93.1
2667	48801	42954	1135	3456	38.9	1.6	4.8	88.0
4251	19056	13671	1	308	5.0	0.0	3.6	71.7
6815	30625	23723	188	2022	0.0	0.3	3.1	77.5
2800	6638	3622	170	301	0.0	5.7	10.0	54.6
2459	25918	22583	62	423	12.5	0.5	3.3	87.1
894	22616	20131	470	1470	50.0	1.4	4.4	89.0
229	5429	4727	13	118	0.0	0.2	2.2	87.1
1200	6222	4879	12	91	0.0	0.2	1.4	78.4
5979	43151	36276	539	1300	70.0	2.8	6.8	84.1
2433	43905	37668	850	2482	62.5	1.7	5.0	85.8
2479	31815	25642	1628	3540	32.1	2.1	4.5	80.6
32	1193	1044	15	85	0.0	0.7	4.1	87.5
1500	9243	7638	156	431	66.7	1.9	5.2	82.6
6056	38255	30584	2160	4505	55.6	2.9	6.0	79.9
2323	6767	2940	5	158	0.0	0.1	3.5	43.5
681	1781	1285	79	205	22.2	2.1	5.4	72.1
47	3159	2752	15	76	0.0	0.8	3.9	87.1

续 2

企业名称	平均人数(人)	建筑业总产值(万元)	竣工面积(平方米)	建筑业增加值(万元)	按总产值计算的劳动生产率(元/人)	按增加值计算的劳动生产率(元/人)
北京市海淀区建筑工程公司	1153	9516	56246	2267	82537	19659
北京市旅游建筑工程公司	520	5308	1621	1093	102073	21019
北京市常青市政工程公司	1205	10005	1772	284	83030	2355
北京市水利工程基础处理总队	1384	6502	0	3967	46982	28663
北京市城市建设装饰工程有限责任公司	560	8735	0	2269	155986	40523
北京城建地铁地基工程有限责任公司	1093	11980	0	5322	109609	48689
北京市丰台益丰建筑(集团)公司	1316	9652	114402	1142	73341	8676
北京市丰台区卢沟桥建筑公司	566	3008	36814	914	53145	16155
北京市北协建设工程公司	3288	15147	103743	6482	46068	19716
北京市东阳建筑工程公司	1267	3719	53193	872	29353	6884
北京市新新建筑工程公司	2059	9839	66819	3720	47785	18069
北京市门头沟区建筑工程公司	876	4031	7016	1564	46022	17854
北京宋庄建筑集团	909	8295	43375	1209	91254	13305
通县建筑集团公司	3600	15000	96000	2741	41667	7614
北京市大龙建筑工程队	390	2087	35000	1072	53505	27485
北京市顺义建筑企业集团公司	2000	12224	76500	2068	61120	10342
北京怀柔建筑企业集团总公司	9860	70577	654007	17576	71579	17826
北京市康城隧道工程公司	310	2890	0	566	93226	18258
北京市昌平县第二建筑工程公司直属施工公司	2180	4005	246935	1707	18373	7830
北京市昌平县建筑公司	2200	10820	97379	1954	49180	8882
北京市第一水利工程处	738	4245	0	2135	57518	28924
北京韩村河建筑集团总公司	14500	129000	406026	24116	88966	16632
房山区建筑企业集团总公司	10506	62356	476652	15511	59353	14764
房山建工企业集团总公司	10654	64100	364151	4344	60165	4077
北京市房山区城乡建筑企业集团总公司	8501	36010	335160	10521	42360	12376
北京市长建南郊建筑工程公司	2100	4200	19729	1186	20000	5649
北京大兴建筑集团公司	2360	18213	184823	3537	77172	14989
北京市大兴县建筑工程公司	781	4183	20204	1416	53565	18132
平谷县建筑工程总公司	5680	22712	251717	8505	39986	14973
北京东辰建筑工程总公司	1600	7638	77238	1596	47738	9978
密云县城市建设工程公司	906	6173	42528	1808	68135	19961
北京华云建筑工程公司	500	5436	105446	1693	108714	33866
北京华洋建设开发有限公司	239	2977	1031	494	124556	20669
首钢第一建设公司	14304	48570	17903	35248	33956	24642
建筑企业集团公司二公司	350	2000	6000	380	57143	10857
顺义建筑企业集团十公司	260	1941	21500	437	74654	16804
北京城建东方工程有限公司	1086	8207	60425	1224	75575	11268

资本金合计(万元)	资产总计(万元)	负债合计(万元)	利润总额(万元)	利税总额(万元)	工程质量优良品率(%)	产值利润率(%)	产值利税率(%)	资产负债率(%)
807	7095	5883	279	585	0.0	2.9	6.1	82.9
1503	9640	8457	81	250	0.0	1.5	4.7	87.7
589	4182	3324	107	156	41.3	1.1	1.6	79.5
2707	16047	9613	205	432	45.5	3.2	6.6	59.9
1000	5745	4243	471	658	0.0	5.4	7.5	73.9
1338	9496	7658	480	636	100.0	4.0	5.3	80.6
882	17305	16814	−53	321	25.0	−0.5	3.3	97.2
10	2557	2041	25	127	0.0	0.8	4.2	79.8
2056	48775	45603	233	760	57.1	1.5	5.0	93.5
83	2864	2216	108	231	0.0	2.9	6.2	77.4
1177	19302	15030	135	478	53.8	1.4	4.9	77.9
2976	6642	3318	256	373	10.0	6.3	9.3	50.0
1717	8839	4907	471	761	0.0	5.7	9.2	55.5
5000	25801	19441	320	787	0.0	2.1	5.2	75.3
725	1970	1245	214	281	0.0	10.2	13.4	63.2
2300	13461	10584	580	794	44.4	4.7	6.5	78.6
5000	33021	24439	593	2016	54.7	0.8	2.9	74.0
200	1113	992	111	206	100.0	3.8	7.1	89.1
1512	10226	7422	274	428	31.4	6.8	10.7	72.6
2751	9798	6878	35	257	23.1	0.3	2.4	70.2
1180	13080	9804	164	321	100.0	3.9	7.6	75.0
6800	74613	41493	4824	7901	100.0	3.7	6.1	55.6
4572	37843	26280	2406	3790	41.1	3.9	6.1	69.4
5200	27655	19213	1490	2591	0.0	2.3	4.0	69.5
5100	17678	9883	1237	2185	1.7	3.4	6.1	55.9
830	3339	2509	215	345	0.0	5.1	8.2	75.1
4104	17536	9583	66	702	9.1	0.4	3.9	54.6
1500	13750	11868	17	185	0.0	0.4	4.4	86.3
3200	15987	11874	732	1670	13.0	3.2	7.4	74.3
3350	6770	5422	82	249	0.0	1.1	3.3	80.1
1180	8400	8004	−455	−277	0.0	−7.4	−4.5	95.3
1140	6408	4641	211	301	20.0	3.9	5.5	72.4
2406	6176	1247	26	68	100.0	0.9	2.3	20.2
24281	113520	97581	−2799	−1001	11.1	−5.8	−2.1	86.0
204	3098	2889	26	66	100.0	1.3	3.3	93.3
73	685	593	64	154	100.0	3.3	7.9	86.5
501	10890	10154	0	253	42.9	0.0	3.1	93.2

续 3

企业名称	平均人数(人)	建筑业总产值(万元)	竣工面积(平方米)	建筑业增加值(万元)	按总产值计算的劳动生产率(元/人)	按增加值计算的劳动生产率(元/人)
天津市						
天津渔阳建工集团公司	1205	6005	92446	1595	49834	13233
天津振津工程集团有限公司	1018	10664	2521	1407	104751	13824
天津三建建筑工程有限公司	12636	78040	321361	16941	61760	13407
天津二建建筑工程有限公司	9397	87230	384611	19620	92827	20879
天津六建建筑工程有限公司	11075	66800	265088	13977	60316	12620
天津市管道工程集团有限公司	2397	17342	12568	6266	72347	26143
天津市第七建筑工程公司	3535	15989	120931	3731	45231	10555
天津一建建筑工程有限公司	10551	64375	450407	12343	61013	11699
天津市第二房屋建筑工程公司	4133	14719	179667	2059	35614	4981
天津市第五市政公路工程有限公司	2330	47258	0	10332	202825	44343
天津市第一市政工程公司	3258	45469	0	10718	139562	32899
天津市第二市政公路工程有限公司	3332	32540	28168	4371	97659	13117
天津市和平区房屋建筑工程公司	2991	24033	154293	5400	80351	18055
天津市第三房屋建筑工程公司	410	11889	138984	2495	289966	60846
天津市第一房屋建筑工程公司	3649	8149	104380	3117	22332	8543
天津市天佳设备安装公司	306	3881	0	509	126843	16624
天津市河东区房屋建筑工程公司	3247	13869	169226	5716	42714	17603
天津市河东区建筑工程公司	1574	11181	52466	1308	71036	8308
天津第四市政工程公司	1740	6098	31704	2041	35045	11728
天津市河西区房屋建筑工程公司	1903	5905	102794	495	31030	2599
天津第三市政工程公司	3086	27003	0	3042	87502	9858
天津市机械施工公司	2261	3916	0	1730	17320	7652
天津市化工建设工程公司	1017	6596	26909	1668	64853	16397
天津市建新建筑工程公司	801	4254	48177	479	53107	5975
天津市第四建筑工程公司	6059	25922	253607	8652	42783	14280
天津市建材建设工程公司	3971	13821	88703	1296	34804	3263
天津市南开区房屋建筑工程公司	2345	9948	143699	3500	42422	14925
天津市机电设备安装公司	2260	6922	0	2799	30627	12385
天津市红桥区房屋建筑工程公司	2822	9980	115350	2609	35365	9246
天津大沽化工厂建筑安装工程公司	467	3091	0	568	66193	12154
天津市塘沽区渤海建筑安装工程公司	1510	3771	49737	2171	24974	14377
天津市第五建筑工程公司	4014	20031	187796	5729	49903	14274
天津市塘沽第一建筑工程总公司	2450	12574	155000	2683	51322	10951
天津市塘沽区市政工程公司	482	4759	0	1747	98739	36245

资本金合计(万元)	资产总计(万元)	负债合计(万元)	利润总额(万元)	利税总额(万元)	工程质量优良品率(%)	产值利润率(%)	产值利税率(%)	资产负债率(%)
4100	19295	12990	-140	118	3.6	-2.3	2.0	67.3
3137	6149	2599	0	93	7.4	0.0	0.9	42.3
9002	89333	78970	564	2236	52.1	0.7	2.9	88.4
7886	78271	68518	589	2487	29.3	0.7	2.9	87.5
8143	82528	73279	544	2212	26.2	0.8	3.3	88.8
6426	33302	26358	20	586	68.3	0.1	3.4	79.1
3218	22983	21975	0	1	54.2	0.0	0.0	95.6
6522	72444	65279	503	2167	52.8	0.8	3.4	90.1
2475	18980	15663	0	10	30.3	0.0	0.1	82.5
8114	52843	43899	501	725	0.0	1.1	1.5	83.1
5782	56540	46498	255	971	0.0	0.6	2.1	82.2
2289	29308	24848	112	365	36.8	0.3	1.1	84.8
2127	22170	19043	35	585	50.0	0.1	2.4	85.9
2415	13162	10520	0	2	60.0	0.0	0.0	79.9
2105	13352	10244	0	262	0.0	0.0	3.2	76.7
995	3955	2473	69	111	0.0	1.8	2.9	62.5
1180	40525	37695	31	192	41.9	0.2	1.4	93.0
1420	8402	6774	105	481	44.4	0.9	4.3	80.6
1077	7236	6357	12	481	28.6	0.2	7.9	87.8
700	18161	16845	0	11	27.8	0.0	0.2	92.8
3928	21486	15578	98	215	12.5	0.4	0.8	72.5
4129	12245	8794	-692	-673	0.0	-17.7	-17.2	71.8
1413	11662	9755	-235	-79	0.0	-3.6	-1.2	83.6
449	5337	6376	4	142	73.3	0.1	3.3	119.5
3404	41863	38224	0	293	45.2	0.0	1.1	91.3
4000	19860	12463	1775	1869	40.9	12.8	13.5	62.8
1520	13563	10816	0	328	100.0	0.0	3.3	79.7
3013	8218	5180	4	56	6.7	0.1	0.8	63.0
1033	15896	13333	25	274	31.8	0.3	2.7	83.9
1043	4086	2906	-28	17	85.7	-0.9	0.6	71.1
1501	10926	7792	771	1021	8.3	20.4	27.1	71.3
3707	21530	16897	3	25	50.0	0.0	0.1	78.5
1140	18634	15040	68	440	71.0	0.5	3.5	80.7
1238	7919	6265	106	322	66.7	2.2	6.8	79.1

续 4

企　业　名　称	平均人数（人）	建筑业总产值（万元）	竣工面积（平方米）	建筑业增加值（万元）	按总产值计算的劳动生产率（元/人）	按增加值计算的劳动生产率（元/人）
天津化工厂建筑安装维修工程总公司	997	7500	44415	2486	75226	24936
天津市汉沽区建筑工程总公司	1774	6947	51807	2248	39158	12672
天津市津南建筑安装工程总公司	1527	17519	106706	1147	114729	7513
武清县建筑总公司	918	6781	60918	2274	73867	24771
天津市静海县建筑工程总公司	894	6938	99681	1892	77606	21168
静海县第二建筑工程总公司	1200	7228	70350	1953	60233	16279
天津市宝坻县水利工程公司	840	2800	31483	1036	33333	12331
天津市宝坻县建筑工程总公司	1321	10118	106830	2035	76593	15406
天津海晶建设发展总公司	710	4526	5426	256	63746	3604
河北省						
河北省第二建筑工程公司	3217	23028	173872	5214	71583	16207
河北省安装工程公司	2653	28025	600	8763	105635	33030
河北省国防工业建筑工程公司	2032	10717	105165	3514	52742	17293
河北省第四建筑工程公司	7830	72013	335550	21433	91971	27373
石家庄市设备安装公司	1013	3057	0	1023	30183	10096
石家庄市第一建筑工程公司	2420	10121	138250	1449	41823	5988
河北省正定县建筑公司	2116	8484	493432	1834	40095	8668
唐山市市政建设总公司	1998	10789	0	3879	54001	19416
唐山清源机械公司	1233	4356	0	765	35328	6204
唐山市西郊建筑公司	1400	6290	74210	1694	44929	12102
唐山市电力安装公司	752	7973	0	2503	106025	33282
河北唐山广厦建设集团有限责任公司	1558	6386	47046	1008	40988	6472
唐山市新区建筑工程公司	1300	4197	23249	1222	32288	9397
唐山丰润县建筑工程公司	2138	4507	26626	2331	21080	10903
唐山丰润县建筑安装工程有限责任公司	2570	8846	99217	2218	34420	8630
唐山丰南市建安集团有限公司	1061	4607	9700	1664	43421	15685
唐山乐亭县建筑工程公司	1200	4600	69567	1642	38333	13683
唐山乐亭县振兴建筑安装工程有限公司	2800	4285	23000	843	15304	3011
唐山迁安市兴安建筑有限公司	2210	5634	31577	1536	25493	6951
唐山玉田县林南仓建筑工程公司	1420	4000	48000	891	28169	6273
秦皇岛市第二建筑工程公司	3369	24572	252297	5484	72936	16279
秦皇岛市第一建筑工程公司	3085	11705	130074	2908	37942	9426
河北省第三建筑工程公司	2617	9700	115195	1323	37065	5055
秦皇岛市第三建筑工程公司	2583	12006	131813	3437	46481	13307
秦皇岛市安装工程公司	1490	7001	5582	2285	46988	15337

资本金合计（万元）	资产总计（万元）	负债合计（万元）	利润总额（万元）	利税总额（万元）	工程质量优良品率（%）	产值利润率（%）	产值利税率（%）	资产负债率（%）
1314	4648	2944	20	183	0.0	0.3	2.4	63.3
421	9184	7441	−58	144	0.0	−0.8	2.1	81.0
1631	14479	12368	327	689	66.7	1.9	3.9	85.4
2287	33448	31161	339	745	8.3	5.0	11.0	93.2
1817	6518	3901	82	328	22.9	1.2	4.7	59.8
1540	2467	810	186	637	5.6	2.6	8.8	32.8
1048	3102	1620	94	182	21.1	3.4	6.5	52.2
1975	9489	7303	65	629	9.1	0.6	6.2	77.0
3755	8842	5643	−180	−166	0.0	−4.0	−3.7	63.8
7200	26533	17244	123	1058	39.4	0.5	4.6	65.0
2469	41092	32785	224	1187	90.1	0.8	4.2	79.8
1460	11300	8930	75	576	21.9	0.7	5.4	79.0
5276	41736	34388	809	3022	30.4	1.1	4.2	82.4
1102	5397	2721	−166	−62	50.0	−5.4	−2.0	50.4
1525	18408	10755	−125	199	19.2	−1.2	2.0	58.4
1126	5514	2368	51	291	54.2	0.6	3.4	42.9
2151	60928	56706	30	369	38.1	0.3	3.4	93.1
1194	8446	5744	25	62	0.0	0.6	1.4	68.0
1556	2306	1445	304	479	41.7	4.8	7.6	62.6
740	13881	13122	253	431	0.0	3.2	5.4	94.5
1620	3320	1328	260	403	88.9	4.1	6.3	40.0
1536	1754	480	11	133	30.8	0.3	3.2	27.4
1565	2864	624	135	387	66.7	3.0	8.6	21.8
1559	2997	1731	496	769	80.0	5.6	8.7	57.8
2055	3232	916	65	223	20.0	1.4	4.8	28.3
1500	4112	1470	497	663	44.0	10.8	14.4	35.7
1580	2759	2744	6	149	38.5	0.1	3.5	99.4
1515	3270	1420	238	487	46.7	4.2	8.6	43.4
3008	5179	2195	241	371	50.0	6.0	9.3	42.4
3268	39413	32380	187	970	89.7	0.8	3.9	82.2
1429	20679	17740	12	425	78.6	0.1	3.6	85.8
1873	10703	9506	−724	−411	61.5	−7.5	−4.2	88.8
3929	12572	9680	100	502	87.8	0.8	4.2	77.0
970	9389	7915	31	209	51.3	0.4	3.0	84.3

续 5

企业名称	平均人数（人）	建筑业总产值（万元）	竣工面积（平方米）	建筑业增加值（万元）	按总产值计算的劳动生产率（元/人）	按增加值计算的劳动生产率（元/人）
秦皇岛市海港区第三建筑工程公司	3811	18004	202104	7101	47241	18632
抚宁县建筑工程公司	1046	3422	25046	1365	32713	13053
河北省冶金建设公司	4028	25806	29533	7503	64067	18627
邯郸市市政工程公司	1780	6300	0	1753	35393	9848
邯郸建工集团有限公司	10534	37171	301578	12224	35287	11605
邢台市第二建筑工程公司	1354	2589	59492	986	19125	7280
邢台市第一建筑公司	1559	3747	42946	1382	24035	8867
邢台市路桥建设总公司	8998	16196	0	7295	18000	8107
河北省第一建筑工程公司	7673	65142	476896	14079	84898	18348
保定建工集团有限公司	2027	10159	126752	2697	50121	13307
保定市第二建筑工程公司	2476	13481	153433	2067	54445	8350
张家口市第一建筑工程公司	4994	17630	194544	6030	35301	12075
张家口市安装公司	1009	5458	0	1525	54090	15119
张家口市市政工程公司	698	2143	0	707	30699	10133
张家口市住宅建设公司	987	3088	55745	977	31287	9902
张家口市第二建筑工程公司	3350	7264	73262	3334	21685	9954
宣化钢铁公司建筑安装工程公司	1113	2963	6300	1072	26622	9628
宣化钢铁公司矿山建筑公司	970	2009	11000	892	20713	9197
承德市建筑安装工程总公司	5203	12859	209888	3825	24715	7352
沧州市第一建筑安装工程有限公司	804	2069	36160	954	25739	11866
沧州市中原建筑安装工程股份有限公司	2300	5420	53657	388	23565	1687
沧县第二建筑公司	1100	6018	139500	787	54709	7155
邢台市建筑安装第三公司	1259	3713	60707	1131	29495	8983
任县建筑安装公司	2850	4286	26700	1439	15039	5049
石家庄市建筑工程公司	1586	6898	112362	1329	43493	8380
辛集市建设集团公司	1079	6100	103216	1252	56534	11607
深泽县建筑工程公司	1950	6200	93000	2164	31795	11097
定州市城建一公司	1800	6050	40000	1778	33611	9878
定州市第五建筑工程公司	1981	3000	30000	1248	15144	6300
定州市第四建筑工程公司	2890	4500	22000	430	15571	1488
定州市第二建筑工程公司	2010	4800	31650	1043	23881	5191
定州市城建三公司	1275	2050	24600	940	16078	7373
定州市城建二公司	1051	4570	36710	1743	43482	16589
定州市建设工程集团公司	1800	6000	50106	1177	33333	6537
定州市电力建设工程公司	1380	4008	0	1366	29043	9899
定州市城建四公司	2160	3802	35600	524	17602	2427
定州市建设工程公司	1300	3248	19800	1250	24985	9615

资本金合计(万元)	资产总计(万元)	负债合计(万元)	利润总额(万元)	利税总额(万元)	工程质量优良品率(%)	产值利润率(%)	产值利税率(%)	资产负债率(%)
2201	24487	21096	801	1382	86.2	4.4	7.7	86.1
1667	3278	1389	30	141	77.8	0.9	4.1	42.4
2927	28160	19180	8	771	86.6	0.0	3.0	68.1
1432	10339	5747	27	107	87.5	0.4	1.7	55.6
16144	57275	39710	−422	609	23.6	−1.1	1.6	69.3
595	4466	3920	16	58	21.1	0.6	2.2	87.8
1004	6256	5100	63	165	27.3	1.7	4.4	81.5
4450	15177	11508	19	100	100.0	0.1	0.6	75.8
2546	50542	39499	407	2463	48.5	0.6	3.8	78.2
5100	27239	22050	16	464	44.1	0.2	4.6	80.9
3000	18736	15162	27	420	70.3	0.2	3.1	80.9
1784	18287	14128	41	625	37.5	0.2	3.5	77.3
702	3898	3196	7	134	24.1	0.1	2.5	82.0
1365	3192	1273	26	101	71.4	1.2	4.7	39.9
403	4843	4499	−207	−96	8.3	−6.7	−3.1	92.9
1571	13461	13401	−872	−611	37.9	−12.0	−8.4	99.6
2692	3515	3515	−375	−369	7.1	−12.7	−12.5	100.0
1182	2704	1522	2	52	0.0	0.1	2.6	56.3
1619	21334	22691	−2783	−2358	51.1	−21.6	−18.3	106.4
1606	2678	1080	−3	69	80.0	−0.1	3.3	40.3
1670	1847	190	2	72	26.7	0.0	1.3	10.3
1600	2585	602	72	187	17.8	1.2	3.1	23.3
518	7900	7384	9	35	38.5	0.2	1.0	93.5
1460	1460	150	3	158	50.0	0.1	3.7	10.3
758	6214	4810	43	262	51.4	0.6	3.8	77.4
1067	3596	2440	80	287	40.0	1.3	4.7	67.8
1600	1675	200	200	580	33.3	3.2	9.4	11.9
1806	2601	627	112	326	11.1	1.9	5.4	24.1
159	1237	246	0	92	33.3	0.0	3.1	19.9
1671	2008	336	80	183	38.5	1.8	4.1	16.8
1669	1651	340	86	244	40.0	1.8	5.1	20.6
1346	1670	318	38	109	0.0	1.9	5.3	19.0
1641	1909	736	131	265	28.6	2.9	5.8	38.6
1980	2116	1942	5	203	50.0	0.1	3.4	91.8
1672	2520	400	27	139	11.1	0.7	3.5	15.9
1504	1695	503	45	174	14.3	1.2	4.6	29.7
1282	1775	572	57	265	20.0	1.7	8.2	32.2

续 6

企业名称	平均人数（人）	建筑业总产值（万元）	竣工面积（平方米）	建筑业增加值（万元）	按总产值计算的劳动生产率（元/人）	按增加值计算的劳动生产率（元/人）
定兴县建筑安装公司	1804	6486	41610	1241	35953	6881
顺平县第二建筑公司	2875	6800	85000	2312	23652	8043
河北省唐县第二建筑公司	2010	4620	77000	2008	22985	9992
望都县建筑安装公司	1600	6075	70000	577	37969	3607
望都县第二建筑工程公司	820	7600	8900	720	92683	8780
河北省涞水县建筑工程总公司	3134	6126	92865	1089	19548	3474
高阳县建筑安装工程公司	1980	7500	126000	1556	37879	7861
容城县建筑公司	2000	5600	46000	988	28000	4940
高碑店市建筑按装公司	1300	5300	30000	1430	40769	11000
安国市第一建筑安装工程公司	4321	6315	88300	2514	14615	5819
河北省廊坊市城建 一公司	1308	4270	61369	600	32645	4586
河北省廊坊市城市建筑二公司	1638	9136	89858	922	55777	5626
河北省三河市一建	1110	2358	43633	563	21243	5071
河北省三河市六建公司	2100	15719	28925	3632	74852	17297
沧州水利工程处	400	2300	0	467	57500	11673
沧州市第一建筑工程公司	1575	10236	96661	2136	64990	13563
任丘市冀中建筑安装工程有限公司	1200	2164	23300	804	18037	6700
泊头市第一建筑工程公司	2300	6300	116700	2213	27391	9624
任丘市第三建筑工程公司	2015	6210	68984	1589	30819	7888
任丘市第九建筑工程公司	1920	6065	70650	1689	31589	8797
任丘市新华建筑工程公司	3000	6158	53828	3045	20527	10150
河间市建安公司	4001	12455	147128	3493	31130	8732
河间市振海装饰公司	830	14295	0	4604	172228	55472
东光县一建公司	2000	6100	71600	1862	30500	9310
唐山建筑集团有限责任公司	4431	19968	99856	5282	45063	11920
秦皇岛建筑装饰工程有限公司	1013	4853	889	1303	47907	12868
石家庄建工集团公司	4770	21070	200208	5024	44171	10532
石家庄高新技术产业开发区第一建筑工程公司	300	1950	27585	289	65000	9637
河北省交通厅公路 工程局	7580	74968	7613	5937	98902	7832
河北省水利工程局	3292	15423	2943	4755	46850	14443
石家庄市市政建设总公司	2810	11173	0	4907	39761	17464
河北省石家庄市道路桥梁建设总公司	1742	9250	0	1072	53100	6153
秦皇岛市政工程总公司	1110	6788	0	2185	61150	19681
邢台市市政工程公司	535	5381	0	1130	100579	21121
河北省廊坊市交通局第一工程队	213	4500	0	382	211268	17934
邯郸市建筑安装总公司	3455	11547	128469	3272	33421	9471
藁城市第三建筑工程公司	1150	2010	50950	1025	17478	8913

资本金合计(万元)	资产总计(万元)	负债合计(万元)	利润总额(万元)	利税总额(万元)	工程质量优良品率(%)	产值利润率(%)	产值利税率(%)	资产负债率(%)
1665	2867	1031	0	207	0.0	0.0	3.2	36.0
1580	2032	960	72	389	67.7	1.1	5.7	47.2
154	1580	160	318	588	59.3	6.9	12.7	10.1
1532	1998	405	8	203	35.7	0.1	3.3	20.3
1700	1930	500	2	172	40.0	0.0	2.3	25.9
1600	2184	795	10	151	4.7	0.2	2.5	36.4
880	1646	170	343	596	2.0	4.6	8.0	10.3
1500	1506	151	59	129	0.0	1.1	2.3	10.0
1600	2000	400	150	325	0.0	2.8	6.1	20.0
1660	4987	2189	292	505	0.0	4.6	8.0	43.9
1841	5089	3613	−496	−395	33.3	−11.6	−9.2	71.0
1499	6618	5815	−380	−260	14.3	−4.2	−2.9	87.9
1515	2259	1179	67	134	30.8	2.8	5.7	52.2
314	9869	1069	2209	2299	100.0	14.1	14.6	10.8
666	2932	1123	19	36	0.0	0.8	1.6	38.3
740	5724	4621	29	384	68.2	0.3	3.7	80.7
1400	2553	1306	1	42	50.0	0.0	1.9	51.1
1536	1776	1441	158	357	56.8	2.5	5.7	81.1
1736	2397	350	289	533	18.5	4.7	8.6	14.6
1513	1313	460	366	560	71.4	6.0	9.2	35.0
1600	1888	360	313	558	70.0	5.1	9.1	19.1
3052	5781	2637	49	603	5.6	0.4	4.8	45.6
2000	18681	11908	3575	3582	45.5	25.0	25.1	63.7
1510	1647	167	162	354	60.0	2.7	5.8	10.1
5471	33534	28785	−1996	−1335	55.0	−10.0	−6.7	85.8
1020	5539	3451	67	233	100.0	1.4	4.8	62.3
3046	27987	21797	116	890	40.0	0.6	4.2	77.9
300	1820	1509	5	101	0.0	0.3	5.2	82.9
16297	117735	93140	−499	1780	72.7	−0.7	2.4	79.1
5277	27606	17746	−263	68	95.5	−1.7	0.4	64.3
1722	14591	10620	154	413	88.0	1.4	3.7	72.8
2516	3101	484	−463	−121	100.0	−5.0	−1.3	15.6
2003	10505	8370	6	244	18.6	0.1	3.6	79.7
673	6292	3871	382	559	64.0	7.1	10.4	61.5
2082	1045	0	0	0	100.0	0.0	0.0	0.0
1401	12137	11440	33	320	45.1	0.3	2.8	94.3
155	1800	40	127	251	30.0	6.3	12.5	2.2

续 7

企业名称	平均人数（人）	建筑业总产值（万元）	竣工面积（平方米）	建筑业增加值（万元）	按总产值计算的劳动生产率（元/人）	按增加值计算的劳动生产率（元/人）
黄骅市渤海建筑工程有限公司	1260	4800	60000	1746	38095	13856
唐山钢铁集团有限责任公司建筑安装公司	3609	17000	51253	4471	47104	12388
邯郸钢铁集团有限公司建筑安装工程处	800	7327	0	1536	91584	19198
河北省廊坊市交通局第二工程队	227	5500	0	1493	242291	65758
藁城市建筑公司	1500	5500	98400	925	36667	6165
秦皇岛市海港区第一建筑工程公司	1559	7786	105198	2498	49945	16024
定州市城建九公司	1650	4800	37000	1034	29091	6267
山西省						
山西省工业设备安装公司	3409	29310	0	6860	85978	20124
中国第十三冶金建设公司	20240	154181	94722	50864	76176	25130
山西省第五建筑工程公司	4742	18634	166015	5170	39296	10903
山西省机械施工公司	1929	8288	0	3006	42966	15584
山西省第六建筑工程公司	3059	11932	87935	2136	39006	6984
山西省第二建筑工程公司	3536	14215	120016	3368	40201	9525
山西省第四建筑工程公司	7099	42018	223548	10805	59189	15220
太原市第一建筑工程公司	5013	14276	57690	5391	28478	10755
太原市安装工程公司	1104	3563	0	1610	32274	14588
太原市第三建筑工程公司	4092	6928	89607	729	16930	1782
太原市市政工程公司	1363	21509	0	6027	157807	44221
太原市第二建筑工程公司	1898	4208	62623	513	22171	2701
山西省水利建筑工程局	3272	8968	0	5005	27408	15296
山西省公路局第一工程公司	4321	31642	0	4654	73229	10771
山西省太原太原钢铁(集团)建设有限公司	3585	18435	32805	10058	51422	28055
大同市建筑安装工程公司	2084	4541	12856	2052	21790	9848
山西省阳泉市建筑安装业总会	6636	15114	159868	5874	22775	8852
山西省第三建筑工程公司	4963	11797	291615	1849	23770	3725
忻州地区建筑工程总公司	1712	4511	65750	1093	26348	6383
定襄县建筑安装工程总公司	1710	3740	30808	1120	21871	6547
晋中建筑总公司	2074	9172	92923	2401	44226	11577
山西省治金建设公司	2577	3077	18107	1349	11940	5234
山西省公路局第二工程公司	2385	17791	0	1919	74595	8048
山西省第一建筑工程公司	4044	23062	177202	6044	57028	14947
山西省运城地区建筑工程总公司	1594	8507	121653	2785	53368	17469

资本金合计(万元)	资产总计(万元)	负债合计(万元)	利润总额(万元)	利税总额(万元)	工程质量优良品率(%)	产值利润率(%)	产值利税率(%)	资产负债率(%)
2100	2300	650	114	403	52.6	2.4	8.4	28.3
4651	40107	37789	606	987	35.3	3.6	5.8	94.2
2613	10630	8017	201	230	0.0	2.7	3.1	75.4
2582	10217	7743	252	457	100.0	4.6	8.3	75.8
9959	1972	943	167	343	72.7	3.0	6.2	47.8
775	9753	8027	118	353	89.3	1.5	4.5	82.3
1588	2190	1040	36	199	0.0	0.8	4.1	47.5
2602	26480	22699	109	937	55.1	0.4	3.2	85.7
15119	172249	132340	10	4749	83.7	0.0	3.1	76.8
2194	27082	24533	−1827	−1244	40.0	−9.8	−6.7	90.6
3397	15627	9772	53	308	87.5	0.6	3.7	62.5
1157	15367	15134	−196	198	11.8	−1.6	1.7	98.5
2858	25022	21856	−2021	−1551	40.0	−14.2	−10.9	87.3
3477	44240	40759	729	2048	43.2	1.7	4.9	92.1
2403	24810	17709	18	470	36.4	0.1	3.3	71.4
1367	5787	2999	6	142	25.8	0.2	4.0	51.8
935	7269	6495	2	230	37.5	0.0	3.3	89.4
2215	25437	18690	1717	2424	33.3	8.0	11.3	73.5
2587	4648	5337	−266	−252	0.0	−6.3	−6.0	114.8
7017	17753	12896	231	461	62.1	2.6	5.1	72.6
11300	66780	59588	1828	1925	0.0	5.8	6.1	89.2
10201	22096	15416	162	862	84.2	0.9	4.7	69.8
1223	8145	7569	−63	114	2.7	−1.4	2.5	92.9
3383	34302	26078	−90	511	8.8	−0.6	3.4	76.0
1571	27612	25664	−825	−437	40.0	−7.0	−3.7	92.9
834	14109	11782	−192	−5	35.7	−4.3	−0.1	83.5
290	1690	1273	−10	102	46.2	−0.3	2.7	75.3
1034	11368	9917	−203	166	17.0	−2.2	1.8	87.2
1286	10476	12815	−996	−872	0.0	−32.4	−28.3	122.3
1400	8939	7755	−498	−385	66.7	−2.8	−2.2	86.8
4069	21178	18132	0	667	24.7	0.0	2.9	85.6
927	10189	7096	109	388	42.5	1.3	4.6	69.6

续 8

企业名称	平均人数（人）	建筑业总产值（万元）	竣工面积（平方米）	建筑业增加值（万元）	按总产值计算的劳动生产率（元/人）	按增加值计算的劳动生产率（元/人）
内蒙古自治区						
内蒙古第二电力建设工程公司	3975	20394	87663	2468	51306	6209
内蒙古自治区送变电工程公司	2611	20036	0	7343	76737	28123
内蒙古自治区黄河工程局	2058	6323	3731	3000	30724	14580
内蒙古公路工程局	1295	12747	0	4035	98432	31161
呼和浩特市市政工程总公司	1262	2509	0	1399	19885	11090
内蒙古自治区第三建筑工程公司	3769	13164	122228	3811	34927	10110
内蒙古自治区第一建筑工程公司	7496	22492	205674	3887	30006	5186
呼和浩特市建筑工程公司	4231	13440	47316	2131	31765	5036
内蒙古第二建筑安装工程有限责任公司	750	1619	0	1008	21584	13445
内蒙古自治区第一电力建设工程公司	2470	13000	0	5228	52632	21167
包头市第一建筑工程公司	2402	6564	88340	2922	27326	12164
内蒙古自治区安装工程公司	2667	4998	13295	2042	18741	7657
内蒙古第三电力建设工程公司	5132	21698	181348	8595	42280	16748
包钢第五建筑安装工程公司	1805	5526	0	1899	30613	10523
包头钢铁公司建筑安装工程公司	8418	30950	36648	13831	36766	16430
包头市市政工程公司	1650	9034	19219	2492	54754	15102
包头市兴业股份有限公司	787	3315	49341	1581	42122	20095
包头市世龙股份有限公司	1562	2122	44293	653	13587	4184
包头北方建筑集团公司	930	2105	40930	490	22634	5274
包头供用电实业总公司(补办)	979	5078	0	2444	51869	24961
内蒙二机厂建筑安装工程公司	1560	4088	107926	1007	26204	6455
包钢民用建筑工程部	1387	8312	155027	2665	59929	19214
包头钢铁公司修建部	2020	8719	0	3450	43163	17080
包钢冶金炉修理厂	888	15564	0	3266	175275	36776
内蒙古第四建筑工程公司	1369	4474	27934	1281	32681	9358
内蒙古乌达矿务局建筑安装总公司	1522	3814	38908	1183	25059	7775
内蒙古自治区辽河工程局	1407	3687	21470	1595	26208	11340
赤峰第一建筑工程公司	2387	6827	86132	4241	28601	17768
赤峰宝昌建筑工程有限公司	2260	4852	67095	1920	21469	8497
翁牛特旗紫城建筑公司	1762	5410	42600	2193	30704	12446
翁牛特旗宏远建筑公司	1476	3100	45000	1029	21003	6973
赤峰市平庄建筑工程(集团)有限公司	2385	3880	82229	1630	16270	6835
松山区建筑集团公司	2600	8120	74154	2207	31231	8488
呼伦贝尔盟第一建筑工程公司	1452	1790	8669	642	12326	4424

资本金合计(万元)	资产总计(万元)	负债合计(万元)	利润总额(万元)	利税总额(万元)	工程质量优良品率(%)	产值利润率(%)	产值利税率(%)	资产负债率(%)
6280	43207	39971	0	770	0.0	0.0	3.8	92.5
2532	29425	23227	50	818	100.0	0.2	4.1	78.9
4029	8690	5961	38	277	81.3	0.6	4.4	68.6
3022	13783	9171	97	299	0.0	0.8	2.3	66.5
2884	9860	5648	51	214	17.9	2.0	8.5	57.3
6966	22424	16648	−85	407	35.1	−0.6	3.1	74.2
3591	33712	26397	−792	178	46.8	−3.5	0.8	78.3
2500	30766	24289	439	1042	22.2	3.3	7.8	78.9
474	5180	3727	−167	−85	11.1	−10.3	−5.3	71.9
4200	17554	11699	1	511	100.0	0.0	3.9	66.6
2755	15937	12098	0	330	13.6	0.0	5.0	75.9
1075	14228	12211	−619	−351	12.0	−12.4	−7.0	85.8
4139	22954	18644	8	510	61.0	0.0	2.4	81.2
1511	9438	7884	32	222	0.0	0.6	4.0	83.5
3494	37561	31763	205	1311	40.0	0.7	4.2	84.6
1821	14827	9615	309	691	52.4	3.4	7.6	64.8
2971	10685	9049	253	317	36.4	7.6	9.6	84.7
1661	3731	2006	9	80	11.8	0.4	3.8	53.8
1518	2602	1079	4	74	12.5	0.2	3.5	41.5
1624	6762	4897	8	191	2.6	0.2	3.8	72.4
230	2950	1843	−132	40	3.3	−3.2	1.0	62.5
1049	13913	12912	58	318	24.3	0.7	3.8	92.8
3312	3799	272	8	55	100.0	0.1	0.6	7.2
1650	6766	5116	1130	1144	100.0	7.3	7.3	75.6
1353	8875	9875	−345	−190	31.3	−7.7	−4.2	111.3
1817	6355	4213	26	146	8.1	0.7	3.8	66.3
1321	5016	3638	−2	87	74.3	−0.1	2.4	72.5
3086	25267	21178	−558	−26	63.3	−8.2	−0.4	83.8
1917	6092	4433	4	166	78.9	0.1	3.4	72.8
1580	3785	2158	137	319	28.6	2.5	5.9	57.0
1650	2159	509	0	102	100.0	0.0	3.3	23.6
2703	5735	2989	25	135	39.1	0.7	3.5	52.1
1503	2932	1354	0	324	90.9	0.0	4.0	46.2
704	4085	3944	−17	7	44.4	−1.0	0.4	96.5

续 9

企业名称	平均人数（人）	建筑业总产值（万元）	竣工面积（平方米）	建筑业增加值（万元）	按总产值计算的劳动生产率（元/人）	按增加值计算的劳动生产率（元/人）
大雁矿务局建筑安装工程公司	2528	9336	48853	4380	36930	17326
鄂温克族自治旗大雁矿务局矿建工程处	1953	8689	0	4797	44493	24562
呼伦贝尔盟公路工程局	450	5000	0	4155	111111	92329
哲里木盟第一建筑安装工程总公司	2700	6036	65159	1607	22356	5952
哲盟交通工程局	600	2055	0	1005	34248	16753
内蒙古大兴安岭林业建筑工程局	4617	9697	16853	4940	21003	10701
辽宁省						
辽宁省路桥二公司	1465	22389	0	4525	152826	30889
辽宁省路桥建设三公司	1090	12227	0	2587	112171	23731
辽宁省交通工程集团	257	3077	0	1173	119743	45634
辽宁省路桥建设一公司	1238	15553	0	3074	125633	24831
沈阳市第一建筑工程公司	2582	10089	97760	−368	39075	−1424
沈阳市第二建筑工程公司	6330	31428	129867	2661	49649	4203
沈阳市第一住宅建筑公司	1595	8134	91701	2383	50999	14938
辽宁省建筑工程机械施工公司	1012	7008	0	1720	69253	16996
沈阳市市政建设工程公司	7485	34805	0	9991	46499	13348
辽宁省工业安装工程公司	3488	15308	0	6598	43888	18917
沈阳市自来水工程公司	1025	12545	138	2043	122390	19931
沈阳市煤气工程公司	1967	5292	0	3452	26902	17551
沈阳高等级公路建设总公司	2229	35585	0	8468	159644	37988
沈阳市和平区房产建筑公司	1540	7065	88829	2130	45877	13832
沈阳市第二市政建设工程公司	1966	17750	0	3729	90286	18965
沈阳市工业安装工程公司	3248	32163	0	5908	99025	18189
沈阳化工建设工程总公司	1315	6187	7390	1234	47052	9383
沈阳市第二住宅建筑公司	3250	11816	194507	3750	36358	11538
沈阳市第四建筑工程(集团)公司	9003	45121	340939	11618	50118	12905
沈阳市第三建筑工程公司	5862	28060	102209	3579	47868	6106
沈阳市第八建筑工程公司	812	3670	18456	594	45200	7315
辽宁省第二建筑工程公司	4892	22269	240613	6917	45522	14140
东北建筑安装工程总公司	840	6015	14157	1547	71607	18418
沈阳市远大铝业建筑有限公司	387	20034	0	4805	517674	124173
大连瓦房店市岗店建筑工程公司	485	2818	46049	839	58103	17305
大连经济技术开发区大孤山建筑公司	818	2938	14227	905	35917	11067
大连开建集团市政工程公司	672	6637	0	4379	98765	65168
大连港港湾工程公司	774	7688	12209	1219	99328	15753

资本金合计(万元)	资产总计(万元)	负债合计(万元)	利润总额(万元)	利税总额(万元)	工程质量优良品率(%)	产值利润率(%)	产值利税率(%)	资产负债率(%)
1081	3779	2643	10	323	14.5	0.1	3.5	69.9
2060	4012	1558	92	367	100.0	1.1	4.2	38.8
20	2111	1326	3	3601	100.0	0.1	72.0	62.8
2471	8820	6429	−988	−776	23.1	−16.4	−12.9	72.9
2476	3834	1358	121	126	100.0	5.9	6.1	35.4
6188	23249	18692	0	243	46.7	0.0	2.5	80.4
3510	21439	11941	421	988	100.0	1.9	4.4	55.7
1415	15997	10808	132	665	100.0	1.1	5.4	67.6
338	3312	1722	98	207	100.0	3.2	6.7	52.0
1058	12927	9192	147	700	100.0	0.9	4.5	71.1
1337	12426	30636	−7537	−7422	21.4	−74.7	−73.6	246.6
2145	26100	41788	−5080	−4210	14.0	−16.2	−13.4	160.1
3476	17379	17918	−782	−549	35.3	−9.6	−6.7	103.1
2103	8422	4990	104	264	0.0	1.5	3.8	59.2
3045	40851	32218	5	1245	30.0	0.0	3.6	78.9
2799	31104	23289	153	695	69.2	1.0	4.5	74.9
1637	6312	3510	288	635	0.0	2.3	5.1	55.6
2142	17969	14584	73	156	27.0	1.4	3.0	81.2
3074	46550	36939	468	1842	100.0	1.3	5.2	79.4
1512	9902	8487	9	167	47.1	0.1	2.4	85.7
1653	18782	14974	3	610	0.0	0.0	3.4	79.7
4487	30041	22255	−240	741	75.0	−0.7	2.3	74.1
3500	9389	5221	0	212	9.1	0.0	3.4	55.6
2097	17335	18003	−655	−235	20.0	−5.5	−2.0	103.8
5435	62243	50854	−2740	−1493	26.2	−6.1	−3.3	81.7
4110	29572	47302	−4422	−3910	29.0	−15.8	−13.9	160.0
1220	13789	14169	−3191	−3161	28.6	−86.9	−86.1	102.8
5052	60025	38555	0	815	23.8	0.0	3.7	64.2
1462	1897	392	340	485	50.0	5.7	8.1	20.7
2172	12695	8083	1616	2305	100.0	8.1	11.5	63.7
1511	3382	1776	17	99	91.7	0.6	3.5	52.5
3037	10111	6607	47	138	12.5	1.6	4.7	65.3
4050	10923	3050	2402	2694	0.0	36.2	40.6	27.9
2421	5392	2641	145	189	100.0	1.9	2.5	49.0

续 10

企业名称	平均人数（人）	建筑业总产值（万元）	竣工面积（平方米）	建筑业增加值（万元）	按总产值计算的劳动生产率（元/人）	按增加值计算的劳动生产率（元/人）
大连机电安装公司	1355	10037	0	3508	74071	25892
大连农垦建筑工程公司	1520	5365	33200	1036	35296	6816
大连市政工程总公司	1219	4910	0	1377	40277	11293
大连第一建筑工程公司	6885	43973	155846	9801	63868	14236
大连住宅建筑工程公司	2861	7288	67768	-4598	25474	-16071
大连市政设施管修处	2512	10987	0	3715	43739	14788
大连第二建筑工程公司	5316	26294	199053	7213	49461	13568
大连第五建筑工程公司	1913	16060	47042	2974	83949	15546
大连建筑设计装饰工程公司	523	32990	1045	63075	19979	671
大连第四建筑工程公司	3143	12149	45344	6026	38653	19172
大连石油化工公司工程公司	1842	6737	0	5068	36577	27516
大连市大连湾建筑工程总公司	1038	6086	17685	1919	58632	18487
大连华南建筑工程公司	1528	4110	79176	1881	26898	12309
大连化学工业公司建筑安装工程公司	981	4108	13122	2450	41876	24971
大连第三建筑工程公司	2894	12380	79841	6539	42778	22594
大连公路工程公司	338	3911	0	1249	115707	36944
大连石油化工公司建筑安装工程公司	1423	5018	0	3952	35264	27770
大连旅顺海建工程处	1128	2440	9955	711	21629	6304
大连市旅顺经济开发区建筑安装工程总公司	2458	12267	41125	4514	49906	18365
大连市金州区阿尔滨建筑工程公司	1370	8593	114033	4758	62723	34731
大连金华建筑安装工程总公司	2000	10008	74969	2554	50040	12770
大连市金州区第一建筑工程公司	5180	28537	177832	9833	55091	18983
大连市金州区第二建筑工程公司	1800	8620	57498	2941	47889	16341
大连市金州区第三建筑工程公司	2040	8590	75995	3632	42108	17804
大连市金州区建筑工程总公司	486	1991	16302	631	40967	12979
大连市金州区建筑安装工程公司	1260	2845	51065	772	22579	6127
大连市金州区育才建筑工程公司	1210	4260	23325	994	35207	8217
大连皮口建筑工程公司	648	3328	45728	479	51358	7400
大连庄河市建筑安装工程公司	1556	6191	30538	2129	39788	13683
大连瓦房店水利建筑工程公司	571	2816	8870	853	49317	14933
大连渤海建筑工程总公司	3954	10386	145023	6864	26267	17359
大连瓦房店市第一建筑工程公司	1187	2857	37437	2036	24069	17150
辽宁建设集团第二工业安装公司	548	4083	4500	1060	74511	19349
大连三川建筑股份有限公司	1135	6020	45755	1746	53040	15387
东北金城建筑安装工程总公司大连水陆工程局	907	7738	15058	2466	85310	27191
大连八一建筑工程总队	800	4379	0	1431	54738	17888
大连华南第二建筑工程公司	464	2015	10616	327	43427	7043

资本金合计(万元)	资产总计(万元)	负债合计(万元)	利润总额(万元)	利税总额(万元)	工程质量优良品率(%)	产值利润率(%)	产值利税率(%)	资产负债率(%)
3245	11603	6135	60	403	70.0	0.6	4.0	52.9
1525	2016	417	16	189	0.0	0.3	3.5	20.7
1369	18391	12883	8	219	60.0	0.2	4.5	70.0
3134	55309	47352	185	1136	41.7	0.4	2.6	85.6
2193	13492	17206	−7487	−7218	25.0	−102.7	−99.0	127.5
2431	21878	15108	26	259	57.5	0.2	2.4	69.1
3353	39188	28507	170	1028	55.0	0.6	3.9	72.7
1519	24734	20680	32	480	62.5	0.2	3.0	83.6
3939	2819	1	132	77.8	0.0	4.0	71.6	
3360	26520	21231	21	436	31.8	0.2	3.6	80.1
3555	13353	9897	11	239	0.0	0.2	3.6	74.1
1599	3808	2081	172	312	0.0	2.8	5.1	54.6
2007	10057	7967	182	314	78.3	4.4	7.6	79.2
762	4612	3407	96	300	0.0	2.3	7.3	73.9
1778	26681	21027	108	469	23.5	0.9	3.8	78.8
2192	8080	2815	26	172	0.0	0.7	4.4	34.8
1803	11290	6265	114	280	0.0	2.3	5.6	55.5
1018	2888	716	253	277	60.0	10.4	11.3	24.8
3177	27656	24479	1389	1732	63.6	11.3	14.1	88.5
2272	9504	4214	722	1088	88.0	8.4	12.7	44.3
3138	6273	2273	132	185	100.0	1.3	1.8	36.2
4242	25920	9303	1663	2580	0.0	5.8	9.0	35.9
4023	5656	859	521	866	37.5	6.0	10.0	15.2
5640	9883	4082	798	1142	0.0	9.3	13.3	41.3
1535	2760	1097	24	111	11.1	1.2	5.6	39.8
1650	2740	1320	81	176	66.7	2.8	6.2	48.2
1550	4775	3037	125	177	71.4	2.9	4.2	63.6
1580	2156	474	121	279	66.7	3.6	8.4	22.0
3018	3341	629	319	480	100.0	5.2	7.8	18.8
1529	8898	7385	48	145	90.0	1.7	5.2	83.0
3200	48718	37275	758	1080	34.6	7.3	10.4	76.5
2457	4333	1479	37	1037	100.0	1.3	36.3	34.1
1000	3411	1143	37	177	54.5	0.9	4.3	33.5
3631	13048	7884	3	158	100.0	0.0	2.6	60.4
1500	8656	7165	43	355	37.5	0.6	4.6	82.8
1771	5299	3239	178	280	100.0	4.1	6.4	61.1
2000	12941	12292	−318	−253	100.0	−15.8	−12.5	95.0

续 11

企业名称	平均人数（人）	建筑业总产值（万元）	竣工面积（平方米）	建筑业增加值（万元）	按总产值计算的劳动生产率（元/人）	按增加值计算的劳动生产率（元/人）
大连渤海顺达建筑工程公司	1047	6071	59316	2824	57985	26973
大连冰山集团制冷空调安装公司	739	4297	0	826	58147	11180
大连市金州区金鑫建筑装修工程公司	890	4203	61100	809	47225	9087
大连电力安装公司	1459	9238	0	3549	63317	24323
大连亿达建筑总公司	1970	8671	32125	2718	44014	13795
大连化工公司机电安装公司	947	4427	0	1701	46748	17959
大连金亮建筑工程有限公司	432	4313	5321	783	99838	18137
大连龙亿市政工程有限公司	380	3744	0	636	98521	16747
大连瓦房店市国际工程公司	820	4164	11936	1084	50780	13224
大连市金州区第四建筑工程总公司	2100	4230	4000	1427	20143	6798
大连庄河市建筑工程总公司	943	3395	17250	394	36002	4178
大连庄河市明阳建筑工程公司	1043	3146	77250	1631	30163	15638
大连庄河市第三建筑工程公司	550	2010	44719	646	36545	11744
鞍山市第一建筑工程公司	822	3150	97157	721	38319	8774
鞍山市第二建筑工程公司	1317	1874	18539	451	14231	3427
鞍山市市政工程公司	1301	6505	0	1997	50004	15354
鞍山市机电安装公司	880	1187	4287	457	13485	5192
鞍山市市政设施维修总公司	818	3208	0	380	39215	4649
鞍山市住宅建设总公司	1100	5419	89443	1266	49268	11513
鞍钢附属企业公司烧结安装公司	1538	2349	0	2111	15273	13726
鞍钢附属企业公司修建工程公司	1481	4733	0	1560	31958	10533
鞍山钢铁公司第二建设公司	910	2189	3100	800	24055	8796
鞍山市供电工程总公司	798	4375	0	2166	54825	27139
鞍山钢铁集团公司计控技术工程公司	536	4896	0	4740	91341	88442
鞍山钢铁集团公司修建公司	7773	43128	0	15453	55485	19880
鞍山钢铁公司房产公司	8220	33366	262969	15375	40591	18704
鞍山钢铁集团公司建设公司	9701	48791	51350	24788	50295	25552
鞍钢矿山建设公司	3202	17399	8040	5991	54338	18710
鞍山市第五建筑工程公司	800	3495	5000	1092	43688	13650
鞍山市第九建筑公司	3000	13017	105516	4387	43390	14622
鞍山市第八建筑工程公司	2480	12021	25673	4496	48472	18129
海城市大屯镇建筑工程公司	526	1826	15000	453	34715	8614
海城市第三建筑工程公司	2005	6010	10138	1506	29975	7510
抚顺市市政设施管理处	1125	3320	0	1995	29509	17736
抚顺辽电建筑安装公司	1013	5925	7914	2888	58495	28507
抚顺市第一建筑工程公司	3000	16374	134779	5502	54581	18340
抚顺市第二建筑工程公司	2560	10060	82244	2461	39297	9615

资本金合计(万元)	资产总计(万元)	负债合计(万元)	利润总额(万元)	利税总额(万元)	工程质量优良品率(%)	产值利润率(%)	产值利税率(%)	资产负债率(%)
1522	13395	10547	299	559	53.8	4.9	9.2	78.7
1500	2302	1500	18	37	0.0	0.4	0.9	65.2
151	1555	53	25	54	85.0	0.6	1.3	3.4
2309	19587	15602	249	485	0.0	2.7	5.3	79.7
3333	11530	6672	29	300	100.0	0.3	3.5	57.9
1805	4836	3148	22	109	2.1	0.5	2.5	65.1
2059	6777	4681	8	132	100.0	0.2	3.1	69.1
1245	4808	3386	53	72	0.0	1.4	1.9	70.4
1623	2031	304	8	44	0.0	0.2	1.0	15.0
1572	2469	682	140	220	100.0	3.3	5.2	27.6
1280	2173	1753	−456	−399	8.3	−13.4	−11.8	80.7
1602	3042	1385	220	272	50.0	7.0	8.6	45.5
2020	2513	493	96	156	85.7	4.8	7.8	19.6
1750	10127	9218	−897	−808	9.1	−28.5	−25.7	91.0
172	7379	6500	−988	−918	28.6	−52.7	−49.0	88.1
951	5941	3632	20	179	40.0	0.3	2.7	61.1
1500	4842	4342	−513	−472	0.0	−43.2	−39.7	89.7
569	3508	1877	126	227	0.0	3.9	7.1	53.5
605	6563	6382	−490	−246	0.0	−9.0	−4.5	97.2
1833	7669	5382	−86	−25	0.0	−3.7	−1.1	70.2
881	4067	3174	31	140	0.0	0.7	3.0	78.0
132	5311	5354	−300	−199	0.0	−13.7	−9.1	100.8
1500	7017	5541	−56	87	100.0	−1.3	2.0	79.0
7188	6240	5276	0	9	0.0	0.0	0.2	84.5
14462	39067	18674	114	159	0.0	0.3	0.4	47.8
12184	29823	17429	1238	2587	23.4	3.7	7.8	58.4
40737	120940	76158	1218	2706	96.4	2.5	5.5	63.0
8895	18692	9935	517	925	85.7	3.0	5.3	53.2
1520	6455	4897	18	125	25.0	0.5	3.6	75.9
6968	11672	4344	1152	1559	0.0	8.9	12.0	37.2
3900	13098	8506	996	1396	66.7	8.3	11.6	64.9
1758	2443	670	52	115	50.0	2.8	6.3	27.4
1514	4602	3005	82	281	33.3	1.4	4.7	65.3
4761	9022	4189	10	121	0.0	0.3	3.6	46.4
3054	7698	2109	106	352	6.8	1.8	5.9	27.4
3079	24682	24088	481	1048	47.5	2.9	6.4	97.6
2346	23436	20197	−330	14	50.0	−3.3	0.1	86.2

续 12

企　业　名　称	平均人数(人)	建筑业总产值(万元)	竣工面积(平方米)	建筑业增加值(万元)	按总产值计算的劳动生产率(元/人)	按增加值计算的劳动生产率(元/人)
抚顺市第三建筑工程公司	2084	8368	58891	2180	40155	10462
抚顺电力建筑安装工程公司	1104	5211	0	1459	47203	13216
抚顺市石化建筑安装工程公司	1470	1928	3222	370	13116	2520
抚顺电力安装公司	1512	5005	0	2322	33102	15359
抚顺市市政建设公司	2455	6921	0	2933	28192	11947
抚顺铝厂建筑安装公司	1605	4730	40392	1815	29473	11309
抚顺矿务局老虎台建筑工程公司	2043	3268	40158	1592	15999	7794
抚顺远大建筑安装工程有限责任公司	2242	12775	12829	4886	56982	21791
抚顺市公路工程处	820	10365	0	2522	126398	30757
本溪钢铁公司矿山建设公司	3802	25375	25956	9668	66741	25429
本溪钢铁公司第三建筑工程公司	1928	7949	0	−4064	41229	−21081
本钢第二建筑工程公司	2142	13024	4787	4602	60803	21485
本溪钢铁公司修建工程公司	3450	7362	21513	1892	21340	5485
本溪钢铁公司本钢机电安装工程公司	1200	8512	0	3745	70933	31210
本溪钢铁公司第一建筑工程公司	1974	10356	39885	3945	52464	19983
本溪市光明建筑安装工程有限公司	1145	12121	72876	2898	105860	25314
本溪市公路工程建设集团	1524	12859	0	4782	84375	31377
本溪市华厦建筑工程有限责任公司	690	3430	51515	756	49716	10961
本溪市工业建筑工程有限责任公司	1440	3455	61623	571	23995	3967
本溪市公共建筑工程有限责任公司	580	2268	27955	687	39107	11838
本溪市明山区第一建筑安装工程公司	732	3600	12636	704	49180	9617
本溪满族自治县小市镇建筑安装工程公司	824	3265	35026	776	39624	9417
本溪市民用建筑有限责任公司	2738	4202	32345	920	15348	3359
丹东市第二建筑工程公司	1358	2606	16370	−92	19190	−675
丹东市第一建筑工程公司	2087	2842	45337	1144	13618	5482
丹东电力建设总公司	1183	8512	8040	1858	71953	15702
丹东市房屋建设总公司	1876	2856	46680	186	15224	990
丹东市市政建设总公司	1425	3295	583	963	23122	6757
锦州市房屋建筑工程公司	848	2002	49021	543	23608	6406
锦州市建筑安装公司	2379	10292	121857	3402	43262	14298
锦州道桥工程总公司	3443	22535	0	6858	65452	19920
锦州市第一建筑公程公司	2542	8650	76884	2330	34027	9168
黑山县建筑安装工程总公司	1245	3807	69223	862	30578	6924
营口市第一建筑工程公司	1768	4513	98451	2081	25524	11773
盖州市批一建筑工程公司	890	3126	60082	536	35124	6022
辽宁省阜新房产建设总公司	1718	5430	64076	1462	31607	8508
阜新市工业设备安装公司	1289	3401	0	1215	26389	9424

资本金合计（万元）	资产总计（万元）	负债合计（万元）	利润总额（万元）	利税总额（万元）	工程质量优良品率（%）	产值利润率（%）	产值利税率（%）	资产负债率（%）
3072	9705	10247	−271	24	55.0	−3.2	0.3	105.6
2074	5338	2895	15	96	0.0	0.3	1.8	54.2
975	6676	5688	−136	−76	0.0	−7.1	−3.9	85.2
717	5752	3629	19	195	0.0	0.4	3.9	63.1
3339	17638	7923	3	210	50.0	0.0	3.0	44.9
1505	3407	1702	20	175	70.6	0.4	3.7	49.9
370	8485	4207	30	143	72.7	0.9	4.4	49.6
1287	7670	5072	245	539	0.0	1.9	4.2	66.1
3710	5647	1785	34	379	100.0	0.3	3.7	31.6
4320	19581	15261	192	931	85.7	0.8	3.7	77.9
3983	10758	6775	−8801	−8297	100.0	−110.7	−104.4	63.0
2943	10698	7755	309	578	100.0	2.4	4.4	72.5
4700	20868	16841	−3615	−3426	100.0	−49.1	−46.5	80.7
3290	10581	7290	322	596	87.5	3.8	7.0	68.9
3515	11232	8941	316	641	83.3	3.1	6.2	79.6
1552	8539	6205	668	1070	27.8	5.5	8.8	72.7
4179	11919	6053	598	1182	53.8	4.7	9.2	50.8
1550	5654	3914	66	160	50.0	1.9	4.7	69.2
2598	7232	4577	89	203	50.0	2.6	5.9	63.3
2456	9292	6784	77	152	30.0	3.4	6.7	73.0
1693	5102	3486	36	170	75.0	1.0	4.7	68.3
230	2107	511	−4	42	100.0	−0.1	1.3	24.3
3723	10107	6307	126	249	100.0	3.0	5.9	62.4
1793	6858	6138	−348	−260	75.0	−13.3	−10.0	89.5
3021	13227	10360	−866	−767	42.9	−30.5	−27.0	78.3
2035	9194	7166	34	254	100.0	0.4	3.0	77.9
1418	8937	8054	−423	−333	62.5	−14.8	−11.7	90.1
3188	6455	3490	−383	−357	38.5	−11.6	−10.8	54.1
1500	2840	1327	−40	13	78.6	−2.0	0.6	46.7
1605	13344	10971	13	353	65.0	0.1	3.4	82.2
5273	23371	21931	685	1059	78.5	3.0	4.7	93.8
1876	17243	13437	14	232	28.6	0.2	2.7	77.9
2050	2264	260	3	123	7.7	0.1	3.2	11.5
3177	13815	8882	−692	−490	26.7	−15.3	−10.9	64.3
1513	2591	1006	21	128	33.3	0.7	4.1	38.8
628	11131	10150	5	201	43.5	0.1	3.7	91.2
1173	5278	3303	0	89	50.0	0.0	2.6	62.6

续 13

企业名称	平均人数（人）	建筑业总产值（万元）	竣工面积（平方米）	建筑业增加值（万元）	按总产值计算的劳动生产率（元/人）	按增加值计算的劳动生产率（元/人）
阜新市第二建筑工程公司	1591	3937	27207	1293	24744	8128
阜新电力安装公司	579	4696	0	1230	81107	21237
阜新市第一建筑工程公司	2166	6154	58461	1747	28414	8066
阜新矿务局海州矿山机电安装总公司	596	2300	0	863	38591	14480
辽宁省第三建筑工程公司	2702	4019	18894	1393	14873	5154
辽宁省水利水电工程局	3032	33000	10901	8516	108839	28087
辽阳市第二建筑工程公司	1029	2174	30987	398	21127	3868
辽阳市第一建筑工程公司	1866	4423	55486	1673	23703	8968
辽阳市纺织建筑工程公司	406	1002	12819	400	24680	9860
辽阳石化建筑安装工程公司	1831	11927	19820	4685	65138	25587
辽宁省建设集团第六工业安装工程公司	548	4002	0	1253	73022	22870
东电管理局辽阳市第四工程公司第一分公司	619	3300	0	1978	53312	31963
辽阳市市政工程公司	1071	3219	0	1344	30054	12552
盘锦市第一建筑工程公司	1463	4380	71975	856	29938	5854
辽宁省石油化工建设公司	1099	1800	5000	188	16379	1713
盘锦市建筑公司	889	2446	29742	114	27514	1287
盘锦辽河化工集团有限责任公司建筑安装公司	600	3810	46000	605	63500	10090
大洼县建筑开发总公司	2540	7070	48373	601	27835	2365
铁岭市住宅建筑第一工程公司	700	2701	38843	848	38589	12120
铁岭市第一建筑工程公司	1025	3355	48123	946	32737	9227
清河电力建筑安装工程公司	862	7119	20574	1719	82588	19937
朝阳市第一建筑工程公司	3469	11022	58713	4938	31771	14233
朝阳市第三建筑工程公司	2660	6125	40551	2331	23026	8763
辽宁省朝阳二建总公司	1995	12760	43806	3203	63960	16055
朝阳电力安装总公司	1251	4339	6021	1000	34687	7991
朝阳市市政工程管理处	378	1790	0	902	47354	23876
朝阳市公路工程集团公司	194	4290	0	542	221139	27923
葫芦岛锌厂工程总公司	1268	6000	48000	3394	47319	26767
绥中县第四建筑工程公司	2156	5848	101667	1682	27124	7801
葫芦岛市建筑安装工程公司	4590	14280	150018	2204	31111	4802
锦西化工总厂工程公司	974	3475	990	1332	35678	13676
辽宁省工业安装工程公司第四分公司	509	2242	0	347	44047	6825
辽宁省第一建筑工程公司	2532	10426	76937	2614	41177	10325
吉林省						
吉林省水利水电工程局	2677	14893	0	5560	55633	20770

资本金合计(万元)	资产总计(万元)	负债合计(万元)	利润总额(万元)	利税总额(万元)	工程质量优良品率(%)	产值利润率(%)	产值利税率(%)	资产负债率(%)
427	7393	6376	2	138	83.3	0.0	3.5	86.2
1685	3499	1512	51	176	0.0	1.1	3.7	43.2
43	8662	8237	21	238	46.2	0.3	3.9	95.1
529	1335	721	4	29	0.0	0.2	1.3	54.0
1467	9245	8980	−717	−602	25.0	−17.8	−15.0	97.1
8478	33728	31185	−249	735	100.0	−0.8	2.2	92.5
505	7250	6193	−187	−114	0.0	−8.6	−5.2	85.4
1168	13012	8311	0	189	18.4	0.0	4.3	63.9
1154	1557	271	3	40	0.0	0.3	4.0	17.4
2935	8856	5494	36	474	1.7	0.3	4.0	62.0
781	2622	1488	46	187	4.2	1.1	4.7	56.7
393	4991	4126	36	102	0.0	1.1	3.1	82.7
1293	10850	5182	333	407	33.9	10.4	12.7	47.8
1494	8307	6813	10	239	15.8	0.2	5.5	82.0
940	5443	2141	−198	−138	43.5	−11.0	−7.7	39.3
531	2473	2043	−14	76	33.3	−0.6	3.1	82.6
853	7132	6212	388	502	0.0	10.2	13.2	87.1
268	5403	4895	0	33	25.0	0.0	0.5	90.6
173	3291	1191	4	93	100.0	0.1	3.4	36.2
62	5370	3727	0	117	38.5	0.0	3.5	69.4
1330	4724	2937	52	254	94.9	0.7	3.6	62.2
7850	18990	10692	0	378	16.7	0.0	3.4	56.3
2791	11612	10602	−1890	−1718	42.1	−30.9	−28.0	91.3
3262	11764	7381	1	340	45.5	0.0	2.7	62.7
1517	6493	4775	−5	119	18.5	−0.1	2.8	73.5
633	2201	1003	93	118	0.0	5.2	6.6	45.6
1500	3200	3037	−458	−322	0.0	−10.7	−7.5	94.9
1578	13315	10278	37	322	0.0	0.6	5.4	77.2
1503	4172	2584	13	209	100.0	0.2	3.6	62.0
5090	17965	16081	72	280	36.1	0.5	2.0	89.5
1175	2369	1035	6	124	0.0	0.2	3.6	43.7
509	2407	2263	0	39	60.0	0.0	1.7	94.0
2581	16765	12374	−849	−470	15.0	−8.1	−4.5	73.8
5982	29147	18475	38	294	100.0	0.3	2.0	63.4

续 14

企业名称	平均人数(人)	建筑业总产值(万元)	竣工面积(平方米)	建筑业增加值(万元)	按总产值计算的劳动生产率(元/人)	按增加值计算的劳动生产率(元/人)
吉林省第二建筑公司	6068	21868	112058	10135	36038	16703
吉林省第一建筑公司	9255	46027	259985	16384	49732	17702
吉林省安装公司	3067	10699	0	4763	34884	15529
中国吉林森林工业(集团)总公司	4317	11883	71642	4249	27525	9843
长春星宇集团股份有限公司	4491	12940	114264	5691	28812	12673
长春建工集团总公司	8264	15956	212642	4716	19308	5706
长春市第四建筑安装工程公司	2270	6500	51362	465	28634	2048
吉林省公路工程局	5760	67973	0	13363	118008	23199
长春市市政工程公司	4005	18879	0	5704	47137	14242
吉林化学工业公司江北建筑安装公司	2100	16202	22781	4223	77151	20109
吉化集团公司建设公司	7281	79816	29468	29474	109622	40481
吉林市第四建筑工程公司	2514	6567	77076	1387	26120	5517
吉林市第三建筑工程公司	3573	4735	56061	1906	13252	5336
吉林市市政建设总公司	2848	8088	0	4270	28398	14992
吉林市安装公司	2301	3270	1100	1801	14211	7826
吉林市第一建筑工程公司	7670	14967	139394	7701	19514	10041
吉林市第二建筑工程公司	4005	6591	103529	2105	16458	5257
吉林冶金建设公司	2741	5886	37231	847	21474	3090
吉林化学公司华强建筑安装公司	3115	19134	382944	4988	61426	16012
吉林市公路工程处	610	2539	0	853	41621	13992
四平一建集团股份有限公司	2500	5068	37342	2371	20271	9486
四平第三建筑有限公司	2037	2158	15686	314	10594	1543
四平市道路桥梁工程处	489	5339	0	1075	109182	21975
辽源市建筑公司	2253	4622	59384	1624	20517	7209
通化市第二建筑公司	1080	5302	20388	2051	49090	18994
通化市第一建筑公司	3236	12188	91100	2944	37664	9098
通化钢铁集团有限责任公司建安公司	3080	12410	33970	4900	40291	15909
吉林油田安装公司	1273	20945	356788	3909	164529	30708
吉林油田建设公司	1588	5615	186876	1344	35360	8461
白城市第一建筑工程总公司	3550	3597	37896	1507	10132	4245
白城市公路工程处	1085	11125	0	2115	102535	19493
延边电力安装公司	1116	2432	0	1158	21789	10373
延边建筑总公司	3827	11850	161219	4718	30965	12327
吉林省林业工程公司	3198	9906	31828	2916	30974	9117
珲春市建筑工程股份合作公司	1334	2051	28964	910	15375	6821

资本金合计(万元)	资产总计(万元)	负债合计(万元)	利润总额(万元)	利税总额(万元)	工程质量优良品率(%)	产值利润率(%)	产值利税率(%)	资产负债率(%)
7339	51553	37300	3	748	41.2	0.0	3.4	72.4
6806	69675	54100	347	1833	35.7	0.8	4.0	77.6
3126	26494	20284	143	497	46.7	1.3	4.6	76.6
3985	8736	5706	58	368	12.5	0.5	3.1	65.3
3216	29212	23705	1310	1729	71.4	10.1	13.4	81.1
5856	52826	52938	−2381	−1784	30.4	−14.9	−11.2	100.2
1821	3317	1738	38	252	36.4	0.6	3.9	52.4
9035	46919	35238	0	1733	100.0	0.0	2.6	75.1
5992	35369	27788	128	754	44.9	0.7	4.0	78.6
1830	17162	14727	116	638	48.4	0.7	3.9	85.8
12081	102446	81209	2151	5224	96.8	2.7	6.5	79.3
1548	10781	11786	−937	−711	35.0	−14.3	−10.8	109.3
1375	15452	17148	−1683	−1493	0.0	−35.6	−31.5	111.0
2571	16915	10578	93	325	68.8	1.2	4.0	62.5
1609	7835	6535	−485	−362	0.0	−14.8	−11.1	83.4
7360	71015	47939	−3985	−3066	54.5	−26.6	−20.5	67.5
3086	30794	24272	−1486	−1298	21.4	−22.6	−19.7	78.8
4222	15259	17400	−4852	−4639	81.8	−82.4	−78.8	114.0
2932	12250	9989	204	779	80.0	1.1	4.1	81.5
2148	3409	2972	−54	−6	100.0	−2.1	−0.2	87.2
1278	22198	16713	930	1214	62.5	18.3	24.0	75.3
1657	9940	9509	−1226	−1173	0.0	−56.8	−54.4	95.7
1853	2614	761	0	215	100.0	0.0	4.0	29.1
834	7659	4272	−487	−328	12.1	−10.5	−7.1	55.8
1231	8373	6219	189	373	100.0	3.6	7.0	74.3
1487	20277	16458	118	497	35.7	1.0	4.1	81.2
3185	15924	11753	−592	−484	31.3	−4.8	−3.9	73.8
981	10056	9095	649	687	100.0	3.1	3.3	90.4
5197	13046	9701	176	198	85.2	3.1	3.5	74.4
1832	10866	7996	−941	−825	36.4	−26.2	−22.9	73.6
2000	7570	8633	51	123	100.0	0.5	1.1	114.0
633	6455	5369	−173	−105	16.7	−7.1	−4.3	83.2
882	22776	18757	11	381	14.2	0.1	3.2	82.4
2140	16591	15038	−1375	−1065	66.7	−13.9	−10.8	90.6
200	4974	4639	−64	−3	87.5	−3.1	−0.1	93.3

续 15

企 业 名 称	平均人数（人）	建筑业总产值（万元）	竣工面积（平方米）	建筑业增加值（万元）	按总产值计算的劳动生产率（元/人）	按增加值计算的劳动生产率（元/人）
黑龙江省						
黑龙江省机械施工公司	517	2044	0	−334	39536	−6455
黑龙江省安装工程公司	2997	18441	0	6724	61532	22435
黑龙江省新建建筑工程公司	3612	5855	31725	1533	16210	4244
黑龙江省公路桥梁建设总公司	13442	112816	0	20656	83928	15366
黑龙江省第一建筑工程公司	11498	32097	157986	15190	27915	13211
黑龙江通信建设工程局	2400	13318	0	5217	55492	21738
黑龙江省送变电工程公司	2370	49860	0	9261	210380	39076
黑龙江省国际工程技术合作集团公司	1050	2510	39918	882	23905	8397
黑龙江省通亚路桥工程公司	2580	12801	0	3334	49616	12921
哈尔滨市第二建筑工程公司	6686	24300	200867	7738	36345	11574
黑龙江化工建设总公司	2290	7700	28800	2158	33624	9423
哈尔滨市第一建筑工程公司	5495	13799	180908	3371	25111	6135
哈尔滨市安装公司	1391	4486	0	1108	32250	7965
哈尔滨轻工工程承包总公司	786	3092	8600	952	39338	12118
哈尔滨市第二市政工程公司	1700	9711	0	3097	57125	18219
哈尔滨市东方建筑工程公司	1400	5506	80200	1451	39330	10361
哈尔滨金马集团股份有限公司	2166	7666	74959	2362	35392	10907
哈尔滨市江堤工程处	739	3613	0	579	48890	7840
哈尔滨市第一市政工程公司	2100	12945	0	3035	61643	14453
哈尔滨市第四建筑工程公司	2206	3796	95231	952	17208	4317
哈尔滨市大东企业集团公司	1467	6600	93596	1420	44990	9678
哈尔滨金源企业集团公司	1140	6107	53087	1519	53570	13325
哈尔滨市给水工程公司	398	2244	0	886	56374	22274
哈尔滨市华兴建筑工程公司	2368	10969	75678	2208	46322	9326
哈尔滨正大企业集团公司	2510	12057	98567	4534	48036	18065
哈尔滨市第六建筑工程公司	1247	3121	49218	981	25031	7864
哈尔滨市振兴建筑工程公司	980	4060	75963	399	41429	4069
哈尔滨市聚兴建筑工程公司	1368	6150	143084	1969	44956	14393
哈尔滨市寰宇建筑工程公司	5200	13686	27000	4179	26320	8037
哈尔滨卫星建筑工程公司	2322	6132	100472	1805	26409	7772
黑龙江省水利第二工程处	1081	2459	2344	840	22746	7767
阿城市建筑工程总公司	1112	4731	35891	1298	42545	11677
哈尔滨长城建筑股份有限公司	2269	16377	71966	4957	72179	21845
哈尔滨电力实业集团公司	3200	23831	0	9183	74472	28696

资本金合计(万元)	资产总计(万元)	负债合计(万元)	利润总额(万元)	利税总额(万元)	工程质量优良品率(%)	产值利润率(%)	产值利税率(%)	资产负债率(%)
1009	3945	3869	−1319	−1246	0.0	−64.5	−60.9	98.1
2141	12114	9135	120	733	75.0	0.7	4.0	75.4
1771	9351	5191	396	548	0.0	6.8	9.4	55.5
32799	103093	70294	147	4004	100.0	0.1	3.5	68.2
6216	51762	44915	−2653	−1549	45.5	−8.3	−4.8	86.8
133	16314	10130	1172	1412	99.4	8.8	10.6	62.1
3103	33999	29638	488	2135	100.0	1.0	4.3	87.2
10542	32834	15671	660	772	28.6	26.3	30.8	47.7
3124	6127	2416	415	729	0.0	3.2	5.7	39.4
2338	39539	32021	20	845	51.9	0.1	3.5	81.0
1719	21333	17403	−976	−702	17.4	−12.7	−9.1	81.6
2268	30440	27983	−897	−487	58.3	−6.5	−3.5	91.9
1816	7254	6088	−650	−506	3.8	−14.5	−11.3	83.9
5871	25488	17654	148	239	0.0	4.8	7.7	69.3
2400	16382	13709	107	421	72.2	1.1	4.3	83.7
1532	5215	3417	197	377	22.2	3.6	6.9	65.5
1344	9847	8322	109	367	50.0	1.4	4.8	84.5
1400	3461	2382	4	79	0.0	0.1	2.2	68.8
1513	19961	15571	50	474	57.9	0.4	3.7	78.0
2223	4825	3091	−147	−26	40.0	−3.9	−0.7	64.1
2459	6939	4254	121	346	45.5	1.8	5.2	61.3
1625	10241	8301	128	331	66.7	2.1	5.4	81.1
605	8605	6415	40	115	0.0	1.8	5.1	74.5
3000	12180	9035	181	547	40.0	1.6	5.0	74.2
1153	15233	14080	−14	374	63.6	−0.1	3.1	92.4
1710	6644	5167	8	119	57.1	0.2	3.8	77.8
2286	4927	2390	4	47	36.4	0.1	1.2	48.5
2166	9537	6142	127	325	0.0	2.1	5.3	64.4
13000	8733	2302	−1	474	60.0	0.0	3.5	26.4
1523	5814	4389	−37	154	31.3	−0.6	2.5	75.5
906	4047	4503	−261	−197	92.0	−10.6	−8.0	111.3
1500	11885	11408	11	179	28.6	0.2	3.8	96.0
6800	11026	3733	847	1402	22.2	5.2	8.6	33.9
2705	33410	26162	662	1473	4.3	2.8	6.2	78.3

续 16

企业名称	平均人数（人）	建筑业总产值（万元）	竣工面积（平方米）	建筑业增加值（万元）	按总产值计算的劳动生产率（元/人）	按增加值计算的劳动生产率（元/人）
哈尔滨市排水有限责任公司	1382	2874	0	1314	20796	9507
哈尔滨市第三建筑工程公司	3241	8701	125926	4131	26847	12745
哈尔滨市第七建筑工程公司	1747	6246	109710	1724	35754	9869
哈尔滨市第五建筑工程公司	3259	14366	254472	2078	44081	6376
哈尔滨市公路工程处	3820	26413	0	10185	69143	26663
哈尔滨市道路桥梁工程处	1328	6291	0	1851	47371	13938
哈尔滨透平建筑工程公司	979	3664	500	1042	37426	10647
齐齐哈尔市第一市政工程公司	1594	3000	0	864	18818	5418
齐齐哈尔市第四建筑工程公司	2453	2770	25778	1215	11292	4954
齐齐哈尔市第一建筑工程公司	2803	5185	33408	2412	18498	8606
齐齐哈尔市建筑安装工程公司	1842	5011	1750	2522	27205	13693
齐齐哈尔市龙铁建筑安装股份有限公司	1761	2129	27502	2183	12090	12397
齐市公路工程处	660	3340	0	543	50603	8221
鸡西矿务局建筑公司	1958	6051	59733	1622	30904	8285
黑龙江省鸡西市第二建筑工程公司	1291	4321	62078	413	33470	3196
鸡西市公路工程处鸡西市路桥建设总公司	390	2706	0	691	69385	17723
鸡西市第三建筑工程有限公司	1982	5668	36865	981	28597	4952
鸡西市第一建筑工程有限责任公司	2066	5015	38003	1871	24274	9058
双鸭山市建筑工程公司	1768	4709	40876	1256	26636	7106
大庆市第四建筑安装工程公司	870	3010	22170	716	34598	8228
大庆石油化工兴化建筑安装工程有限责任公司	248	4010	0	917	161694	36968
大庆市第三建筑工程公司	2684	9630	7350	3079	35878	11472
大庆建筑安装工程集团公司	5220	30533	72344	9812	58492	18797
大庆市第二建筑工程公司	7171	25362	109284	14712	35367	20516
大庆市城市建设开发(集团)公司	957	3622	38131	918	37847	9589
大庆程宇建筑安装工程公司	1200	4735	5871	1306	39457	10883
大庆龙化建筑安装公司	732	3364	0	1100	45951	15027
大庆市让胡路区东方建筑安装工程公司	3800	26500	209200	7324	69737	19274
黑龙江省龙源市政工程有限责任公司	294	3318	450	913	112867	31065
大庆市三环钻井工程公司	1208	18727	0	4607	155023	38142
大庆石油管理局第一采油厂第二工程公司	228	9901	719	584	434272	25610
黑龙江省伊春林业工程公司	1754	4143	18755	1126	23618	6421
伊春市建筑工程公司	1515	2557	31392	952	16878	6286
黑龙江省水利第三工程处	1287	3207	0	1436	24919	11160
佳木斯市路桥工程公司	2448	10000	0	2932	40850	11978
黑龙江省东方市政建设开发集团公司	1152	3170	0	853	27517	7402
佳木斯大成建筑开发有限公司	2560	8718	92415	2570	34056	10038

资本金合计(万元)	资产总计(万元)	负债合计(万元)	利润总额(万元)	利税总额(万元)	工程质量优良品率(%)	产值利润率(%)	产值利税率(%)	资产负债率(%)
4389	5284	2022	21	25	0.0	0.7	0.9	38.3
3114	18073	12960	24	329	46.7	0.3	3.8	71.7
2100	7448	6435	23	234	31.3	0.4	3.7	86.4
1689	7281	5712	7	234	83.8	0.1	1.6	78.4
10050	26103	12628	4864	5513	100.0	18.4	20.9	48.4
1641	16276	13444	94	302	20.0	1.5	4.8	82.6
3862	10067	4981	63	108	0.0	1.7	3.0	49.5
1125	3703	2329	1	90	40.0	0.0	3.0	62.9
990	7772	7721	−730	−576	75.0	−26.4	−20.8	99.3
936	8404	7200	−249	−106	76.9	−4.8	−2.0	85.7
952	8015	7004	−275	−93	64.0	−5.5	−1.9	87.4
1040	3635	2374	8	76	50.0	0.4	3.6	65.3
1610	11085	9032	0	8	100.0	0.0	0.2	81.5
8090	8833	738	2	203	60.0	0.0	3.4	8.4
628	10772	10061	−377	−216	21.4	−8.7	−5.0	93.4
1726	5763	4909	39	46	0.0	1.4	1.7	85.2
804	11455	10620	−288	0	0.0	−5.1	0.0	92.7
1564	7954	7085	0	184	33.3	0.0	3.7	89.1
1638	9910	8185	125	272	35.7	2.7	5.8	82.6
1508	4429	2921	0	44	0.0	0.0	1.5	66.0
150	357	127	100	257	100.0	2.5	6.4	35.5
2499	17613	15544	−430	−314	75.0	−4.5	−3.3	88.3
7344	30858	22541	80	653	58.5	0.3	2.1	73.0
4437	29472	21884	12	753	91.2	0.0	3.0	74.3
3520	5095	2352	15	166	0.0	0.4	4.6	46.2
1038	1948	890	5	213	21.4	0.1	4.5	45.7
229	5701	4650	−783	−650	39.1	−23.3	−19.3	81.6
2344	2325	560	815	1708	93.2	3.1	6.4	24.1
1200	3692	2470	209	326	0.0	6.3	9.8	66.9
996	8273	7119	190	446	100.0	1.0	2.4	86.1
913	6174	4393	41	41	100.0	0.4	0.4	71.1
1259	7063	6666	−435	−294	25.0	−10.5	−7.1	94.4
1236	5282	4864	31	116	26.7	1.2	4.6	92.1
799	4220	4052	−168	−47	0.0	−5.2	−1.5	96.0
1800	15018	14301	44	355	83.3	0.4	3.5	95.2
2100	4375	2511	16	23	0.0	0.5	0.7	57.4
3012	10075	7058	6	320	23.3	0.1	3.7	70.1

续 17

企业名称	平均人数（人）	建筑业总产值（万元）	竣工面积（平方米）	建筑业增加值（万元）	按总产值计算的劳动生产率（元/人）	按增加值计算的劳动生产率（元/人）
佳木斯市第一建筑工程公司	3060	6688	26036	2258	21857	7380
七台河市第二建筑工程公司	891	5068	39875	608	56884	6828
牡丹江市第一建筑工程公司	3125	10048	63949	4325	32154	13840
黑龙江省牡丹江市第三建筑工程公司	2219	6694	24381	2952	30167	13305
牡丹江市安装总公司	1465	4785	13400	2030	32663	13859
牡丹江市第六建筑工程公司	2133	10673	72485	4441	50039	20819
牡丹江市市政建设工程总公司	1161	4477	4603	1639	38563	14114
黑龙江省水利第四工程处	822	6199	0	1396	75410	16982
牡丹江林业建筑工程公司	2657	6824	15375	2122	25683	7987
黑龙江省水利第五工程处	2367	8018	3790	896	33875	3787
黑龙江宏昌集团股份有限公司	1500	3246	62700	679	21639	4530
黑龙江省庆安烘储设备制造安装总公司	490	1978	0	539	40367	11004
黑龙江农垦建筑总公司	5550	31663	63202	7486	57050	13488
黑龙江龙垦建设总公司(三建)	842	5673	58032	978	67375	11615
上海市						
上海住总(集团)总公司	1524	20680	59362	2100	135696	13780
上海浦联工程建设实业有限公司	910	6931	1193	1248	76165	13714
上海隧道工程股份有限公司	5924	134724	0	31178	227421	52630
上海山阳工程建设(集团)公司	2250	15684	13672	3840	69707	17067
上海银华建筑工程公司	530	6572	1082	226	124000	4264
上海广厦(集团)有限公司	3626	35272	245409	5771	97275	15916
上海宝建(集团)有限公司	1169	9315	117422	1879	79683	16074
上海华谊集团建设有限公司	1776	17996	17271	5066	101329	28525
上海市机械施工公司	3216	43881	0	10512	136446	32687
上海市第五建筑工程公司	8277	120058	399125	13652	145050	16494
华盛建设发展总公司	3467	27069	41156	5283	78076	15238
东亚建筑实业有限公司	5814	54968	232917	7266	94544	12497
上海市第一市政工程有限公司	4160	68284	0	12786	164144	30736
上海浦江勘查工程有限公司	468	4494	0	699	96026	14936
上海市第四建筑工程公司	7516	122050	388071	13163	162387	17513
上海市工业设备安装公司	6675	77608	0	19863	116267	29757
上海自来水给水设备工程公司	1212	9282	0	2725	76584	22483
上海市第三建筑发展总公司	9755	120165	229182	14293	123183	14652
上海市第一建筑工程公司	8766	130186	301765	15951	148512	18196
上海市第八建筑工程公司	7767	100115	261367	8827	128898	11365

资本金合计(万元)	资产总计(万元)	负债合计(万元)	利润总额(万元)	利税总额(万元)	工程质量优良品率(%)	产值利润率(%)	产值利税率(%)	资产负债率(%)
2479	16446	12436	3	206	25.0	0.1	3.1	75.6
1630	7226	6428	31	199	50.0	0.6	3.9	88.9
1442	14590	11876	0	348	38.5	0.0	3.5	81.4
701	11144	9385	0	221	33.3	0.0	3.3	84.2
823	9320	7834	0	183	35.3	0.0	3.8	84.1
933	8560	7180	0	383	75.0	0.0	3.6	83.9
1335	6775	4241	7	57	21.4	0.1	1.3	62.6
897	3654	2319	17	215	100.0	0.3	3.5	63.5
3840	8774	8858	−120	15	16.7	−1.8	0.2	101.0
1146	14093	12351	−543	−328	91.7	−6.8	−4.1	87.6
7860	13968	2854	32	160	100.0	1.0	4.9	20.4
1010	2867	1828	8	97	0.0	0.4	4.9	63.8
3050	35031	28268	502	1337	82.4	1.6	4.2	80.7
942	12018	10477	−1540	−1346	66.7	−27.1	−23.7	87.2
23766	161940	70699	4413	5045	14.3	21.3	24.4	43.7
1500	3750	1827	43	285	20.0	0.6	4.1	48.7
18966	137043	86421	7668	8698	77.1	5.7	6.5	63.1
7021	26233	15572	1020	1678	33.3	6.5	10.7	59.4
1359	1672	179	76	169	25.0	1.2	2.6	10.7
5000	98606	88459	544	2214	44.6	1.5	6.3	89.7
5120	26725	20615	346	522	47.1	3.7	5.6	77.1
4462	37435	32313	31	268	19.4	0.2	1.5	86.3
2484	47395	44758	413	1485	71.4	0.9	3.4	94.4
4894	25086	19106	2478	5148	27.0	2.1	4.3	76.2
4105	62544	54937	4720	5200	100.0	17.4	19.2	87.8
5000	78623	70568	3651	5664	16.7	6.6	10.3	89.8
10260	67053	55855	678	1175	66.7	1.0	1.7	83.3
1599	4045	2389	53	159	80.0	1.2	3.5	59.1
4720	93466	86400	2843	5733	38.1	2.3	4.7	92.4
8928	127657	116556	664	1857	49.5	0.9	2.4	91.3
2580	39423	35882	311	371	29.4	3.4	4.0	91.0
4905	36240	29311	2570	5010	100.0	2.1	4.2	80.9
4530	28831	22536	2826	6678	28.6	2.2	5.1	78.2
3890	24242	20352	1126	2315	27.6	1.1	2.3	84.0

续 18

企业名称	平均人数（人）	建筑业总产值（万元）	竣工面积（平方米）	建筑业增加值（万元）	按总产值计算的劳动生产率（元/人）	按增加值计算的劳动生产率（元/人）
上海电信工程公司	3462	39169	0	6721	113140	19414
上海市南市区住宅建设开发总公司	2634	17468	237406	2797	66317	10619
上海市基础工程公司	3482	70768	0	10962	203240	31482
上海市房屋设备总公司	1233	7428	0	4212	60243	34161
上海市人民防空工程公司	774	7770	5630	1366	100388	17649
上海农商集团建设发展总公司	956	7478	67774	2644	78222	27657
上海市水利工程公司	856	11277	0	1190	131741	13902
上海轻工业建设工程公司	468	5402	27592	1357	115427	28996
上海冶金建设有限公司	2399	28793	37355	5981	120021	24931
上海自来水管线工程公司	1685	19003	0	4412	112777	26184
上海港务工程公司	1806	20118	11673	6370	111395	35271
上海蓝天建筑工程总公司	3860	10124	80301	3733	26228	9671
上海市浦东新区建设(集团)有限公	3162	42934	91157	5659	135781	17897
上海市第七建筑工程公司	7712	131551	489914	14099	170580	18282
上海浦东川沙建筑工程公司	820	7457	17946	2412	90939	29415
上海市住益建设发展总公司	2930	28045	101457	6757	95717	23061
上海高桥石化炼油安装检修公司	1125	11371	0	4952	101076	44018
上海浦东新区永久市政工程基础公	750	6432	763	2050	85760	27333
上海浦东高东建筑安装工程公司	698	8062	0	1334	115501	19112
上海市浦东新区建设总公司高桥工	800	8908	3000	1374	111350	17175
上海浦东张江建筑安装工程公司	1550	7000	74347	3314	45161	21381
上海市浦东北蔡市政建筑工程公司	1081	11877	5360	3234	109870	29917
上海市住安建设发展总公司	4138	46837	198255	7252	113188	17525
上海嘉定建筑安装总公司	1470	14693	67107	3260	99952	22177
上海嘉定水利建设工程有限公司	1634	11862	2000	3189	72595	19517
上海公路桥梁工程有限公司	1682	22947	0	5207	136427	30957
上海哲安建筑工程公司	849	9771	117775	332	115088	3910
上海市第二市政工程有限公司	4172	70888	0	9363	169914	22442
上海市第二建筑工程公司	8229	128693	323329	15194	156390	18464
上海通宇建筑安装工程公司	450	6208	32734	1991	137956	44244
上海煤气第一管线工程公司	4465	59046	0	12928	132242	28954
上海煤气第二管线工程公司	2538	26951	1763	8322	106190	32790
上海三钢工程建设公司	883	6311	495	2484	71472	28131
上海市住乐建设发展总公司	3947	23293	209653	8151	59014	20651
上海浦东路桥建设总公司	1380	13723	0	4159	99442	30138
上海安徽裕安实业公司岩土工程公	1027	7631	0	1655	74304	16115
上海建材(集团)建设发展有限公司	1026	9238	16543	1172	90039	11423

资本金合计(万元)	资产总计(万元)	负债合计(万元)	利润总额(万元)	利税总额(万元)	工程质量优良品率(%)	产值利润率(%)	产值利税率(%)	资产负债率(%)
1500	14265	8816	1362	1645	100.0	3.5	4.2	61.8
3966	25299	23229	−785	−152	18.5	−4.5	−0.9	91.8
6988	126153	116483	1204	1594	66.7	1.7	2.3	92.3
2027	11877	9074	103	216	8.9	1.4	2.9	76.4
1591	12653	10855	46	149	40.0	0.6	1.9	85.8
1574	12463	8784	30	269	19.1	0.4	3.6	70.5
1271	33999	32489	−596	−387	100.0	−5.3	−3.4	95.6
1518	14369	12629	1	108	20.0	0.0	2.0	87.9
8688	26523	16665	202	1244	40.0	0.7	4.3	62.8
3294	38389	33095	360	879	0.0	1.9	4.6	86.2
7414	60822	52825	62	778	86.4	0.3	3.9	86.9
1895	4943	2287	209	550	25.0	2.1	5.4	46.3
14304	45971	30004	1372	1795	25.0	3.2	4.2	65.3
4078	22765	16945	3050	6273	76.0	2.3	4.8	74.4
1000	4205	1569	137	380	50.0	1.8	5.1	37.3
3281	62732	58456	106	642	57.1	0.4	2.3	93.2
1375	15633	13141	444	558	0.0	3.9	4.9	84.1
958	9489	7143	648	726	6.1	10.1	11.3	75.3
1500	6176	5267	472	604	2.2	5.9	7.5	85.3
1207	7153	4611	184	394	19.2	2.1	4.4	64.5
1625	4200	1418	504	655	56.3	7.2	9.4	33.8
1200	9314	7197	1088	1188	100.0	9.2	10.0	77.3
3000	57256	50458	1500	3123	27.8	3.2	6.7	88.1
1573	42554	40697	108	358	31.3	0.7	2.4	95.6
1200	11590	6158	405	705	59.4	3.4	5.9	53.1
4958	25354	17247	−287	−86	72.7	−1.3	−0.4	68.0
1500	2106	164	137	337	14.3	1.4	3.4	7.8
10151	47638	35049	661	1136	72.3	0.9	1.6	73.6
3882	21148	17032	3135	6855	72.7	2.4	5.3	80.5
1509	8670	7152	8	186	11.8	0.1	3.0	82.5
4041	129259	120660	1321	2554	0.0	2.2	4.3	93.3
2421	53484	48538	1593	2460	11.9	5.9	9.1	90.8
1667	12798	10855	80	84	33.3	1.3	1.3	84.8
3292	65929	60652	1515	2319	64.3	6.5	10.0	92.0
5000	32491	22414	2200	2339	80.0	16.0	17.0	69.0
1227	5707	4117	22	207	100.0	0.3	2.7	72.1
1500	7499	5837	112	426	14.3	1.2	4.6	77.8

续 19

企 业 名 称	平均人数（人）	建筑业总产值（万元）	竣工面积（平方米）	建筑业增加值（万元）	按总产值计算的劳动生产率（元/人）	按增加值计算的劳动生产率（元/人）
南汇县建筑总公司	3658	21244	115257	6437	58075	17597
南汇县建筑工程公司	1110	5614	24386	1432	50577	12901
奉贤县第二建筑分公司	2156	12188	201466	4618	56531	21419
上海市松江第五建筑工程公司	1500	6812	44921	1938	45413	12920
上海开天建设(集团)有限公司	800	7521	97642	1284	94013	16050
青浦水利建筑工程总公司	527	4311	16736	1054	81803	20000
汇成建设发展有限公司	1589	17931	2839	926	112845	5828
上海中鼎世华建设开发有限公司	1023	14913	20900	186	145777	1818
上海华凯建筑工程有限公司	1510	7600	17913	829	50331	5490
上海兴宁建筑工程有限公司	1340	19098	281910	1612	142522	12030
上海新寓建筑工程有限公司	1250	8707	20259	560	69656	4480
上海奉贤建工(集团)有限公司	1750	11873	137246	1747	67846	9983
江苏省						
江苏省建筑工程公司	3206	17308	172578	5121	53988	15972
江苏省邮电建筑工程局	500	6588	0	1843	131768	36854
江苏省工业设备安装公司	3361	33719	0	7564	100324	22505
南京化学工业(集团)公司建设公司	3836	16432	18141	8188	42836	21346
江苏省机械施工公司	1229	4943	0	1784	40216	14520
江苏省长江建筑工程公司	697	5521	51160	1256	79211	18020
江苏建达建设股份有限公司	1700	8276	5600	1418	48682	8341
江苏省中成建设工程总公司	1184	6453	71148	994	54502	8392
南京市市建四公司	1624	8524	29091	1362	52486	8386
南京市住宅建设总公司	1113	5440	1407	1749	48875	15717
南京市第一人民防空工程公司	504	4083	6339	1404	81018	27861
南京市第一建筑工程公司	4976	60539	354917	9552	121662	19197
南京三建(集团)公司	9062	90039	257710	20626	99359	22761
南京深圳装饰安装工程公司	363	5005	0	1497	137884	41237
南京市市政工程总公司	2292	9044	0	1258	39460	5490
南京市水利建筑工程公司	1450	9865	0	3055	68038	21070
南京二建股份有限公司	9559	98813	370872	15191	103372	15892
南京市第十建筑工程公司	2734	16808	144469	3496	61477	12789
南京白下区建筑工程公司	948	3684	42836	1101	38860	11613
南京市第二道路排水工程公司	399	6075	0	1493	152268	37416
江宁县陶吴建筑工程公司	1351	12475	81641	1872	92339	13856
江宁县桥梁建筑工程公司	1500	10038	16350	1776	66920	11841

资本金合计(万元)	资产总计(万元)	负债合计(万元)	利润总额(万元)	利税总额(万元)	工程质量优良品率(%)	产值利润率(%)	产值利税率(%)	资产负债率(%)
3890	16811	12712	458	1184	28.3	2.2	5.6	75.6
2441	5252	2491	74	225	0.0	1.3	4.0	47.4
2285	17697	13968	190	585	17.9	1.6	4.8	78.9
1546	5397	3851	237	576	10.5	3.5	8.5	71.4
8562	41353	32734	29	303	17.2	0.4	4.0	79.2
1509	5967	4326	26	162	66.7	0.6	3.8	72.5
5000	34689	12381	172	550	100.0	1.0	3.1	35.7
2505	4281	3229	−1088	−901	0.0	−7.3	−6.0	75.4
1580	5058	3120	358	447	40.0	4.7	5.9	61.7
1500	8637	6708	403	830	100.0	2.1	4.3	77.7
2500	7173	4665	46	264	50.0	0.5	3.0	65.0
8000	25318	19440	429	657	0.0	3.6	5.5	76.8
1490	18458	14960	65	432	100.0	0.4	2.5	81.0
430	8870	6930	141	317	3.1	2.1	4.8	78.1
4649	37312	31607	145	826	55.6	0.4	2.5	84.7
3279	22075	20637	31	440	0.0	0.2	2.7	93.5
1562	10899	11632	−1427	−1284	94.1	−28.9	−26.0	106.7
1516	3749	2187	24	215	0.0	0.4	3.9	58.3
1094	16735	12654	1608	1693	0.0	19.4	20.5	75.6
1063	6956	5877	4	105	9.2	0.1	1.6	84.5
4795	14917	11673	−174	−5	0.0	−2.0	−0.1	78.3
1075	14126	14933	−1306	−1180	0.0	−24.0	−21.7	105.7
1776	10858	7122	−45	−3	0.0	−1.1	−0.1	65.6
3007	44479	4034	289	1193	22.7	0.5	2.0	9.1
4232	75748	66622	1004	2670	32.0	1.1	3.0	88.0
1058	2934	1561	87	252	0.0	1.7	5.0	53.2
28645	31394	25709	−354	10	0.0	−3.9	0.1	81.9
4313	8584	2038	113	444	0.0	1.1	4.5	23.7
3090	110809	102542	1350	4515	36.7	1.4	4.6	92.5
1570	6728	4968	130	378	0.0	0.8	2.2	73.8
1015	12884	9845	−267	−202	0.0	−7.2	−5.5	76.4
1043	8010	6585	56	230	50.0	0.9	3.8	82.2
3502	20367	17057	227	385	8.3	1.8	3.1	83.7
1574	6371	4398	118	265	0.0	1.2	2.6	69.0

续 20

企 业 名 称	平均人数（人）	建筑业总产值（万元）	竣工面积（平方米）	建筑业增加值（万元）	按总产值计算的劳动生产率（元/人）	按增加值计算的劳动生产率（元/人）
南京市第九建筑安装工程公司	2821	11194	174107	3183	39682	11283
南京市第六建筑安装工程公司	16945	75600	768823	15781	44615	9313
南京环茂建筑安装工程有限公司	2814	9194	169479	2699	32672	9592
南京装饰(集团)有限公司	805	6460	0	1819	80243	22594
江苏港宁装潢有限公司	621	8002	0	1125	128852	18119
南京港湾工程公司	1266	12454	1668	1706	98374	13476
江宁县建筑工程公司	1643	9068	39352	1104	55192	6722
南京溧凤建筑安装工程有限公司	1465	10114	114365	2122	69038	14482
南京江河建设公司	554	3240	0	1076	58493	19422
无锡市工业设备安装总公司	585	13857	0	2073	236877	35431
无锡市华厦建设经营发展总公司	1470	6353	84155	1246	43220	8479
无锡市第二建筑工程总公司	2232	14721	102823	3763	65953	16861
无锡市给水工程安装公司	380	4590	0	1450	120800	38153
无锡市建筑工程公司	2808	10898	114699	3037	38811	10816
无锡市第六建筑工程公司	986	6044	61179	1552	61299	15738
无锡市第七建筑工程公司	1136	6011	21245	1511	52915	13299
锡山市港下建工集团公司	1601	9600	122954	2446	59963	15281
江阴市民用建筑安装工程公司	681	14003	80307	1722	205624	25283
江阴市第二建筑安装工程公司	1283	13068	179187	1221	101857	9516
江阴市新桥建筑安装工程公司	874	8508	89754	2453	97346	28071
江阴市金澄建筑集团公司	1525	19335	225710	4315	126785	28294
江阴六盛建筑集团公司	1205	6423	34284	1902	53301	15784
江苏兴业建筑集团公司	1695	6080	106572	2599	35870	15333
宜兴市建筑安装工程总公司	1492	12200	93442	3329	81769	22310
宜兴市基础工程公司	436	4150	0	844	95183	19358
宜兴市海达建筑安装工程公司	364	6050	60230	1523	166209	41841
宜兴市第三建筑安装工程公司	4000	10500	120000	3295	26250	8238
江苏建基集团有限责任公司	863	2150	0	750	24913	8694
宜兴市工业设备安装公司	1179	5973	0	1513	50663	12831
锡山市建筑实业总公司	2117	22898	207173	4769	108164	22525
宜兴市屺亭建筑安装工程公司	1562	6310	98326	2212	40397	14164
江阴市申港建筑安装工程公司	449	4071	20588	733	90668	16325
无锡市市政建设工程总公司	1205	12653	0	2954	105001	24517
锡山市公路工程公司	497	15980	0	1348	321529	27117
江苏省煤炭基本建设公司	9056	37128	8793	11772	40998	12999
徐州市基桩工程公司	503	3730	0	1096	74157	21789
徐州市矿务局建井工程处	2199	8782	0	4930	39938	22417

资本金合计(万元)	资产总计(万元)	负债合计(万元)	利润总额(万元)	利税总额(万元)	工程质量优良品率(%)	产值利润率(%)	产值利税率(%)	资产负债率(%)
1492	11850	9962	37	318	12.5	0.3	2.8	84.1
7608	79206	70224	791	1895	19.1	1.0	2.5	88.7
2727	6167	3332	192	623	29.1	2.1	6.8	54.0
1281	16864	12607	301	463	100.0	4.7	7.2	74.8
777	3898	2897	81	337	0.0	1.0	4.2	74.3
1000	22095	20968	265	601	0.0	2.1	4.8	94.9
2640	10115	7471	96	236	0.0	1.1	2.6	73.9
1932	4298	2345	−17	86	16.0	−0.2	0.8	54.6
1823	4631	1543	120	202	94.7	3.7	6.2	33.3
1098	13550	11527	−337	−129	52.6	−2.4	−0.9	85.1
2080	16313	12703	−104	28	50.0	−1.6	0.4	77.9
5861	25421	19380	202	513	24.0	1.4	3.5	76.2
1200	6683	5308	95	239	94.0	2.1	5.2	79.4
1552	33608	29055	19	365	20.7	0.2	3.3	86.5
1652	15765	14113	0	196	13.3	0.0	3.2	89.5
1606	6791	5095	4	183	8.3	0.1	3.1	75.0
304	16330	11306	724	1148	32.4	7.5	12.0	69.2
859	22521	21185	328	662	22.2	2.3	4.7	94.1
1874	16529	12633	164	386	15.7	1.3	3.0	76.4
3058	11927	8299	216	463	47.1	2.5	5.4	69.6
3556	14697	10667	427	776	40.0	2.2	4.0	72.6
1568	5308	3338	228	392	25.0	3.6	6.1	62.9
28081	12689	9328	159	385	6.1	2.6	6.3	73.5
3213	28720	25136	46	473	100.0	0.4	3.9	87.5
1257	1421	116	2	149	80.0	0.0	3.6	8.1
1609	3494	1863	0	143	61.5	0.0	2.4	53.3
1945	13354	10124	33	276	100.0	0.3	2.6	75.8
2592	3850	1222	50	292	31.4	2.3	13.6	31.7
1587	6490	4684	84	228	0.0	1.4	3.8	72.2
3100	14819	11366	17	401	21.0	0.1	1.7	76.7
1538	13595	11997	103	205	57.1	1.6	3.3	88.2
1929	4708	2778	53	100	22.2	1.3	2.5	59.0
2601	13275	6803	371	371	82.6	2.9	2.9	51.2
1938	12811	6161	253	253	33.3	1.6	1.6	48.1
8692	57934	44263	11	801	93.1	0.0	2.2	76.4
1261	4539	3202	22	79	17.0	0.6	2.1	70.5
2127	6999	4510	166	218	100.0	1.9	2.5	64.4

续 21

企业名称	平均人数(人)	建筑业总产值(万元)	竣工面积(平方米)	建筑业增加值(万元)	按总产值计算的劳动生产率(元/人)	按增加值计算的劳动生产率(元/人)
徐州市第二建筑工程公司	1850	6111	45258	1684	33032	9105
徐州市送变电工程公司	539	4472	0	1933	82968	35859
徐州市民用建筑工程总公司	2089	8501	149059	2790	40693	13355
徐州市华美建筑安装工程公司	1382	9657	21176	2442	69877	17672
徐州建筑工程公司	3112	16851	90471	3340	54148	10733
徐州市第一建筑工程公司	1321	12939	79555	2766	97949	20940
江苏丰县建筑安装施工公司	3586	13603	172830	4365	37934	12172
沛县建筑安装工程公司	2050	6138	88495	1614	29944	7874
铜山县建筑工程总公司	2320	6032	68280	1587	26000	6841
新沂市河海建筑工程公司	385	3355	12422	520	87143	13499
江苏长江机械化基础工程公司	438	4123	0	1019	94123	23267
常州第二建筑工程公司	2710	18852	176629	5817	69565	21466
常州第四建筑工程公司	1080	6074	39165	1114	56244	10317
常州市市政工程公司	3096	8823	0	3708	28498	11978
常州给水工程公司	160	2586	0	603	161637	37706
常州工业设备安装公司	766	5164	0	2444	67410	31910
常州市第一建筑工程公司	2958	20434	204156	6533	69082	22087
常州市第三建筑工程公司	1465	6638	58395	2306	45308	15744
金坛市建筑安装工程公司	13865	94301	283619	27902	68014	20124
金坛市第一建筑安装工程公司	2749	13232	50956	2580	48134	9385
金坛市城东建筑工程公司	2012	12589	101268	4013	62570	19943
江苏天目安装集团公司	4308	22918	0	4072	53199	9452
溧阳市市政建设工程公司	3530	26206	248732	3446	74238	9763
溧阳市广告装璜总公司	274	2338	0	531	85328	19383
溧阳市建筑安装工程总承包公司	1102	6000	81127	2457	54446	22292
溧阳市锅炉设备安装工程集团	1667	20800	0	2884	124775	17299
溧阳市交通工程公司	280	3200	0	1405	114286	50175
溧阳市建筑安装工程总公司	3578	24073	139436	5412	67281	15127
溧阳市水利市政建筑工程公司	434	2516	18000	762	57972	17558
溧阳市金马工程总公司	860	4002	0	895	46535	10412
溧阳市建筑基础工程总公司	1074	4051	21564	522	37719	4857
溧阳市工程建设总公司	1960	14606	119320	849	74520	4332
溧阳市第二建筑安装工程公司	1055	7000	132800	3163	66351	29977
溧阳市建筑装璜工程总公司	2858	18200	76816	3206	63681	11218
武进市工业设备安装公司	384	1585	0	941	41276	24497
武进市建筑安装工程总公司	4180	19236	142010	5488	46018	13130
武进市水利工程公司	857	3082	958	1199	35963	13989

资本金合计(万元)	资产总计(万元)	负债合计(万元)	利润总额(万元)	利税总额(万元)	工程质量优良品率(%)	产值利润率(%)	产值利税率(%)	资产负债率(%)
1538	4202	2493	42	250	16.7	0.7	4.1	59.3
980	5596	4559	21	118	100.0	0.5	2.6	81.5
2503	21584	18091	−80	173	56.1	−0.9	2.0	83.8
588	12560	10443	22	201	41.2	0.2	2.1	83.1
5201	37444	28975	−447	−5	22.4	−2.7	0.0	77.4
1505	15769	12858	16	264	37.5	0.1	2.0	81.5
3312	5338	1494	423	828	42.0	3.1	6.1	28.0
1522	4750	3124	10	189	40.0	0.2	3.1	65.8
1524	2256	727	1	22	55.6	0.0	0.4	32.2
1692	2077	217	78	154	85.7	2.3	4.6	10.5
1538	4636	2917	68	124	31.6	1.6	3.0	62.9
2965	17876	14832	9	402	68.4	0.0	2.1	83.0
406	8345	6723	0	82	61.5	0.0	1.4	80.6
955	45037	42162	0	2	66.7	0.0	0.0	93.6
1258	2111	683	43	105	0.0	1.6	4.0	32.3
1634	16305	13385	46	212	0.0	0.9	4.1	82.1
3061	27292	24105	22	757	77.3	0.1	3.7	88.3
1562	14395	12726	92	291	38.5	1.4	4.4	88.4
3354	40580	36210	288	910	32.5	0.3	1.0	89.2
2051	9121	7573	47	122	44.4	0.4	0.9	83.0
1500	10064	8389	60	522	46.9	0.5	4.1	83.4
3629	6575	2743	128	500	0.0	0.6	2.2	41.7
4566	21128	15282	400	779	33.3	1.5	3.0	72.3
570	1310	518	83	172	0.0	3.6	7.4	39.5
6358	10556	2918	211	240	42.1	3.5	4.0	27.6
3314	8939	4915	62	402	0.0	0.3	1.9	55.0
1000	4653	3074	16	20	0.0	0.5	0.6	66.1
3205	10070	6825	48	818	18.5	0.2	3.4	67.8
1467	5213	2955	23	107	20.0	0.9	4.3	56.7
1702	2514	687	40	242	0.0	1.0	6.0	27.3
1220	2224	967	25	67	0.0	0.6	1.6	43.5
2144	10427	7053	41	187	23.7	0.3	1.3	67.6
1655	16084	1467	87	344	15.0	1.2	4.9	9.1
1806	9444	7361	150	373	39.0	0.8	2.0	77.9
1650	3658	1669	27	80	0.0	1.7	5.0	45.6
3052	12549	8895	117	592	29.0	0.6	3.1	70.9
1516	6143	4360	86	156	51.7	2.8	5.1	71.0

续 22

企 业 名 称	平均人数（人）	建筑业总产值（万元）	竣工面积（平方米）	建筑业增加值（万元）	按总产值计算的劳动生产率（元/人）	按增加值计算的劳动生产率（元/人）
武进市交通建设工程总公司	450	4482	0	1581	99600	35127
武进市建设工程总公司	3987	15415	186488	2707	38664	6790
武进市市政建筑总公司	1668	8402	0	2731	50372	16372
武进市戴溪建筑工程公司	1805	5847	89971	1757	32393	9732
常州通达工程总公司	3777	32404	0	7927	85794	20986
江苏金阳能源设备安装工程公司	820	2650	0	1030	32317	12559
金坛市第四建筑工程公司	1510	8414	28572	2727	55722	18063
溧阳市方园建设有限公司	2171	10089	78360	2746	46472	12648
苏州工业园区斜塘建筑安装有限公司	1029	6016	95414	201	58465	1950
苏州供电局电力建设工程公司	620	11479	0	5198	185142	83842
苏州市建筑构配件工程公司	453	8668	0	1913	191344	42223
苏州市市政工程总公司	1704	7104	0	2601	41691	15265
苏州市第一建筑工程总公司	2722	21165	237933	5393	77756	19813
江苏苏州第二建筑工程集团公司	3217	33810	273213	8885	105099	27620
江苏苏州工业设备安装集团公司	1660	9847	0	2816	59321	16962
苏州市人民防空工程总公司	513	5174	10000	874	100858	17041
苏州市交通工程集团公司	850	7652	0	730	90024	8585
苏州大通工程建设集团公司	1650	8500	0	1240	51516	7517
苏州市建鑫建筑安装工程有限责任公司	2512	15791	148242	4673	62861	18604
苏州市自来水工程建设公司	380	3726	0	1534	98045	40361
苏州市郊区建筑工程公司	1340	8501	151394	2064	63437	15400
太仓江苏通力建设工程集团公司	1987	12874	133096	2399	64793	12071
太仓苏州娄东建设集团公司	913	4454	39286	1273	48790	13945
昆山市建筑工程安装总公司	1826	18393	96257	1201	100728	6577
昆山陆家建安公司	749	6006	66076	608	80190	8119
昆山市古典园林建筑工程公司	595	3235	41792	773	54371	12998
昆山市城南建筑安装工程公司	990	6865	103230	1421	69346	14359
江苏华新建设工程集团公司	1846	10350	195572	1136	56066	6154
吴江市建筑公司	2039	7850	99231	1710	38501	8385
常熟市第二建筑安装工程公司	1460	5438	93143	1524	37249	10436
张家港市市政建设工程公司	650	6500	0	1062	100000	16343
张家港市建筑工程公司	2280	22009	154270	6206	96532	27220
张家港市兴港建筑安装工程总公司	6685	40106	504875	9595	59994	14353
张家港市锦丰建筑工程公司	1094	6261	55259	1315	57230	12019
张家港市东莱建筑工程公司	1566	6716	33899	2447	42884	15628
张家港市工业设备安装总公司	1457	5811	0	4848	39884	33271
张家港市城市建筑工程总公司	791	6099	74875	1603	77107	20264

资本金合计（万元）	资产总计（万元）	负债合计（万元）	利润总额（万元）	利税总额（万元）	工程质量优良品率（%）	产值利润率（%）	产值利税率（%）	资产负债率（%）
2292	3914	1622	22	58	70.0	0.5	1.3	41.4
3544	26267	21964	42	392	48.4	0.3	2.5	83.6
3921	21196	16320	233	546	0.0	2.8	6.5	77.0
1506	6424	4484	141	232	33.3	2.4	4.0	69.8
8613	44240	32713	1264	1588	59.3	3.9	4.9	73.9
1270	1324	47	−5	61	0.0	−0.2	2.3	3.6
2694	8131	5178	189	337	93.3	2.2	4.0	63.7
3800	8621	4763	501	718	36.4	5.0	7.1	55.2
1538	15435	14921	−376	−238	0.0	−6.3	−4.0	96.7
1551	18194	15596	381	760	12.5	3.3	6.6	85.7
1529	18090	16076	86	238	66.7	1.0	2.7	88.9
1822	18778	15183	56	202	0.0	0.8	2.8	80.9
3084	28992	25430	113	721	39.8	0.5	3.4	87.7
3008	40294	35132	310	1765	72.3	0.9	5.2	87.2
3205	17013	13621	90	311	66.7	0.9	3.2	80.1
396	4904	3735	63	122	66.7	1.2	2.4	76.2
3584	3146	270	−2	251	100.0	0.0	3.3	8.6
3056	6889	3652	207	305	0.0	2.4	3.6	53.0
3026	14048	10954	45	557	35.9	0.3	3.5	78.0
1504	2982	1679	−95	35	0.0	−2.5	0.9	56.3
1658	28511	25620	204	326	32.1	2.4	3.8	89.9
2459	11341	8206	505	687	44.0	3.9	5.3	72.4
2265	9460	6313	53	215	42.9	1.2	4.8	66.7
1740	10212	8349	49	459	45.7	0.3	2.5	81.8
1524	6240	4423	138	298	33.3	2.3	5.0	70.9
1093	9146	7488	97	119	93.3	3.0	3.7	81.9
103	16180	14648	21	163	68.2	0.3	2.4	90.5
1079	24975	23139	66	284	40.0	0.6	2.7	92.7
2330	19425	16417	78	203	33.3	1.0	2.6	84.5
1546	14018	12115	196	300	29.4	3.6	5.5	86.4
2731	17174	13348	186	325	66.7	2.9	5.0	77.7
3050	31639	28236	83	491	31.0	0.4	2.2	89.2
5500	137561	125764	1632	2557	38.0	4.1	6.4	91.4
1596	10442	7789	29	80	50.0	0.5	1.3	74.6
1922	12090	9400	−249	−100	37.5	−3.7	−1.5	77.7
1500	13161	10748	237	346	46.5	4.1	5.9	81.7
2259	15974	13471	193	433	38.6	3.2	7.1	84.3

续 23

企业名称	平均人数(人)	建筑业总产值(万元)	竣工面积(平方米)	建筑业增加值(万元)	按总产值计算的劳动生产率(元/人)	按增加值计算的劳动生产率(元/人)
常熟土木建筑有限公司	3066	24307	352293	5633	79278	18374
常熟市水利建设工程总承包公司	872	12042	45822	2064	138091	23675
江苏城宇建筑工程公司	2296	13794	127428	3413	60077	14867
苏州市金宇建设集团公司	1640	8470	115624	-23	51646	-141
南通市建筑安装工程总公司	6652	56772	358497	18257	85346	27446
南通市工业设备安装公司	627	7502	0	2022	119649	32250
南通供电局送变电工程公司	1035	12784	0	5696	123513	55032
南通市水建基础工程总公司	417	2805	0	901	67266	21614
南通市路桥工程总公司	199	7200	0	323	361809	16256
江苏省农垦南通第一建筑工程公司	361	2385	20233	309	66066	8573
南通永昌建筑工程发展有限公司	410	1950	12900	544	47561	13271
通州市东方建筑安装工程公司	1069	6480	98000	1054	60617	9864
通州市长城建筑安装工程公司	1380	6905	48000	2081	50036	15080
如皋市林梓建筑工程共司	1210	6104	69098	1872	50446	15469
南通市勇敢建筑工程工司	1780	10800	85800	3981	60674	22364
南通市幸福建筑安装工程公司	1937	10300	127879	4356	53175	22487
南通市宏华建筑安装工程公司	1570	5781	58950	1642	36822	10458
南通市第八建筑安装工程公司	2972	18536	141087	2888	62369	9716
江苏省海安县交通工程公司	656	6315	0	2093	96270	31910
江苏省海安县第三建筑安装工程公司	9067	52646	481882	12684	58063	13989
南通苏中建筑安装工程公司	14245	111819	924290	25625	78497	17989
南通市苏东建筑安装工程公司	1407	7931	37657	2051	56368	14574
南通市第五建筑安装公司	1397	7648	83270	5754	54749	41190
如东县工业设备安装公司	501	6098	0	1220	121717	24349
南通市万通建筑安装工程有限公司	997	6037	64247	907	60552	9094
南通五建集团有限公司	3912	24895	252623	7292	63638	18640
南通市新华建筑工程公司	3138	26967	381406	4642	85937	14794
通州市第二建筑安装工程公司	1551	12353	150101	2663	79645	17172
通州市基础工程总公司	866	7040	14777	1933	81299	22326
通州市纱场建筑安装工程公司	1580	15806	177137	4219	100040	26701
海门市水利电力建筑工程公司	1090	9200	71000	1972	84404	18095
江苏省南通市第三建筑安装工程公司	17911	186562	1337877	31386	104161	17523
海门市设备安装工程公司	6289	57106	229755	13004	90803	20677
海门市建筑安装工程公司	7023	74125	395137	8055	105546	11470
海门市第七建筑安装工程有限公司	2234	17994	116213	2540	80545	11368
海门市第一建筑安装工程公司	8372	53037	565909	17475	63350	20873
南通市德胜建筑安装工程有限公司	4020	26947	182606	3804	67032	9462

资本金合计(万元)	资产总计(万元)	负债合计(万元)	利润总额(万元)	利税总额(万元)	工程质量优良品率(%)	产值利润率(%)	产值利税率(%)	资产负债率(%)
3058	51002	43303	388	1070	54.5	1.6	4.4	84.9
5788	6676	889	25	366	1.6	0.2	3.0	13.3
1500	39867	34805	236	596	30.8	1.7	4.3	87.3
2809	25659	22769	−3173	−2822	20.9	−37.5	−33.3	88.7
4668	74040	62366	399	2503	47.0	0.7	4.4	84.2
1747	7367	5560	50	206	72.7	0.7	2.7	75.5
1512	15455	12829	680	1052	100.0	5.3	8.2	83.0
1564	6749	5062	33	99	17.4	1.2	3.5	75.0
1529	11983	10460	9	9	100.0	0.1	0.1	87.3
1520	2525	965	2	123	66.7	0.1	5.2	38.2
1792	1581	78	14	48	0.0	0.7	2.4	4.9
1548	2367	747	4	111	0.0	0.1	1.7	31.5
1561	3285	1698	203	330	45.5	2.9	4.8	51.7
1664	4418	2669	45	178	18.8	0.7	2.9	60.4
1612	2546	1589	0	219	68.4	0.0	2.0	62.4
1600	3743	2096	2	273	48.6	0.0	2.6	56.0
2111	4348	2233	0	140	15.0	0.0	2.4	51.3
1759	12419	9354	3	195	30.4	0.0	1.0	75.3
1247	5154	3783	84	134	8.6	1.3	2.1	73.4
1610	18331	13777	172	1240	55.0	0.3	2.4	75.2
3853	128822	120109	736	3512	58.1	0.7	3.1	93.2
1676	9266	7580	0	245	48.3	0.0	3.1	81.8
1778	37789	35991	−262	185	17.2	−3.4	2.4	95.2
1192	9201	7622	1	6	0.0	0.0	0.1	82.8
1571	4354	2778	12	100	10.0	0.2	1.7	63.8
3171	45700	44550	−283	362	40.4	−1.1	1.5	97.5
2179	30298	25995	447	978	93.9	1.7	3.6	85.8
1601	21728	19618	235	432	72.7	1.9	3.5	90.3
651	3654	2194	124	388	0.0	1.8	5.5	60.0
1734	3279	1162	402	1076	77.8	2.5	6.8	35.4
1451	3028	1488	5	80	57.1	0.1	0.9	49.2
7837	154205	143751	422	2329	56.2	0.2	1.2	93.2
1900	74262	71533	289	1207	21.4	0.5	2.1	96.3
1150	43011	41607	611	1109	66.7	0.8	1.5	96.7
1074	13905	12320	0	36	69.2	0.0	0.2	88.6
1797	32664	30837	172	1386	34.2	0.3	2.6	94.4
2464	40463	37951	245	912	71.4	0.9	3.4	93.8

续 24

企业名称	平均人数（人）	建筑业总产值（万元）	竣工面积（平方米）	建筑业增加值（万元）	按总产值计算的劳动生产率（元/人）	按增加值计算的劳动生产率（元/人）
江苏海门常乐建工集团有限公司	5772	55635	838628	15061	96388	26093
江苏海门宇通置业股份有限公司	626	5133	100037	1266	81997	20225
江苏省启东市水利市政建筑工程公司	970	6518	13000	2595	67200	26751
启东市工业设备安装公司	1300	18200	0	5206	140000	40043
启东市电力安装公司	813	3902	0	3157	48000	38830
南通市第二建筑安装工程公司	10917	104464	1007269	33288	95689	30492
启东市建筑安装工程公司	4852	54899	270251	11460	113148	23618
南通东宇建筑安装工程公司	4780	30305	443326	8894	63400	18607
启东市第三建筑安装工程公司	3080	18203	185941	5612	59100	18220
启东市第一建筑安装工程公司	3600	20768	243514	5593	57690	15535
如皋市水利建筑安装工程公司	1150	4200	6834	631	36522	5487
南通正亚建筑安装工程有限公司	870	5800	54287	1348	66667	15493
江苏省南通市第七建筑安装工程公司	13374	88918	1019012	33686	66486	25188
南通市吴窑建筑安装工程公司	3322	26000	175472	6355	78266	19129
如皋市建筑基础工程公司	2120	20600	132000	1674	97170	7896
通州市建筑安装工程总公司	12194	90613	819553	19283	74309	15814
南通市第四建筑安装工程公司	5563	62470	267610	17675	112296	31773
通州市十总建筑安装工程有限公司	1553	13112	96000	3420	84430	22021
连云港市朝阳建筑安装公司	1460	6267	73525	1599	42925	10952
江苏省赣榆县水利建筑安装工程公司	840	2250	24500	1001	26786	11913
赣榆县建筑安装工程公司	233	2540	11500	2329	109013	99966
江苏省东海县建筑安装工程公司	1585	4886	72411	1822	30826	11495
连云港市花果山建设工程公司	2400	6205	74000	1874	25854	7809
江苏省农垦建安总公司	1038	3520	39105	343	33911	3303
淮阴市水利建设工程总公司	1456	5601	0	1341	38468	9208
江苏清江建安公司	2319	15072	103272	1969	64992	8492
淮阴市建筑安装总公司	3606	14624	119009	3562	40554	9878
淮阴市水利机械工程总公司	386	8627	0	3874	223497	100360
洪泽县建筑安装工程公司	2250	6030	77130	701	26800	3117
淮安市建筑集团公司	3020	6591	48000	1872	21825	6199
江苏农垦盐城建筑工程公司	1483	6620	59821	1714	44639	11557
盐城市水利建筑工程公司	818	7360	2808	1433	89976	17513
盐城市交通工程处	725	6600	0	1514	91034	20888
盐城市建筑安装工程公司	2489	11599	24196	4556	46601	18305
盐城市市政工程公司	207	3360	0	839	162300	40536
江苏中厦集团公司	1188	16079	92289	2033	135345	17111
盐城市第四建筑工程公司	1956	6251	47464	1348	31958	6893

资本金合计（万元）	资产总计（万元）	负债合计（万元）	利润总额（万元）	利税总额（万元）	工程质量优良品率（%）	产值利润率（%）	产值利税率（%）	资产负债率（%）
3011	24144	19553	487	1084	11.9	0.9	1.9	81.0
1518	6365	4840	10	195	33.3	0.2	3.8	76.0
1156	8570	6475	71	228	58.2	1.1	3.5	75.6
3850	17303	12997	65	342	23.4	0.4	1.9	75.1
504	3763	2270	785	823	100.0	20.1	21.1	60.3
6961	143811	132271	2106	5387	41.9	2.0	5.2	92.0
6800	42422	33548	283	1378	66.0	0.5	2.5	79.1
1909	23016	21081	317	1356	36.8	1.0	4.5	91.6
2322	18422	17298	209	734	32.2	1.1	4.0	93.9
4001	15233	11185	184	822	56.9	0.9	4.0	73.4
1583	3941	1960	26	41	20.0	0.6	1.0	49.7
1500	4307	2476	135	236	50.0	2.3	4.1	57.5
5010	83674	76280	316	2805	51.3	0.4	3.2	91.2
2189	8761	5444	216	1249	83.3	0.8	4.8	62.1
1518	2232	1199	1126	2476	90.9	5.5	12.0	53.7
5771	25052	16682	706	2686	56.7	0.8	3.0	66.6
4437	53388	47906	752	2308	55.6	1.2	3.7	89.7
1717	8277	6419	116	591	100.0	0.9	4.5	77.5
1585	3062	1727	123	375	52.6	2.0	6.0	56.4
196	1958	57	35	108	71.4	1.6	4.8	2.9
1833	3538	1271	263	858	75.0	10.4	33.8	35.9
1652	4561	2635	4	1341	0.0	0.1	27.4	57.8
1517	3793	1750	194	485	50.0	3.1	7.8	46.1
236	6179	5043	77	173	69.2	2.2	4.9	81.6
4037	4767	1513	−87	−2	88.9	−1.6	0.0	31.7
3100	25554	21258	707	999	27.8	4.7	6.6	83.2
3001	26363	20329	0	361	40.7	0.0	2.5	77.1
2414	7577	2884	1715	1938	0.0	19.9	22.5	38.1
1516	5205	3344	31	70	28.0	0.5	1.2	64.2
1562	7979	6367	38	176	47.1	0.6	2.7	79.8
1602	3693	1600	136	277	13.5	2.1	4.2	43.3
412	12986	8331	51	294	25.0	0.7	4.0	64.2
1895	11235	7884	155	165	60.0	2.4	2.5	70.2
5669	27909	22257	9	635	75.0	0.1	5.5	79.8
1698	8152	6358	8	38	0.0	0.3	1.1	78.0
2384	9958	7009	127	325	57.7	0.8	2.0	70.4
1665	3542	1203	35	125	67.9	0.6	2.0	34.0

续25

企业名称	平均人数（人）	建筑业总产值（万元）	竣工面积（平方米）	建筑业增加值（万元）	按总产值计算的劳动生产率（元/人）	按增加值计算的劳动生产率（元/人）
盐城市华虹建筑工程总公司	1450	7202	52085	1786	49669	12320
盐城市天虹建筑工程总公司	3500	2125	169450	3157	6071	9019
盐城擎天集团公司	5603	11483	104884	2980	20493	5319
滨海县水利建筑工程总公司	1095	6101	0	1809	55717	16521
阜宁县沟墩建筑工程公司	6450	14680	129670	1566	22760	2427
阜宁县第四建筑工程公司	3514	12173	153384	2675	34640	7612
盐城市第二建筑工程公司	6074	21259	232406	6076	34999	10004
射阳县建筑工程公司	2476	6021	48167	768	24317	3102
射阳县交通建筑工程公司	701	3555	0	722	50713	10295
盐城市第八建筑工程公司	6884	25931	151500	5790	37669	8411
建湖县第三建筑工程公司	1810	7438	67421	1946	41094	10749
建湖县第六建筑工程公司	3266	11413	24800	5937	34945	18177
建湖县建设工程公司	2150	5356	61572	1641	24912	7631
建湖县建筑工程总公司	6080	31607	292139	8074	51985	13279
江苏摩天建工集团	4280	27102	278112	6158	63323	14389
阜宁县建筑工程总公司	3038	9135	154942	1585	30069	5219
建湖县庆丰公司	2868	11599	148050	3119	40443	10876
江苏省水利建设工程总公司	2231	16138	0	6542	72337	29325
扬州市工业设备安装公司	2491	26489	0	5719	106337	22960
扬州苏北工业设备安装总公司	865	8130	0	1811	93986	20933
扬州市第二建筑工程公司	656	2449	40079	1304	37326	19881
扬州市第三建筑工程公司	1261	6141	56218	1662	48703	13178
扬州市建筑工程公司	3161	23595	151904	10524	74645	33293
江苏省建筑安装工程股份有限公司	13651	132291	1222074	36753	96910	26923
扬州广源实业总公司	751	12158	0	4857	161885	64676
扬州市市政工程公司	903	5051	0	941	55940	10421
扬州建筑工程总承包公司	1348	8407	52500	1004	62365	7447
扬州水利建筑工程公司	1071	2970	0	861	27731	8043
扬州市华发装饰装璜配套公司	184	2010	0	771	109239	41886
扬州市第四建筑工程公司	2700	10268	138190	402	38031	1490
仪征市第一建筑安装工程公司	2398	11459	178697	3314	47787	13822
仪征市建筑安装工程公司	1733	8591	93355	3238	49573	18682
高邮市建筑安装工程公司	1123	6103	77581	659	54346	5872
高邮市第二建筑工程公司	9028	50535	464127	10672	55976	11821
高邮市水利建筑安装工程总公司	413	2202	11350	695	53317	16828
江苏省宝应县建筑安装工程总公司	2350	11004	108911	1828	46827	7778
宝应县建筑安装工程公司	2239	12400	130301	2025	55380	9043

资本金合计（万元）	资产总计（万元）	负债合计（万元）	利润总额（万元）	利税总额（万元）	工程质量优良品率（%）	产值利润率（%）	产值利税率（%）	资产负债率（%）
1638	7817	6128	143	348	65.2	2.0	4.8	78.4
3508	8818	3947	458	1042	61.1	21.5	49.0	44.8
1614	4021	2380	−45	276	9.6	−0.4	2.4	59.2
1601	3520	1696	15	203	50.0	0.2	3.3	48.2
1827	3245	3086	110	247	60.0	0.7	1.7	95.1
1532	3728	2050	253	527	82.9	2.1	4.3	55.0
3051	8755	4324	565	1402	48.3	2.7	6.6	49.4
1508	11513	9741	117	161	15.8	1.9	2.7	84.6
1028	1674	587	52	170	76.5	1.5	4.8	35.1
2910	4601	1624	91	942	37.8	0.3	3.6	35.3
1600	8148	6451	4	180	70.6	0.1	2.4	79.2
1512	4162	2117	307	776	40.0	2.7	6.8	50.9
1680	2787	721	20	118	20.0	0.4	2.2	25.9
3524	6283	2075	448	1031	83.3	1.4	3.3	33.0
2509	13053	9644	1076	2111	100.0	4.0	7.8	73.9
202	15426	15352	85	272	54.0	0.9	3.0	99.5
1538	3619	1576	241	629	54.5	2.1	5.4	43.5
4238	24165	17081	31	485	84.6	0.2	3.0	70.7
3301	37997	34696	614	1205	84.6	2.3	4.6	91.3
1399	11455	9939	2	41	10.5	0.0	0.5	86.8
1501	21835	20188	2	194	75.0	0.1	7.9	92.5
1508	16461	14754	37	171	46.7	0.6	2.8	89.6
3000	47171	39083	270	1269	81.5	1.1	5.4	82.9
14717	304381	285230	3906	7035	53.7	3.0	5.3	93.7
2293	25096	20395	1225	1567	100.0	10.1	12.9	81.3
1257	7445	5746	6	40	23.8	0.1	0.8	77.2
502	10487	10106	−146	332	100.0	−1.7	3.9	96.4
1126	5247	3238	−280	−134	66.7	−9.4	−4.5	61.7
550	1845	1279	94	161	100.0	4.7	8.0	69.3
1500	13264	11713	9	154	82.5	0.1	1.5	88.3
2470	29158	26480	45	351	36.4	0.4	3.1	90.8
1538	11521	9854	129	418	15.9	1.5	4.9	85.5
1564	4923	3535	−204	−166	20.0	−3.3	−2.7	71.8
1508	21435	19657	447	1108	27.0	0.9	2.2	91.7
1801	3363	1216	10	65	25.0	0.5	2.9	36.1
3320	8501	4877	154	270	43.8	1.4	2.5	57.4
1616	4503	2728	191	292	46.7	1.5	2.4	60.6

续 26

企业名称	平均人数（人）	建筑业总产值（万元）	竣工面积（平方米）	建筑业增加值（万元）	按总产值计算的劳动生产率（元/人）	按增加值计算的劳动生产率（元/人）
江都市建筑安装工程公司	5256	58420	207389	13691	111150	26048
江都市第二建筑安装工程公司	7938	35584	359497	9329	44828	11752
江都市第三建筑安装工程公司	3665	28963	266409	4872	79027	13293
江都市建设工程总公司	5427	35646	241950	7246	65683	13352
江都市古典园林建设总公司	1408	6172	59449	1103	43835	7837
江都市建设防腐总公司	1006	4021	0	912	39973	9065
江都市安装工程总公司	2461	14404	0	3719	58527	15111
江都市建筑安装配套公司	1665	9181	182752	3986	55139	23942
江都市振兴建设工程总公司	3613	21048	227366	4621	58256	12791
江都市工业建筑安装工程公司	2441	14001	133391	3448	57358	14125
江都市第五建筑安装工程公司	1252	9758	62437	1655	77939	13216
邗江县汉河建筑安装工程公司	1166	9923	192524	1044	85105	8950
邗江县第二建筑安装工程公司	3769	25038	288491	4002	66431	10618
邗江县工业设备安装公司	1167	15843	0	2218	135758	19003
江苏省邗江县建筑安装工程公司	4318	45975	452332	4264	106473	9876
江苏省邗江交通工程总公司	515	3548	0	246	68903	4769
江苏地质基桩工程公司	631	5889	0	1807	93331	28637
江苏省交通工程总公司	4996	43888	0	10768	87847	21553
镇江市第二建筑工程公司	2211	12248	83692	3423	55396	15484
镇江市安装工程公司	790	7833	0	1284	99152	16257
镇江市建筑工程公司	2673	12439	152667	2898	46535	10841
镇江市第四建筑工程公司	2892	21515	121353	3123	74395	10798
镇江市铝门窗工程公司	159	2928	0	636	184138	40013
江苏省镇江市路桥工程公司	1920	11200	0	2630	58335	13698
丹徒县建筑安装总公司	554	2175	40463	765	39255	13805
句容市第二建筑工程公司	2580	8145	96181	2868	31570	11116
句容市建筑工程有限公司	2180	6219	87078	1512	28529	6936
扬中市建安总公司	1533	6042	71216	1826	39410	11911
扬中市第二建筑安装工程公司	1980	6230	57920	667	31467	3369
丹阳市建筑安装工程公司	2080	6002	78461	1732	28856	8326
丹阳市建筑工程公司	1248	6094	36668	881	48831	7060
江苏正华建设开发集团	1495	7189	46766	2022	48090	13526
镇江市市政建设工程总公司	1250	5211	0	2738	41686	21906
江苏合发装饰工程实业有限公司	240	10920	0	2023	455000	84308
江苏正太建设股份有限公司	1800	28401	236711	4723	157783	26239
泰兴市南新建筑安装工程公司	1519	11681	88995	2172	76899	14301
泰兴市水工市政工程建设公司	815	2400	0	633	29448	7768

资本金合计(万元)	资产总计(万元)	负债合计(万元)	利润总额(万元)	利税总额(万元)	工程质量优良品率(%)	产值利润率(%)	产值利税率(%)	资产负债率(%)
3241	127267	122518	407	1078	64.0	0.7	1.8	96.3
1820	5400	2445	65	828	41.1	0.2	2.3	45.3
1539	7778	6117	−69	359	16.7	−0.2	1.2	78.6
3194	10961	6669	111	494	24.4	0.3	1.4	60.8
1569	4229	2755	−25	68	28.1	−0.4	1.1	65.1
1800	5880	5155	19	131	84.0	0.5	3.3	87.7
1536	11876	10137	−173	157	40.0	−1.2	1.1	85.4
2348	24224	22053	−94	175	50.0	−1.0	1.9	91.0
1821	66159	63173	4	439	16.9	0.0	2.1	95.5
1820	9447	7515	20	536	72.7	0.1	3.8	79.6
1516	19859	18198	6	249	63.0	0.1	2.5	91.6
1609	13779	12171	425	602	57.7	4.3	6.1	88.3
1890	28284	25798	298	597	23.0	1.2	2.4	91.2
1507	12721	11122	375	439	33.9	2.4	2.8	87.4
4439	41570	36185	456	648	58.2	1.0	1.4	87.0
1885	2774	765	16	29	0.0	0.5	0.8	27.6
1250	7014	5534	17	212	100.0	0.3	3.6	78.9
12126	73741	48111	93	276	96.4	0.2	0.6	65.2
1919	11494	9410	5	218	38.1	0.0	1.8	81.9
1049	9982	8395	122	190	0.0	1.6	2.4	84.1
1773	18559	15322	−969	−888	37.0	−7.8	−7.1	82.6
2011	27313	24077	16	766	51.4	0.1	3.6	88.2
188	2992	1926	121	224	0.0	4.1	7.7	64.4
5792	20103	10327	262	294	0.0	2.3	2.6	51.4
3387	7143	3983	15	111	22.2	0.7	5.1	55.8
2179	11316	8879	58	266	4.7	0.7	3.3	78.5
1682	5434	3650	8	127	12.8	0.1	2.0	67.2
1634	9012	7549	5	206	42.3	0.1	3.4	83.8
1890	3422	1532	26	164	30.2	0.4	2.6	44.8
170	9400	7873	−61	34	25.9	−1.0	0.6	83.7
1554	7061	5634	−265	−236	42.9	−4.3	−3.9	79.8
2017	6807	4566	1	319	82.9	0.0	4.4	67.1
1895	6517	4131	18	83	53.8	0.3	1.6	63.4
2672	6474	3237	421	981	0.0	3.9	9.0	50.0
4520	16156	11308	164	533	64.4	0.6	1.9	70.0
1614	4842	2524	193	548	34.9	1.6	4.7	52.1
1504	2583	988	28	106	0.0	1.2	4.4	38.3

续 27

企业名称	平均人数（人）	建筑业总产值（万元）	竣工面积（平方米）	建筑业增加值（万元）	按总产值计算的劳动生产率（元/人）	按增加值计算的劳动生产率（元/人）
泰兴市古溪建筑安装工程公司	1185	10144	37253	2492	85602	21030
姜堰市建筑安装工程公司	2919	22272	248033	3865	76300	13240
江苏省泰兴市第三建筑安装工程公司	1181	10323	12687	1666	87406	14105
江苏省泰兴市第一建筑安装工程公司	3695	53842	216583	8679	145716	23488
江苏省泰兴市第二建筑安装工程公司	1385	6041	70271	1346	43619	9716
地方国营泰兴机电设备安装工程公司	814	11106	0	1057	136437	12985
江苏省泰兴市市政工程公司	704	5085	0	772	72229	10967
泰兴市建筑安装工程公司	1119	5516	42012	1415	49294	12645
江苏河海工程集团公司	2335	14750	0	4135	63169	17708
泰兴市交通建设工程处	306	4800	0	894	156863	29206
江苏省泰兴市第四建筑安装工程公司	3241	23904	117975	5624	73755	17353
姜堰市第二建筑安装工程公司	1547	11624	98750	2441	75139	15780
姜堰市第三建筑安装工程公司	1568	11265	76301	2868	71843	18290
兴化市建筑工程总公司	4684	39744	536387	3639	84850	7769
扬州市第二水利建筑工程公司	708	3555	0	987	50212	13945
泰州市建筑工程公司	1042	5095	33170	1186	48893	11382
泰州市第二建筑工程公司	2818	21630	364998	6413	76758	22758
泰州市三建公司	807	3746	71133	1553	46419	19239
江苏方园建筑工程有限公司	2468	15819	184857	3801	64096	15401
泰州市通达建筑安装工程公司	1580	9513	75511	2448	60209	15496
兴化市金桥集团总公司	208	4582	0	733	220274	35221
江苏鼎盛集团	1731	11697	166597	3268	67573	18879
泰兴市过船镇建筑安装公司	1761	9585	122617	3251	54429	18462
靖江市工业设备安装公司	632	4242	0	1008	67125	15951
靖江市建筑安装工程公司	2437	20870	103192	3810	85638	15634
江苏海洋工程总公司	917	15209	0	3073	165852	33515
靖江市越江建筑实业总公司	663	4241	39077	1293	63962	19505
靖江市长里建筑安装工程总公司	759	3400	96530	1164	44802	15339
江苏万丰建筑安装工程公司	1885	7110	49127	2209	37719	11721
江苏省泗阳县建筑工程公司	1008	3016	38224	759	29921	7533
江苏省宿迁市第三建筑工程公司	3453	8251	53356	2010	23896	5822
浙江省						
浙江省大成建设实业公司	1301	10349	0	1893	79545	14550
浙江省第三建筑工程公司	6448	100911	665360	13377	156499	20746
浙江省地质矿产工程公司	855	12845	0	1706	150233	19949

资本金合计(万元)	资产总计(万元)	负债合计(万元)	利润总额(万元)	利税总额(万元)	工程质量优良品率(%)	产值利润率(%)	产值利税率(%)	资产负债率(%)
1648	3438	1403	99	275	10.5	1.0	2.7	40.8
1520	24891	23112	106	130	65.9	0.5	0.6	92.9
1643	16568	14142	15	225	33.3	0.1	2.2	85.4
4420	169124	160430	912	1503	68.8	1.7	2.8	94.9
1911	10838	7821	14	226	0.0	0.2	3.7	72.2
1121	2218	776	37	183	76.0	0.3	1.6	35.0
2487	13741	10522	58	182	55.6	1.1	3.6	76.6
2586	7061	3548	446	560	0.0	8.1	10.2	50.2
5014	14296	6822	1064	1582	85.7	7.2	10.7	47.7
615	5836	4911	49	56	0.0	1.0	1.2	84.2
3985	28468	23827	587	1407	79.6	2.5	5.9	83.7
1566	35101	32962	30	171	48.0	0.3	1.5	93.9
1521	8031	6397	32	608	69.2	0.3	5.4	79.7
1816	11750	10250	22	501	22.7	0.1	1.3	87.2
2249	4899	2672	280	327	69.2	7.9	9.2	54.5
1520	10923	10586	0	89	16.7	0.0	1.7	96.9
3423	59398	53740	314	1008	65.2	1.4	4.7	90.5
1641	4336	2525	1	151	25.0	0.0	4.0	58.2
1518	13047	11217	379	416	72.2	2.4	2.6	86.0
1584	28679	27021	150	426	75.0	1.6	4.5	94.2
599	1328	729	57	110	32.0	1.2	2.4	54.9
4193	9483	5290	151	354	36.4	1.3	3.0	55.8
1520	10321	8359	187	396	27.8	2.0	4.1	81.0
1501	3468	2144	−143	−114	0.0	−3.4	−2.7	61.8
3210	52611	48108	369	850	55.2	1.8	4.1	91.4
2384	12149	8246	615	859	53.8	4.0	5.6	67.9
1512	3170	1423	25	103	53.3	0.6	2.4	44.9
1537	4757	2053	16	272	100.0	0.5	8.0	43.2
1692	20444	18975	−13	147	0.0	−0.2	2.1	92.8
1654	2077	387	40	151	64.3	1.3	5.0	18.7
1541	4948	3286	67	347	25.0	0.8	4.2	66.4
1000	15685	13681	127	467	16.7	1.2	4.5	87.2
1250	55591	51900	251	2830	22.0	0.2	2.8	93.4
1257	7493	5535	6	199	8.9	0.0	1.5	73.9

续 28

企业名称	平均人数(人)	建筑业总产值(万元)	竣工面积(平方米)	建筑业增加值(万元)	按总产值计算的劳动生产率(元/人)	按增加值计算的劳动生产率(元/人)
浙江省机械施工公司	1032	9324	0	2696	90354	26123
浙江省工业设备安装公司	4618	51564	0	8388	111658	18163
浙江省第一建筑工程公司(省建筑装饰公司)	7575	72621	531004	6468	95869	8539
浙江省水电建筑安装公司	2000	14100	0	3654	70501	18271
浙江省第四建筑工程公司	6584	100785	448795	12972	153075	19702
浙江钱塘江水利建筑工程公司	650	4856	0	1881	74706	28942
杭州市市政工程总公司	1091	17835	0	4147	163473	38016
杭州市第三建筑工程公司	3628	28108	233756	3384	77476	9327
杭州市第四建筑工程公司	1111	8171	113899	1449	73550	13046
杭州市设备安装公司	1555	15767	0	4308	101395	27704
杭州市建筑工程公司	3461	24115	225064	4951	69676	14306
杭州市第二建筑工程公司	4649	27403	295346	5243	58943	11278
浙江省钱江建筑工程公司	1627	7958	92008	2671	48910	16414
杭州市公路工程处	1939	15413	0	2333	79491	12033
杭州路达公路工程公司	408	4177	0	1000	102380	24522
杭州市路桥总公司	1226	4034	0	746	32906	6084
杭州上城区设备安装公司	320	4141	0	1175	129412	36713
杭州市西湖区第三建筑工程公司	2000	6060	59886	1549	30300	7743
杭州东冠通信集团有限公司	1490	23853	0	7631	160087	51217
杭州湾建筑工程公司	1800	15279	141965	5704	84886	31689
杭州市江干区第四建筑工程公司	769	4028	26529	1817	52386	23624
杭州大通建筑工程公司	675	6128	28377	808	90785	11969
萧山市建筑实业公司	2283	20290	72088	4526	88874	19825
萧山市第三建筑工程公司	3220	23985	42729	4194	74488	13025
浙江东南网架集团有限公司	300	6217	0	1285	207227	42837
萧山市城南建筑工程公司	1875	6180	53375	1772	32960	9450
萧山市第四建筑工程公司	2300	6333	84420	1640	27535	7129
萧山市建筑营造公司	1580	10395	120810	2481	65791	15705
浙江江南建筑装饰工程公司	635	4004	0	1543	63055	24293
杭州萧宏市政工程有限公司	1219	18284	3883	2874	149991	23581
萧山市闻堰镇建筑工程公司	1150	8500	61064	1616	73913	14052
萧山市新街建筑工程公司	1250	6380	48352	1690	51040	13518
萧山市第五建筑公司	1486	10080	64160	2416	67833	16260
萧山市水利建筑安装工程公司	1057	3726	0	1519	35251	14373
萧山市市政工程公司	1080	11500	0	2130	106481	19722
萧山市交通工程总公司	531	8131	0	2458	153126	46282
浙江省水电建筑第三工程处	880	13132	0	2629	149224	29881

资本金合计（万元）	资产总计（万元）	负债合计（万元）	利润总额（万元）	利税总额（万元）	工程质量优良品率（%）	产值利润率（%）	产值利税率（%）	资产负债率（%）
1700	10255	6588	121	488	0.0	1.3	5.2	64.2
5174	43714	34677	193	1267	63.5	0.4	2.5	79.3
1300	29658	25710	201	1435	36.0	0.3	2.0	86.7
2631	22986	18818	25	458	15.8	0.2	3.2	81.9
1300	33146	28802	242	2701	26.1	0.2	2.7	86.9
4555	14044	6973	677	894	33.3	13.9	18.4	49.7
3150	34681	27813	323	389	40.0	1.8	2.2	80.2
3159	23021	19178	264	713	29.1	0.9	2.5	83.3
2000	6945	4613	85	233	26.7	1.0	2.9	66.4
3672	19013	15341	246	676	0.0	1.6	4.3	80.7
2117	19453	14578	260	966	19.4	1.1	4.0	74.9
3275	14127	10937	160	1133	34.4	0.6	4.1	77.4
9467	12813	11108	90	337	42.4	1.1	4.2	86.7
3200	17291	13350	71	185	63.6	0.5	1.2	77.2
6800	9963	3148	20	301	100.0	0.5	7.2	31.6
2500	15298	12781	231	303	5.5	5.7	7.5	83.5
1542	6164	4344	145	194	2.4	3.5	4.7	70.5
1692	4025	2084	79	343	50.0	1.3	5.7	51.8
3971	23095	16773	1300	2286	0.0	5.4	9.6	72.6
16000	27329	8948	500	765	14.3	3.3	5.0	32.7
1930	9658	7316	153	347	33.3	3.8	8.6	75.7
1800	2244	435	20	150	20.0	0.3	2.4	19.4
3580	12493	7433	650	1494	66.7	3.2	7.4	59.5
3000	12800	4825	396	1224	54.5	1.7	5.1	37.7
6218	25358	18182	332	371	12.7	5.3	6.0	71.7
1600	7908	3995	140	401	65.2	2.3	6.5	50.5
1816	3929	2113	154	304	0.0	2.4	4.8	53.8
1850	12479	10464	121	536	61.1	1.2	5.2	83.9
3804	12701	8306	195	350	4.8	4.9	8.7	65.4
1524	10151	5991	405	1090	60.0	2.2	6.0	59.0
1550	2509	757	34	162	64.7	0.4	1.9	30.2
1522	2209	615	103	326	55.6	1.6	5.1	27.8
1900	4771	2687	184	437	33.3	1.8	4.3	56.3
1548	3556	1707	73	229	16.7	2.0	6.1	48.0
2400	10324	7331	380	654	33.3	3.3	5.7	71.0
1258	25455	23044	387	544	25.0	4.8	6.7	90.5
3208	10796	7568	64	307	0.0	0.5	2.3	70.1

续 29

企业名称	平均人数（人）	建筑业总产值（万元）	竣工面积（平方米）	建筑业增加值（万元）	按总产值计算的劳动生产率（元/人）	按增加值计算的劳动生产率（元/人）
浙江省萧山市第二建筑工程公司	3565	23385	160864	7483	65596	20990
萧山杭萧轻型钢房制造有限公司	630	3100	12000	1677	49206	26621
富阳建筑公司	1589	5102	81029	1502	32108	9452
富阳市电力建设总公司	394	5504	0	1851	139698	46982
富阳市第二建筑工程有限公司	1197	4812	39368	1572	40198	13129
临安市江南建筑工程有限公司	1050	3086	7400	1542	29390	14686
浙江大华建筑工程有限公司	1808	4242	47481	1554	23463	8597
余杭市第二建筑工程有限责任公司	1880	10002	132290	2233	53202	11880
浙江省水电建筑第一工程处	1540	12507	0	3313	81212	21514
杭州党湾建筑工程有限公司	1185	8000	18807	1389	67511	11724
浙江萧山建工集团有限公司	4238	27004	174689	5469	63718	12904
浙江省路桥工程处	2643	56151	0	12055	212452	45612
杭州市富阳桥梁工程处	1030	4224	0	1178	41009	11438
浙江伊麦克斯基础工程有限公司	212	3051	0	925	143906	43637
杭州大地网架制造有限公司	460	6360	0	2074	138263	45098
杭钢集团公司修建部	598	2703	543	1313	45206	21955
宁波市住宅建设总公司	785	6555	61343	1701	83503	21670
宁波市市政设施建设开发公司	548	6496	0	1388	118546	25336
宁波市建筑安装总公司	6490	109190	360142	15335	168244	23628
宁波市市政工程总公司	1216	15642	0	3878	128638	31888
宁波市建筑集团股份有限公司	3709	40363	390981	8188	108823	22077
宁波保税区东方工程实业公司	1280	4216	4000	2550	32941	19926
宁波市明州建设公司	1120	8947	49386	2564	79884	22890
宁波北仑第一建筑安装工程公司	2175	11808	48548	2893	54290	13301
北仑建筑安装实业公司	809	7680	18343	1611	94932	19911
宁波市镇海第三建筑工程公司	875	6733	45625	1558	76951	17810
宁波市镇海建筑工程公司	1100	7232	34685	1674	65747	15220
宁波市第四建筑工程公司	968	6522	66376	1506	67380	15562
浙江省第二建筑工程公司	3850	30222	290218	8790	78499	22832
浙江海洋工程总公司	525	5268	0	1212	100343	23078
镇海炼化检修安装工程公司	1193	15396	0	6235	129052	52262
宁波第二设备安装有限公司	542	7680	0	3061	141697	56476
浙江省鄞县建筑公司	1232	10016	92007	1867	81302	15151
鄞县交通工程公司	834	3516	0	803	42158	9631
宁波水司供水工程有限公司	354	6376	0	982	180107	27754
余姚市三江建设公司(原村镇建设公司)	1061	5226	36252	1527	49255	14390
余姚市建筑工程公司	726	3616	45738	1125	49804	15497

资本金合计(万元)	资产总计(万元)	负债合计(万元)	利润总额(万元)	利税总额(万元)	工程质量优良品率(%)	产值利润率(%)	产值利税率(%)	资产负债率(%)
3080	25025	20803	420	1344	43.2	1.8	5.7	83.1
1653	5291	2827	120	341	0.0	3.9	11.0	53.4
1750	6303	4521	84	147	80.0	1.6	2.9	71.7
1443	3902	2005	684	879	0.0	12.4	16.0	51.4
1516	2794	959	44	201	22.2	0.9	4.2	34.3
3000	4831	2065	71	157	0.0	2.3	5.1	42.7
1800	4245	2411	214	475	38.5	5.0	11.2	56.8
1509	17199	15372	185	384	20.0	1.8	3.8	89.4
4119	12768	8940	40	409	100.0	0.3	3.3	70.0
1598	5451	3853	−101	−8	25.0	−1.3	−0.1	70.7
3396	19459	15949	83	1164	53.6	0.3	4.3	82.0
7136	56527	35485	4056	4981	72.2	7.2	8.9	62.8
1800	4504	3081	72	116	0.0	1.7	2.7	68.4
1286	3544	2161	156	235	100.0	5.1	7.7	61.0
1608	9863	5881	332	521	0.0	5.2	8.2	59.6
0	5662	2630	0	0	100.0	0.0	0.0	46.4
2989	28566	24206	206	390	16.1	3.2	5.9	84.7
1854	12761	10381	683	722	14.8	10.5	11.1	81.3
4287	127219	117585	861	3421	24.8	0.8	3.1	92.4
2687	35405	29420	782	1052	23.5	5.0	6.7	83.1
7111	51086	41230	612	1583	13.0	1.5	3.9	80.7
1030	4726	1763	78	252	71.4	1.9	6.0	37.3
1500	8144	3654	306	642	84.6	3.4	7.2	44.9
1550	9562	7526	67	421	27.8	0.6	3.6	78.7
1528	4679	3116	101	207	58.3	1.3	2.7	66.6
1500	3564	1909	215	453	6.7	3.2	6.7	53.6
1500	8810	7243	18	237	25.0	0.3	3.3	82.2
1504	5990	4333	15	155	11.9	0.2	2.4	72.3
1150	30000	27757	243	1655	35.9	0.8	5.5	92.5
591	3884	2748	59	152	25.0	1.1	2.9	70.8
3241	12505	6549	1222	1447	0.0	7.9	9.4	52.4
1943	7468	5158	421	649	66.7	5.5	8.5	69.1
1909	17659	15125	16	246	20.5	0.2	2.5	85.7
1000	4220	3173	20	112	40.0	0.6	3.2	75.2
1290	3833	2543	546	546	4.3	8.6	8.6	66.3
1521	3988	2385	69	209	64.3	1.3	4.0	59.8
1520	4263	2260	53	206	16.1	1.5	5.7	53.0

续 30

企业名称	平均人数(人)	建筑业总产值(万元)	竣工面积(平方米)	建筑业增加值(万元)	按总产值计算的劳动生产率(元/人)	按增加值计算的劳动生产率(元/人)
余姚德发古建筑(集团)有限公司	915	6066	26469	1506	66295	16462
慈溪市建筑设备安装公司	594	4368	23317	1242	73542	20906
慈溪市建筑工程总公司	1972	8631	113786	1620	43770	8217
奉化市公路桥梁建筑工程公司	253	3360	0	1007	132806	39822
宁海县坑道工程公司	408	6105	0	1325	149627	32468
浙江省宁海县第三建筑公司	1024	6582	95131	1529	64277	14935
浙江省围海工程公司	2602	8166	10600	2576	31384	9900
象山超达建筑装饰工程公司	898	2056	21010	1096	22896	12209
象山县第八建筑工程公司	2165	11602	73908	3480	53589	16073
象山县第十建筑工程公司	728	6018	85745	1939	82665	26637
象山县第一建筑安装工程公司	2420	21654	218693	4046	89479	16718
宁波华厦建设公司	3075	30278	229305	7198	98465	23407
宁波大成建设有限公司	1020	12074	67246	3009	118373	29499
象山昌润建设有限公司	1270	14709	54803	2405	115817	18935
象山丰润建设有限公司	1850	7225	73901	2156	39054	11655
浙江象山二建集团股份有限公司	13625	138016	535580	24617	101296	18068
宁波交通工程(集团)公司	1247	10434	0	2820	83672	22614
浙江建安实业集团股份有限公司	4131	41023	434031	9222	99306	22325
宁波华丰建设集团股份有限公司	4868	40395	177915	9497	82981	19510
中国宏润建设集团股份有限公司	9075	107348	340733	24681	118290	27196
宁波聚实建筑工程有限公司	1603	15265	111005	3179	95228	19832
温州路桥工程公司	1069	10490	0	3435	98129	32138
温州市建筑工程公司	2610	16580	202658	3618	63525	13861
温州市第二建筑安装工程公司	1208	6085	51437	1504	50370	12449
温州市建设集团公司	6547	45739	324844	8789	69863	13424
温州市环城建筑工程公司	1238	8645	123943	2362	69831	19078
温州市基础工程公司	260	3074	0	899	118231	34569
温州市鹿城第二建筑工程公司	1157	6933	108592	1215	59920	10504
温州鹿城第一建筑工程公司	1900	9138	91149	1878	48096	9882
温州市华昌建筑安装工程有限公司	998	10126	75458	1525	101468	15284
温州市瓯海建筑工程公司	2328	14195	188948	4020	60973	17269
温州东瓯建设集团公司	1631	10000	141961	2612	61315	16014
浙江省永嘉县地方建筑工程公司	1105	6306	87344	2024	57065	18313
永加县交通工程公司	407	3117	0	1097	76575	26951
乐清市第二建筑工程公司	1534	6347	139160	1653	41375	10778
乐清市建筑工程公司	1085	5018	77431	1439	46251	13260
温州第二井巷工程公司	1193	2538	0	1752	21276	14687

资本金合计(万元)	资产总计(万元)	负债合计(万元)	利润总额(万元)	利税总额(万元)	工程质量优良品率(%)	产值利润率(%)	产值利税率(%)	资产负债率(%)
1699	3674	1923	10	76	37.5	0.2	1.3	52.3
1506	4367	2626	57	181	33.3	1.3	4.1	60.1
1536	15092	13404	12	139	10.0	0.1	1.6	88.8
123	2212	532	160	264	25.0	4.8	7.9	24.1
1200	2943	250	68	321	0.0	1.1	5.3	8.5
1503	2995	1641	101	212	26.1	1.5	3.2	54.8
4736	12722	7318	261	501	100.0	3.2	6.1	57.5
1200	1278	63	3	103	0.0	0.2	5.0	4.9
1512	8442	6651	187	536	20.0	1.6	4.6	78.8
2288	7487	4958	317	484	39.1	5.3	8.1	66.2
1677	30597	28355	128	413	32.6	0.6	1.9	92.7
3210	15825	11849	623	1195	32.7	2.1	3.9	74.9
2160	5340	1815	257	511	57.1	2.1	4.2	34.0
2547	4034	1006	568	1004	15.4	3.9	6.8	24.9
1840	7738	5861	2	203	8.3	0.0	2.8	75.7
8000	37321	22709	5058	8119	64.3	3.7	5.9	60.8
4592	11101	6390	107	374	56.3	1.0	3.6	57.6
3824	37636	32235	609	1615	44.6	1.5	3.9	85.7
4430	17171	11173	744	1566	35.7	1.8	3.9	65.1
8930	69290	47377	8369	11161	63.2	7.8	10.4	68.4
1520	11872	8423	275	624	20.0	1.8	4.1	71.0
3114	6880	3193	256	432	0.0	2.4	4.1	46.4
4518	7166	3392	16	178	43.3	0.1	1.1	47.3
1510	13655	12106	19	166	28.6	0.3	2.7	88.7
1928	34951	31444	99	1123	33.9	0.2	2.5	90.0
2098	20692	17911	2	239	24.3	0.0	2.8	86.6
617	5261	4584	13	114	0.0	0.4	3.7	87.1
1047	17296	16249	6	164	40.0	0.1	2.4	93.9
1650	22532	20882	8	74	14.8	0.1	0.8	92.7
1799	9602	7750	49	252	44.4	0.5	2.5	80.7
1813	5638	3701	21	377	25.5	0.1	2.7	65.6
1638	20579	18360	202	621	15.6	2.0	6.2	89.2
1650	3293	1386	116	308	41.2	1.8	4.9	42.1
1121	1524	395	8	77	57.1	0.2	2.5	25.9
1567	10487	8670	−84	71	12.5	−1.3	1.1	82.7
1685	7876	5667	47	242	14.3	0.9	4.8	72.0
1988	2700	573	51	150	38.5	2.0	5.9	21.2

续 31

企业名称	平均人数（人）	建筑业总产值（万元）	竣工面积（平方米）	建筑业增加值（万元）	按总产值计算的劳动生产率（元/人）	按增加值计算的劳动生产率（元/人）
平阳县第四建筑安装工程公司	1126	6112	49270	1685	54281	14965
温州浙南井巷工程公司	2350	10316	0	1936	43897	8239
浙江省宏厦基础工程有限公司	321	4137	0	681	128885	21221
泰顺县地方建筑工程公司	1280	4416	56260	1345	34500	10505
嘉兴市建筑安装工程公司	2482	17500	260147	4749	70508	19134
福达建筑集团公司	953	2001	46227	603	20993	6328
加善县华盛建筑安装工程公司	1806	6501	115377	1845	35998	10214
浙江省平湖市建筑工程公司	1800	7227	118883	2723	40151	15130
海宁市公路工程处	418	3417	0	1019	81756	24385
浙江省嘉兴新厦建筑集团有限责任公司	1537	6580	57186	2066	42811	13440
浙江嘉兴巨匠建筑集团有限责任公司	1293	4821	34504	1700	37285	13145
湖州市市政工程总公司	760	2121	0	1291	27905	16988
浙江省水利疏浚工程处	589	4683	0	1864	79504	31645
湖州市住宅建筑工程公司	988	4461	31414	1868	45149	18906
湖州市建筑安装工程总公司	2929	17124	120262	4822	58464	16465
湖州市路桥工程处	512	4270	0	730	83398	14262
湖州市环渚建筑工程公司	1151	6031	62546	1889	52396	16409
湖州大东吴通讯电力建筑工程煞车有限公司	2010	10620	38754	3592	52836	17869
湖州市升山建筑工程有限公司	1360	6124	85845	2284	45032	16793
德清县第二建筑工程公司	1027	4193	56945	551	40824	5365
湖州市交通工程处	598	5306	0	1106	88737	18495
长兴县第三建筑工程公司	1401	7511	37779	1959	53612	13986
绍兴市交通工程公司	800	6553	0	2371	81914	29641
绍兴市市政工程公司	706	6098	0	1396	86377	19772
绍兴市第三建筑安装工程公司	2903	22163	154781	5559	76345	19150
绍兴市第一建筑安装工程公司	3650	32371	321557	2861	88688	7838
绍兴市禹陵建筑工程公司	2880	21600	232578	6026	75000	20924
绍兴市第八建筑工程公司	1098	6237	54613	1502	56804	13682
绍兴市第五建筑工程公司	1288	11816	79996	1862	91739	14460
绍兴市建筑安装工程公司	4014	31704	145661	5941	78982	14800
绍兴市公路工程公司	1022	5781	0	256	56562	2502
绍兴县第四建筑工程公司	2308	12385	62228	4683	53661	20292
绍兴县建筑营造公司	2050	20710	128680	4238	101024	20673
绍兴县华宇建筑工程公司	1538	7068	51309	1770	45956	11507
绍兴县建筑工程公司	2760	35082	111460	7473	127107	27077
绍兴县第一建筑安装工程公司	2725	25264	79854	6134	92712	22510
绍兴县东方建筑工程公司	1060	8354	48689	1813	78808	17106

资本金合计(万元)	资产总计(万元)	负债合计(万元)	利润总额(万元)	利税总额(万元)	工程质量优良品率(%)	产值利润率(%)	产值利税率(%)	资产负债率(%)
1465	5463	3848	52	154	77.8	0.9	2.5	70.4
3818	4852	1022	14	367	72.0	0.1	3.6	21.1
2080	2887	640	58	139	0.0	1.4	3.4	22.2
1612	2649	1015	26	179	57.1	0.6	4.1	38.3
1580	15162	11784	−338	669	33.3	−1.9	3.8	77.7
1586	7555	5057	101	144	19.0	5.0	7.2	66.9
1740	10801	9091	36	238	30.5	0.5	3.7	84.2
1557	12510	10956	−18	208	16.2	−0.2	2.9	87.6
1400	3115	452	195	208	12.5	5.7	6.1	14.5
3115	9672	6548	6	169	35.0	0.1	2.6	67.7
1768	5551	3600	54	213	33.3	1.1	4.4	64.9
543	6981	5857	58	95	9.1	2.7	4.5	83.9
2530	7421	4533	74	177	50.0	1.6	3.8	61.1
1549	9322	7835	117	176	13.8	2.6	3.9	84.1
2573	13706	8811	157	490	30.0	0.9	2.9	64.3
2070	4716	2531	86	92	75.0	2.0	2.1	53.7
1680	12648	10676	30	227	30.4	0.5	3.8	84.4
2727	9935	7027	609	997	72.2	5.7	9.4	70.7
2168	6134	3791	181	422	43.5	2.9	6.9	61.8
1505	9817	8379	−62	49	29.2	−1.5	1.2	85.3
1017	4222	2652	208	247	40.0	3.9	4.7	62.8
1019	21339	19809	−23	25	50.0	−0.3	0.3	92.8
3047	4114	579	−10	216	66.7	−0.1	3.3	14.1
466	5175	4011	13	184	45.0	0.2	3.0	77.5
3210	11628	8060	65	811	44.4	0.3	3.7	69.3
928	21207	18229	56	903	47.7	0.2	2.8	86.0
3089	6920	3831	505	1173	55.2	2.3	5.4	55.4
1506	2195	641	177	388	17.6	2.8	6.2	29.2
1595	7419	5764	39	261	41.2	0.3	2.2	77.7
3555	16486	10298	251	1339	31.8	0.8	4.2	62.5
1760	3062	1735	3	3	66.7	0.0	0.0	56.6
3083	4189	1195	10	374	23.1	0.1	3.0	28.5
5268	7340	1682	442	1100	22.0	2.1	5.3	22.9
1568	4277	1792	140	369	53.8	2.0	5.2	41.9
3051	13491	9279	438	1636	63.2	1.2	4.7	68.8
3104	4940	1577	327	1127	23.1	1.3	4.5	31.9
1516	2442	829	42	240	53.8	0.5	2.9	33.9

续 32

企业名称	平均人数（人）	建筑业总产值（万元）	竣工面积（平方米）	建筑业增加值（万元）	按总产值计算的劳动生产率（元/人）	按增加值计算的劳动生产率（元/人）
绍兴县建筑装潢工程公司	998	9719	16811	2123	97388	21272
绍兴县建筑安装工程公司	2386	20326	110740	6807	85189	28529
绍兴县建筑实业公司	3050	26002	125100	6646	85252	21791
绍兴县建筑工程有限公司	1601	6218	66927	1505	38838	9403
绍兴县第三建筑工程公司	6868	100150	541016	24821	145821	36139
绍兴县第六建筑工程公司	4816	47929	273442	12813	99520	26605
绍兴县安昌建筑工程公司	1058	8271	45093	2694	78176	25467
绍兴县第五建筑工程公司	1930	12005	53610	2601	62202	13476
绍兴县建筑发展公司	1550	7274	83730	1561	46929	10071
绍兴县江桥第二建筑工程公司	708	9108	47666	2307	128644	32585
绍兴县第九建筑安装工程公司	1965	6529	50816	1847	33226	9397
绍兴县第二建筑工程公司	3690	63027	195270	13035	170806	35326
绍兴县市政工程公司	2300	15000	0	4342	65217	18878
绍兴县第十二建筑安装工程公司	1471	6186	101456	1552	42052	10552
绍兴县第十一建筑安装工程公司	2515	6038	59710	2030	24006	8070
绍兴县第八建筑工程公司	1410	6018	50433	1796	42682	12736
绍兴县交通工程公司	727	8910	0	2363	122564	32509
绍兴县城镇建筑公司	1418	6781	54076	1937	47821	13660
浙江宝业建筑装饰工程有限责任公司	1250	11048	45000	2313	88384	18507
浙江华能宝业轻型建筑工程有限公司	665	12000	179430	1112	180451	16725
上虞市城乡建筑工程公司	860	6106	57197	1161	71006	13499
上虞市凤山建筑总公司	2008	12210	58885	1965	60807	9788
浙江省上虞市建筑工程公司	2018	7197	215862	2147	35665	10640
上虞市农垦建筑工程公司	10800	101974	625021	12605	94420	11671
上虞市工业设备安装公司	1158	4876	0	1022	42105	8829
上虞市舜江建筑工程公司	4062	30182	121872	6035	74303	14857
上虞市双堰建筑工程公司	1688	6011	76420	1505	35609	8914
浙江恒通建筑集团公司	3234	28941	126594	6328	89490	19567
上虞市金衢工程有限公司	581	6112	0	1320	105198	22716
浙江中富建筑集团公司(上虞市六建)	4678	54196	193198	6210	115853	13274
浙江省华升建筑工程公司	4892	38211	302779	9468	78109	19355
上虞市第八建筑工程公司	2008	10605	21689	2607	52814	12982
上虞市新宏建筑工程公司	1914	16535	139257	3404	86390	17784
上虞市谢塘建筑工程公司	1986	13969	84168	2621	70337	13197
上虞市第九建筑工程公司	1100	6372	14443	1906	57927	17327
上虞丰惠建筑工程公司	1763	11494	127907	4065	65195	23059
上虞市第四建筑工程公司	2095	8850	65401	2340	42243	11171

资本金合计(万元)	资产总计(万元)	负债合计(万元)	利润总额(万元)	利税总额(万元)	工程质量优良品率(%)	产值利润率(%)	产值利税率(%)	资产负债率(%)
1646	2336	535	117	357	52.0	1.2	3.7	22.9
3018	11083	7778	673	1599	44.4	3.3	7.9	70.2
3044	8542	5339	342	1052	70.0	1.3	4.0	62.5
1508	2570	1002	86	335	14.3	1.4	5.4	39.0
1898	32708	17439	3423	6767	41.7	3.4	6.8	53.3
4416	17394	11699	1218	3150	60.6	2.5	6.6	67.3
5280	9081	3230	324	602	18.8	3.9	7.3	35.6
3450	30493	26428	257	920	28.6	2.1	7.7	86.7
1959	2671	278	5	247	11.8	0.1	3.4	10.4
2937	7762	4587	635	926	40.0	7.0	10.2	59.1
1653	5333	3318	226	562	30.8	3.5	8.6	62.2
3587	16246	9919	897	3145	45.0	1.4	5.0	61.1
4100	7921	2184	640	861	41.9	4.3	5.7	27.6
1500	3086	1416	45	305	13.8	0.7	4.9	45.9
1883	4716	2685	111	352	40.0	1.8	5.8	56.9
1592	2419	787	97	294	46.2	1.6	4.9	32.5
1609	13439	11370	0	31	37.5	0.0	0.4	84.6
1500	1701	193	32	375	30.0	0.5	5.5	11.3
2500	5814	3653	40	374	0.0	0.4	3.4	62.8
1000	4027	2940	117	354	20.4	1.0	2.9	73.0
1528	6388	4792	192	315	33.3	3.1	5.2	75.0
3303	6013	2688	625	814	54.5	5.1	6.7	44.7
3133	5850	2717	243	471	7.7	3.4	6.5	46.4
5030	11794	3307	1009	2800	31.5	1.0	2.7	28.0
1625	3930	2080	84	187	35.0	1.7	3.8	52.9
3500	5274	1197	852	1549	53.1	2.8	5.1	22.7
1528	2700	1123	136	309	64.7	2.3	5.1	41.6
3812	11837	7116	557	1564	28.0	1.9	5.4	60.1
1018	2481	1457	55	242	50.0	0.9	4.0	58.7
4505	5484	979	479	1266	43.5	0.9	2.3	17.9
5380	11856	11156	786	1529	35.1	2.1	4.0	94.1
2101	4504	2133	162	374	33.3	1.5	3.5	47.4
1557	6235	4350	150	668	33.3	0.9	4.0	69.8
1624	7085	5264	344	790	36.4	2.5	5.7	74.3
1795	2252	342	14	391	100.0	0.2	6.1	15.2
2707	6178	3098	511	991	36.1	4.4	8.6	50.1
3331	4223	932	178	406	40.0	2.0	4.6	22.1

续 33

企业名称	平均人数(人)	建筑业总产值(万元)	竣工面积(平方米)	建筑业增加值(万元)	按总产值计算的劳动生产率(元/人)	按增加值计算的劳动生产率(元/人)
绍兴市水利建筑工程公司	650	5760	12660	1085	88615	16688
上虞市海滨建筑工程公司	3750	36000	170419	7921	96000	21124
上虞市第五建筑工程公司	5185	52601	277606	9097	101449	17544
上虞市第七建筑工程公司	1201	8600	32911	1650	71607	13740
上虞市联垦建筑实业公司	3820	31160	225160	5643	81571	14773
上虞市交通工程实业总公司	1579	8028	0	3218	50842	20380
上虞市东关建筑工程公司	2021	7606	38871	1707	37635	8449
上虞市虞中建筑工程公司	1985	6916	58418	2065	34841	10406
上虞市樟塘建筑工程有限公司	4018	25389	138332	7329	63188	18240
上虞市正大建筑工程公司	2105	17147	62151	3353	81458	15931
上虞市装饰实业公司	1020	45418	0	11295	445275	110736
上虞市振兴市政工程公司	1358	11787	65601	3166	86793	23315
诸暨市第二建筑工程公司	5686	58685	302765	13345	103210	23470
诸暨市第八建筑工程公司	2834	22780	136061	5796	80381	20452
浙江省诸暨市第五建筑工程公司	5121	55059	189393	14277	107516	27879
浙江省诸暨市第三建筑工程公司	5500	50800	225089	11781	92364	21421
浙江省诸暨市城乡建筑工程公司	1521	6629	82956	1714	43583	11268
浙江省诸暨市工业设备安装公司	4420	61000	0	14202	138009	32130
诸暨市城市建设工程公司	2419	12018	91439	2419	49682	9999
诸暨市第十建筑工程公司	1267	7108	64738	2522	56101	19908
浙江省诸暨市建筑安装工程公司	6000	68500	337685	12183	114167	20305
浙江省诸暨市第四建筑工程公司	3776	31100	198326	7198	82362	19063
诸暨市第七建筑工程公司	5255	56063	732048	12835	106685	24424
浙江康恒建筑基础工程公司	358	2626	10000	843	73352	23550
诸暨市水电建筑工程公司	1256	9558	56328	2126	76099	16930
浙江省诸暨市越人建筑工程公司	1278	6514	80172	2030	50970	15887
诸暨市第六建筑工程公司	1553	6570	70846	1790	42305	11527
浙江省诸暨市第二市政工程公司	980	10139	0	2597	103459	26496
诸暨市邮电建筑公司	1230	6210	38849	1968	50488	15997
浙江省诸暨市第二工业设备安装公司	950	7290	0	1480	76737	15575
嵊州市市政工程公司	570	4207	0	730	73816	12805
浙江省嵊州市第三建筑工程公司	3050	20056	73810	4290	65757	14065
嵊州市东浦建筑工程公司	1630	6220	71386	1513	38159	9283
浙江省嵊州市建筑工程公司	2736	29758	70976	6784	108766	24796
浙江省嵊州市第二建筑工程公司	1935	11526	53975	2434	59566	12580
嵊州市公路桥梁建筑安装公司	1008	5216	0	1507	51746	14954
浙江省嵊州市地方建筑工程公司	2435	21107	149183	3262	86680	13398

资本金合计(万元)	资产总计(万元)	负债合计(万元)	利润总额(万元)	利税总额(万元)	工程质量优良品率(%)	产值利润率(%)	产值利税率(%)	资产负债率(%)
1653	2916	1064	121	312	0.0	2.1	5.4	36.5
3978	22581	17954	988	1682	45.8	2.7	4.7	79.5
3465	21005	11011	1918	4236	49.1	3.6	8.1	52.4
3780	6946	3167	159	377	33.3	1.8	4.4	45.6
2536	10688	6989	1147	2012	40.9	3.7	6.5	65.4
3025	13509	4226	289	670	37.5	3.6	8.3	31.3
1517	2058	374	54	129	27.3	0.7	1.7	18.2
1575	2565	1010	228	485	18.2	3.3	7.0	39.4
6188	8427	1806	591	1479	54.3	2.3	5.8	21.4
2218	6503	3945	335	893	75.0	2.0	5.2	60.7
5168	11068	4093	2168	4412	75.0	4.8	9.7	37.0
1200	6188	4292	437	846	42.9	3.7	7.2	69.4
3787	24382	18605	599	2084	41.5	1.0	3.6	76.3
2181	3903	1733	210	869	39.4	0.9	3.8	44.4
5158	35422	28979	471	1753	35.4	0.9	3.2	81.8
3175	13739	9324	357	1613	40.0	0.7	3.2	67.9
1558	2727	1160	125	407	16.7	1.9	6.1	42.5
3264	25780	22161	1067	2494	56.0	1.8	4.1	86.0
1896	3556	762	0	235	22.2	0.0	2.0	21.4
1568	6885	5213	196	453	23.5	2.8	6.4	75.7
5018	18749	12222	606	2013	28.4	0.9	2.9	65.2
3156	23610	21138	540	1290	37.0	1.7	4.1	89.5
3847	12363	7426	432	1774	42.6	0.8	3.2	60.1
3000	4616	1297	102	121	50.0	3.9	4.6	28.1
1800	3371	1179	138	501	60.0	1.4	5.2	35.0
1174	1542	368	109	413	0.0	1.7	6.3	23.9
1600	4312	2483	57	317	42.9	0.9	4.8	57.6
1369	7675	5664	439	924	41.7	4.3	9.1	73.8
1550	4910	3093	266	539	50.0	4.3	8.7	63.0
1571	3728	2230	130	380	45.5	1.8	5.2	59.8
1500	2995	1470	60	60	0.0	1.4	1.4	49.1
3137	18492	14674	410	1199	66.7	2.0	6.0	79.4
1537	2508	925	57	133	40.0	0.9	2.1	36.9
3303	15149	11365	304	1168	33.3	1.0	3.9	75.0
1578	4861	2437	280	631	50.0	2.4	5.5	50.1
1750	3184	885	136	273	33.3	2.6	5.2	27.8
3188	7168	3712	400	1110	52.9	1.9	5.3	51.8

续 34

企业名称	平均人数(人)	建筑业总产值(万元)	竣工面积(平方米)	建筑业增加值(万元)	按总产值计算的劳动生产率(元/人)	按增加值计算的劳动生产率(元/人)
新昌县第一建筑工程公司	1422	6006	49265	673	42235	4736
绍兴市园林建筑工程公司	354	2606	8874	501	73616	14141
新昌县交通工程公司	590	3626	0	1008	61458	17092
诸暨市公路桥梁工程处	730	4803	0	1333	65795	18256
浙江绍兴宏伟建筑工程有限公司	1994	8179	87645	2710	41020	13589
浙江鲁易建筑安装工程有限公司	1700	6895	32559	2086	40559	12269
中外合资浙江泰胜建筑工程有限公司	1776	9826	81829	1940	55327	10926
浙江华佳建筑工程有限公司	2086	6505	153588	2173	31184	10415
上虞市梁湖建筑工程有限公司	2005	6108	78167	1831	30463	9132
浙江省嵊州市安府建筑工程有限公司	960	7840	74060	1765	81665	18388
诸暨市越峰建筑工程公司	1191	8060	103137	2113	67674	17746
浙江省诸暨市第一建筑工程公司	3500	30065	47986	4617	85900	13191
金华市交通建筑工程公司	1080	3850	0	1290	35648	11946
金华市第一建筑工程公司	2760	14329	179836	2457	51918	8904
浙江省金华市建筑工程公司	2091	12160	333894	2723	58155	13021
金华县交通工程公司	1106	5749	0	816	51976	7381
金华公路工程有限公司	600	6600	0	804	110000	13403
浙江省兰溪市第一建筑工程公司	868	6037	32670	1502	69553	17302
武义县建筑工程公司	413	2738	49046	374	66288	9065
义乌市第二建筑工程公司	1564	6021	86506	1567	38497	10020
义乌市交通工程建设公司	902	3313	0	1232	36725	13654
义乌市住宅公司	1380	6050	61918	1629	43841	11801
义乌市建筑工程公司	2148	6016	101482	1398	28007	6510
稠城镇建筑工程公司	950	6006	26978	1808	63220	19033
金华市公路桥梁建设有限公司	1634	16621	0	4781	101720	29258
金华市送变电工程公司	308	5260	0	1456	170779	47289
兰溪市装饰工程公司	294	1899	0	440	64578	14980
浙江中天建设工程集团有限公司	8041	82798	498237	22985	102970	28584
东阳市第二建筑工程公司	6634	72800	220721	8260	109738	12452
东阳市第三建筑工程公司	8603	96298	311776	27542	111936	32015
东阳市第四建筑工程公司	6693	71024	133584	22482	106117	33590
东阳市第五建筑工程公司	1807	6280	39323	2304	34754	12751
东阳市第六建筑工程公司	465	3231	74705	987	69482	21230
浙江鼎立建筑集团有限公司	4731	40128	179484	9230	84819	19509
东阳市第八建筑工程公司	3678	20112	185278	5651	54682	15366
东阳市第九建筑工程公司	3840	22135	152167	5631	57643	14664
东阳市第十建筑工程公司	1200	6805	56979	1744	56708	14538

资本金合计(万元)	资产总计(万元)	负债合计(万元)	利润总额(万元)	利税总额(万元)	工程质量优良品率(%)	产值利润率(%)	产值利税率(%)	资产负债率(%)
1479	7892	6374	1	38	13.3	0.0	0.6	80.8
2368	4326	1967	6	31	33.3	0.2	1.2	45.5
1500	3652	1959	35	96	66.7	1.0	2.7	53.6
1250	3698	1350	87	219	14.3	1.8	4.6	36.5
1506	2884	1193	149	383	40.0	1.8	4.7	41.4
1906	3833	1852	209	446	33.3	3.0	6.5	48.3
1507	6122	4059	168	321	29.6	1.7	3.3	66.3
1904	11363	10417	177	454	55.3	2.7	7.0	91.7
1560	3343	1814	56	322	23.8	0.9	5.3	54.3
1700	4905	3054	151	353	36.4	1.9	4.5	62.3
1528	1864	211	241	440	42.3	3.0	5.5	11.3
2676	10987	4319	350	1120	58.3	1.2	3.7	39.3
1318	6559	4452	108	167	33.3	2.8	4.3	67.9
1544	17248	12700	−270	29	29.8	−1.9	0.2	73.6
2664	21689	19026	21	329	38.7	0.2	2.7	87.7
1100	5135	2798	275	354	41.7	4.8	6.2	54.5
1000	4223	2496	195	303	50.0	3.0	4.6	59.1
2722	9850	7544	42	128	53.8	0.7	2.1	76.6
1508	4422	3479	3	51	47.4	0.1	1.9	78.7
1623	9672	7996	2	185	40.0	0.0	3.1	82.7
1761	3939	2125	148	275	80.0	4.5	8.3	54.0
1558	6682	4991	23	106	15.8	0.4	1.8	74.7
1513	14000	12378	−9	84	8.3	−0.1	1.4	88.4
1560	3969	2496	4	234	16.7	0.1	3.9	62.9
1500	6312	1504	596	1076	53.3	3.6	6.5	23.8
1800	7648	5014	210	386	80.0	4.0	7.3	65.6
893	2583	1858	27	56	0.0	1.4	2.9	71.9
10178	39173	27179	1211	3922	46.9	1.5	4.7	69.4
1111	16337	8637	580	968	62.2	0.8	1.3	52.9
10984	45123	27920	2899	7290	45.0	3.0	7.6	61.9
5364	13110	6988	1989	4449	39.4	2.8	6.3	53.3
1500	2546	513	232	486	44.4	3.7	7.7	20.2
1611	3285	1567	6	111	7.1	0.2	3.4	47.7
10800	25632	14386	720	2085	41.4	1.8	5.2	56.1
3106	8740	5244	328	1095	43.3	1.6	5.4	60.0
3125	3924	436	510	1429	46.4	2.3	6.5	11.1
1640	2113	374	−10	257	46.2	−0.1	3.8	17.7

续 35

企业名称	平均人数(人)	建筑业总产值(万元)	竣工面积(平方米)	建筑业增加值(万元)	按总产值计算的劳动生产率(元/人)	按增加值计算的劳动生产率(元/人)
东阳市路桥建筑工程公司	1227	7035	24198	2663	57334	21707
东阳市交通建筑工程公司	1500	10400	41662	2537	69333	16911
东阳市横店园林古典建筑公司	2136	11867	88070	4736	55555	22174
东阳市城市建设工程公司	1390	6220	18133	1803	44745	12971
东阳市建筑实业工程公司	1367	6746	40483	1510	49349	11046
东阳市华厦建筑工程公司	3248	19170	43328	5661	59019	17429
东阳市中心建筑工程公司	1910	12833	139953	2567	67188	13438
东阳市红旗建筑工程公司	1518	6160	32754	1578	40580	10394
东阳市设备安装公司	1005	4002	2870	1266	39821	12596
东阳市建筑营造公司	2947	16500	103835	4050	55989	13741
东阳市巍屏建筑工程公司	1078	6573	47884	1809	60973	16781
东阳市万利建筑工程公司	1368	6025	53510	1745	44042	12754
东阳市野风建筑工程公司	2306	20803	59344	5801	90213	25158
东阳市市政工程总公司	2175	12103	18081	3961	55645	18210
磐安县建筑实业有限公司	1920	8200	62000	2149	42708	11194
浙江省第五建筑工程公司	2315	15819	124779	3025	68334	13066
衢州市第一建筑工程公司	811	3798	31971	1163	46830	14346
衢州市路桥公司	875	5200	0	2072	59429	23686
衢县交通建设工程有限公司	523	2408	1810	1499	46052	28667
江山市第二建筑工程公司	1469	5157	76891	1415	35107	9634
江山市建筑公司	1145	5204	111088	1308	45454	11420
衢州市柯城建筑工程公司	1087	6297	45457	1502	57932	13822
浙江省舟山市电力安装公司	507	6804	0	1913	134197	37742
舟山市建筑安装工程公司	2209	15671	145428	4802	70940	21741
舟山市定海大沙建筑工程公司	1062	6765	22654	1247	63701	11743
舟山市定海区第一建筑工程公司	630	2006	27093	806	31846	12789
舟山市基础工程公司	290	7053	0	2239	243207	77210
舟山市第二建筑安装工程公司	1376	10576	156836	2052	76861	14911
舟山市水利海港建筑工程公司	611	3117	7073	1256	51023	20563
普陀区地基工程有限公司	565	3020	11900	916	53451	16212
浙江腾达市政工程集团股份有限公司	2300	50370	0	13638	219000	59297
台州建筑安装工程公司	2248	18021	155942	5428	80162	24145
临海市第六建筑工程公司	1690	16819	108439	1860	99522	11004
浙江省临海市第一建筑工程公司	3509	21355	228737	5618	60856	16010
临海市第四建筑工程公司	1300	5002	61569	1304	38475	10032
仙居交通工程公司	601	6899	0	1219	114789	20281
浙江仙居路桥公司	864	3693	0	1265	42743	14640

资本金合计(万元)	资产总计(万元)	负债合计(万元)	利润总额(万元)	利税总额(万元)	工程质量优良品率(%)	产值利润率(%)	产值利税率(%)	资产负债率(%)
2142	4271	2129	569	804	57.1	8.1	11.4	49.8
1891	3954	2239	141	264	26.3	1.4	2.5	56.6
3055	12841	9445	170	1214	20.0	1.4	10.2	73.5
1532	2151	506	58	281	25.0	0.9	4.5	23.5
1826	3996	2105	16	241	40.0	0.2	3.6	52.7
5280	8713	3358	256	1007	50.0	1.3	5.3	38.5
2339	2584	876	0	336	72.7	0.0	2.6	33.9
1673	2635	972	4	197	38.5	0.1	3.2	36.9
1508	4340	2543	52	167	50.0	1.3	4.2	58.6
2027	3518	1188	82	668	40.0	0.5	4.1	33.8
1594	1985	386	136	359	50.0	2.1	5.5	19.5
2468	2265	298	86	317	60.0	1.4	5.3	13.1
3017	14514	9715	379	784	44.4	1.8	3.8	66.9
2158	5368	4399	289	528	20.0	2.4	4.4	81.9
1668	3508	1621	152	437	33.3	1.9	5.3	46.2
752	12093	10646	14	574	69.1	0.1	3.6	88.0
1600	6645	4879	19	111	28.6	0.5	2.9	73.4
1624	3006	1299	0	182	37.5	0.0	3.5	43.2
1658	3941	1896	62	96	6.7	2.6	4.0	48.1
1622	5005	3369	0	83	48.0	0.0	1.6	67.3
1560	7234	5625	10	139	20.0	0.2	2.7	77.8
1517	6949	5237	19	222	40.0	0.3	3.5	75.4
2051	3171	2072	104	211	0.0	1.5	3.1	65.3
1230	9408	8178	14	501	16.7	0.1	3.2	86.9
1337	4809	3190	68	147	50.0	1.0	2.2	66.3
1520	2750	1168	6	60	0.0	0.3	3.0	42.5
1238	8218	4913	1355	1418	28.6	19.2	20.1	59.8
1456	7054	5318	161	390	28.3	1.5	3.7	75.4
1543	3998	2416	78	163	28.6	2.5	5.2	60.4
1503	4315	2808	9	101	28.6	0.3	3.4	65.1
9973	24483	12951	3093	4020	50.0	6.1	8.0	52.9
3000	7833	3935	377	920	37.0	2.1	5.1	50.2
3018	5692	2247	24	632	38.9	0.1	3.8	39.5
3392	20824	17063	30	392	35.2	0.1	1.8	81.9
1150	17108	15711	16	192	40.9	0.3	3.8	91.8
1800	5277	3477	206	522	50.0	3.0	7.6	65.9
1384	2382	992	39	77	16.7	1.0	2.1	41.6

续 36

企业名称	平均人数(人)	建筑业总产值(万元)	竣工面积(平方米)	建筑业增加值(万元)	按总产值计算的劳动生产率(元/人)	按增加值计算的劳动生产率(元/人)
天台建筑工程公司	1181	6024	24023	1452	51004	12298
浙江省三门县交通工程公司	831	5052	0	1060	60800	12756
浙江省三门县建筑安装工程公司	1796	9035	41621	2756	50306	15344
浙江省三门县建筑工程公司	1885	8950	43682	2642	47480	14018
浙江省台州市第一建筑安装工程公司	2680	20500	110651	5950	76493	22201
台州市第四建筑安装工程公司	1136	6490	37612	1640	57129	14441
台州市路桥第四建筑工程公司	1647	6002	72050	1750	36442	10624
浙江标力集团建筑工程有限公司	1865	10212	78675	3902	54756	20921
浙江黄岩交通建设工程公司	1400	7500	0	1612	53571	11514
台州市路桥建筑工程公司	1798	6284	49233	2515	34950	13988
台州市路桥市政公司	1200	5800	0	1325	48333	11042
台州市椒江交通建设工程有限公司	1012	3903	6884	1321	38567	13052
台州市第三建筑安装工程公司	2018	26181	199012	5786	129738	28673
台州市第二建筑安装工程公司	900	6269	66294	383	69656	4256
浙江省温岭市民用建筑工程公司	2005	7168	47519	1901	35750	9481
浙江省温岭市第三建筑工程公司	2026	7644	40432	2209	37729	10902
浙江省温岭市第二建筑工程公司	2779	20089	94229	5842	72287	21023
浙江省温岭市第六建筑工程公司	2310	22737	151372	5865	98429	25388
浙江省温岭市第四建筑工程公司	1700	10267	131048	3467	60392	20393
浙江省温岭市田洋建筑工程公司	2328	12382	173458	4362	53188	18738
浙江省温岭市交通工程公司	794	5453	0	1963	68681	24723
浙江省温岭市第一建筑工程公司	939	6049	56230	1529	64424	16281
浙江省温岭市建筑市政工程公司	1680	6702	29658	2199	39896	13087
浙江省温岭市第五建筑工程公司	895	5035	0	1269	56257	14182
浙江省台州市交通工程公司	1000	5059	0	1200	50595	11999
浙江省温岭市实事建筑工程公司	1540	6520	71154	1566	42336	10172
温岭市恒远建设工程有限公司	1008	7551	40345	2565	74910	25444
浙江台亚建筑有限公司	380	5732	0	1112	150842	29266
浙江省丽水地区水利电力工程处	615	2581	0	1163	41961	18912
浙江省第七地矿工程总公司	485	4085	0	998	84229	20575
浙江省丽水地区路桥工程处	1018	3980	0	677	39096	6649
安徽省						
安徽省一建	4016	16479	119718	5162	41033	12854
安徽省三建集团	6191	31494	277821	5359	50871	8656
安徽省工业设备安装公司	3089	19481	0	6196	63066	20060

资本金合计(万元)	资产总计(万元)	负债合计(万元)	利润总额(万元)	利税总额(万元)	工程质量优良品率(%)	产值利润率(%)	产值利税率(%)	资产负债率(%)
1652	6047	4221	2	60	26.3	0.0	1.0	69.8
1412	1716	109	167	310	66.7	3.3	6.1	6.3
1692	4023	2187	106	312	40.0	1.2	3.5	54.4
2086	2770	585	126	313	33.3	1.4	3.5	21.1
4072	16741	12669	311	783	18.8	1.5	3.8	75.7
1500	5362	3863	-101	82	26.1	-1.6	1.3	72.0
1500	2849	981	53	139	15.4	0.9	2.3	34.4
2109	6994	4542	157	480	40.9	1.5	4.7	64.9
1315	4723	3049	70	324	28.6	0.9	4.3	64.6
1870	2273	223	208	334	0.0	3.3	5.3	9.8
1588	2399	451	82	316	66.7	1.4	5.4	18.8
1628	6528	4898	17	89	21.1	0.4	2.3	75.0
3100	16081	12692	133	1030	38.5	0.5	3.9	78.9
1198	19244	18661	-296	-247	36.8	-4.7	-3.9	97.0
537	6081	5439	72	167	38.5	1.0	2.3	89.4
1484	4352	2321	57	104	41.7	0.7	1.4	53.3
3112	9660	4952	763	1538	14.7	3.8	7.7	51.3
3107	13165	7368	1331	1949	32.4	5.9	8.6	56.0
1862	4819	1814	520	836	33.3	5.1	8.1	37.6
1897	6893	4269	972	1394	33.3	7.9	11.3	61.9
1002	6473	3436	101	205	13.3	1.9	3.8	53.1
1580	14196	12617	47	195	16.7	0.8	3.2	88.9
1588	2162	228	486	760	11.1	7.3	11.3	10.6
1652	4621	2730	95	244	0.0	1.9	4.8	59.1
1812	2665	838	40	240	54.5	0.8	4.7	31.4
1532	3310	1782	45	154	27.0	0.7	2.4	53.9
1558	5816	3657	356	547	30.8	4.7	7.2	62.9
2089	8744	6224	34	48	12.5	0.6	0.8	71.2
1583	3104	1485	0	45	0.0	0.0	1.8	47.8
1501	2890	1349	-15	60	0.0	-0.4	1.5	46.7
1120	3175	353	72	113	0.0	1.8	2.8	11.1
1553	23254	21998	-1470	-922	42.5	-8.9	-5.6	94.6
2307	53662	45798	5	1091	55.3	0.0	3.5	85.3
1885	21398	17046	70	712	52.9	0.4	3.7	79.7

续 37

企业名称	平均人数（人）	建筑业总产值（万元）	竣工面积（平方米）	建筑业增加值（万元）	按总产值计算的劳动生产率（元/人）	按增加值计算的劳动生产率（元/人）
安徽省第二建筑公司	5219	24401	151036	4608	46754	8829
安徽省公路桥梁公司	953	19433	0	1716	203911	18006
安徽省装饰工程公司	581	2131	0	434	36678	7473
安徽省水利安装公司	5346	10846	25251	1493	20288	2792
安徽省机械疏浚公司	416	2436	0	1124	58558	27024
安徽公路工程公司	186	3500	0	582	188172	31317
合肥广厦建筑股份有限公司	1590	7182	46641	209	45169	1313
合肥市建设集团公司	6006	22035	180755	8210	36689	13670
湖滨建安总公司	3500	12800	227500	4458	36571	12737
合肥市五建	3790	9305	145380	2499	24552	6594
合肥劳武建安公司	590	2234	34684	795	37868	13468
义兴建安公司	1600	5480	55489	707	34250	4417
合肥电力安装总公司	980	5018	7000	1058	51204	10797
安徽省港航	1546	7605	0	2134	49191	13803
省机械施工公司	727	2561	0	361	35223	4961
芜湖市安装建筑总公司	1280	9110	30060	2133	71170	16663
安徽省芜湖市一建公司	2980	5908	16170	1499	19827	5032
南陵第三建筑公司	3247	13122	123551	4509	40413	13888
安徽省疏浚工程总公司	1061	4519	0	1592	42591	15008
第一建筑安装工程总公司	3065	8817	147021	1031	28766	3365
安徽省水利建筑工程总公司	1200	13206	67888	3162	110052	26354
第二建筑安装工程总公司	1590	6055	74776	1679	38082	10558
市公路工程有限公司	890	3500	0	1911	39326	21471
马钢利民建筑安装公司	3606	3720	8000	2370	10317	6573
马鞍山江东建筑安装有限责任公司	3040	6163	14316	1990	20273	6546
马鞍山马钢总公司建设公司	5902	40470	22406	15481	68569	26230
马鞍山市第一建筑安装公司	1660	5518	17760	1431	33239	8621
马鞍山市市政建设总公司	480	3226	0	872	67208	18167
马鞍山市第二建筑安装公司	1750	4372	45828	886	24983	5065
铜陵营造集团股份有限公司	2149	6613	71181	1944	30773	9048
铜陵市政建筑集团	996	2774	56760	1674	27852	16804
铜陵华厦建筑安装有限公司	1559	7381	55995	1842	47346	11813
安庆市第一建安工程公司	979	1568	19759	375	16016	3834
黄山市屯溪建总公司	2500	5203	56064	1482	20812	5928
阜阳市建筑公司	3276	13754	180152	3356	41984	10244
萧县路桥公司	908	3700	0	1390	40749	15308
安徽宿县地区防腐保温总公司	1585	8960	0	3177	56530	20045

资本金合计(万元)	资产总计(万元)	负债合计(万元)	利润总额(万元)	利税总额(万元)	工程质量优良品率(%)	产值利润率(%)	产值利税率(%)	资产负债率(%)
1603	23094	20844	−159	708	54.8	−0.7	2.9	90.3
2348	64183	60915	103	208	9.1	0.5	1.1	94.9
299	4563	4660	−416	−356	0.0	−19.5	−16.7	102.1
1672	14757	8625	−80	95	42.3	−0.7	0.9	58.4
782	2095	1027	156	238	66.7	6.4	9.8	49.0
84	4314	3129	10	78	100.0	0.3	2.2	72.5
3160	4783	1556	−21	76	50.0	−0.3	1.1	32.5
764	36585	32629	17	722	21.1	0.1	3.3	89.2
1918	3747	608	603	1038	48.2	4.7	8.1	16.2
3100	4698	1496	42	248	18.6	0.5	2.7	31.8
1612	2377	697	2	84	91.7	0.1	3.8	29.3
1500	2131	619	67	230	41.2	1.2	4.2	29.0
1080	3497	2515	−257	−228	0.0	−5.1	−4.6	71.9
833	7613	5788	−12	237	8.3	−0.2	3.1	76.0
753	6075	6488	−584	−510	0.0	−22.8	−19.9	106.8
2686	8773	6272	22	219	37.5	0.2	2.4	71.5
4553	13648	9345	−320	−64	0.0	−5.4	−1.1	68.5
1611	2771	686	241	642	28.6	1.8	4.9	24.8
2212	7770	4595	59	159	66.7	1.3	3.5	59.1
2265	11795	11789	−143	119	21.6	−1.6	1.3	99.9
936	10115	8505	1	411	45.7	0.0	3.1	84.1
715	4576	3488	−116	6	38.5	−1.9	0.1	76.2
4120	9843	5723	−16	−14	0.0	−0.5	−0.4	58.1
3354	12109	7605	−351	−173	87.0	−9.4	−4.7	62.8
1380	5558	4216	12	162	0.6	0.2	2.6	75.9
11841	58761	41788	−279	1104	35.1	−0.7	2.7	71.1
1162	5607	5888	−293	−114	0.0	−5.3	−2.1	105.0
627	4895	3428	24	78	100.0	0.7	2.4	70.0
1601	6188	5415	−254	−222	21.4	−5.8	−5.1	87.5
1206	12230	14639	−1923	−1684	2.6	−29.1	−25.5	119.7
2936	11699	10029	−302	−186	23.1	−10.9	−6.7	85.7
1080	6628	4604	61	338	21.1	0.8	4.6	69.5
659	4022	5191	−1238	−1170	14.3	−78.9	−74.6	129.0
1378	9730	7022	−242	−71	46.2	−4.7	−1.4	72.2
3000	16548	13797	28	479	22.2	0.2	3.5	83.4
1500	4709	3090	81	221	12.5	2.2	6.0	65.6
1588	2886	186	1153	1446	91.8	12.9	16.1	6.4

续 38

企业名称	平均人数(人)	建筑业总产值(万元)	竣工面积(平方米)	建筑业增加值(万元)	按总产值计算的劳动生产率(元/人)	按增加值计算的劳动生产率(元/人)
萧县建筑工程总公司	2050	6200	65500	1027	30244	5010
六安地区建筑安装工程公司	2573	10489	87850	1869	40766	7265
舒城县建筑工程公司	931	2978	6727	491	31989	5275
皖西建筑安装工程公司	2740	8634	85795	1132	31511	4133
福建省						
福建省第二公路工程公司	2786	24650	0	5787	88478	20773
福州市市政工程公司	1305	14961	0	4886	114642	37439
福建省第二建筑工程公司	5622	35274	197975	13762	62743	24478
福州市第二建筑工程公司	1402	7985	102281	1874	56954	13364
福州市第一建筑工程公司	1661	16191	177306	2765	97476	16645
福建省第六建筑工程公司	4844	29640	264319	14880	61189	30718
福州电业局电力安装工程公司	476	10333	0	1232	217080	25882
福州市第三建筑工程公司	1739	10031	149334	4472	57683	25719
福建天华建筑装饰工程有限公司	1341	3559	0	1947	26540	14519
福建汇海建工集团公司	1007	6077	46670	2325	60352	23086
福州榕湘建筑工程公司	913	4108	46000	1038	44995	11365
闽侯县建筑工程公司	1028	7506	27530	945	73016	9195
连江县第三建筑工程公司	819	3401	48000	435	41526	5309
闽清县第二建筑工程公司	980	3018	83500	922	30799	9406
闽清县第一建筑工程公司	2122	13066	127930	2871	61575	13529
永泰县建筑工程公司第一分公司	1866	16261	38021	2681	87144	14365
福建省邮电工程公司	349	16500	0	2139	472779	61284
福建省地质工程公司	857	12919	13541	2049	150746	23914
福建省轻工业安装公司	494	3686	0	600	74615	12142
福建省林业工程公司	3273	19438	33938	2874	59388	8782
福建省港口工程公司	718	4006	1093	1531	55788	21325
福建省第一电力建设公司	2090	20961	13870	10649	100292	50952
福建省工业设备安装有限公司	3378	28657	11785	10879	84834	32204
福州市政工程管理处	412	9993	0	3965	242549	96238
福建省建筑机械化施工公司	467	4218	0	1748	90332	37437
厦门市政工程公司	780	6018	0	3950	77154	50645
惠安县驻厦门土木建筑工程公司	350	2288	35836	1010	65386	28854
厦门市吉兴建筑工程公司	803	7159	78108	2038	89153	25375
惠安县驻厦建筑工程公司	795	3797	37211	1043	47761	13123
福建省第四建筑工程公司	2879	21991	174901	6038	76382	20973

资本金合计(万元)	资产总计(万元)	负债合计(万元)	利润总额(万元)	利税总额(万元)	工程质量优良品率(%)	产值利润率(%)	产值利税率(%)	资产负债率(%)
1296	2066	207	470	713	50.0	7.6	11.5	10.0
3218	10518	7640	8	392	16.7	0.1	3.7	72.6
1520	9187	8288	26	49	36.8	0.9	1.6	90.2
1684	2054	1920	22	199	0.0	0.3	2.3	93.5
3210	14718	11044	20	804	66.7	0.1	3.3	75.0
1712	13998	9177	102	710	18.5	0.7	4.7	65.6
3144	35806	29995	32	1732	30.0	0.1	4.9	83.8
2270	12467	9941	3	259	0.0	0.0	3.2	79.7
3856	10406	7054	65	491	35.3	0.4	3.0	67.8
3385	50048	39340	309	1686	29.6	1.0	5.7	78.6
430	5103	4441	200	561	0.0	1.9	5.4	87.0
1894	16361	13785	184	884	54.5	1.8	8.8	84.3
1000	1612	558	49	185	0.0	1.4	5.2	34.6
1800	24481	22427	315	631	0.0	5.2	10.4	91.6
1503	7771	6241	75	211	0.0	1.8	5.1	80.3
1544	6875	5286	49	332	20.0	0.7	4.4	76.9
1567	12572	11020	74	190	0.0	2.2	5.6	87.7
1050	7579	6121	−77	19	13.3	−2.5	0.6	80.8
3668	9468	5800	261	738	57.1	2.0	5.6	61.3
1218	3123	1905	130	485	62.5	0.8	3.0	61.0
1006	8234	5604	260	455	91.9	1.6	2.8	68.1
1597	7785	5905	29	483	17.2	0.2	3.7	75.8
1256	5042	2811	−61	−27	58.3	−1.6	−0.7	55.8
2310	23459	19419	30	597	1.4	0.2	3.1	82.8
2805	5001	2379	28	191	73.1	0.7	4.8	47.6
3521	22098	14321	358	911	100.0	1.7	4.3	64.8
5500	24342	18364	539	1472	51.2	1.9	5.1	75.4
283	15267	10682	824	1105	0.0	8.2	11.1	70.0
4557	11929	6935	16	303	0.0	0.4	7.2	58.1
1030	27049	23326	380	685	33.3	6.3	11.4	86.2
1500	6843	5335	19	229	0.0	0.8	10.0	78.0
1217	25421	23960	99	313	0.0	1.4	4.4	94.3
1604	12610	10961	11	183	16.7	0.3	4.8	86.9
2659	33562	19390	12	669	16.1	0.1	3.0	57.8

续 39

企业名称	平均人数(人)	建筑业总产值(万元)	竣工面积(平方米)	建筑业增加值(万元)	按总产值计算的劳动生产率(元/人)	按增加值计算的劳动生产率(元/人)
厦门市第一民用房屋建筑工程公司	698	7143	44307	2101	102330	30100
厦门市第一建筑工程公司	920	13182	142899	1614	143277	17540
厦门市金阳建设工程有限公司	748	5954	88190	1755	79599	23461
厦门邮电纵横集团建设开发有限公司	814	10400	0	4182	127764	51377
汕头市建安集团公司厦门公司	580	5060	7542	888	87241	15307
厦门市广厦建筑工程公司	600	6288	42576	1555	104800	25925
厦门市环海华建筑工程有限公司	593	4500	47900	573	75885	9659
贵州基泰建筑工程有限公司厦门公司	1780	2723	0	443	15298	2489
福建省第一建筑工程公司	3504	19193	98454	6892	54775	19670
福建省煤炭工业基本建设公司	1144	6006	49734	908	52500	7934
福建省第五建筑工程公司	7022	42123	332298	17294	59987	24628
福建省第一公路工程公司	3236	25627	0	5011	79194	15484
泉州市第一建筑工程公司	1468	5030	107386	447	34267	3044
惠安县东岭建筑工程公司	725	3700	48267	1174	51034	16192
惠安县第三建筑工程公司	850	4916	45718	939	57835	11051
惠安县第七建筑工程公司	2436	12459	148560	1713	51144	7032
惠安县第五建筑工程公司	1000	3050	34200	850	30500	8504
惠安县建筑工程公司	795	3797	37211	1043	47761	13116
惠安县土木建筑工程公司	350	2716	18681	1295	77600	37000
永春县建筑工程公司	655	2442	14743	749	37282	11438
永春县第一建筑工程公司	810	2281	43309	841	28157	10379
福建省水利水电工程局	2280	10300	0	2869	45177	12585
泉州南建工程发展有限公司	498	2004	9329	532	40241	10683
泉州市力高工程建设有限公司	180	2775	4000	413	154189	22961
漳州市第一建筑工程公司	1000	4656	142640	803	46559	8026
福建省第七建筑工程公司	4014	25495	188904	7704	63515	19193
漳州市路通公路工程有限公司	585	3783	0	419	64667	7157
漳州市芗城区第三建筑工程公司	920	3626	30943	826	39413	8984
龙海市角美建筑工程公司	368	4218	29676	975	114620	26500
南平市第一建筑工程公司	850	10690	90361	1880	125765	22119
福建省第三建筑工程公司	3346	17952	103714	4881	53652	14588
福建省闽西交通工程公司	1218	10061	0	2097	82603	17220
江西省						
江西省机械施工公司	795	2623	1250	798	32989	10043
江西省第二建筑工程公司	7951	30564	270266	9366	38440	11780

资本金合计（万元）	资产总计（万元）	负债合计（万元）	利润总额（万元）	利税总额（万元）	工程质量优良品率（%）	产值利润率（%）	产值利税率（%）	资产负债率（%）
1647	9218	5352	305	522	16.7	4.3	7.3	58.1
988	15593	14472	1	155	10.0	0.0	1.2	92.8
2053	6120	4077	4	254	0.0	0.1	4.3	66.6
600	11496	6145	1783	2119	100.0	17.1	20.4	53.5
857	2453	1573	7	143	0.0	0.1	2.8	64.1
1096	12908	11805	1	179	0.0	0.0	2.8	91.4
527	7720	7141	34	35	40.0	0.7	0.8	92.5
414	1107	1079	28	118	0.0	1.0	4.3	97.5
3877	29556	22707	−1391	−472	8.6	−7.2	−2.5	76.8
1765	6244	3635	52	157	22.2	0.9	2.6	58.2
3355	49623	42088	608	2110	21.2	1.4	5.0	84.8
2448	15179	12237	153	959	78.8	0.6	3.7	80.6
1682	11832	10071	11	156	10.3	0.2	3.1	85.1
1567	1639	69	114	257	38.5	3.1	6.9	4.2
1242	6211	4513	−4	207	0.0	−0.1	4.2	72.7
3477	9837	6118	320	765	31.0	2.6	6.1	62.2
1696	14945	13202	40	140	0.0	1.3	4.6	88.3
1604	12610	10961	11	183	16.7	0.3	4.8	86.9
1500	9865	8332	15	175	0.0	0.6	6.5	84.5
601	3927	2425	26	81	50.0	1.0	3.3	61.8
1632	8221	6590	43	124	41.7	1.9	5.5	80.2
1302	4063	2498	−29	370	62.5	−0.3	3.6	61.5
1819	4946	2380	−41	3	0.0	−2.1	0.1	48.1
1893	2734	486	47	110	100.0	1.7	4.0	17.8
653	22360	21518	41	225	0.0	0.9	4.8	96.2
3146	28040	20878	120	778	0.0	0.5	3.1	74.5
2320	8362	6023	30	153	0.0	0.8	4.1	72.0
1517	11824	10302	9	101	14.3	0.2	2.8	87.1
1457	3659	2076	133	352	12.5	3.2	8.3	56.7
8133	9061	6572	17	372	8.3	0.2	3.5	72.5
1063	14209	10358	11	642	19.2	0.1	3.6	72.9
3287	11576	8289	12	299	0.0	0.1	3.0	71.6
1169	8530	3894	−505	−406	20.0	−19.3	−15.5	45.6
233	37068	29476	164	1764	19.5	0.5	5.8	79.5

续 40

企　业　名　称	平均人数（人）	建筑业总产值（万元）	竣工面积（平方米）	建筑业增加值（万元）	按总产值计算的劳动生产率（元/人）	按增加值计算的劳动生产率（元/人）
江苏省第一建筑有限责任公司	4947	19440	146155	6560	39296	13260
江西省工业设备安装公司	2434	5648	0	1470	23207	6039
江西省地质工程总公司	2488	12928	3256	3789	51963	15230
江西省航务局港航工程处	732	4007	13000	2135	54740	29161
南昌市第三建筑工程公司	3714	17581	125771	2237	47337	6023
南昌市第一建筑工程公司	3842	25082	66626	7229	65284	18815
江西省水利水电建设总公司	780	4178	0	1231	53563	15778
南昌县建筑工程公司	1573	5189	91830	1935	32990	12303
景德镇市第一建筑工程公司	1195	3679	9265	104	30790	868
九江市第一建筑工程公司	5469	14796	157114	3954	27054	7231
赣南建筑工程总公司	2854	5590	32512	1762	19588	6173
江西省吉安地区建筑安装工程总公司	989	2569	25444	328	25976	3313
抚州地区建筑公司	2312	6416	46877	1954	27750	8452
临川建筑安装工程总公司	4492	12000	165577	3163	26714	7042
山东省						
山东省装饰集团总公司山东省装饰股份有限司	98	577	0	288	58857	29429
山东省工业设备安装总公司	3447	15476	0	6473	44897	18778
山东省中鲁建筑集团总公司	920	5272	38234	802	57304	8713
山东水利工程总公司	350	4500	0	638	128571	18240
山东省对外建设工程总公司	910	3645	30630	883	40057	9701
济南一建集团总公司	4032	16165	118970	5904	40092	14643
济南建工总承包集团公司	1129	6498	82237	1903	57554	16852
山东省建设业(集团)有限责任公司	4216	31581	175702	8882	74908	21068
济南建设设备安装有限责任公司	817	5730	8735	1962	70135	24018
三联集团城市建设工程总公司	624	2388	0	1194	38274	19136
山东省交通工程总公司	3000	32571	0	9130	108571	30433
山东省机械施工公司	825	2806	0	1665	34012	20177
济南市第二建筑工程总公司	2641	15222	137513	1995	57637	7554
济南市槐荫区建筑安装工程公司	1265	2779	30529	1065	21968	8417
山东鸿宇装饰设计工程有限公司	762	3370	2000	1557	44226	20434
济南第二市政工程公司	1317	6075	0	2388	46129	18136
济南四建(集团)有限责任公司	5712	47582	310078	14862	83302	26019
济南第一市政工程公司	2658	9396	840	3482	35351	13101
山东省水利工程局	833	4738	0	498	56878	5974
济南三箭置业集团总公司	4537	50008	318823	13746	110223	30297

资本金合计(万元)	资产总计(万元)	负债合计(万元)	利润总额(万元)	利税总额(万元)	工程质量优良品率(%)	产值利润率(%)	产值利税率(%)	资产负债率(%)
2684	20797	16550	−489	10	51.3	−2.5	0.0	79.6
1453	13870	7688	−648	−457	44.4	−11.5	−8.1	55.4
3645	22665	16752	32	307	0.0	0.2	2.4	73.9
1264	3907	1212	25	1289	5.0	0.6	32.2	31.0
1230	10820	7051	141	511	47.8	0.8	2.9	65.2
1542	97208	91608	584	1369	31.8	2.3	5.5	94.2
1440	8503	3806	−29	35	66.7	−0.7	0.8	44.8
2332	9477	8222	−5	558	53.6	−0.1	10.7	86.8
3044	10312	8564	2	66	0.0	0.1	1.8	83.0
796	27473	20569	121	273	34.1	0.8	1.8	74.9
3564	28239	26823	−287	−86	58.3	−5.1	−1.5	95.0
573	6078	4809	−278	−238	0.0	−10.8	−9.3	79.1
3153	8252	5087	24	183	33.3	0.4	2.9	61.6
3211	7643	4432	0	401	84.2	0.0	3.3	58.0
200	811	809	1	24	0.0	0.2	4.2	99.8
3619	23498	21288	−971	−477	81.1	−6.3	−3.1	90.6
618	9971	10102	99	205	18.8	1.9	3.9	101.3
4750	22549	17774	−9	−2	37.5	−0.2	0.0	78.8
1000	1100	57	−16	32	0.0	−0.4	0.9	5.1
3284	50143	46900	−183	346	28.0	−1.1	2.1	93.5
983	23807	22503	8	229	35.0	0.1	3.5	94.5
1027	37697	30704	1225	2209	53.6	3.9	7.0	81.5
942	8489	7564	10	200	63.0	0.2	3.5	89.1
800	10716	7805	−52	−13	0.0	−2.2	−0.5	72.8
5735	35833	26600	817	2101	100.0	2.5	6.4	74.2
1708	7274	4008	11	96	48.5	0.4	3.4	55.1
3100	27000	24228	412	890	37.5	2.7	5.8	89.7
1527	4708	2993	58	153	18.2	2.1	5.5	63.6
1425	2243	1196	551	656	0.0	16.3	19.5	53.3
3122	11774	618	590	595	42.9	9.7	9.8	5.3
8000	85450	64034	167	1704	42.1	0.4	3.6	74.9
3867	22183	15894	698	710	0.0	7.4	7.6	71.6
1135	9108	7225	−35	−9	37.5	−0.7	−0.2	79.3
4200	45452	37829	360	1905	20.5	0.7	3.8	83.2

续 41

企业名称	平均人数(人)	建筑业总产值(万元)	竣工面积(平方米)	建筑业增加值(万元)	按总产值计算的劳动生产率(元/人)	按增加值计算的劳动生产率(元/人)
济南市济钢冶金建设公司	2545	17021	53056	1889	66880	7424
济南市历城区建筑安装工程公司	3480	15426	142508	4172	44328	11987
济南市历城区第二建筑安装工程公司	608	2761	49615	642	45411	10564
山东津单幕墙有限公司	2347	28000	0	12785	119301	54474
济南奔腾工程有限责任公司	441	7200	0	3274	163265	74240
济南龙箭置业有限公司	493	8200	13480	3555	166329	72110
长清县建筑公司	2067	6008	36004	883	29066	4272
长清县工业设备安装总公司	1660	7490	0	1596	45119	9613
长清县第二建筑集团有限责任公司	2328	7896	58428	3812	33918	16375
济南电力集团有限责任公司	185	2705	0	916	146200	49530
章丘市第二建筑安装(集团)有限责任公司	973	2189	42851	1040	22497	10694
章丘市第一建筑安装(集团)有限公司	1300	3751	24674	1551	28854	11933
山东省筑港总公司	3816	16600	0	2784	43501	7295
青岛市第一住宅建筑公司	3103	10209	104347	2304	32900	7426
青岛市第二建筑工程公司	3208	14856	145609	3858	46310	12026
青岛市第二市政工程公司	1543	12260	0	4177	79452	27070
青岛市第一市政工程公司	2074	14613	0	4605	70456	22203
青岛送变电工程公司	1359	10809	9000	4253	79536	31297
青岛市第一建筑工程公司	3156	17345	249059	3426	54959	10857
青岛市供水工程公司	260	2603	0	1204	100115	46304
青岛港务局港务工程公司	420	2796	0	1292	66581	30774
青岛安装建设股份有限公司	1084	7815	3802	3116	72094	28742
青岛工业设备安装工程公司	568	4328	6828	762	76194	13414
青岛市城阳区夏庄镇建筑工程公司	1820	4800	57318	1495	26374	8214
山东省胶州市九龙建筑安装工程总公司	2066	7000	124594	1795	33882	8687
胶州市胶东镇建筑公司	1835	9600	152939	3324	52316	18115
平度市水利建筑安装工程公司	973	4895	45789	1299	50308	13354
莱西市建筑总公司	2543	12898	140202	3823	50718	15033
淄博市建筑工程公司	4364	23719	85947	6178	54352	14157
淄川区建设集团总公司	836	2818	15275	823	33708	9844
临淄区召口乡天务建筑公司	1340	3700	38920	1032	27612	7704
淄博市临淄区高阳乡建筑工程公司	2600	8800	62900	2825	33846	10865
淄博市王村建工实业总公司	1121	4820	32234	1509	43002	13465
周村建筑总公司	678	2169	4200	868	31997	12802
桓台县华沟建筑安装公司	1314	5913	36775	1526	44998	11616
淄博马桥镇建工实业有限公司	1320	4514	21150	1654	34197	12530
淄博耿桥建工实业有限公司	1494	6812	27038	2610	45597	17469

资本金合计（万元）	资产总计（万元）	负债合计（万元）	利润总额（万元）	利税总额（万元）	工程质量优良品率（%）	产值利润率（%）	产值利税率（%）	资产负债率（%）
2323	13873	11555	−1	−1	39.1	0.0	0.0	83.3
1623	20591	18969	259	628	6.8	1.7	4.1	92.1
1151	6850	4879	2	46	0.0	0.1	1.6	71.2
3200	14100	8200	4182	5782	0.0	14.9	20.6	58.2
2700	3400	2200	760	1180	0.0	10.6	16.4	64.7
3000	7200	3200	730	1120	0.0	8.9	13.7	44.4
2645	2697	2415	64	158	10.0	1.1	2.6	89.5
1676	4531	4376	16	134	0.0	0.2	1.8	96.6
1914	5360	2660	268	540	0.0	3.4	6.8	49.6
1294	11396	8551	16	130	100.0	0.6	4.8	75.0
3040	6014	5653	62	237	7.1	2.8	10.8	94.0
350	7276	6718	−150	−16	30.8	−4.0	−0.4	92.3
1401	12590	7820	17	424	90.0	0.1	2.6	62.1
1996	20301	19449	−178	212	47.1	−1.7	2.1	95.8
1237	13520	10558	6	469	68.8	0.0	3.2	78.1
2329	19120	15111	294	673	47.4	2.4	5.5	79.0
1591	17854	13198	296	801	44.0	2.0	5.5	73.9
1876	14707	12203	220	550	89.3	2.0	5.1	83.0
723	17919	15385	0	621	40.9	0.0	3.6	85.9
3009	10903	7842	9	95	0.0	0.3	3.6	71.9
2233	2931	1436	−189	−94	0.0	−6.8	−3.4	49.0
1019	9895	8745	61	206	55.2	0.8	2.6	88.4
1100	3183	1565	159	281	96.0	3.7	6.5	49.2
1080	8064	6804	124	257	25.0	2.6	5.4	84.4
990	2409	2223	132	327	70.4	1.9	4.7	92.3
808	5357	2568	114	519	50.0	1.2	5.4	47.9
570	4955	5584	17	134	8.8	0.4	2.7	112.7
1530	22084	18844	455	891	93.3	3.5	6.9	85.3
8647	31456	24118	−1309	−570	36.6	−5.5	−2.4	76.7
1368	7043	5043	51	153	33.3	1.8	5.4	71.6
1782	3757	2110	182	301	10.0	4.9	8.1	56.2
356	4833	1737	662	1242	70.0	7.5	14.1	35.9
1666	4372	2706	26	108	11.1	0.5	2.2	61.9
720	11134	10163	46	108	50.0	2.1	5.0	91.3
2259	9549	8014	0	200	54.5	0.0	3.4	83.9
1570	6829	5322	245	352	50.0	5.4	7.8	77.9
1022	8962	6840	184	404	58.3	2.7	5.9	76.3

续 42

企业名称	平均人数（人）	建筑业总产值（万元）	竣工面积（平方米）	建筑业增加值（万元）	按总产值计算的劳动生产率（元/人）	按增加值计算的劳动生产率（元/人）
桓台县建筑总公司荆家分公司	1210	4757	23816	1537	39312	12702
桓台县建筑工程总公司侯庄公司	1150	5526	64746	2527	48052	21977
淄博新城建工集团有限公司	2968	10514	18178	3796	35425	12790
淄博唐山建工实业股份有限总公司	4219	17235	34478	6654	40851	15771
淄博邢家建工实业股份有限公司	2158	10096	29150	4511	46784	20904
淄博田庄建工实业股份有限公司	2235	11632	78129	3283	52045	14690
淄博陈庄建工股份有限公司	1454	4850	10750	1852	33356	12739
淄博起凤建工实业股份有限总公司	2466	16588	145524	5060	67266	20519
桓台县索镇建工实业有限公司	1105	4502	15426	1697	40742	15356
枣庄市市中区第二建筑公司	1642	6775	59968	1636	41261	9963
滕州市安装公司	721	4171	0	1039	57850	14405
滕州市第一建筑工程公司	3568	10863	115321	2504	30446	7018
滕州市第二建筑工程公司	2086	6685	52372	2193	32047	10513
滕州市第三建筑安装工程公司	1515	8328	109477	1269	54970	8377
东营市建筑安装工程公司	665	2172	28208	911	32662	13699
万达集团股份有限公司	765	6350	89188	1260	83007	16472
山东胜通集团有限公司	880	11410	92194	3133	129659	35605
东营市华隆企业集团	750	4080	2500	276	54407	3676
广饶县颜徐建筑公司	2380	15200	76935	1625	63866	6827
东营市金宇建筑有限责任公司	3548	14585	134112	4585	41107	12922
东营科达市政工程有限公司	649	6088	0	2477	93809	38162
烟台市建筑工程公司	6310	44698	271146	17867	70837	28316
烟台建工集团有限责任公司	2285	10717	136380	3558	46902	15572
烟台港务工程公司	1040	4379	26917	1572	42103	15117
烟台市市政工程总公司	1441	7227	0	2559	50153	17756
烟台二建实业股份有限公司	2062	13264	151493	5001	64326	24255
烟台市第五建筑工程公司	989	4116	27459	1549	41618	15662
龙口市遇家建筑工程公司	650	4250	15312	1347	65385	20731
龙口矿务局工程处	1324	4609	26358	2053	34814	15505
莱州市莱州镇建筑工程公司	2050	5900	55614	2463	28780	12017
莱州市第三建筑安装工程公司	1133	2538	11893	1045	22401	9224
莱州市建发集团总公司	1060	9036	24320	2843	85245	26821
招远市金海建筑装饰总公司	1025	6027	17223	2290	58804	22345
潍坊昌大建设(集团)总公司	4605	29549	159102	10007	64166	21730
潍坊第二建筑工程公司	2075	7245	38259	1520	34916	7328
潍坊市第四建筑工程公司	1165	3520	23814	1577	30215	13536
青州市第一建筑公司	1048	6010	28459	1523	57347	14533

资本金合计(万元)	资产总计(万元)	负债合计(万元)	利润总额(万元)	利税总额(万元)	工程质量优良品率(%)	产值利润率(%)	产值利税率(%)	资产负债率(%)
1689	7463	3283	199	346	100.0	4.2	7.3	44.0
1525	6877	4941	257	584	25.0	4.6	10.6	71.8
1244	6656	3543	641	684	60.0	6.1	6.5	53.2
4376	9993	2495	808	1372	84.6	4.7	8.0	25.0
2375	9120	6745	511	839	87.5	5.1	8.3	74.0
5860	6567	4307	609	879	50.0	5.2	7.6	65.6
1557	6035	562	127	308	50.0	2.6	6.4	9.3
1644	11551	7799	989	1566	82.4	6.0	9.4	67.5
1668	5950	3651	149	307	36.4	3.3	6.8	61.4
1160	9173	8335	255	421	55.6	3.8	6.2	90.9
333	2283	1950	29	101	69.6	0.7	2.4	85.4
3384	10168	6784	80	287	50.0	0.7	2.6	66.7
1518	3069	1401	235	470	38.5	3.5	7.0	45.7
831	10315	9943	90	266	65.2	1.1	3.2	96.4
128	8389	8387	15	89	46.2	0.7	4.1	100.0
350	4320	2142	645	842	82.6	10.2	13.3	49.6
2850	7846	3031	1254	1621	67.3	11.0	14.2	38.6
1800	1800	900	25	37	50.0	0.6	0.9	50.0
1600	5310	3339	321	596	48.7	2.1	3.9	62.9
2142	11955	9580	191	557	55.8	1.3	3.8	80.1
3100	13374	6958	1721	1925	100.0	28.3	31.6	52.0
7656	63175	47310	790	2204	31.8	1.8	4.9	74.9
315	19770	16631	33	409	60.0	0.3	3.8	84.1
1481	5086	3097	4	111	15.3	0.1	2.5	60.9
3448	15829	9210	37	106	51.3	0.5	1.5	58.2
3628	21306	17129	66	506	82.4	0.5	3.8	80.4
1117	4186	2522	116	263	40.0	2.8	6.4	60.2
2054	8184	6130	125	265	0.0	2.9	6.2	74.9
2125	6208	3520	30	187	50.0	0.7	4.1	56.7
4300	7634	4639	295	498	0.0	5.0	8.4	60.8
1203	3325	1427	27	88	0.0	1.1	3.5	42.9
5075	6537	1600	544	937	71.4	6.0	10.4	24.5
1280	8486	7038	992	1152	62.4	16.5	19.1	82.9
4312	43801	33059	−806	132	29.2	−2.7	0.4	75.5
2582	13042	12640	0	115	12.5	0.0	1.6	96.9
1526	3897	2280	8	151	28.6	0.2	4.3	58.5
1592	3401	1560	132	323	16.7	2.2	5.4	45.9

续 43

企业名称	平均人数（人）	建筑业总产值（万元）	竣工面积（平方米）	建筑业增加值（万元）	按总产值计算的劳动生产率（元/人）	按增加值计算的劳动生产率（元/人）
诸城市建筑工程公司	2698	13451	53939	2540	49856	9415
诸城市建筑安装股份有限公司	1816	7468	52900	2064	41123	11366
寿光市第二建筑工程公司	906	6038	7730	985	66645	10877
山东省寿光市建筑公司	1202	5121	47640	2107	42606	17529
寿光市丰城建筑公司	1550	3088	17600	725	19923	4677
寿光市第三建筑公司	2619	9176	15551	2390	35036	9126
寿光市渤海实业总公司公路工程公司	2000	9425	0	2151	47125	10753
山东景芝建工集团	1950	10710	67960	5119	54923	26251
安丘市华安建筑集团公司	1606	8510	21946	3281	52989	20430
潍坊华夏建安集团总公司	1200	3981	27802	1340	33175	11166
高密市第一建筑公司	1935	11465	71043	3064	59251	15834
昌邑市建筑公司	983	6019	38878	1965	61231	19990
昌邑市建筑安装工程发展公司	938	3060	8161	1015	32623	10817
济宁市建筑工程公司(集团)	4045	18896	165985	6321	46715	15627
济宁华园联合建筑装饰工程公司	1235	3780	15600	193	30607	1560
大鹏建筑公司	1680	3109	31827	734	18505	4370
兖州市建筑安装工程公司	1980	6752	68189	1893	34102	9560
兖州市第四建筑工程公司	380	2256	66297	951	59368	25026
泰安建筑工程公司	3745	16679	148960	4649	44537	12415
山东省泰安市第二建筑安装工程公司	1796	6816	23875	1526	37954	8494
山东省建材工业设备安装公司	418	1133	0	476	27110	11397
新泰市建筑工程公司	1478	5202	29280	1418	35196	9592
山东省肥城市设备工程安装公司	3185	25982	7800	5719	81576	17957
山东省肥城市建筑安装工程公司	3328	13331	41702	3379	40056	10153
威海建设(集团)股份有限公司	3122	22740	96474	6367	72838	20394
乳山市建筑工程集团公司	1200	3290	42747	1620	27417	13500
日照市建筑工程总公司	2633	8277	82899	3710	31437	14089
山东省五莲县建筑安装工程总公司	1283	5258	36098	1719	40982	13395
莒县城阳建筑工程集团有限公司	864	2808	36864	683	32500	7903
莱钢建安公司	1723	7880	27158	3735	45736	21678
莱芜市建工集团有限公司	2466	11270	43354	2384	45702	9670
莱芜市建筑工程公司	1700	5180	34375	1837	30473	10809
山东省临沂市建筑安装工程总公司	6367	35497	215169	12850	55752	20182
临沂市水利工程公司	292	2629	0	541	90034	18521
临沂市市政工程总公司	300	2631	900	−54	87693	−1800
山东省兰山区华泰建筑安装集团公司	3086	9912	75925	1704	32119	5522
沂南县建筑工程公司	1740	6062	113430	975	34839	5602

资本金合计（万元）	资产总计（万元）	负债合计（万元）	利润总额（万元）	利税总额（万元）	工程质量优良品率（%）	产值利润率（%）	产值利税率（%）	资产负债率（%）
3786	22520	18776	117	356	11.5	0.9	2.6	83.4
1312	16360	15044	4	139	53.3	0.1	1.9	92.0
2938	3919	3354	6	98	20.0	0.1	1.6	85.6
1246	11492	10464	48	238	63.6	0.9	4.6	91.1
667	2285	1618	20	109	80.0	0.6	3.5	70.8
1782	4444	2901	888	1150	80.0	9.7	12.5	65.3
500	18002	9964	1352	1677	0.0	14.3	17.8	55.4
3616	10343	6664	938	1264	68.8	8.8	11.8	64.4
4700	9127	5627	161	1404	57.1	1.9	16.5	61.7
2000	4212	331	168	314	50.0	4.2	7.9	7.9
1715	18386	15328	19	276	60.0	0.2	2.4	83.4
1521	3413	1786	128	303	66.7	2.1	5.0	52.3
1128	3059	1693	82	184	42.9	2.7	6.0	55.4
2070	27300	25494	109	771	57.1	0.6	4.1	93.4
650	1754	1704	14	26	20.0	0.4	0.7	97.1
1707	4496	1775	149	227	9.1	4.8	7.3	39.5
1080	5237	4133	7	121	64.3	0.1	1.8	78.9
1884	3798	1911	275	358	27.3	12.2	15.9	50.3
3337	48262	39890	−144	234	24.4	−0.9	1.4	82.7
2100	9295	8353	−191	−32	21.4	−2.8	−0.5	89.9
800	1225	506	86	114	0.0	7.6	10.1	41.3
397	6155	6137	35	210	71.4	0.7	4.0	99.7
3540	3567	912	774	1038	44.3	3.0	4.0	25.6
3485	14434	11762	−36	307	10.5	−0.3	2.3	81.5
4114	31468	23974	1459	2093	72.7	6.4	9.2	76.2
1500	7777	6779	13	110	31.3	0.4	3.3	87.2
425	12376	11791	376	635	70.6	4.5	7.7	95.3
1508	6421	5614	73	211	53.8	1.4	4.0	87.4
78	4175	4086	5	79	14.3	0.2	2.8	97.9
4861	16449	16449	28	31	56.3	0.4	0.4	100.0
2477	6772	6772	886	1225	38.5	7.9	10.9	100.0
322	3865	2741	439	596	38.5	8.5	11.5	70.9
5273	53895	41642	2010	3382	54.2	5.7	9.5	77.3
73	3307	1405	21	47	100.0	0.8	1.8	42.5
1007	4901	3700	−13	22	0.0	−0.5	0.8	75.5
4600	11672	9113	716	1006	50.0	7.2	10.1	78.1
1080	4982	4472	−27	62	42.2	−0.4	1.0	89.8

续 44

企业名称	平均人数（人）	建筑业总产值（万元）	竣工面积（平方米）	建筑业增加值（万元）	按总产值计算的劳动生产率（元/人）	按增加值计算的劳动生产率（元/人）
山东平邑冠鲁集团	2898	52079	130106	4258	179707	14693
莒南县华鲁建安集团公司	1950	8333	81769	2055	42733	10541
莒南县路桥工程有限公司	507	5530	0	2317	109073	45692
德州建筑集团总公司	2409	8000	103873	2912	33209	12087
山东省滨州地区建筑公司	1794	5600	43397	1767	31215	9852
博兴县建筑安装公司	655	2993	45216	789	45699	12041
聊城地区建筑安装总公司	3520	40133	326540	9456	114014	26863
聊城地区建筑装饰工程总公司	728	3043	11900	635	41799	8729
菏泽地区建筑总公司	2010	4559	93926	170	22681	845
山东省巨野县建筑工程公司	2080	5825	61767	1680	28005	8076
河南省						
河南电力安装公司	1322	8056	0	4543	60938	34365
河南省第二火电建设公司	2988	30260	0	12379	101272	41429
河南送变电建设公司	2186	21967	0	9138	100489	41802
河南省邮电工程局	604	14599	0	1558	241697	25796
河南省建筑安装总公司	7476	17418	111836	4231	23299	5659
河南省水利第一工程局	2499	5584	0	2146	22346	8588
郑州市东风建筑工程公司	4385	11831	85252	803	26981	1832
郑州市电业局供电安装公司	414	8277	0	1653	199940	39940
郑州国基建筑安装工程公司	3218	8187	48983	2266	25441	7040
河南省第一建筑工程公司	6284	19513	219834	6691	31051	10648
河南省建筑安装总公司郑州公司	1370	3021	36649	1020	22051	7445
河南省第五建筑安装工程公司	8352	35488	126673	13469	42491	16126
郑州市第二建筑工程公司	1289	4041	72058	1341	31354	10401
郑州市第一建筑工程公司	3426	6521	83693	2330	19034	6801
河南省第四建筑公司	7615	36477	188563	11871	47901	15589
开封第一建筑工程公司	1931	3548	51339	1767	18375	9149
河南省第三建筑公司	4047	21818	145956	9265	53911	22894
洛阳市建筑工程公司	4996	13302	181934	5993	26625	11996
河南省工业设备安装工程公司	4407	23260	0	8589	52780	19490
洛阳市市政工程管理处	1159	2996	0	2485	25853	21442
河南省第六建筑工程公司	7532	34990	178957	11190	46456	14857
洛阳石化总厂工程公司	800	5600	5730	2587	70000	32338
中国石油天然气第一建设公司天元开发公司	336	4943	98450	723	147119	21518
平顶山市建筑安装工程总公司	3492	13870	113664	4182	39719	11977

资本金合计(万元)	资产总计(万元)	负债合计(万元)	利润总额(万元)	利税总额(万元)	工程质量优良品率(%)	产值利润率(%)	产值利税率(%)	资产负债率(%)
9293	50151	35926	2567	3352	66.7	4.9	6.4	71.6
1200	6728	2869	131	336	70.4	1.6	4.0	42.6
1000	3866	2183	443	643	0.0	8.0	11.6	56.5
1650	10085	9273	1	379	21.1	0.0	4.7	91.9
3041	18215	10940	−284	−99	30.0	−5.1	−1.8	60.1
1685	7279	5575	28	113	5.6	0.9	3.8	76.6
3033	62879	56008	54	1360	51.1	0.1	3.4	89.1
1180	6230	5954	4	76	25.0	0.1	2.5	95.6
1905	8352	6447	−1777	−1623	36.0	−39.0	−35.6	77.2
1596	4324	2404	24	124	8.8	0.4	2.1	55.6
1	12383	6651	45	337	100.0	0.6	4.2	53.7
3407	43178	31350	682	1745	100.0	2.3	5.8	72.6
2696	27638	19176	347	1002	100.0	1.6	4.6	69.4
515	2486	1504	56	151	86.2	0.4	1.0	60.5
3078	6702	2397	212	569	37.5	1.2	3.3	35.8
4696	10604	3276	−161	63	33.3	−2.9	1.1	30.9
2293	7665	3384	47	286	44.4	0.4	2.4	44.1
892	7532	5912	274	554	0.0	3.3	6.7	78.5
3130	3769	425	94	290	70.0	1.1	3.5	11.3
4983	23093	18110	9	592	27.6	0.0	3.0	78.4
690	1962	1188	55	162	54.5	1.8	5.4	60.6
3162	24445	20438	12	1066	37.5	0.0	3.0	83.6
1028	4032	2548	2	106	40.0	0.0	2.6	63.2
1095	7792	4023	3	173	45.5	0.0	2.7	51.6
2200	20483	17528	68	1228	14.1	0.2	3.4	85.6
911	5838	4420	−305	−154	23.8	−8.6	−4.3	75.7
3050	25655	18200	6	768	32.3	0.0	3.5	70.9
3016	22267	15995	−345	210	30.3	−2.6	1.6	71.8
3477	22010	16534	71	843	55.6	0.3	3.6	75.1
2462	9277	6014	5	148	0.0	0.2	4.9	64.8
3048	47711	39300	−484	777	42.3	−1.4	2.2	82.4
1367	6376	4163	715	831	19.4	12.8	14.8	65.3
139	3422	3220	4	11	16.7	0.1	0.2	94.1
4171	17171	15073	71	515	37.9	0.5	3.7	87.8

续 45

企业名称	平均人数(人)	建筑业总产值(万元)	竣工面积(平方米)	建筑业增加值(万元)	按总产值计算的劳动生产率(元/人)	按增加值计算的劳动生产率(元/人)
河南省第七建筑工程公司	3331	16609	91488	3768	49862	11312
安阳市城乡建筑公司	2860	7200	53970	2062	25175	7209
河南省冶金建设公司	2227	8506	49784	3477	38193	15612
河南省安阳市安装工程公司	920	2100	16000	805	22826	8751
河南省林州市建筑集团总公司	2469	17223	213279	1607	69757	6509
鹤壁市建筑工程公司	1181	2692	20623	1072	22795	9080
河南省新乡市建筑工程公司	1975	8772	92009	2372	44418	12010
河南省第二建筑工程有限责任公司	9591	43999	171721	14345	45875	14956
新乡市获嘉县建设工程集团公司	1800	3500	43000	857	19444	4764
焦作市第一建筑工程公司	2231	5507	78586	1395	24684	6252
市电建防腐公司	1500	2000	5000	1803	13333	12023
濮阳市第五建筑工程公司	2936	5800	113130	1805	19755	6148
许昌市水利建筑工程局	1068	3319	34669	811	31073	7592
许昌市公路管理总段工程处	575	4087	0	1300	71071	22609
许昌中原建设股份有限公司	3280	10950	176140	3794	33384	11566
郾城县第二建筑安装公司	1825	2455	29410	113	13452	618
周口预深装饰工程有限公司	610	3150	0	1250	51639	20500
沈丘县建设公司	4128	12268	71835	2712	29719	6570
河南省驻马店地区建筑公司	2355	6777	79157	1917	28777	8141
南阳市建筑工程总公司	5750	24685	250366	8433	42931	14667
河南省水利第二工程局	2016	7100	12157	2054	35218	10190
信阳地区安装公司	723	2042	0	614	28241	8498
信阳地区公路总段工程处	655	3656	0	329	55817	5017
潢川县建筑工程总公司	861	3071	56222	802	35667	9319
河南省煤矿建井一公司	1400	10607	10283	4135	75764	29536
郑州华盛建设开发有限公司	1510	6008	56682	1741	39788	11530
郑州市市政工程公司	1920	10625	0	3657	55338	19046
郑州市市政工程管理处	1306	9215	0	1114	70560	8528
焦作市市政工程公司	1168	5083	0	992	43521	8495
河南省南阳市公路桥梁工程公司	637	5000	0	5133	78493	80581
南阳市市政工程公司	785	2238	0	958	28510	12199
郑州市正岩建设实业总公司	2057	9063	139323	425	44059	2067
南阳华利机械化工程有限公司	425	3530	8800	868	83059	20435
河南省交通公路工程局	3596	31065	0	7855	86387	21843
安阳市市政工程处	598	2973	0	1043	49714	17450
河南省林州建筑工程公司	2506	6015	84600	344	24002	1375
濮阳市公路管理总段第二工程处	272	2400	0	−52	88235	−1919

资本金合计（万元）	资产总计（万元）	负债合计（万元）	利润总额（万元）	利税总额（万元）	工程质量优良品率（%）	产值利润率（%）	产值利税率（%）	资产负债率（%）
3150	26207	25317	−970	−533	50.0	−5.8	−3.2	96.6
1810	3734	1739	35	252	0.0	0.5	3.5	46.6
430	6908	6430	45	326	0.0	0.5	3.8	93.1
1528	2046	507	−2	54	0.0	−0.1	2.5	24.8
5126	8254	2559	283	636	40.3	1.6	3.7	31.0
413	4042	3412	0	99	40.0	0.0	3.7	84.4
777	13464	10747	−193	9	36.4	−2.2	0.1	79.8
13388	45453	32054	37	1499	43.8	0.1	3.4	70.5
2509	5113	2412	85	212	40.0	2.4	6.0	47.2
1977	11449	9473	−671	−504	10.5	−12.2	−9.2	82.7
1	1410	1685	33	124	20.0	1.6	6.2	119.5
5243	9488	4245	120	368	68.6	2.1	6.3	44.7
1479	4878	3265	4	117	56.3	0.1	3.5	66.9
50	5429	1003	865	865	100.0	21.2	21.2	18.5
3452	4721	935	1619	2341	21.6	14.8	21.4	19.8
1450	1602	1602	0	59	0.0	0.0	2.4	100.0
1500	14658	12318	71	165	0.0	2.3	5.3	84.0
3096	4341	1927	572	1053	50.0	4.7	8.6	44.4
1093	12240	10196	−499	−331	55.0	−7.4	−4.9	83.3
1718	23712	19245	33	787	28.4	0.1	3.2	81.2
1833	5900	2916	−151	−97	31.6	−2.1	−1.4	49.4
1202	2485	1144	4	78	66.7	0.2	3.8	46.0
215	2605	2605	8	48	0.0	0.2	1.3	100.0
1347	6063	4716	7	47	3.8	0.2	1.5	77.8
1356	6444	5176	268	604	0.0	2.5	5.7	80.3
1545	6008	2283	17	221	55.6	0.3	3.7	38.0
2470	15940	10590	494	651	50.0	4.7	6.1	66.4
1	7555	6960	−305	−251	0.0	−3.3	−2.7	92.1
1254	5643	4336	1	3	0.0	0.0	0.1	76.8
1	10171	3525	219	736	50.0	4.4	14.7	34.7
1379	5795	4414	5	11	14.3	0.2	0.5	76.2
99	4276	1122	12	166	44.1	0.1	1.8	26.2
1	5198	3664	−183	−68	100.0	−5.2	−1.9	70.5
12138	30897	16811	801	1625	66.7	2.6	5.2	54.4
880	7417	6158	−213	−85	16.7	−7.2	−2.9	83.0
1619	1815	169	11	152	43.8	0.2	2.5	9.3
1	1433	262	−280	−230	0.0	−11.7	−9.6	18.3

续 46

企业名称	平均人数(人)	建筑业总产值(万元)	竣工面积(平方米)	建筑业增加值(万元)	按总产值计算的劳动生产率(元/人)	按增加值计算的劳动生产率(元/人)
荥阳市建筑工程总公司	3897	12918	115377	3035	33148	7788
荥阳市第五建筑公司	2291	5078	91814	1701	22165	7426
通许县邸阁乡祁湾建筑公司	850	2428	13814	703	28568	8267
湖北省						
湖北省建筑工程总公司第六工程公司	4687	13258	162981	6432	28287	13723
武汉地质勘察基础工程总公司	784	10330	0	2353	131755	30017
湖北省建筑工程总公司第五工程公司	4896	30910	245544	6295	63133	12858
湖北省水利水电建设总公司	3009	13012	487	4934	43243	16398
湖北省建总公司第二工程公司	3184	15231	128487	4623	47836	14521
湖北省建筑工程总公司第一工程公司	1509	6417	68603	-435	42526	-2883
湖北省工业建筑总公司天华建筑工程公司	629	2861	33173	1205	45483	19161
湖北省路桥公司	2117	13026	0	1625	61530	7678
湖北省建筑工程总公司工业设备安装公司	2071	6297	5392	2487	30406	12007
武汉建工(集团)有限公司	1058	13672	515	9076	129225	85785
武汉建工集团第二工程有限公司	3038	27280	83037	9326	89796	30698
武汉建工集团建筑安装工程有限公司	1345	14078	0	4038	104668	30020
武汉建工集团第一工程有限公司	5004	31825	107415	10048	63600	20080
武汉市江岸建筑工程公司	1405	4179	73804	1071	29747	7620
武汉桥口建筑开发(集团)公司	640	2997	9400	964	46831	15059
武汉市汉南建筑工程总公司	1025	8203	113952	2761	80028	26935
黄陂县第一建筑公司	1167	3300	23204	460	28278	3944
武汉市罗汉建筑装饰工程公司	1050	5356	57580	533	51010	5076
武汉黄陂二建公司	1625	3895	13005	917	23969	5641
黄陂县第十二建筑公司	700	1925	14000	457	27500	6533
新洲县工业建筑工程公司	1150	3328	58038	938	28939	8161
武汉建工集团装饰工程有限公司	1291	9885	0	2389	76566	18503
武汉建工集团第三工程有限公司	5884	43599	170670	12700	74097	21583
武汉建工集团机械施工有限公司	570	6865	7650	1997	120433	35042
武汉市建安集团有限公司	1800	5760	15600	1314	32000	7298
湖北省武汉市第一市政工程公司	2246	7129	0	3014	31740	13420
湖北省武汉市第三市政工程公司	977	3518	0	1557	36009	15942
武汉钢铁公司民用建筑工程公司	1198	5837	60033	2522	48723	21052
武钢(集团)公司武钢建设公司	2418	18672	6400	7806	77220	32285
大冶市建工集团	2610	6200	82380	2004	23755	7680
冶钢集团公司工程公司	1364	3053	1523	1419	22386	10402

资本金合计（万元）	资产总计（万元）	负债合计（万元）	利润总额（万元）	利税总额（万元）	工程质量优良品率（%）	产值利润率（%）	产值利税率（%）	资产负债率（%）
1514	2135	585	281	561	70.4	2.2	4.3	27.4
1618	1807	178	171	326	60.0	3.4	6.4	9.9
1111	2608	1112	1	80	60.0	0.0	3.3	42.6
2300	36231	33952	−570	20	2.8	−4.3	0.1	93.7
2850	15219	12077	189	384	0.0	1.8	3.7	79.4
1910	32671	29475	1	575	31.6	0.0	1.9	90.2
6746	31788	25959	154	405	66.7	1.2	3.1	81.7
2057	17875	16253	−761	−331	15.8	−5.0	−2.2	90.9
1389	12871	14350	−2307	−2116	38.9	−35.9	−33.0	111.5
3008	7060	6973	−656	−599	3.6	−22.9	−20.9	98.8
5148	10684	5244	5	86	100.0	0.0	0.7	49.1
1219	9686	8823	−879	−762	42.9	−14.0	−12.1	91.1
15000	120964	81003	1349	4082	0.0	9.9	29.9	67.0
3000	30952	25251	459	1314	44.4	1.7	4.8	81.6
3000	20568	17036	201	642	38.9	1.4	4.6	82.8
3000	35540	30404	366	1086	36.4	1.2	3.4	85.5
1624	24325	22547	−256	−57	38.5	−6.1	−1.4	92.7
8338	14387	10721	22	150	100.0	0.7	5.0	74.5
1508	9813	7502	382	647	10.5	4.7	7.9	76.4
1650	1913	295	−2	107	0.0	−0.1	3.2	15.4
1566	2843	1203	26	132	20.0	0.5	2.5	42.3
856	1920	296	127	173	50.0	3.3	4.4	15.4
1546	1957	501	29	67	50.0	1.5	3.5	25.6
1616	2206	204	255	352	35.7	7.7	10.6	9.2
1000	12162	9470	−181	99	41.5	−1.8	1.0	77.9
3000	36512	31803	261	1757	50.0	0.6	4.0	87.1
2000	10741	8282	45	226	0.0	0.7	3.3	77.1
2000	1965	656	19	209	0.0	0.3	3.6	33.4
463	8825	8617	359	631	9.1	5.0	8.9	97.6
1196	4526	4706	−198	−110	46.2	−5.6	−3.1	104.0
1034	5177	4277	0	171	0.0	0.0	2.9	82.6
7541	18728	11187	−1093	−811	0.0	−5.9	−4.3	59.7
1219	3321	1811	10	196	40.9	0.2	3.2	54.5
1812	7099	5312	−130	−34	0.0	−4.3	−1.1	74.8

续 47

企业名称	平均人数(人)	建筑业总产值(万元)	竣工面积(平方米)	建筑业增加值(万元)	按总产值计算的劳动生产率(元/人)	按增加值计算的劳动生产率(元/人)
十堰市建筑工程集团总公司建筑安装工程公司	1267	4642	31107	2094	36637	16530
湖北省工业建筑总承包集团工业设备安装公司	1849	13284	0	5418	71846	29300
湖北省工业建筑总承包集团第三建筑工程公司	3605	22144	168801	7050	61425	19558
宜昌市建筑安装工程总公司	1631	3791	15981	1481	23243	9082
宜昌建筑总公司	1032	2865	32721	859	27766	8320
宜昌市三峡市政工程公司	545	2154	0	1011	39523	18558
襄樊市市政工程公司	701	2465	1913	537	35168	7660
襄樊市建筑总公司	1176	2582	43093	212	21956	1800
湖北水利水电工程三处	678	4300	0	1260	63422	18583
枣阳盛隆联合公司	827	2283	30832	538	27607	6502
襄樊市建筑实业总公司	1023	6219	21104	1541	60790	15063
鄂工建总承包集团公司一公司	2969	13166	113974	2941	44345	9907
湖北省工业建筑总承包集团机械运输公司	616	2979	0	568	48369	9224
湖北省冶金建设公司	1617	4545	7051	1269	28109	7850
鄂州市第一建筑工程公司	1100	3280	27254	454	29818	4127
应城市建筑总公司	5086	9700	124581	3938	19072	7743
云梦县第四建筑工程公司	874	2183	33550	570	24977	6525
荆州市住宅建设工程总公司	1134	2836	35326	549	25009	4838
荆州市沙市建筑工程总公司	658	1933	13753	507	29374	7702
湖北省荆州市城市建设集团公司	2649	8940	89223	2613	33748	9863
荆州城南开发区规划建筑工程总公司	1220	1931	19018	156	15828	1280
湖北省建筑工程总公司第三工程公司	2012	11090	85291	2415	55119	12005
监利县建筑工程总公司	989	2090	56011	567	21132	5730
恩施州建筑安装公司	803	7694	85404	1642	95822	20447
湖北省潜江市建筑工程公司	2358	6665	77203	1466	28265	6217
江汉油田城市建设总公司	923	2210	23767	608	23944	6588
天门市建筑工程集团公司	4165	13412	127735	1075	32202	2581
湖南省						
湖南环达公路桥梁建筑总公司	1856	17971	0	810	96826	4363
湖南省前辉建筑装饰工程总公司	982	2000	16000	593	20367	6039
湖南省第六工程公司	6667	40338	254163	14174	60504	21261
湖南省公路桥梁建设总公司	8445	66508	0	18023	78754	21341
长沙市市政工程公司	1551	6042	0	2250	38956	14507
湖南省机械化施工公司	1203	2805	0	1171	23321	9737
湖南省水利水电第一工程公司	632	3242	0	925	51302	14636

资本金合计(万元)	资产总计(万元)	负债合计(万元)	利润总额(万元)	利税总额(万元)	工程质量优良品率(%)	产值利润率(%)	产值利税率(%)	资产负债率(%)
1098	15952	13190	−147	77	11.1	−3.2	1.7	82.7
3149	19005	14662	22	520	43.5	0.2	3.9	77.1
3150	25534	22017	24	730	40.7	0.1	3.3	86.2
3038	10782	7214	−629	−500	0.0	−16.6	−13.2	66.9
1800	7878	6359	−212	−109	6.2	−7.4	−3.8	80.7
1121	3794	2213	−18	110	7.4	−0.8	5.1	58.3
1250	2666	1615	20	22	44.4	0.8	0.9	60.6
2058	1854	1750	−110	−21	18.8	−4.3	−0.8	94.4
844	3610	2745	27	82	0.0	0.6	1.9	76.0
1310	4779	1917	120	192	7.1	5.3	8.4	40.1
3930	11485	7406	550	745	5.0	8.8	12.0	64.5
3058	20896	20374	−1799	−1349	29.6	−13.7	−10.2	97.5
1227	4997	4581	−560	−531	0.0	−18.8	−17.8	91.7
3627	7548	4270	−91	55	75.0	−2.0	1.2	56.6
1104	3748	368	57	158	40.0	1.7	4.8	9.8
1938	6590	4494	282	553	21.6	2.9	5.7	68.2
1655	1858	385	0	34	14.3	0.0	1.6	20.7
2652	4525	2387	−30	−6	28.6	−1.1	−0.2	52.8
638	3329	3145	−168	−120	50.0	−8.7	−6.2	94.5
4554	20637	17941	−329	−81	37.0	−3.7	−0.9	86.9
1698	2409	528	63	101	16.7	3.3	5.2	21.9
1020	16357	16209	−1605	−1235	17.1	−14.5	−11.1	99.1
1610	2522	391	23	83	0.0	1.1	4.0	15.5
2553	10587	8034	−300	−94	0.0	−3.9	−1.2	75.9
1350	1464	277	49	352	24.4	0.7	5.3	18.9
1500	2104	592	14	107	0.0	0.6	4.9	28.1
3216	12754	8927	0	406	18.0	0.0	3.0	70.0
1597	7565	5697	110	115	0.0	0.6	0.6	75.3
450	1945	1245	7	61	50.0	0.3	3.0	64.0
5070	39222	31584	624	1524	46.7	1.5	3.8	80.5
8673	77611	55328	613	849	85.7	0.9	1.3	71.3
2317	13313	9834	310	524	53.8	5.1	8.7	73.9
1538	8113	7004	−511	−448	66.7	−18.2	−16.0	86.3
1454	5048	3438	94	126	0.0	2.9	3.9	68.1

续 48

企　业　名　称	平均人数（人）	建筑业总产值（万元）	竣工面积（平方米）	建筑业增加值（万元）	按总产值计算的劳动生产率（元/人）	按增加值计算的劳动生产率（元/人）
湖南省水利水电第二工程公司	1873	9576	8543	4019	51127	21458
湖南省水利水电机械化施工公司	1216	4066	0	1811	33441	14893
湖南省轻工建设公司	500	2890	0	429	57800	8580
长沙市建筑安装工程公司	4596	13367	102435	2554	29083	5557
长沙市建筑工程公司	2835	17995	164404	2943	63474	10382
长沙市给排建设工程公司	1780	2634	0	799	14798	4488
湖南省公路机械工程公司	370	5157	0	1364	139386	36876
长沙市基建工程公司	800	4550	7000	2300	56875	28746
长沙市基础基建公司	1782	8752	5700	872	49116	4892
长沙马王堆建筑工程公司	1355	4315	56500	892	31845	6585
湖南长大建设集团公司	3250	10269	187384	3004	31598	9244
长沙市捞刀河建筑有限公司	2800	11500	31880	2033	41071	7261
长沙福兴建筑公司	1090	4070	11728	450	37339	4130
长沙高岭建筑总公司	6100	16916	170733	3996	27731	6551
长沙沙坪建筑总公司	3340	9876	68922	1104	29569	3305
长沙市洪山建筑公司	1150	6220	19306	1011	54087	8790
长沙雨花建筑公司	2167	6130	13095	1431	28288	6606
长沙洞井建筑公司	2600	14877	108087	2406	57219	9252
长沙黎托建筑工程公司	2895	13693	77026	1167	47299	4032
长沙市郊机械化施工公司	470	8026	0	3360	170777	71494
长沙望新建筑工程公司	2586	16680	65248	4252	64501	16443
长沙春华建筑工程公司	1220	6237	14378	1915	51123	15697
长沙县螺丝塘建筑工程总公司	1200	7590	40100	2449	63250	20408
长沙北山安装公司	482	2820	0	653	58506	13548
长沙北山建筑工程公司	3000	12048	77414	2920	40160	9734
长沙县石常建筑工程公司	1850	3000	12350	770	16216	4161
长沙县装饰工程公司	480	5181	22600	1145	107937	23865
长沙广福建筑工程公司	1050	3512	32012	1144	33446	10891
长沙县星沙建筑集团公司	2700	10500	64000	3792	38889	14045
长沙莲花建筑工程公司	1900	6400	16035	1888	33684	9937
长沙桐木建筑工程公司	1792	7098	112667	2584	39612	14419
长沙望城建筑安装工程公司	2841	11800	74241	3436	41535	12095
长沙格塘建筑工程公司	1500	3250	39599	1412	21667	9417
望城县湘华建筑工程公司	3600	5122	74285	3139	14229	8719
望城县学士建筑公司	1250	5040	21820	1197	40320	9576
长沙九江建筑公司	1050	5660	22985	1769	53905	16850
长沙西湖建筑公司	1015	4360	25319	1395	42952	13744

资本金合计（万元）	资产总计（万元）	负债合计（万元）	利润总额（万元）	利税总额（万元）	工程质量优良品率（%）	产值利润率（%）	产值利税率（%）	资产负债率（%）
1406	9992	6931	340	689	25.0	3.6	7.2	69.4
1131	7718	5638	45	150	25.0	1.1	3.7	73.0
407	2755	2580	−100	−72	0.0	−3.5	−2.5	93.6
3751	21530	17073	10	422	38.5	0.1	3.2	79.3
12358	39056	26698	−23	276	42.9	−0.1	1.5	68.4
1600	1812	1199	29	128	0.0	1.1	4.9	66.2
2260	5069	4069	−226	−183	100.0	−4.4	−3.5	80.3
1768	3500	1780	14	1011	20.0	0.3	22.2	50.9
2339	9158	6331	105	265	0.0	1.2	3.0	69.1
1125	2623	1274	36	198	75.0	0.8	4.6	48.6
4138	20711	10853	235	595	60.9	2.3	5.8	52.4
2600	5283	4143	141	435	19.0	1.2	3.8	78.4
1801	2731	1417	63	138	40.0	1.5	3.4	51.9
3760	8963	6903	496	1147	51.9	2.9	6.8	77.0
3108	7555	3605	117	337	36.4	1.2	3.4	47.7
1521	10621	8836	116	265	60.0	1.9	4.3	83.2
3280	5599	4415	42	171	33.3	0.7	2.8	78.9
2022	6001	3974	251	600	71.4	1.7	4.0	66.2
3834	5328	4120	30	237	41.2	0.2	1.7	77.3
3710	21220	15822	142	416	0.0	1.8	5.2	74.6
4390	7736	5828	502	1088	81.8	3.0	6.5	75.3
3059	5234	3906	98	229	42.9	1.6	3.7	74.6
2338	4647	3501	565	838	60.0	7.4	11.0	75.3
1505	1754	1166	56	114	30.8	2.0	4.1	66.5
3011	5581	3565	263	632	45.0	2.2	5.2	63.9
1460	4096	2596	17	79	16.7	0.6	2.6	63.4
1272	2192	1915	54	184	16.7	1.0	3.6	87.3
2420	4262	2736	106	226	75.0	3.0	6.4	64.2
9525	14500	9281	69	423	71.4	0.7	4.0	64.0
1554	1857	1243	156	366	0.0	2.4	5.7	67.0
2180	5206	3345	148	390	58.3	2.1	5.5	64.3
3060	12746	11697	258	659	54.2	2.2	5.6	91.8
1400	7030	5280	599	716	69.2	18.4	22.0	75.1
1699	3990	2291	47	115	33.3	0.9	2.2	57.4
1154	3820	3134	12	340	80.0	0.2	6.7	82.0
1320	4731	3168	164	350	33.3	2.9	6.2	67.0
1745	1799	1388	74	286	50.0	1.7	6.6	77.2

续 49

企业名称	平均人数（人）	建筑业总产值（万元）	竣工面积（平方米）	建筑业增加值（万元）	按总产值计算的劳动生产率（元/人）	按增加值计算的劳动生产率（元/人）
长沙友仁建筑公司	1500	6100	24159	2739	40667	18260
宁乡县双檀建筑工程公司	1400	4375	52508	1599	31250	11419
湖南省长沙市花明建筑安装总公司	1609	2091	18822	1867	12996	11603
浏阳市永安建筑工程公司	3050	11743	84438	4166	38502	13660
湖南建工集团工业设备安装公司	3042	27069	0	7008	88984	23039
湖南省建工集团第五工程公司	7516	31337	181653	10968	41693	14593
株洲市建筑工程公司	2160	8763	54284	2876	40568	13315
湖南株洲市道路桥梁建设总公司	1584	2227	0	904	14059	5705
株洲县第二建筑工程公司	671	2550	18737	374	38000	5578
株洲县九建公司	570	5500	14380	692	96491	12140
湖南省株洲湘中安装工程总公司	2180	8390	36521	1489	38486	6830
醴陵市东富建筑工程公司	3261	7019	86455	1285	21524	3940
湖南省第三工程公司	7895	33713	191221	15680	42702	19861
湘潭县工程公司	590	3083	14250	464	52254	7864
衡阳市第二建筑工程公司	2618	2734	37298	-180	10445	-687
湖南省衡阳市第三建筑工程公司	1243	4644	4455	1141	37364	9176
湖南省衡阳市第一建筑工程公司	2509	4930	45526	1877	19650	7483
衡阳市第四建筑工程公司	2042	6068	86772	1914	29716	9373
衡阳县第二建筑工程公司	1750	14081	142486	3053	80463	17443
湖南省衡南县工程公司	903	2326	31840	312	25759	3460
湖南华兴工程建设总公司	1298	2408	20500	307	18552	2362
衡南县第六建筑公司	1306	4806	34321	1149	36799	8795
衡阳县建筑工程公司	569	2615	23122	322	45954	5666
湖南省第四工程公司	8072	32527	189480	9295	40296	11515
邵阳市工程公司	3546	8624	49091	2676	24320	7547
邵阳市建筑安装工程公司	3052	7027	51840	2533	23024	8299
邵阳公路桥梁建设总公司	680	3365	0	849	49488	12479
湖南省岳阳市工程公司	1671	6371	58737	2775	38124	16610
岳阳市公路桥梁基建总公司	1015	17240	4950	3226	169851	31787
湖南省常德工程公司	1762	7083	45540	2078	40199	11796
湖南常德公路桥梁建设总公司	203	4420	0	864	217734	42571
湖南省常德市第一建筑工程公司	2080	6110	49248	2523	29374	12132
澧县第三建筑工程公司	1850	9666	47628	2943	52249	15908
湖南益阳工程公司	1308	2408	44439	1006	18409	7695
郴州工程公司	1882	12984	201397	4327	68991	22990
永州市第一工程公司	986	1943	18848	3140	19706	31845
永州市第二工程公司	1851	6681	88065	1873	36092	10121

资本金合计(万元)	资产总计(万元)	负债合计(万元)	利润总额(万元)	利税总额(万元)	工程质量优良品率(%)	产值利润率(%)	产值利税率(%)	资产负债率(%)
1684	3480	2400	228	452	0.0	3.7	7.4	69.0
2403	3572	2664	148	383	33.3	3.4	8.8	74.6
1502	3182	1542	40	150	13.3	1.9	7.2	48.5
3185	14128	12150	30	509	45.8	0.3	4.3	86.0
2863	37377	31982	279	948	80.9	1.0	3.5	85.6
4189	41499	36607	−434	563	27.3	−1.4	1.8	88.2
1285	13425	11543	85	390	21.4	1.0	4.5	86.0
1993	2424	1454	95	157	100.0	4.3	7.0	60.0
2143	2218	1331	17	69	10.5	0.6	2.7	60.0
1517	1832	1099	2	52	16.7	0.0	0.9	60.0
1530	8913	6289	96	263	25.0	1.1	3.1	70.6
4132	8830	4263	217	444	37.5	3.1	6.3	48.3
3872	53727	47561	253	1426	54.7	0.8	4.2	88.5
351	4007	1840	−95	6	16.7	−3.1	0.2	45.9
2246	9895	7249	−1252	−1154	20.0	−45.8	−42.2	73.3
3775	8760	5222	−335	−214	20.0	−7.2	−4.6	59.6
3342	12688	9322	−55	125	33.3	−1.1	2.5	73.5
1961	8014	5462	−56	153	25.0	−0.9	2.5	68.2
756	4259	3191	940	1321	25.0	6.7	9.4	74.9
2300	4677	2311	−69	−51	22.2	−3.0	−2.2	49.4
1502	4290	3087	3	62	30.0	0.1	2.6	72.0
1630	3017	1323	49	152	23.8	1.0	3.2	43.8
2288	3400	1956	−19	12	42.9	−0.7	0.5	57.5
3822	35132	28803	222	1292	49.3	0.7	4.0	82.0
3120	8911	4952	1	299	78.6	0.0	3.5	55.6
1680	6276	4408	31	306	27.3	0.4	4.3	70.2
2168	3518	1983	21	54	100.0	0.6	1.6	56.4
3254	12949	9722	6	180	12.5	0.1	2.8	75.1
6622	22036	14113	1006	1224	100.0	5.8	7.1	64.0
3886	12017	8191	−268	−93	27.8	−3.8	−1.3	68.2
416	1875	1579	102	123	100.0	2.3	2.8	84.2
1322	5656	4104	12	156	54.5	0.2	2.6	72.6
1592	4987	2992	510	906	53.3	5.3	9.4	60.0
3200	5477	3368	−172	−85	50.0	−7.1	−3.5	61.5
1535	8800	5398	60	465	55.6	0.5	3.6	61.3
866	3233	2847	−466	−428	30.0	−24.0	−22.0	88.0
1961	7601	6311	2	192	0.0	0.0	2.9	83.0

续 50

企　业　名　称	平均人数(人)	建筑业总产值(万元)	竣工面积(平方米)	建筑业增加值(万元)	按总产值计算的劳动生产率(元/人)	按增加值计算的劳动生产率(元/人)
娄底地区建筑工程公司	2106	9320	60666	2367	44255	11238
娄底市第一建筑工程公司	1020	2550	26973	462	25000	4530
怀化公路桥梁建设总公司	286	8040	0	1374	281129	48045
溆浦县建筑安装工程总公司	526	2194	21142	457	41711	8688
广东省						
广东省地质工程公司	215	5110	0	1156	237674	53777
广东省工业设备安装公司	2260	35656	0	13843	157768	61250
广东省水电安装公司	1015	4223	0	2551	41606	25138
广东省第四建筑工程公司	3301	28899	172204	11696	87546	35430
广东省第一建筑工程公司	4955	29659	191810	9278	59857	18725
广东省电力工业局输变电工程公司	2563	25139	0	9572	98084	37347
广东省农垦建设实业总公司	571	4778	51879	2063	83681	36137
广东省电力工业局第一工程局	8025	56411	232401	33117	70294	41267
广东省水利水电机械施工公司	958	10919	0	6718	113974	70123
广东省水利水电第二工程局	4546	36987	0	25636	81361	56392
广东省建筑工程机械施工公司	1495	8632	80172	2631	57742	17601
广东省电力工业局技术改进公司	633	6365	0	2013	100558	31806
广东省基础工程公司	2586	22628	0	8152	87502	31524
广东省第三建筑工程公司	5980	38095	161138	13649	63704	22824
广东省公路工程总公司	5097	75776	0	29093	148668	57079
广东省航务工程总公司	1179	13715	0	4416	116327	37456
广东省粤海设计装饰工程公司	556	3011	7896	1680	54151	30216
广东省石油化工建设集团公司	1863	14644	3365	6830	78606	36660
广州市园林建筑工程公司	959	5680	29966	2288	59227	23859
广州市建筑机械施工公司	4285	26700	62911	8062	62310	18814
广州市第一建筑工程公司	5079	35164	123771	8834	69234	17394
广州市机电建筑工程公司	836	5828	49067	1592	69719	19045
广州市化工建筑工程公司	1560	6716	27199	1986	43051	12734
广州市水电设备安装公司	691	13581	0	5491	196538	79465
广州市第二建筑工程公司	4363	28062	174736	10391	64318	23817
广州市第四建筑工程公司	3597	20022	89705	8498	55663	23626
广州市机电安装公司	2886	35355	0	7084	122505	24548
广州市公路局公路工程公司	451	7818	0	1930	173348	42798
广州市自来水工程公司	1732	18235	0	9195	105281	53087
广州市市政工程总公司	4766	41216	0	27574	86480	57855

资本金合计(万元)	资产总计(万元)	负债合计(万元)	利润总额(万元)	利税总额(万元)	工程质量优良品率(%)	产值利润率(%)	产值利税率(%)	资产负债率(%)
3501	11880	8927	−42	257	81.3	−0.5	2.8	75.1
869	8674	6416	12	47	66.7	0.5	1.8	74.0
1570	5954	4155	9	26	71.4	0.1	0.3	69.8
1860	2006	1314	45	76	26.3	2.1	3.5	65.5
1718	6513	4052	53	185	0.0	1.0	3.6	62.2
2122	65098	59715	604	2257	41.2	1.7	6.3	91.7
3382	14059	10187	100	275	41.7	2.4	6.5	72.5
3072	72614	66546	700	2593	46.7	2.4	9.0	91.6
1455	37799	35286	186	1628	0.0	0.6	5.5	93.4
2661	45867	42019	73	467	100.0	0.3	1.9	91.6
1428	18697	15474	16	299	54.5	0.3	6.3	82.8
10971	113909	89298	807	2634	96.7	1.4	4.7	78.4
1929	35158	32341	253	679	0.0	2.3	6.2	92.0
10049	72366	55059	186	1812	85.7	0.5	4.9	76.1
1698	36744	34147	23	296	18.2	0.3	3.4	92.9
1570	16697	12956	398	475	0.0	6.3	7.5	77.6
3369	28730	20371	233	1199	0.0	1.0	5.3	70.9
1561	58197	55457	37	1815	0.0	0.1	4.8	95.3
10386	118255	97837	1639	3476	75.0	2.2	4.6	82.7
2870	37807	34083	405	850	62.5	3.0	6.2	90.2
300	3885	3239	299	405	116.7	9.9	13.4	83.4
3017	18839	10414	403	784	70.7	2.8	5.4	55.3
1059	2325	1138	−9	115	39.2	−0.2	2.0	48.9
2236	80346	74292	42	437	28.6	0.2	1.6	92.5
1774	94697	88525	127	442	31.3	0.4	1.3	93.5
903	24934	24058	3	141	11.1	0.0	2.4	96.5
1569	7445	5909	35	272	16.7	0.5	4.1	79.4
3045	34857	30373	206	765	29.9	1.5	5.6	87.1
1564	42629	37693	117	354	69.2	0.4	1.3	88.4
1728	55517	49948	74	728	100.0	0.4	3.6	90.0
1939	41005	35571	283	1006	100.0	0.8	2.8	86.7
4396	46277	39204	72	214	100.0	0.9	2.7	84.7
2993	27001	21311	398	1027	100.0	2.2	5.6	78.9
23000	132609	95142	436	792	50.0	1.1	1.9	71.7

续 51

企业名称	平均人数(人)	建筑业总产值(万元)	竣工面积(平方米)	建筑业增加值(万元)	按总产值计算的劳动生产率(元/人)	按增加值计算的劳动生产率(元/人)
广州白云山建筑装修工程公司	130	2856	0	1052	219731	80962
广州市房屋经营建设公司	1085	15281	78066	3847	140835	35459
广州市建筑置业公司	3132	28978	230700	4598	92523	14681
广州市国营华安建筑开发公司	1582	6066	23500	606	38344	3832
广州市住宅建设发展公司	2403	26967	139477	7151	112221	29758
广州住友建设发展公司	1668	8752	65920	2262	52470	13560
广州穗城建筑工程公司	1683	3050	39645	2212	18122	13145
广州市煤气工程公司	285	2552	0	947	89551	33239
广州市东山区建筑安装工程公司	1553	6580	41124	2993	42370	19276
广州市越秀区住宅建设公司	1952	10017	48972	1613	51315	8263
天河置业发展公司	1965	6030	0	585	30687	2979
广州市芳村区市政建设工程公司	1347	6024	0	1991	44725	14782
广州市芳村区建筑工程公司	1261	4648	63978	2441	36860	19357
广州市白云区石井镇建筑工程公司	2003	9751	70795	1693	48682	8451
广州市白云区第一建筑集团公司	3250	13883	131540	2821	42716	8680
广州市白云区第五建筑工程公司	2003	5300	52414	2281	26460	11387
广州市白云区第三建筑工程公司	502	4500	84305	842	89651	16777
广州市江高建筑工程公司	1280	5842	71029	2057	45641	16067
广州市白云区市政工程公司	844	7513	0	465	89019	5512
广州市白云区土木建筑工程公司	482	2536	66010	901	52614	18693
广州白云穗港酒店设备工程公司	120	2117	0	938	176433	78142
广州市黄埔区第二建筑工程公司	2100	10020	108980	2613	47714	12444
广州市黄埔区市政建设总公司	398	3970	0	1222	99761	30698
花都市住宅建设公司	2017	12527	91937	2191	62106	10862
花都市第三建筑工程公司	2022	16669	188195	3417	82436	16901
花都市土木建筑工程公司	2073	14481	94380	3739	69855	18035
花都市建筑工程公司	3000	15155	192637	3561	50517	11869
花都市第二建筑工程公司	1980	16277	98706	2945	82205	14876
从化市建筑工程总公司	2730	5300	48000	2589	19414	9484
从化市第一建筑工程公司	568	5213	35106	441	91778	7762
从化市第三建筑工程公司	2109	7600	73921	2593	36036	12295
从化市第四建筑公司	2006	6531	50817	2394	32558	11935
从化市建筑市政工程总公司	2130	6217	51000	2864	29188	13448
增城市建筑工程公司	2020	6983	20165	1893	34571	9374
番禺市第三建筑工程公司	2054	9623	130177	4341	46850	21136
番禺市江南建筑工程公司	1090	12119	199910	3016	111183	27674
番禺市建筑安装工程公司	4675	26133	466080	10460	55899	22375

资本金合计(万元)	资产总计(万元)	负债合计(万元)	利润总额(万元)	利税总额(万元)	工程质量优良品率(%)	产值利润率(%)	产值利税率(%)	资产负债率(%)
1033	3930	2742	30	125	83.3	1.1	4.4	69.8
3651	43741	38227	377	706	66.7	2.5	4.6	87.4
3201	184705	177990	779	1715	16.7	2.7	5.9	96.4
1668	53664	52128	−136	−12	0.0	−2.2	−0.2	97.1
3285	120123	111196	623	1049	100.0	2.3	3.9	92.6
2946	6715	3512	41	247	21.4	0.5	2.8	52.3
1088	2904	1440	25	131	20.0	0.8	4.3	49.6
1000	6028	4625	237	316	0.0	9.3	12.4	76.7
3060	17962	14718	−93	157	66.7	−1.4	2.4	81.9
8874	24735	14409	819	1114	60.0	8.2	11.1	58.3
618	44703	43314	134	245	0.0	2.2	4.1	96.9
1199	26548	23304	30	75	0.0	0.5	1.2	87.8
1302	8256	5364	36	300	0.0	0.8	6.5	65.0
1800	5490	4604	427	517	33.3	4.4	5.3	83.9
2576	42961	39067	307	722	54.5	2.2	5.2	90.9
3300	4216	618	163	333	0.0	3.1	6.3	14.6
1875	3016	1136	73	220	0.0	1.6	4.9	37.7
1046	2196	863	274	477	33.3	4.7	8.2	39.3
2300	36040	35614	81	285	0.0	1.1	3.8	98.8
1250	1580	280	207	303	10.0	8.2	11.9	17.7
1200	2174	503	208	297	0.0	9.8	14.0	23.1
1830	1831	290	319	676	37.5	3.2	6.7	15.8
1073	4254	2381	265	413	0.0	6.7	10.4	56.0
554	20052	18542	231	405	20.8	1.8	3.2	92.5
1689	28205	26302	50	1177	48.6	0.3	7.1	93.3
1533	31888	29863	90	469	35.3	0.6	3.2	93.6
3033	40200	36832	213	577	22.7	1.4	3.8	91.6
1647	45956	44196	40	494	25.0	0.2	3.0	96.2
1680	5492	3628	116	396	0.0	2.2	7.5	66.1
1605	3604	1815	23	42	100.0	0.4	0.8	50.3
1600	9276	7546	52	557	20.0	0.7	7.3	81.3
1605	5436	3455	562	917	11.1	8.6	14.0	63.6
2172	17190	14949	467	749	33.3	7.5	12.1	87.0
2961	23226	20252	8	239	40.0	0.1	3.4	87.2
2199	28481	26033	248	728	18.2	2.6	7.6	91.4
3468	36837	32784	601	813	0.0	5.0	6.7	89.0
3312	83228	77719	456	1705	56.2	1.7	6.5	93.4

续 52

企业名称	平均人数（人）	建筑业总产值（万元）	竣工面积（平方米）	建筑业增加值（万元）	按总产值计算的劳动生产率（元/人）	按增加值计算的劳动生产率（元/人）
番禺市桥梁开发建设位置公司	3100	22013	44713	13175	71008	42501
广东省建筑构件工程公司	604	6029	43468	1445	99825	23922
天河区建安总公司	773	12081	10579	2484	156286	32137
广州市第三建筑工程有限公司	4668	27017	109140	7679	57876	16451
广州市市政工程维修处	2238	15536	0	9987	69419	44623
荔湾区市政建设工程公司	730	2016	0	1245	27618	17059
广东广信建筑装饰工程有限公司	156	1775	0	263	113782	16859
广东火电工程总公司	3074	19016	0	10751	61861	34975
广东省第五建筑工程公司	3874	20532	242373	5721	52999	14768
韶关市第一建筑工程公司	3295	7055	85611	2049	21412	6219
广东省韶关市第二建筑工程公司	2152	4385	89846	996	20379	4627
广东省韶关韶钢建设公司	2384	16286	12453	3478	68313	14589
广东省翁源县建筑公司	981	2465	70860	777	25123	7917
深圳市华侨建筑工程公司	1586	4581	38148	1191	28881	7507
深圳市第三建筑工程公司	2180	24019	166448	8987	110179	41225
深圳市建筑工程公司	1677	20867	166593	5828	124431	34751
深圳市金众股份有限公司	3782	28777	160452	20081	76089	53097
深圳市市政工程总公司	2034	42580	45490	15726	209341	77314
深圳市中航幕墙工程有限公司	386	5155	0	2858	133552	74054
深圳市建业建筑工程公司	3386	35102	142447	12729	103668	37593
深圳市第四建筑工程公司	1460	14868	97140	6516	101836	44634
江苏省建筑安装工程公司深圳一公司	7008	65059	767948	22462	92835	32051
深圳中国华西企业公司	6603	39251	324244	11900	59444	18022
深圳市机电设备安装股份有限公司	1044	14446	13550	5128	138372	49116
南京市第三建筑工程公司深圳公司	1145	11342	135243	4711	99053	41142
中建二局深圳南方建筑公司	1736	22420	119404	6410	129145	36927
东北核电建设公司 深圳	396	2730	0	2070	68939	52280
深圳市交运工程公司	688	5850	0	2615	85032	38010
深圳市东润建筑工程有限公司	723	10499	1640	1847	145216	25542
深圳市特皓股份有限公司	3955	25487	273814	12120	64442	30643
珠海市建安集团公司	6991	54956	383791	4891	78610	6996
珠海市建筑工程总公司	2269	18532	208902	1796	81676	7915
珠海市供水机械工程公司	702	2603	2100	1342	37080	19111
广东省煤炭基本建设公司	2011	12223	66844	3807	60780	18929
江苏省建筑安装工程公司珠海公司	1081	10761	110837	2672	99547	24715
广东省第二建筑工程公司	4948	29317	236845	10459	59250	21137
深圳潮阳建筑工程公司	3338	17607	137083	5765	52746	17271

资本金合计（万元）	资产总计（万元）	负债合计（万元）	利润总额（万元）	利税总额（万元）	工程质量优良品率（%）	产值利润率（%）	产值利税率（%）	资产负债率（%）
139	100488	198607	884	1139	0.0	4.0	5.2	197.6
1379	13057	10025	19	70	4.8	0.3	1.2	76.8
22	7500	5077	344	805	50.0	2.8	6.7	67.7
1967	58837	53083	104	424	111.1	0.4	1.6	90.2
2979	30528	20372	644	801	23.5	4.1	5.2	66.7
482	10670	9806	52	57	1.0	2.6	2.8	91.9
2000	11206	9454	227	247	50.0	12.8	13.9	84.4
8076	78438	31004	1364	1874	100.0	7.2	9.9	39.5
2016	52806	50532	4	685	24.0	0.0	3.3	95.7
3038	18566	15390	−172	53	55.6	−2.4	0.8	82.9
3694	19841	14547	7	49	20.0	0.2	1.1	73.3
4299	59682	53161	187	187	41.9	1.1	1.1	89.1
1659	4919	2962	26	125	25.0	1.1	5.1	60.2
1890	2065	602	19	165	62.5	0.4	3.6	29.2
3388	29175	17677	2136	3129	100.0	8.9	13.0	60.6
3050	28294	26450	1409	2533	87.1	6.8	12.1	93.5
10000	93071	61097	4168	5609	92.3	14.5	19.5	65.6
10000	143409	104059	1216	4220	100.0	2.9	9.9	72.6
1630	8798	6061	806	1154	71.4	15.6	22.4	68.9
7953	78957	60956	2648	5212	95.8	7.5	14.8	77.2
3000	61617	55899	494	1189	87.5	3.3	8.0	90.7
7878	149194	139962	2683	4512	100.0	4.1	6.9	93.8
10000	36856	26338	1891	2873	100.0	4.8	7.3	71.5
10945	66648	41711	1608	2154	77.3	11.1	14.9	62.6
2234	14659	12425	600	956	100.0	5.3	8.4	84.8
3500	43480	31872	713	1341	100.0	3.2	6.0	73.3
644	2750	2083	270	378	100.0	9.9	13.8	75.7
3995	8013	1729	556	817	100.0	9.5	14.0	21.6
1600	8159	5756	361	731	100.0	3.4	7.0	70.5
5034	74744	59091	3087	4395	93.3	12.1	17.2	79.1
2045	28483	25121	52	2197	11.2	0.1	4.0	88.2
2330	13377	10582	290	874	26.4	1.6	4.7	79.1
1071	1935	758	351	380	20.0	13.5	14.6	39.2
3953	33766	29093	389	591	42.1	3.2	4.8	86.2
751	25830	23496	124	384	51.4	1.1	3.6	91.0
3390	49536	47099	−786	227	20.8	−2.7	0.8	95.1
3029	18300	14388	1277	2175	100.0	7.3	12.4	78.6

续 53

企业名称	平均人数（人）	建筑业总产值（万元）	竣工面积（平方米）	建筑业增加值（万元）	按总产值计算的劳动生产率（元/人）	按增加值计算的劳动生产率（元/人）
汕头市第二建安总公司	1733	7781	101531	2164	44899	12488
汕头市港口建设总公司	1420	5033	3288	870	35444	6125
汕头市建安实业总公司	3950	31000	209144	5126	78481	12978
汕头市住宅建筑工程公司	1850	5400	8851	1169	29189	6322
汕头市市政工程总公司	2282	11614	5318	1121	50895	4914
汕头市第五建筑安装工程公司	1706	4936	22030	1273	28931	7464
汕头市电力安装总公司	440	4015	0	1731	91250	39336
汕头市航务工程公司	1071	8071	0	2373	75359	22154
汕头市建设工程发展总公司	1133	6462	85397	921	57037	8127
汕头市建安(集团)公司	5220	54626	398630	13665	104648	26179
汕头公路桥梁工程总公司	1323	11818	0	1268	89328	9588
汕头市路桥建设总公司	1694	11860	7250	3095	70012	18271
汕头市建筑工程总公司	4036	12317	113855	3077	30518	7625
汕头经济特区龙湖建筑安装工程公司	1030	5393	65736	1281	52359	12438
汕头经济特区园林建设公司	1340	7374	151220	490	55031	3659
汕头经济特区兴业建筑工程公司	1541	6525	29492	2107	42343	13676
汕头龙华建筑总公司	2952	12364	90504	4267	41883	14455
汕头市升艺建筑总公司	1050	3787	22635	1145	36068	10909
汕头市升达建筑总公司	2463	12395	175416	3377	50325	13710
汕头市安平建筑总公司	1743	6144	69147	1280	35249	7343
南华建筑公司	5010	25780	177555	5333	51458	10645
汕头市高华建筑总公司	1794	6017	43810	1643	33540	9161
汕头市建华建筑总公司	2009	3402	39420	1607	16934	7998
汕头市金砂建筑总公司	1029	6670	36605	1610	64820	15642
汕头市金园建筑公司	1683	6059	45406	862	36001	5123
汕头市金海建筑总公司	1340	6005	39421	1520	44813	11341
汕头市金新建筑公司	2000	6000	52797	1613	30000	8063
汕头市达诚建筑总公司	2308	11064	109205	2305	47938	9988
汕头市达濠区市政工程总公司	1626	23158	0	6746	142423	41486
汕头市达濠区建筑总公司	3867	27109	127613	7076	70103	18299
汕头市达濠区金田建筑总公司	1390	6010	3507	1845	43237	13271
潮阳市第三建筑工程公司	2056	6275	98315	1961	30520	9538
汕头市潮阳建筑工程总公司	3515	18398	148328	4838	52341	13764
潮阳市第二建筑总公司	3313	12185	120891	3210	36779	9690
潮阳市第四建筑工程公司	2123	6255	105897	2009	29463	9463
潮阳市水电建筑安装工程公司	1956	5885	72136	1819	30087	9299
潮阳市第一建安总公司	2918	12125	147284	3452	41552	11830

资本金合计(万元)	资产总计(万元)	负债合计(万元)	利润总额(万元)	利税总额(万元)	工程质量优良品率(%)	产值利润率(%)	产值利税率(%)	资产负债率(%)
1558	15838	13690	4	269	28.6	0.1	3.5	86.4
1521	10761	8808	5	185	15.4	0.1	3.7	81.9
3103	25974	23385	145	753	93.8	0.5	2.4	90.0
1714	29350	27527	31	191	100.0	0.6	3.5	93.8
2465	60983	59140	2	41	15.4	0.0	0.4	97.0
1555	10775	9199	2	179	14.3	0.0	3.6	85.4
157	2868	1462	256	370	0.0	6.4	9.2	51.0
380	18519	14294	16	285	0.0	0.2	3.5	77.2
2000	3759	1750	1	234	66.7	0.0	3.6	46.6
2797	61574	60632	−1755	229	59.6	−3.2	0.4	98.5
3800	43255	41425	199	293	28.6	1.7	2.5	95.8
3079	10067	5696	115	326	25.0	1.0	2.7	56.6
2950	50525	46901	3	282	72.2	0.0	2.3	92.8
1650	13221	11030	70	256	27.3	1.3	4.7	83.4
1508	10248	8605	17	164	13.5	0.2	2.2	84.0
1680	2916	939	78	294	66.7	1.2	4.5	32.2
3030	18693	14478	125	696	52.6	1.0	5.6	77.5
1528	16045	14474	42	178	25.0	1.1	4.7	90.2
3028	12510	7806	290	686	81.8	2.3	5.5	62.4
1348	38931	37264	86	155	64.3	1.4	2.5	95.7
3313	24028	20299	258	1184	53.6	1.0	4.6	84.5
1546	6992	5557	22	95	14.3	0.4	1.6	79.5
1510	7874	6340	−32	42	37.5	−0.9	1.2	80.5
1925	5437	3512	15	106	66.7	0.2	1.6	64.6
1990	10261	8271	15	101	62.5	0.2	1.7	80.6
2224	9764	7519	28	114	33.3	0.5	1.9	77.0
1943	1621	244	21	111	72.7	0.3	1.8	15.1
3000	12421	9407	12	244	41.7	0.1	2.2	75.7
4336	92306	80650	486	1276	0.0	2.1	5.5	87.4
6000	94417	77718	194	892	80.0	0.7	3.3	82.3
2749	12194	9262	41	249	18.2	0.7	4.1	76.0
1615	4859	3003	187	396	58.8	3.0	6.3	61.8
4590	28178	23351	540	1514	53.8	2.9	8.2	82.9
3181	8480	4964	196	463	70.6	1.6	3.8	58.5
1594	5025	3014	184	388	66.7	2.9	6.2	60.0
2318	3560	1077	166	350	50.0	2.8	5.9	30.3
3622	13955	10209	61	395	50.0	0.5	3.3	73.2

续 54

企业名称	平均人数（人）	建筑业总产值（万元）	竣工面积（平方米）	建筑业增加值（万元）	按总产值计算的劳动生产率（元/人）	按增加值计算的劳动生产率（元/人）
汕头市河浦建筑工程总公司	1588	6538	41866	1900	41171	11965
潮阳市第七建筑工程公司	1994	6110	85608	1826	30642	9156
汕头市建安基业工程公司	1180	4952	24233	1370	41966	11613
汕头市建安伟业工程公司	1593	5578	28150	1666	35016	10457
汕特金刚玻璃幕墙有限公司	562	7226	0	3241	128580	57662
汕头市金达市政工程总公司	663	3395	2845	1139	51207	17181
广东省第六建筑工程公司	4916	40037	320193	11903	81442	24213
佛山市第二建筑工程公司	696	5078	32217	3134	72955	45029
佛山公路工程公司	4000	14532	0	4578	36329	11445
佛山市电力电气安装公司	881	11149	0	6770	126544	76844
佛山市公路桥梁工程公司	231	2387	0	973	103333	42130
南海市第二建筑工程总公司	4819	34937	686649	10112	72499	20983
南海市建筑工程公司	2818	22532	288652	4436	79956	15742
佛山市房屋建筑工程总公司	2666	21331	240005	3993	80011	14977
佛山市政建设工程总公司	370	2954	0	1187	79841	32084
佛山市第一建筑集团公司	2559	17500	206294	4438	68386	17345
佛山市城区建筑工程公司	1209	5150	66723	1412	42597	11678
三水市第一建筑工程公司	1441	7042	99148	1617	48871	11222
顺德恒昌建设集团公司	2530	12001	62739	1784	47435	7052
顺德市机电安装工程公司	619	4186	0	1344	67625	21717
顺德诚业建筑公司	5982	29942	239264	10227	50053	17097
顺德北窖建筑公司	2150	14097	313466	4909	65567	22835
顺德新德业建设工程公司	535	3541	0	1986	66194	37118
高明市建筑工程总公司	1323	6143	34937	2142	46432	16194
高明市三洲建筑工程公司	1162	6302	63428	2477	54237	21319
顺德金城建设集团公司	3500	20135	325410	4138	57529	11823
江门市第一建筑工程公司	503	3000	23836	1292	59642	25686
广东省第七建筑工程公司	4025	36917	192100	10798	91719	26826
江门市第二建筑工程公司	1347	7135	41170	450	52970	3339
新会市建筑工程公司	1735	9105	97744	1805	52478	10405
新会市建筑安装工程总公司	1603	5014	78149	1267	31279	7903
新会市会城建筑工程总公司	1262	5684	137069	2167	45040	17168
台山市第四建筑工程公司	1664	6160	129901	1198	37019	7202
广东省台山市第六建筑工程总公司	2025	2836	54983	365	14005	1801
台山市第二建筑集团公司	4070	13093	124388	3321	32170	8160
广东省台山市第一建筑集团公司	3647	12088	65878	1582	33145	4339
恩平市二建集团公司	1365	5237	31875	1189	38366	8708

资本金合计(万元)	资产总计(万元)	负债合计(万元)	利润总额(万元)	利税总额(万元)	工程质量优良品率(%)	产值利润率(%)	产值利税率(%)	资产负债率(%)
1808	4741	2855	109	345	30.3	1.7	5.3	60.2
1889	2870	885	128	319	46.7	2.1	5.2	30.8
1500	4312	2804	0	137	50.0	0.0	2.8	65.0
2403	4972	2677	28	307	50.0	0.5	5.5	53.8
2168	6934	3581	685	886	62.8	9.5	12.3	51.6
2168	2626	639	36	192	50.0	1.1	5.7	24.3
3030	153575	148330	522	1427	43.9	1.3	3.6	96.6
1416	20900	18327	1157	1398	20.0	22.8	27.5	87.7
9855	133281	121686	17	71	9.1	0.1	0.5	91.3
5160	39801	27889	2264	2722	95.9	20.3	24.4	70.1
1334	30934	29968	41	224	0.0	1.7	9.4	96.9
7029	83007	73616	1979	3780	11.6	5.7	10.8	88.7
1787	149962	146416	395	994	33.3	1.8	4.4	97.6
2048	87302	84491	70	526	46.4	0.3	2.5	96.8
1387	10128	8433	107	169	0.0	3.6	5.7	83.3
1315	150270	148321	19	341	21.4	0.1	1.9	98.7
1460	4314	3216	107	109	18.8	2.1	2.1	74.6
1953	21526	19573	139	320	20.0	2.0	4.5	90.9
3128	27792	27286	5	92	20.0	0.0	0.8	98.2
795	7718	5731	119	254	63.2	2.9	6.1	74.3
2350	126591	123035	374	1585	41.2	1.3	5.3	97.2
1780	28786	26666	504	1144	0.9	3.6	8.1	92.6
1000	3081	1109	418	512	33.3	11.8	14.5	36.0
1500	3453	1675	76	378	9.1	1.2	6.2	48.5
1958	13407	6983	611	837	15.4	9.7	13.3	52.1
1512	59315	57871	72	693	13.4	0.4	3.4	97.6
1050	4917	3283	106	268	0.0	3.5	8.9	66.8
7045	107254	96788	435	1526	25.0	1.2	4.1	90.2
1817	18803	17739	−242	−133	0.0	−3.4	−1.9	94.3
3000	35143	31733	−104	72	25.9	−1.1	0.8	90.3
910	17990	17684	−605	−315	20.0	−12.1	−6.3	98.3
1256	26085	24466	2	117	47.6	0.0	2.1	93.8
1035	10125	9086	−40	98	75.0	−0.6	1.6	89.7
2127	11544	9904	−523	−429	18.2	−18.4	−15.1	85.8
3142	10879	8561	105	584	51.7	0.8	4.5	78.7
3256	21713	19461	30	92	83.3	0.2	0.8	89.6
3085	17396	14022	313	596	40.0	6.0	11.4	80.6

续 55

企　业　名　称	平均人数（人）	建筑业总产值（万元）	竣工面积（平方米）	建筑业增加值（万元）	按总产值计算的劳动生产率（元/人）	按增加值计算的劳动生产率（元/人）
广东省恩平市第一建筑工程公司	1021	2294	45072	570	22468	5586
广东省开平市土木工程集团公司	1450	5134	11815	1796	35410	12386
开平市住宅建筑工程集团公司	4116	13886	115072	1455	33737	3535
开平第一建筑集团公司	2049	5128	80522	939	25027	4583
开平市第三建筑工程公司	4167	22631	106651	7924	54310	19016
开平市第四建筑集团公司	1331	4353	21200	1689	32705	12693
开平市水电建筑集团公司	2310	7300	44683	1794	31602	7766
开平二建集团股份有限公司	5739	41767	112234	12942	72777	22551
开平市水口建筑集团公司	714	4351	31839	999	60943	13997
开平建安集团有限公司	4083	25178	329012	4493	61665	11005
鹤山市第三建筑工程公司	1589	4083	19900	667	25695	4199
鹤山建筑工程公司	1057	5502	90476	1422	52053	13456
鹤山沙坪基础工程公司	548	2437	50687	1045	44471	19066
江门市市政建设工程公司	492	2605	0	1202	52947	24439
台山市保华建筑有限公司	1658	12090	9036	1236	72919	7458
湛江市住宅建筑工程公司	1631	2002	15600	884	12272	5421
广东省八建集团有限公司	4502	27842	214804	9779	61844	21721
湛江市第七建筑工程公司	1818	3318	22392	260	18251	1430
湛江水利机电工程公司	181	2220	0	776	122652	42862
湛江市工程承包总公司	2000	3756	52920	2077	18778	10386
湛江市建筑工程公司	4027	8001	40139	2314	19868	5747
湛江市第四建筑工程公司	3876	13261	65134	3750	34213	9675
湛江市自来水公司工程处	154	1620	0	554	105201	35974
湛江市建筑基础公司	2020	5080	37760	1367	25149	6767
湛江市第十建筑工程公司	2110	4823	65218	1220	22858	5780
湛江市第九建筑工程公司	1625	6290	40429	2242	38706	13797
湛江市土木建筑工程公司	2016	4882	19446	1500	24216	7442
湛江市建筑实业工程公司	2183	4937	55696	1446	22616	6626
湛江市建筑工程集团公司	4203	30161	185845	7827	71760	18623
湛江市坡头区建安工程公司	1650	6017	0	713	36467	4321
湛江吴川市第三建筑工程公司	891	3038	16374	776	34097	8712
湛江吴川市建安第二分公司	2015	12138	95100	3115	60238	15462
湛江吴川市第一建筑工程公司	2760	8557	65005	1957	31004	7090
湛江吴川市土木建筑工程公司	558	2893	11300	1046	51846	18744
湛江市粤西建筑工程公司	2940	8898	225250	2967	30267	10091
湛江吴川市第五建筑工程公司	1011	2569	19200	561	25409	5547
湛江吴川市建设工程公司	2100	4238	10117	1221	20181	5815

资本金合计(万元)	资产总计(万元)	负债合计(万元)	利润总额(万元)	利税总额(万元)	工程质量优良品率(%)	产值利润率(%)	产值利税率(%)	资产负债率(%)
919	5279	5273	−323	−127	37.5	−14.1	−5.6	99.9
3757	21848	17843	361	512	0.0	7.0	10.0	81.7
3225	43238	40012	494	622	25.9	3.6	4.5	92.5
137	33473	31729	179	305	12.5	3.5	5.9	94.8
3000	41473	37536	993	1672	44.4	4.4	7.4	90.5
1298	15871	13955	221	296	50.0	5.1	6.8	87.9
1080	4734	1099	289	1042	66.7	4.0	14.3	23.2
8568	91326	82785	1636	4232	45.5	3.9	10.1	90.6
3387	12045	8256	−4	64	50.0	−0.1	1.5	68.5
8103	90194	78022	1095	1256	52.9	4.3	5.0	86.5
1508	5439	3885	26	95	9.5	0.6	2.3	71.4
1505	17361	15592	233	375	34.5	4.2	6.8	89.8
855	5223	4902	−225	−2	0.0	−9.3	−0.1	93.8
483	4215	2986	77	166	50.0	3.0	6.4	70.8
3718	30526	26820	−425	−160	100.0	−3.5	−1.3	87.9
1149	3918	2174	1	108	75.0	0.0	5.4	55.5
5133	36328	28249	49	1444	9.1	0.2	5.2	77.8
158	1608	150	0	109	14.3	0.0	3.3	9.3
1400	4071	2874	−26	115	0.0	−1.1	5.2	70.6
2000	8607	8170	616	740	0.0	16.4	19.7	94.9
5167	7731	2137	3	322	42.9	0.0	4.0	27.6
4803	22180	16657	1	309	27.3	0.0	2.3	75.1
50	2769	826	164	197	89.0	10.1	12.2	29.8
2861	4352	1362	0	170	0.0	0.0	3.3	31.3
1538	2270	507	−64	96	22.2	−1.3	2.0	22.3
327	14797	6341	299	557	30.0	4.8	8.9	42.9
3960	4208	234	100	262	50.0	2.0	5.4	5.6
1593	2016	1602	7	170	0.0	0.1	3.4	79.5
694	17357	15999	224	1222	34.4	0.7	4.1	92.2
1580	2159	502	41	239	0.0	0.7	4.0	23.3
2295	4209	1718	14	113	50.0	0.5	3.7	40.8
3217	9405	5416	103	387	80.0	0.8	3.2	57.6
3783	5211	2012	30	286	37.5	0.4	3.3	38.6
2238	5431	2930	36	132	71.4	1.2	4.6	54.0
4550	37786	30082	143	450	37.5	1.6	5.1	79.6
2666	5131	1057	12	101	66.7	0.5	3.9	20.6
2368	3654	1156	10	146	100.0	0.2	3.4	31.6

续 56

企业名称	平均人数（人）	建筑业总产值（万元）	竣工面积（平方米）	建筑业增加值（万元）	按总产值计算的劳动生产率（元/人）	按增加值计算的劳动生产率（元/人）
湛江廉江市建筑安装公司	2788	12030	129191	4791	43149	17184
湛江廉江市建筑工程总公司	1966	6053	116150	2636	30788	13409
湛江廉江市第一建筑工程公司	1638	6020	61920	1329	36752	8115
湛江廉江市住宅建筑工程公司	1499	5494	107320	1647	36651	10985
湛江市市政建设工程总公司	680	1905	0	594	28010	8732
湛江雷州市建筑安装工程公司	951	3009	57880	866	31640	9111
湛江公路工程大队	1208	5628	0	777	46589	6432
湛江霞山区建筑工程公司	572	2385	16710	197	41696	3448
茂名市建筑工程总公司	9830	58606	419600	14268	59619	14514
茂名市建筑工程公司	2164	8227	27941	2363	38018	10921
茂名市交通建设工程总公司	410	6125	0	761	149390	18571
茂名市茂南建筑安装工程公司	1059	7290	98677	818	68836	7720
茂名市茂南第三建筑安装工程公司	1245	3191	31933	83	25632	663
高州市建筑工程总公司	2000	10200	88214	772	51000	3861
广东省电白县第四建筑工程公司	2108	6180	61895	1637	29317	7767
广东省电白县第三建筑工程公司	1868	4980	22500	1663	26660	8901
广东省电白县劳动建筑工程公司	1056	6077	59338	2486	57550	23539
广东省电白县第二建筑工程公司	2285	10030	89000	3072	43895	13444
茂名市电白建筑工程总公司	2897	17900	220000	5132	61788	17715
广东省化州市第四建筑工程公司	2230	4338	53521	1376	19453	6170
化州市第六建筑公司	1948	4653	26839	1456	23887	7476
化州市建筑工程总公司	2621	11818	47761	3709	45090	14151
化州市第二建筑工程公司	1442	5038	50823	2315	34938	16055
化州市第五建筑工程公司	1633	4531	43685	1884	27748	11540
化州第三建筑工程公司	2185	3893	79277	1128	17816	5162
广东省公路工程施工总公司化州分公司	2021	5428	0	2424	26856	11992
茂名市市政工程总公司	359	2567	0	595	71504	16568
肇庆市建筑工程公司	1952	12250	85863	2050	62756	10504
肇庆市政建设公司	240	2175	0	955	90621	39796
广东省肇庆市第二建筑工程集团有限公司	2152	12082	190013	3290	56145	15290
肇庆市住宅建设总公司	2005	13850	145912	2257	69075	11257
惠州市水电建筑工程总公司	1681	4831	26231	1869	28740	11116
惠州市东江建筑安装工程总公司	1150	6885	24602	808	59871	7028
惠州市建筑工程总公司	3485	14650	100845	3118	42038	8947
惠州市公路建设总公司	2258	11595	4947	3466	51351	15349
广东省惠阳建筑工程总公司	3189	8336	63427	2179	26140	6832
梅州市建筑工程公司	699	4690	92263	868	67096	12413

资本金合计(万元)	资产总计(万元)	负债合计(万元)	利润总额(万元)	利税总额(万元)	工程质量优良品率(%)	产值利润率(%)	产值利税率(%)	资产负债率(%)
2876	13861	9564	401	888	66.7	3.3	7.4	69.0
3006	5993	2891	74	314	43.8	1.2	5.2	48.2
2500	3569	580	200	352	55.6	3.3	5.9	16.3
1973	3589	1115	244	424	26.7	4.4	7.7	31.1
2115	11901	9528	−8	8	0.0	−0.4	0.4	80.1
1775	3727	1947	46	143	10.7	1.5	4.8	52.2
2206	12421	1316	189	189	0.0	3.4	3.4	10.6
1532	1985	468	−29	41	25.0	−1.2	1.7	23.6
4101	30974	24923	569	1200	36.5	1.0	2.0	80.5
2018	10854	8732	136	415	50.0	1.7	5.1	80.4
338	2900	300	242	446	0.0	4.0	7.3	10.3
3055	3897	683	60	137	4.3	0.8	1.9	17.5
2150	4536	2929	−6	1	0.0	−0.2	0.0	64.6
5092	7877	2559	15	270	78.3	0.1	2.6	32.5
1570	5358	3368	194	392	77.8	3.1	6.3	62.9
2000	3669	1017	209	380	77.8	4.2	7.6	27.7
1538	2391	286	176	386	84.6	2.9	6.4	12.0
4282	12426	8143	102	448	85.7	1.0	4.5	65.5
3627	8983	4876	260	986	45.8	1.5	5.5	54.3
2180	2617	424	16	114	21.1	0.4	2.6	16.2
2562	4101	2054	98	339	60.0	2.1	7.3	50.1
3921	11619	7637	365	698	77.8	3.1	5.9	65.7
2168	4883	2551	521	672	56.5	10.3	13.3	52.2
2985	4829	900	294	401	30.0	6.5	8.8	18.6
1011	2608	1282	118	242	100.0	3.0	6.2	49.2
1368	7182	1123	427	579	33.3	7.9	10.7	15.6
2118	1820	1246	20	99	0.0	0.8	3.9	68.5
3015	27034	23331	4	212	36.8	0.0	1.7	86.3
541	5327	3728	59	123	9.1	2.7	5.6	70.0
3394	18857	15095	138	600	43.3	1.1	5.0	80.1
2067	33588	31108	165	354	46.7	1.2	2.6	92.6
1042	22614	20223	−246	−183	52.9	−5.1	−3.8	89.4
354	14897	11053	−2	226	33.3	0.0	3.3	74.2
4381	29092	23468	271	752	46.7	1.8	5.1	80.7
7307	78570	76274	333	675	0.0	2.9	5.8	97.1
106	39272	36971	17	93	58.3	0.2	1.1	94.1
1155	6243	4027	−29	262	50.0	−0.6	5.6	64.5

续 57

企业名称	平均人数(人)	建筑业总产值(万元)	竣工面积(平方米)	建筑业增加值(万元)	按总产值计算的劳动生产率(元/人)	按增加值计算的劳动生产率(元/人)
梅县第一建筑工程公司	511	2125	35008	775	41585	15166
五华县第二建筑工程公司	3352	14930	105100	5261	44541	15695
广东省五华县第一建筑工程公司	3430	15840	136000	6069	46181	17695
陆丰市建筑工程总公司	1101	4121	47309	985	37428	8946
陆丰市土石方工程总公司	1485	1900	7800	206	12795	1389
河源市建筑工程总公司	450	2576	26570	587	57249	13036
阳江市建筑工程公司	1332	7653	40097	2005	57453	15053
阳江市建筑安装工程公司	2097	10863	74454	2904	51801	13847
阳江市房产建设住宅公司	582	4055	15500	1708	69674	29349
阳江市阳西县建筑工程公司	1500	6030	101270	2353	40200	15685
阳江市阳春市第二建筑工程公司	1070	2749	16407	763	25692	7128
阳江市阳春市建筑工程公司	830	2309	16781	468	27822	5639
东莞市莞城建筑公司	3932	11037	182459	3024	28070	7690
东莞市建筑工程总公司	3685	19733	166296	1486	53550	4031
东莞市第二建筑工程公司	3330	14588	152924	3878	43808	11647
广东省水利水电第三工程局	2968	13968	29822	6946	47062	23402
东莞市建筑安装公司	3315	17136	257514	4578	51692	13809
东莞市太平建筑总公司	2300	16718	133498	3992	72685	17358
东莞市石龙二建公司	1850	9020	100813	3620	48757	19567
东莞市石龙建筑公司	3062	12623	248303	1596	41225	5212
东莞市附城建筑公司	2206	6770	56150	2023	30689	9170
中山市第一建筑工程总公司	2358	14663	146732	4626	62182	19619
中山市市政工程总公司	1168	15852	19371	2988	135722	25580
中山市建筑工程公司	3896	23468	235175	2057	60236	5279
潮州市建筑安装总公司	2284	13300	157730	3711	58231	16246
潮州市第二建筑安装公司	2200	15054	157020	2366	68427	10756
揭阳市榕江建筑工程总公司	2237	4500	43484	755	20116	3377
揭阳市振东建筑安装工程总公司	2320	13100	172629	5114	56466	22044
揭阳市揭西建筑集团公司	2096	9233	97727	1868	44051	8913
揭阳市揭西建筑安装工程总公司	1820	6120	73800	2282	33626	12540
普宁市建筑工程总公司	2100	8050	99398	479	38333	2283
新兴县建筑工程公司	1909	2943	32336	1325	15417	6943
罗定市二建集团有限公司	1293	2960	99536	1396	22892	10797
罗定市第三建筑工程公司	926	1926	41566	776	20799	8382
罗定市第五建筑工程公司	613	1950	5822	616	31811	10055
罗定市建筑工程公司	678	2093	14500	725	30870	10693
罗定市第六建筑工程公司	602	1950	12214	693	32392	11518

资本金合计(万元)	资产总计(万元)	负债合计(万元)	利润总额(万元)	利税总额(万元)	工程质量优良品率(%)	产值利润率(%)	产值利税率(%)	资产负债率(%)
1055	6382	5134	15	92	50.0	0.7	4.3	80.4
4329	4783	142	230	756	40.7	1.5	5.1	3.0
3948	4329	192	805	1867	46.2	5.1	11.8	4.4
1238	5629	4334	1	44	15.8	0.0	1.1	77.0
3500	4508	4328	67	89	44.4	3.5	4.7	96.0
1770	10055	8688	5	73	37.5	0.2	2.8	86.4
794	17663	16300	160	432	60.0	2.1	5.6	92.3
4804	7936	3769	150	515	31.3	1.4	4.7	47.5
1568	5268	1985	156	394	0.0	3.9	9.7	37.7
2304	2559	619	284	544	9.1	4.7	9.0	24.2
2927	6811	4542	−29	64	10.0	−1.1	2.3	66.7
4480	10552	6721	−216	−137	20.0	−9.3	−5.9	63.7
8100	17268	9100	58	380	23.1	0.5	3.4	52.7
1805	89298	86189	84	467	16.7	0.4	2.4	96.5
4475	8131	3202	46	397	23.8	0.3	2.7	39.4
4897	24188	14921	558	1304	0.0	4.0	9.3	61.7
5862	18587	11144	362	912	37.5	2.1	5.3	60.0
1600	16062	6431	25	319	33.3	0.2	1.9	40.0
1650	2738	1422	122	515	30.0	1.3	5.7	51.9
3100	14210	10407	2	43	9.5	0.0	0.3	73.2
1650	3420	2341	330	527	57.1	4.9	7.8	68.5
1969	139548	135691	−87	324	83.3	−0.6	2.2	97.2
3232	75267	70054	354	498	0.0	2.2	3.1	93.1
15420	52937	32938	373	760	37.2	1.6	3.2	62.2
5290	29288	23177	266	810	45.7	2.0	6.1	79.1
2520	12988	9700	170	502	42.9	1.1	3.3	74.7
1068	6675	5090	13	74	28.6	0.3	1.6	76.3
1539	4555	2682	968	1231	65.2	7.4	9.4	58.9
3534	12554	8872	660	902	27.8	7.2	9.8	70.7
1665	2230	456	578	918	36.4	9.4	15.0	20.5
1352	21460	20095	20	133	62.5	0.2	1.6	93.6
1516	9890	9128	0	55	63.2	0.0	1.9	92.3
3300	4316	2110	11	117	44.4	0.4	4.0	48.9
1575	3546	2105	46	106	40.0	2.4	5.5	59.4
1386	2450	1380	37	102	27.3	1.9	5.2	56.3
1508	5023	4403	19	97	50.0	0.9	4.6	87.7
1280	7651	5236	145	200	0.0	7.4	10.3	68.4

续 58

企　业　名　称	平均人数（人）	建筑业总产值（万元）	竣工面积（平方米）	建筑业增加值（万元）	按总产值计算的劳动生产率（元/人）	按增加值计算的劳动生产率（元/人）
广东省云浮市第二建筑工程公司	803	2530	19294	624	31507	7771
广西壮族自治区						
广西建工集团第一建筑工程有限责任公司	8911	43751	200159	18540	49098	20806
广西建工集团第二建筑工程有限责任公司	9314	44439	289820	16326	47712	17529
广西建工集团第一建筑设备安装工程有限责任	2484	12147	0	4658	48901	18752
广西壮族自治区航务工程局	2210	5622	4624	2841	25439	12854
广西区公路桥梁总公司	12497	86045	0	11076	68853	8863
南宁市基础工程总公司	3800	23537	13075	4719	61941	12417
南宁市市政工程总公司	918	9642	0	2488	105028	27103
南宁市建筑安装工程公司	3309	16818	241754	3150	50824	9520
广西区航务工程处	1593	9950	0	1993	62461	12509
广西水电工程局建筑工程公司	1420	6039	19187	586	42528	4128
南宁市第二建筑安装工程公司	1065	4538	70681	1288	42610	12093
南宁市市政工程管理处	637	3511	0	1721	55115	27014
广西建工集团第五建筑工程有限责任公司	6302	21293	192890	9075	33788	14401
广西建工集团第三建筑工程有限责任公司	4125	20102	203486	6520	48732	15805
广西建工集团第二建筑设备安装工程有限责任	1920	8603	8100	3176	44809	16543
广西冶金建设公司	3257	10272	90579	6314	31537	19385
柳州市建筑工程总公司	4973	14769	144356	5328	29699	10715
柳州市住宅建筑工程公司	1209	4124	70972	749	34113	6196
柳州市市政工程总公司	1220	7244	960	1173	59377	9614
柳州地区建筑工程总公司	1121	2019	33667	788	18011	7029
柳州供用电工程公司	436	3732	1086	859	85596	19695
柳州市市政设施维护管理处	929	3335	0	1132	35896	12186
柳州公路管理局	2146	4098	951	2181	19094	10162
柳州市自来水管道设备安装工程公司	585	2437	0	720	41662	12315
桂林市住宅建设总公司	1218	7586	69747	914	62282	7506
广西建工集团第四建筑工程有限责任公司	4491	20316	276104	7716	45237	17182
桂林市建筑安装工程公司	2714	13764	144573	5161	50715	19016
梧州市第一建筑安装工程总公司	2005	10120	92406	2451	50475	12227
贵港市第二建筑工程公司	1532	6108	87089	1730	39869	11290
贵港市建筑工程公司	1300	6225	97499	823	47885	6328
平南县建筑安装工程公司	1685	4605	31935	1145	27329	6793
玉林市第六建筑安装工程公司	2003	2825	61470	378	14103	1886
玉林地区公路局	1306	3708	9848	1416	28394	10845

资本金合计(万元)	资产总计(万元)	负债合计(万元)	利润总额(万元)	利税总额(万元)	工程质量优良品率(%)	产值利润率(%)	产值利税率(%)	资产负债率(%)
1619	3250	680	92	148	40.0	3.6	5.8	20.9
5172	41461	35743	265	2029	48.2	0.6	4.6	86.2
5734	51278	44946	280	1567	45.0	0.6	3.5	87.7
3625	45712	41948	26	200	33.8	0.2	1.6	91.8
7594	10059	2428	49	250	100.0	0.9	4.4	24.1
14342	96355	64514	2572	2912	94.1	3.0	3.4	67.0
2654	31933	28346	297	684	25.0	1.3	2.9	88.8
2400	21916	14235	184	357	20.0	1.9	3.7	65.0
3530	41182	33626	−238	296	38.8	−1.4	1.8	81.7
1835	16858	14688	58	104	66.7	0.6	1.0	87.1
1053	2054	984	1	27	66.7	0.0	0.4	47.9
1500	5981	4621	60	340	34.3	1.3	7.5	77.3
1868	15010	11696	1099	1233	100.0	31.3	35.1	77.9
1893	83391	82091	−866	−258	11.7	−4.1	−1.2	98.4
2863	58738	55580	6	489	30.2	0.0	2.4	94.6
1478	27029	25105	27	186	30.2	0.3	2.2	92.9
2252	39812	35070	−124	412	20.4	−1.2	4.0	88.1
2187	24723	18716	13	900	38.1	0.1	6.1	75.7
2947	25503	21960	−207	−176	4.0	−5.0	−4.3	86.1
1668	17137	12965	46	87	60.0	0.6	1.2	75.7
1803	4717	2913	1	90	14.3	0.1	4.5	61.8
1588	5446	1941	522	650	56.3	14.0	17.4	35.6
1485	6761	4344	124	236	4.9	3.7	7.1	64.2
6009	10762	3264	56	251	75.0	1.4	6.1	30.3
1622	4585	2948	5	71	70.3	0.2	2.9	64.3
1514	16201	14514	5	39	17.4	0.1	0.5	89.6
2553	30466	27553	−501	148	17.7	−2.5	0.7	90.4
3317	20805	13290	−289	255	29.2	−2.1	1.9	63.9
927	23040	19491	139	313	17.6	1.4	3.1	84.6
1055	9179	4040	5	119	26.9	0.1	1.9	44.0
1074	11165	9025	−1316	−1153	10.8	−21.1	−18.5	80.8
1200	4469	2029	−7	98	29.4	−0.2	2.1	45.4
1570	2748	1103	−8	83	13.3	−0.3	2.9	40.1
3056	6381	2619	−430	−345	73.3	−11.6	−9.3	41.1

续 59

企业名称	平均人数(人)	建筑业总产值(万元)	竣工面积(平方米)	建筑业增加值(万元)	按总产值计算的劳动生产率(元/人)	按增加值计算的劳动生产率(元/人)
北流市建筑工程公司	2018	6163	64565	1737	30540	8610
北流市建筑工程总公司	2270	7250	86004	1970	31940	8679
北流市第二建筑安装工程公司	2328	9300	65350	1468	39948	6307
陆川县建筑公司	1001	3848	48205	1003	38442	10023
博白县建筑工程公司	1310	5130	41529	562	39160	4289
广西水利电力建筑工程处	1059	5912	324	2341	55825	22110
海南省						
海南省建筑工程总公司	5980	38064	123428	8102	63652	13549
海口市建筑工程公司	1100	2218	943	528	20164	4798
海南省建筑工程总公司	5980	38064	123428	8102	63652	13549
海口市建筑工程公司	1100	2218	943	528	20164	4798
重庆市						
四川省煤炭第一建筑安装工程公司	2266	3087	25616	1010	13623	4456
重庆第四建筑工程公司	2951	11168	112498	2676	37844	9067
重庆市住宅建设总公司	3805	24732	167372	7522	64999	19769
重庆第二工业设备安装公司	3091	15100	0	5471	48852	17698
重庆第一工业设备安装公司	2014	8733	0	2589	43364	12854
重庆市渝通公路工程总公司	1980	15931	0	1895	80459	9570
重庆市第二市政工程公司	819	1939	0	568	23674	6930
重庆建筑机械化工程总公司	2073	2150	0	797	10371	3843
重庆通用机械工业公司	576	5390	0	1366	93576	23722
重庆第三建筑工程公司	4768	23279	382751	8160	48823	17114
重庆第二建筑工程公司	5072	28802	365974	9651	56786	19028
重庆第九建筑工程公司	6026	23588	171631	10071	39144	16713
重庆公用事业工程建设承包公司	1118	8027	2764	2427	71798	21707
重庆自来水工程公司	638	2535	0	685	39734	10737
重庆钢城集团建设工程有限公司	4814	20006	62509	4433	41557	9209
重庆桥梁工程总公司	2262	9554	10504	2811	42239	12427
重庆渝黔建设工程总公司	1017	4100	10800	1046	40315	10289
重庆市市中区第三建筑工程公司	2993	11105	117814	2960	37103	9890
重庆市公路工程总公司	426	5101	0	819	119751	19237
重庆丰达建筑总公司	1077	4011	53480	1591	37242	14777
重庆市九龙坡区工业设备安装有限公司	860	3994	2245	1211	46442	14081

资本金合计(万元)	资产总计(万元)	负债合计(万元)	利润总额(万元)	利税总额(万元)	工程质量优良品率(%)	产值利润率(%)	产值利税率(%)	资产负债率(%)
1608	2236	1049	172	545	21.4	2.8	8.8	46.9
1580	2237	567	11	375	27.3	0.2	5.2	25.3
1674	1868	194	10	341	21.4	0.1	3.7	10.4
1828	2179	927	23	146	20.0	0.6	3.8	42.5
150	1423	107	1	25	0.0	0.0	0.5	7.5
6890	9859	2845	78	213	71.4	1.3	3.6	28.9
2204	58856	47658	−780	247	27.3	−2.0	0.6	81.0
1329	5014	3335	9	44	16.7	0.4	2.0	66.5
2204	58856	47658	−780	247	27.3	−2.0	0.6	81.0
1329	5014	3335	9	44	16.7	0.4	2.0	66.5
2005	5682	4108	−65	10	23.1	−2.1	0.3	72.3
1138	26223	23579	8	290	25.0	0.1	2.6	89.9
2038	31105	25637	268	997	40.0	1.1	4.0	82.4
3819	21655	14066	8	417	63.9	0.1	2.8	65.0
1392	6690	4021	108	297	42.9	1.2	3.4	60.1
5056	36818	31729	96	353	100.0	0.6	2.2	86.2
1480	5978	4498	−246	−169	20.0	−12.7	−8.7	75.2
2545	4857	3148	−694	−646	0.0	−32.3	−30.0	64.8
945	5255	4000	268	319	43.5	5.0	5.9	76.1
3500	29051	24729	382	1045	29.6	1.6	4.5	85.1
2590	17692	12668	263	1182	33.3	0.9	4.1	71.6
8253	21578	17903	258	1175	64.3	1.1	5.0	83.0
5302	6259	900	306	775	66.7	3.8	9.7	14.4
1901	2759	844	32	77	28.6	1.3	3.0	30.6
5100	10623	5221	47	292	30.8	0.2	1.5	49.1
2800	17095	15037	−334	−106	33.3	−3.5	−1.1	88.0
1050	7276	6089	13	51	100.0	0.3	1.2	83.7
3200	8345	5825	67	343	25.0	0.6	3.1	69.8
1583	7728	7081	−93	−50	50.0	−1.8	−1.0	91.6
1500	3200	2450	7	130	54.5	0.2	3.3	76.6
1512	4727	3098	59	154	50.0	1.5	3.9	65.5

续 60

企业名称	平均人数(人)	建筑业总产值(万元)	竣工面积(平方米)	建筑业增加值(万元)	按总产值计算的劳动生产率(元/人)	按增加值计算的劳动生产率(元/人)
重庆第一建筑(集团)公司	4291	20321	241582	7976	47357	18587
重庆九龙建筑工程总公司	2888	12868	97495	3520	44557	12188
四川省重庆市渝九建筑工程总公司	1280	6100	44668	1349	47656	10536
重庆第八建筑工程公司	4551	16651	138522	5886	36588	12935
重庆金凤建筑工程有限公司	1869	7132	101931	1636	38161	8752
重庆松岭建筑工程有限公司	1828	6052	60945	1783	33107	9753
重庆南岸工业设备安装工程公司	1035	6175	0	911	59662	8802
重庆市北碚建筑安装工程公司	1969	9750	137650	3334	49518	16932
重庆市长寿县建筑安装工程公司	1605	6479	65724	1419	40366	8843
重庆长寿县建筑工程公司	2950	7949	78930	2002	26947	6786
重庆长峡建筑工程公司	650	7586	40200	1444	116708	22220
重庆渝凤建筑安装工程公司	2266	16500	70000	4275	72816	18866
重庆长寿工业设备安装工程公司	1623	6530	34120	2668	40235	16439
重庆渝发建设公司	3000	12000	63222	5491	40000	18303
重庆巴洲建筑安装工程公司	1998	12208	137200	2741	61101	13718
重庆一品建筑工程公司	2823	13476	139187	3219	47736	11402
重庆西彭建筑安装公司	1282	6109	41779	1571	47652	12257
重庆市石塔建筑安装公司	1145	6720	35623	1187	58690	10363
重庆鱼洞建筑工程总公司	998	7897	115261	1724	79128	17271
重庆市渝惠建筑工程公司	880	6088	42780	1854	69183	21069
重庆市花溪建筑集团有限公司	3587	12144	113758	3494	33856	9741
綦江县第二建筑工程公司	1005	2223	31676	1108	22124	11023
重庆綦江第七建筑工程公司	2400	6242	105650	3196	26008	13315
綦江县巨龙建筑安装工程有限公司	4026	7908	64409	2750	19644	6831
重庆市渝北区第三建筑工程公司	953	6013	90326	1540	63095	16157
江津市建筑工程总公司	2000	11200	159092	1862	56000	9310
江津市德感建筑安装工程公司	1802	10075	117734	3303	55910	18332
江津市双九建筑工程公司	1518	10097	87389	1588	66518	10462
江津市建筑建材总公司	2840	19859	307493	4261	69925	15002
重庆市两江建筑安装工程公司	1839	7625	59348	2795	41465	15198
永川市第二建筑安装工程公司	1852	9000	224200	2554	48596	13789
永川市第五建筑工程公司	1830	9140	48100	1610	49945	8796
永川市城南建筑工程公司	1574	7006	54300	2108	44511	13395
重庆市大足县建筑工程公司	887	2273	6000	790	25628	8911
荣昌县建筑安装工程二公司	2117	7100	33500	2203	33538	10408
重庆市璧山县第四建筑工程公司	1205	6807	54425	1287	56490	10677
重庆市璧山县第五建筑工程总公司	1734	11553	103494	2879	66626	16604

资本金合计(万元)	资产总计(万元)	负债合计(万元)	利润总额(万元)	利税总额(万元)	工程质量优良品率(%)	产值利润率(%)	产值利税率(%)	资产负债率(%)
2640	23304	15755	201	944	33.3	1.0	4.6	67.6
3180	12117	9999	518	841	58.3	4.0	6.5	82.5
1678	3442	1680	11	203	33.3	0.2	3.3	48.8
1886	94450	94583	−1002	−442	50.0	−6.0	−2.7	100.1
1564	2582	965	38	235	70.0	0.5	3.3	37.4
1517	2685	999	192	403	61.9	3.2	6.7	37.2
4298	4012	2612	45	112	6.2	0.7	1.8	65.1
4264	8247	3927	−4	291	72.7	0.0	3.0	47.6
1492	4179	3785	−599	−413	54.2	−9.2	−6.4	90.6
1594	5083	2320	95	284	31.3	1.2	3.6	45.7
1800	3119	1254	80	246	83.3	1.0	3.2	40.2
1254	5452	4029	165	625	68.4	1.0	3.8	73.9
1718	2000	238	30	257	78.6	0.5	3.9	11.9
3024	10549	7370	114	531	60.0	0.9	4.4	69.9
1651	9950	9300	31	199	62.5	0.3	1.6	93.5
1304	6026	4625	122	442	75.0	0.9	3.3	76.8
1595	3988	2255	178	330	41.2	2.9	5.4	56.5
1520	2143	446	174	285	80.0	2.6	4.2	20.8
1064	1419	187	63	280	91.3	0.8	3.5	13.2
1536	4281	2736	9	227	25.0	0.1	3.7	63.9
5008	10852	6719	326	643	87.5	2.7	5.3	61.9
1153	2551	1392	6	70	33.3	0.3	3.1	54.6
1596	2292	523	137	349	50.0	2.2	5.6	22.8
2180	6062	3489	219	449	35.7	2.8	5.7	57.6
1049	1715	666	38	408	35.3	0.6	6.8	38.9
2166	7256	3694	339	642	25.0	3.0	5.7	50.9
3044	12340	9689	62	410	35.0	0.6	4.1	78.5
1007	2982	1965	6	180	25.0	0.1	1.8	65.9
1742	7984	5858	423	937	0.0	2.1	4.7	73.4
2679	3797	912	98	575	35.3	1.3	7.5	24.0
1569	2053	407	287	511	85.4	3.2	5.7	19.8
1536	1801	110	401	674	88.9	4.4	7.4	6.1
1539	2945	1406	218	432	50.0	3.1	6.2	47.7
1217	2220	528	68	140	20.0	3.0	6.2	23.8
2106	9632	3873	48	143	50.0	0.7	2.0	40.2
2006	3041	1035	207	413	34.8	3.0	6.1	34.0
150	2483	852	837	1116	27.3	7.2	9.7	34.3

续 61

企业名称	平均人数（人）	建筑业总产值（万元）	竣工面积（平方米）	建筑业增加值（万元）	按总产值计算的劳动生产率（元/人）	按增加值计算的劳动生产率（元/人）
重庆市佳信建筑工程有限公司	1115	3100	16364	937	27803	8406
万县市路桥总公司	1882	3770	0	660	20032	3505
万县市南华建筑工程公司	1650	6328	85621	4425	38352	26818
万县市建筑工程总公司	1472	6500	58226	2355	44160	15998
万县市华龙建筑工程总公司	1021	3974	35091	586	38923	5737
万县市建筑安装工程公司	1021	6875	83894	2070	67336	20277
万县市天环建筑总公司	1569	6188	50491	2166	39439	13805
万县市建筑开发总公司	3100	12258	166890	4537	39542	14635
万县市东方建筑工程公司	1458	6500	84607	1450	44582	9949
万县市川浦建筑工程总公司	1600	6012	69900	2222	37575	13888
开县欣宏建筑有限责任公司	3188	8100	98000	3595	25408	11276
东方建筑集团公司	3417	7865	230416	2339	23018	6844
垫江县第一建筑工程公司	2800	3218	140000	1934	11493	6907
垫江县永泰建筑总公司	1962	2985	94000	1590	15214	8104
长寿县第四建筑工程公司	750	2570	53200	839	34267	11184
重庆华夏建筑工程公司	1216	6973	48728	1897	57345	15598
永川市第一建筑工程有限公司	2477	7830	100416	2408	31611	9720
四川省交通厅第一航道工程处	300	3228	0	1314	107600	43813
巫山县建筑工程总公司	566	2665	47826	731	47085	12920
重庆路阳建设实业有限公司	2248	5074	22591	1402	22571	6238
重庆九洲建筑实业总公司	2105	12002	103716	3415	57017	16222
重庆市龙城建筑安装工程公司	1545	8296	168701	1191	53696	7711
綦江县第六建筑安装工程公司	3408	4908	51450	1702	14401	4994
四川省						
四川省云阳长城建筑安装工程总公司	855	1964	39890	993	22966	11620
都江堰市五建集团公司	716	3119	50374	887	43561	12387
四川第六建筑工程公司	8366	44654	246656	15479	53376	18502
四川省邮电建设工程公司	2960	15949	0	4494	53880	15183
四川省土木工程公司	1404	6889	0	2281	49067	16246
四川省第一建筑工程公司	9893	55620	511205	17056	56222	17240
四川省工程设备安装公司	7831	53167	0	22676	67893	28956
四川省第二建筑工程公司	1242	4334	59762	848	34895	6828
四川省建筑机械化工程公司	4714	20989	199778	8217	44525	17430
四川省第三建筑工程公司	13493	68551	560024	26278	50805	19475
四川省地方建筑实业总公司	2815	9481	183625	2893	33680	10277

资本金合计(万元)	资产总计(万元)	负债合计(万元)	利润总额(万元)	利税总额(万元)	工程质量优良品率(%)	产值利润率(%)	产值利税率(%)	资产负债率(%)
1506	4200	3154	45	137	40.0	1.5	4.4	75.1
2007	6151	4144	0	31	23.1	0.0	0.8	67.4
1580	11377	10695	180	2424	68.8	2.8	38.3	94.0
915	9145	7549	40	224	73.7	0.6	3.4	82.5
967	2330	1544	13	52	42.9	0.3	1.3	66.3
1610	2381	473	417	571	45.8	6.1	8.3	19.9
2914	4132	1868	170	391	28.6	2.7	6.3	45.2
3200	4815	1197	327	713	35.4	2.7	5.8	24.9
1072	1404	136	38	196	75.0	0.6	3.0	9.7
1640	3059	1230	529	682	10.0	8.8	11.3	40.2
1537	2492	319	161	445	46.2	2.0	5.5	12.8
1140	3873	1972	84	354	29.1	1.1	4.5	50.9
190	4694	1799	12	147	93.3	0.4	4.6	38.3
2036	3370	1156	57	191	46.2	1.9	6.4	34.3
1552	2270	611	8	80	0.0	0.3	3.1	26.9
1050	4336	2618	113	354	38.5	1.6	5.1	60.4
5550	6424	761	249	518	84.0	3.2	6.6	11.8
1128	2601	1613	59	171	0.0	1.8	5.3	62.0
1600	8637	6827	31	137	22.2	1.1	5.2	79.0
1988	3013	977	72	140	85.7	1.4	2.8	32.4
3707	11633	6923	107	532	79.7	0.9	4.4	59.5
2569	4473	289	128	371	51.2	1.5	4.5	6.5
1551	2126	502	314	453	41.7	6.4	9.2	23.6
151	5104	4307	−41	33	15.8	−2.1	1.7	84.4
2025	5019	2756	158	272	62.5	5.1	8.7	54.9
3604	42323	35796	318	1794	34.0	0.7	4.0	84.6
341	11726	9170	193	263	77.9	1.2	1.6	78.2
4604	11107	8380	149	311	16.7	2.2	4.5	75.5
3760	64019	57288	527	2321	27.3	0.9	4.2	89.5
6428	53763	39896	507	2104	56.9	1.0	4.0	74.2
2050	6659	5779	−21	136	14.3	−0.5	3.1	86.8
3547	50520	47173	−1281	−650	45.5	−6.1	−3.1	93.4
5095	48364	35183	615	3034	30.5	0.9	4.4	72.7
375	3161	2294	7	256	35.3	0.1	2.7	72.6

续 62

企业名称	平均人数（人）	建筑业总产值（万元）	竣工面积（平方米）	建筑业增加值（万元）	按总产值计算的劳动生产率（元/人）	按增加值计算的劳动生产率（元/人）
四川华光电站机械设备联合公司	350	1580	0	495	45131	14143
四川公路桥梁工程总公司	1070	3105	0	1119	29016	10461
四川省第十二建筑工程公司	10093	63087	434525	22809	62506	22599
四川中地能源建设公司	1200	2082	27326	547	17350	4562
四川省川交桥梁工程有限责任公司	4520	41553	0	10894	91932	24101
四川大西南工程建设开发有限公司	2388	7089	57594	2648	29686	11090
成都市第六建筑工程公司	3519	21105	93959	6130	59974	17421
成都市第三建筑工程公司	3393	2877	285350	8293	8480	24441
成都市第二建筑工程公司	2005	8233	49098	3908	41065	19494
成都市工业工程设备安装公司	1560	13913	0	3446	89185	22087
成都无缝钢管厂建筑安装公司	1585	3525	824	3219	22242	20307
成都市第四建筑工程公司	3813	31744	241240	7106	83251	18637
成都市建筑机械化施工公司	2500	4306	19539	2235	17225	8942
成都市第一建筑工程公司	3936	31232	102937	4862	79350	12353
四川华夏工程总公司	4501	10380	0	5948	23062	13215
青羊区建筑工程总公司	3326	8650	141179	2731	26007	8210
成都市天回建筑工程公司	1712	3267	48568	1076	19083	6286
成都市武侯区建筑工程公司	1430	6040	102970	1429	42238	9995
成都市武侯区第三建筑工程公司	1305	5800	29821	1706	44444	13075
成都市成华区建筑安装工程公司第一公司	1176	4064	48756	1507	34555	12815
成都市龙泉驿区平安建筑公司	1200	4000	27520	491	33333	4093
成都市龙西建筑工程公司	3100	18000	51522	3557	58065	11475
成都市华阳建筑工程公司	2168	8156	57176	3063	37620	14129
成都双流教育工程公司	1996	5528	67830	1582	27695	7926
四川公路桥梁工程总公司三公司	3520	25422	0	8520	72220	24206
成都通信建设工程局	387	3188	0	972	82367	25111
四川省郫县建筑工程公司	1279	5363	76792	1622	41931	12685
成都市第五建筑工程公司	3277	24449	180896	5739	74608	17512
四川利达集团彭州第五建筑工程公司	2018	12894	113528	3478	63896	17234
新都县第十一建筑工程公司	1230	6005	45000	486	48821	3952
新都第五建筑工程公司	3688	13616	147000	4274	36920	11589
四川省新兴建筑工程公司	1310	12405	75022	1949	94695	14876
崇州市建设工程公司	1350	8270	74590	2164	61261	16027
四川省崇州市建筑安装公司	2500	6732	92311	2090	26929	8358
崇州市建筑安装工程总公司	1998	7853	124416	1621	39304	8113
崇州市蜀西建筑工程公司	2025	6146	77091	2324	30351	11475
四川省邛崃市第六建筑公司	1650	4700	40070	885	28485	5364

资本金合计（万元）	资产总计（万元）	负债合计（万元）	利润总额（万元）	利税总额（万元）	工程质量优良品率（%）	产值利润率（%）	产值利税率（%）	资产负债率（%）
858	4694	3662	10	67	50.0	0.6	4.2	78.0
4100	19489	8721	2	130	0.0	0.1	4.2	44.8
4413	41941	31510	503	2782	31.1	0.8	4.4	75.1
1486	2168	802	−71	−71	0.0	−3.4	−3.4	37.0
3092	46558	39140	107	774	100.0	0.3	1.9	84.1
5021	10905	5191	453	675	12.5	6.4	9.5	47.6
764	10403	7758	231	960	50.0	1.1	4.5	74.6
547	11580	9545	366	1321	12.8	12.7	45.9	82.4
812	9077	6420	168	445	33.3	2.0	5.4	70.7
545	6707	5358	120	252	50.0	0.9	1.8	79.9
4439	17387	11723	378	886	42.9	10.7	25.1	67.4
2138	12662	9371	335	1085	71.4	1.1	3.4	74.0
531	5540	5143	−496	−367	40.0	−11.5	−8.5	92.8
1024	18515	14683	59	819	46.2	0.2	2.6	79.3
5196	9983	4545	69	93	50.0	0.7	0.9	45.5
72	10248	8831	58	272	40.9	0.7	3.1	86.2
321	3292	2716	75	162	50.0	2.3	5.0	82.5
1197	6557	5086	21	180	25.9	0.3	3.0	77.6
2000	1783	704	155	343	11.1	2.7	5.9	39.5
1833	7943	5846	11	273	6.7	0.3	6.7	73.6
1500	1762	221	3	74	20.0	0.1	1.9	12.6
2924	4543	1420	129	624	22.2	0.7	3.5	31.3
3195	8117	4915	160	439	60.0	2.0	5.4	60.5
101	3056	131	96	222	34.8	1.7	4.0	4.3
5506	18498	11194	2585	2687	0.0	10.2	10.6	60.5
510	5643	2993	61	172	73.3	1.9	5.4	53.0
1518	2813	1032	118	271	20.0	2.2	5.1	36.7
735	9131	6811	225	1003	30.8	0.9	4.1	74.6
3361	6978	3982	429	738	40.9	3.3	5.7	57.1
1508	2266	707	18	68	16.7	0.3	1.1	31.2
3516	5226	1710	234	630	63.2	1.7	4.6	32.7
1682	5104	2948	425	759	23.5	3.4	6.1	57.7
1890	16008	14178	327	498	31.6	4.0	6.0	88.6
1571	6137	4035	195	392	21.1	2.9	5.8	65.7
156	2894	1133	168	393	39.1	2.1	5.0	39.1
1021	3875	2038	270	502	28.6	4.4	8.2	52.6
1425	1425	24	24	158	45.0	0.5	3.4	1.7

续 63

企业名称	平均人数（人）	建筑业总产值（万元）	竣工面积（平方米）	建筑业增加值（万元）	按总产值计算的劳动生产率（元/人）	按增加值计算的劳动生产率（元/人）
成都市岷江建设公司	1600	6100	75000	1594	38125	9964
长源建筑集团公司	1650	6051	40900	1526	36671	9250
都江堰市实强建筑股份合作集团公司	1350	4200	40000	1052	31111	7794
成都市市政工程公司	2810	9637	0	4531	34295	16125
川化集团有限公司建筑安装公司	1568	9106	15122	1505	58073	9596
四川关家股份有限公司	1844	7429	47887	1539	40287	8347
四川石油管理局输气工程公司	815	4509	0	766	55325	9396
成都市新都桂林建筑工程总公司	1873	10500	116017	2601	56060	13885
都江堰市宏达建筑安装有限责任公司	2350	5573	65000	1717	23714	7308
四川省都江堰市第二建筑工程公司	1700	2532	27475	1185	14894	6968
崇州市大划建筑公司	1280	6187	57391	1396	48336	10904
成都市新都县龙虎建筑工程公司	1792	6613	63269	1179	36903	6581
成都宏展建筑总公司	1699	5186	106064	1564	30524	9207
自贡市第一建筑工程公司	2948	5292	140219	2164	17951	7340
四川省第十一建筑工程公司	3261	15110	169585	7623	46335	23378
自贡市第二建筑工程公司	3042	8094	91775	2452	26607	8060
攀枝花市第二建筑工程公司	3442	9251	114262	2955	26878	8586
攀枝花公路建设公司	2538	15196	4180	5665	59872	22319
攀枝花公路桥梁工程总公司	790	5141	0	1097	65076	13886
攀枝花市安装工程公司	1744	8017	4002	3232	45968	18534
攀枝花市第一建筑工程公司	3923	16680	132534	6637	42519	16919
攀枝花市建筑机械化施工公司	868	1585	0	798	18260	9190
攀枝花交通机械化工程公司	1669	5511	0	1477	33017	8849
攀枝花市桥梁工程公司	1091	9214	0	2025	84454	18557
泸州市第二建筑工程公司	1313	5006	36262	1180	38126	8989
华西集团四川省第五建筑工程公司	2818	11392	25924	5224	40426	18538
泸天化集团化工建设公司	1368	4617	5591	1312	33749	9590
泸州市纳溪区建筑安装工程公司	1780	6535	162050	1525	36713	8568
四川省泸州市第十建筑工程公司	2010	6457	149032	1750	32124	8707
四川省泸县建筑安装工程总公司	6460	17160	254334	5978	26563	9254
四川省泸县第二建筑工程公司	4488	10860	169091	2472	24198	5509
泸县得胜建筑公司	3000	6600	260000	2026	22000	6752
四川省合江县长江建筑工程公司	524	2000	26468	509	38168	9710
合江县城环建筑安装工程有限公司	2256	8000	82697	1329	35461	5893
德阳市第十建筑工程公司	1625	4401	59928	574	27083	3532
什邡市龙居建筑工程公司	1928	7212	34139	719	37407	3732
广汉市第二建筑工程公司	1942	6800	98312	2450	35015	12617

资本金合计(万元)	资产总计(万元)	负债合计(万元)	利润总额(万元)	利税总额(万元)	工程质量优良品率(%)	产值利润率(%)	产值利税率(%)	资产负债率(%)
1893	2161	268	182	380	50.0	3.0	6.2	12.4
2240	3857	1617	111	239	0.0	1.8	3.9	41.9
1565	2025	470	78	294	57.1	1.9	7.0	23.2
4025	23160	10065	6	60	35.5	0.1	0.6	43.5
2056	6470	4231	38	123	57.1	0.4	1.4	65.4
5850	16654	9957	92	354	54.5	1.2	4.8	59.8
1100	1854	708	62	119	19.2	1.4	2.6	38.2
3027	4504	1114	475	687	50.0	4.5	6.5	24.7
2004	6089	3951	154	514	5.3	2.8	9.2	64.9
1700	3278	1436	2	67	14.3	0.1	2.6	43.8
1064	2032	779	204	451	61.5	3.3	7.3	38.3
1151	1546	682	91	332	42.9	1.4	5.0	44.1
1648	2220	470	129	265	6.2	2.5	5.1	21.2
3531	9188	5321	−234	−56	37.9	−4.4	−1.1	57.9
1780	14561	12160	85	795	61.5	0.6	5.3	83.5
2422	15527	13010	3	239	44.0	0.0	3.0	83.8
2873	15413	13945	−1442	−1027	20.9	−15.6	−11.1	90.5
13273	20669	5300	−77	18	66.7	−0.5	0.1	25.6
294	7700	7063	8	128	16.7	0.2	2.5	91.7
2230	14397	10094	−43	182	4.5	−0.5	2.3	70.1
3531	31109	24737	0	571	43.1	0.0	3.4	79.5
1056	4772	4220	−914	−844	40.0	−57.7	−53.2	88.4
4950	14665	11186	−1058	−950	50.0	−19.2	−17.2	76.3
6629	29492	22525	57	278	60.0	0.6	3.0	76.4
2851	8225	4724	−39	49	83.3	−0.8	1.0	57.4
1571	15876	11462	309	713	20.0	2.7	6.3	72.2
1260	3370	3231	200	231	75.0	4.3	5.0	95.9
512	5734	5015	16	160	69.8	0.2	2.5	87.5
1534	2688	1024	66	272	51.6	1.0	4.2	38.1
3451	5337	1720	166	746	60.9	1.0	4.3	32.2
3133	6334	3059	401	702	52.9	3.7	6.5	48.3
1561	1970	488	18	334	55.6	0.3	5.1	24.8
1770	3599	1824	2	47	16.7	0.1	2.3	50.7
1525	5168	3548	95	283	22.2	1.2	3.5	68.7
1736	1774	486	10	35	0.0	0.2	0.8	27.4
147	924	421	27	102	25.0	0.4	1.4	45.6
2090	5775	2355	36	266	69.6	0.5	3.9	40.8

续 64

企业名称	平均人数（人）	建筑业总产值（万元）	竣工面积（平方米）	建筑业增加值（万元）	按总产值计算的劳动生产率（元/人）	按增加值计算的劳动生产率（元/人）
四川省公路桥梁工程总公司二公司	2124	32937	0	3138	155070	14776
四川省第四建筑工程公司	10375	51871	455146	16896	49996	16286
德阳市机电安装工程公司	1412	3795	36162	1102	26877	7802
德阳市建设发展股份有限公司	1414	6996	35824	3460	49476	24467
德阳市公路工程建设开发总公司	1294	2780	0	267	21484	2067
德阳市邮电发展总公司	424	2118	0	921	49953	21712
四川樊华建设集团有限公司	2450	13500	75015	5573	55102	22747
三台县七建有限责任公司	2296	6084	20144	1573	26500	6851
三台县第四建筑工程公司	2162	6061	12980	1663	28034	7691
江油市道桥建筑工程公司	650	2311	1800	1426	35554	21943
江油市城建工程集团有限公司	3074	6400	59124	2309	20820	7510
绵阳电力实业开发总公司	2139	10163	0	3797	47513	17753
绵阳市建设工程总公司	4025	11647	100086	4300	28937	10683
四川四建川北建设有限责任公司	2612	12931	47233	2616	49507	10017
旺苍县建筑安装工程总公司	1378	4250	36971	1611	30843	11692
射洪县建筑工程公司	325	1600	40600	93	49231	2849
四川省射洪县建筑工程总公司	956	2560	19286	655	26778	6849
隆昌县建筑工程公司	1506	2218	30692	808	14728	5366
四川省水利工程局	3320	9906	11218	3325	29838	10017
四川华西集团公司第十三建筑工程公司	5508	20505	227887	6900	37228	12527
四川省轻工业安装公司	650	3212	0	1125	49412	17309
四川省内江鸿达路桥实业总公司	2356	4500	0	1675	19100	7112
乐山市建筑工程公司	2330	5576	56464	1551	23931	6659
乐山市公路桥梁工程总公司	452	2260	0	108	50000	2392
燕岗建筑公司	1100	6210	135000	1580	56455	14365
南充力汇建设集团公司	2100	4373	65994	1703	20825	8108
四川省第十五建筑工程公司	3828	13668	105699	4372	35705	11422
南充市嘉陵建筑工程总公司	849	3995	40827	909	47053	10707
南部县第四建筑公司	2290	6110	58613	1126	26681	4915
南部县第一建筑公司	2034	6158	139871	1475	30277	7250
蓬安县建业总公司	2158	5382	88485	1402	24938	6495
仪陇县建筑总公司	15000	17000	202000	9772	11333	6515
江安县迎安乡建筑总公司	1308	5052	100455	820	38624	6270
四川煤矿建设第六工程处	1155	3239	16330	1124	28045	9734
达川地区建筑公司	1987	2493	9768	894	12549	4501
达县建筑工程公司	2262	7386	95793	1502	32653	6640
达县第二建筑公司	1667	7730	122610	1910	46371	11461

资本金合计(万元)	资产总计(万元)	负债合计(万元)	利润总额(万元)	利税总额(万元)	工程质量优良品率(%)	产值利润率(%)	产值利税率(%)	资产负债率(%)
4436	22401	14658	−100	−64	100.0	−0.3	−0.2	65.4
3122	57138	52178	408	590	22.5	0.8	1.1	91.3
925	3565	2420	91	221	54.5	2.4	5.8	67.9
3740	24205	15284	1410	1590	20.0	20.2	22.7	63.1
15	940	919	1	2	100.0	0.0	0.1	97.9
5000	4413	2627	50	130	88.1	2.4	6.2	59.5
12800	30979	21248	47	1310	37.5	0.3	9.7	68.6
87	4946	2914	242	455	28.6	4.0	7.5	58.9
1025	3178	1576	213	396	63.6	3.5	6.5	49.6
2089	3750	1796	62	854	0.0	2.7	36.9	47.9
1829	8116	6181	160	286	39.0	2.5	4.5	76.2
1215	8630	6006	56	366	0.0	0.6	3.6	69.6
3981	56530	52977	1	312	38.5	0.0	2.7	93.7
1228	10284	8881	13	354	66.7	0.1	2.7	86.4
1536	2790	763	184	329	44.4	4.3	7.7	27.3
171	2629	2460	0	1	72.7	0.0	0.1	93.6
1360	3341	1963	0	50	55.6	0.0	2.0	58.7
944	3063	2090	2	65	36.4	0.1	2.9	68.2
5240	22002	14138	−487	−205	70.2	−4.9	−2.1	64.3
1632	23293	20717	−389	286	36.6	−1.9	1.4	88.9
630	2467	1754	50	111	50.0	1.6	3.5	71.1
3708	3872	2167	85	255	80.0	1.9	5.7	56.0
649	4961	5422	−369	−211	33.3	−6.6	−3.8	109.3
1100	2504	985	1	13	25.0	0.0	0.6	39.3
1780	2185	70	123	288	57.1	2.0	4.6	3.2
1014	5442	4110	−179	−35	45.5	−4.1	−0.8	75.5
1361	10532	9343	−650	−166	35.0	−4.8	−1.2	88.7
1718	2381	452	91	263	87.5	2.3	6.6	19.0
1195	1943	187	21	229	100.0	0.3	3.7	9.6
1500	2158	249	149	315	76.1	2.4	5.1	11.6
2259	2926	740	26	197	53.3	0.5	3.7	25.3
155	9038	5024	0	2080	69.9	0.0	12.2	55.6
1348	2048	168	155	273	51.6	3.1	5.4	8.2
894	3652	3377	1	278	0.0	0.0	8.6	92.5
550	6466	6627	−610	−531	100.0	−24.5	−21.3	102.5
1525	5963	4019	110	375	88.2	1.5	5.1	67.4
1120	3908	2576	137	754	29.0	1.8	9.8	65.9

续 65

企 业 名 称	平均人数（人）	建筑业总产值（万元）	竣工面积（平方米）	建筑业增加值（万元）	按总产值计算的劳动生产率（元/人）	按增加值计算的劳动生产率（元/人）
四川省华莹工业设备安装公司	964	2456	3500	485	25480	5029
甘孜州林业工程处	717	2309	0	628	32204	8762
四川省华蓥市建筑总公司	4538	12080	128628	3832	26620	8444
四川省华蓥市永兴建筑公司	2280	7020	26500	1981	30789	8687
华蓥市第一建筑工程公司	1732	6245	31007	2828	36057	16329
华蓥市送变电工程公司	2985	5988	0	2741	20060	9183
四川省华蓥市建设工程公司	2242	8145	45240	3364	36329	15004
四川省华蓥市星星实业建筑公司	1900	7567	121171	1451	39826	7638
四川省华蓥山隧道工程公司	1610	6428	6061	2470	39927	15344
四川省岳池县九龙建筑工程公司	1820	6757	67340	2616	37126	14374
岳池县电力总公司	1806	6310	53200	1402	34939	7765
四川省岳池送变电工程公司	2150	7026	0	1815	32678	8441
岳池县华侨送变电公司	1124	4244	0	1416	37757	12598
岳池县华业电力集团公司	1080	3170	10470	873	29352	8083
广安县建筑工程总公司	1978	5750	80616	2054	29070	10384
广安县建筑公司	2218	8755	133564	1372	39471	6187
广安地区建筑工程公司	1020	4000	71413	1126	39216	11042
武胜县建筑公司	2718	5896	86473	2174	21692	7997
仁寿县城建建筑工程公司	1678	5865	80965	1584	34952	9437
贵州省						
贵阳市市政工程公司	1377	3922	0	1500	28484	10895
贵州省公路工程总公司	8903	39612	0	13177	44493	14801
贵州省桥梁工程公司	2545	42096	0	4884	165407	19191
贵州省水利机械化实业总公司	972	2280	0	936	23458	9632
贵州省第四建筑工程公司	3681	13310	96722	2286	36159	6212
贵州省侨谊建设企业集团工程公司	1700	3050	0	2266	17941	13329
贵州省遵义市第三建筑工程总公司	810	2100	38800	836	25926	10325
贵州省冶金建设公司	3849	5477	25315	1453	14229	3775
云南省						
云南省第三建筑工程公司	5204	31706	260961	12609	60927	24229
云南省第一安装工程公司	2178	16386	0	5334	75232	24490
云南省化学工业建设公司	3101	19855	148555	7003	64029	22584
云南省第八建筑工程公司	5053	35661	252394	9547	70573	18894

资本金合计（万元）	资产总计（万元）	负债合计（万元）	利润总额（万元）	利税总额（万元）	工程质量优良品率（%）	产值利润率（%）	产值利税率（%）	资产负债率（%）
2015	1932	21	−53	−8	80.0	−2.2	−0.3	1.1
1009	2220	2096	−309	−241	0.0	−13.4	−10.4	94.4
3056	5309	2090	349	748	17.9	2.9	6.2	39.4
1506	1928	261	132	356	50.0	1.9	5.1	13.6
1545	3087	1477	95	284	50.0	1.5	4.5	47.8
1874	2100	140	151	331	85.7	2.5	5.5	6.7
1738	3052	1063	429	694	46.4	5.3	8.5	34.8
2188	3522	1533	314	523	91.7	4.1	6.9	43.5
5885	7454	1525	260	450	100.0	4.0	7.0	20.5
1638	2297	658	134	363	35.7	2.0	5.4	28.7
1568	1722	154	97	457	5.0	1.5	7.2	8.9
1566	1579	14	238	466	82.1	3.4	6.6	0.9
1598	1642	47	34	203	15.4	0.8	4.8	2.8
1519	1699	53	36	96	63.6	1.1	3.0	3.1
1554	2238	338	122	296	28.6	2.1	5.1	15.1
1655	2206	464	19	44	7.7	0.2	0.5	21.0
1508	1827	675	−23	112	14.3	−0.6	2.8	37.0
152	1695	864	21	221	25.0	0.3	3.7	51.0
1600	4385	2557	46	192	46.2	0.8	3.3	58.3
1527	8424	5590	33	134	1.8	0.8	3.4	66.4
3100	21708	16961	231	278	100.0	0.6	0.7	78.1
3175	86287	82854	180	1250	100.0	0.4	3.0	96.0
1357	3795	2441	−14	62	0.0	−0.6	2.7	64.3
1538	16150	15222	−179	163	17.9	−1.3	1.2	94.3
1444	1611	167	−1	108	50.0	0.0	3.5	10.4
1200	5100	1000	101	159	28.6	4.8	7.6	19.6
3816	20613	12159	−1660	−1460	28.6	−30.3	−26.7	59.0
4027	23214	21222	208	1145	42.9	0.7	3.6	91.4
2550	29467	13637	256	710	69.0	1.6	4.3	46.3
1901	13431	10067	589	1246	62.0	3.0	6.3	75.0
1336	24065	20877	242	1480	50.8	0.7	4.2	86.8

续 66

企业名称	平均人数(人)	建筑业总产值(万元)	竣工面积(平方米)	建筑业增加值(万元)	按总产值计算的劳动生产率(元/人)	按增加值计算的劳动生产率(元/人)
云南省第五建筑工程公司	4727	56247	391219	12667	118992	26797
云南省第二安装工程公司	1612	13503	0	4318	83765	26788
云南省建筑机械代施工公司	1338	5727	0	3974	42803	29700
云南省第二建筑工程公司	5090	29313	341013	10214	57590	20066
云南省第六建筑工程公司	4761	37735	321708	9370	79259	19680
云南省第四建筑工程公司	8987	53944	309655	15316	60024	17042
云南公路桥梁工程处	3100	30785	0	4669	99305	15061
云南省铁路第一工程公司	851	7999	0	2314	93995	27194
云南省第一建筑工程公司	7093	35626	296726	12412	50228	17498
云南林业工程总公司	1950	10380	26890	1672	53230	8573
昆明市第二建筑工程公司	2750	15904	162846	3649	57834	13270
昆明市建筑安装工程公司	1136	5731	23523	1509	50446	13287
昆明市第一建筑工程公司	2727	20318	158451	4900	74507	17970
昆明市市政工程公司	727	10112	0	1927	139092	26509
昆明钢铁总公司建设公司	3789	15277	62645	5185	40320	13685
云南第五公路工程处	1305	31216	0	1361	239205	10430
昆明官房建筑经营公司	12262	52104	476372	11722	42492	9560
云南省铁路第二工程公司	1028	11150	2607	2663	108461	25910
云南安宁建工集团有限公司	1168	8342	106148	1822	71422	15603
州建安工程公司	2034	11231	87530	2053	55215	10092
省路桥四公司	1695	28955	0	4955	170828	29233
玉溪建筑工程公司	1105	6137	43242	1824	55537	16509
玉溪市建筑工程总公司	1439	7475	47299	1230	51944	8546
云南省红河州建筑安装有限公司	1360	7049	58655	1160	51828	8527
个旧市建筑安装公司	2366	12442	133874	3878	52587	16392
云南开远建筑企业集团总公司	2600	11574	175741	1515	44515	5827
云南省第二公路桥梁工程公司	6331	36086	0	6982	56998	11028
云南省第三公路桥梁工程公司	1536	30577	0	5363	199072	34914
云南省第一公路桥梁工程公司	5122	39796	0	7826	77695	15280
大理州建筑安装公司	2124	6024	50584	1875	28361	8830
保山地区建筑工程总公司	4010	12432	102222	2783	31002	6940
云南水工程(集团)股份公司	4375	8007	1443	1747	18302	3993
云南省春城建筑工程总公司	3215	13618	84392	5444	42359	16934
西藏自治区						
西藏自治区电力建设总公司	467	2922	0	3231	62570	69186

资本金合计(万元)	资产总计(万元)	负债合计(万元)	利润总额(万元)	利税总额(万元)	工程质量优良品率(%)	产值利润率(%)	产值利税率(%)	资产负债率(%)
2001	16769	12364	508	2252	69.1	0.9	4.0	73.7
2944	9662	6397	142	457	0.0	1.0	3.4	66.2
1935	10294	6065	310	461	97.1	5.4	8.1	58.9
1735	16877	13148	68	887	43.1	0.2	3.0	77.9
1219	17656	15223	254	1381	17.7	0.7	3.7	86.2
2432	33515	28654	401	2263	53.9	0.7	4.2	85.5
1789	25666	21790	111	476	88.6	0.4	1.5	84.9
908	12949	11686	75	75	66.7	0.9	0.9	90.2
2213	25107	22084	128	1194	38.2	0.4	3.4	88.0
1500	7609	5259	71	233	19.2	0.7	2.2	69.1
3005	11906	8313	43	557	41.5	0.3	3.5	69.8
772	7147	6549	−524	−334	0.0	−9.1	−5.8	91.6
2456	10585	6907	75	727	61.3	0.4	3.6	65.3
1340	18555	1930	2	276	41.2	0.0	2.7	10.4
2694	53924	50630	35	504	29.2	0.2	3.3	93.9
822	16168	15662	0	566	100.0	0.0	1.8	96.9
1449	20233	15093	884	1283	32.7	1.7	2.5	74.6
1266	13720	11751	497	504	100.0	4.5	4.5	85.6
800	9236	5111	512	790	48.2	6.1	9.5	55.3
3723	12104	7750	38	298	25.6	0.3	2.7	64.0
1665	21318	14533	183	760	33.3	0.6	2.6	68.2
568	9386	8122	55	239	32.0	0.9	3.9	86.5
988	2426	1364	−9	259	83.3	−0.1	3.5	56.2
718	7696	4345	10	151	54.5	0.1	2.1	56.5
667	13165	12135	40	462	38.9	0.3	3.7	92.2
6850	11102	4211	76	260	48.0	0.7	2.2	37.9
3492	17672	10853	94	750	95.5	0.3	2.1	61.4
1434	19376	14939	12	513	100.0	0.0	1.7	77.1
3261	19477	12784	2035	2711	100.0	5.1	6.8	65.6
749	9225	7973	−58	144	66.7	−1.0	2.4	86.4
707	41958	40643	10	108	79.4	0.1	0.9	96.9
3918	14184	10873	385	627	88.9	4.8	7.8	76.7
3241	10097	6354	−243	106	60.0	−1.8	0.8	62.9
1488	7039	3809	263	268	60.0	9.0	9.2	54.1

续 67

企业名称	平均人数(人)	建筑业总产值(万元)	竣工面积(平方米)	建筑业增加值(万元)	按总产值计算的劳动生产率(元/人)	按增加值计算的劳动生产率(元/人)
西藏自治区公路工程总公司	1789	9710	570	3589	54276	20064
陕西省						
陕西省石油化工建设公司	2651	16573	3790	6577	62517	24811
陕西省第八建筑工程公司	5833	14609	123745	6994	25046	11990
陕西省第五建筑工程公司	2908	13644	115615	5543	46920	19061
陕西省第三建筑工程公司	5416	13062	111533	5586	24117	10315
陕西省第二建筑工程公司	4959	19694	200194	6654	39713	13418
陕西省第十一建筑公司	3847	14297	115367	5639	37165	14657
陕西省设备安装工程公司	3680	27478	0	9780	74670	26576
陕西省机械施工公司	2140	20036	0	8856	93624	41383
陕西省第六建筑工程公司	2554	11988	80056	2662	46940	10422
陕西省第七建筑公程公司	2967	16603	124506	4604	55959	15517
陕西省第一建筑工程公司	4706	14242	118395	3925	30263	8340
陕西省路桥工程总公司	3193	35175	0	8372	110163	26220
陕西省第十建筑工程公司	2263	8002	56897	2382	35360	10526
陕西联合建筑工程公司	850	2441	23753	731	28722	8601
西安市第一市政工程公司	1499	5956	0	1435	39736	9576
西安市第三建筑工程公司	3323	7358	46219	2955	22144	8894
西安市第四建筑工程公司	4986	12012	10076	3615	24092	7250
西安市第二建筑工程公司	4001	6996	34030	1193	17486	2981
西安市第二市政工程公司	1927	10876	0	3772	56437	19575
西安市第一建筑工程公司	2392	5018	60582	1453	20980	6075
西安市第五建筑工程公司	2764	8993	68284	2280	32537	8250
西安市第二住宅建筑公司	1054	4570	75977	431	43359	4093
户县建筑工程公司	1626	2006	32924	373	12337	2293
铜川市路桥工程公司	120	2061	0	318	171750	26500
陕西省宝鸡市第二建筑工程公司	2146	8807	90220	1497	41037	6978
宝鸡市第一建筑工程公司	1960	6224	110719	1455	31755	7424
武功县城乡建筑安装工程公司	2380	10005	121664	2857	42038	12004
汉中公路工程机械化公司	1072	3020	0	659	28172	6150
延安市建筑工程总公司	1942	6938	74494	2113	35726	10881
榆林地区交通工程公司	500	4109	0	578	82180	11570
榆林地区路桥建筑工程公司(一处)	200	3600	0	600	180000	30015
横山县建筑工程公司	1114	2384	26340	891	21403	7996
绥德县通达路桥建筑工程公司	680	3288	42806	1069	48353	15724

资本金合计(万元)	资产总计(万元)	负债合计(万元)	利润总额(万元)	利税总额(万元)	工程质量优良品率(%)	产值利润率(%)	产值利税率(%)	资产负债率(%)
5348	23204	5553	0	0	0.0	0.0	0.0	23.9
1435	13062	11234	23	399	89.7	0.1	2.4	86.0
2679	40432	32270	60	541	42.3	0.4	3.7	79.8
2325	18704	13691	62	484	85.0	0.5	3.5	73.2
2738	33930	30721	−398	−40	57.9	−3.1	−0.3	90.5
2082	20857	16874	200	835	25.0	1.0	4.2	80.9
2245	22398	18453	61	458	45.2	0.4	3.2	82.4
1886	40297	32661	225	906	71.1	0.8	3.3	81.1
3240	38699	31689	201	892	76.5	1.0	4.5	81.9
786	17298	15568	161	437	31.8	1.3	3.6	90.0
391	21135	19633	189	635	32.1	1.1	3.8	92.9
2588	25212	21742	56	540	46.2	0.4	3.8	86.2
5416	42459	33664	30	968	100.0	0.1	2.8	79.3
409	13039	11257	0	255	57.1	0.0	3.2	86.3
1525	2433	810	19	117	66.7	0.8	4.8	33.3
3904	14721	10077	3	234	44.4	0.1	3.9	68.5
6055	25640	21084	−1504	−1235	60.0	−20.4	−16.8	82.2
300	20515	16600	8	386	66.7	0.1	3.2	80.9
7363	23022	19657	−1388	−1171	7.9	−19.8	−16.7	85.4
3525	16864	12890	122	502	63.6	1.1	4.6	76.4
3036	9526	9572	−668	−493	58.3	−13.3	−9.8	100.5
3160	12221	9888	−736	−553	60.0	−8.2	−6.1	80.9
1504	7966	6413	2	65	59.1	0.0	1.4	80.5
1332	1946	609	3	67	45.5	0.2	3.3	31.3
1100	2783	1575	16	124	100.0	0.8	6.0	56.6
486	7462	6387	6	224	12.5	0.1	2.5	85.6
920	7082	5272	3	189	29.6	0.0	3.0	74.4
1650	6015	1206	258	539	85.0	2.6	5.4	20.0
1613	3938	2071	−63	−56	100.0	−2.1	−1.9	52.6
1292	8821	7020	25	252	68.2	0.4	3.6	79.6
2019	10011	9552	1	67	100.0	0.0	1.6	95.4
1710	1698	49	95	207	100.0	2.6	5.7	2.9
1210	1973	572	60	140	11.5	2.5	5.9	29.0
100	5227	2984	1	54	90.0	0.0	1.7	57.1

续 68

企业名称	平均人数(人)	建筑业总产值(万元)	竣工面积(平方米)	建筑业增加值(万元)	按总产值计算的劳动生产率(元/人)	按增加值计算的劳动生产率(元/人)
陕西省水电工程局	3653	38442	0	9105	105234	24924
西安市市政工程管理处	2484	8189	0	3245	32965	13066
扶风县第一建筑工程公司	3100	4680	7800	653	15097	2107
甘肃省						
甘肃省第七建筑工程公司	8106	38672	281584	12855	47708	15858
甘肃第六建筑工程股份有限公司	5224	31817	163768	10070	60906	19276
兰州市政工程总公司	2309	12200	0	6709	52837	29056
兰州市第一建筑工程公司	3531	12092	160014	2183	34246	6183
兰州市房屋建筑工程公司	2505	10997	125530	2444	43899	9755
兰州军区后勤部建筑工程总队	2868	10857	98522	3280	37854	11436
甘肃省第二安装工程公司	1971	7576	3787	3268	38437	16581
兰州市第二建筑工程有限公司	5173	34124	388049	8266	65966	15979
甘肃省第一建筑工程公司	5650	21779	183271	8930	38546	15805
甘肃省第二建筑工程公司	4002	16430	141221	5118	41053	12790
甘肃省第一安装工程公司	2303	9009	0	3358	39120	14581
甘肃省第四建筑工程公司	5754	26851	169202	8669	46665	15067
甘肃省机械化工程公司	1146	3767	0	2093	32867	18263
窑街矿务局基本建设工程公司	1235	4268	31891	1612	34560	13049
兰州红古区红安建筑公司	1530	3000	50000	1084	19608	7085
甘肃榆中建筑实业集团公司	2860	12933	217947	2381	45219	8324
酒钢冶金建设公司	2262	12686	104363	6087	56081	26912
白银市白银区第二建筑工程公司	2500	6350	38750	2511	25400	10043
白银有色建筑安装有限责任公司	959	3704	65182	2254	38619	23509
甘肃煤炭建筑工程公司	6060	25175	72246	9789	41543	16154
靖远县第二建筑公司	4000	9600	67000	2838	24000	7095
靖远县第三建筑公司	5483	12800	156750	3108	23345	5668
甘肃省水利水电工程局	2608	9618	14386	3187	36879	12219
省八建公司	3475	11533	132128	5721	33188	16462
省第五建筑公司	3911	12023	150295	4707	30741	12036
天水市第一建筑工程公司	1222	3494	26359	1306	28592	10685
酒泉市泉湖建筑工程公司	1011	4500	45000	1481	44510	14654
张掖市第三建筑工程公司	4630	19668	86500	5468	42479	11810
甘肃省第九建筑工程公司	2921	11867	143919	3514	40625	12031
甘肃省武威建筑工程总公司	1309	2100	36167	491	16043	3754
武威市金沙建筑公司	2820	7850	100576	2809	27837	9960

资本金合计（万元）	资产总计（万元）	负债合计（万元）	利润总额（万元）	利税总额（万元）	工程质量优良品率（%）	产值利润率（%）	产值利税率（%）	资产负债率（%）
11690	50191	43517	77	1242	100.0	0.2	3.2	86.7
3956	16623	12529	50	141	0.0	0.6	1.7	75.4
2800	2801	1121	168	344	77.8	3.6	7.4	40.0
2302	29399	25538	254	1371	51.5	0.7	3.5	86.9
2958	40782	36301	205	1139	40.0	0.6	3.6	89.0
2440	21361	10286	188	590	68.0	1.5	4.8	48.2
1561	19325	14041	131	530	13.9	1.1	4.4	72.7
1141	11786	10249	15	381	45.5	0.1	3.5	87.0
3908	21005	14649	9	292	35.7	0.1	2.7	69.7
1071	6184	4802	21	260	10.6	0.3	3.4	77.7
2100	34116	30513	167	1334	44.3	0.5	3.9	89.4
4975	26457	21509	5	631	30.6	0.0	2.9	81.3
3431	15760	12225	2	498	18.6	0.0	3.0	77.6
1844	12545	8127	18	226	6.9	0.2	2.5	64.8
1660	23252	21267	100	971	55.6	0.4	3.6	91.5
2093	8755	5665	−828	−735	88.5	−22.0	−19.5	64.7
587	3643	1664	52	193	25.7	1.2	4.5	45.7
1568	3105	1116	20	120	0.0	0.7	4.0	35.9
155	3167	1392	527	1038	8.9	4.1	8.0	44.0
4689	9011	4322	604	929	63.4	4.8	7.3	48.0
1239	4001	1099	324	541	0.0	5.1	8.5	27.5
3384	10519	7135	0	0	0.0	0.0	0.0	67.8
4816	22706	20467	0	840	39.0	0.0	3.3	90.1
2680	4755	605	798	1010	32.1	8.3	10.5	12.7
1860	2200	1300	686	968	19.7	5.4	7.6	59.1
2505	15410	8296	54	628	81.0	0.6	6.5	53.8
899	15981	14283	80	838	22.9	0.7	7.3	89.4
1411	15237	13684	−540	−150	27.7	−4.5	−1.2	89.8
2018	6262	4301	14	143	66.7	0.4	4.1	68.7
1518	2385	722	287	380	43.8	6.4	8.5	30.3
3534	9777	3870	972	1868	80.8	4.9	9.5	39.6
974	11032	10020	52	426	27.3	0.4	3.6	90.8
886	6938	5298	−1	38	33.3	−0.1	1.8	76.4
2851	5859	3007	431	1090	27.8	5.5	13.9	51.3

续 69

企业名称	平均人数（人）	建筑业总产值（万元）	竣工面积（平方米）	建筑业增加值（万元）	按总产值计算的劳动生产率（元/人）	按增加值计算的劳动生产率（元/人）
静宁县建筑企业集团公司	3600	8248	107093	889	22912	2471
青海省						
青海第二建筑工程公司	2848	13957	117709	3958	49006	13898
青海省矿山建设工程公司	1520	3128	10080	1618	20579	10644
青海省第五建筑工程公司	1249	2780	26569	116	22259	933
青海水利厅水电工程局	1426	5802	1840	1952	40689	13689
青海第一建筑工程公司	4923	22285	187152	7571	45267	15378
青海第四建筑工程公司	2757	12443	41245	3977	45132	14424
青海公路桥梁工程公司	6478	23869	11429	7207	36846	11126
青海展望装饰有限责任公司	43	4	0	4	860	907
青海建设工程公司	1202	4700	64967	188	39101	1562
青海省第一安装工程公司	1116	4104	0	1470	36771	13177
青海省第七建筑工程公司	1100	1814	6287	444	16493	4041
宁夏自治区						
宁夏第二建筑工程公司	3481	12830	62301	3724	36857	10700
宁夏第三建筑工程公司	3151	5905	58618	1716	18739	5445
宁夏第五建筑工程公司	2923	13770	140106	3266	47109	11174
宁夏石油化工建设公司	1351	5082	22978	2048	37619	15162
宁夏送变电工程公司	1570	11117	2867	4358	70809	27761
宁夏第一建筑公司	5068	15438	169135	5322	30463	10501
宁夏伊斯兰地质工程公司	1168	4879	4997	1911	41773	16362
宁夏化工厂安装检修厂	583	4188	0	584	71828	10014
宁夏电力建筑安装工程公司	1833	8305	2537	5155	45308	28124
宁夏水利水电工程局	1199	2445	0	1493	20389	12449
银川市第一市政工程公司	611	4230	0	1163	69229	19031
银川市第三建筑工程公司	1656	5607	73834	1214	33861	7334
银川市第一建筑工程公司	986	2740	30131	900	27794	9124
宁夏煤炭基本建设公司	1938	10725	61535	4028	55340	20785
宁夏石油建设工程公司	2041	12928	1670	7907	63341	38740
宁夏公路工程局	2280	18277	0	2799	80161	12276

资本金合计(万元)	资产总计(万元)	负债合计(万元)	利润总额(万元)	利税总额(万元)	工程质量优良品率(%)	产值利润率(%)	产值利税率(%)	资产负债率(%)
1317	4125	2846	13	269	28.3	0.2	3.3	69.0
2605	14541	12575	−163	233	33.3	−1.2	1.7	86.5
1229	5554	5007	0	110	28.6	0.0	3.5	90.1
1526	9805	10812	−847	−751	0.0	−30.5	−27.0	110.3
1439	8623	4290	78	289	33.3	1.3	5.0	49.7
2998	26713	21614	108	868	12.7	0.5	3.9	80.9
1461	18158	15500	71	455	7.4	0.6	3.7	85.4
4713	26048	14594	409	981	83.3	1.7	4.1	56.0
102	103	2	0	0	0.0	2.7	8.1	1.5
120	250	69	5	142	12.2	0.1	3.0	27.5
1026	8099	6210	36	161	45.5	0.9	3.9	76.7
602	1643	1855	−53	6	0.0	−2.9	0.3	112.9
3481	17278	13839	17	452	55.8	0.1	3.5	80.1
3100	11302	11638	−1036	−845	25.0	−17.6	−14.3	103.0
1031	12679	11680	−288	169	21.4	−2.1	1.2	92.1
2007	6741	4030	2	164	14.3	0.0	3.2	59.8
2522	8997	4561	147	503	100.0	1.3	4.5	50.7
4546	23941	19290	13	626	37.3	0.1	4.1	80.6
3676	11654	8564	−108	43	9.0	−2.2	0.9	73.5
990	2809	2045	−560	−529	0.0	−13.4	−12.6	72.8
2149	10357	6390	48	331	88.5	0.6	4.0	61.7
2288	3916	1883	−19	29	50.0	−0.8	1.2	48.1
2245	6497	4252	104	196	60.0	2.4	4.6	65.4
1121	18859	17595	4	54	32.0	0.1	1.0	93.3
1087	8048	6598	1	98	18.2	0.1	3.6	82.0
4486	21818	17391	−980	−605	13.0	−9.1	−5.6	79.7
1533	9798	8772	59	471	7.8	0.5	3.6	89.5
3842	14139	7769	397	397	71.4	2.2	2.2	54.9

有关部门大中型建筑业企业

企业名称	平均人数(人)	建筑业总产值(万元)	竣工面积(平方米)	建筑业增加值(万元)	按总产值计算的劳动生产率(元/人)	按增加值计算的劳动生产率(元/人)
中建总公司						
中国建筑一局(集团)有限公司	8072	1424102	509502	380500	176425	47138
中国建筑一局集团五公司	7266	750206	237722	231170	103249	31815
中国建筑北方装饰艺术公司	700	118360	0	27710	169086	39586
中国建筑一局集团四公司	11405	1632188	402308	306740	143112	26895
中建建筑承包公司	602	109333	530	49464	181616	82166
中国建筑一局集团装饰公司	567	55460	1901	11770	97813	20758
中国建筑一局集团机械化公司	1449	203644	12913	−8870	140541	−6121
中国建筑一局集团安装公司	2784	312082	0	108460	112098	38958
中国建筑一局集团二公司	7075	510847	162636	106090	72205	14995
中国建筑第六工程局第五建筑工程公司	599	54166	46599	16929	90427	28262
中国建筑第六工程局第一建筑工程公司	5375	334550	67036	71300	62242	13265
中国建筑第六工程局第四建筑工程公司	4811	350493	127098	80858	72852	16807
中国建筑第六工程局工业设备安装公司	3023	132265	3103	48273	43753	15969
中国建筑第六工程局土木工程公司	926	70457	4121	10845	76087	11712
中国建筑第六工程局第三建筑工程公司	2333	190251	61541	56171	81548	24077
中国建筑第六工程局第二工程公司	3625	311888	52379	76571	86038	21123
中国建筑第二工程局第四工程公司	4319	350536	95415	90024	81161	20844
中国建筑第二工程局第三工程公司	7918	1419643	532587	290560	179293	36696
中国建筑第二工程局安装公司	2042	271411	0	67002	132914	32812
中国建筑一局集团六公司	1940	192346	148666	50050	99147	25799
中国建筑第二工程局第一工程公司	8130	1207029	359143	277138	148466	34088
中国建筑第八工程局机械化施工公司	921	148030	0	47370	160727	51433
中国建筑第八工程局工业设备安装公司	3988	632080	0	200030	158495	50158
中国建筑第八工程局第三建筑公司	9649	1566170	394356	219960	162314	22796
中国建筑第三工程局东方装饰设计工程公司	658	212091	0	65030	322327	98830
中国建筑第七工程局第二建筑公司	1998	218725	127561	33974	109472	17004
中国建筑第四工程局第六建筑公司	4053	350020	187329	91670	86361	22618
中国建筑第七工程局第三建筑公司	3770	384030	254144	52439	101865	13910
中国建筑第四工程局厦门装饰公司	227	65000	0	13160	286344	57974
中国建筑第八工程局装饰	78.5					

主要经济技术指标完成情况

资本金合计(万元)	资产总计(万元)	负债合计(万元)	利润总额(万元)	利税总额(万元)	工程质量优良品率(%)	产值利润率(%)	产值利税率(%)	资产负债率(%)
74860	2416860	2261180	13610	44690	54.5	1.0	3.1	93.6
24990	868560	799780	7390	29200	60.0	1.0	3.9	92.1
10040	148581	135900	2048	6378	21.2	1.7	5.4	91.5
49540	1357800	1256820	8250	56010	84.2	0.5	3.4	92.6
10000	204861	171658	6065	14323	100.0	5.5	13.1	83.8
9620	45280	35410	240	2020	0.0	0.4	3.6	78.2
14170	299340	275790	10	3530	33.3	0.0	1.7	92.1
29390	592090	517970	6060	10390		1.9	3.3	87.5
20670	595440	540250	5080	21860	33.3	1.0	4.3	90.7
6104	80811	82254	−4079	−2558	20.0	−7.5	−4.7	101.8
33863	446671	421402	−3917	5697	11.4	−1.2	1.7	94.3
19932	293114	253039	126	10517	70.6	0.0	3.0	86.3
13314	177769	154675	−1156	2705	56.1	−0.9	2.0	87.0
11140	88097	69621	−3754	−2577	0.0	−5.3	−3.7	79.0
33913	304618	239217	22	6103	47.6	0.0	3.2	78.5
33333	333468	294611	−8430	3018	65.6	−2.7	1.0	88.3
3000	298494	262931	202	11732	33.3	0.1	3.3	88.1
3500	762978	711106	8147	53492	58.8	0.6	3.8	93.2
3000	179769	144108	3068	9496	0.0	1.1	3.5	80.2
15890	232240	206620	840	7620	57.7	0.4	4.0	89.0
3500	555678	509555	5074	43830	46.7	0.4	3.6	91.7
15600	166380	138020	1980	4940		1.3	3.3	83.0
22110	580380	537610	4250	21890	89.8	0.7	3.5	92.6
10770	1372270	1326150	4290	50190	61.8	0.3	3.2	96.6
9770	191740	179170	2250	11350	44.4	1.1	5.4	93.4
14715	170780	140770	−332	6508	6.5	−0.2	3.0	82.4
15900	309910	283040	3040	14350	27.0	0.9	4.1	91.3
13722	242041	207224	1857	14960	32.4	0.5	3.9	85.6
1180	113850	109250	710	3060	0.0	1.1	4.7	96.0

续 1

	平均人数(人)	建筑业总产值(万元)	竣工面积(平方米)	建筑业增加值(万元)	按总产值计算的劳动生产率(元/人)	按增加值计算的劳动生产率(元/人)
上海电力安装第二工程公司	2104	240030	0	91470	114083	43474
上海电力建设机械化公司	399	21740	0	29200	54486	73183
上海电力安装第一工程公司	2147	224990	0	98790	104793	46013
上海电力建筑工程公司	3467	375630	86311	135480	108344	39077
江苏省送变电工程公司	3119	287060	0	141450	92036	45351
江苏省电力建设第一公司	3468	284750	63877	139650	82108	40268
江苏省电力建设第三公司	3379	578520	3064	214080	171210	63356
浙江省送变电工程公司	3284	246350	0	108930	75015	33170
浙江省火电建设公司	3231	508120	0	240210	157264	74345
安徽送变电工程公司	2750	196000	18233	83680	71273	30429
安徽电力建设第一工程公司	5475	272540	8302	137380	49779	25092
安徽电力建设第二工程公司	5064	349430	93936	115220	69003	22753
福建省电力建设一公司	2090	209610	13870	106480	100292	50947
福建省电力建设二公司	3613	328980	34599	153280	91055	42425
江西省火电建设公司	4186	257220	0	107410	61448	25659
江西水电工程局	3568	211770	34340	104820	59353	29378
江西省送变电建设公司	2796	189170	0	82870	67657	29639
山东送变电工程公司	4502	331270	19270	163170	73583	36244
山东省电力建设第一工程公司	9712	1180000	125755	506670	121499	52169
山东省电力管道工程公司	652	41000	0	19040	62883	29202
山东省电力建设第三工程公司	4750	362000	14667	168790	76211	35535
山东省电力建设第二工程公司	6740	629000	63948	274330	93323	40702
河南电力安装公司	1322	80560	0	45430	60938	34365
河南第二火电建设公司	2988	302600	0	128120	101272	42878
河南送变电建设公司	2186	219670	0	91010	100489	41633
河南第一火电建设公司	3410	383830	4173	155560	112560	45619
湖北省电建第一工程公司	2653	262280	0	104390	98862	39348
湖北省输变电工程公司	2035	167000	5921	60530	82064	29744
湖北省电建第二工程公司	3311	297010	0	115620	89704	34920
湖南送变电建设公司	4342	269880	15123	98750	62156	22743
湖南水电安装工程公司	1958	144500	4265	63890	73800	32630
湖南火电建设公司	3753	361610	0	155510	96352	41436
广西水电工程局	5311	188350	9889	118260	35464	22267
广西送变电建设公司	2576	208730	1508	92320	81029	35839
广西火电建筑公司	1422	81690	5223	41940	57447	29494
广西火电安装公司	1260	100180	0	45270	79508	35929

资本金合计(万元)	资产总计(万元)	负债合计(万元)	利润总额(万元)	利税总额(万元)	工程质量优良品率(%)	产值利润率(%)	产值利税率(%)	资产负债率(%)
17240	148570	115430	800	9670	100.0	0.3	4.0	77.7
16450	53430	13960	660	1460	100.0	3.0	6.7	26.1
9460	94830	75280	1420	8120	98.0	0.6	3.6	79.4
28000	481100	422950	2700	14740	87.3	0.7	3.9	87.9
45400	406570	298160	8000	18110	100.0	2.8	6.3	73.3
57410	594700	516640	1260	14630	95.5	0.4	5.1	86.9
81620	488480	364010	23700	39250	100.0	4.1	6.8	74.5
40060	214810	93710	4520	13750	100.0	1.8	5.6	43.6
54800	578790	427350	26860	50750	100.0	5.3	10.0	73.8
26700	176560	17830	2480	8000	100.0	1.3	4.1	10.1
51700	595040	501860	940	12230	91.9	0.3	4.5	84.3
76640	292440	161060	1020	12950	98.4	0.3	3.7	55.1
35210	220980	143220	3580	9110	100.0	1.7	4.3	64.8
31420	290400	167020	4590	14220	92.9	1.4	4.3	57.5
44970	366230	275290	2830	11750	100.0	1.1	4.6	75.2
40230	342400	277110	550	7480	93.1	0.3	3.5	80.9
25520	166030	116040	2110	8530	100.0	1.1	4.5	69.9
64550	396130	284210	2720	14360	100.0	0.8	4.3	71.7
86350	996560	791410	20390	54030	100.0	1.7	4.6	79.4
10910	54240	42330	300	990	100.0	0.7	2.4	78.0
72410	473850	343290	3710	15740	100.0	1.0	4.3	72.4
95600	595200	379650	8420	34430	100.0	1.3	5.5	63.8
20660	123830	66510	450	3370	100.0	0.6	4.2	53.7
34070	431780	313500	6820	17450	100.0	2.3	5.8	72.6
26960	276370	206860	3470	10020	100.0	1.6	4.6	74.8
50900	397820	280440	6180	18610	95.3	1.6	4.8	70.5
26490	237540	137880	3750	11650	96.2	1.4	4.4	58.0
25780	204580	143700	2310	6030	100.0	1.4	3.6	70.2
38900	404640	283160	4150	14180	100.0	1.4	4.8	70.0
100840	351000	250160	2180	9050	97.6	0.8	3.4	71.3
11750	245760	215970	2730	7700	97.7	1.9	5.3	87.9
107340	544840	401490	300	8170	68.8	0.2	4.3	73.7
39520	413500	329370	5180	16750	100.0	1.4	4.6	79.7
83220	344250	246180	3710	10800	100.0	1.8	5.2	71.5
32630	99070	61080	400	3120	100.0	0.5	3.8	61.7
34530	196850	127710	1180	4360	98.4	1.2	4.4	64.9

续 2

	平均人数（人）	建筑业总产值（万元）	竣工面积（平方米）	建筑业增加值（万元）	按总产值计算的劳动生产率（元/人）	按增加值计算的劳动生产率（元/人）
贵州电力建设第一工程公司	4471	298710	32271	108270	66811	24216
贵州电力建设第二工程公司	4342	282650	0	128870	65097	29680
贵州送变电工程公司	2463	168320	2279	68820	68339	27942
云南省火电建设公司	4000	346070	54128	142520	86518	35630
云南送变电工程公司	2602	208260	2113	82240	80038	31606
西北电建一工程公司	2876	236200	0	102040	82128	35480
陕西送变电工程公司	1943	165880	13111	66710	85373	34334
西北电建四工程公司	4433	371780	76882	135150	83866	30487
西北电建三工程公司	2035	165100	0	79920	81130	39273
甘肃送变电工程公司	4829	272650	4864	129870	56461	26894
甘肃火电工程公司	3148	246560	0	106620	78323	33869
青海送变电工程公司	3086	152180	418	55500	49313	17984
青海火电工程公司	1462	115000	3329	46030	78659	31484
宁夏送变电工程公司	1570	111170	2867	43580	70809	27758
宁夏电力建筑安装公司	1833	83050	494	51660	45308	28183
新疆送变电工程公司	1201	75800	0	31430	63114	26170
新疆电力安装公司	1991	123070	7299	50440	61813	25334
河北省电力建设二公司	4419	353380	25413	119280	79968	26993
东电第二工程公司	3681	283050	0	126850	76895	34461
北京供电局工程处	3120	304960	0	72710	97744	23304
水电工程总公司						
中国水利水电第二工程局	1416	164409	53057	54314	116108	38357
中国水利水电基础工程局	1868	130086	0	57420	69639	30739
中国水利水电第六工程局	5010	350415	0	156634	69943	31264
中国水利水电第一工程局	10046	498332	30937	203115	49605	20218
中国水利水电第十二工程局	4112	327190	39234	171584	79570	41728
中国水利水电闽江工程局	3776	192308	3351	113450	50929	30045
中国武警水电第二总队	4728	201196	28353	105113	42554	22232
中国水利水电第十三工程局	3512	151122	20899	75626	43030	21534
中国水利水电第十一工程局	4307	345825	88464	124577	80294	28924
中国葛洲坝水利水电工程集团公司	35667	2125409	0	1310322	59590	36738
中国武警水电三峡总队	1049	102441	0	31236	97656	29777
中国水利水电第八工程局	12910	1406813	18290	471887	108971	36552
中国武警水电第一总队	6924	474440	0	160808	68521	23225

资本金合计(万元)	资产总计(万元)	负债合计(万元)	利润总额(万元)	利税总额(万元)	工程质量优良品率(%)	产值利润率(%)	产值利税率(%)	资产负债率(%)
40300	210780	141010	2610	12240	96.2	0.9	4.1	66.9
67500	565700	462050	2050	11450	97.8	0.7	4.1	81.7
22000	195700	144740	5880	11700	100.0	3.5	7.0	74.0
47700	323160	223410	900	11990	94.9	0.3	3.5	69.1
36290	221190	155600	5880	12890	100.0	2.8	6.2	70.3
50090	285020	141260	3900	10450	100.0	1.7	4.4	49.6
25700	142700	74080	860	6150	100.0	0.5	3.7	51.9
53680	419770	270550	6320	18740	100.0	1.7	5.0	64.5
38300	216160	139220	4390	9720	100.0	2.7	5.9	64.4
42500	425830	301000	3720	13000	100.0	1.4	4.8	70.7
38870	322970	218520	4290	12690	100.0	1.7	5.1	67.7
26350	140940	87730	160	4810	100.0	0.1	3.2	62.2
36410	201140	138540	1000	4080	98.2	0.9	3.5	68.9
23060	89970	45600	1470	5030	100.0	1.3	4.5	50.7
35030	103570	63900	480	3320	88.5	0.6	4.0	61.7
14620	99400	58130	350	2690	95.0	0.5	3.5	58.5
37180	166940	113510	−8920	−4390	94.8	−7.2	−3.6	68.0
55480	403450	282110	3600	13400	97.9	1.0	3.8	69.9
49700	293420	221930	3400	14320	100.0	1.2	5.1	75.6
37210	592320	522140	3120	13540	97.1	1.0	4.4	88.2
51579	186418	120589	937	6458	63.6	0.6	3.9	64.7
37683	191870	136531	1813	5675	94.6	1.4	4.4	71.2
110925	421442	262843	10397	19011	0.0	3.0	5.4	62.4
99620	700453	586827	2184	17767	0.0	0.4	3.6	83.8
63429	546912	455619	711	10762	59.6	0.2	3.3	83.3
107205	497662	368524	667	14639	2.1	0.3	7.6	74.1
88271	376319	244973	242	5716	16.7	0.1	2.8	65.1
108479	437160	279060	−7141	−3952	82.4	−4.7	−2.6	63.8
129471	610001	413860	302	8384	38.9	0.1	2.4	67.8
434223	6728974	4560224	4937	71054	18.2	0.2	3.3	67.8
10000	260015	260000	0	5561	0.0	0.0	5.4	100.0
51029	1499647	1234922	2252	26768	83.3	0.2	1.9	82.3
271257	1085916	719887	1621	23228		0.3	4.9	66.3

续 3

	平均人数（人）	建筑业总产值（万元）	竣工面积（平方米）	建筑业增加值（万元）	按总产值计算的劳动生产率（元/人）	按增加值计算的劳动生产率（元/人）
中国水利水电第七工程局	11728	600490	17261	335477	51201	28605
中国水利水电第十工程局	2574	219398	2441	111616	85236	43363
中国水利水电第十三工程局	3512	151122	20899	75626	43030	21534
中国水利水电第十一工程局	4307	345825	88464	124577	80294	28924
中国葛洲坝水利水电工程集团公司	35667	2125409	0	1310322	59590	36738
中国武警水电三峡总队	1049	102441	0	31236	97656	29777
中国水利水电第八工程局	12910	1406813	18290	471887	108971	36552
中国武警水电第一总队	6924	474440	0	160808	68521	23225
中国水利水电第七工程局	11728	600490	17261	335477	51201	28605
中国水利水电第十工程局	2574	219398	2441	111616	85236	43363
中国水利水电第五工程局	8107	430733	4380	158118	53131	19504
中国水利水电第九工程局	6887	241193	1100	133787	35021	19426
中国水利水电第十四工程局	9583	720275	12570	211976	75162	22120
中国武警水电第三总队	3629	334594	422	129798	92200	35767
中国水利水电第三工程局	8265	537594	9686	250787	65045	30343
中国水利水电第四工程局	11536	651928	29092	280868	56512	24347
核工业总公司						
中国核工业第二三建设公司	9714	417748	0	175104	43005	18026
中国核工业总公司第五安装工程公司	2095	130070	0	47190	62086	22525
中国核工业华兴建设公司	8646	684898	195209	244417	79216	28269
中国核工业第二二建设公司	5887	317148	112079	110968	53873	18850
中国核工业第二十五建设公司	2377	96253	28610	42291	40493	17792
中国核工业第二一建设公司	2945	27827	29265	15953	9449	5417
中国核工业第二四建设公司	7786	487334	222442	154191	62591	19804
水利部						
山东黄河工程局	2776	177119	0	50094	63804	18045
河南黄河工程局	1200	63133	11502	26430	52611	22025
水利部长委陆水枢纽工程局	550	37770	2683	12015	68673	21845
中国石化总公司						
中国石化第四建设公司	9664	941428	35335	322560	97416	33377
中国石化第二建设公司	5203	403650	8068	169286	77580	32536
中国石化第三建设公司	3383	373000	0	150137	110257	44380
中国石化第十建设公司	7439	552614	34378	240279	74286	32300
中国石化总公司兰化化建公司	5978	410226	48887	160300	68623	26815

资本金合计(万元)	资产总计(万元)	负债合计(万元)	利润总额(万元)	利税总额(万元)	工程质量优良品率(%)	产值利润率(%)	产值利税率(%)	资产负债率(%)
187005	789402	524198	2035	20247	0.0	0.3	3.4	66.4
29165	405223	358701	0	8023	33.3	0.0	3.7	88.5
108479	437160	279060	−7141	−3952	82.4	−4.7	−2.6	63.8
129471	610001	413860	302	8384	38.9	0.1	2.4	67.8
434223	6728974	4560224	4937	71054	18.2	0.2	3.3	67.8
10000	260015	260000	0	5561	0.0	0.0	5.4	100.0
51029	1499647	1234922	2252	26768	83.3	0.2	1.9	82.3
271257	1085916	719887	1621	23228		0.3	4.9	66.3
187005	789402	524198	2035	20247	0.0	0.3	3.4	66.4
29165	405223	358701	0	8023	33.3	0.0	3.7	88.5
244805	639836	319396	45	9353	20.0	0.0	2.2	49.9
149608	926044	707222	4627	9187	0.0	1.9	3.8	76.4
76082	835207	668174	1813	20326	0.0	0.3	2.8	80.0
103430	627401	388472	3364	3364	0.0	1.0	1.0	61.9
143326	796772	488251	852	15639	82.4	0.2	2.9	61.3
161067	937690	725670	2027	21278	0.0	0.3	3.3	77.4
74154	548686	382505	1406	14728	86.4	0.3	3.5	69.7
36790	154450	92030	860	4380	42.9	0.7	3.4	59.6
56433	966871	892601	−11879	10448	22.4	−1.7	1.5	92.3
51420	476450	425296	−42939	−31537	15.0	−13.5	−9.9	89.3
34936	208728	172480	−6364	−3573	5.9	−6.6	−3.7	82.6
22016	104392	99476	−4634	−3792	33.3	−16.7	−13.6	95.3
33423	491605	436356	3501	17484	31.6	0.7	3.6	88.8
63879	226446	92553	11036	13075	83.3	6.2	7.4	40.9
37056	117746	81506	52	1782	57.1	0.1	2.8	69.2
137540	98630	21960	0	621	50.0	0.0	1.6	22.3
237560	1014070	581480	1630	35860	85.8	0.2	3.8	57.3
84170	343414	192739	589	14366	92.8	0.1	3.6	56.1
79599	329280	164530	1049	12989	93.2	0.3	3.5	50.0
186749	603642	332136	3177	23282	91.9	0.6	4.2	55.0
78320	191910	82380	2090	14160	131.6	0.5	3.5	42.9

续 4

	平均人数(人)	建筑业总产值(万元)	竣工面积(平方米)	建筑业增加值(万元)	按总产值计算的劳动生产率(元/人)	按增加值计算的劳动生产率(元/人)
中国化学工程总公司						
中国化学工程重型机械化公司	1034	90584	0	43215	87605	41794
中国化学工程第十二建设公司	4550	364055	25103	144113	80012	31673
中国化学工程第十三建设公司	6106	331119	28658	157384	54228	25775
中国化学工程第二建设公司	4902	285331	21528	123308	58207	25155
中国化学工程第四建设公司	5278	319197	0	104609	60477	19820
中国化学工程第十四建设公司	3890	184647	16595	72764	47467	18705
中国化学工程第三建设公司	7874	924433	37219	381615	117403	48465
中国化学工程第十一建设公司	6310	412073	38827	169063	65305	26793
中国化学工程第十六建设公司	2880	172920	58236	55150	60042	19149
中国化学工程第六建设公司	6848	628000	77163	172741	91706	25225
中国化学工程深圳公司	680	71190	0	30702	104691	45150
中国化学工程第七建设公司	5342	235041	8550	114202	43999	21378
中国机械工业安装总公司	6678	349043	300	139575	52268	20901
中国电子系统工程总公司						
中国电子系统工程第四建设公司	450	47100	0	11384	104667	25298
中国电子系统工程第二建设公司	531	46611	0	24994	87780	47070
中国电子系统工程第三建设公司	619	22984	0	10568	37131	17073
中国电子系统工程第一建设公司	629	29149	0	12986	46342	20645
林业部						
中国林业机械电力设备安装公司	612	31446	0	18319	51382	29933
航天工业总公司						
北京航天建筑工程公司	2771	159171	90759	69467	57442	25069
河南航天建筑工程公司	1038	25100	30891	9758	24181	9401
湖北航天建筑工程公司	450	15592	18950	4864	34649	10809
四川航天建筑工程公司	895	43700	31688	15117	48827	16891
陕西航天建筑工程公司	3886	129620	120054	46743	33356	12029
中国建材建设总公司	7378	472894	0	275105	64095	37287
中国轻工建设工程总公司	1170	114597	5784	38329	97946	32760

资本金合计(万元)	资产总计(万元)	负债合计(万元)	利润总额(万元)	利税总额(万元)	工程质量优良品率(%)	产值利润率(%)	产值利税率(%)	资产负债率(%)
41700	129762	70864	1255	3107	94.4	1.4	3.4	54.6
52669	307210	208544	1105	14516	76.6	0.3	4.0	67.9
62228	383424	282759	1268	10327	87.8	0.4	3.1	73.7
49230	315107	159064	203	7842	66.4	0.1	2.7	50.5
49886	321268	207360	152	10170	97.2	0.0	3.2	64.5
30373	216057	180243	29	6776	91.9	0.0	3.7	83.4
48478	478046	387849	4805	30473	92.5	0.5	3.3	81.1
54136	263286	189558	1787	14158	83.9	0.4	3.4	72.0
40067	254515	214085	−6448	−1035	67.3	−3.7	−0.6	84.1
48240	460292	367797	1760	19514	89.4	0.3	3.1	79.9
6301	158349	134223	827	2465	66.7	1.2	3.5	84.8
5635	208557	24934	27	5560	82.8	0.0	2.4	12.0
64571	384932	316184	2831	14723	78.6	0.8	4.2	82.1
8974	55200	43956	959	2539	61.5	2.0	5.4	79.6
8303	70177	51068	661	2636	61.5	1.4	5.7	72.8
5053	36998	28146	748	1581	32.0	3.3	6.9	76.1
4599	56056	48416	105	1122	66.7	0.4	3.8	86.4
17350	43333	21985	408	1472	42.9	1.3	4.7	50.7
30000	207740	158424	2252	6172	52.4	1.4	3.9	76.3
20000	30272	6632	10	838	50.0	0.0	3.3	21.9
4749	14087	14863	−652	−201	0.0	−4.2	−1.3	105.5
9895	49221	40907	469	644	0.0	1.1	1.5	83.1
5939	88366	66444	331	4560	80.0	0.3	3.5	75.2
145750	749919	500934	24593	67326	69.9	5.2	14.2	66.8
16278	124319	90458	1729	5340	59.5	1.5	4.7	72.8

续5

	平均人数（人）	建筑业总产值（万元）	竣工面积（平方米）	建筑业增加值（万元）	按总产值计算的劳动生产率（元/人）	按增加值计算的劳动生产率（元/人）
铁道部						
哈尔滨铁路局	12092	699870	320378	216118	57879	17873
沈阳铁路局	24650	1434486	332454	492601	58194	19984
北京铁路局	21283	876554	219537	372462	41186	17500
呼和浩特铁路局	6880	365161	46594	149493	53076	21729
郑州铁路局	21607	1048660	183098	430370	48533	19918
济南铁路局	9904	630588	56839	206573	63670	20858
上海铁路局	15857	1034919	229032	379786	65266	23951
广州(铁路)集团公司	13931	955207	169063	193865	68567	13916
柳州铁路局	5372	348338	102143	138571	64843	25795
成都铁路局	9222	708345	111125	319007	76810	34592
兰州铁路局	8480	521406	76541	206126	61487	24307
乌鲁木齐铁路局	2435	204390	47014	55760	83938	22899
南昌铁路局	7569	630785	108402	187379	83338	24756
昆明铁路局	4041	226724	12853	104438	56106	25845
铁道部第一工程局	33186	2111953	127281	505640	63640	15237
铁道部第二工程局	41720	2910011	354827	1394430	69751	33424
铁道部第三工程局	40483	2000760	152601	785130	49422	19394
铁道部第四工程局	31332	1801280	144790	685512	57490	21879
铁道部第五工程局	34027	2514357	344491	1017989	73893	29917
铁道部大桥工程局	20831	1256960	3584	506260	60341	24303
铁道部建厂工程局	17644	1124810	565651	232640	63750	13185
铁道部电化工程局	16512	1038794	34951	454603	62911	27532
铁道部隧道工程局	18339	1296009	33812	360870	70670	19678
铁道部第十一工程局	19692	1609740	90312	589150	81746	29918
铁道部第十二工程局	28384	2078980	163477	558145	73245	19664
铁道部第十三工程局	15621	1353910	127274	347019	86672	22215
铁道部第十四工程局	23837	1921125	55506	428754	80594	17987
铁道部第十五工程局	21041	1618370	150966	447986	76915	21291
铁道部第十六工程局	24453	1409440	222230	201720	57639	8249
铁道部第十七工程局	21836	1984290	184634	512906	90872	23489
铁道部第十八工程局	25761	2323073	529561	730940	90178	28374
铁道部第十九工程局	19147	1465083	236199	375908	76518	19633
铁道部第二十工程局	16113	1148050	105396	305637	71250	18968

资本金合计(万元)	资产总计(万元)	负债合计(万元)	利润总额(万元)	利税总额(万元)	工程质量优良品率(%)	产值利润率(%)	产值利税率(%)	资产负债率(%)
160579	680495	487303	2522	23926	85.4	0.4	3.4	71.6
139149	984661	830004	5627	46311	68.2	0.4	3.2	84.3
196727	1108652	792073	6015	31550	93.0	0.7	3.6	71.4
73530	259797	151787	646	9555	95.5	0.2	2.6	58.4
222768	1328317	1040643	−4421	15492	94.8	−0.4	1.5	78.3
108551	578275	402313	1155	12829	96.7	0.2	2.0	69.6
217810	1354039	929093	5331	33090	69.1	0.5	3.2	68.6
142808	979870	671661	6369	33886	78.4	0.7	3.5	68.5
36711	355498	329174	−4538	8669	86.7	−1.3	2.5	92.6
110130	489510	338820	2961	19350	77.8	0.4	2.7	69.2
70743	834341	676380	277	11477	80.4	0.1	2.2	81.1
29550	318110	270830	1160	5760	33.3	0.6	2.8	85.1
87825	611996	424131	3411	23879	94.4	0.5	3.8	69.3
58823	320259	232473	426	4204	96.5	0.2	1.9	72.6
568450	3277450	2395400	1580	35080	85.5	0.1	1.7	73.1
374600	3763980	2908970	2480	92990	95.4	0.1	3.2	77.3
471470	3254750	2515370	1080	33400	60.3	0.1	1.7	77.3
329365	2704047	2232956	1343	42039	71.5	0.1	2.3	82.6
243628	3266884	2832383	2180	81930	94.3	0.1	3.3	86.7
357770	2304520	1709650	1180	38880	100.0	0.1	3.1	74.2
99890	1610150	1482860	860	41980	79.4	0.1	3.7	92.1
288200	1662560	1214510	1980	24080	99.8	0.2	2.3	73.1
211880	1531280	1253520	950	41740	96.6	0.1	3.2	81.9
164763	1817621	1596078	1810	106114	70.0	0.1	6.6	87.8
209438	2550622	2133919	2818	49900	93.4	0.1	2.4	83.7
158949	1595591	1292196	2220	49844	92.0	0.2	3.7	81.0
181279	2511894	2183480	5986	43090	91.1	0.3	2.2	86.9
105732	1774993	1577157	2418	50688	90.0	0.1	3.1	88.9
272659	1937803	1665144	1805	42714	84.8	0.1	3.0	85.9
202768	2237042	1950328	2582	58446	91.4	0.1	2.9	87.2
257750	2745210	2556499	2980	71757	91.5	0.1	3.1	93.1
130234	1634274	1390846	2074	44159	33.3	0.1	3.0	85.1
104081	1182882	1024131	1301	34387	90.1	0.1	3.0	86.6

续6

	平均人数(人)	建筑业总产值(万元)	竣工面积(平方米)	建筑业增加值(万元)	按总产值计算的劳动生产率(元/人)	按增加值计算的劳动生产率(元/人)
北京中铁建筑工程公司	12101	924450	231234	257379	76395	21269
北京中铁铁城工程公司	1605	107818	12336	19202	67176	11964
中国铁路通信信号天津工程公司	1425	74797	0	37112	52489	26044
中国铁路通信信号上海工程公司	1803	102055	0	49074	56603	27218
中国铁路通信信号济南工程公司	1270	60332	0	26433	47506	20813
中国铁路通信信号北京工程部	325	16596	0	8029	51065	24705
公路建设总公司						
北京中交建筑安装工程公司	698	55525	33527	19776	79549	28332
交通部第一公路工程局	9227	1298611	0	318420	140740	34510
交通部第二公路工程局	8521	1024623	0	285030	120247	33450
港湾建设总公司						
第一航务工程局	16566	1534793	22369	511646	92647	30885
天津航道局	4642	394525	0	206690	84990	44526
上海航道局	5713	509430	0	301241	89170	52729
第三航务工程局	15917	1769519	95248	636970	111172	40018
交通部第二航务工程局	12910	1219659	0	368550	94474	28548
交通部第四航务工程局	7668	735950	2160	299390	95977	39044
广州航道局	4760	384660	0	274720	80811	57714
中国通信建设总公司						
中国通信建设北京工程局	950	84780	0	27538	89242	28987
中国通信建设第五工程局	1001	55801	0	16205	55745	16189
中国通信建设第一工程局	2051	128452	0	40924	62629	19953
中国通信建设第四工程局	3448	213065	0	66617	61794	19320
中国通信建设第三工程局	3210	246432	0	75292	76770	23455
中国通信建设第二工程局	1710	180300	0	62519	105439	36561
中国水产广州建港工程公司	1648	105514	0	32644	64025	19808

资本金合计(万元)	资产总计(万元)	负债合计(万元)	利润总额(万元)	利税总额(万元)	工程质量优良品率(%)	产值利润率(%)	产值利税率(%)	资产负债率(%)
33531	875501	822325	2600	31743	90.9	0.3	3.4	93.9
12063	96665	82320	602	4113	100.0	0.6	3.8	85.2
23894	124454	81914	2632	5156	100.0	3.5	6.9	65.8
27347	294303	241256	3605	7045	100.0	3.5	6.9	82.0
8925	90053	69553	1570	3253	100.0	2.6	5.4	77.2
7487	28313	13472	451	1024	100.0	2.7	6.2	47.6
10950	72169	57706	663	2468	37.5	1.2	4.4	80.0
121790	1277280	1062970	12190	56630	100.0	0.9	4.4	83.2
172700	1292000	1010880	10080	29000	100.0	1.0	2.8	78.2
512886	1908470	1303510	8125	58060	88.7	0.5	3.8	68.3
289490	944130	477140	2380	12470	88.9	0.6	3.2	50.5
319147	1567817	992296	15739	26038	57.3	3.1	5.1	63.3
451400	2621060	1677380	25010	81170	65.7	1.4	4.6	64.0
150840	1359030	983030	7690	37160	75.0	0.6	3.0	72.3
197910	1438900	811890	8810	40900	63.6	1.2	5.6	56.4
243348	1699946	987704	19409	29707	85.7	5.0	7.7	58.1
15703	43286	11713	1852	2682	98.3	2.2	3.2	27.1
8159	25970	10401	660	1673	94.7	1.2	3.0	40.1
15498	71796	35835	2122	3294	100.0	1.7	2.6	49.9
18660	94481	52307	2146	3819	93.1	1.0	1.8	55.4
21649	145978	101536	4134	6704	100.0	1.7	2.7	69.6
31181	120508	51112	8181	10195	100.0	4.5	5.7	42.4
29531	138209	82596	105	3669	100.0	0.1	3.5	59.8

主要统计指标解释

1.经济类型：为科学统一地划分国民经济中的各种经济类型，规范统计口径，以便正确反映和研究所有制结构以及经济类型的变化，为宏观决策、管理和业务管理提供依据，国家统计局、国家工商行政管理局共同制定了《关于经济类型划分的暂行规定》。该规定以生产资料的所有制性质和国家有关法规作为划分经济类型的依据；以在工商行政管理机关登记注册企业，个体工商户和个人合伙，以及其它经济组织为划分对象，将经济类型分为以下几种：

(1)国有经济：是指生产资料归国家所有的一种经济类型，是社会主义公有制经济类型的重要组成部分。

(2)集体经济：是指生产资料归公民集体所有的一种经济类型，是社会主义公有制经济的组成部分。

(3)私营经济：是指生产资料归公民私人所有、以雇佣劳动为基础的一种经济类型，包括私营独资企业、私营合伙企业和私营有限责任公司。

(4)个体经济：是指生产资料归劳动者个人所有，以个体劳动为基础，劳动成果归劳动者个人占有和支配的一种经济类型，包括个体工商户、个人合伙。

(5)联营经济：是指不同所有制性质的企业之间或者企业、事业单位之间共同投资组成新的经济实体的一种经济类型，只包括具备法人条件的紧密型联合企业。

(6)股份制经济：是指全部注册资本由全体股东共同出资，并以股份形式投资举办企业而形成的一种经济类型，包括股份有限公司和有限责任公司。

(7)外商投资经济：是指外国投资者根据中华人民共和国有关涉外经济的法律、法规，以合资、合作或独资的形式在中国大陆境内开办企业而形成的一种经济类型，包括中外合资经营企业、中外合作经营企业和外资企业三种形式。

(8)港、澳、台投资经济：是指港、澳、台地区投资者参照中华人民共和国有关涉外经济的法律、法规，以合资、合作或独资的形式在大陆举办企业而形成的一种经济类型，包括合资经营企业、合作经营企业和独资企业三种形式。

(9)其它经济：是指上述 8 种经济类型以外的其它经济类型。

2.资质等级：为适应社会主义市场经济的要求，维护建筑市场的正常秩序，保障建筑业企业依法进行工程建设施工承包与经营活动，建设部制定了《建筑业企业资质管理规定》(试行)，即建建〔1995〕666 号文。该规定规定，凡从事土木建筑工程，线路、管道及设备安装工程，装修装饰工程等新建、扩建、改建活动的建筑业企业，根据其人员素质、管理水平、资金数量、承包能力、技术装备和建设业绩进行综合评价划分等级。建筑业企业资质等级分为一、二、三、四级。

3.建筑业总产值：建筑业总产值是指建筑业企业在一定时期内生产的以货币表现的建筑业产品的总和。它是反映建筑业生产规模、发展速度的重要指标，也是用以计算建筑业经济效益、劳动生产率和建筑业在国民经济中所占比重的依据。在分析和研究建筑业的现状和今后发展趋势时，在为国家制定方针、政策和计划时，以及在衡量判断建筑业企业的工作成就和存在问题时都离不开建筑业总产值指标。建国以来，建筑业总产值经历了几次较大的变动，经 1993 年修改，建筑业总产值的口径范围已与建筑业企业自行完成的施工产值的口径范围完全一致，即建筑业总产值等于其自行完成的施工产值。建筑业总产值主要包括以下四部分:

(1)建筑工程产值: 指列入工程预算内的各种工程价值，如各种房屋、设备基础、为施工而进行的建筑场地布置以及矿井的开凿、水利工程、防空等特殊工程。

(2)设备安装工程产值: 指设备安装工程价值，不包括设备本身价值。

(3)房屋构筑物修理产值: 指对房屋和构筑物修理所完成的产值。但不包括房屋和构筑物本身的价值。

(4)非标准设备制造产值: 指加工制造没有定型的非标准生产设备的加工费和原材料价值，以及附属加工厂为本企业承建工程制作的非标准设备的价值。

4.建筑业增加值: 是指建筑业企业在报告期内，以货币表现的建筑业生产经营活动的最终成果。建筑业增加值有两种计算方法: 一是生产法，即建筑业总产出减去建筑业中间消耗后的余额；二是分配法，即从收入的角度出发，根据生产要素在生产过程中应得到的收入份额计算 。目前建筑业增加值的计算方法是采用分配法计算的，具体包括如下内容:

(1)固定资产折旧: 指固定资产在使用过程中，通过逐渐损耗（包括有形和无形损耗）而转移到产品成本的那部分价值，即为补偿生产中所耗用的固定资产而提取的价值。固定资产折旧是指按规定比率提取的基本折旧费。

(2)劳动者报酬: 指劳动者从事生产活动而从生产单位得到的各种形式的报酬，包括三种基本形式: 一是货币工资及收入; 二是实物工资; 三是由企业为劳动者个人支付的社会保险。

(3)生产税净额: 指企业向政府缴纳的生产税与政府向企业支付的生产补贴相抵后的差额，由于建筑业企业没有生产补贴及相应的会计科目，因此，建筑业增加值中的生产税净额就等于生产税，即: 包括工程结算税金及附加和管理费用中的税金。

(4)营业盈余: 指社会总产品扣除中间投入、固定资产折旧、劳动者报酬、生产税净额后的剩余部分，本项可根据会计资料中的利润和其它项目加以调整计算。计算公式为:

建筑业增加值＝本年提取的固定资产折旧＋从业人员报酬＋本年应付福利费
＋工程结算税金及附加 +工程结算利润

5. 从业人员: 是指建筑业企业报告期实有的与建筑业生产活动有关的全部从业人员。参加本企业建筑活动的非本企业人员，如外单位借入人员、民工、从事建筑业生产的个体劳动者等均应包括在建筑业从业人数中。但不包括企业内部从事社会性服务机构人员和所从事的工作与本企业建筑业生产活动无关的人员。

6.劳动生产率: 是指建筑业劳动者在报告期内生产出建筑业产品的效率。它以建筑产品产量或价值和其相适应的劳动消耗量的比值来表示，是考核建筑业企业生产效率的提高和劳动节约情况的重要指标。在投入劳动力相同的情况下，企业创造的价值越多，劳动生产率越高；反之则低。

(1)按建筑业总产值计算的劳动生产率：即平均每个从事建筑业生产活动的人员完成的建筑业总产值，计算公式为：

$$按建筑业总产值计算的劳动生产率=\frac{建筑业总产值}{计算建筑业劳动生产率的平均人数}$$

(2)按建筑业增加值计算的劳动生产率：即平均每个从事建筑业生产活动的人员完成的建筑业增加值，计算公式为：

$$按建筑业增加值计算的劳动生产率=\frac{建筑业增加值}{计算建筑业劳动生产率的平均人数}$$

7.工程质量优良品率：是指以竣工的单位工程个数或房屋建筑面积作为观察对象，用以衡量经过验收的已经竣工工程或面积达到优良标准的比率。比率愈大，企业竣工工程质量状况愈好。计算公式为：

$$工程质量优良品率=\frac{验收鉴定被评为优良品的单位工程个数或房屋建筑竣工面积}{全部验收鉴定的单位工程个数或房屋建筑竣工面积}\times 100\%$$

8.房屋建筑竣工面积：是指报告期内，房屋建筑按照设计要求，已全部完工并达到了使用条件，经检查、验收鉴定合格后，才能计入竣工面积。

9.工程结算收入：是指本企业承包工程实现的工程价款结算收入以及向发包单位收取的除工程价款以外按规定列作营业收入的各种款项，如临时设施费、劳动保险费、施工机械迁移费等。

10.利润总额：是指建筑业企业全年实现的利润。亏损以"－"号表示，本项根据"损益表"中的"利润总额"项的本年累计数填列。主要包括：工程结算利润、其它业务利润、投资净收益、营业外收支净额，再扣除管理费用、财务费用和工资含量包干节余等。

11.利税总额：是指建筑业企业的实现利润与上缴税金（利前税）之和，包括利润总额、工程结算税金及附加，管理费用中的税金。计算公式为：

$$利税总额=利润总额+工程结算税金及附加+管理费用中的税金$$

12.资本金合计：资本金是指建筑业企业在工商行政管理部门登记的注册资金。

企业筹集的资本金按其投资主体，一般分为国家资本金、法人资本金、个人资本金以及外商资本金等。

资本金的本年实际数，根据企业在工商行政管理部门的注册资金登记数或者会计师事务所出具的验资报告中的数据填列。当企业增加或减少注册资本金时，应按企业资本金变更登记后的数字填列。

13.资产总计：是指企业拥有和控制的能以货币计量的经济资源，包括各种财产、债权和其它权利。建筑业企业的资产按其活动性分为：流动资产、长期投资、固定资产、专项工程、无形递延资产和其它资产。

14.负债合计：是指企业所承担的能以货币计量、将以资产或劳务偿付的债务。负债一般按其偿还期长短分为流动负债和长期负债。

流动负债是指将在一年或超过一年营业周期内偿还的债务。包括短期借款、各种应付票据、应付帐款、预付帐款、应付工资、应交利税及预提费用等。流动负债为期末数。

长期负债是指偿还期在一年或超过一年的一个营业周期以上的债务。它是除了投资人投入企业的资本以外，企业向债权人筹集，可供企业长期使用的资金。长期负债为期末数。

15.资产负债率：资产负债率是反映企业全部资产总额中，借用外部资金所占份额的指标。

$$资产负债率=\frac{负债合计}{资产总计}\times 100\%$$

16.年末自有机械设备总台数：是指归本企业（或单位）所有，属于本企业（或单位）固定资产的生产性机械设备年末总台数。包括施工机械、生产设备、运输设备及其它设备。

17.年末自有机械设备总功率：是指本企业（或单位）自有施工机械、生产设备、运输设备以及其它设备等列为在册固定资产的生产性机械设备年末总功率，按设计能力或查定能力计算。包括机械本身的动力和为该机械服务的单独动力设备，如电动机等。但电焊机、变压器、锅炉不计算动力。计量单位为千瓦。